JN161709

山本博文・堀 新・曽根勇二 編

織田信長の古文書

柏書房

はじめに

本書『織田信長の古文書』は、『豊臣秀吉の古文書』『徳川家康の古文書』に続き、織田信長の発給文書百七十二点、関係文書四点、合計百七十六点を精選し、写真を掲載すると共に、文書の釈文、解説を付した史料集である。

後掲の「全体解説」で詳しく述べるように、信長の発給文書については、奥野高廣編著『増訂織田信長文書の研究』上巻・下巻・補遺に集成されたものが千百十通ある。その後、奥野氏自身が八通を追加しているが、奥野氏の長年にわたる努力によって、我々は信長文書をこの三冊でほぼ網羅する恩恵を受けている。さらに近年は、史料公開や史料発掘も進み、約千四百五十通の信長発給文書が確認されている。

秀吉の発給文書は数千点に及び、内容のあるものが多く、長文のものも少なくない。これに対して信長の発給文書は、点数が少なく、長文のものは少ない。しかし、一戦国大名から天下人へ昇り詰めていく過程が文書の様式や内容にも現れているほか、少ないながらも女性宛てや親族宛ての文書には、温かい心配りを感じさせるものもある。また、「天下のため」というフレーズを繰り返し使用するなど、信長の正当性主張の根拠や重要政策を示しているものも多い。そして、各地の文書館や博物館の展示図録を参照すると、新しく原本が発見されたものも少なくない。

本書では、特に内容のある文書を中心に、原則として原本のあるものを選んだ。しかし、研究史上重要な文書で原本が残っていないものについては、写や東京大学史料編纂所所蔵の影写本を採用した。これは、本書を読むことで、信長の生涯、天下統一過程や重要政策の概略を理解することができるように配慮したためである。これについては、全体解説を参照していただきたい。

また、写真版だけではなく、巻末には文書ごとに釈文を付し、解説を記した。最先端の研究成果を反映した解説にすることを心掛けたので、研究者にとっても有益だと考えている。

文書の写真を収録するにあたっては、『豊臣秀吉の古文書』『徳川家康の古文書』や、別に刊行した『戦国大名の古文書』東日本編・西日本編と同じく、全国各地の史料所蔵者のご承諾を得た上で、諸機関・自治体から写真やフィルム、デジタルデータをお借りして利用させていただいた。過去に展覧会図録や自治体史などの諸史料集に収録されている文書でも、原本の所在がわからなかったり、所蔵者が不明になっていたりして、残念ながら割愛せざるを得なかった文書もある。

最後に、本書の刊行にあたって史料の掲載をご承諾くださった所蔵者の方々をはじめ、写真やフィルム、デジタルデータなどをご提供くださった諸機関・自治体関係者の方々に対して、心から感謝申し上げます。

二〇一五年十二月

編者一同

凡例

● 本書には、織田信長の生涯がわかる、信長が発給した百七十二点、関係文書四点、合計百七十六点の文書を年次順に収録した。

● できる限り文書原本の収録を心掛けたが、原本の伝存や所在が確認できなかったものは、後世の写や影写本を用いた。

● 本書においては、全体の編集方針により独自の文書名を用いた。

● 史料の所蔵者、写真提供者、史料を伝存した文書群名などについては、巻末に一括して掲載した。

● 釈文について

○ 原則として常用漢字を用い、常用漢字にないものは正字または原文のままとした。また、人名や地名などの固有名詞については旧字を使用した場合もある。

○ 異体字・略字・変体仮名などは、現行の文字または正字に改めた。ただし、次のような文字は例外とした。

躰　糺　峯　嶌　ゟ（より）〆（しめ）

○ 釈文では、原本の改行を再現した。一行に収まらない場合は、」で原本の改行を示した。

○ 適宜、読点や並列点（中黒点）を補った。

○ 包紙・封紙・端書・裏書・貼紙などがある場合は、（　）内に示した。

○ 誤字や判読できない文字がある場合は、正しい文字や推測される文字を小さな（　）で傍示した。

○ 印判・花押などが押捺または署記されている場合は、（花押）（朱印）（黒印）（信長朱印）（信長黒印）などの形で示した。

○ 敬意を示す闕字・平出・台頭は、一字あけとした。

○ 破損・虫損または判読不能の文字は、□、□□などで示した。

● 解説について

○ 人名の表記について、例えば細川藤孝、黒田孝高などは時期によって名乗りが異なるが、便宜上、細川藤孝、黒田孝高などで統一して記した。

○ 地名や城名については、できる限り読み仮名を振ると共に、その位置についての情報を括弧書きで付した。

本書掲載の写真は、ポジ・ネガフィルム、マイクロフィルム、デジタルデータなど、様々な形態でご提供いただいた貴重な画像である。史料所蔵者・管理者、写真提供者の方々には、本書の趣旨にご賛同いただき、多大なるご協力ご高配をいただいた。

写真編

001 天文十八年十一月付け織田信長制札

『尾張国遺存織田信長史料写真集』所収

織田信長制札

002 (天文二十一年)四月十日付け織田信長判物

個人所蔵

003 (天文二十一年)七月二十八日付け織田信長書状

名古屋市博物館所蔵

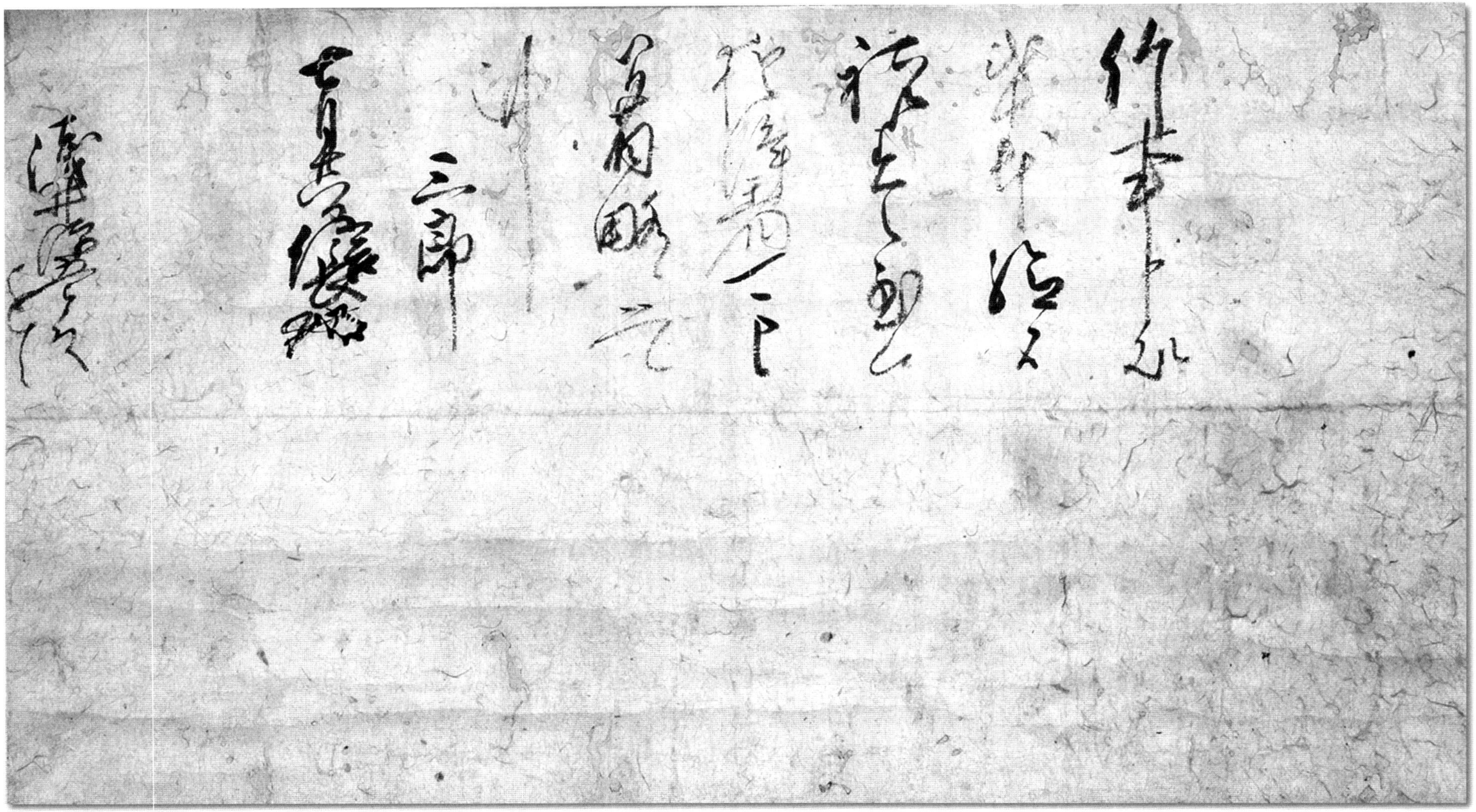

004

天文二十一年十二月二十日付け織田信長判物

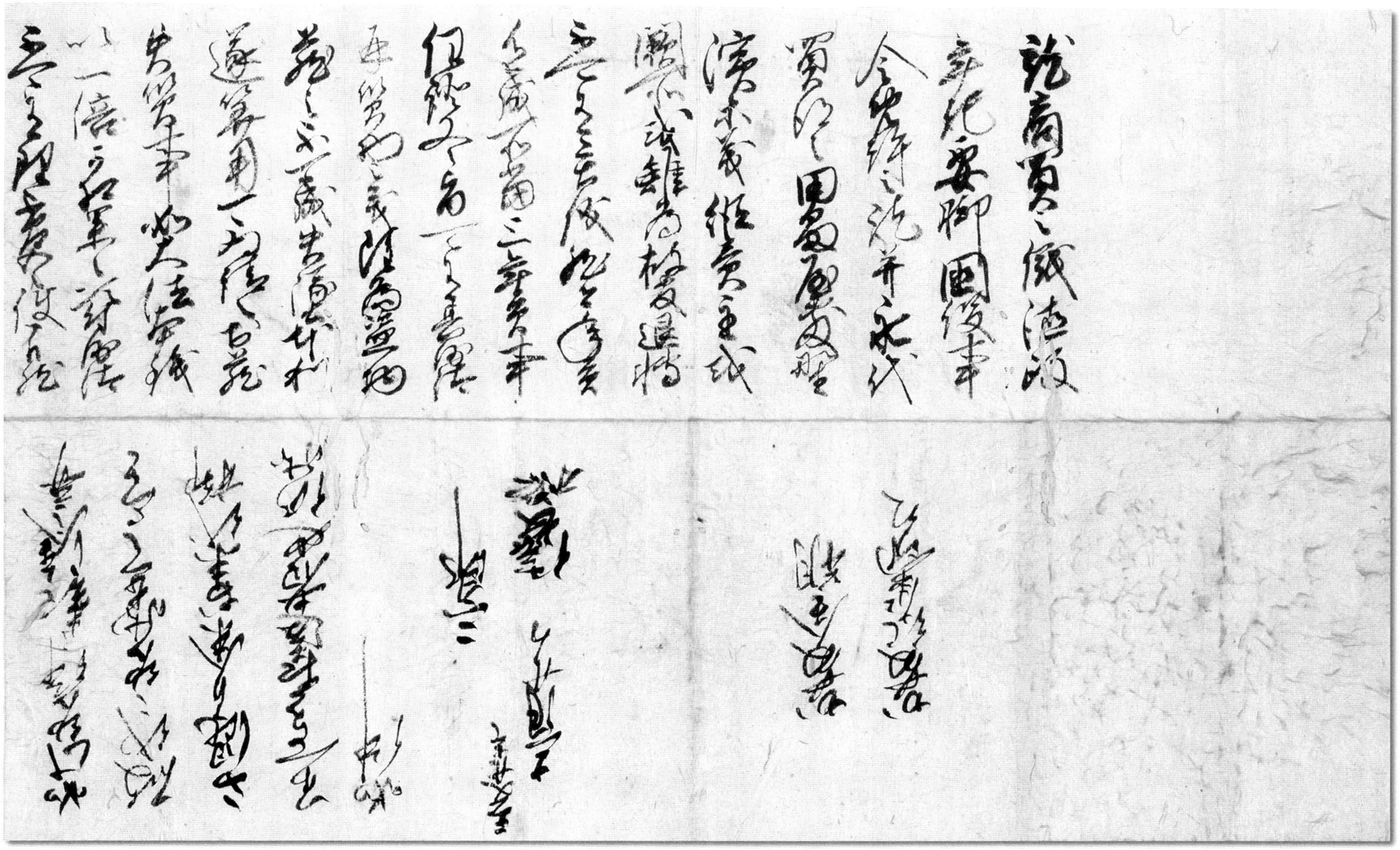

個人所蔵

005

天文二十四年二月五日付け織田信長判物

徳川美術館所蔵

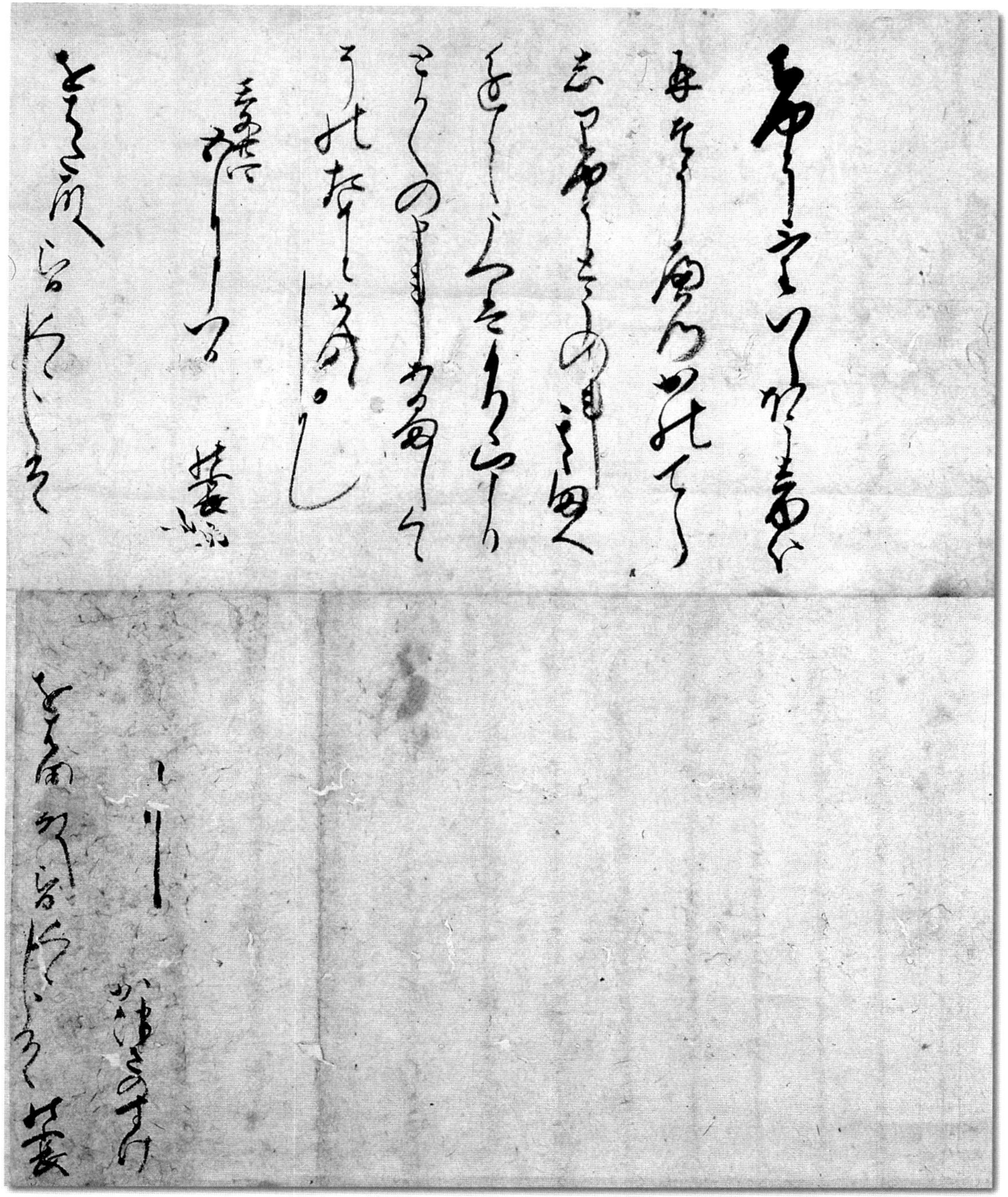

006

天文二十四年五月八日付け織田信長書状

堺市博物館所蔵

007

(弘治三年)霜月二十七日付け織田信長判物

熱田神宮所蔵

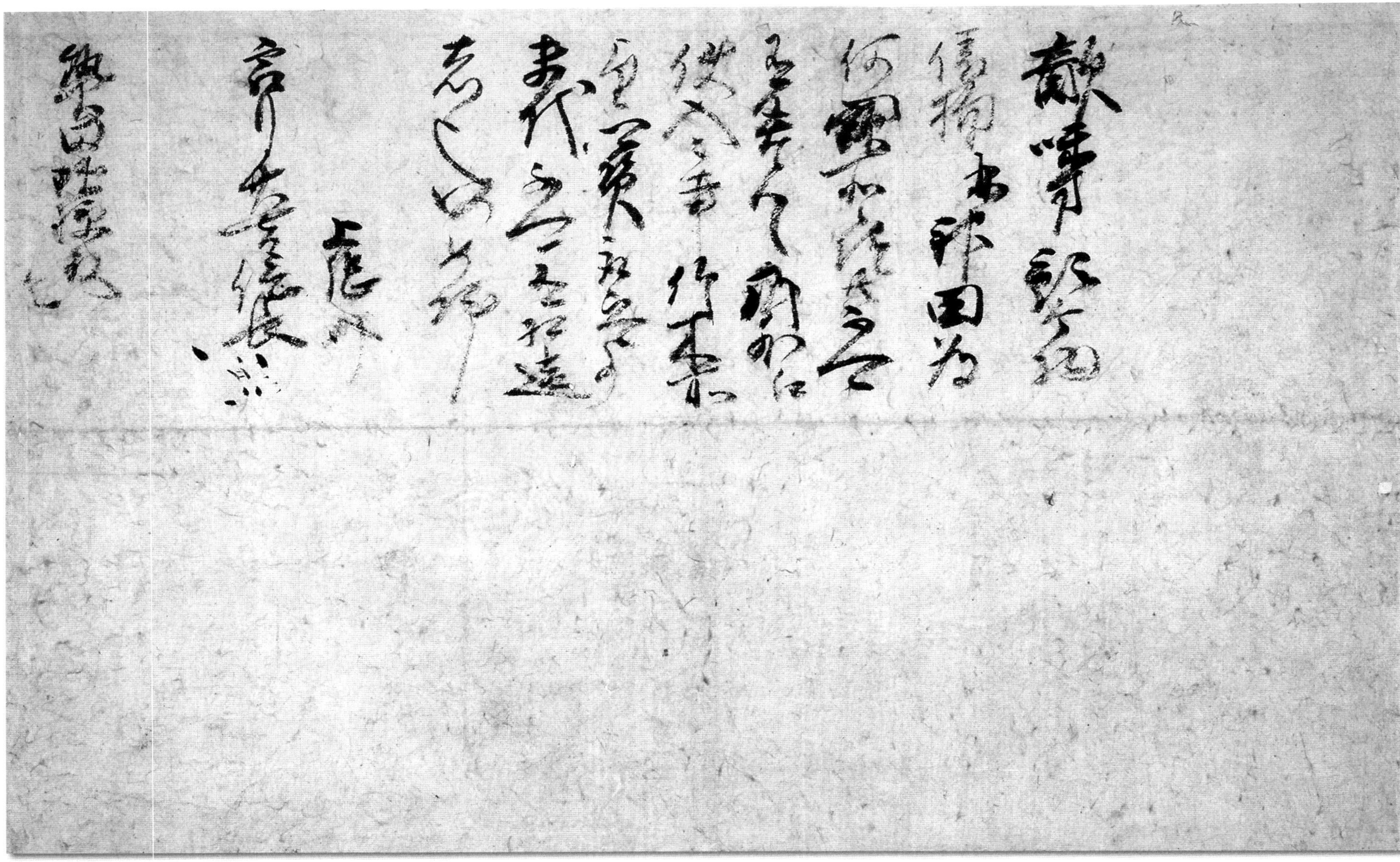

008

永禄元年十二月日付け織田信長禁制

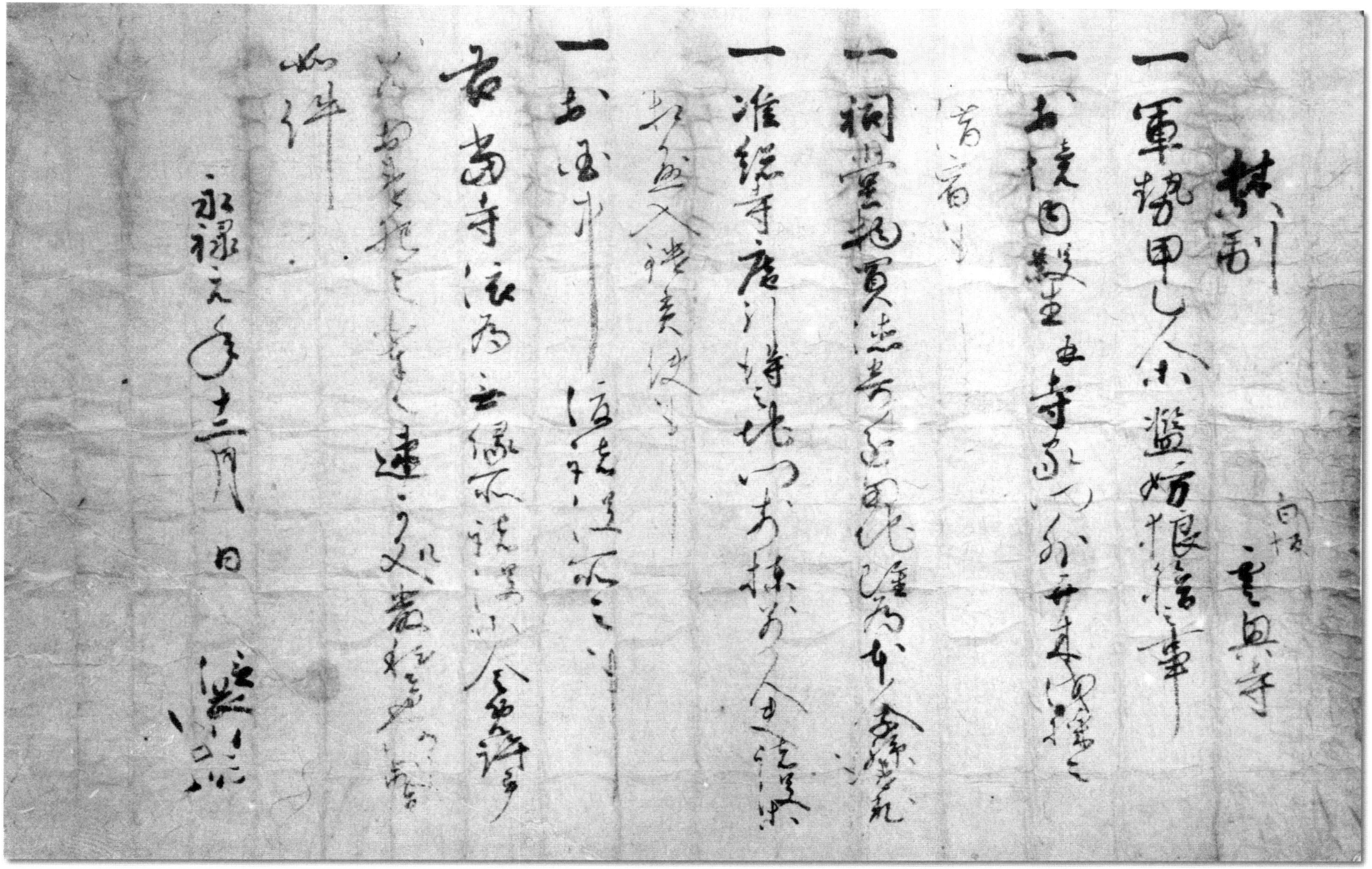

雲興寺所蔵

参考1

永禄三年五月十九日付け義元左文字(刀剣銘)

建勲神社所蔵

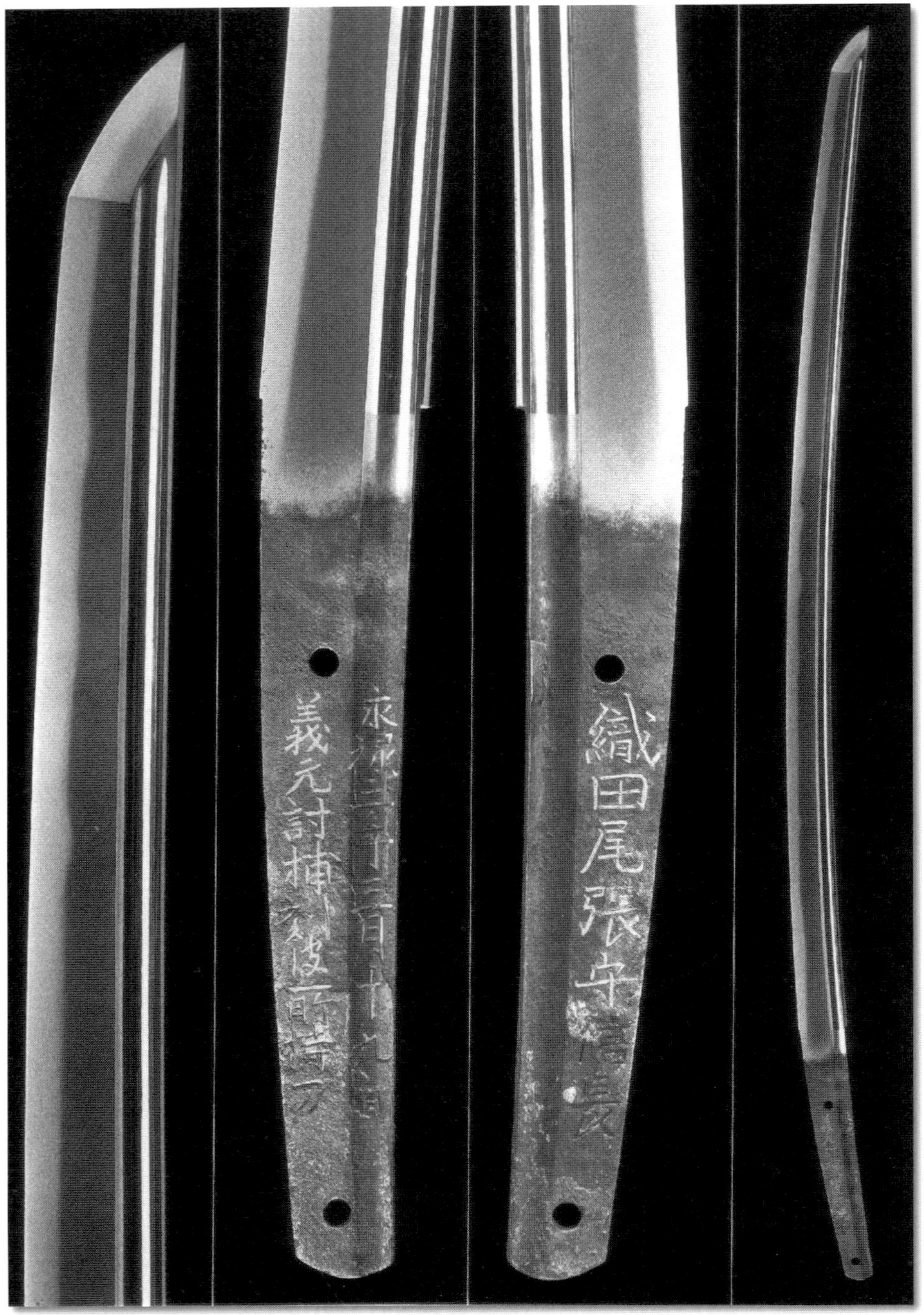

義元左文字（刀剣銘）

009 (永禄四年)十二月二十日付け織田信長書状

石川武美記念図書館
成簣堂文庫所蔵

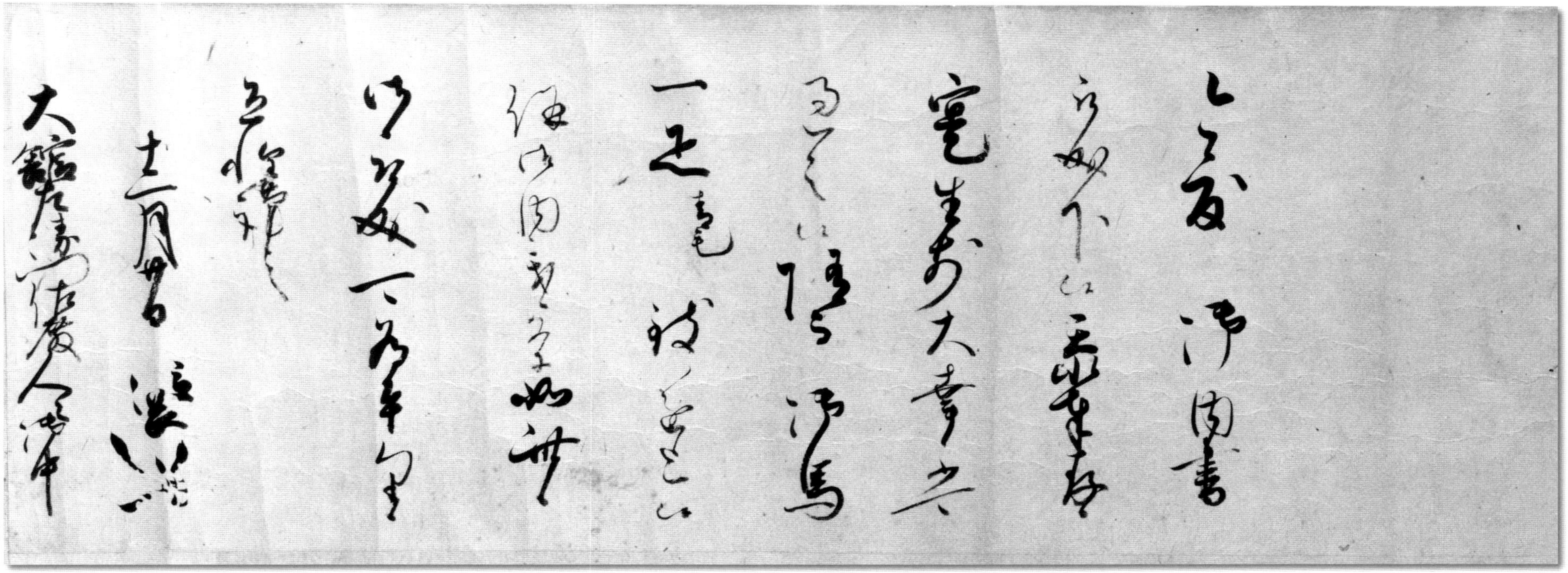

010 永禄五年二月付け織田信長判物

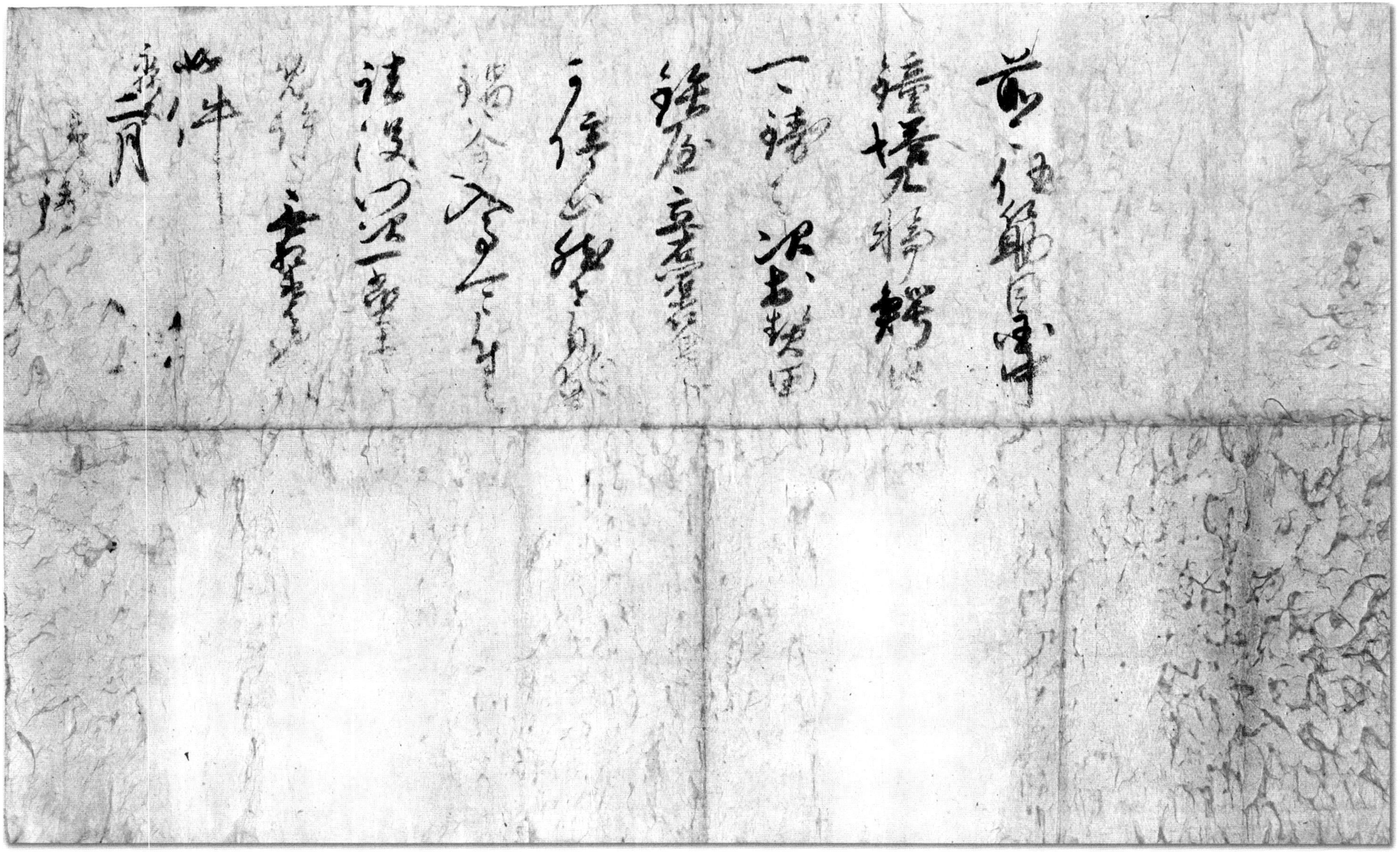

水野桂太郎氏所蔵

011

永禄六年十一月日付け織田信長判物

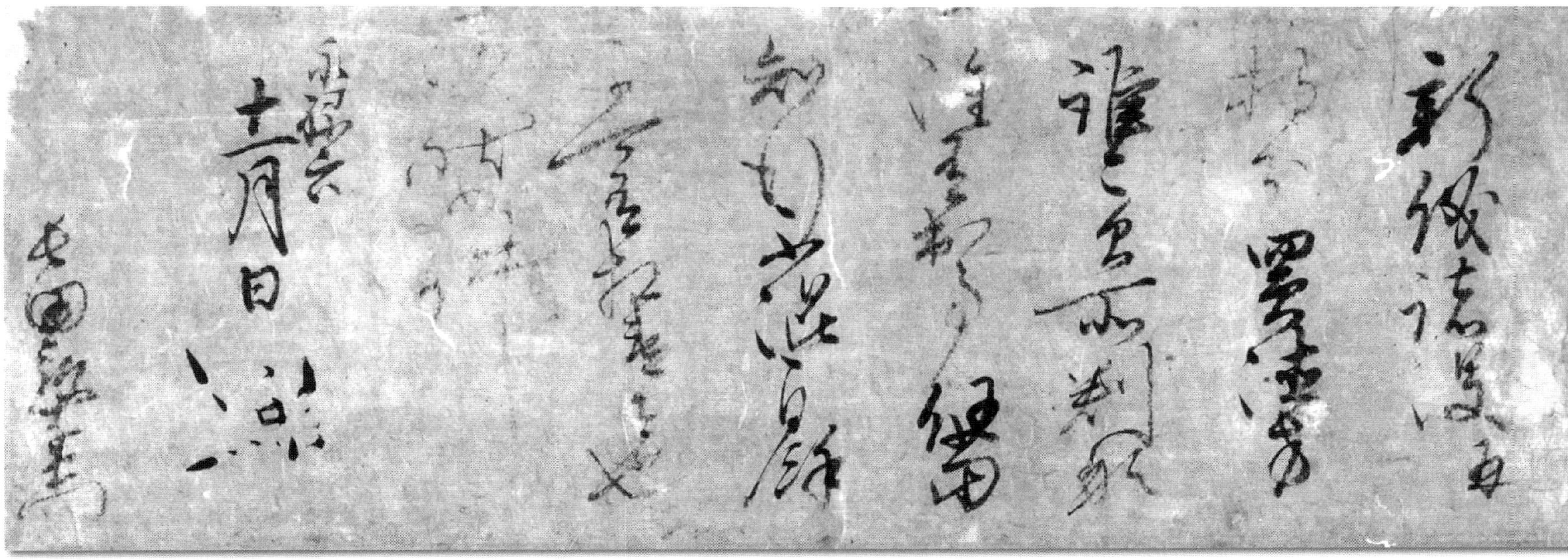

真田宝物館所蔵

012

（永禄七年）十一月七日付け織田信長書状

米沢市上杉博物館所蔵

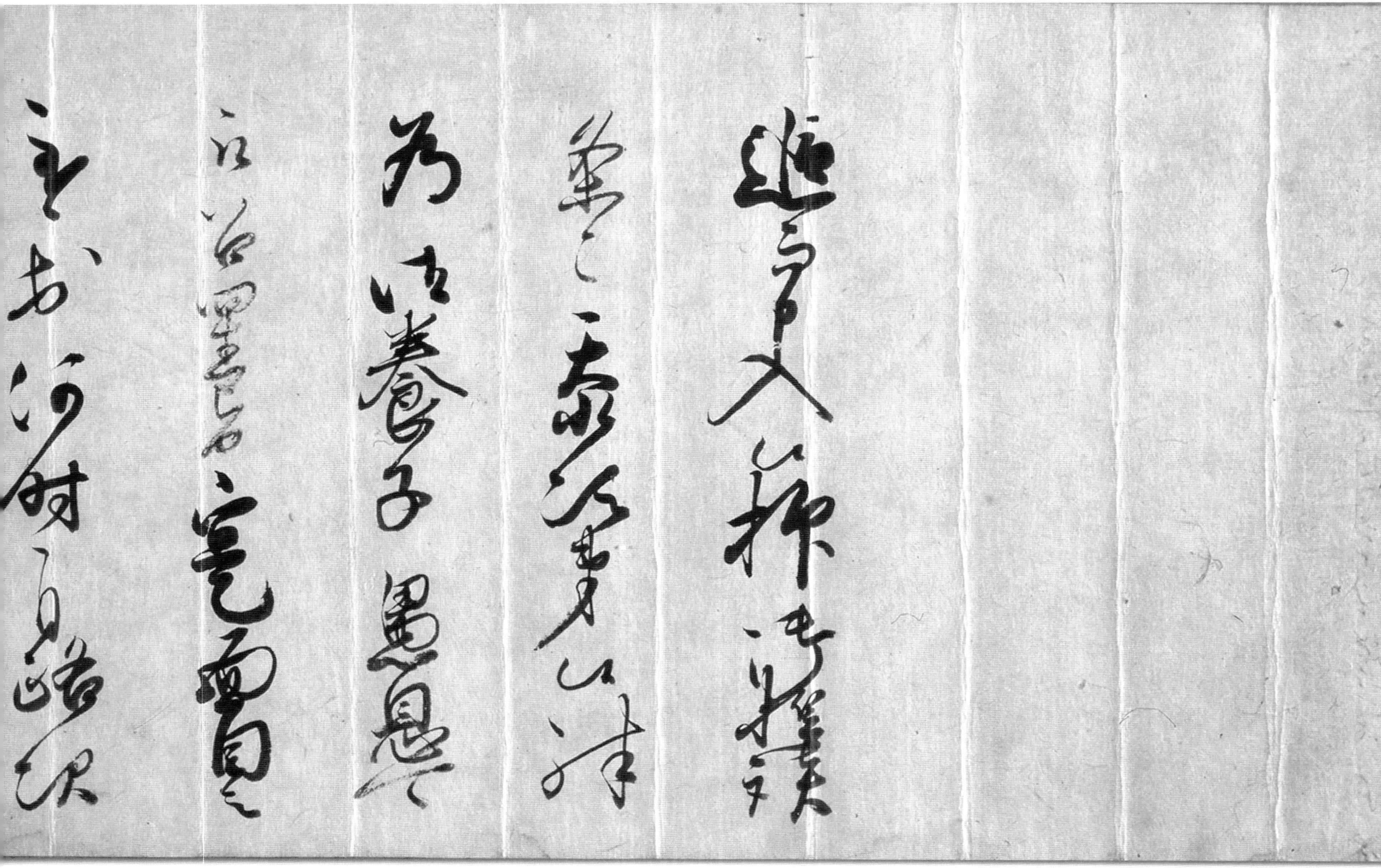

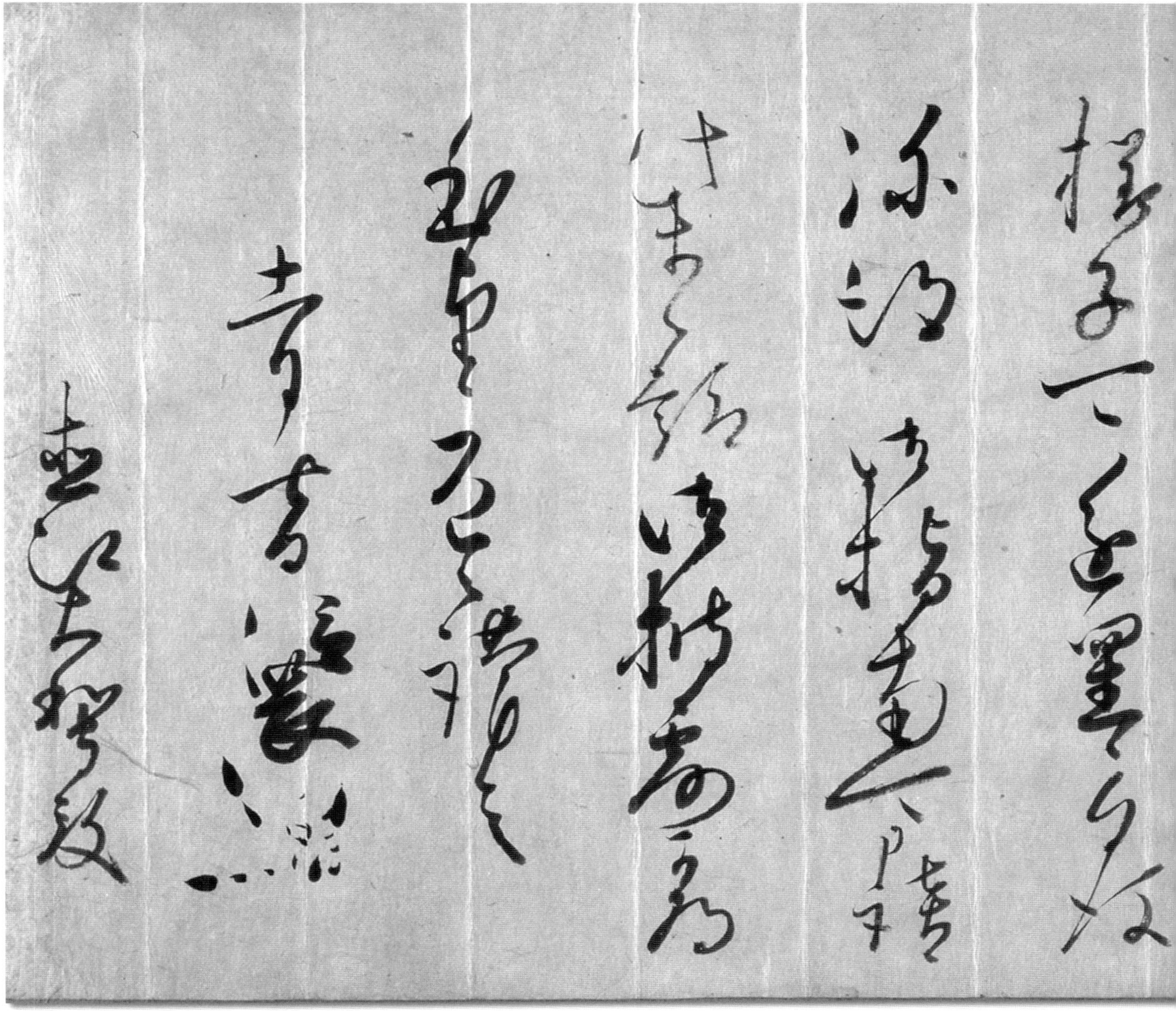

織田信長書状

013　（永禄八年）十二月五日付け織田信長書状

東京大学史料編纂所所蔵

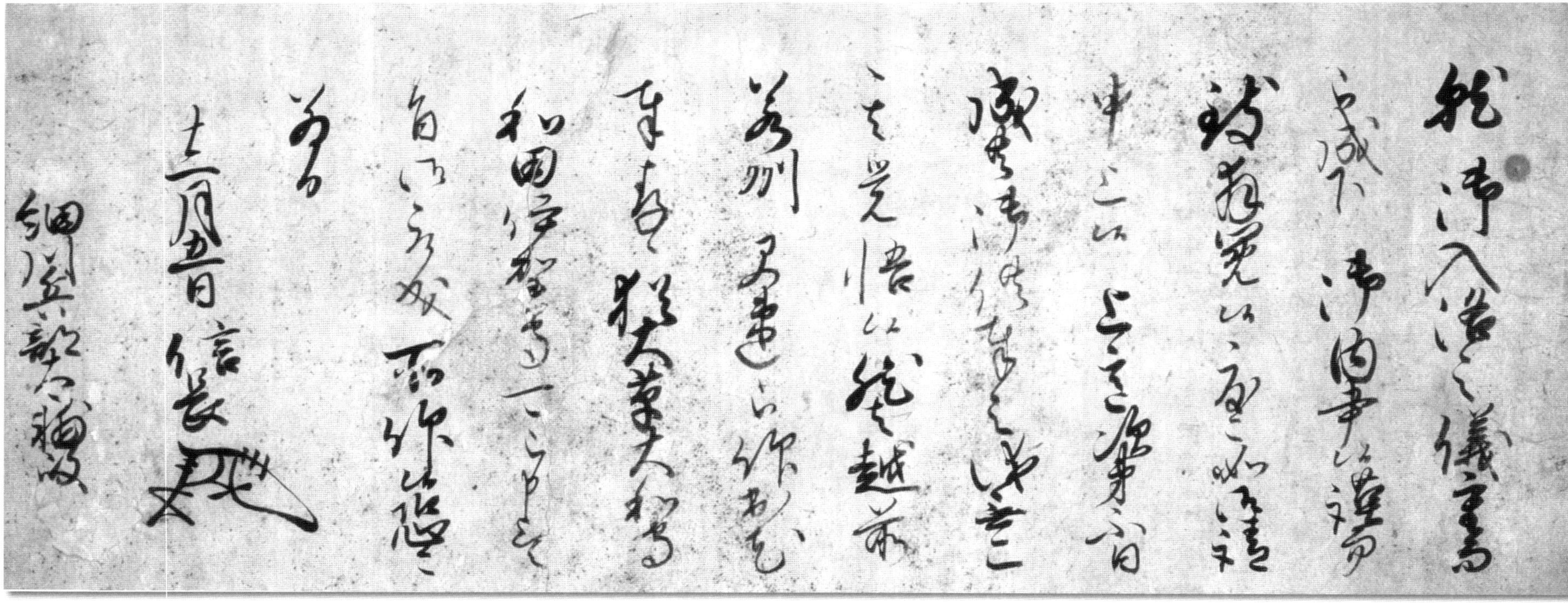
十二月五日　信長（花押）
細川兵部太輔殿

014

永禄九年四月日付け織田信長判物

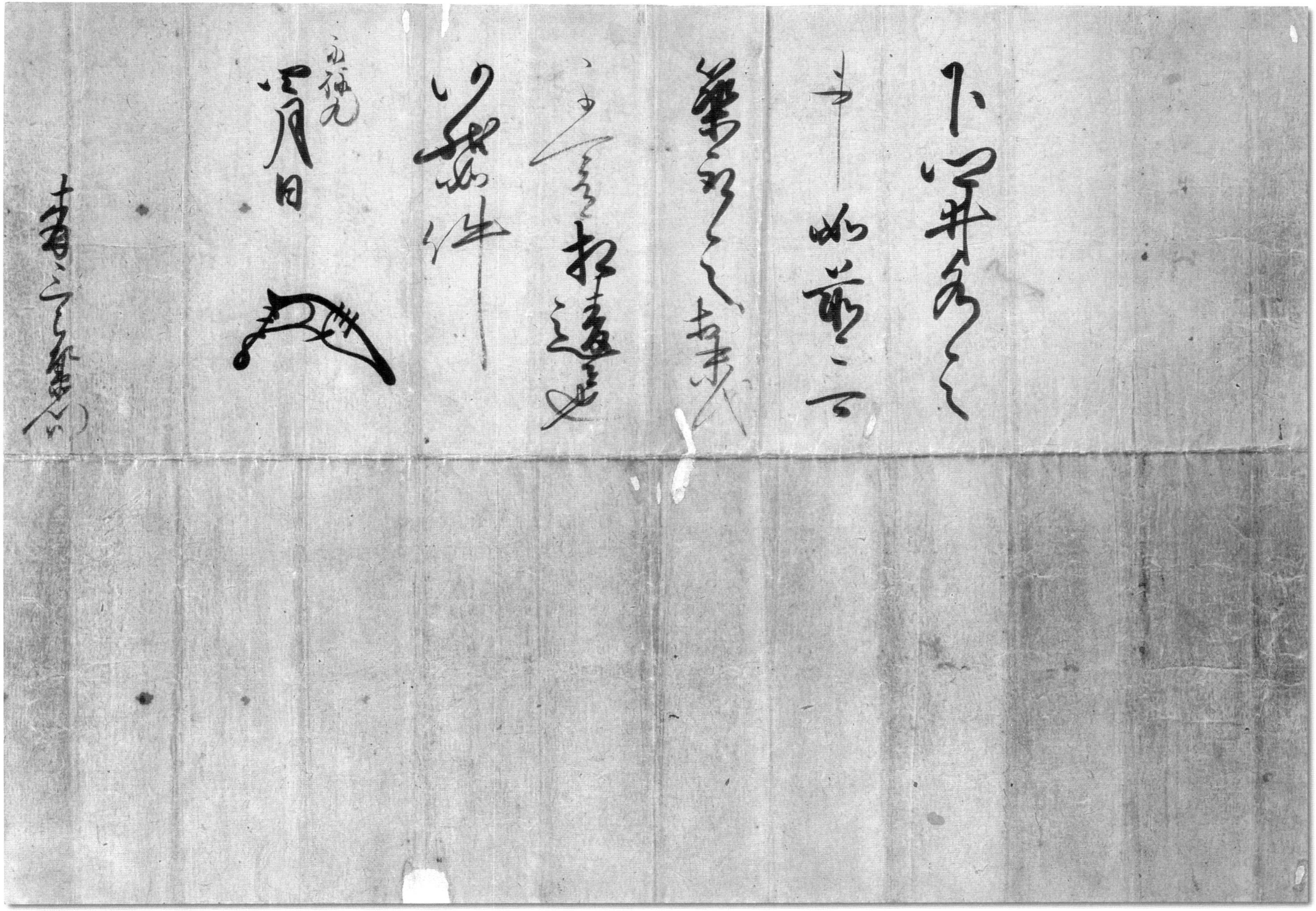

滋賀県立安土城考古博物館所蔵

015

永禄十年九月日付け織田信長判物

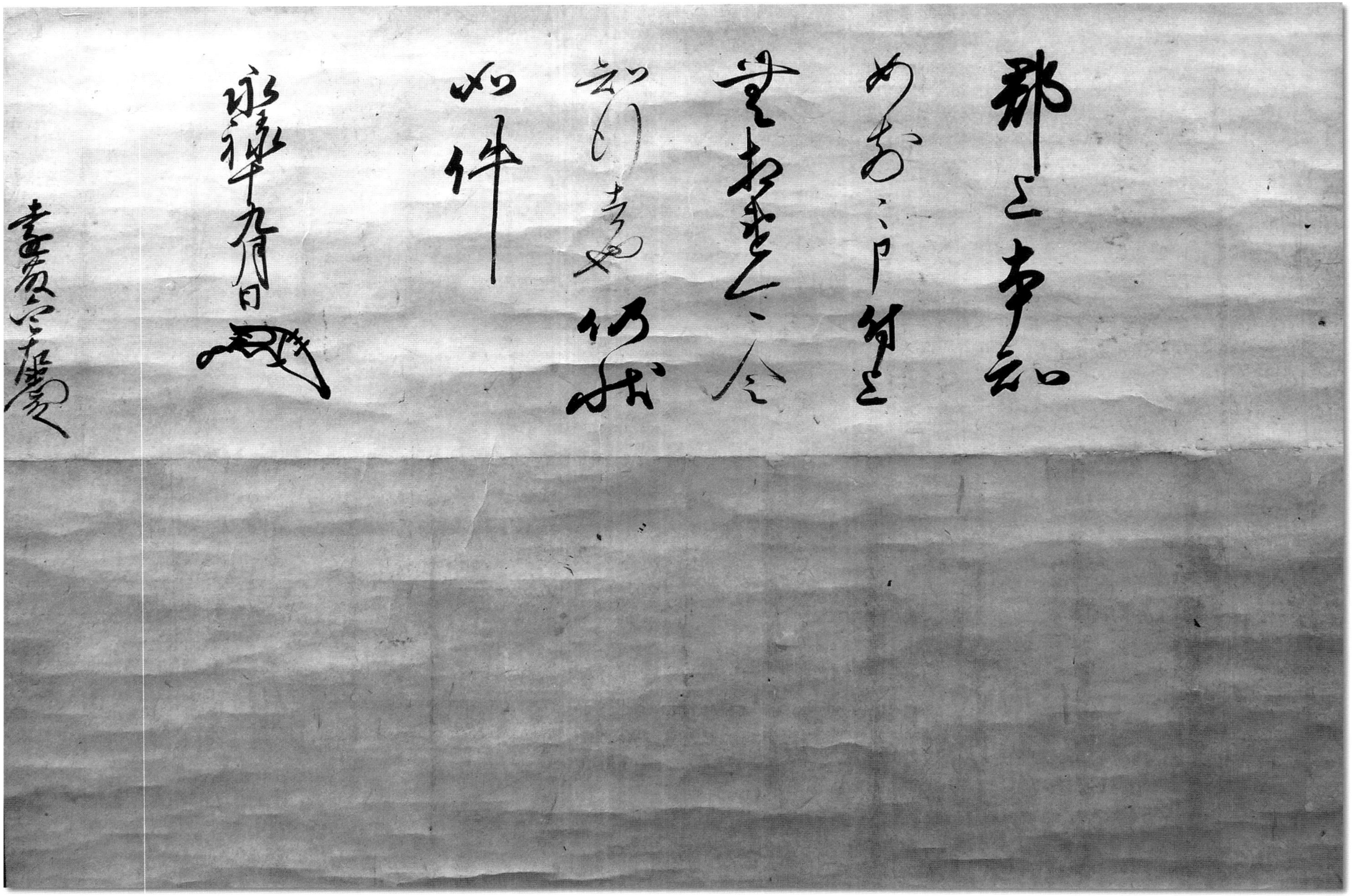

古今伝授の里
フィールドミュージアム所蔵

参考2

永禄十年十一月九日付け正親町天皇綸旨案

京都市歴史資料館所蔵

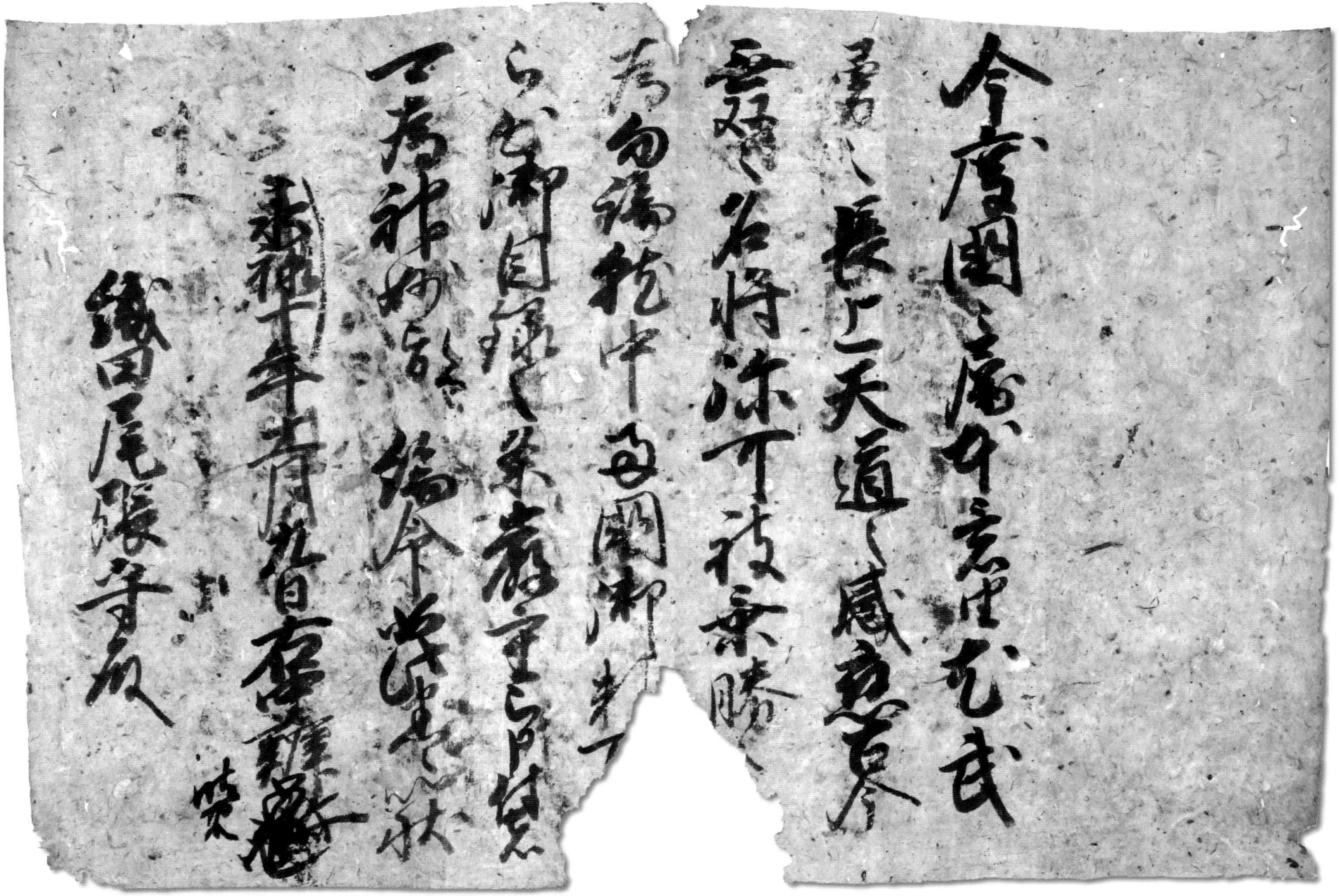

016

永禄十年十一月日付け織田信長朱印状

名古屋市秀吉清正記念館所蔵

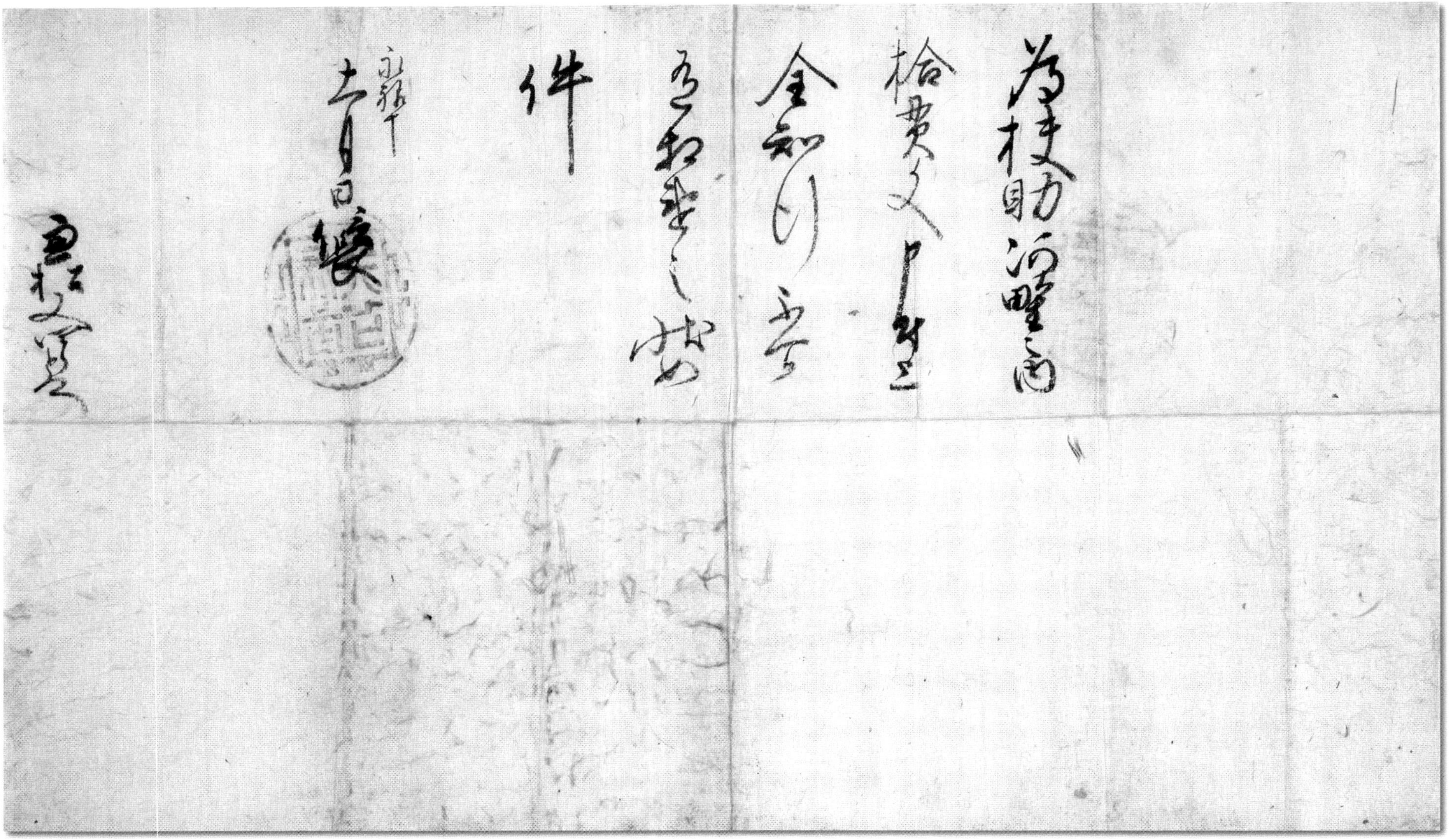

017

永禄十年十二月五日付け織田信長朱印状

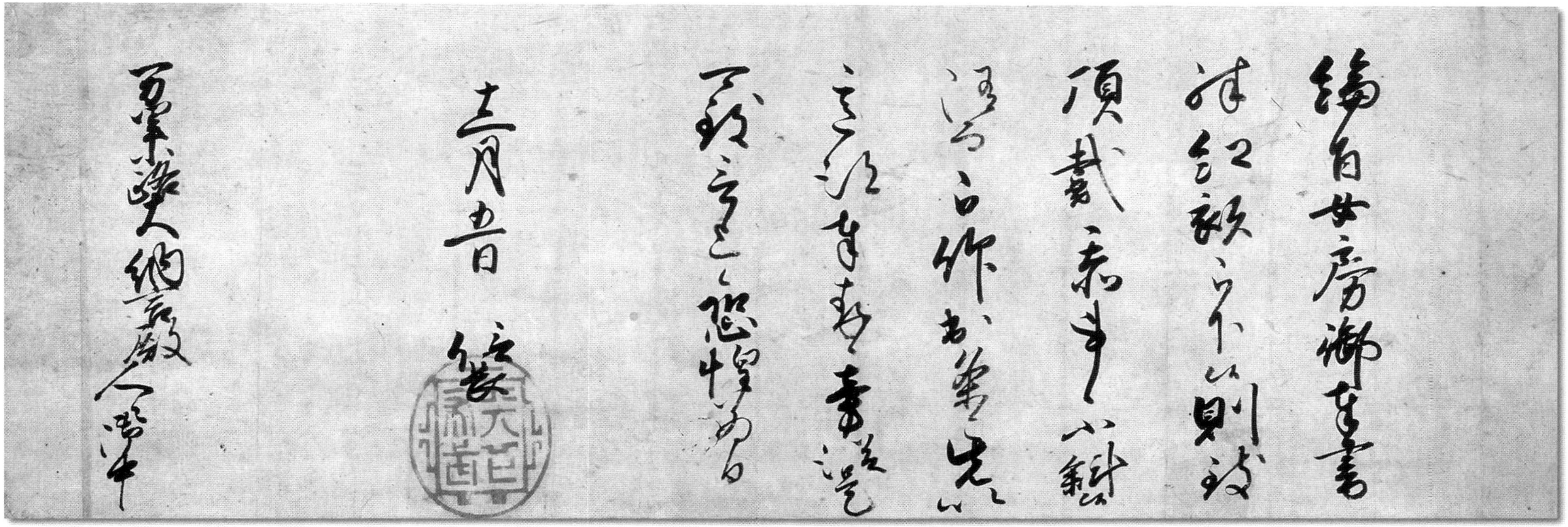

熱田神宮所蔵

018

(永禄十一年)八月十四日付け織田信長書状

丹波市教育委員会所蔵

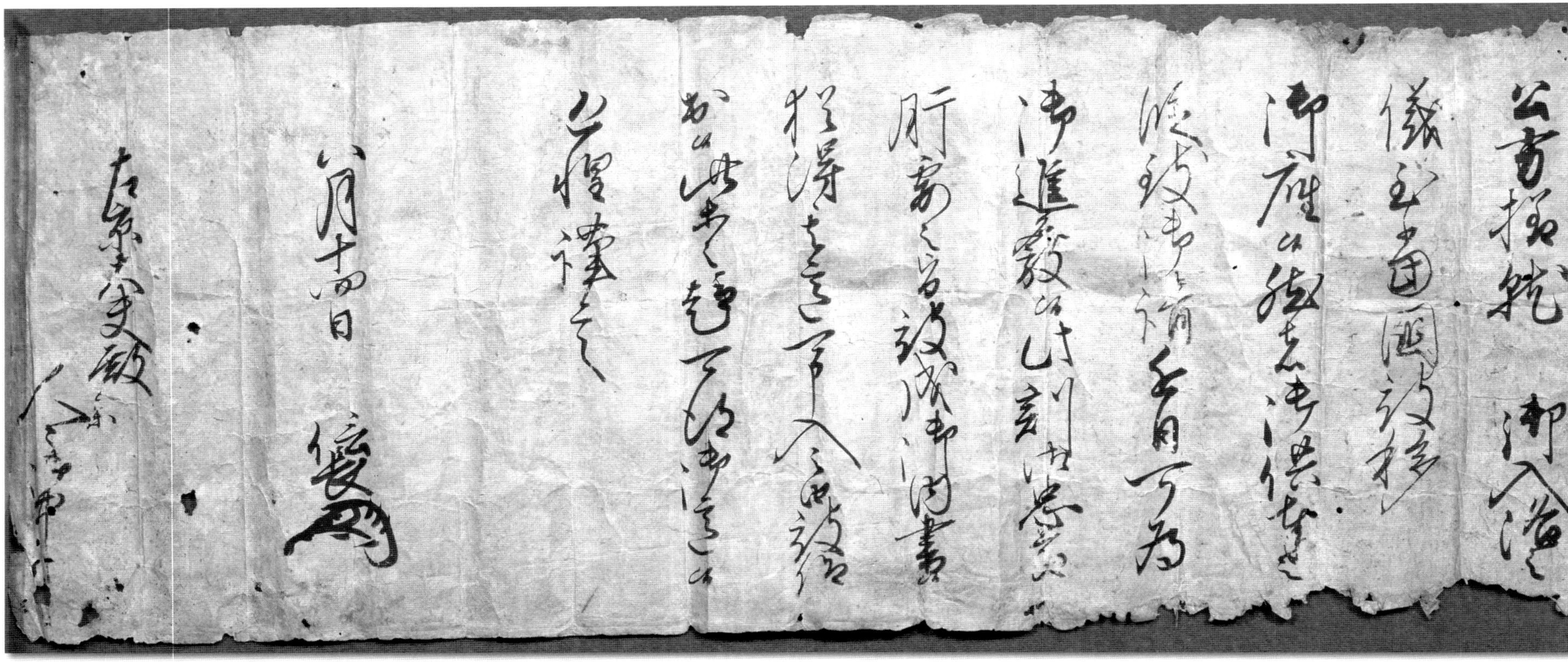

019

永禄十一年九月日付け織田信長制札

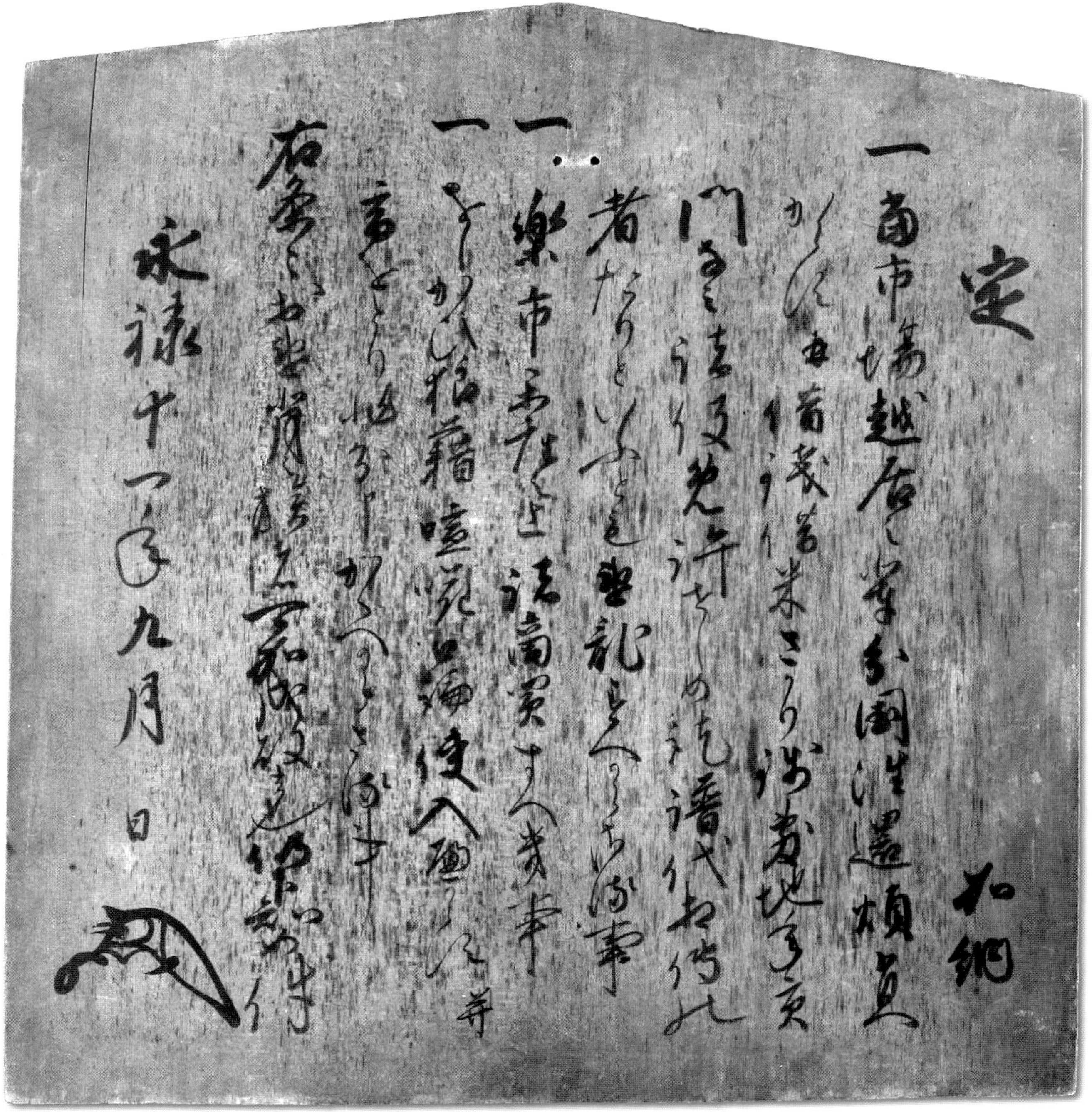

円徳寺所蔵

020

永禄十一年九月日付け織田信長禁制

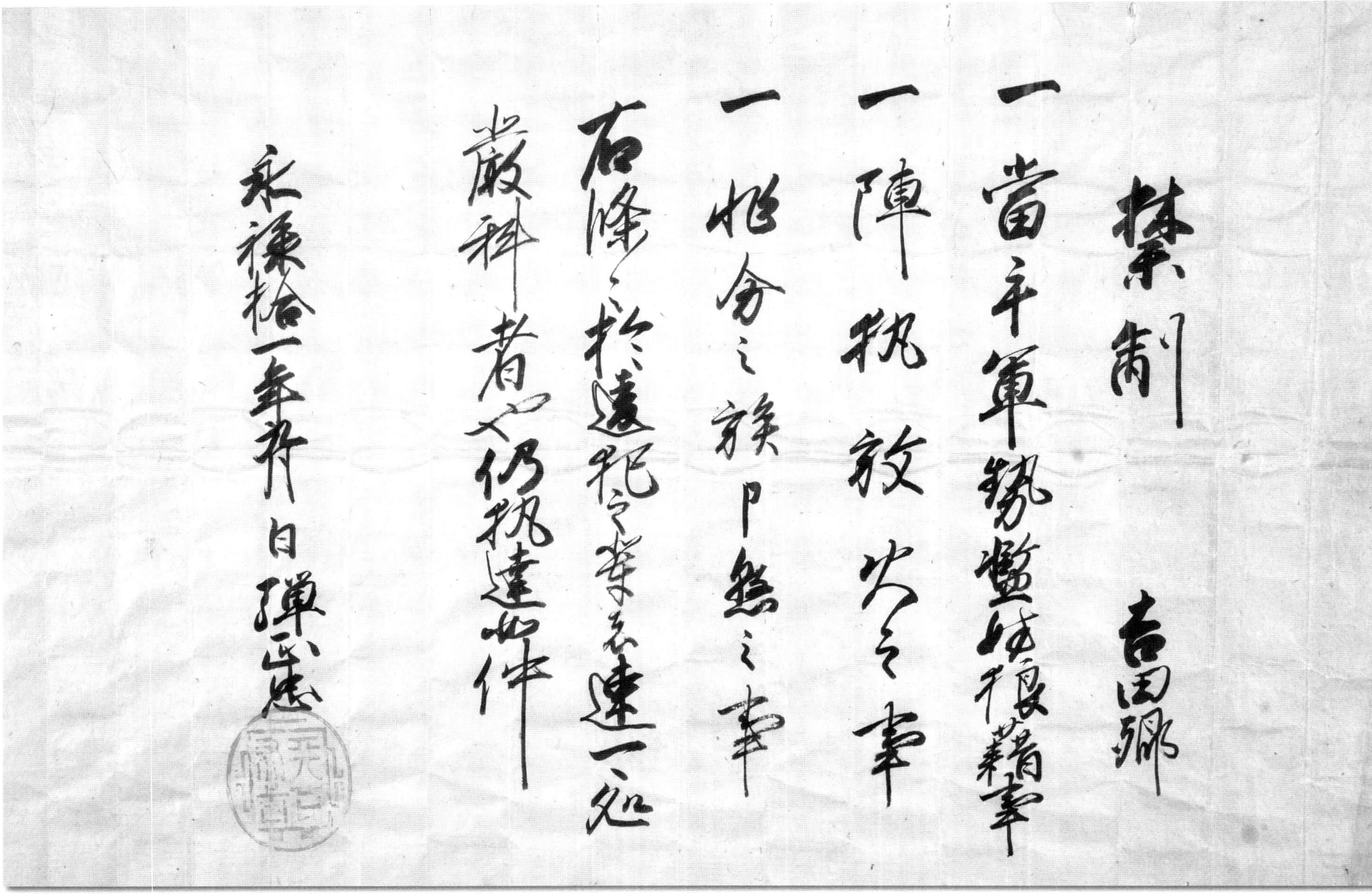

禁制　吉田郷

一　當手軍勢濫妨狼藉事

一　陣執放火事

一　非分之族申懸之事

右條々於違犯之輩者、速可處嚴科者也、仍執達如件

永禄拾一年九月日　弾正忠

國學院大學図書館所蔵

021 永禄十一年十月二十一日付け織田信長朱印状案

東京大学史料編纂所所蔵『言継卿記』同日条

022

永禄十二年正月十四日付け織田信長殿中掟案

毛利博物館所蔵

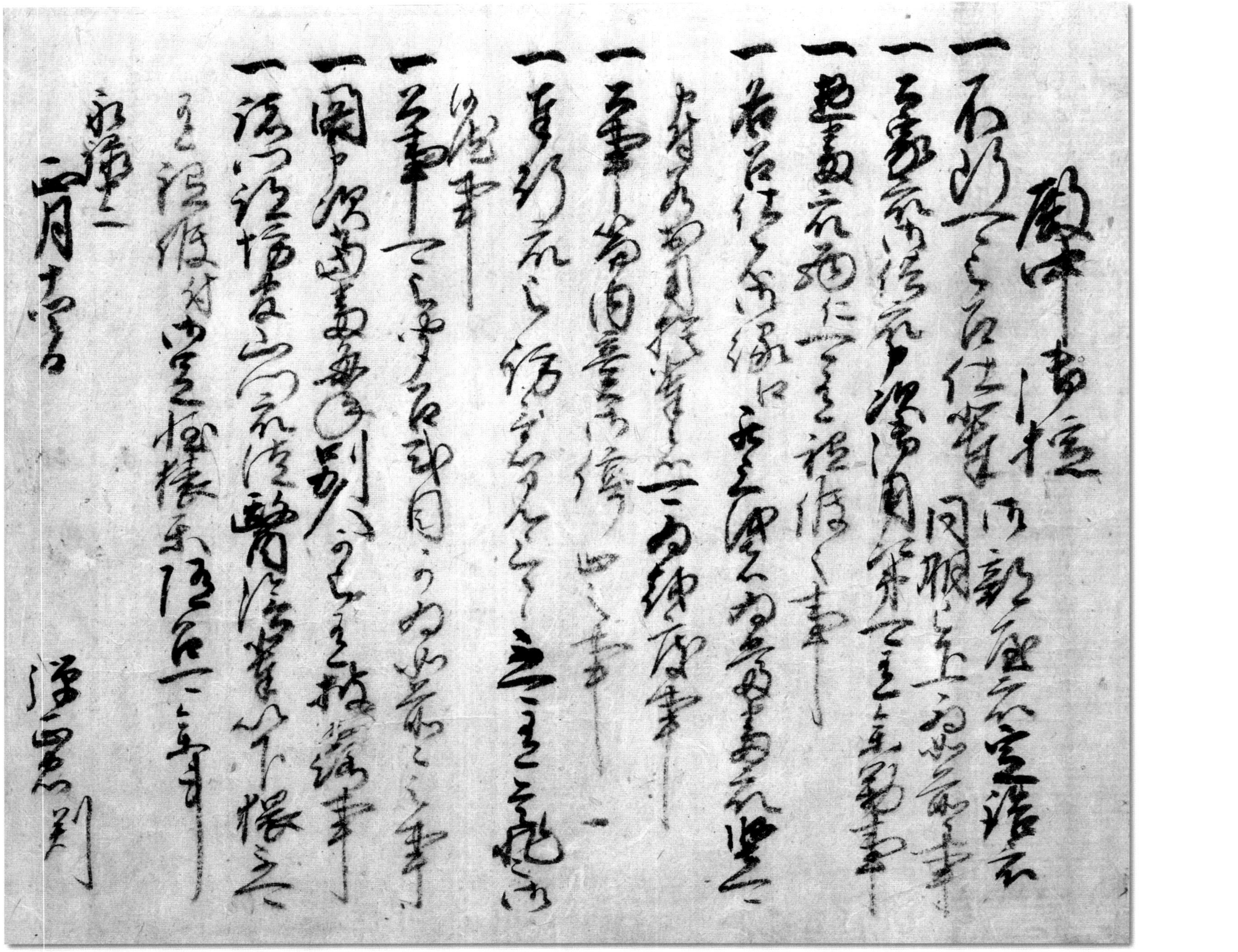

023 (永禄十二年)二月十日付け織田信長書状

米沢市上杉博物館所蔵

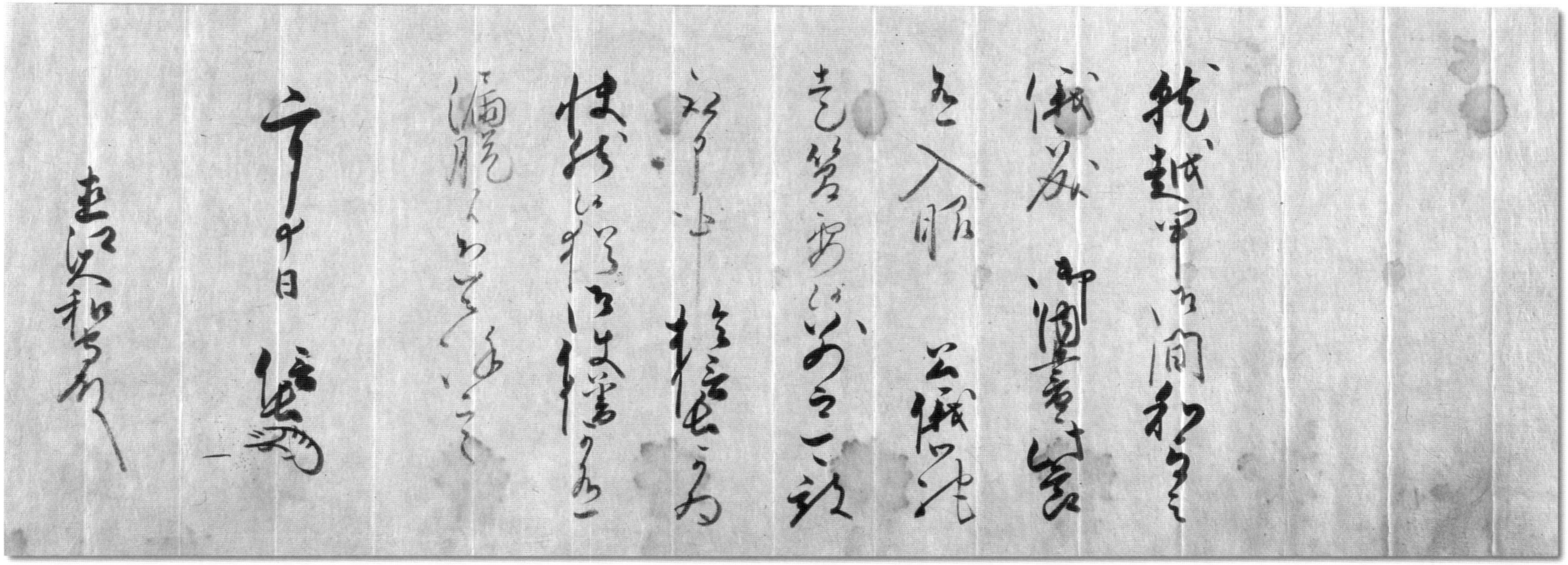

024 永禄十二年三月一日付け織田信長条書(撰銭令)

四天王寺所蔵

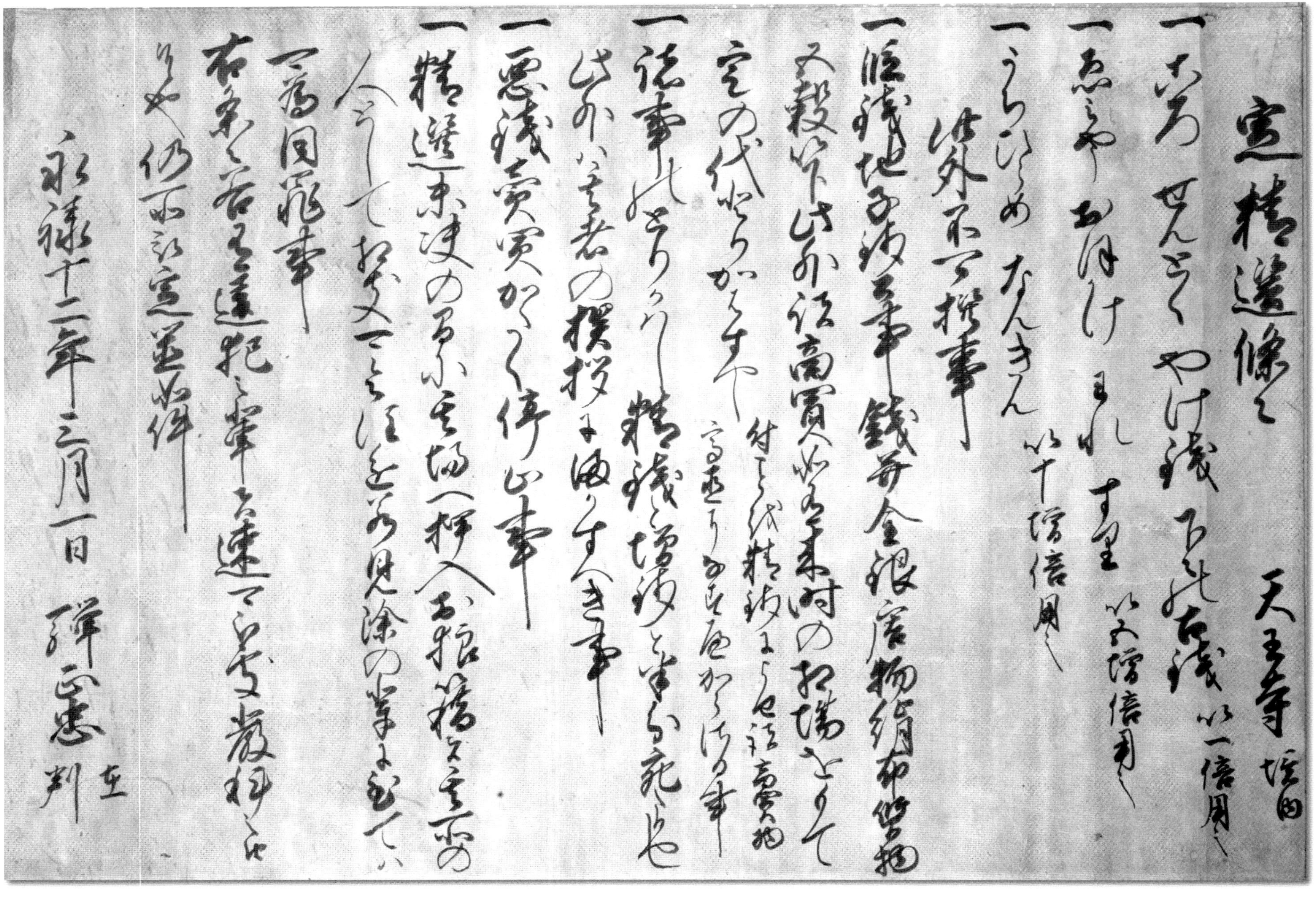
定 精選條々 天王寺境内

一 ころ せんとく やけ銭 下々銭 以一倍用之

一 ゑいらく おほけ すり 以五倍用之

一 うちひらめ なんきん 以十倍用之

此外不可撰事

025 永禄十二年卯月七日付け織田信長朱印状

東京大学史料編纂所所蔵

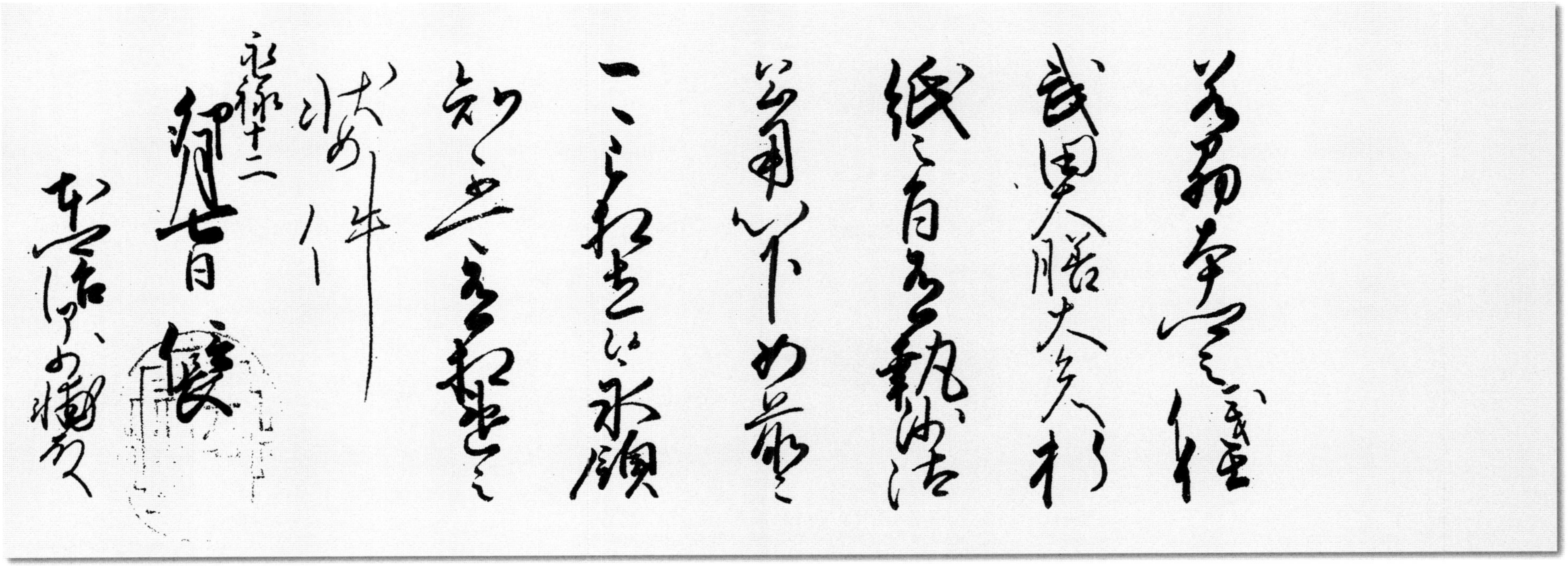

026

永禄十二年閏五月二十三日付け織田信長朱印状

『東寺』所収

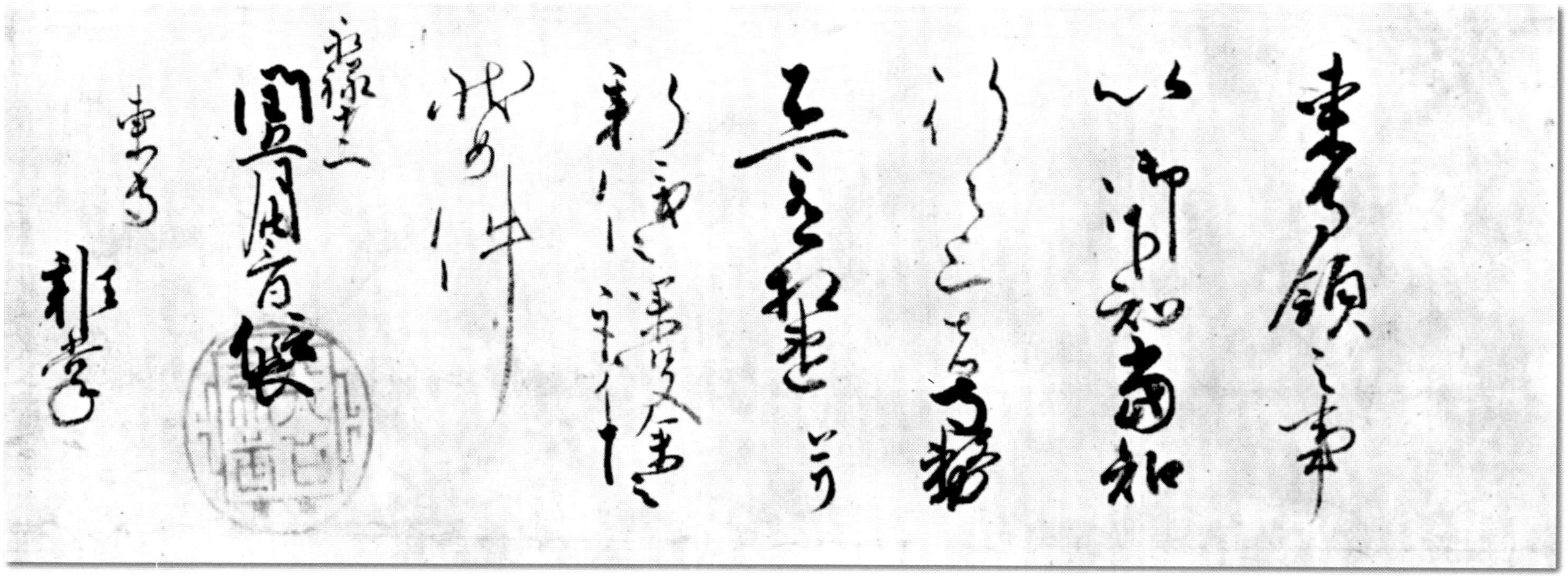

027

永禄十二年六月七日付け織田信長朱印状

ヤマコ臼杵美術館所蔵

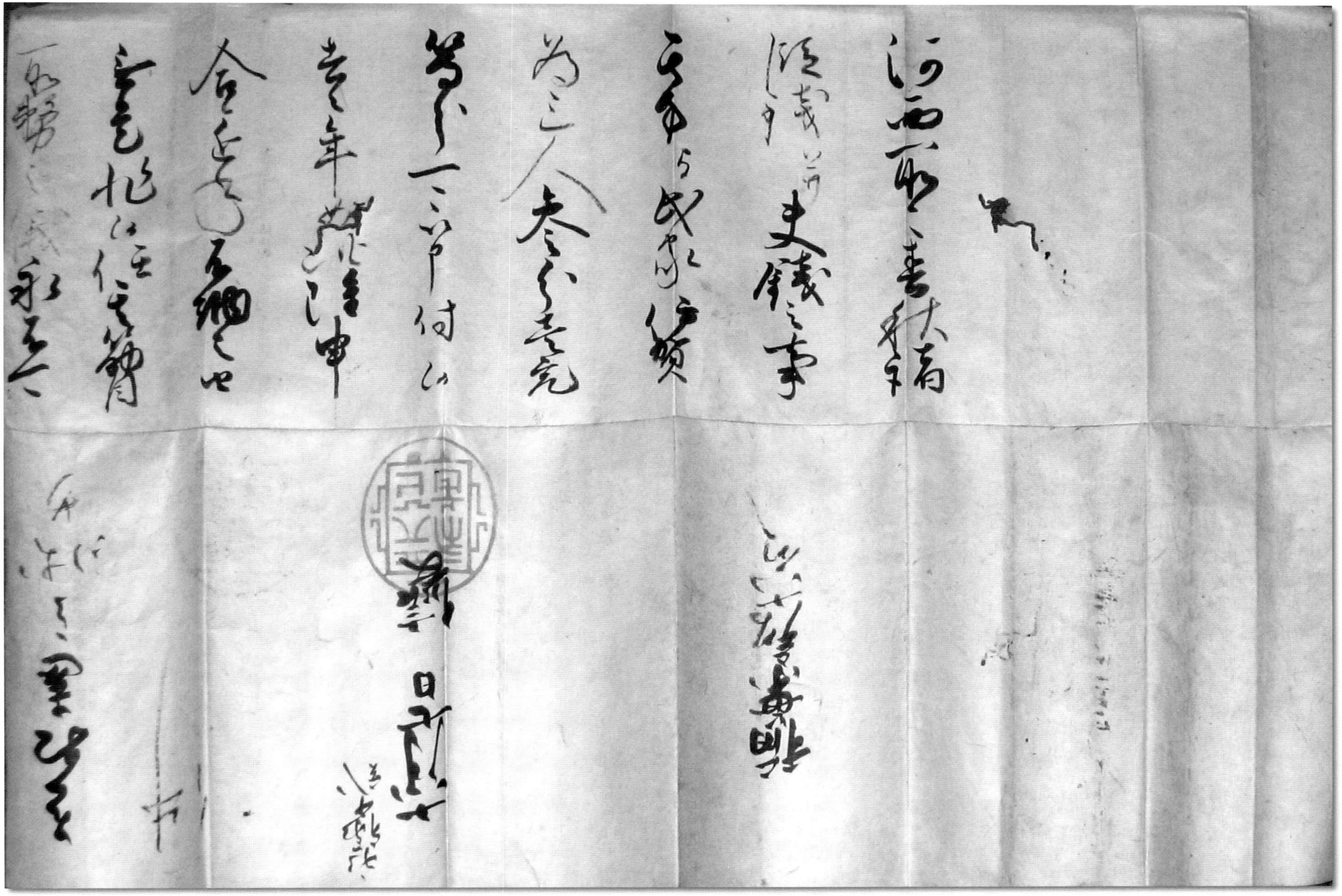

028 (永禄十二年)十月二十二日付け織田信長書状

本間美術館所蔵

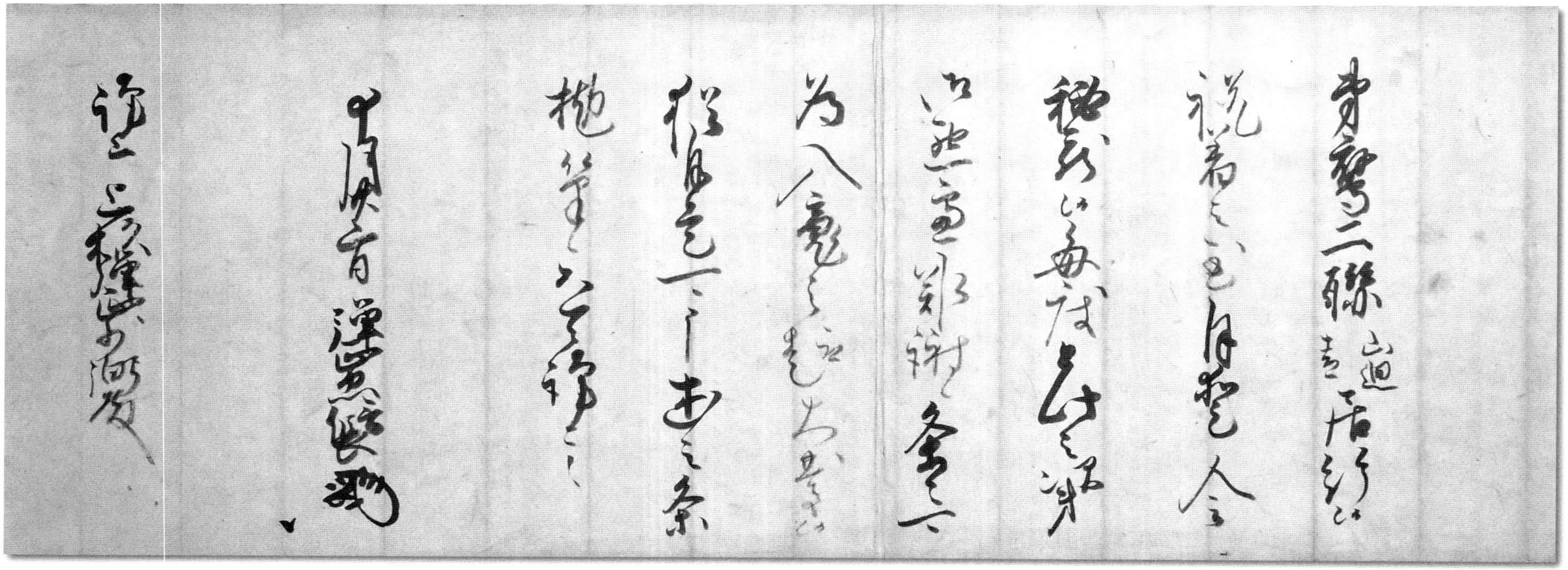

029

永禄十二年十一月六日付け領中方目録（織田信長朱印状写）

国立公文書館内閣文庫所蔵『土佐国蠹簡集』残篇四所収

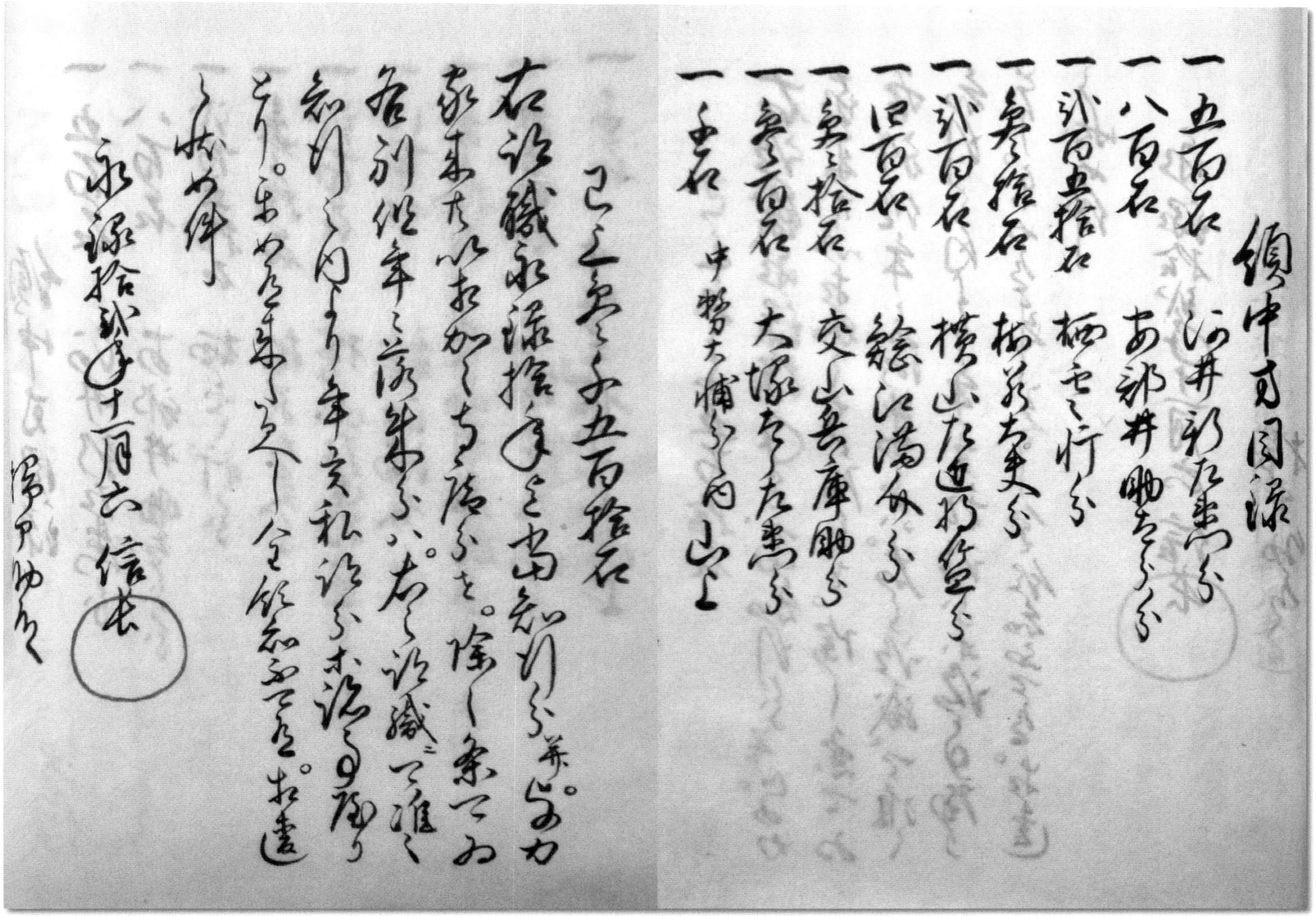

030 永禄十三年正月二十三日付け足利義昭・織田信長条書

石川武美記念図書館
成簣堂文庫所蔵

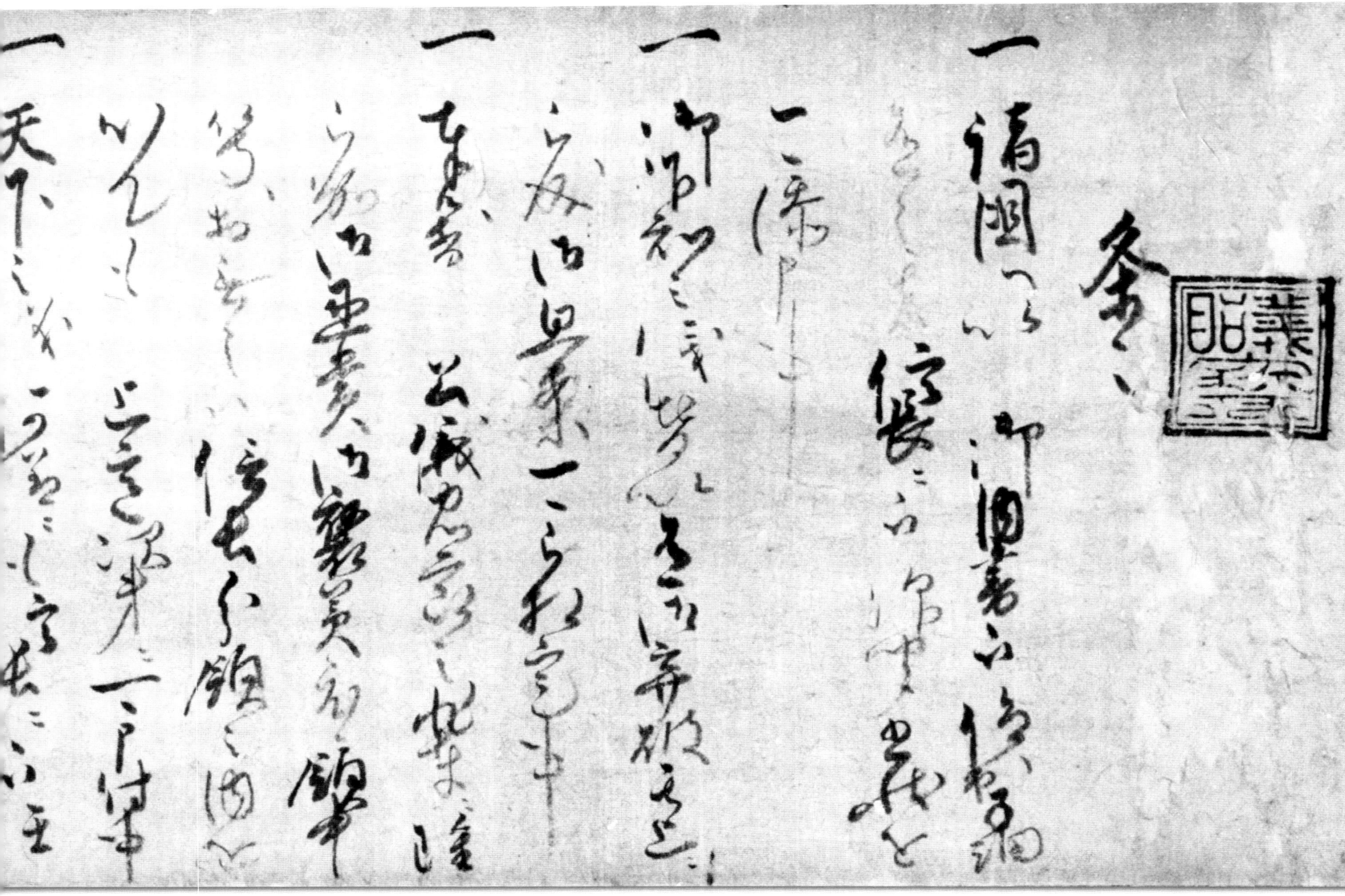

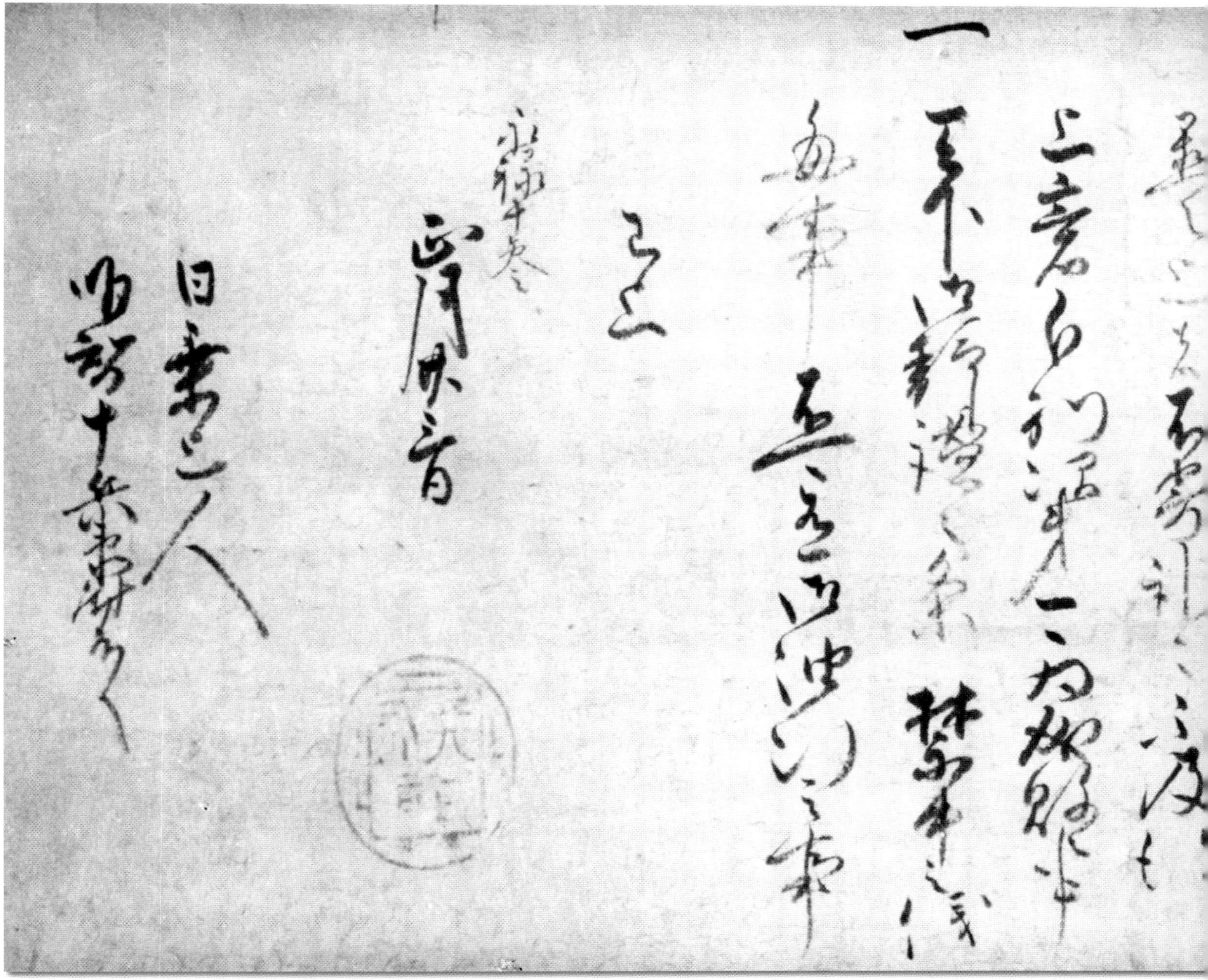
上意分別次第可為成敗之事
一　天下御静謐之条、禁中之儀
毎事不可有御油断之事
已上
永禄十参
正月廿三日　（朱印）
日乗上人
明智十兵衛尉殿

031 永禄十三年正月二十三日付け織田信長書状写

天理大学附属天理図書館所蔵
『二条宴乗日記』同日条

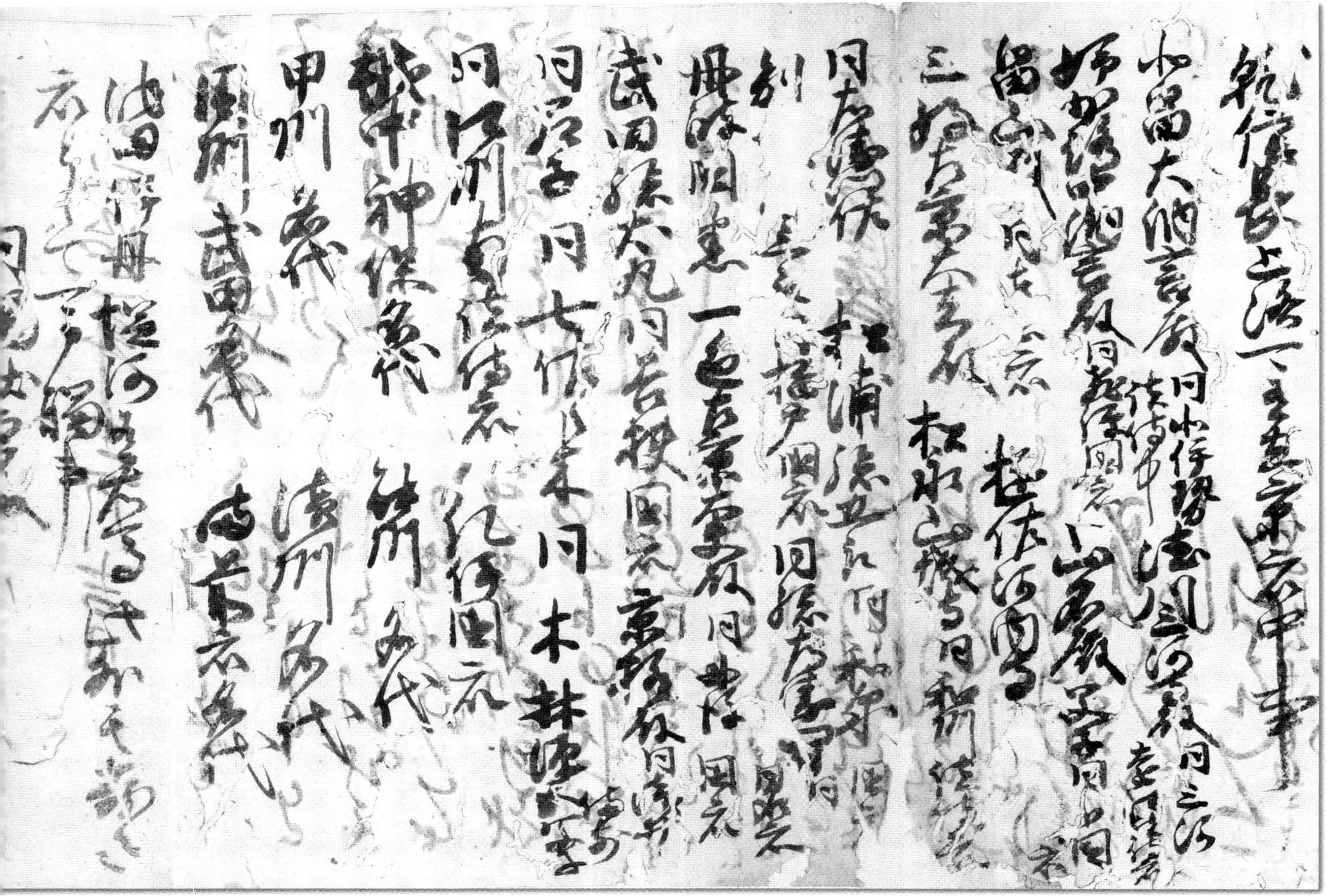

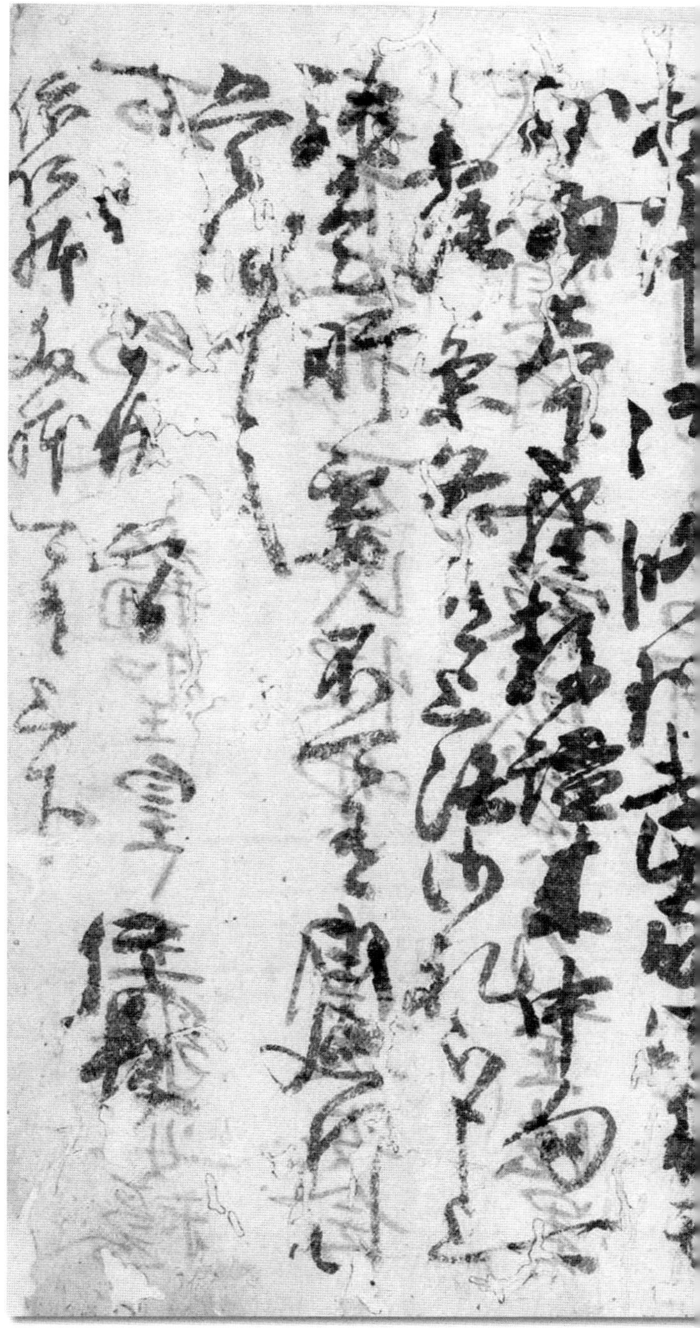

織田信長書状写（2/2）

032 （永禄十三年）三月十八日付け織田信長書状

九州国立博物館保管

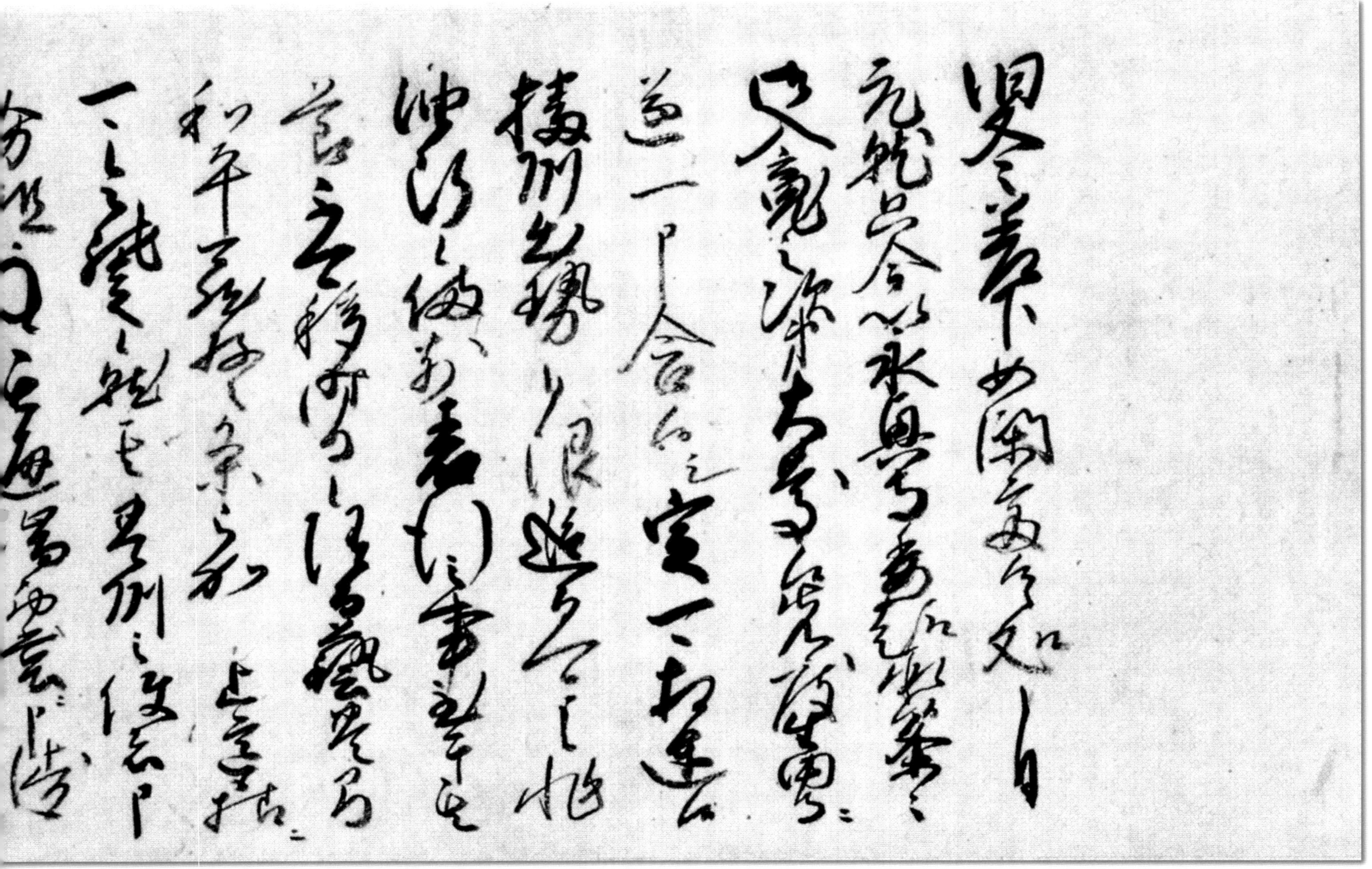

織田信長書状（1/2）

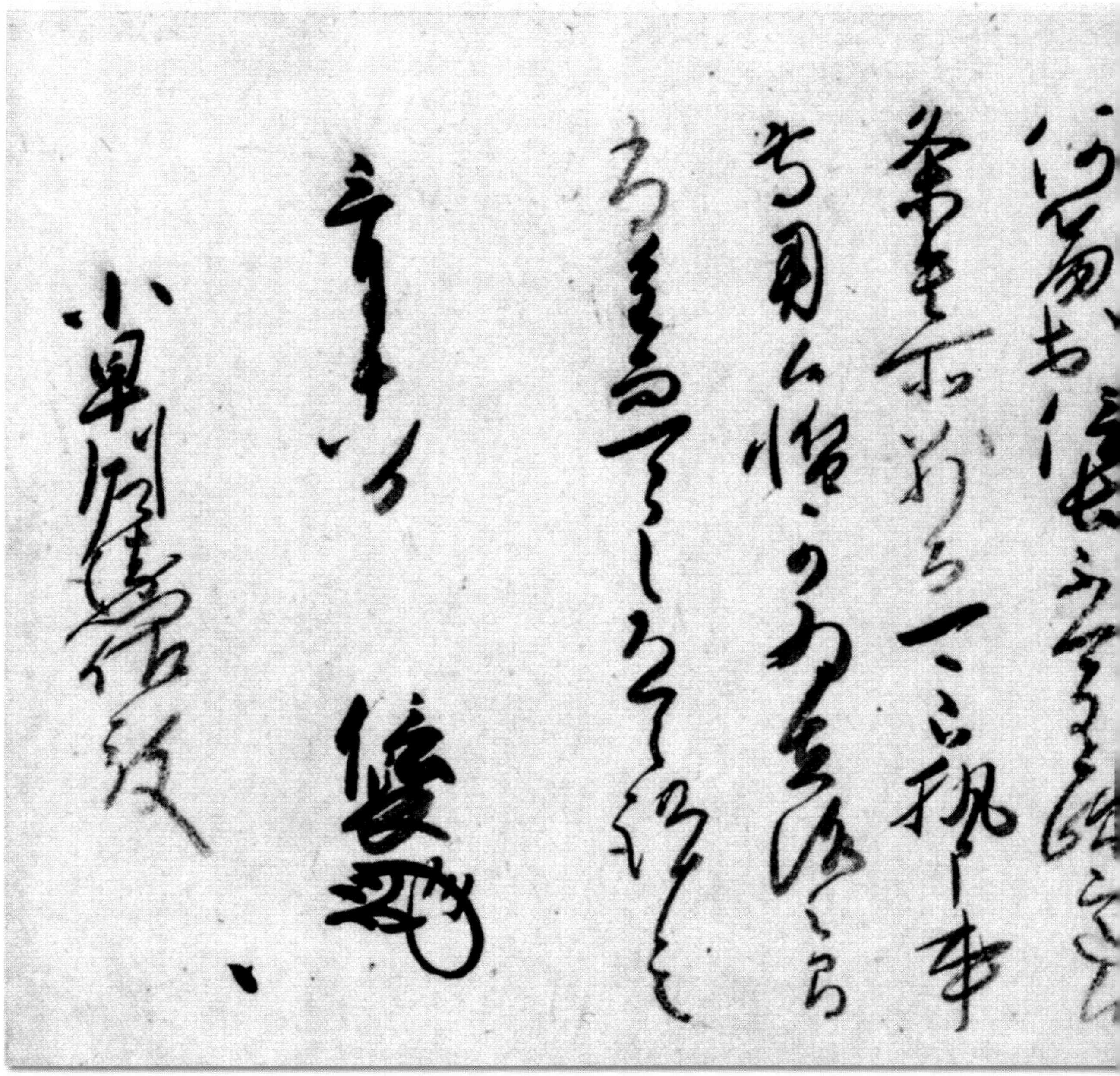

織田信長書状（2/2）

033

（永禄十三年）三月二十三日付け織田信長書状

毛利博物館所蔵

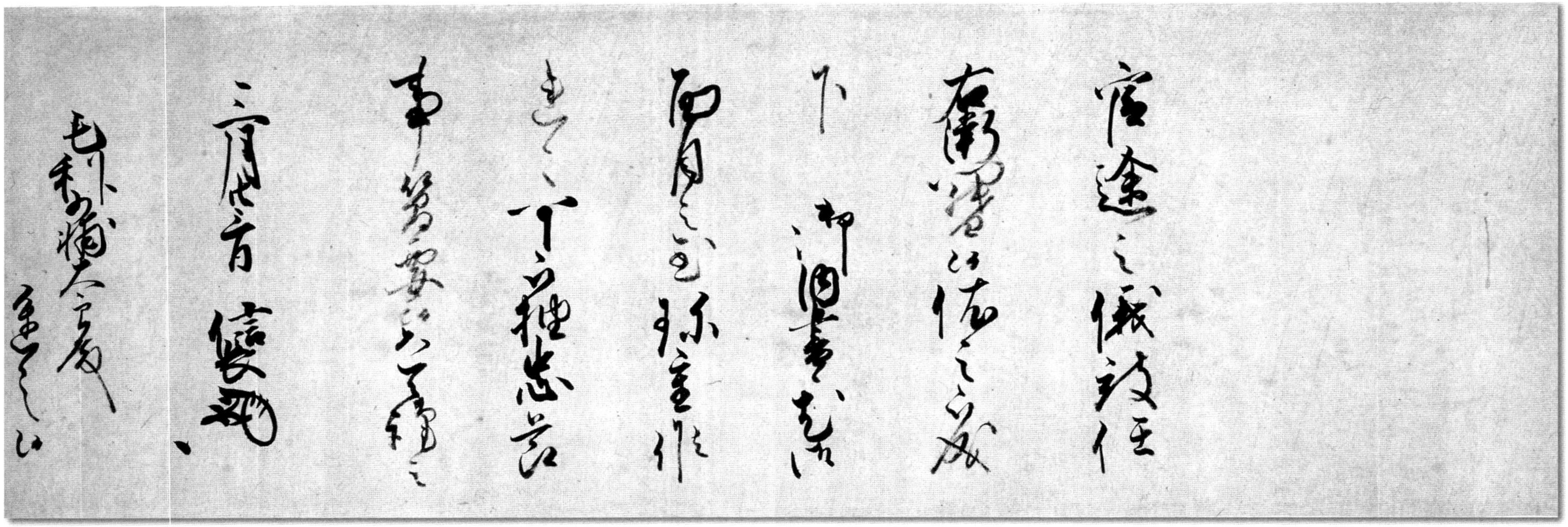

034

元亀元年卯月二十三日付け織田信長朱印状

京都府立総合資料館所蔵

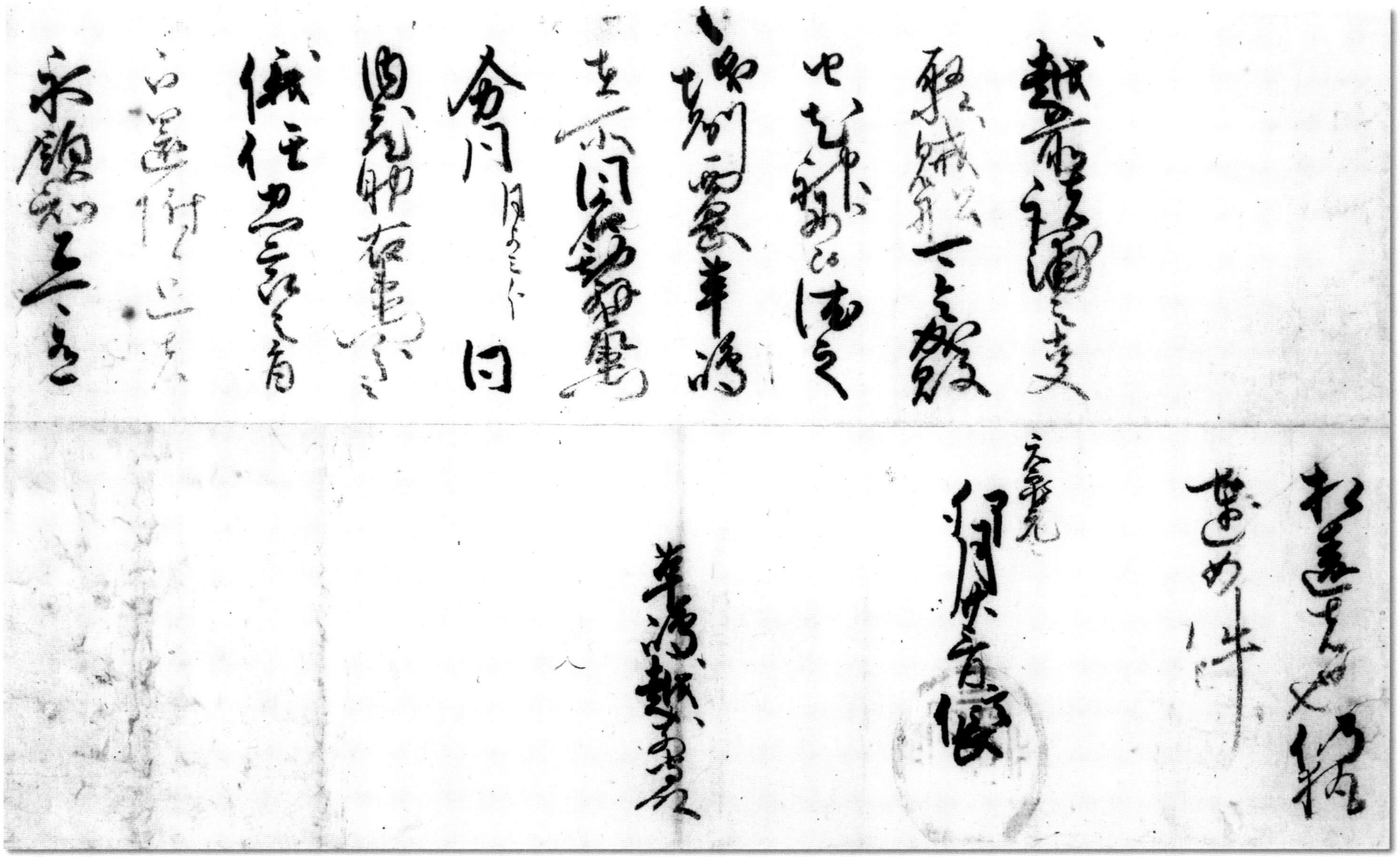

035

(元亀元年)五月四日付け織田信長書状

名古屋市博物館所蔵

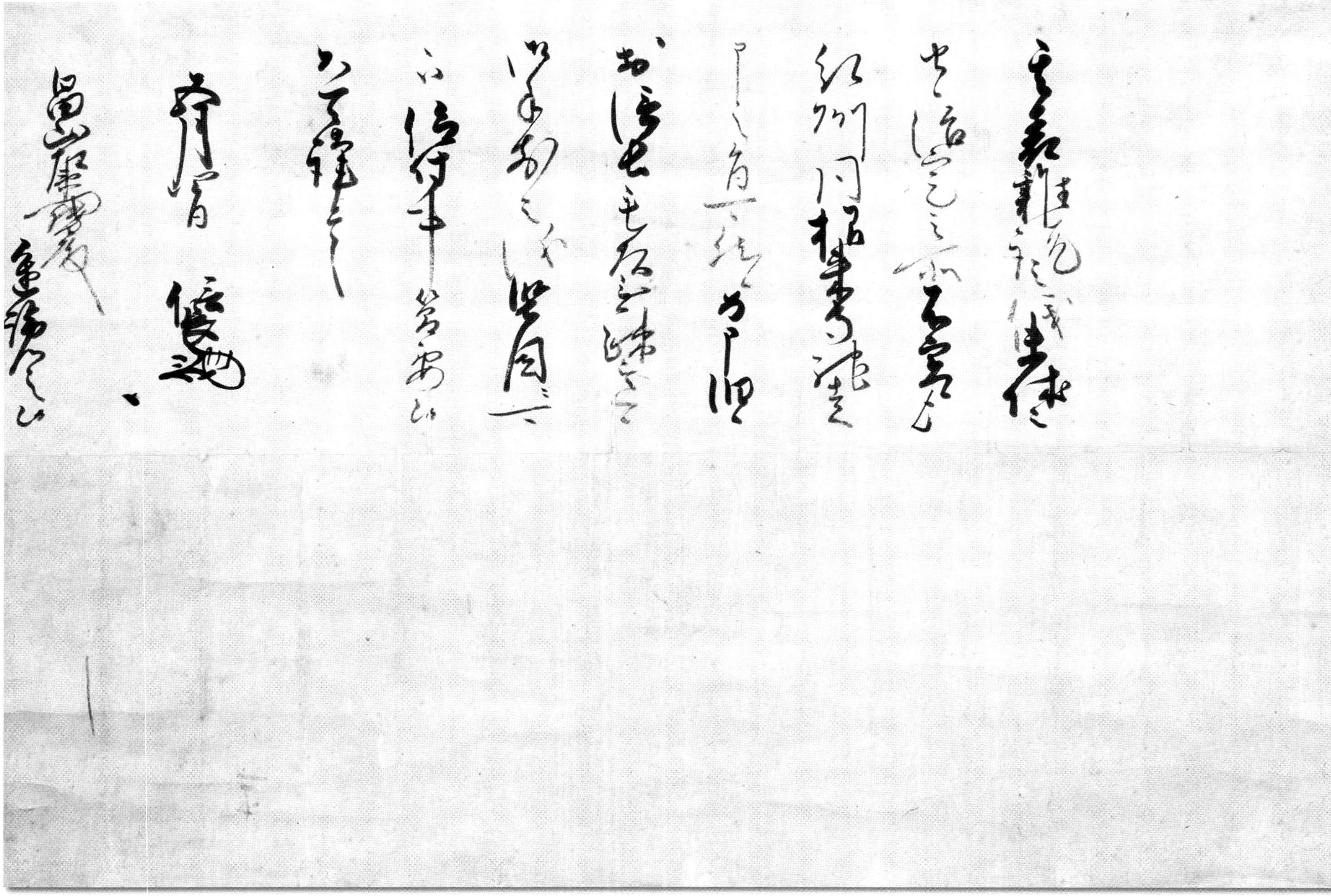

織田信長書状

036

元亀元年五月十五日付け領中方目録(織田信長朱印状)

美濃加茂市民ミュージアム所蔵

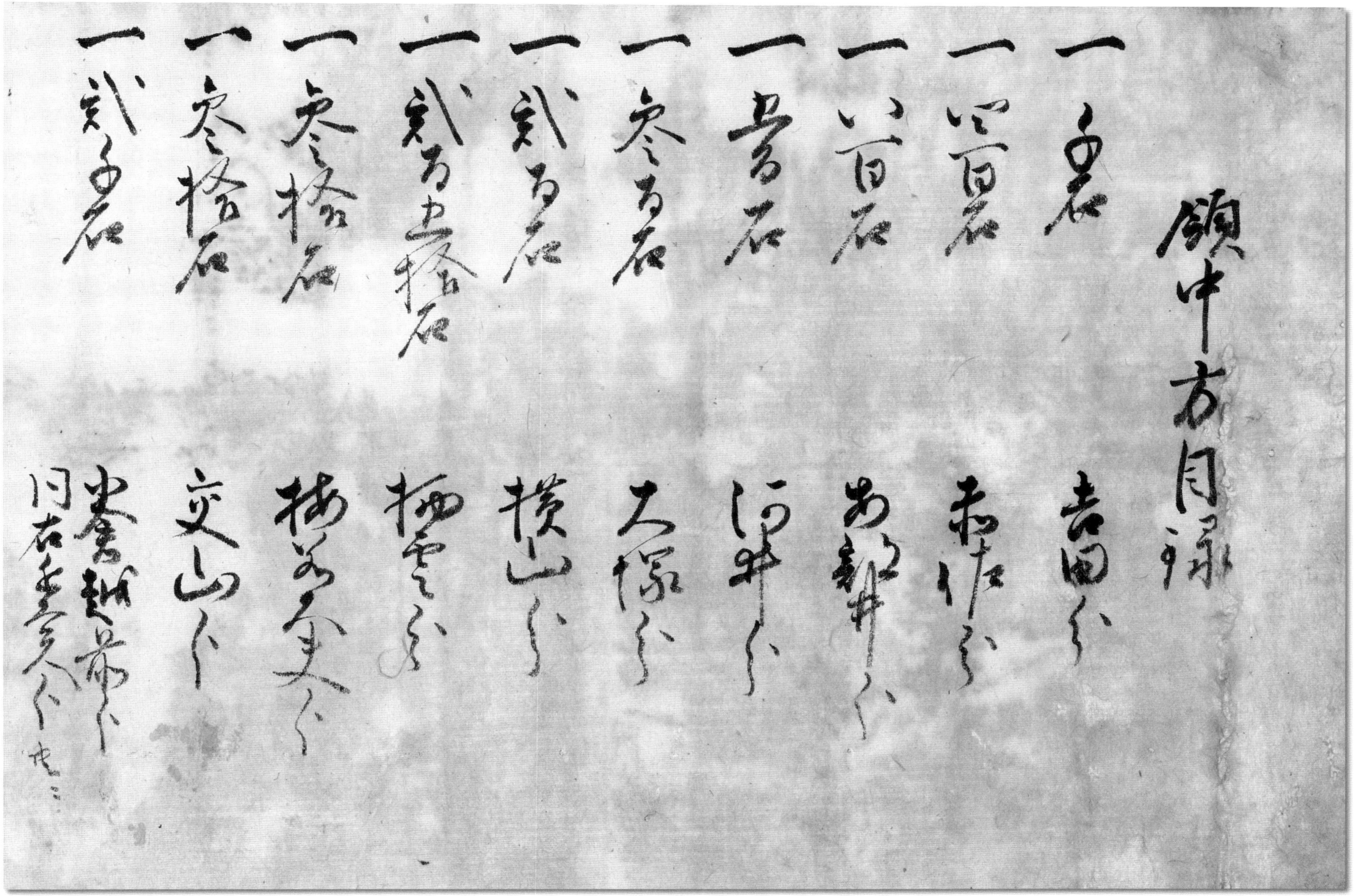

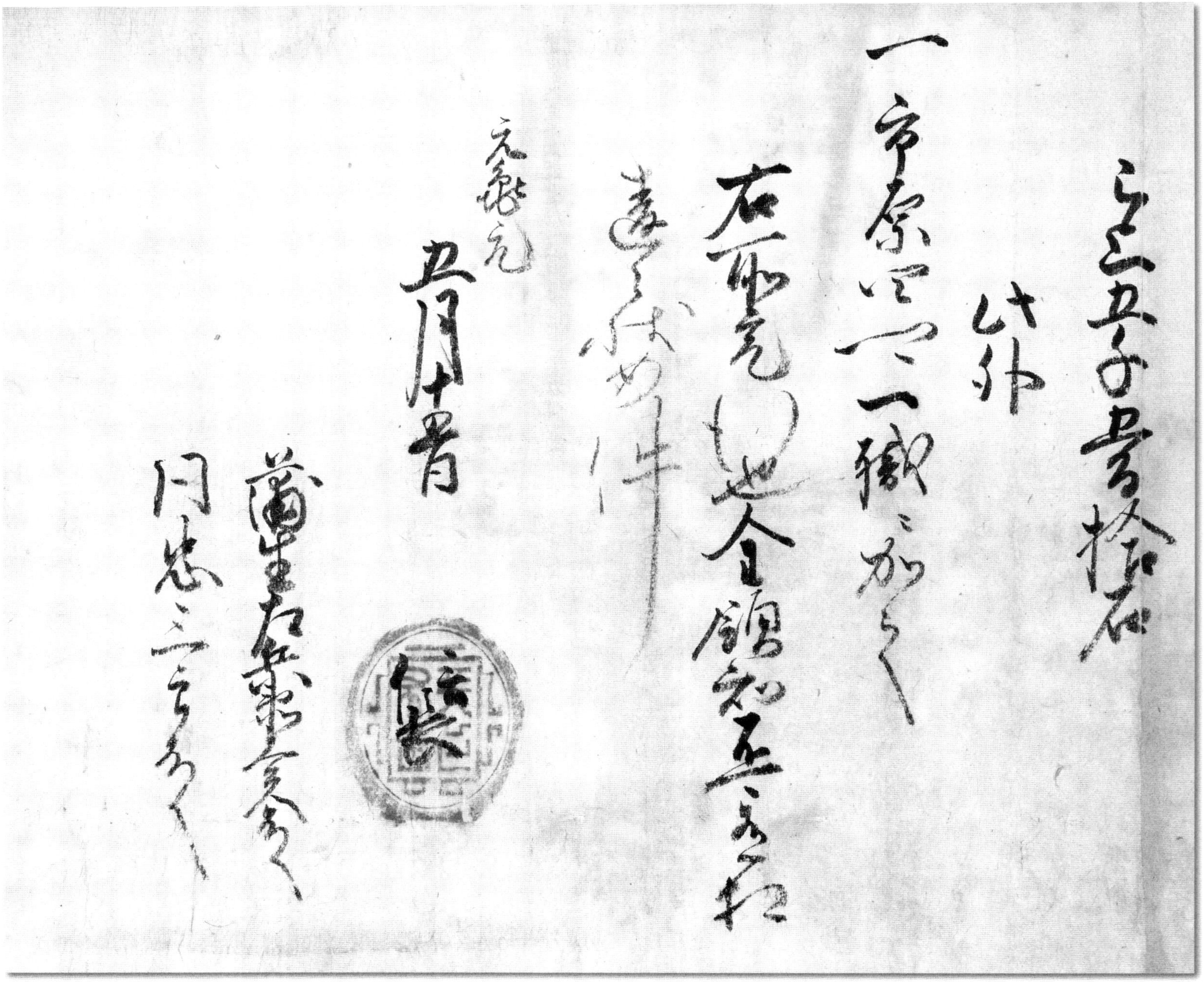
已上五千五百拾石
此外
一 市原にて一郷かたく
右所充行也、全領知不可有相違之状如件
元亀元
五月廿五日（朱印）
蒲生右兵衛大夫とのへ
同忠三郎とのへ

領中方目録（織田信長朱印状）(2/2)

037 (元亀元年)五月二十五日付け織田信長朱印状写

東京大学史料編纂所所蔵影写本

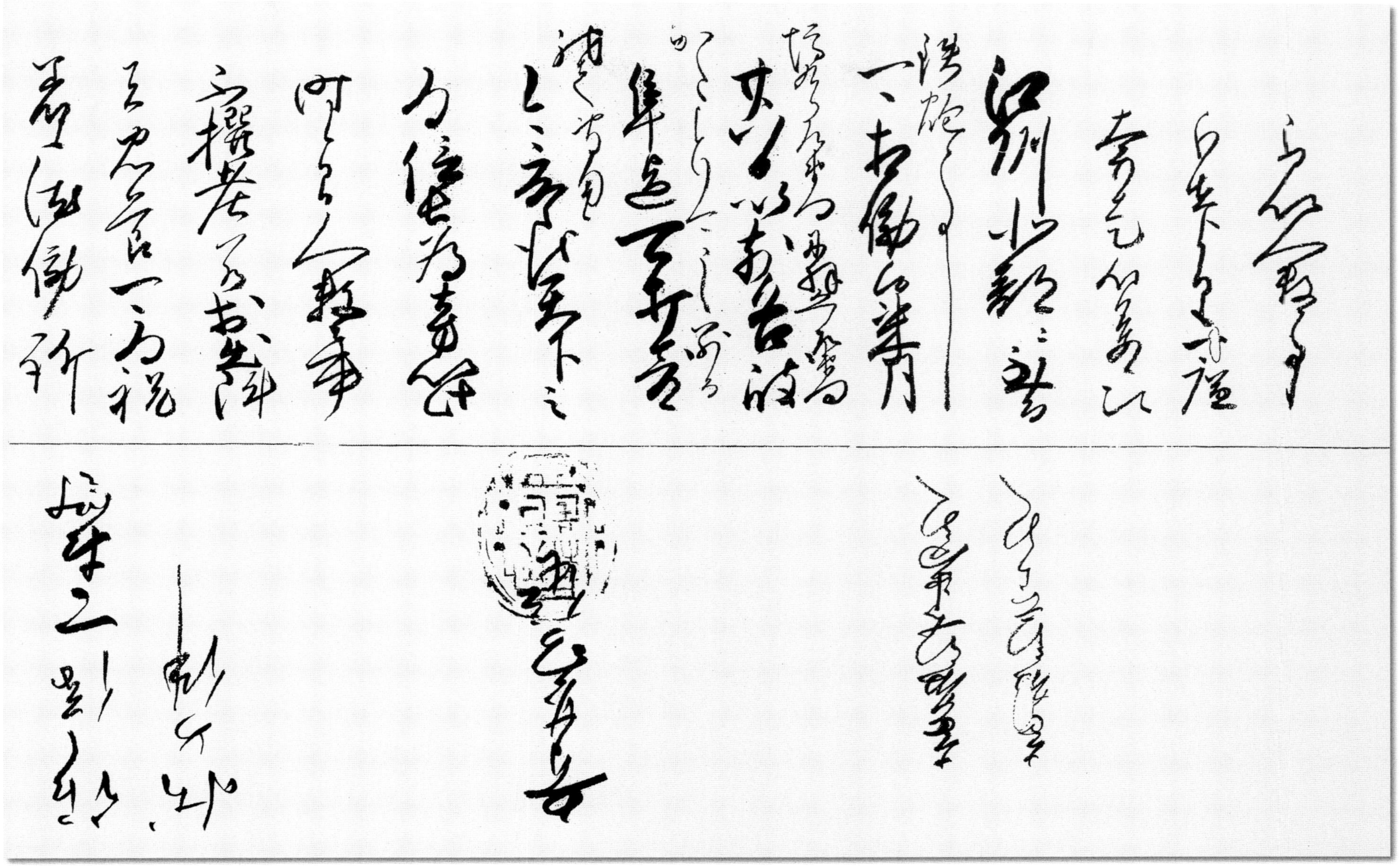

038 (元亀元年)七月十日付け織田信長覚書

毛利博物館所蔵

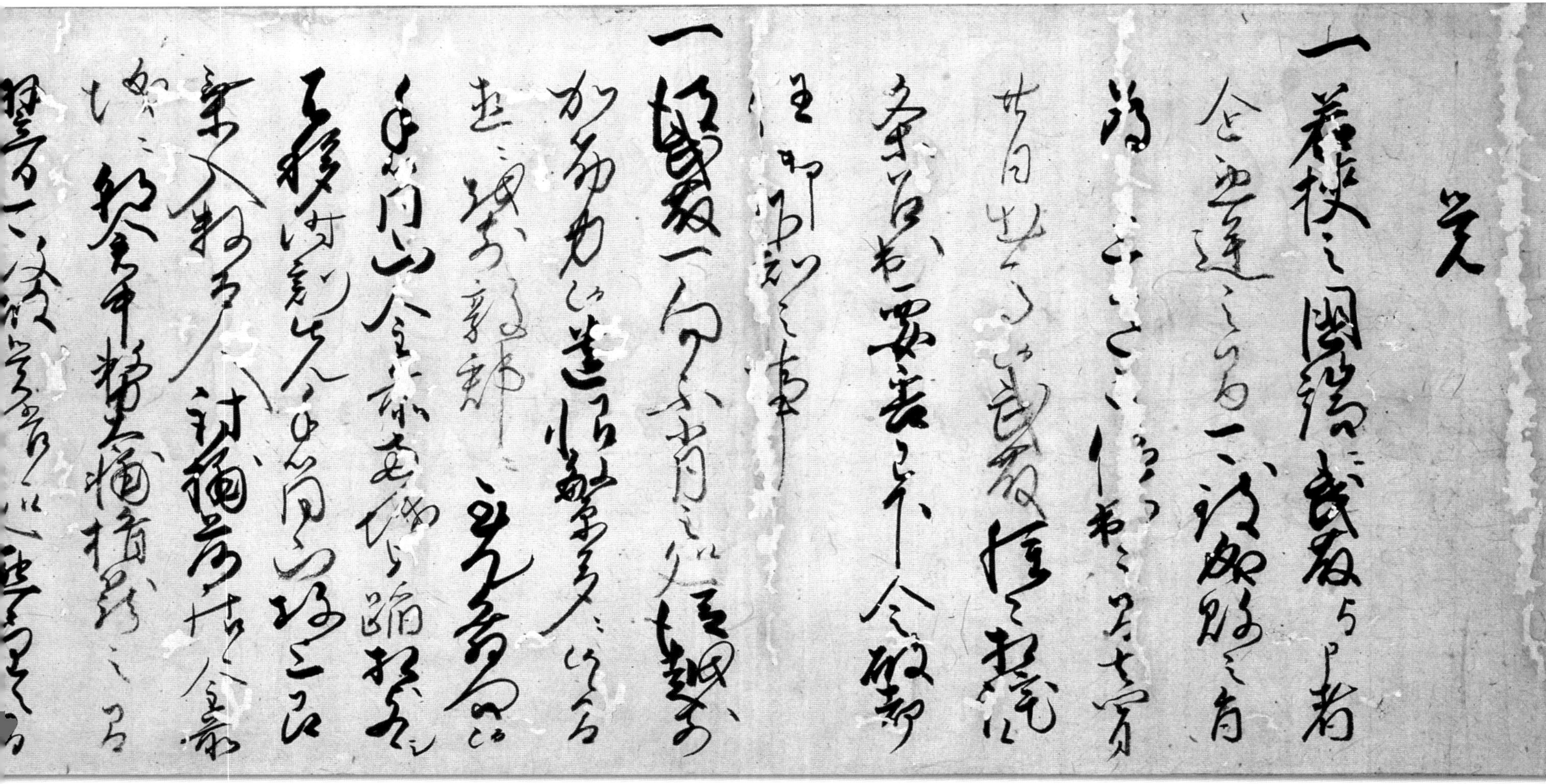

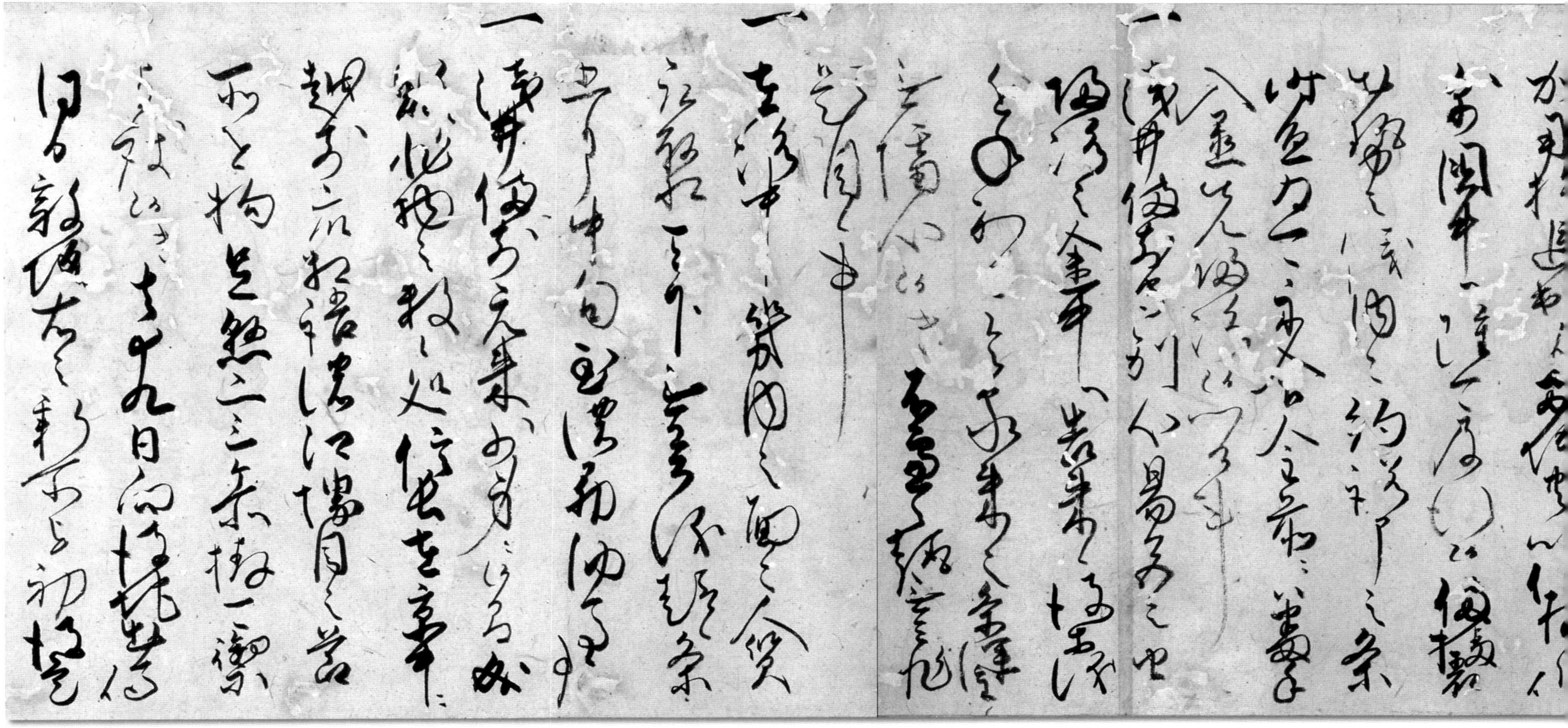

織田信長覚書（2/4）

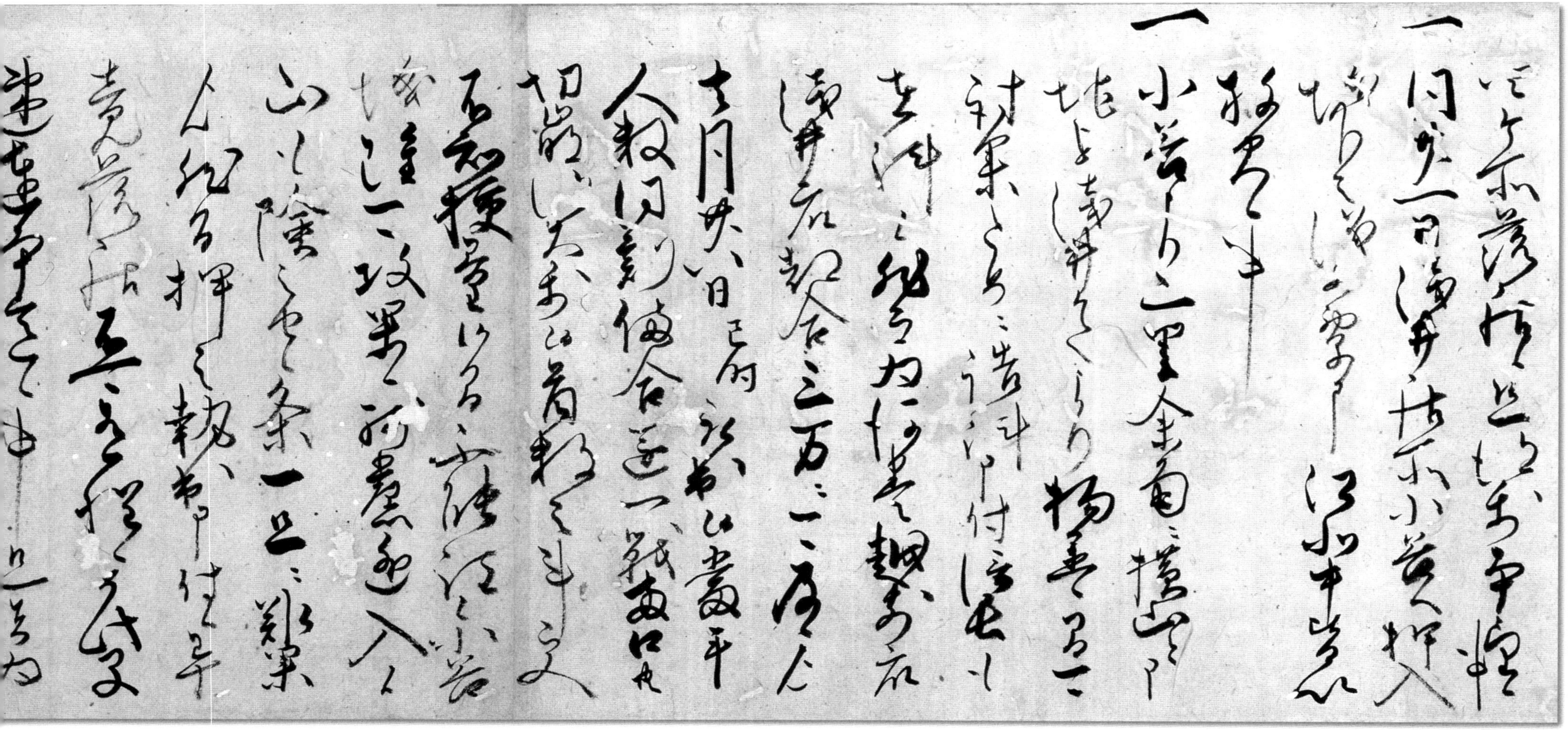

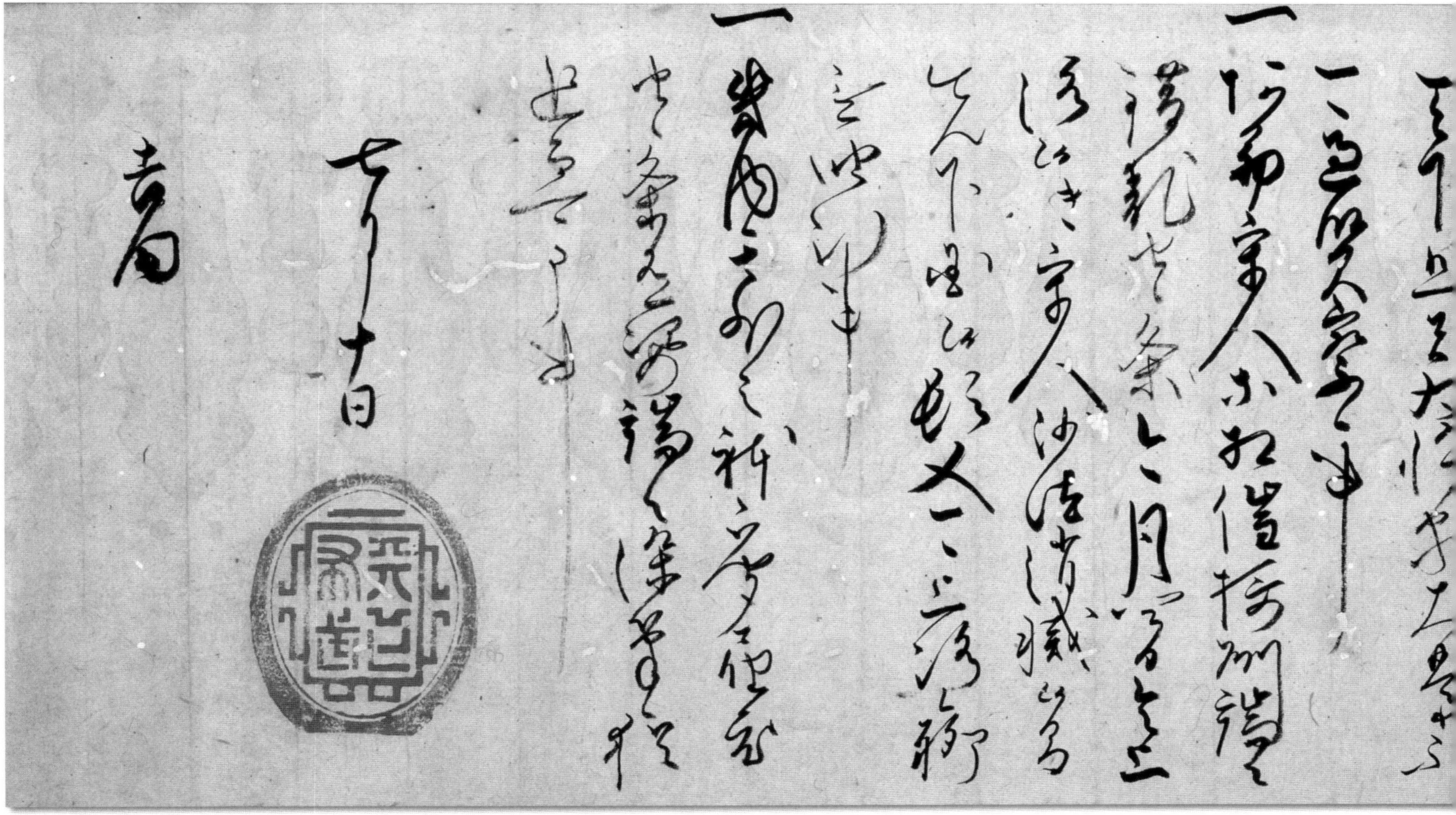

039

(元亀元年)十月二日付け織田信長書状

美濃加茂市民ミュージアム所蔵

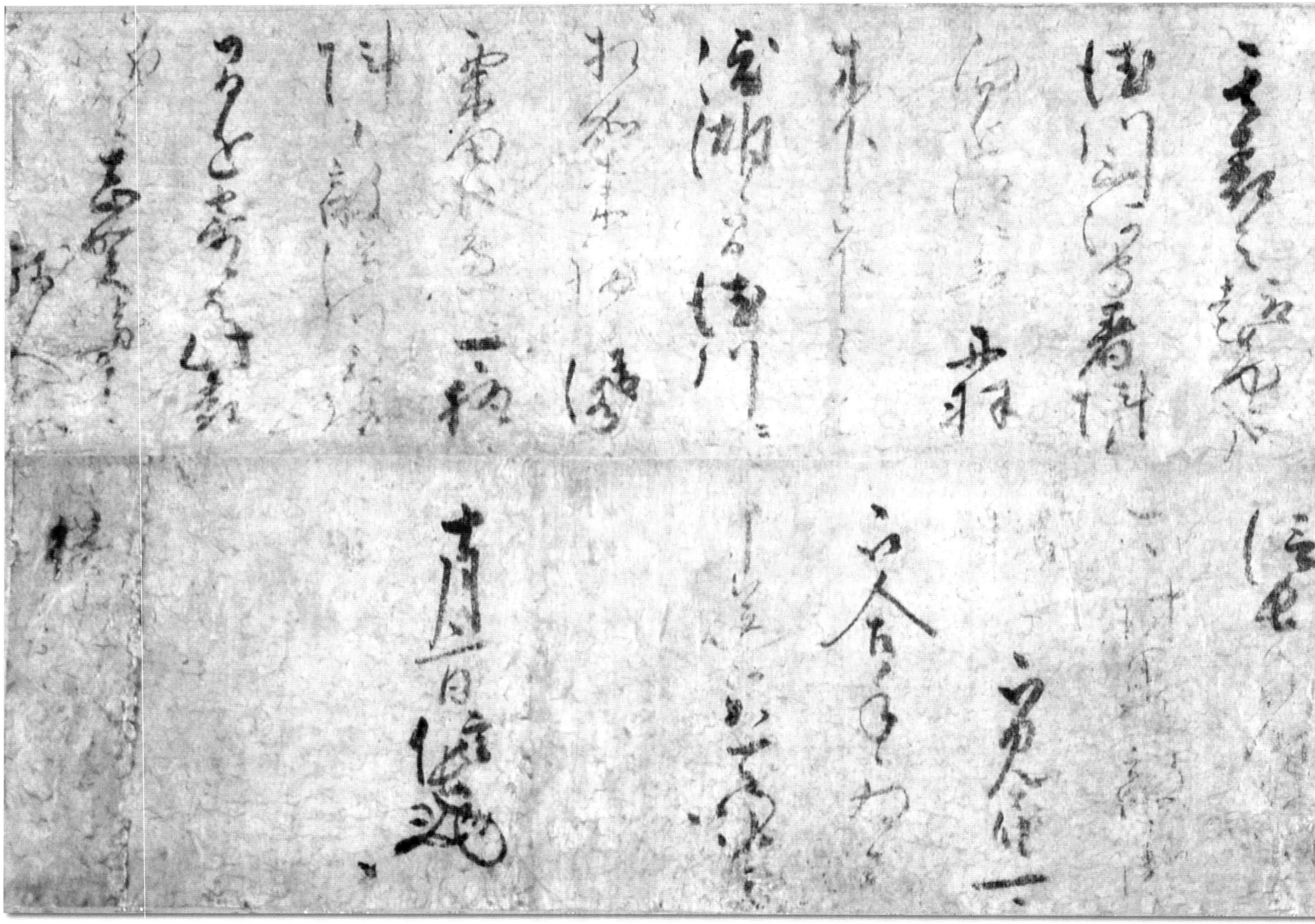

040 (元亀元年)十月六日付け織田信長朱印状

加賀本多博物館所蔵

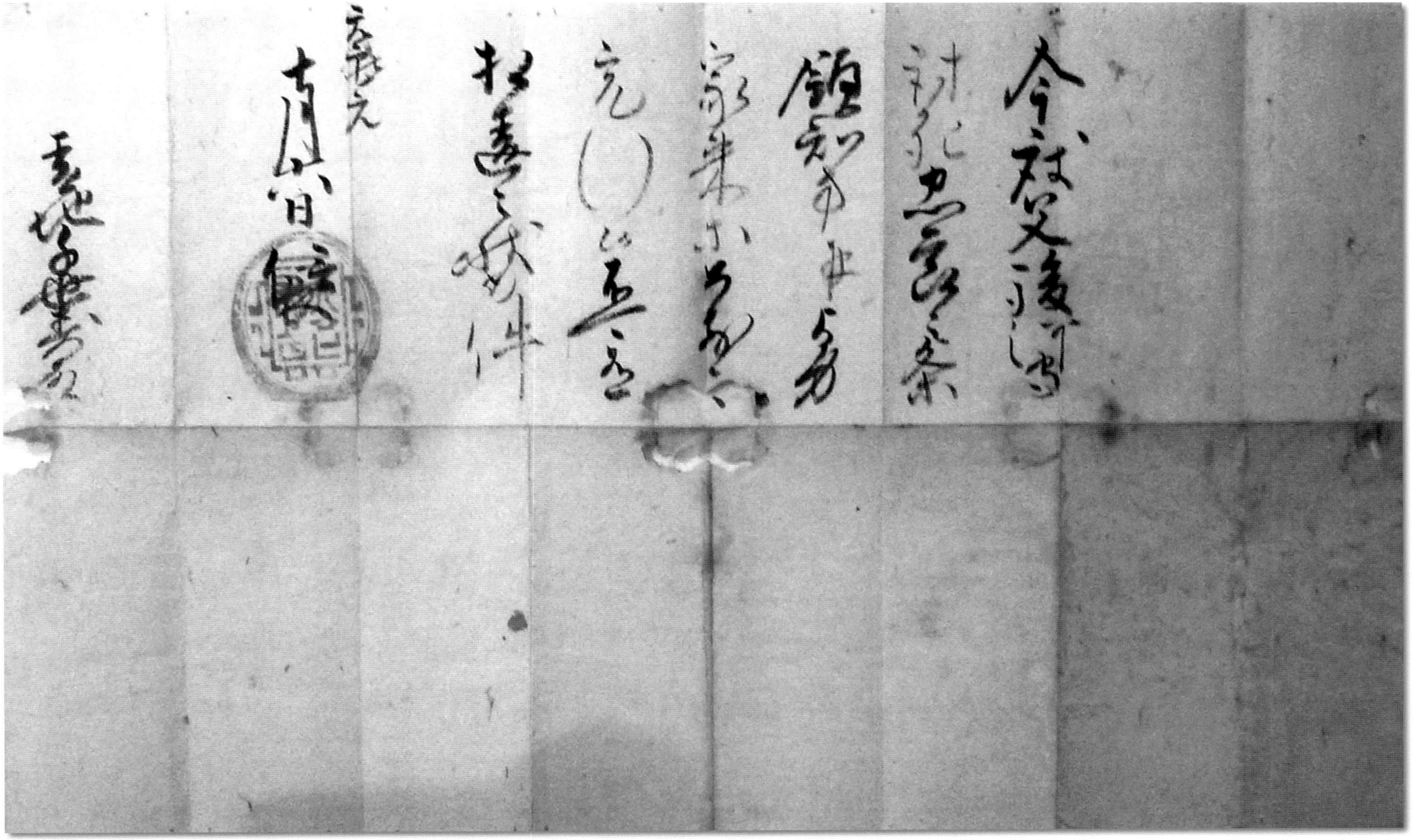

041 (元亀元年)十一月二十四日付け織田信長書状

名古屋市博物館所蔵

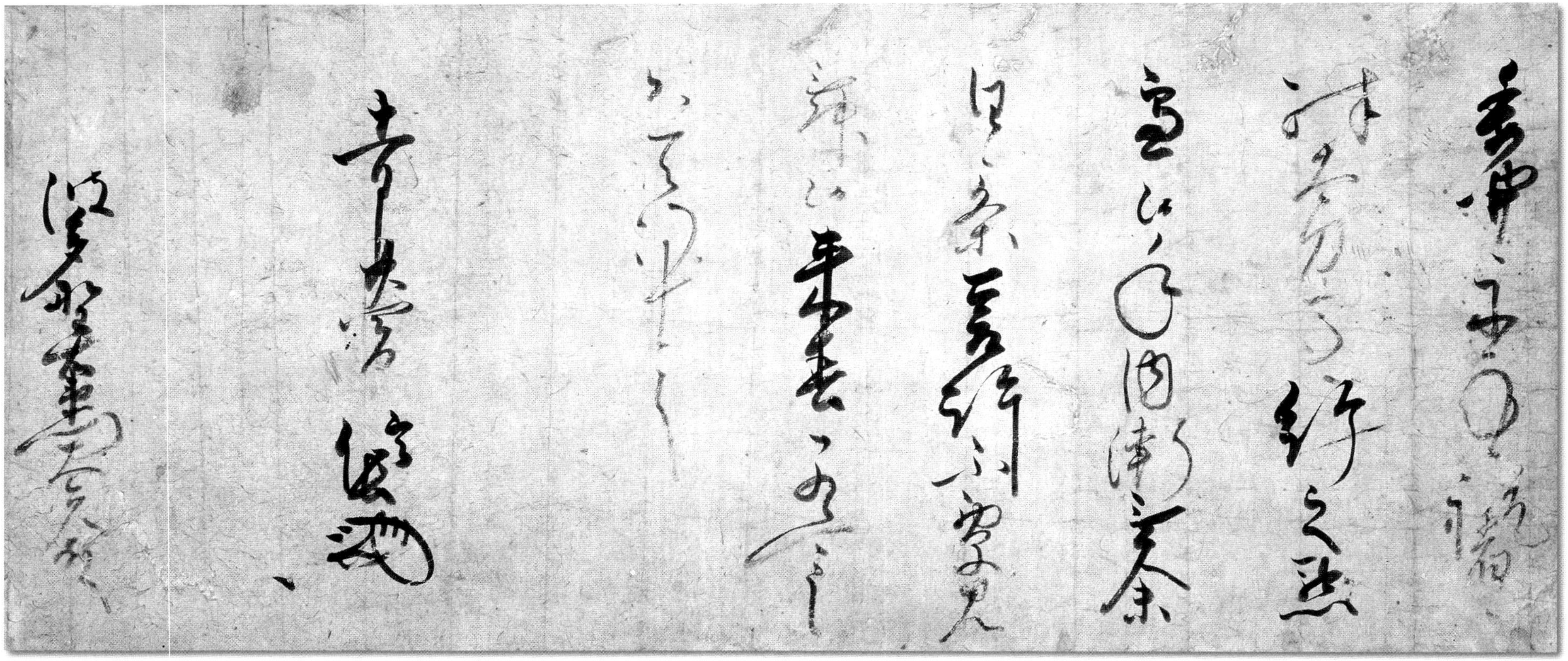

042

元亀元年十二月二十八日付け織田信長朱印状

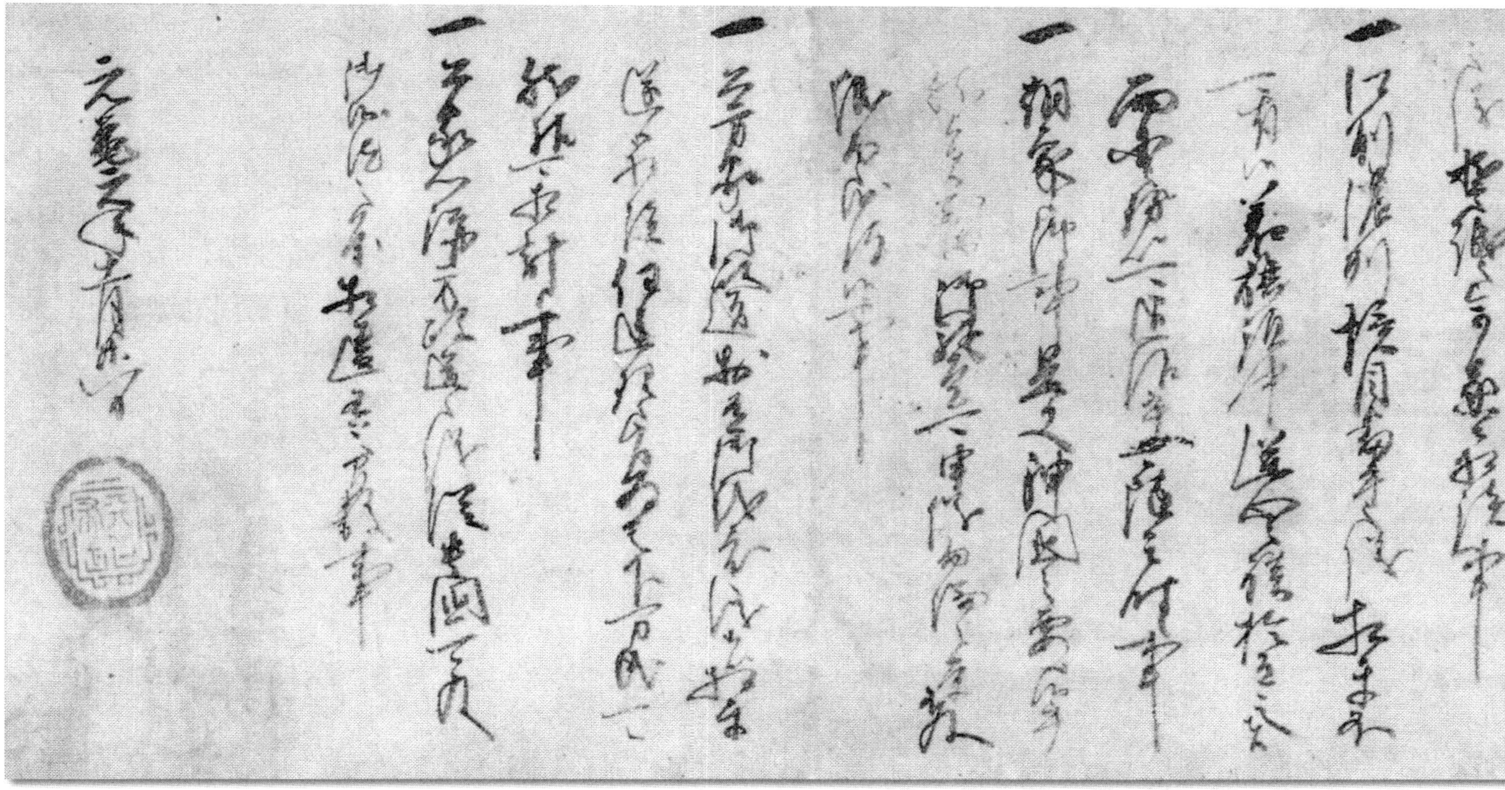

『書画 蒐集と鑑賞』第十三号所収

043

(元亀二年)二月二十八日付け織田信長書状

立花家史料館所蔵

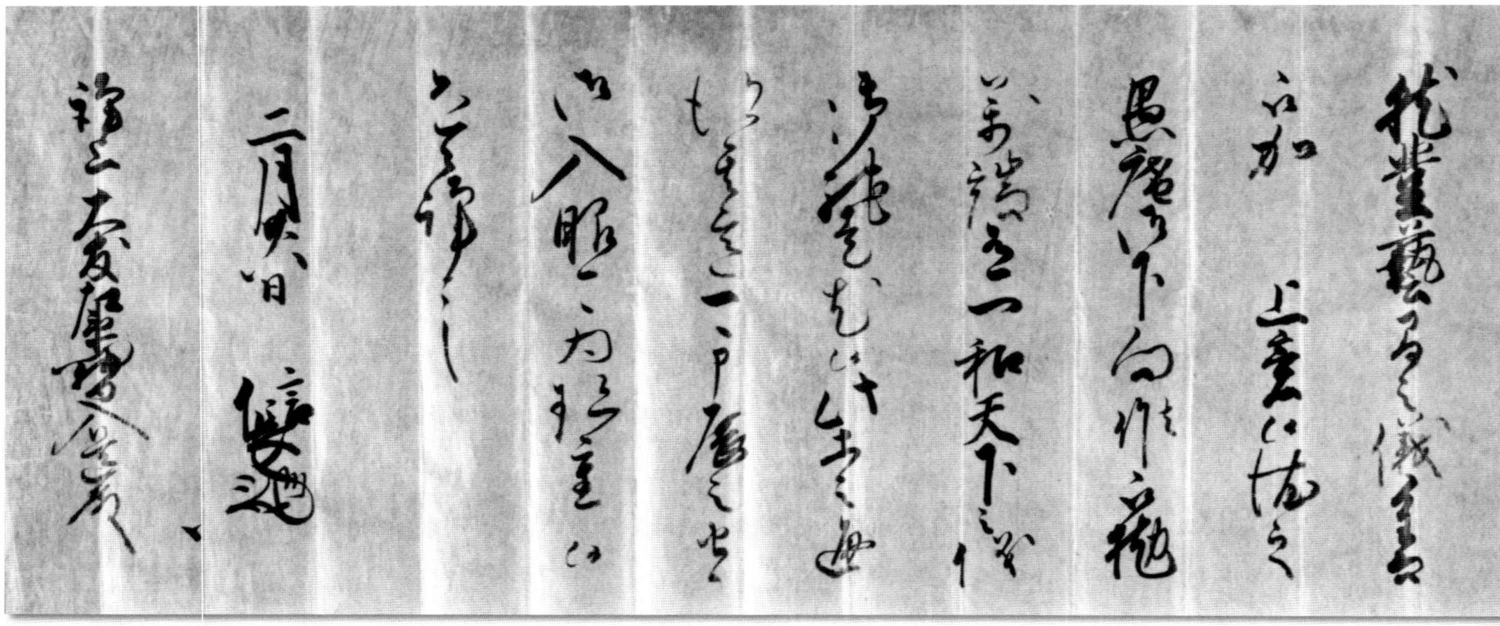

044

(元亀二年)三月二十日付け織田信長書状

米沢市上杉博物館所蔵

045 (元亀二年)六月十三日付け織田信長朱印状写

東京大学史料編纂所所蔵影写本

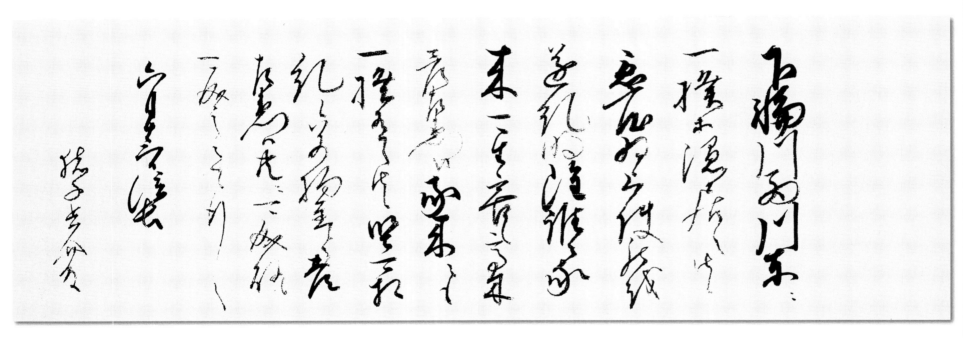

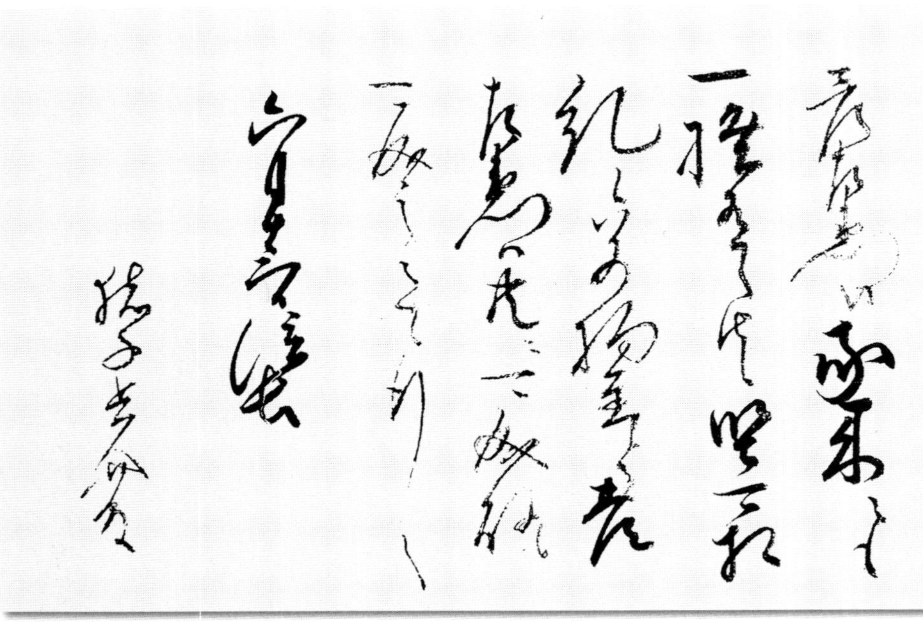

046 （元亀二年）六月二十日付け織田信長書状

山口県文書館所蔵

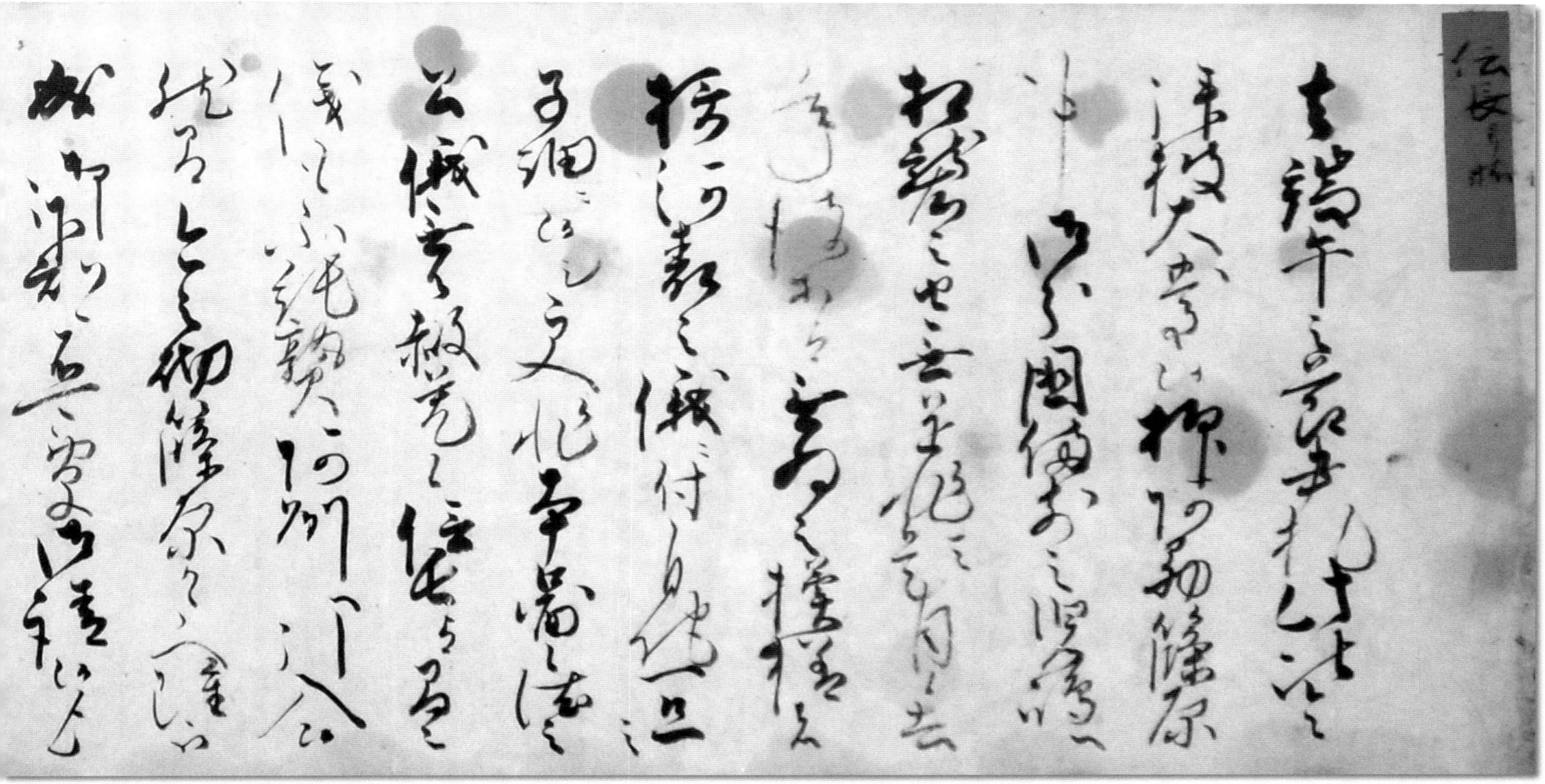

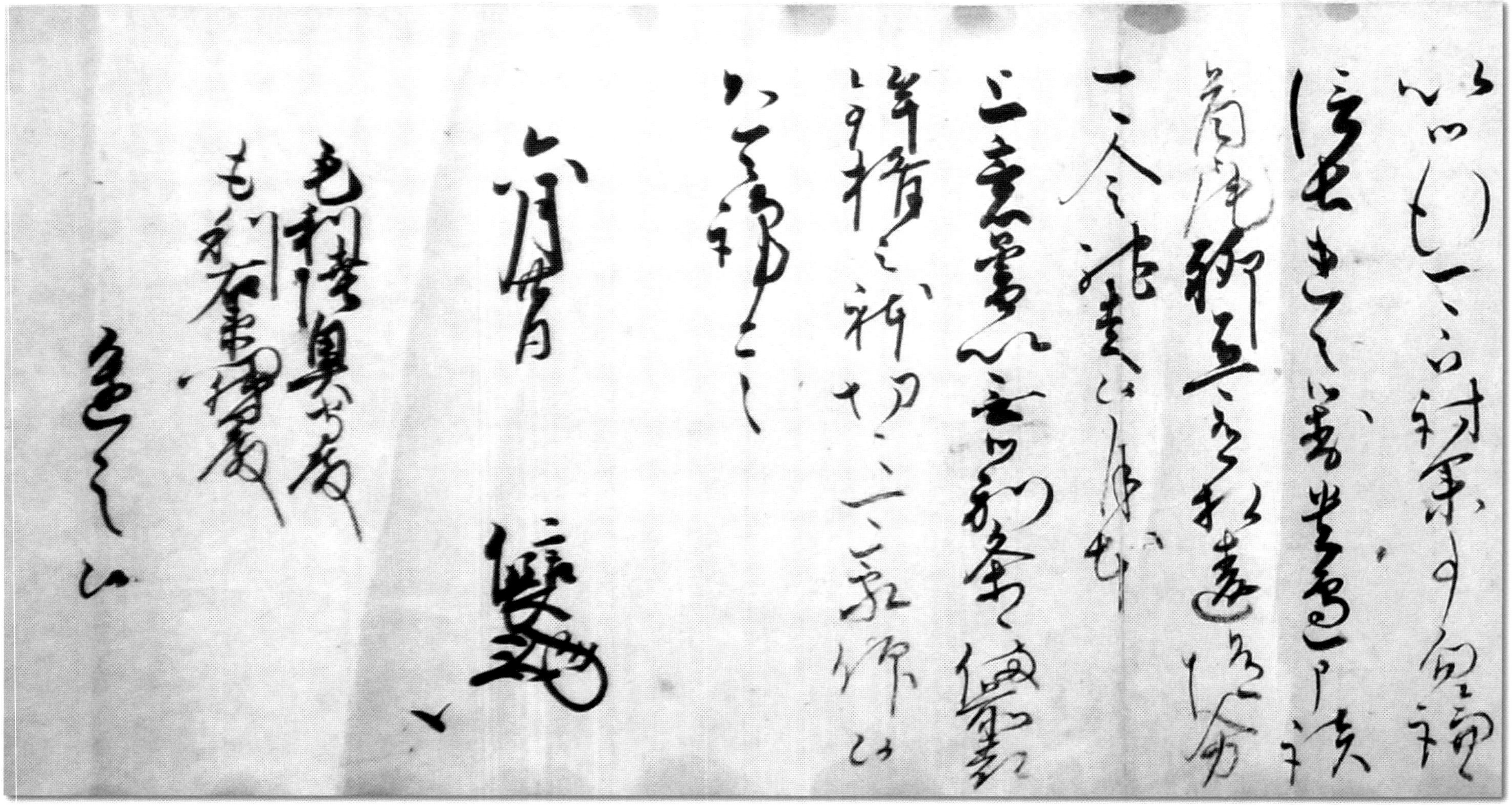

047

元亀二年七月五日付け織田信長朱印状

国立公文書館内閣文庫所蔵

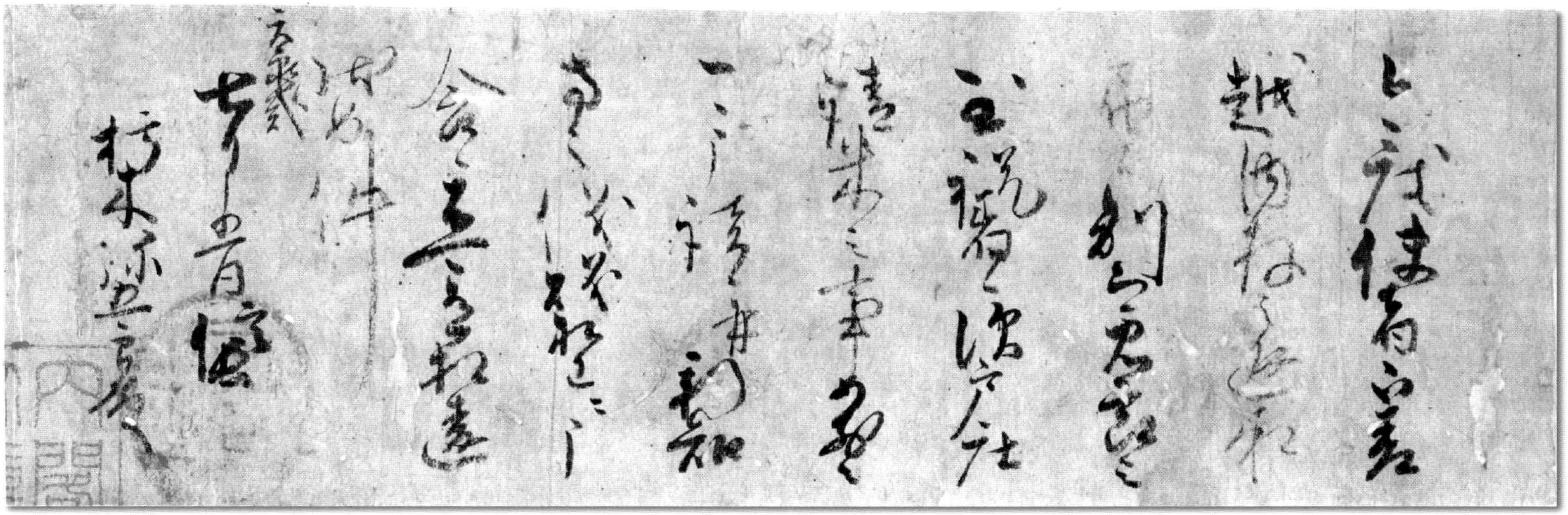

048 (元亀二年)八月十四日付け織田信長書状

京都府立総合資料館所蔵

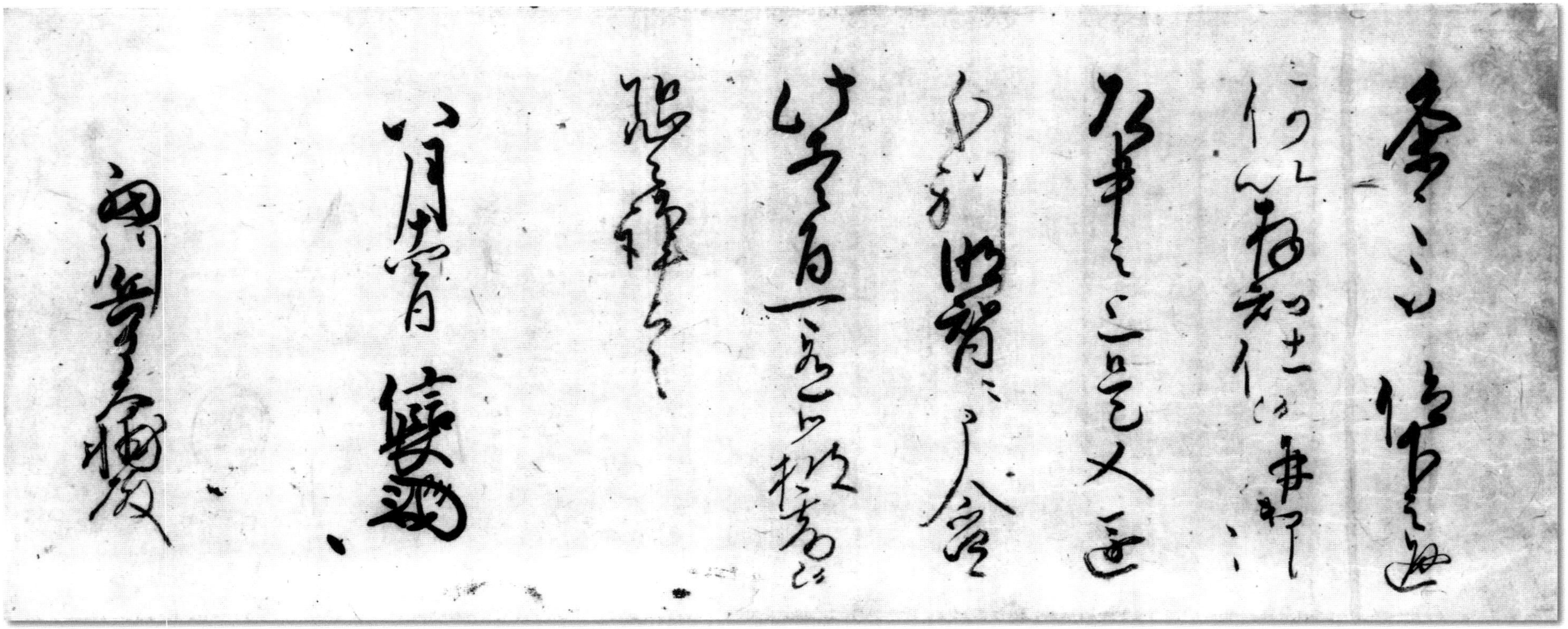

049

元亀二年八月十六日付け織田信長朱印状

岐阜県歴史資料館所蔵

050 元亀二年十月日付け織田信長朱印状

滋賀県立安土城考古博物館所蔵

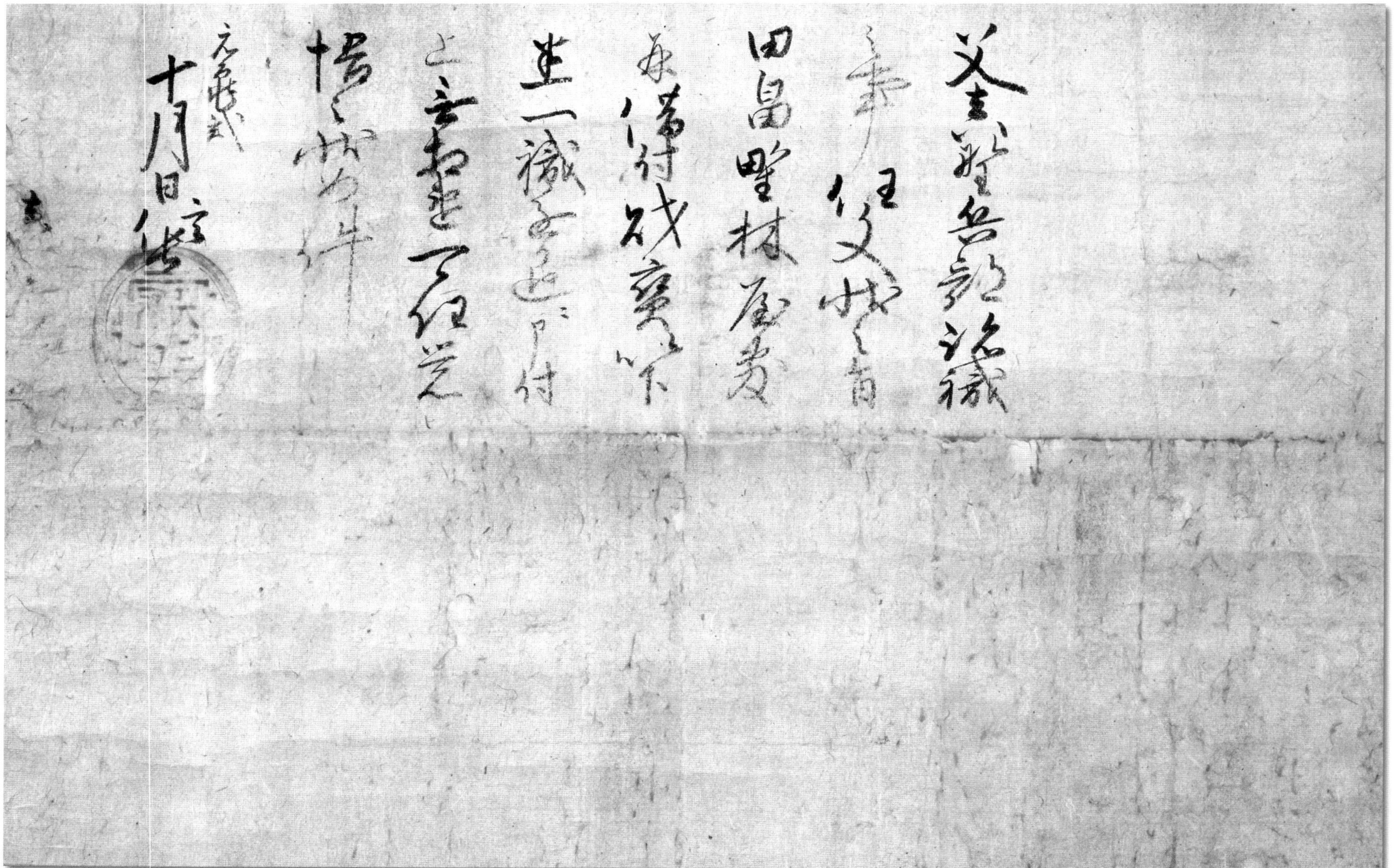

051 (元亀二年)十一月朔日付け織田信長書状写

京都大学大学院文学研究科所蔵影写本

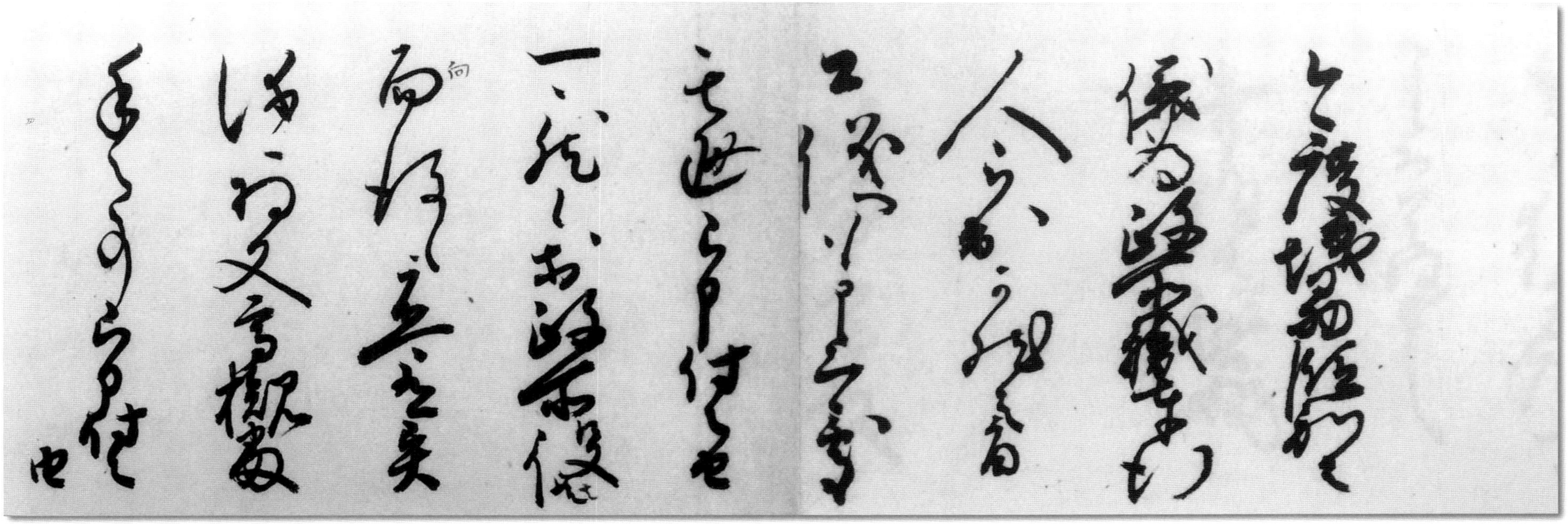

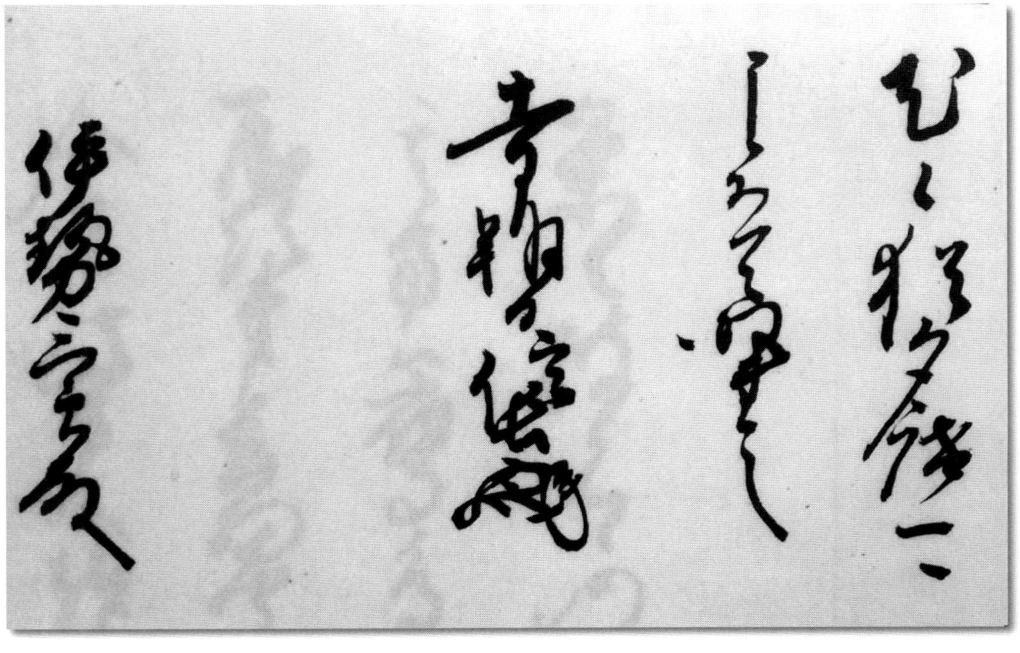

052

(元亀二年)十一月十四日付け織田信長朱印状

大阪城天守閣所蔵

053 (元亀二年)十二月十三日付け織田信長朱印状

岐阜県歴史資料館所蔵

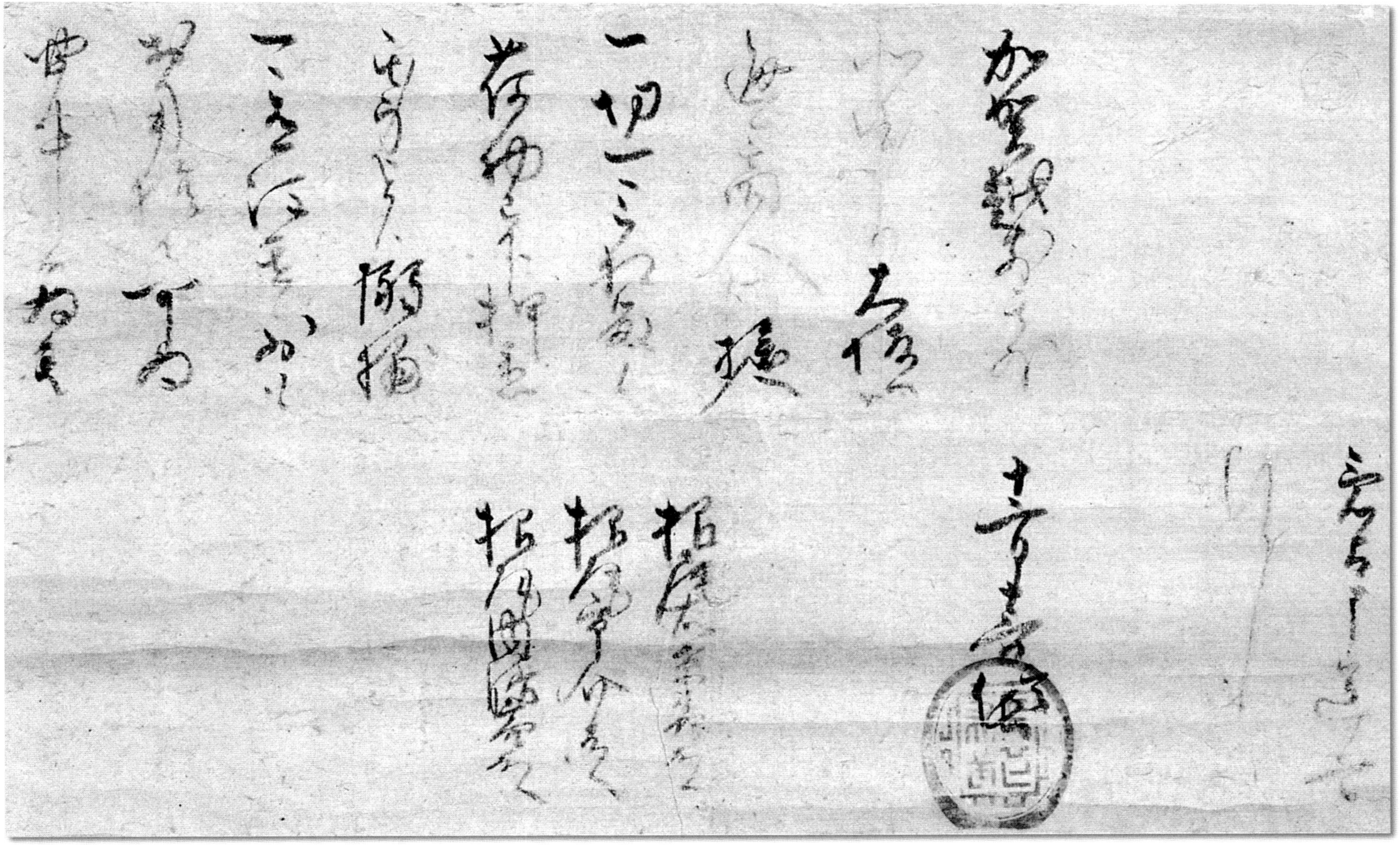

054

元亀二年十二月日付け領中方目録(織田信長朱印状写)

東京大学史料編纂所所蔵影写本

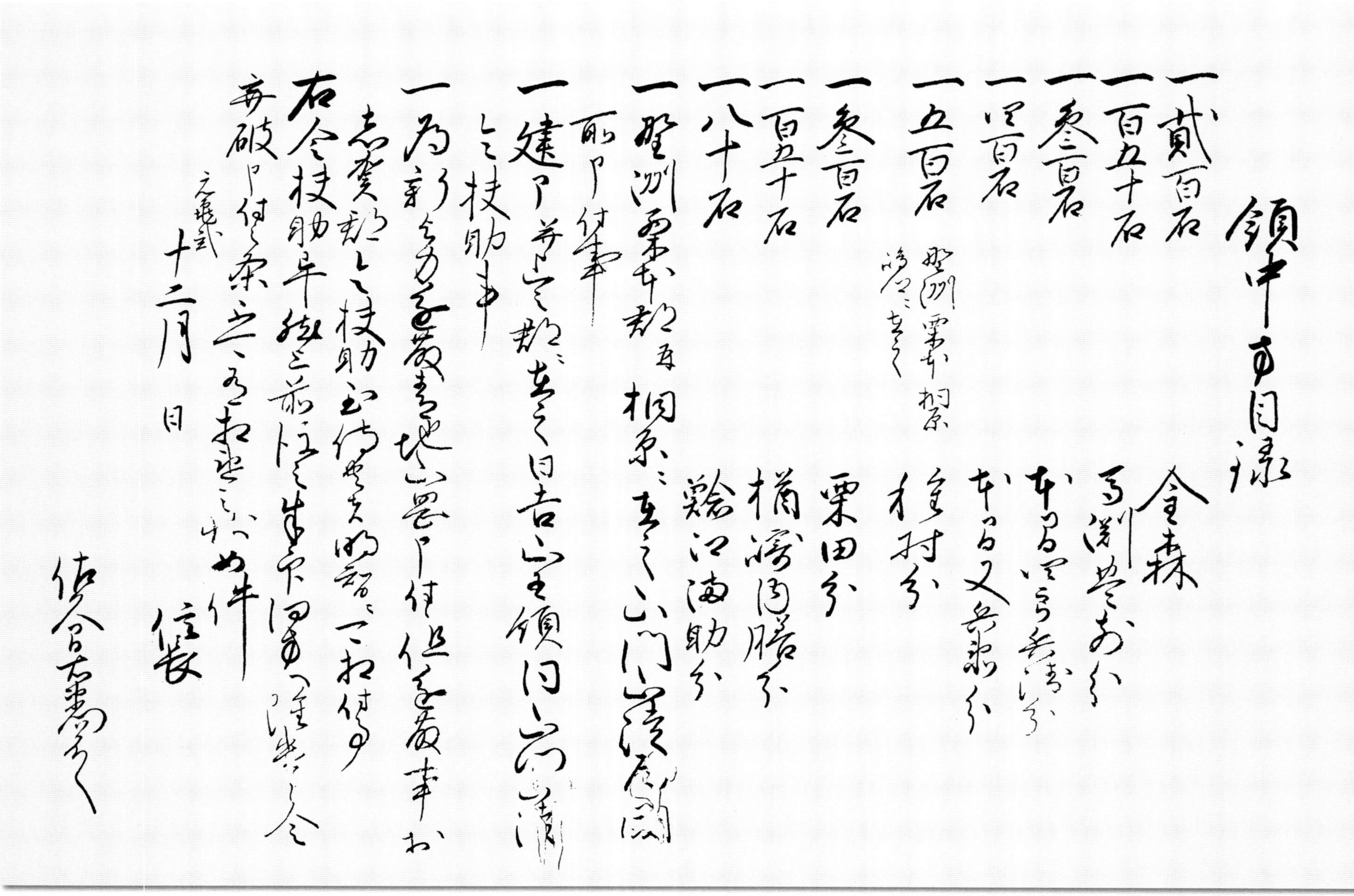

055 元亀三年正月二十八日付け織田信長朱印状

法政大学能楽研究所観世新九郎家文庫所蔵

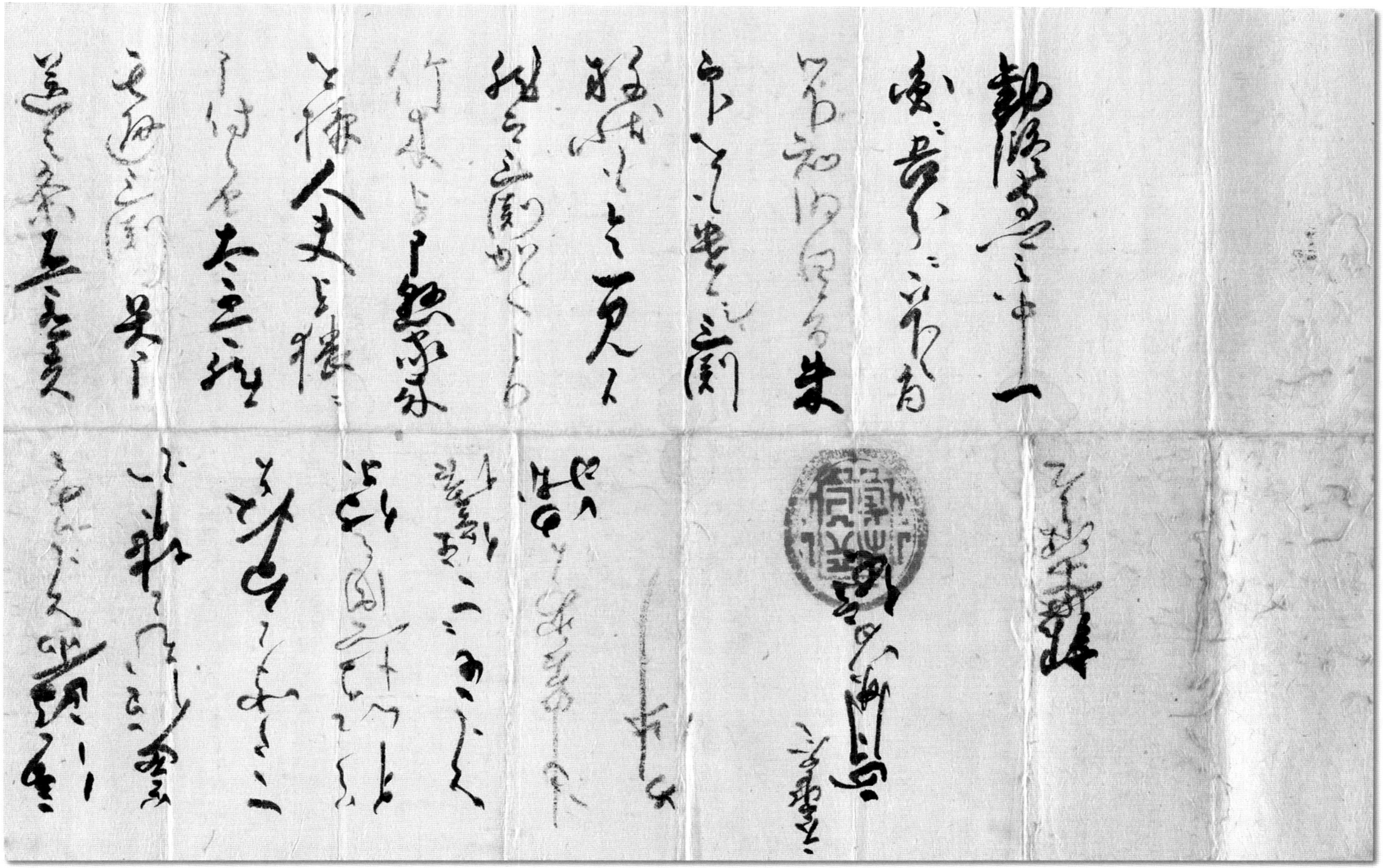

056 (元亀三年)正月晦日付け織田信長朱印状

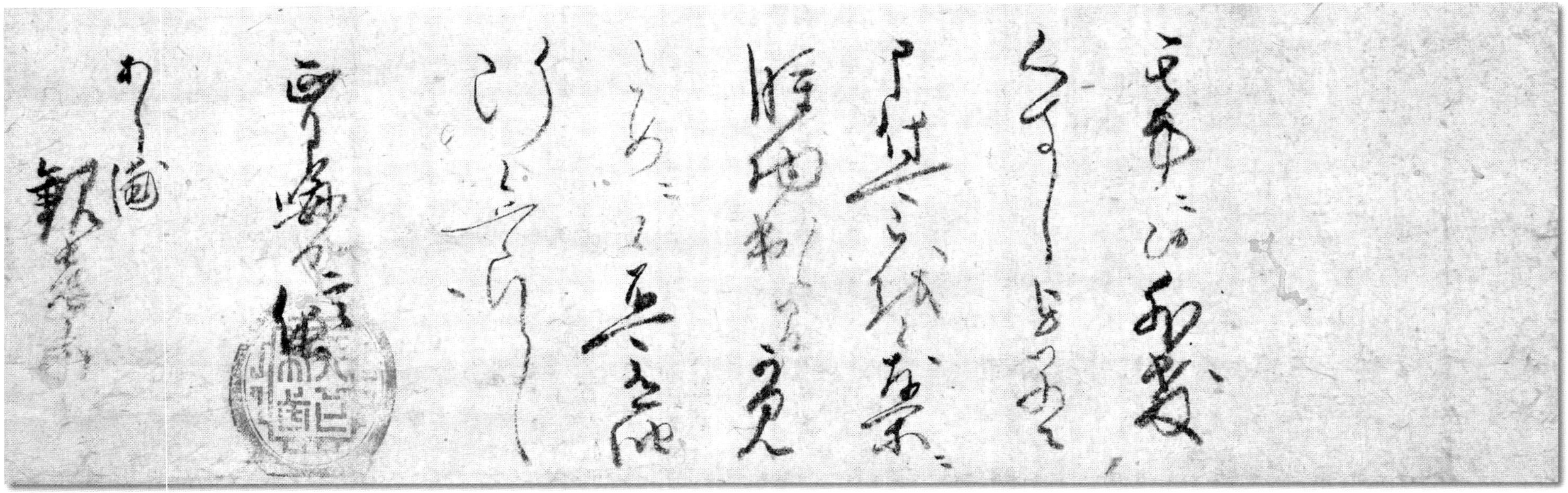

観音寺所蔵

057 (元亀三年)卯月五日付け織田信長書状

吉川史料館所蔵

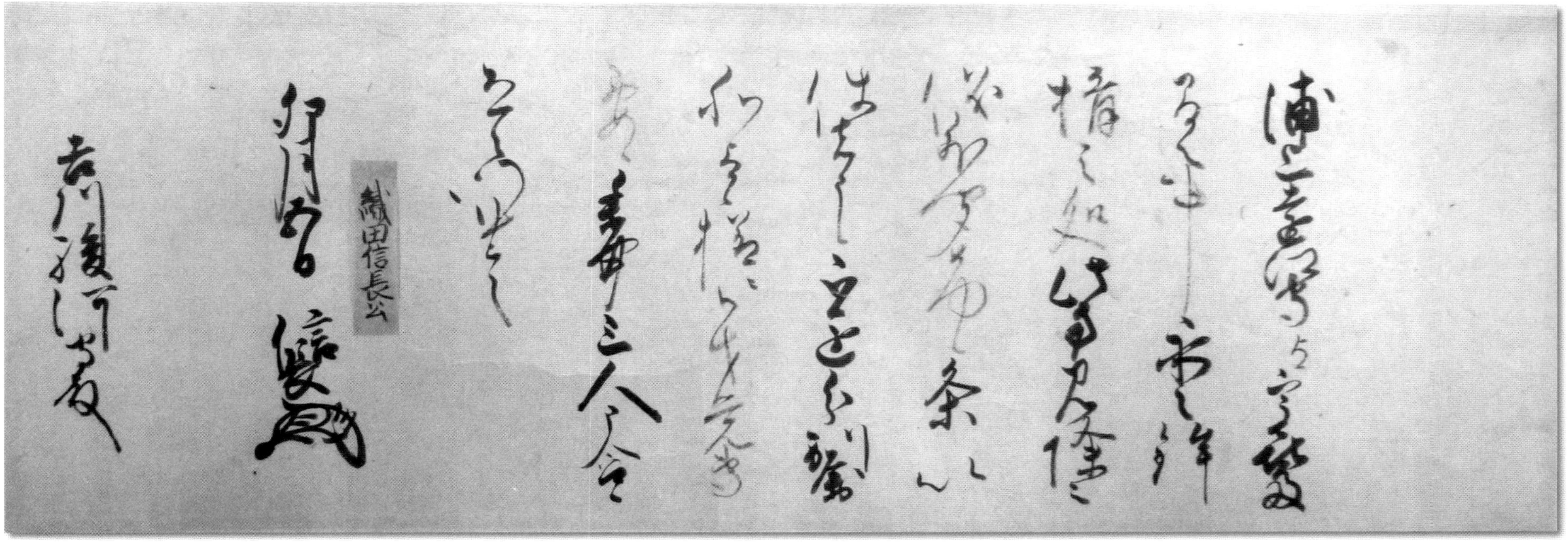

058 (元亀三年)五月二日付け織田信長書状

九州国立博物館保管

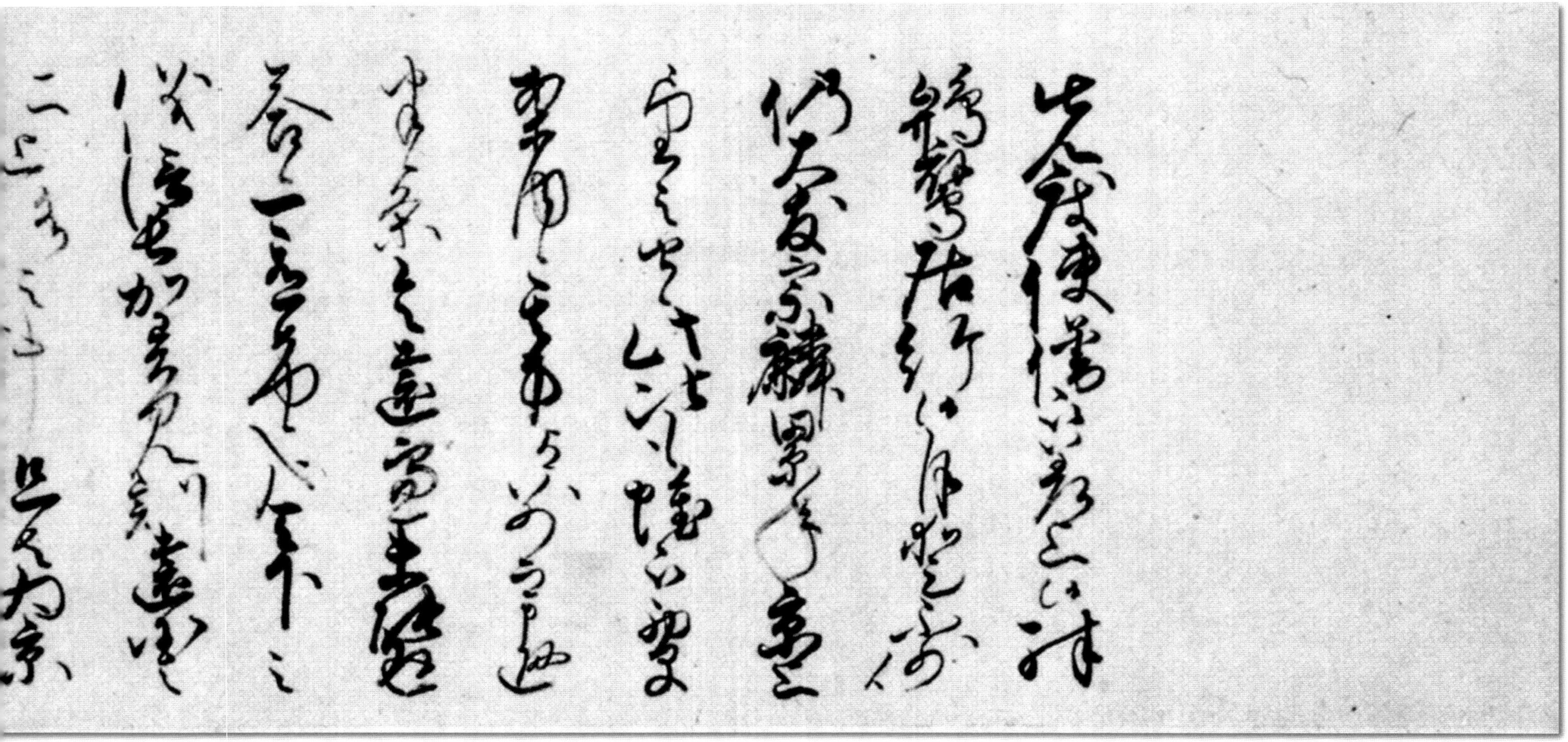

織田信長書状（1/2）

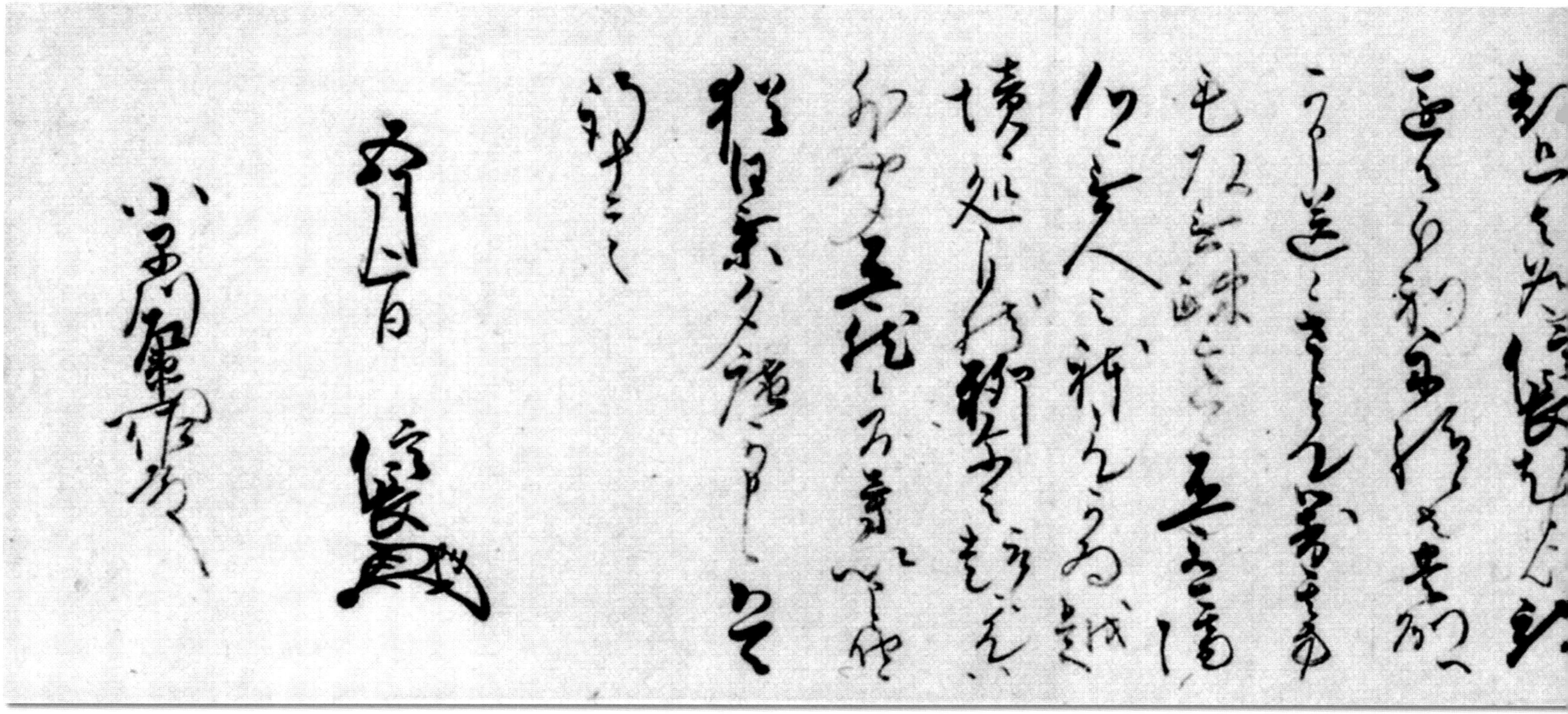

織田信長書状（2/2）

059 元亀三年八月日付け織田信長軍法写

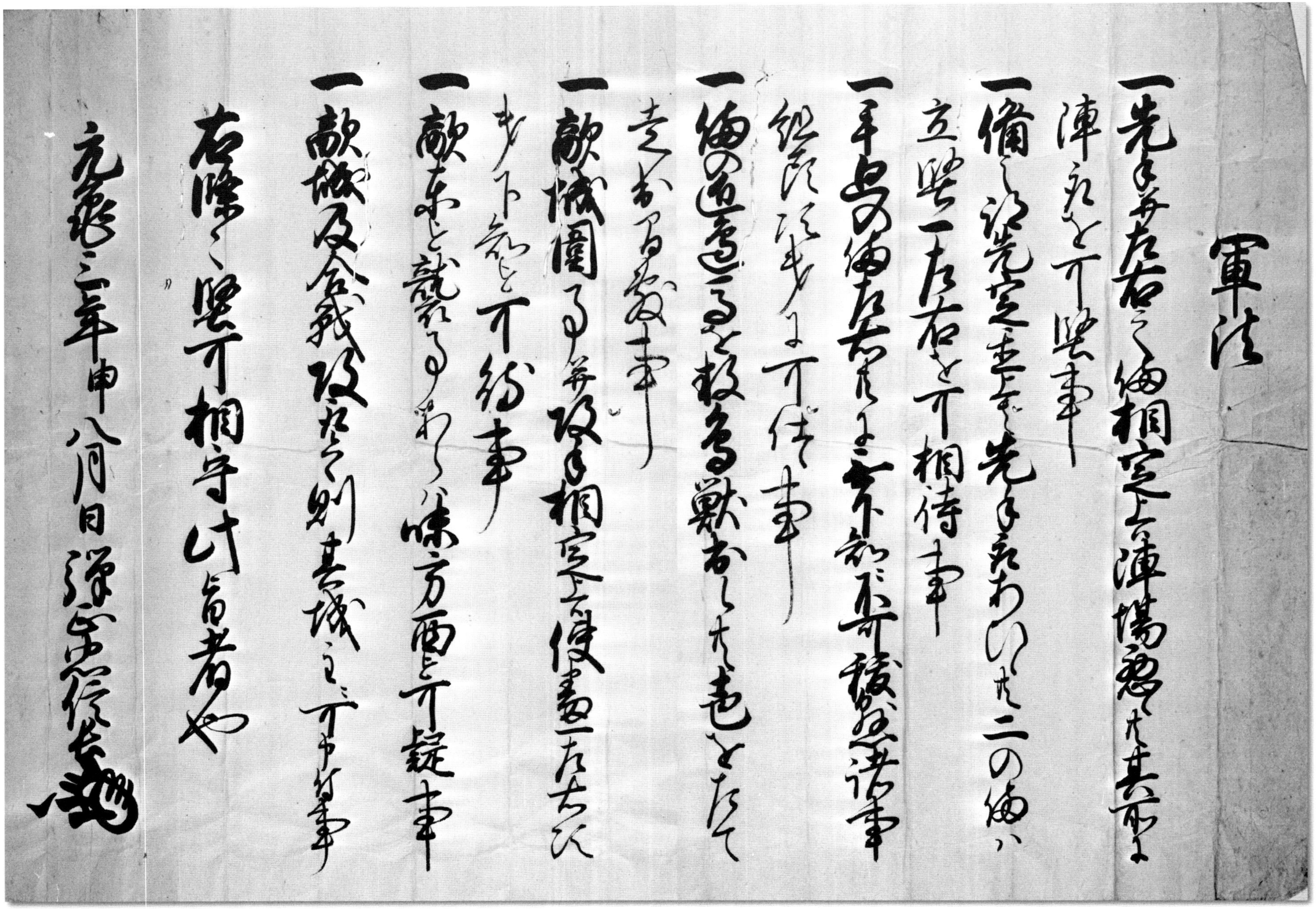
軍法
一 先手并左右之備相定上、陣場悉其手より陣取を可出事
一 備之後先定之上ハ先手之外、二の備ハ立置一左右を可相待事
一 手前之備左右之者下知不寄猥致諍者可誅事
一 備の道通ろを被為聞勘おくれ毛をとって組頭に可付事
一 敵城囲ノ中并陣相定之上、使者一左右之来ぬ様有之事
一 敵味方競合の中ハ味方面を不可疑事、其下知を不可紛事
一 敵城及合戦取之則其城ニ不可付事
右條々堅可相守者也
元亀三年申八月日　弾正忠信長（花押）

個人所蔵

060 (元亀三年九月)織田信長異見書写

国立公文書館内閣文庫所蔵
『尋憲記』元亀四年二月二十二日条

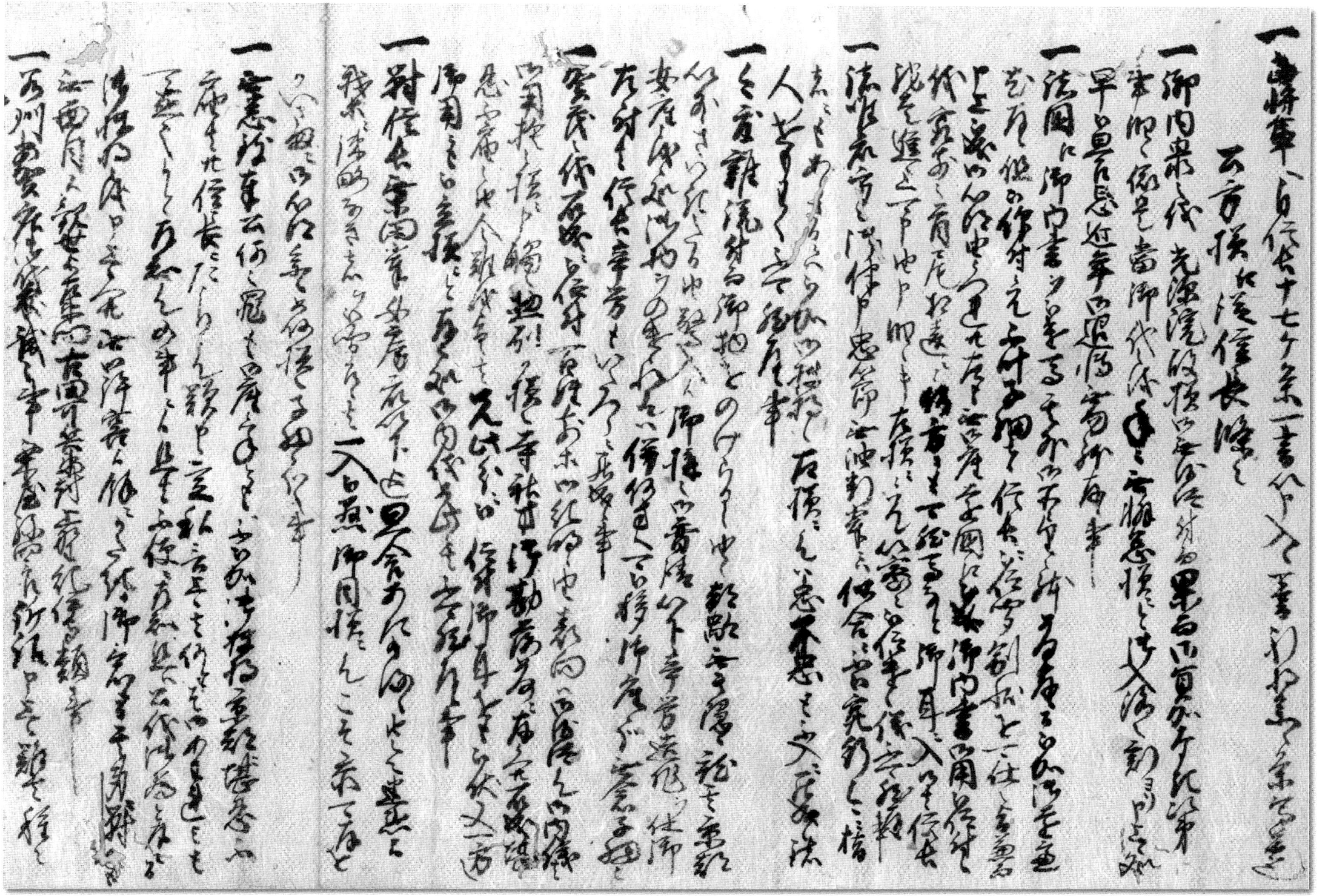

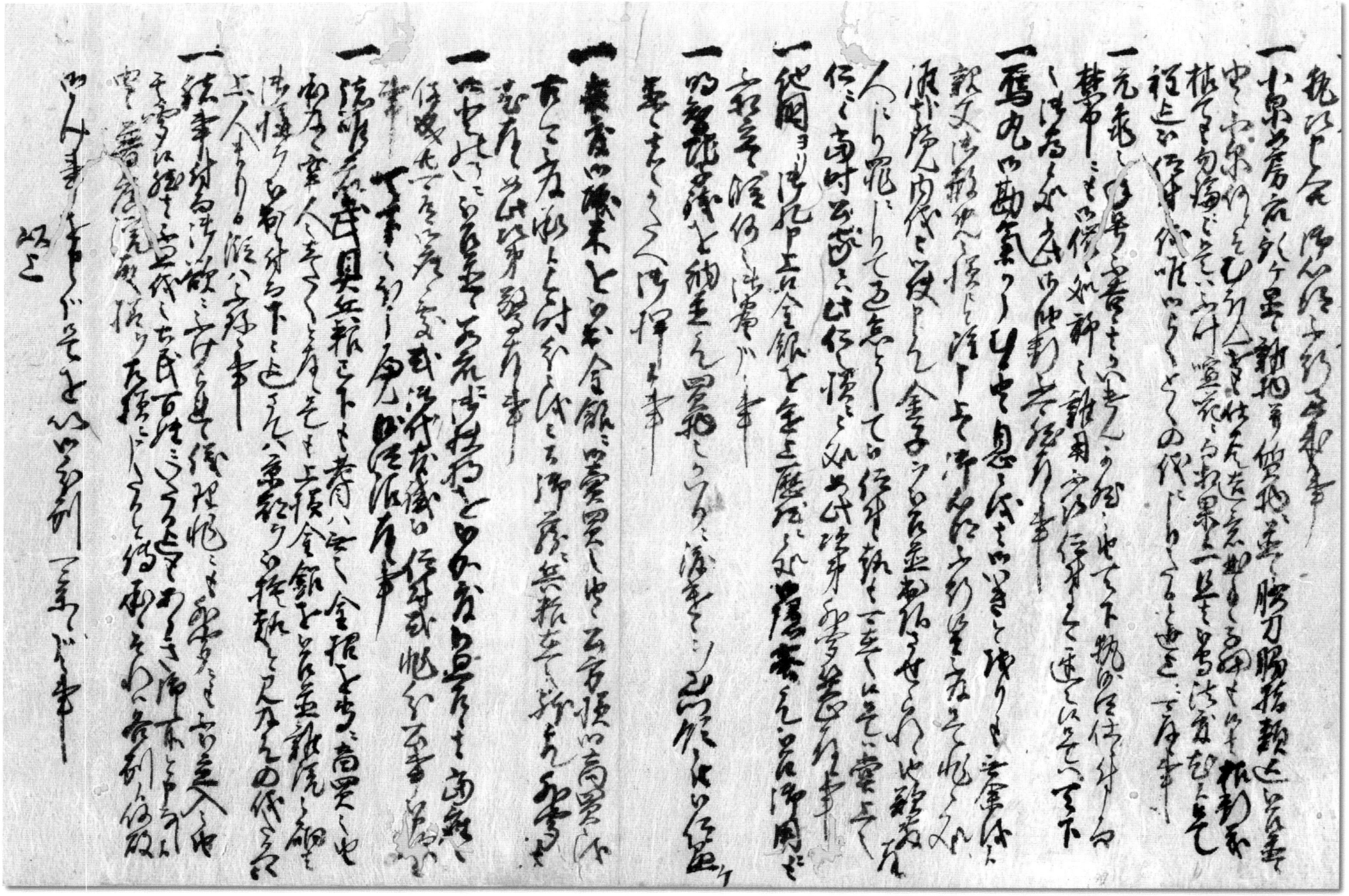

織田信長異見書写（2/2）

061

（元亀三年）十月五日付け織田信長書状

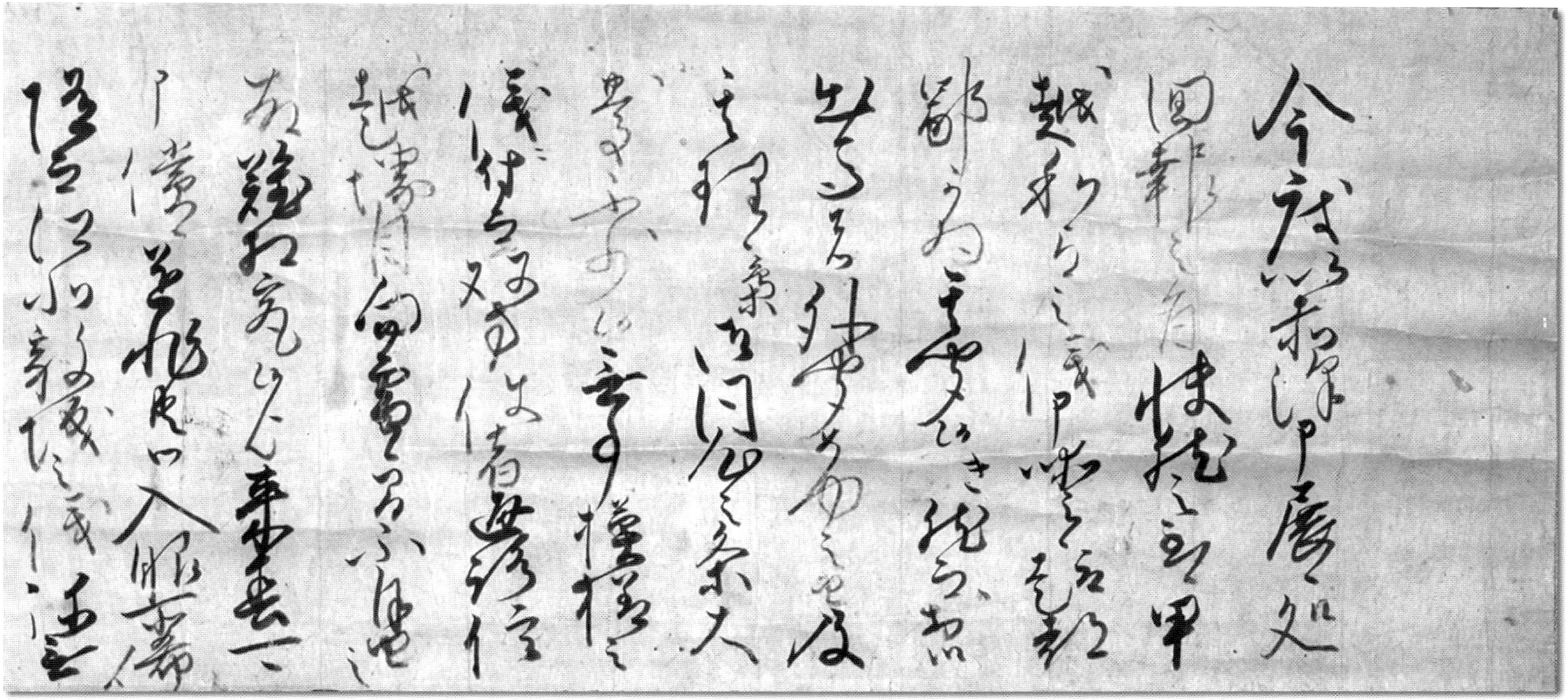

個人所蔵

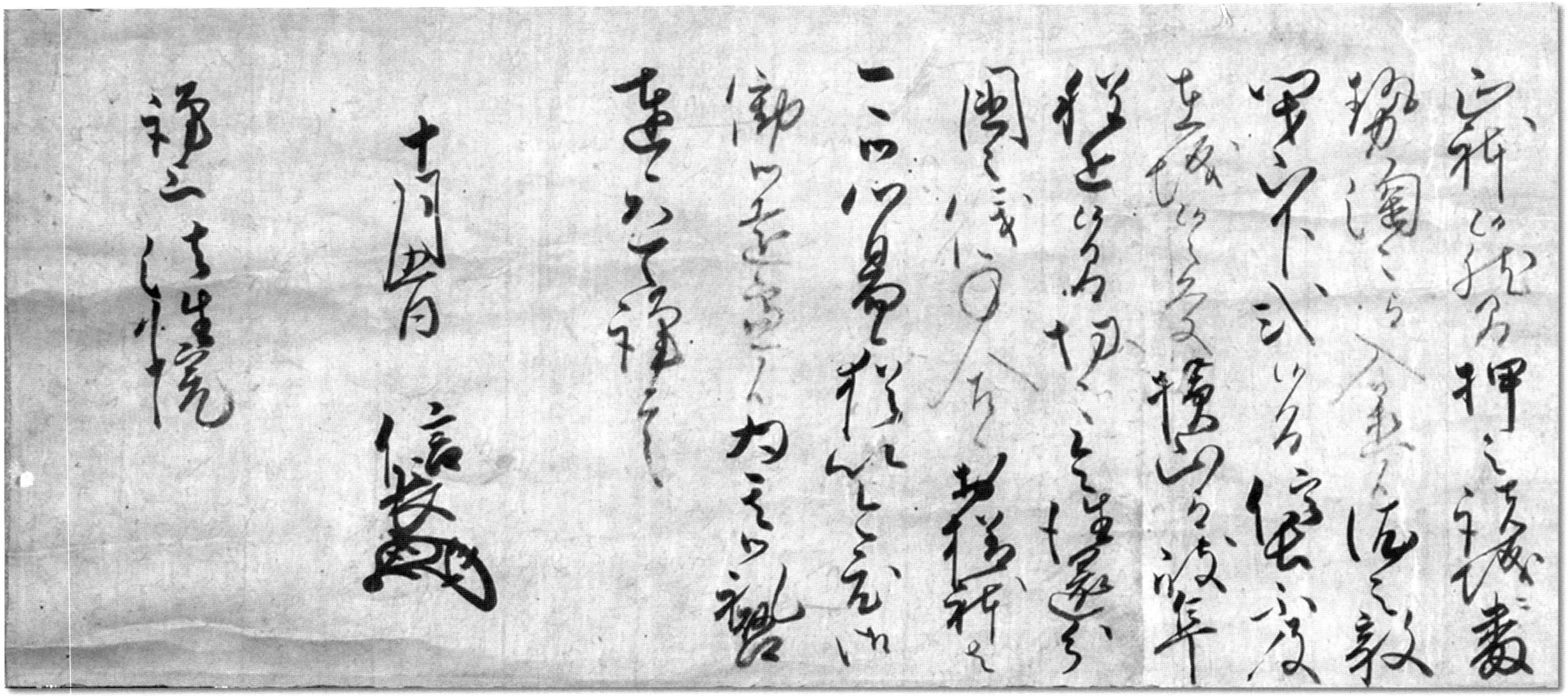

織田信長書状（2/2）

062

元亀三年十一月十三日付け織田信長書状写

国立国会図書館所蔵
『古簡雑纂』十一所収

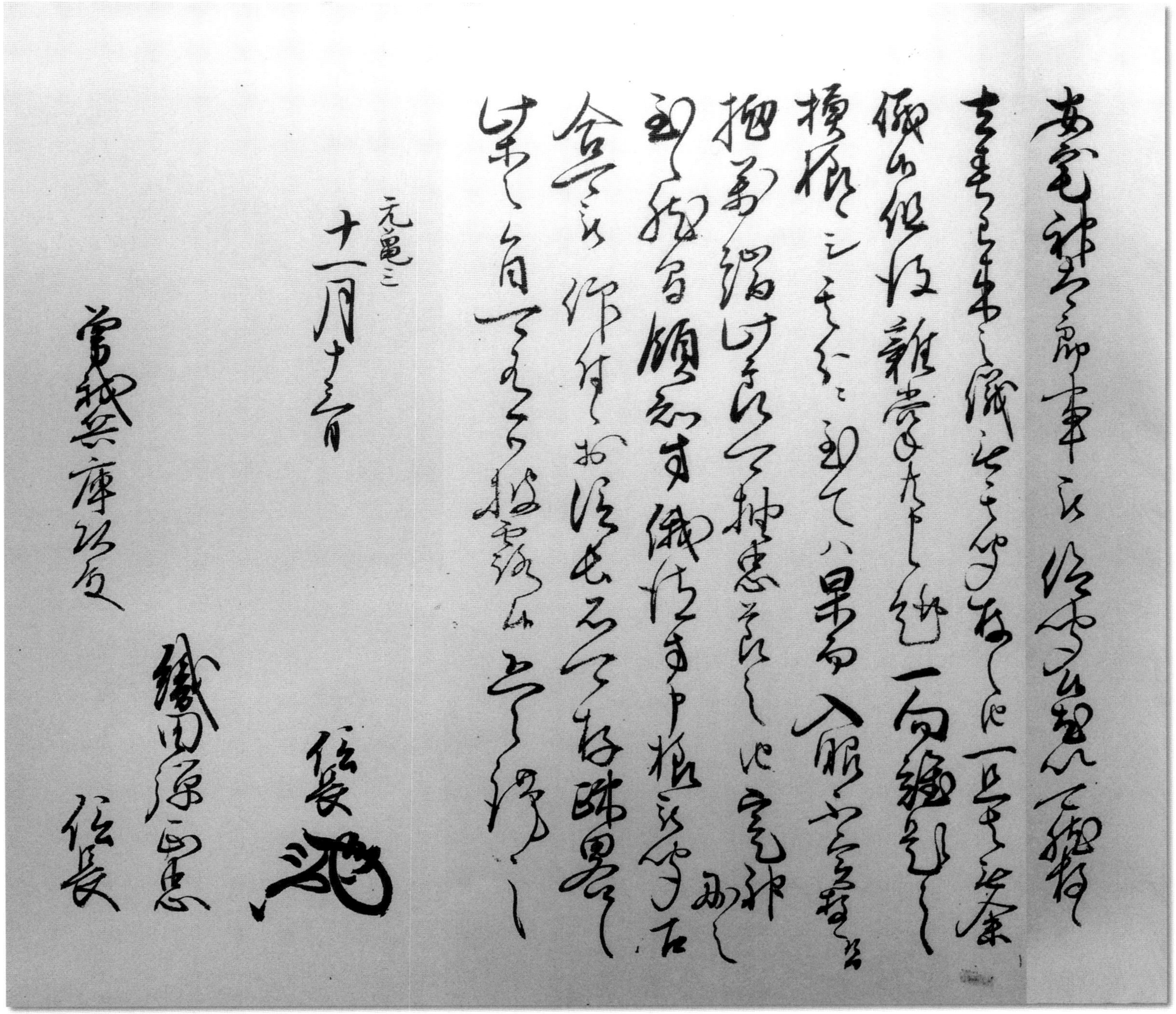

063
元亀三年十一月十五日付け織田信長朱印状

個人所蔵

064 (元亀三年)十一月二十日付け織田信長書状写

真田宝物館所蔵

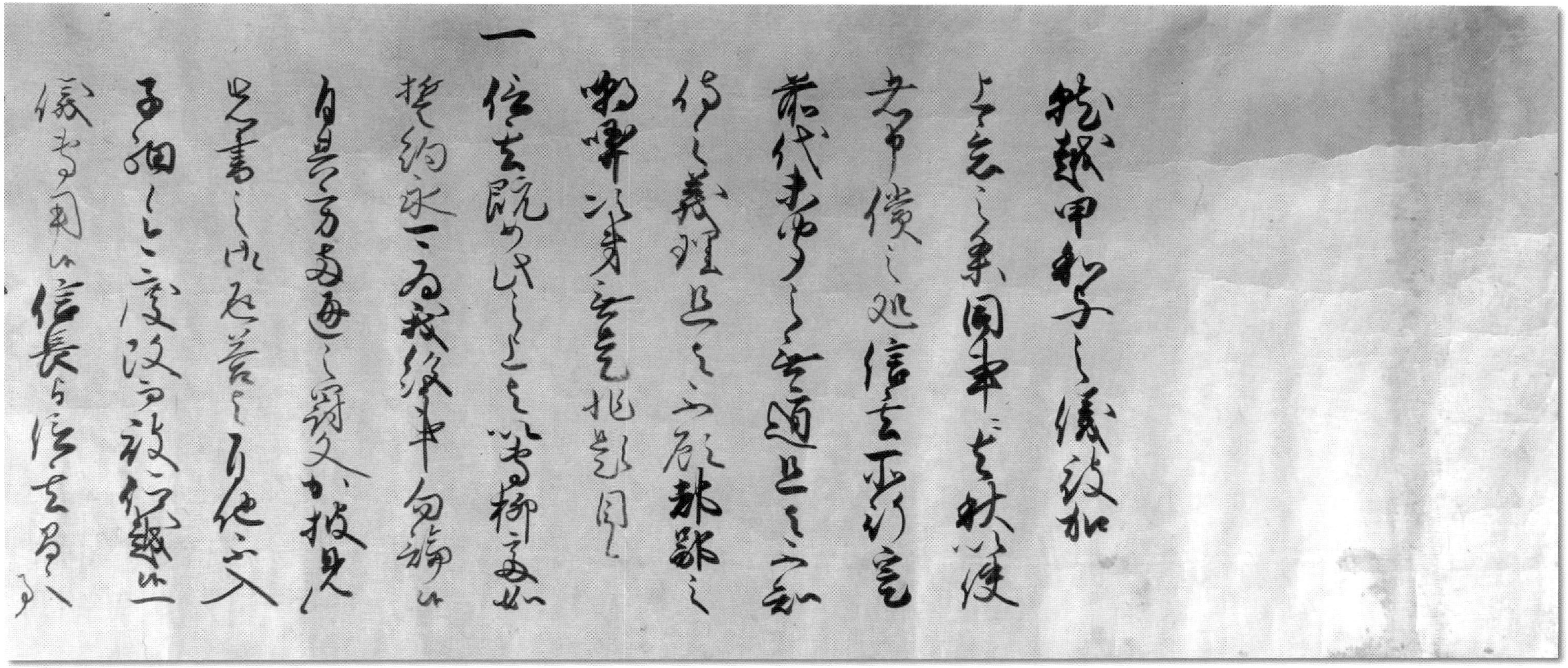

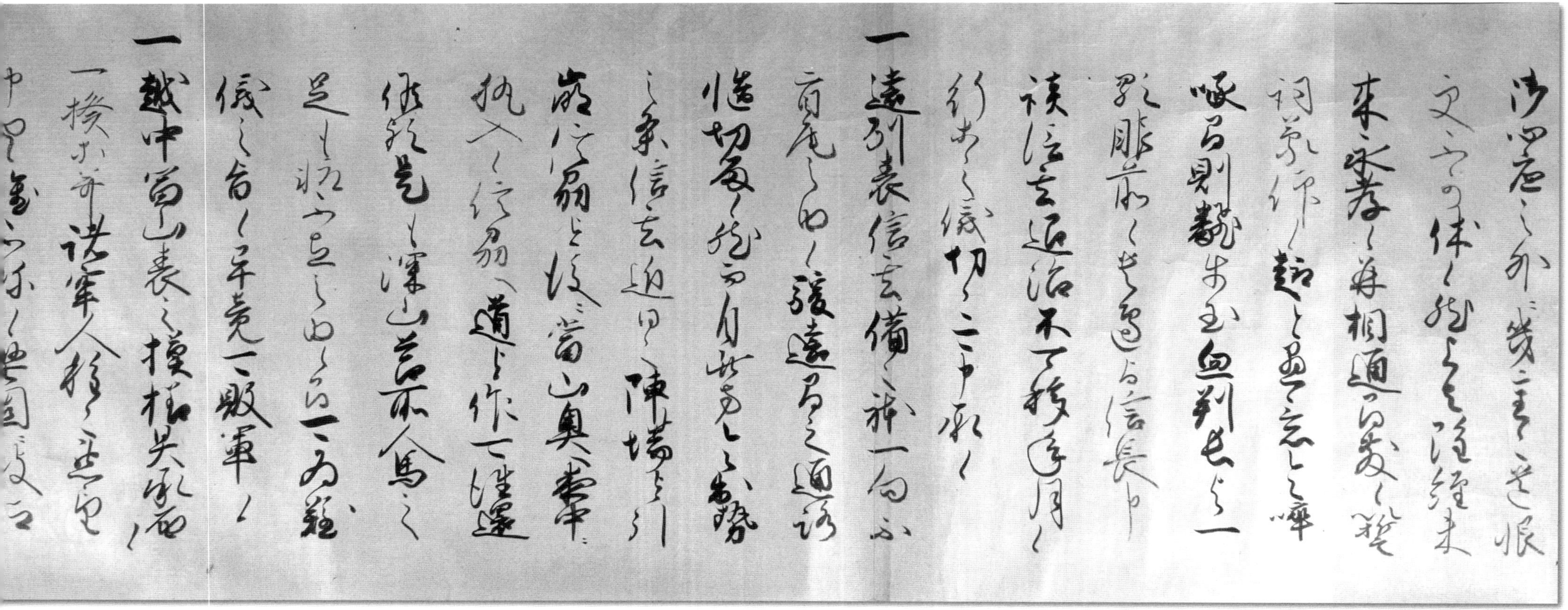

織田信長書状写（2/4）

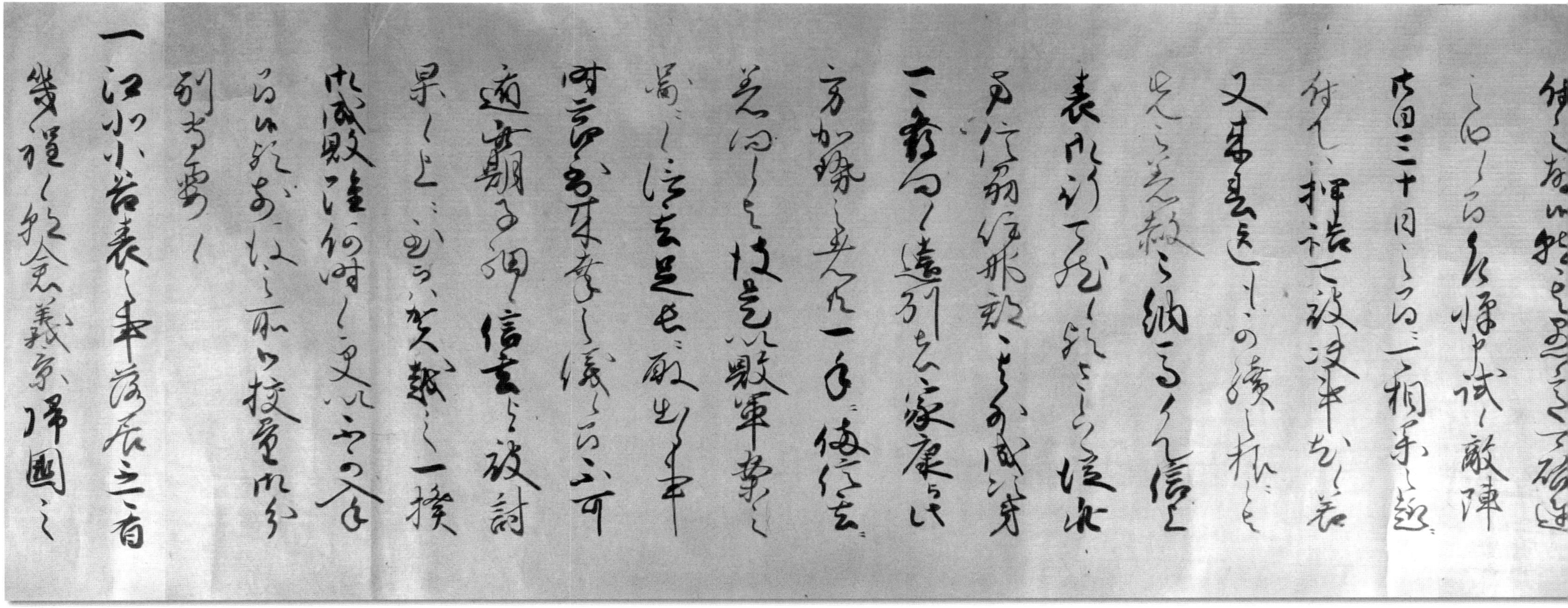

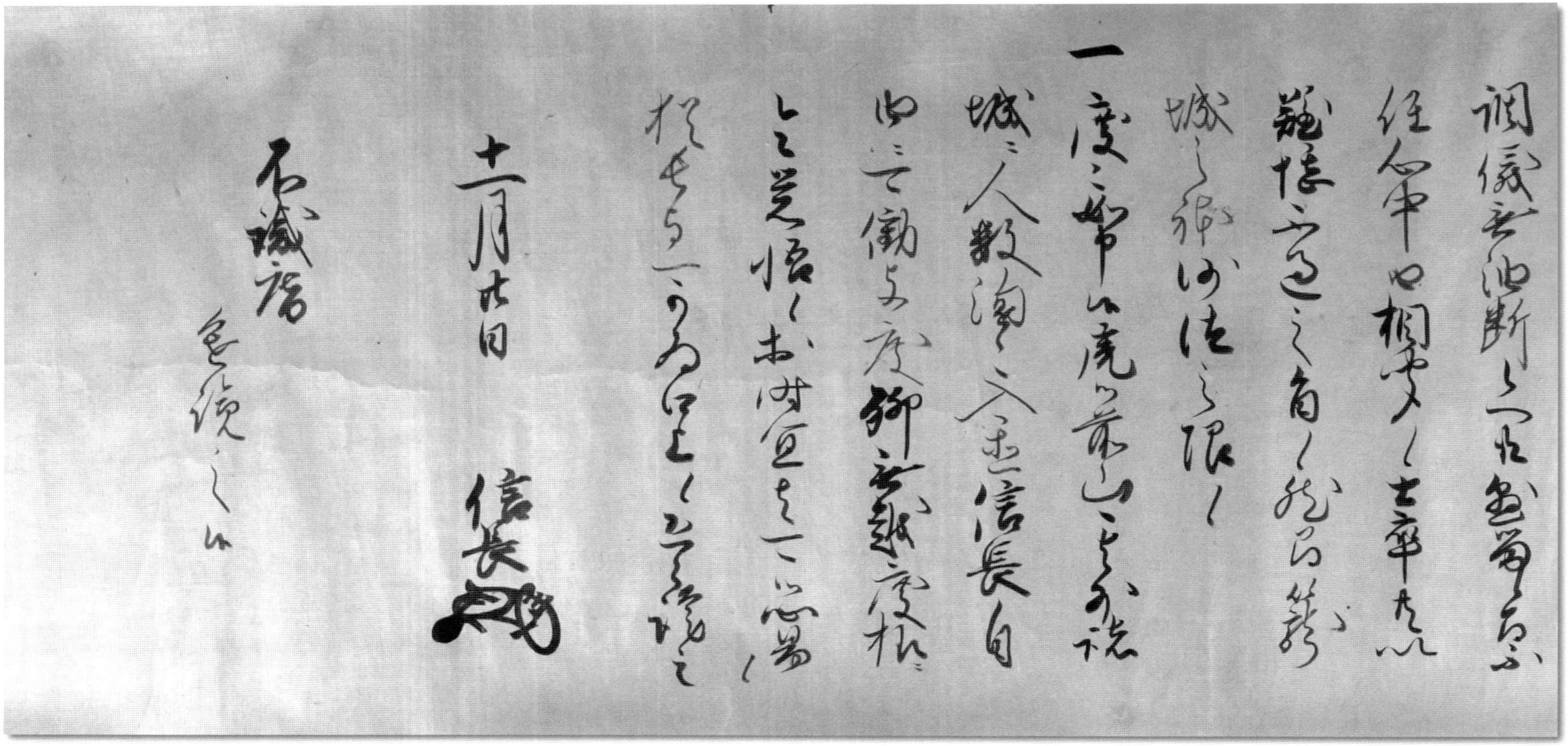

十二月廿日　信長（花押）

不識庵

065 元亀三年十二月二日付け織田信長朱印状

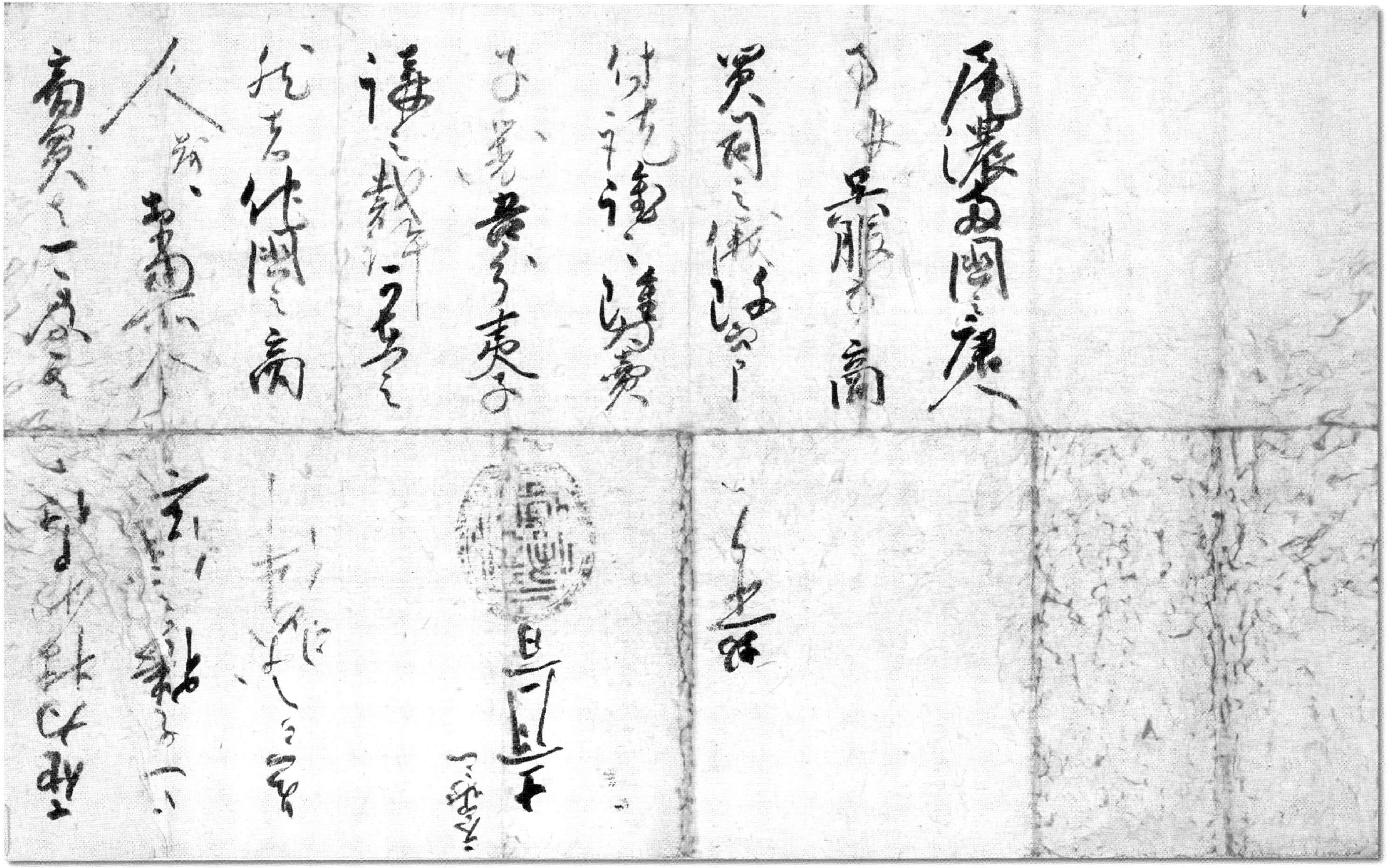

中京大学文学部所蔵

066

(元亀四年)正月二十日付け織田信長朱印状

浜名湖舘山寺美術博物館所蔵

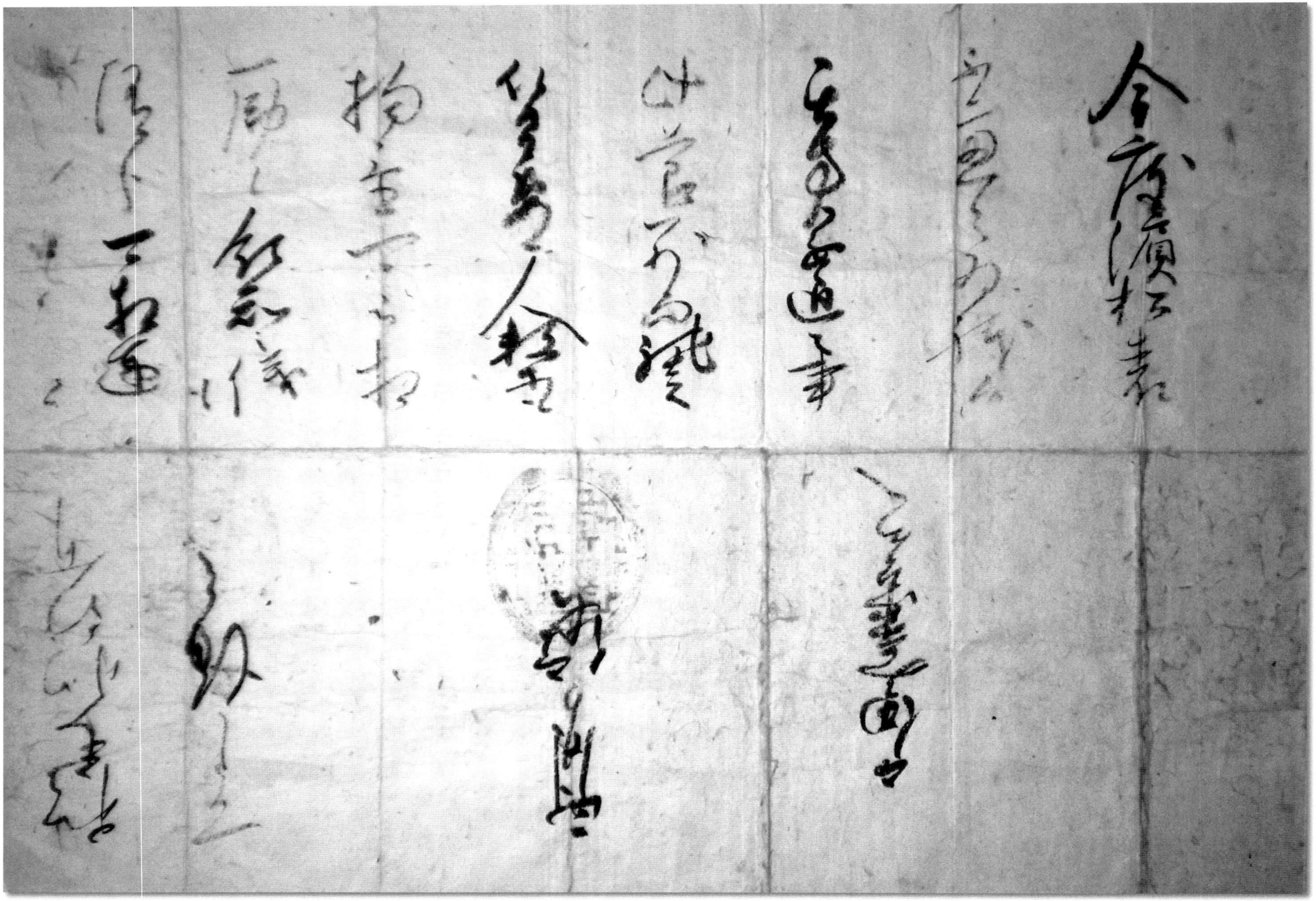

織田信長朱印状

067 (元亀四年)二月二十九日付け織田信長書状

永青文庫所蔵

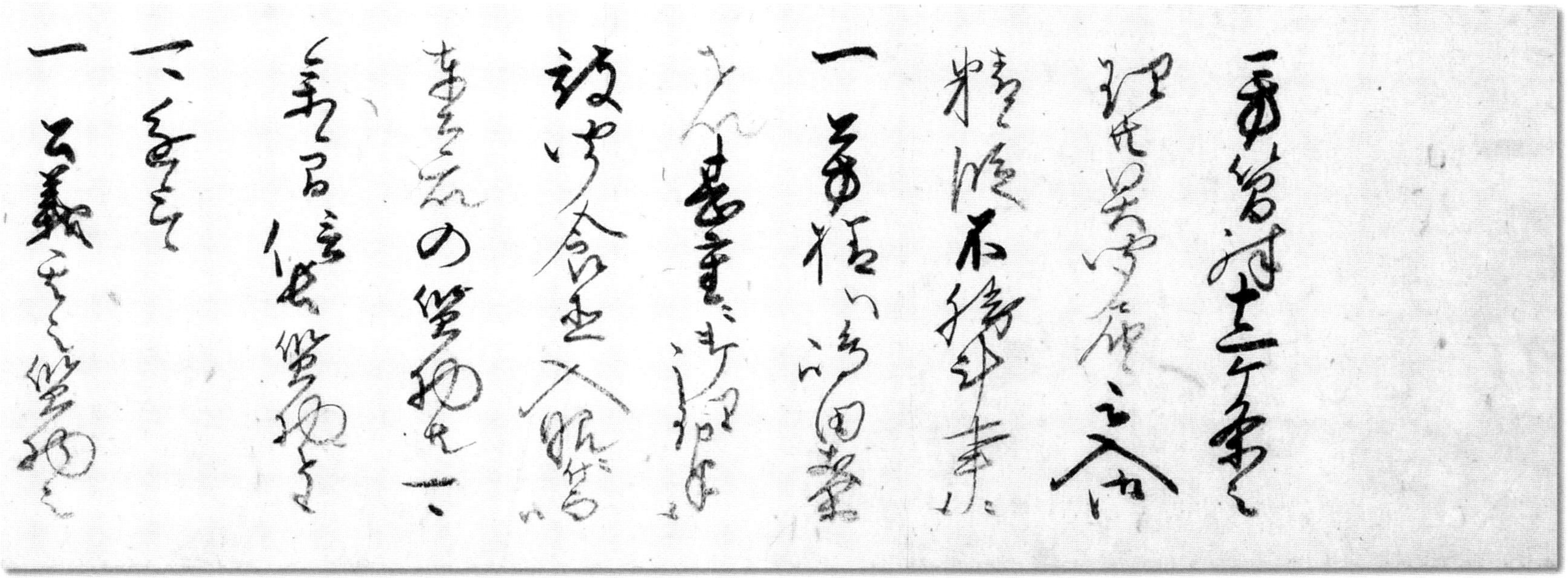

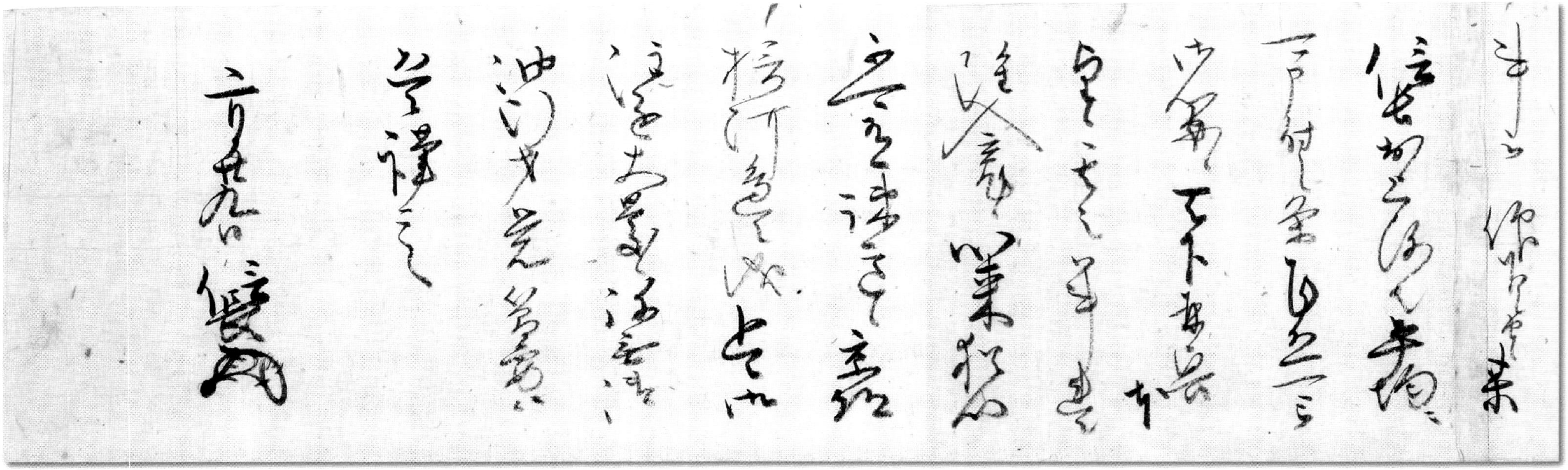

織田信長書状（2/2）

068

(元亀四年)卯月六日付け織田信長黒印状写

京都大学大学院文学研究科所蔵『古文書纂』三十五所収

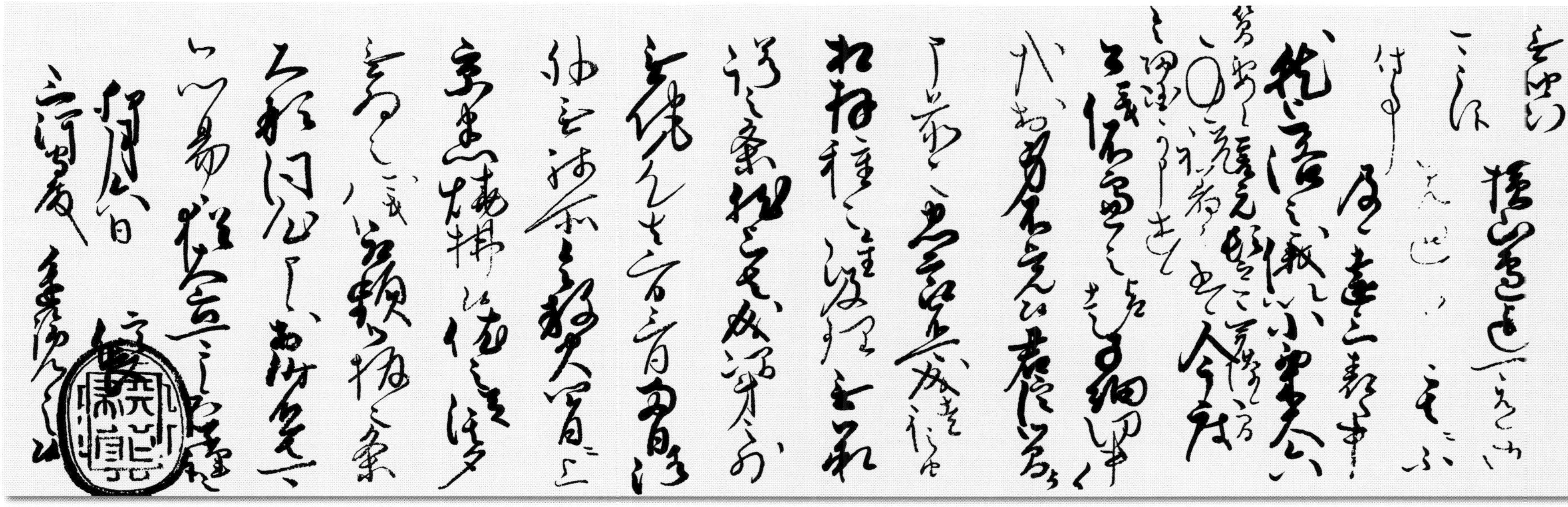

069 (元亀四年)四月十五日付け織田信長黒印状

大阪青山歴史文学博物館所蔵

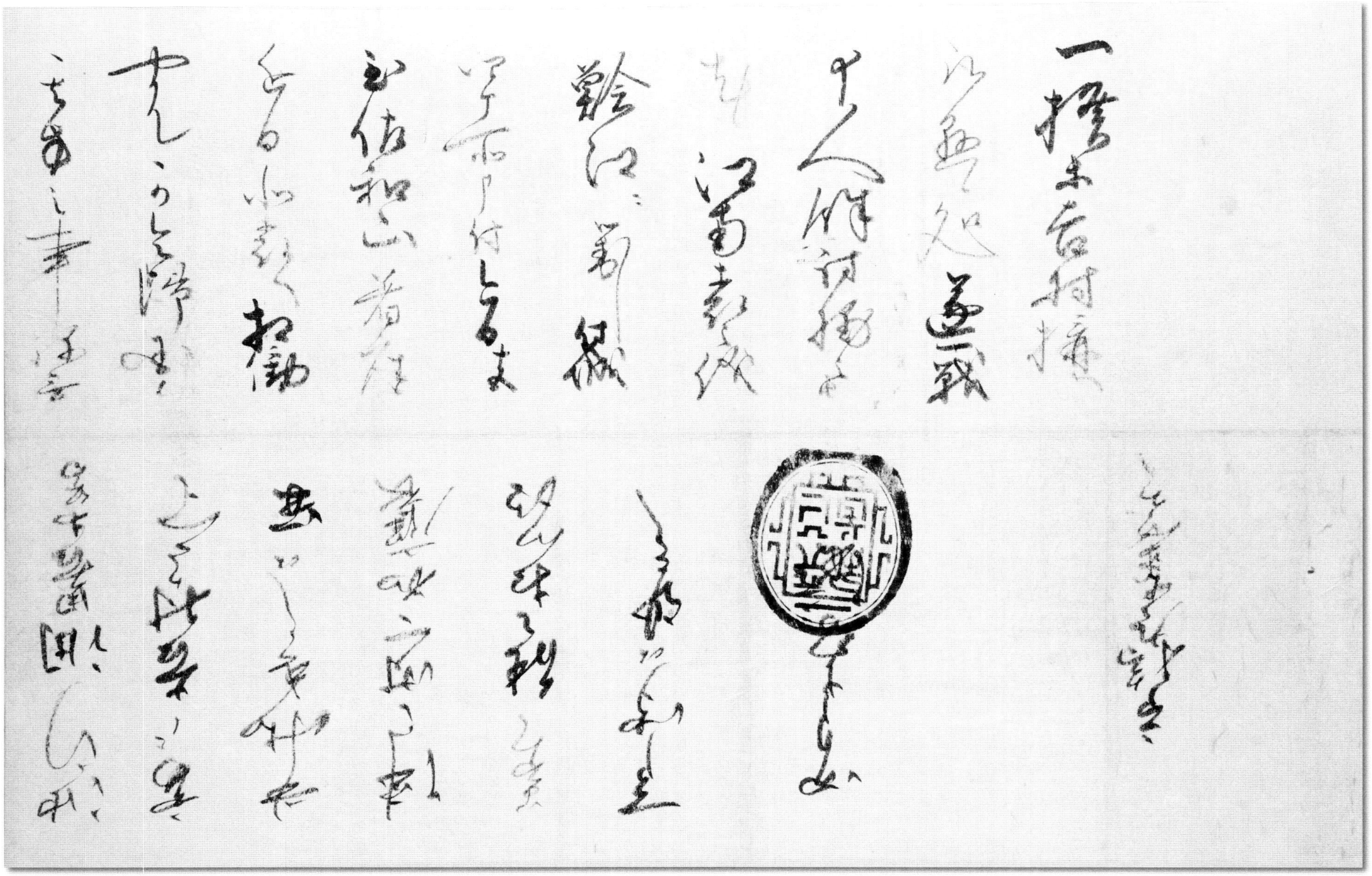

070

元亀四年六月十八日付け織田信長朱印状

林原美術館所蔵

071 (元亀四年)七月十三日付け織田信長書状案

個人所蔵

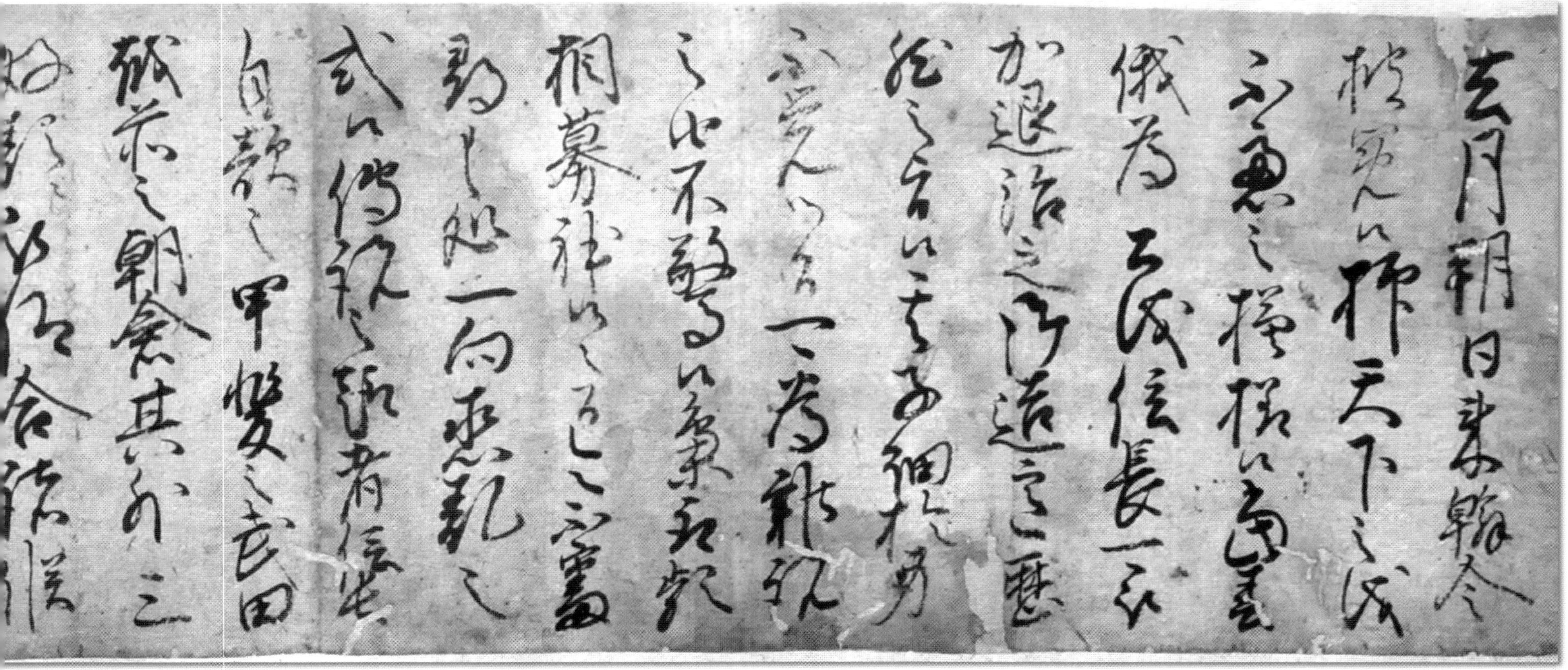

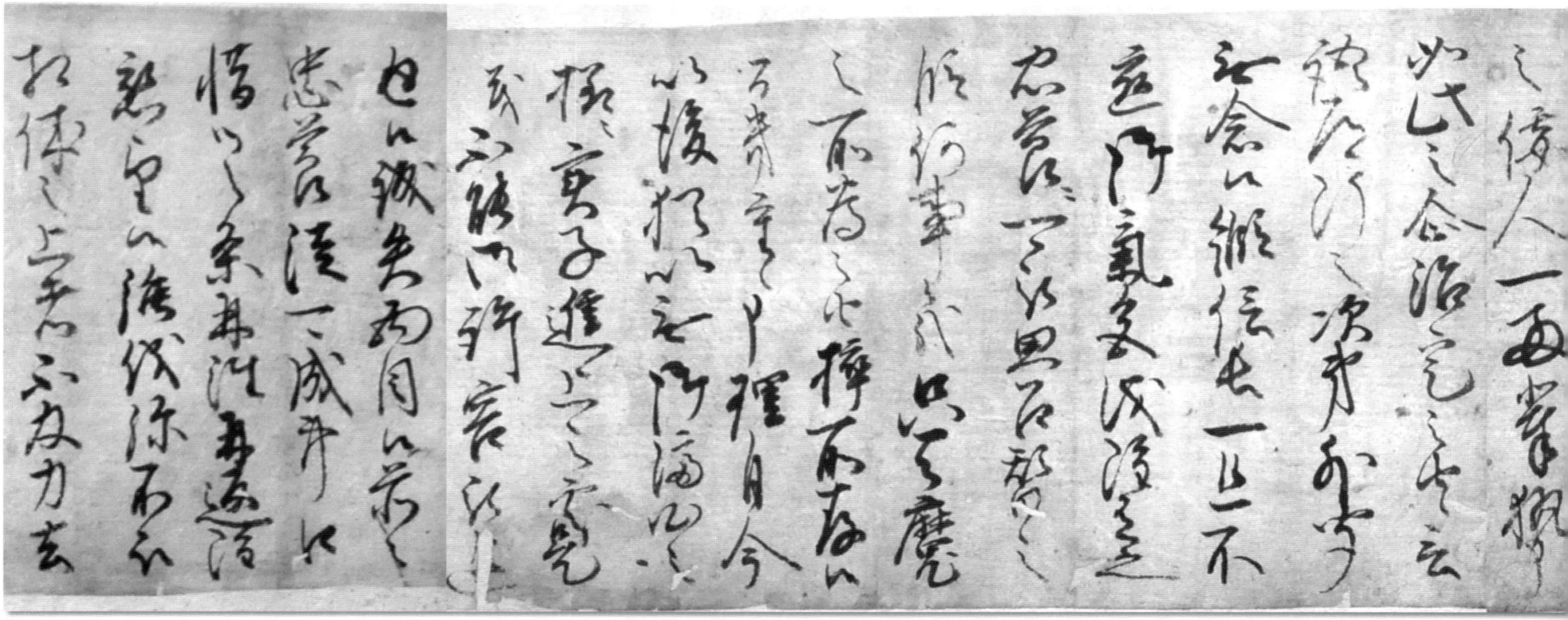

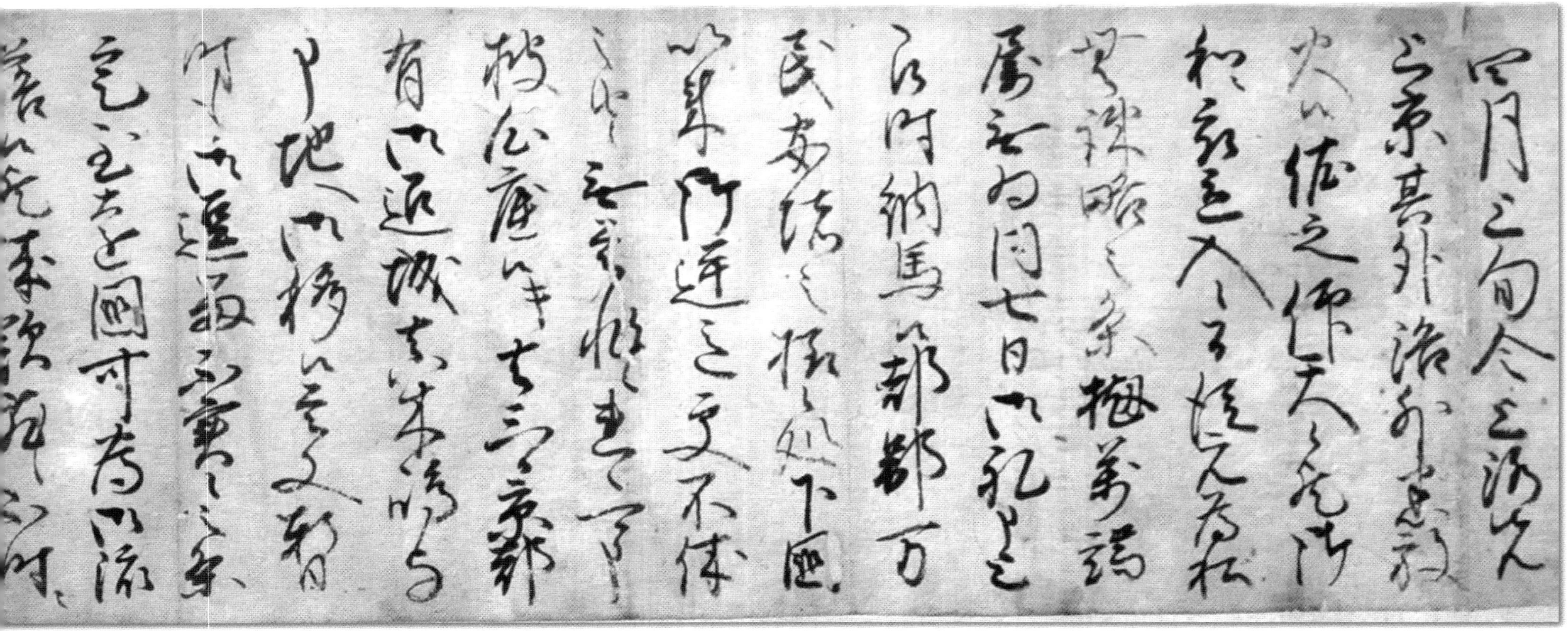

織田信長書状案（3/4）

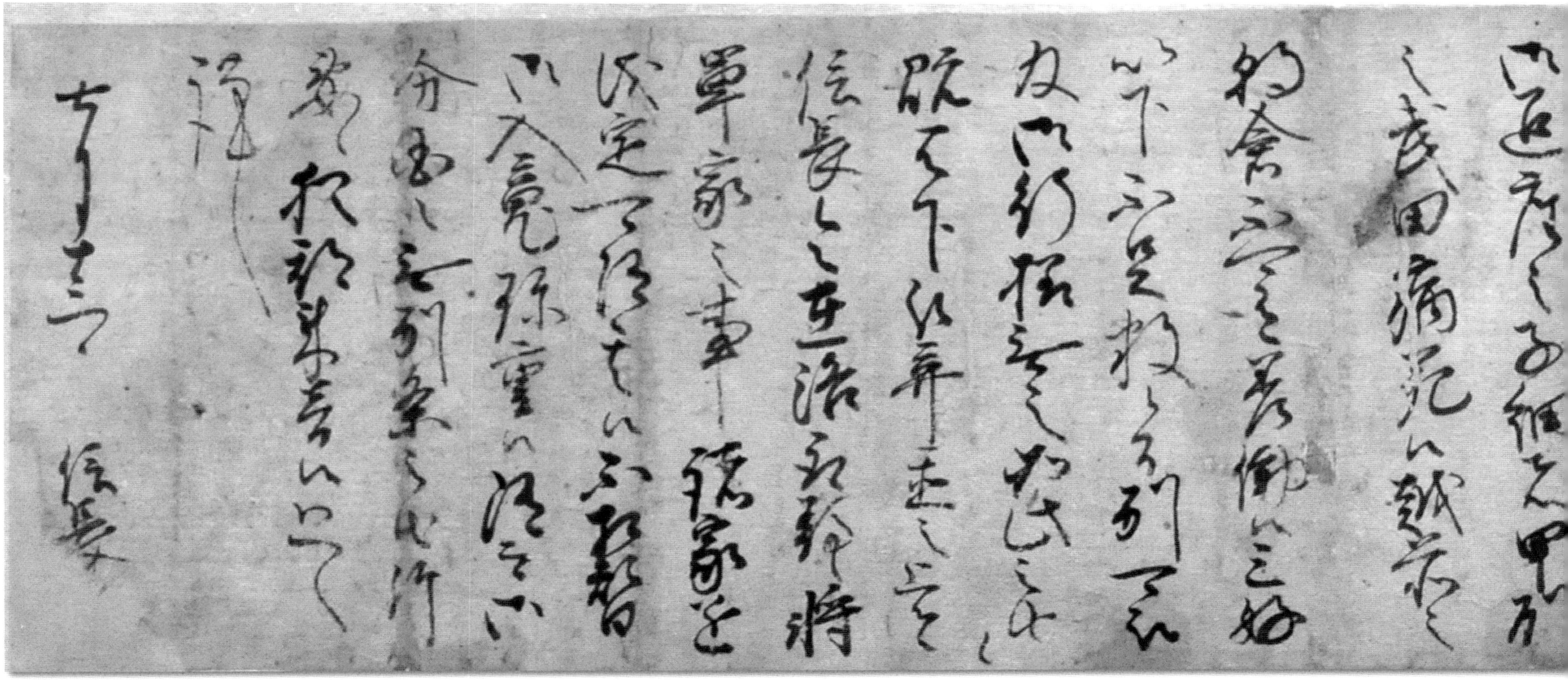

織田信長書状案（4/4）

072 元亀四年七月日付け織田信長条書写

国立公文書館内閣文庫所蔵『上京諸文書』所収

073 (天正元年)九月六日付け織田信長書状

MIHO MUSEUM所蔵

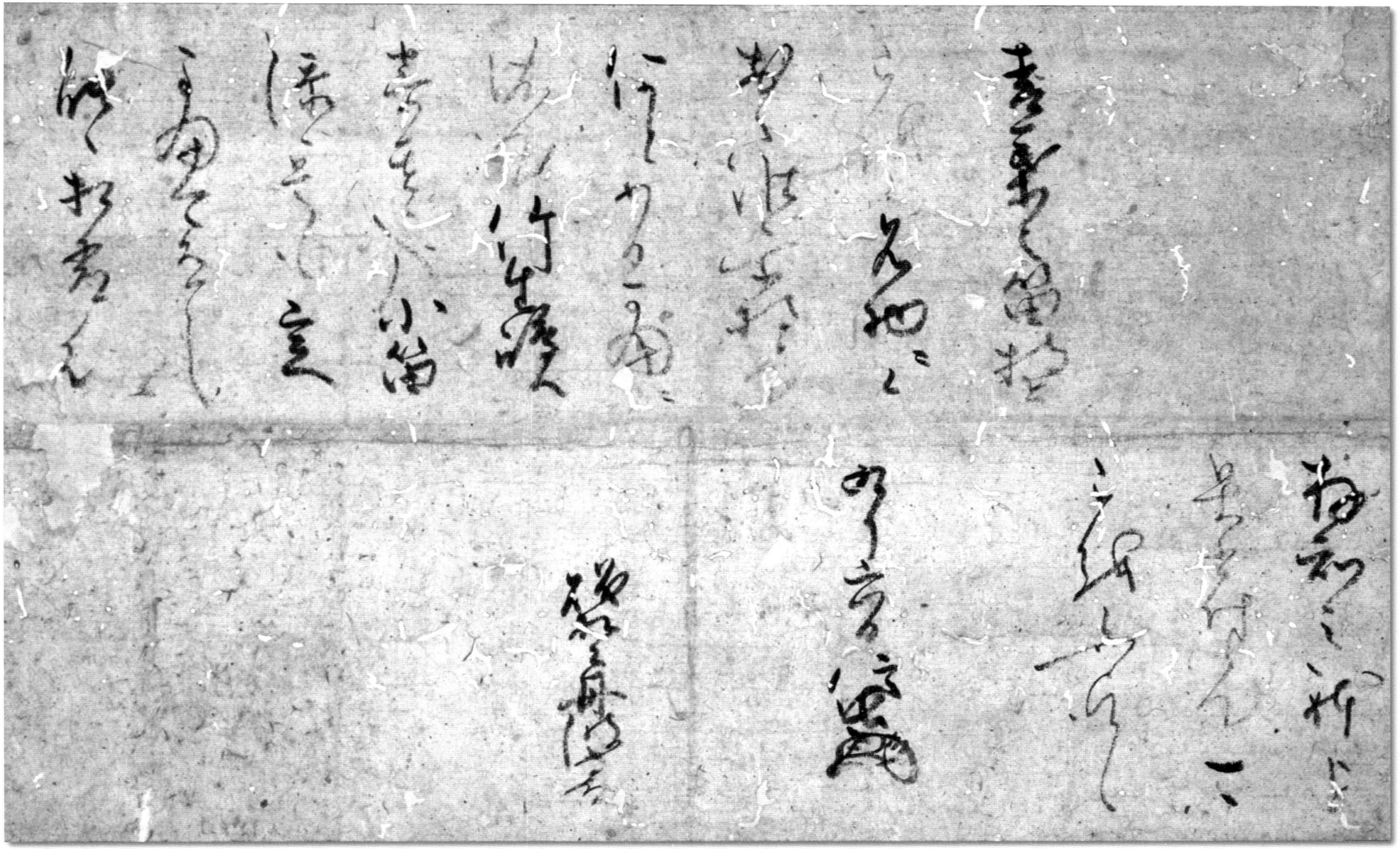

074

天正元年九月七日付け織田信長朱印状

岡山大学附属図書館池田家文庫所蔵

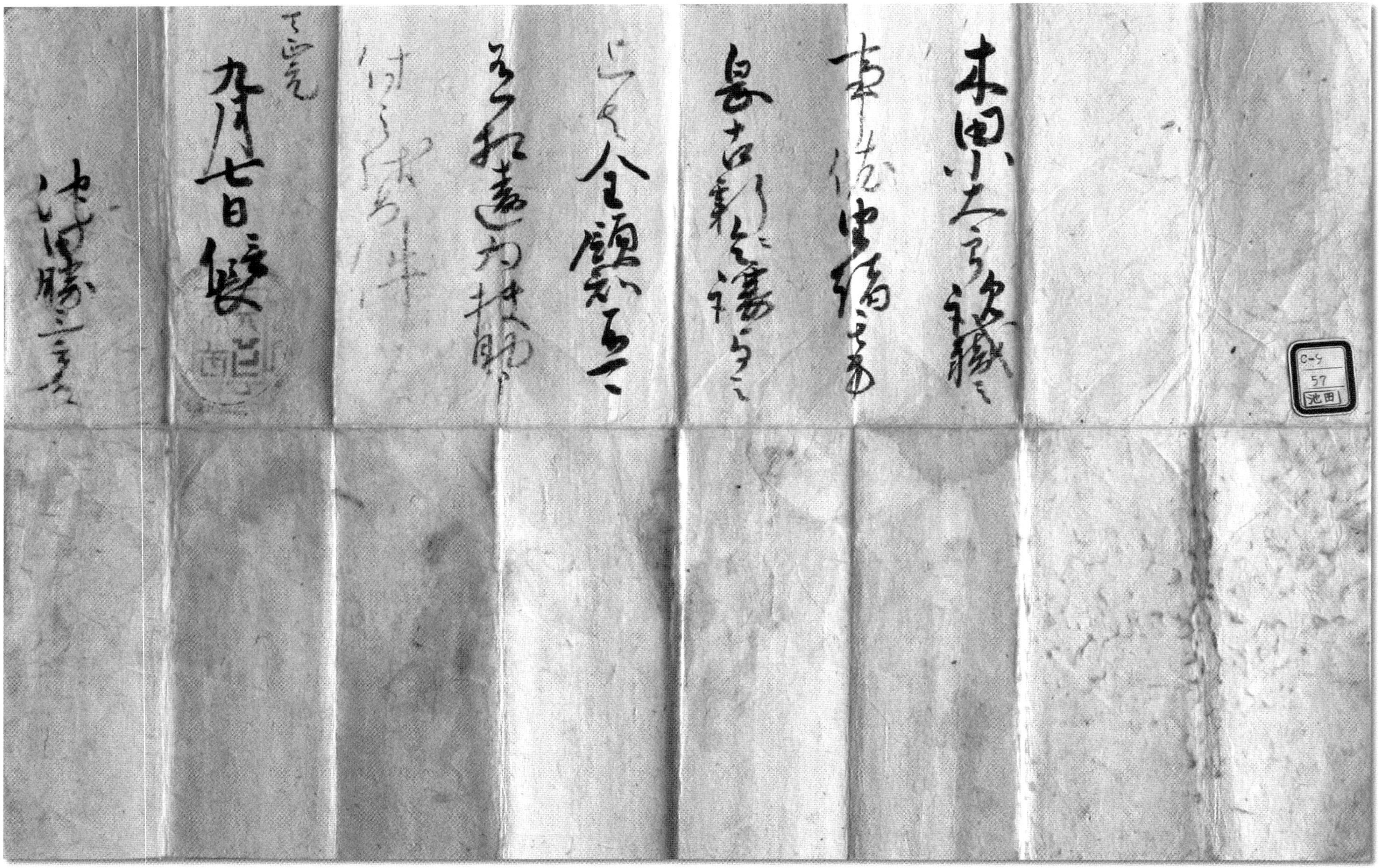

075 (天正元年)十月二十四日付け織田信長朱印状

伊勢市大湊町振興会所蔵

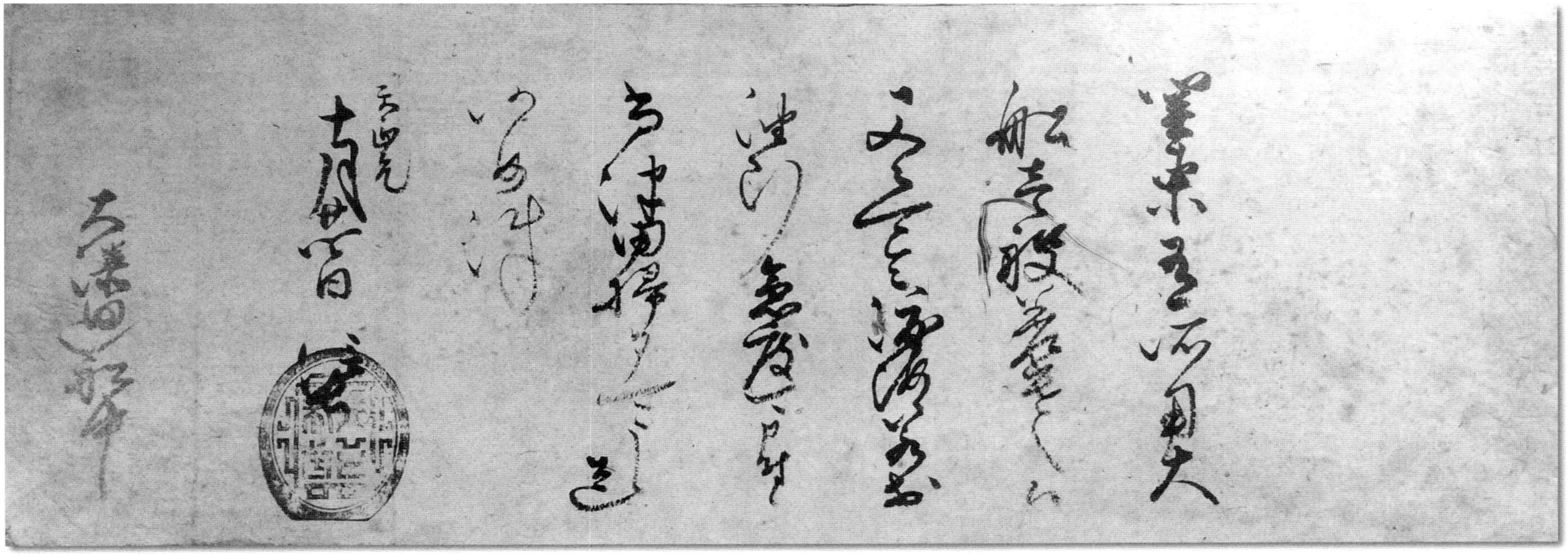

076

天正元年十月日付け織田信長黒印状／同年十月十六日付け織田信長書状案

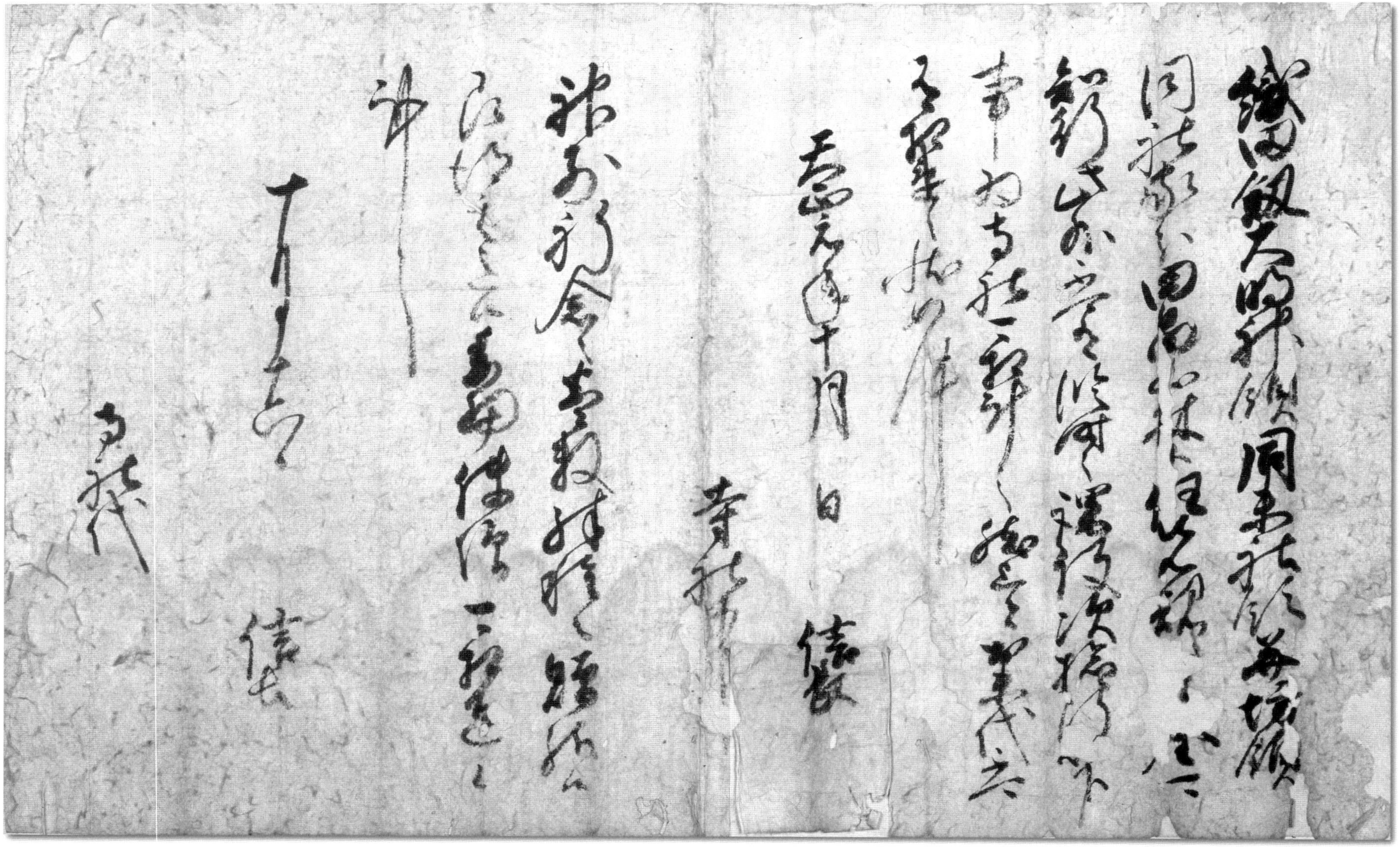

劔神社所蔵

077

天正元年十一月二十八日付け知行方目録(織田信長朱印状)

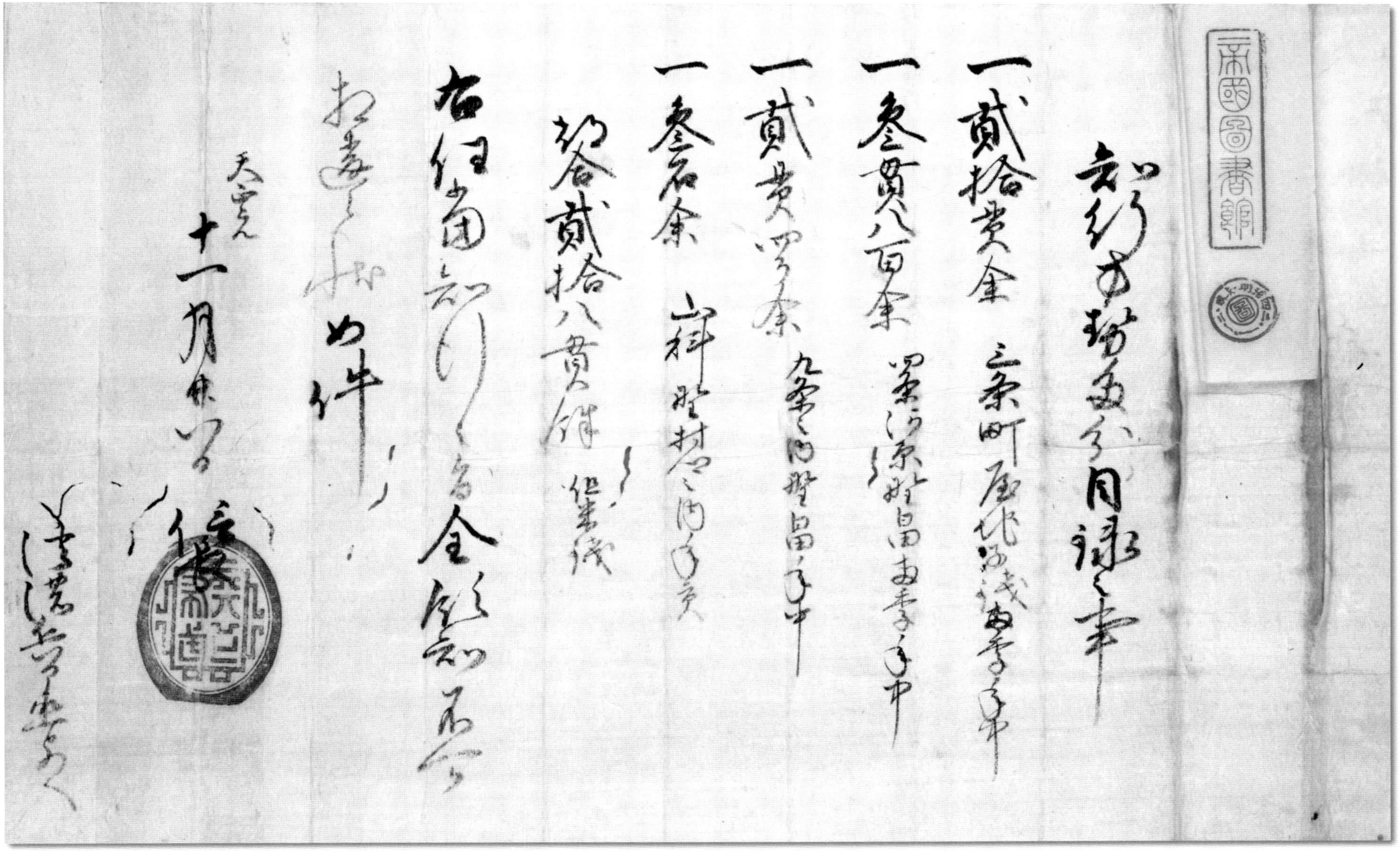

国立国会図書館所蔵

078

(天正元年)十一月二十九日付け織田信長朱印状

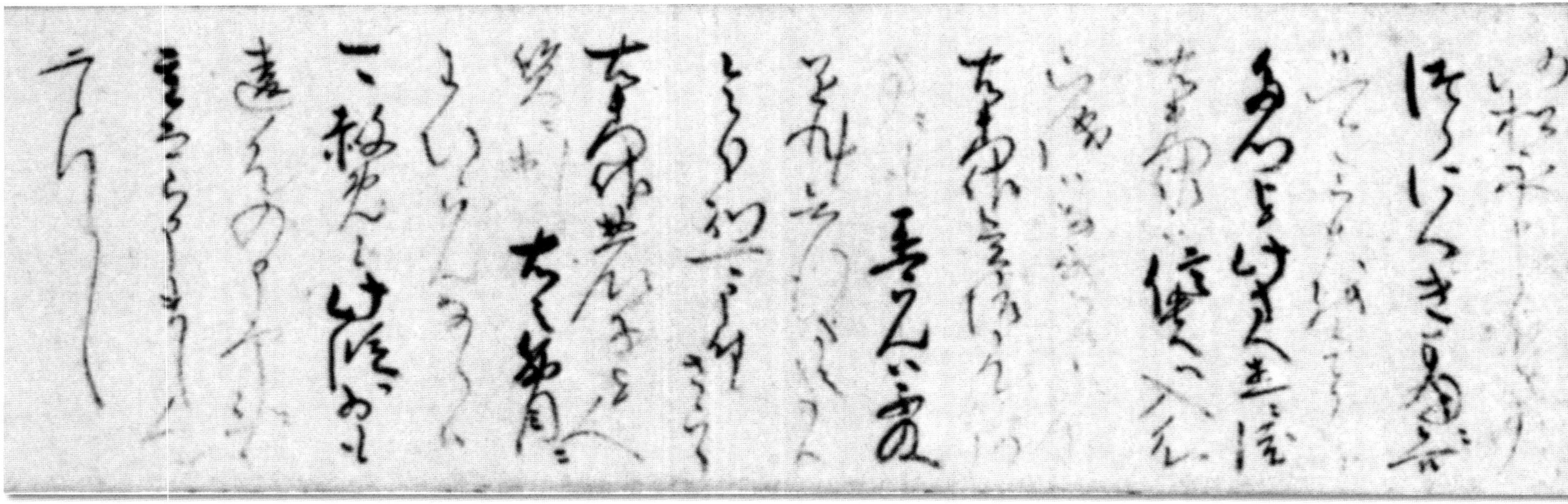

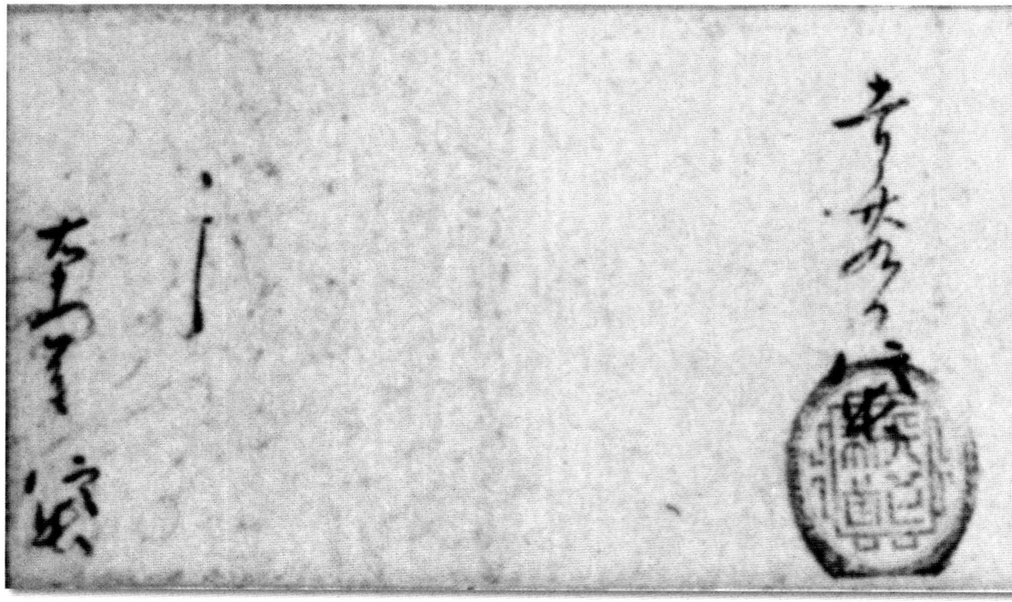

個人所蔵

079

(天正元年)十二月二十八日付け織田信長朱印状

仙台市博物館所蔵

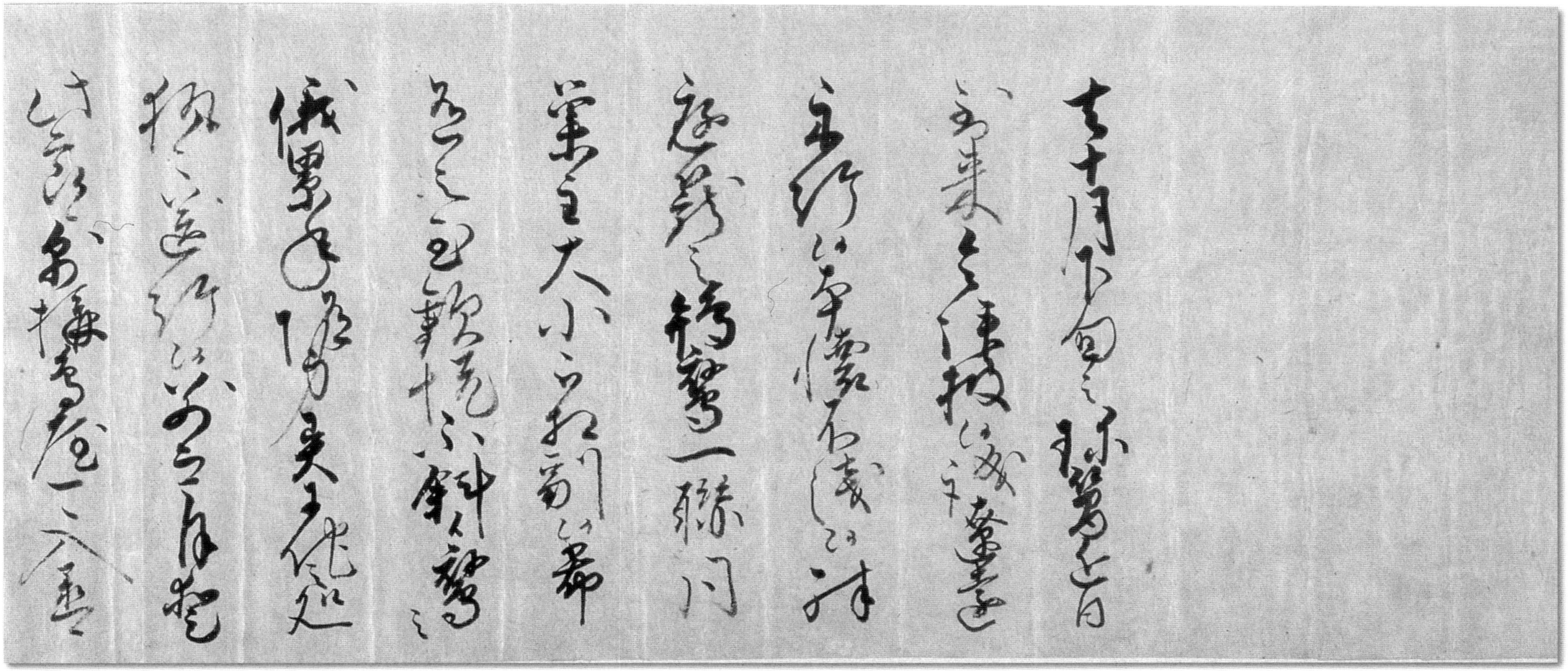

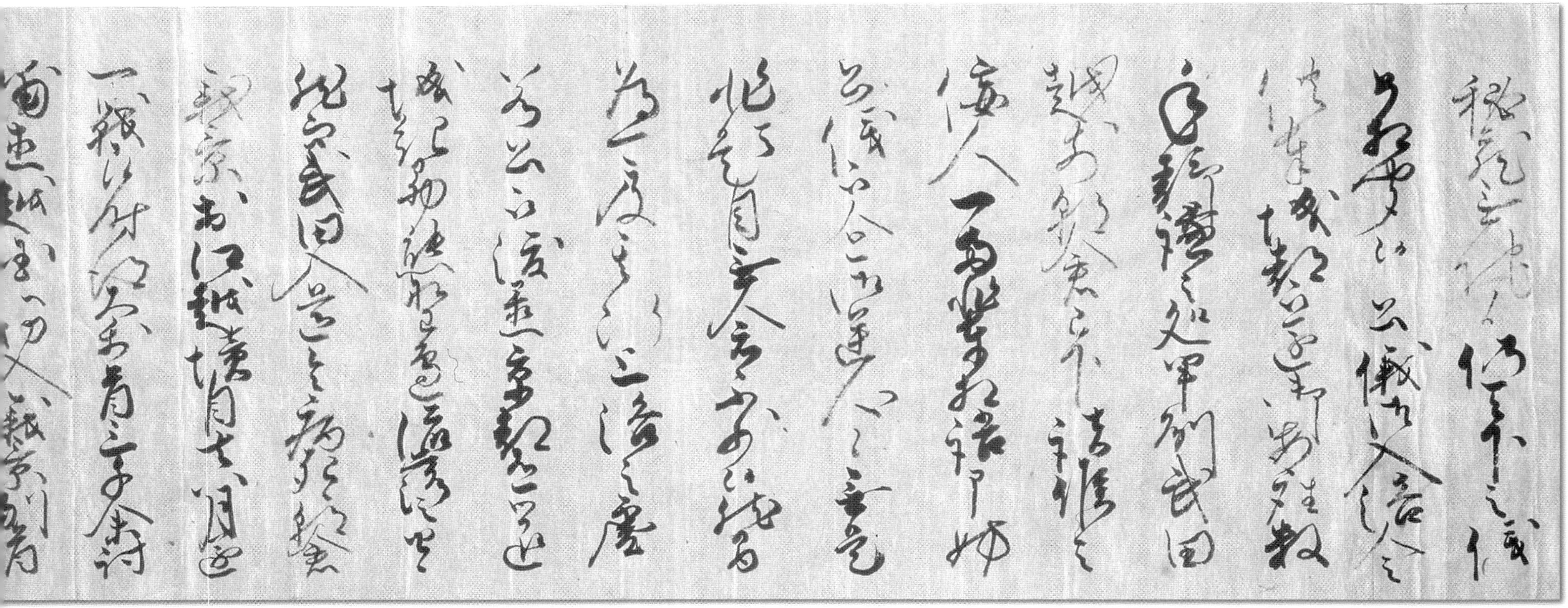

織田信長朱印状（2/3）

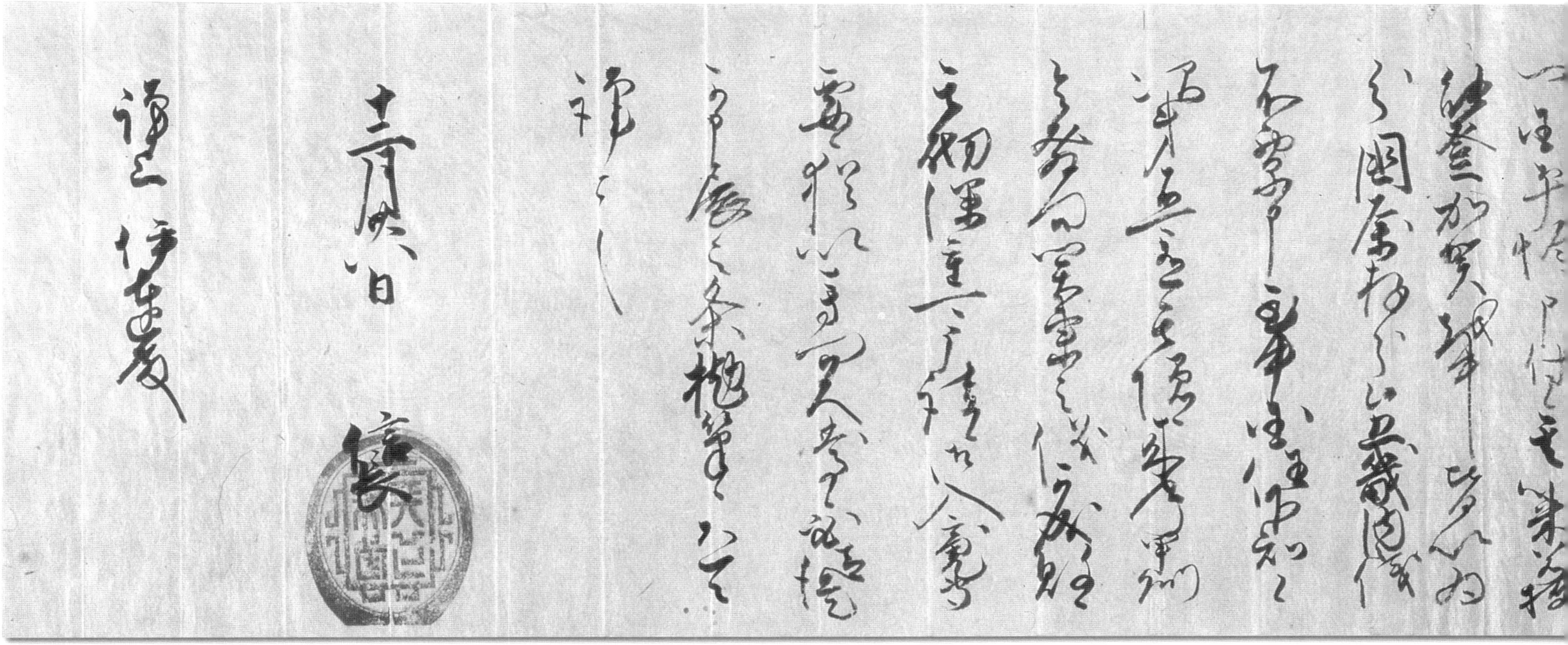

織田信長朱印状（3/3）

080 天正二年正月十二日付け織田信長朱印状

多治見市所蔵

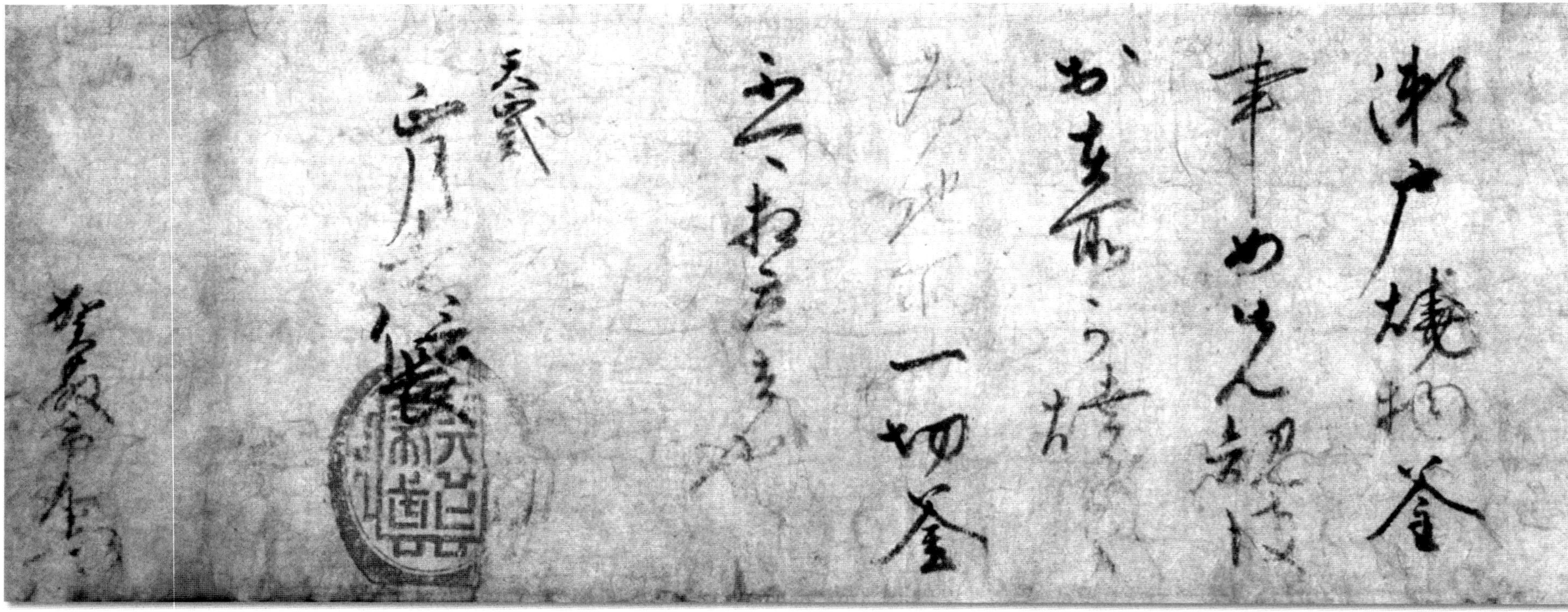

織田信長朱印状

081

天正二年正月日付け織田信長条書

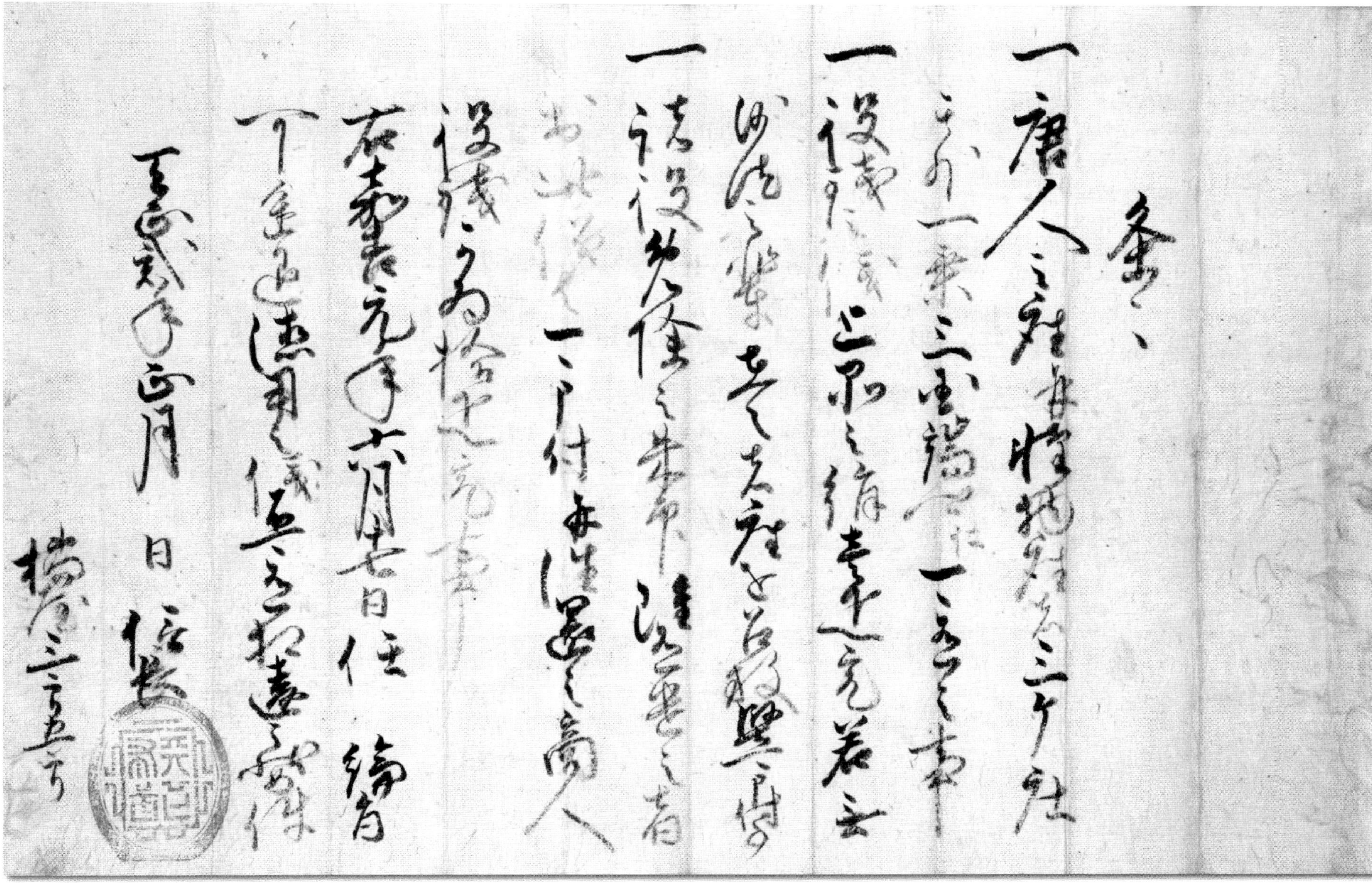

福井県立歴史博物館所蔵

082

（天正二年）六月五日付け織田信長朱印状

慶應義塾図書館所蔵

083 (天正二年)六月二十九日付け織田信長覚書

長野県立歴史館所蔵

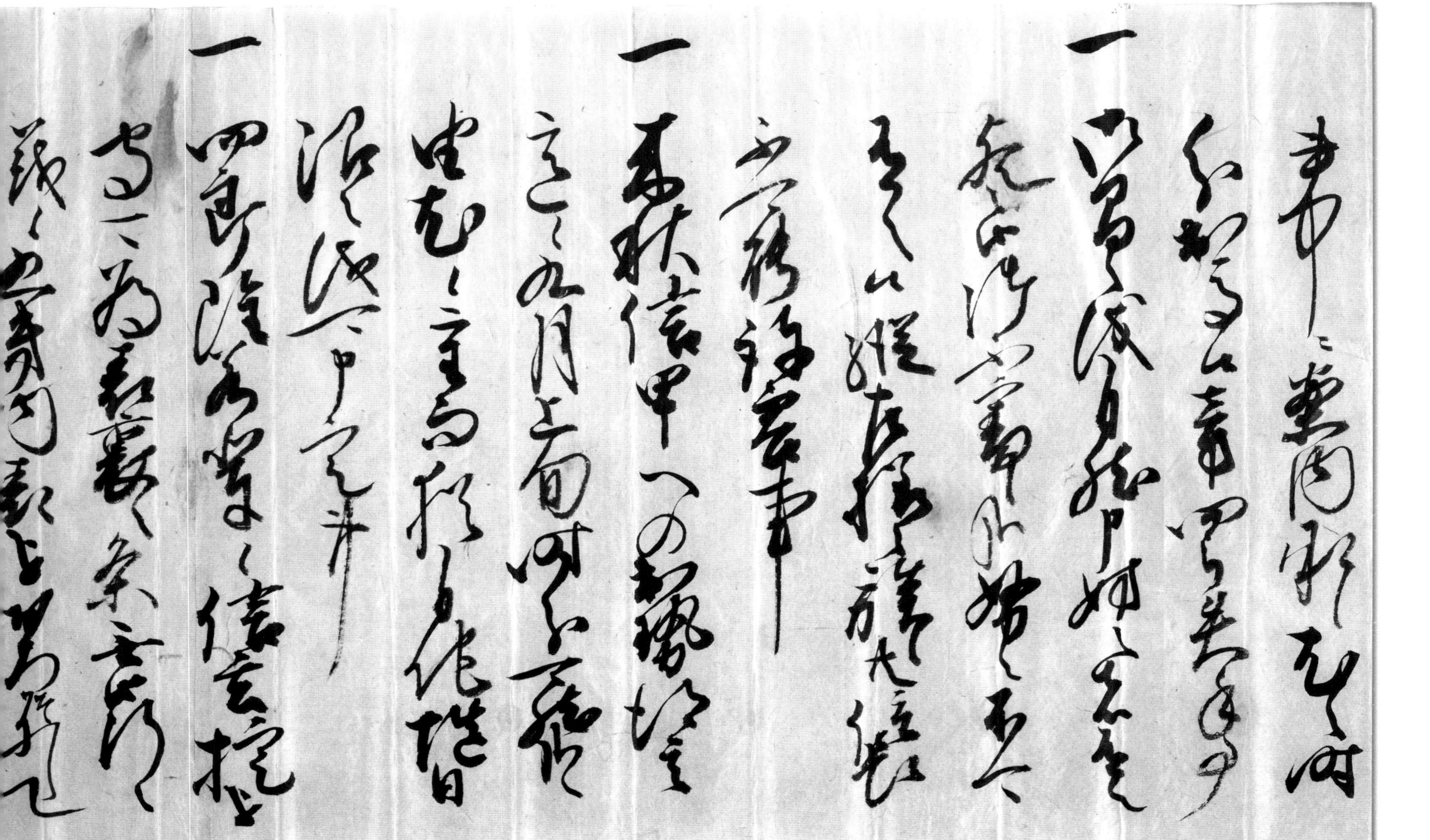

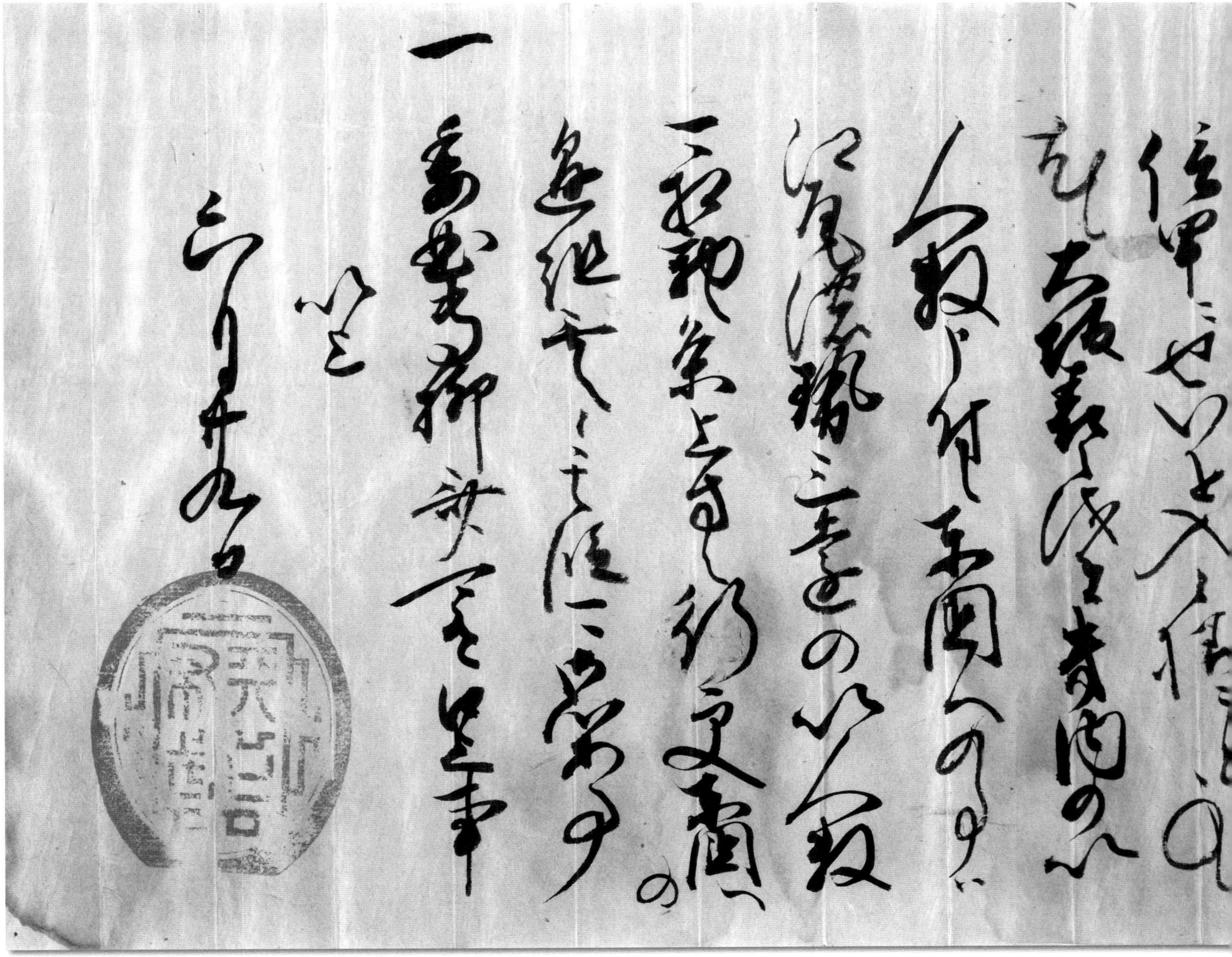

織田信長覚書（3/3）

084

（天正二年）七月二十三日付け織田信長朱印状写

東京大学史料編纂所所蔵
『玉証鑑』三所収

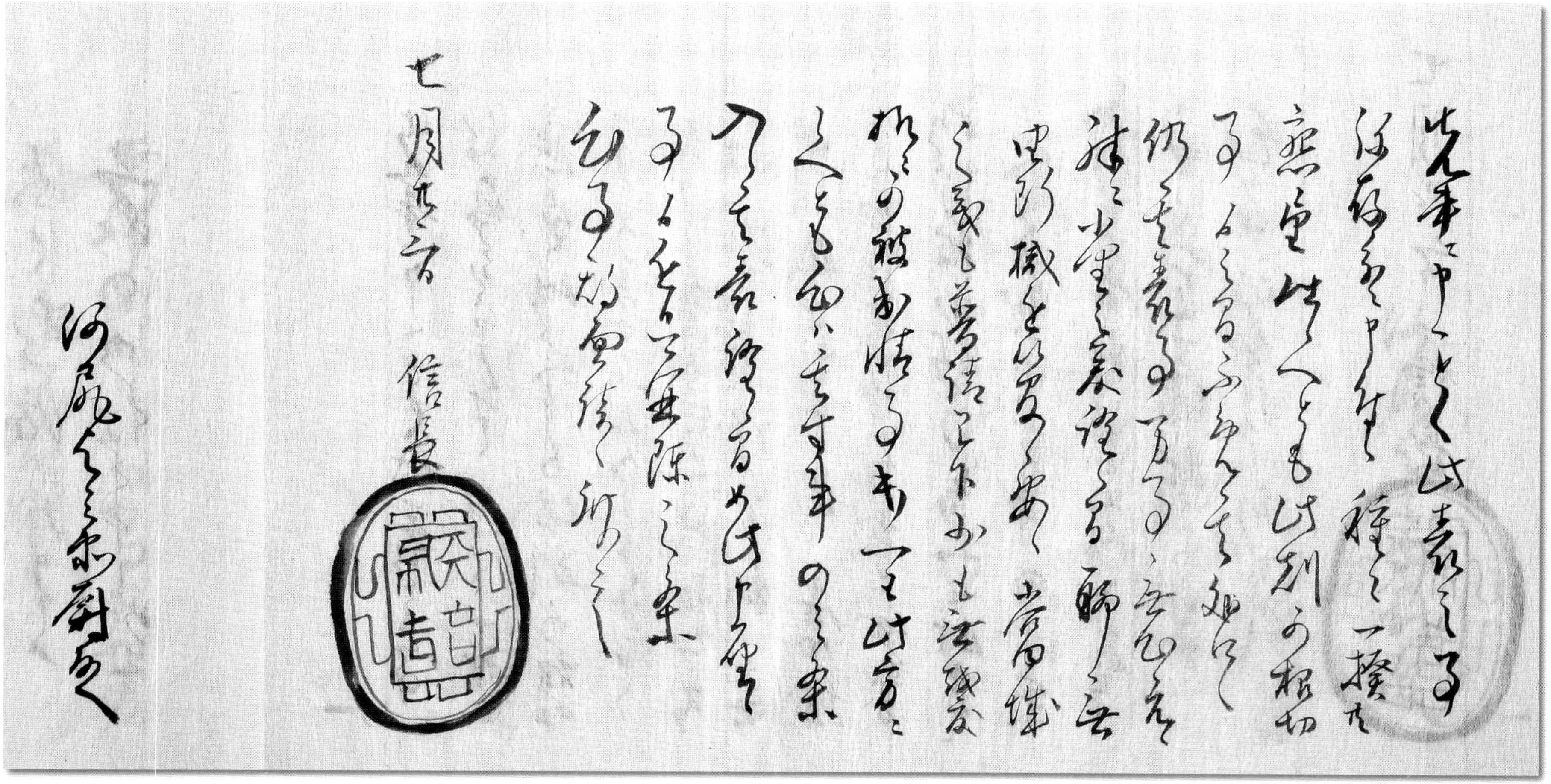

織田信長朱印状写

085 (天正二年)九月三十日付け織田信長黒印状

丹波市教育委員会所蔵

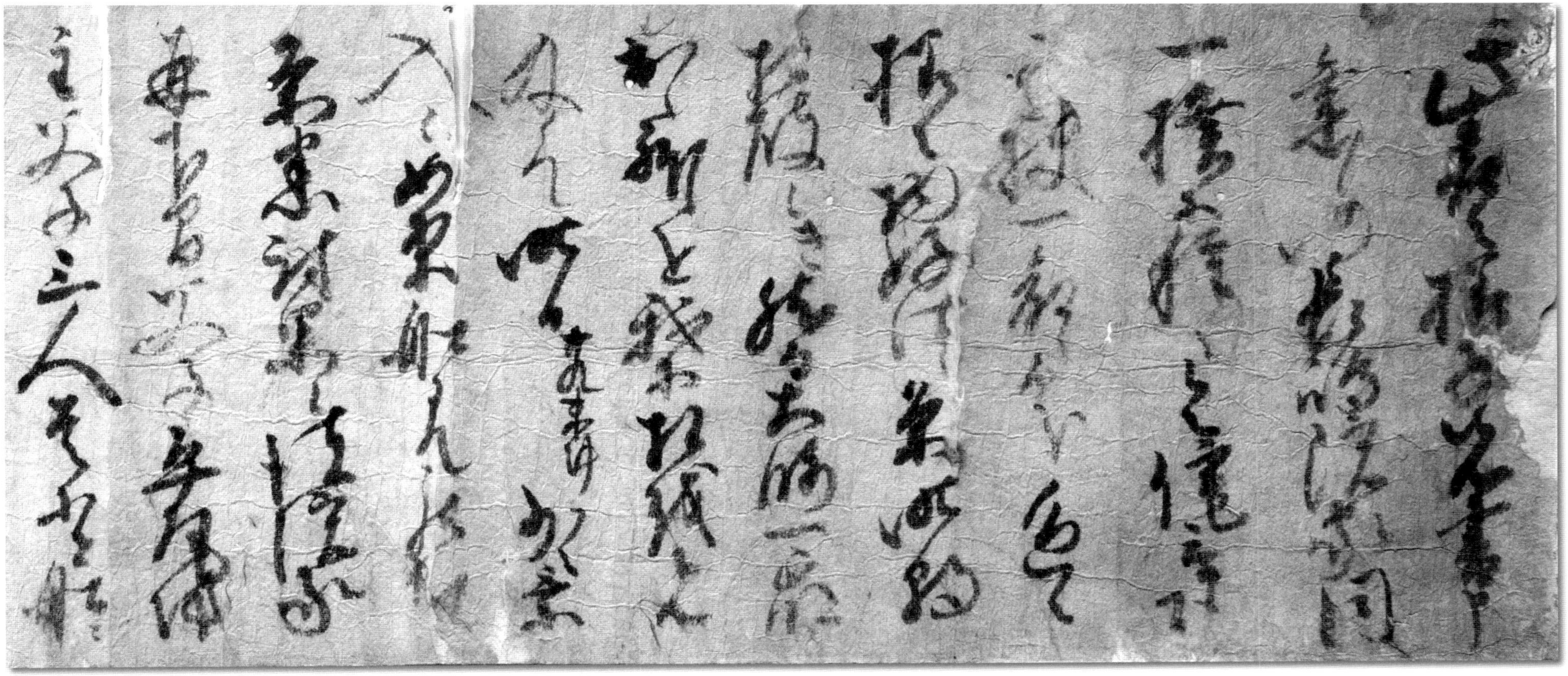

織田信長黒印状 (1/3)

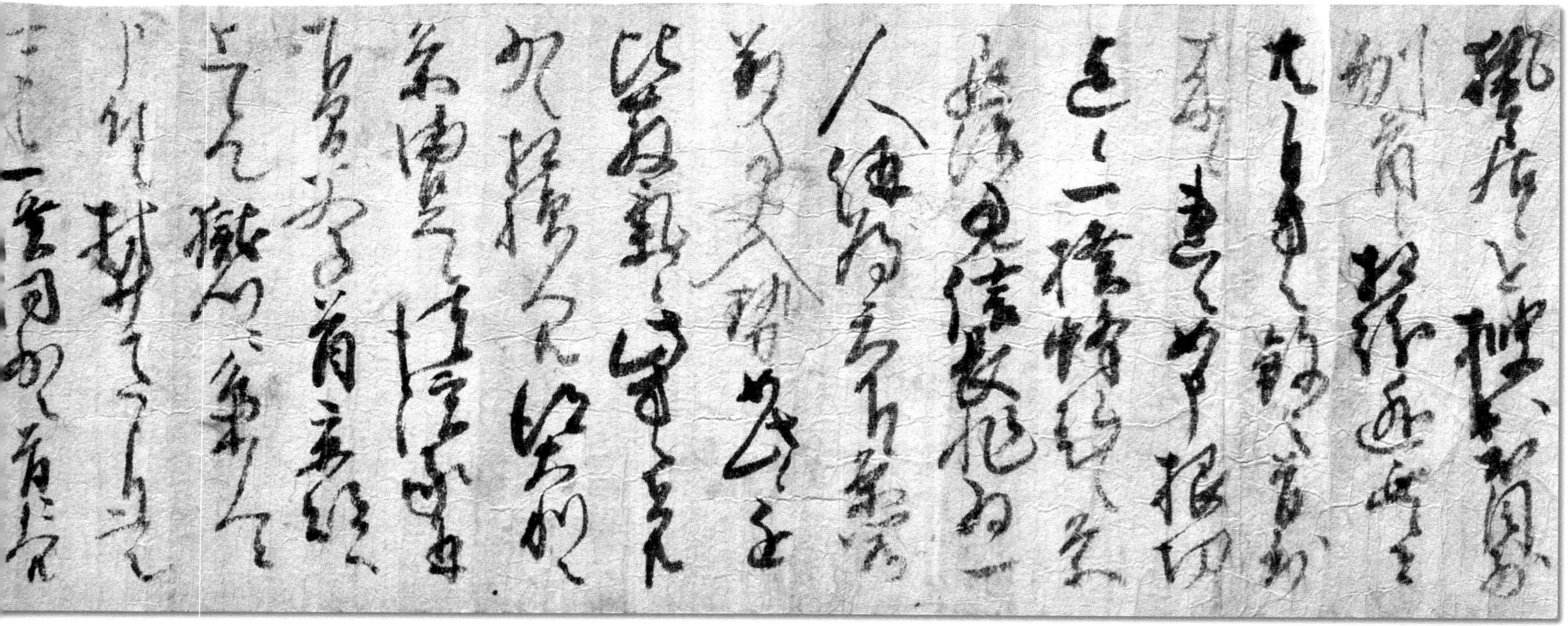

織田信長黒印状（2/3）

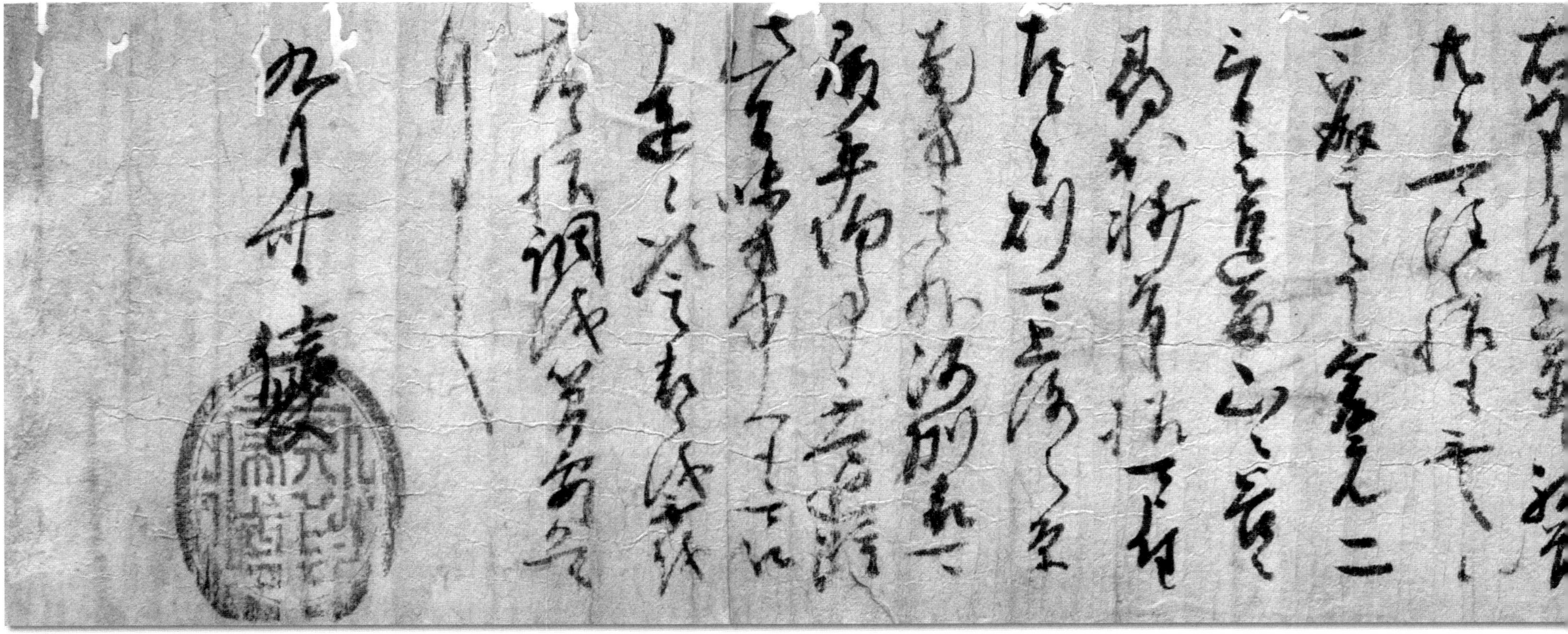

織田信長黒印状（3/3）

086

天正二年閏十一月二十五日付け織田信長朱印状

個人所蔵

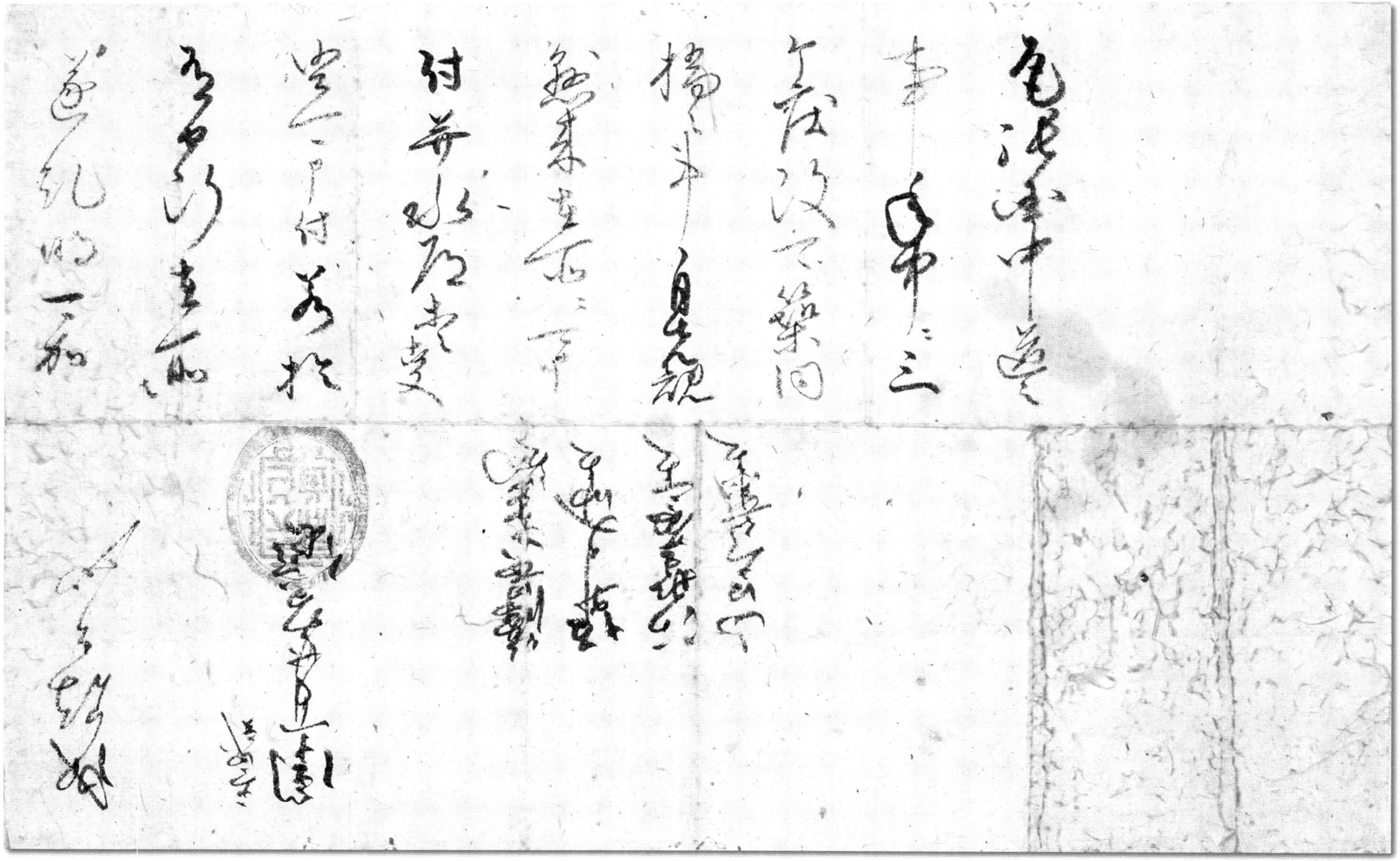

087

天正二年十二月九日付け織田信長朱印状

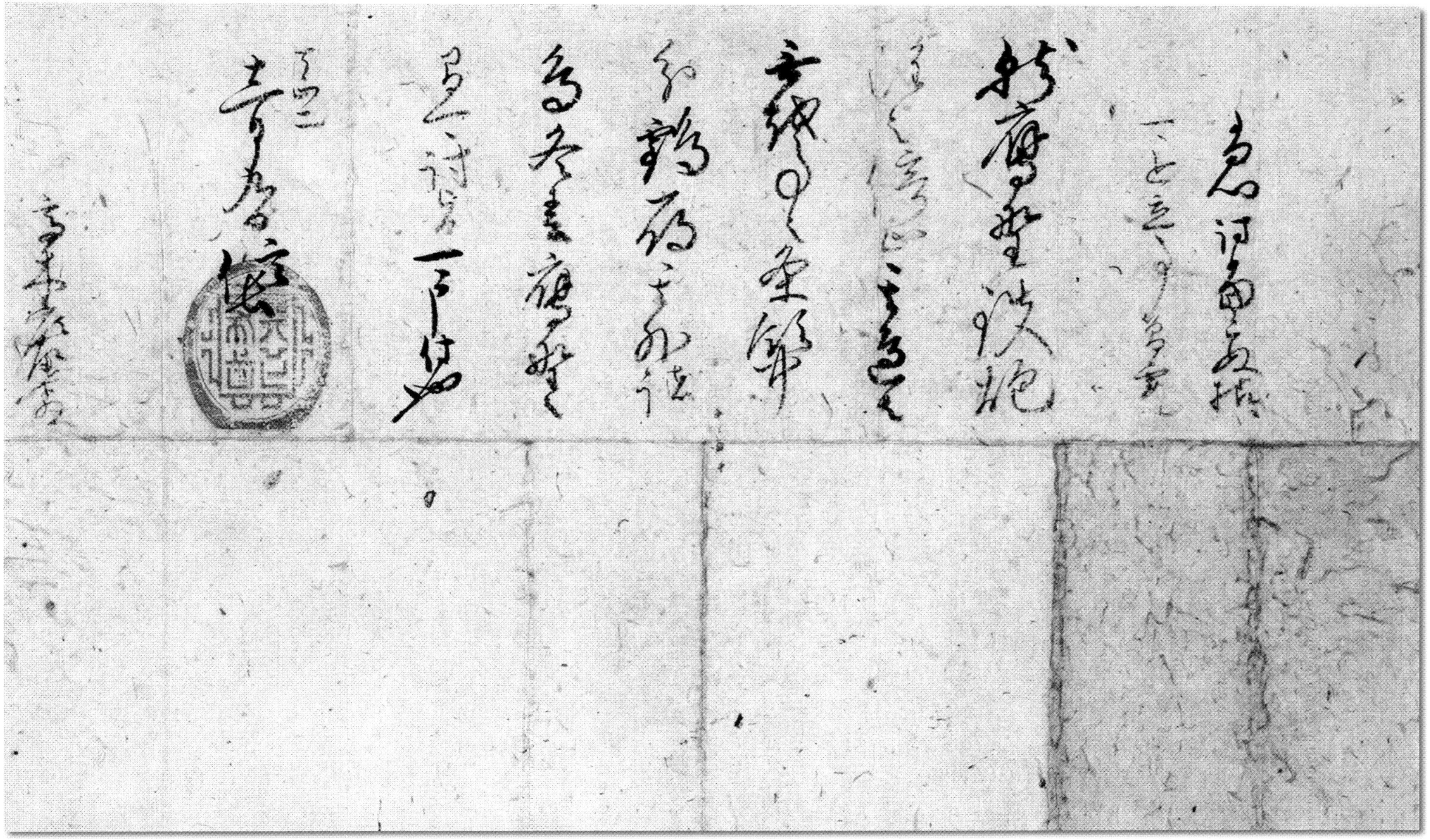

個人所蔵

088

天正三年正月十日付け織田信長朱印状

京都市歴史資料館所蔵

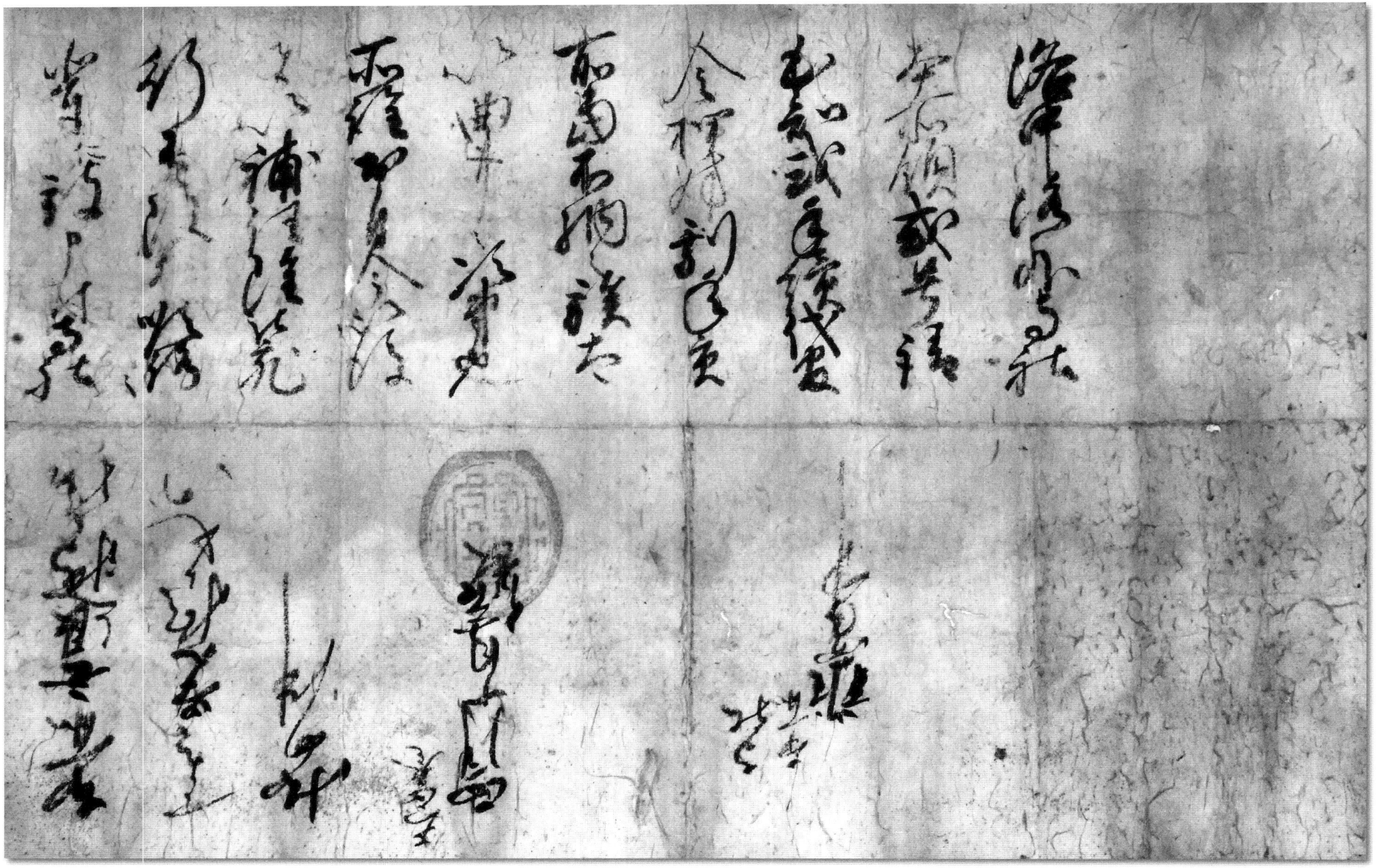

織田信長朱印状

089 (天正三年)二月二十日付け織田信長朱印状

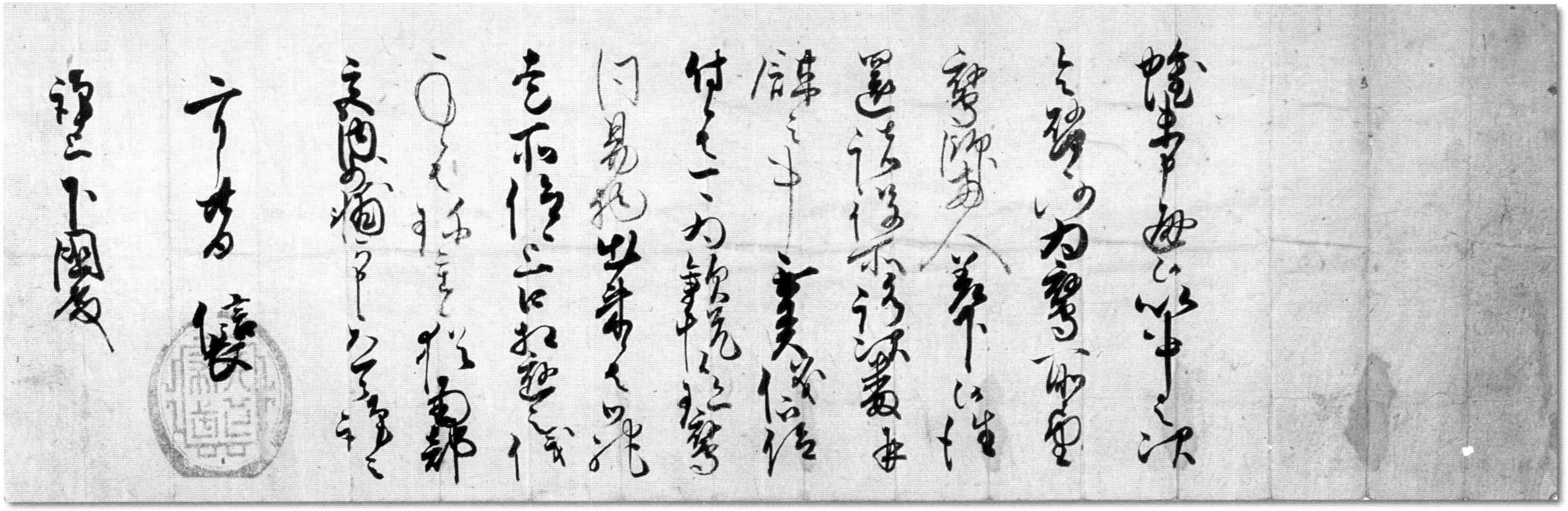

湊學氏所蔵

090 天正三年三月日付け織田信長朱印状案

名古屋大学文学部所蔵

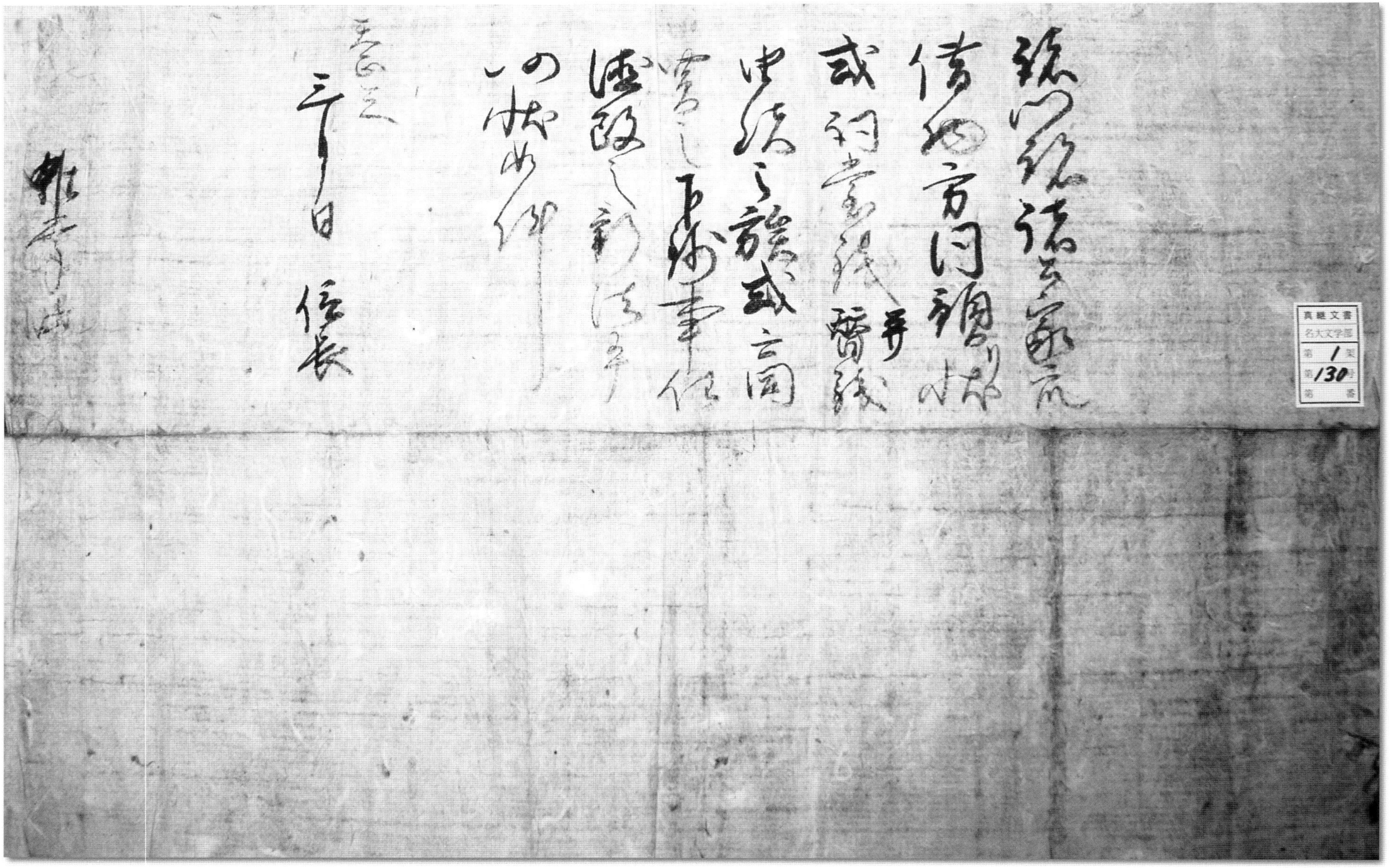

091 (天正三年)卯月十四日付け織田信長黒印状写

東京大学史料編纂所所蔵影写本

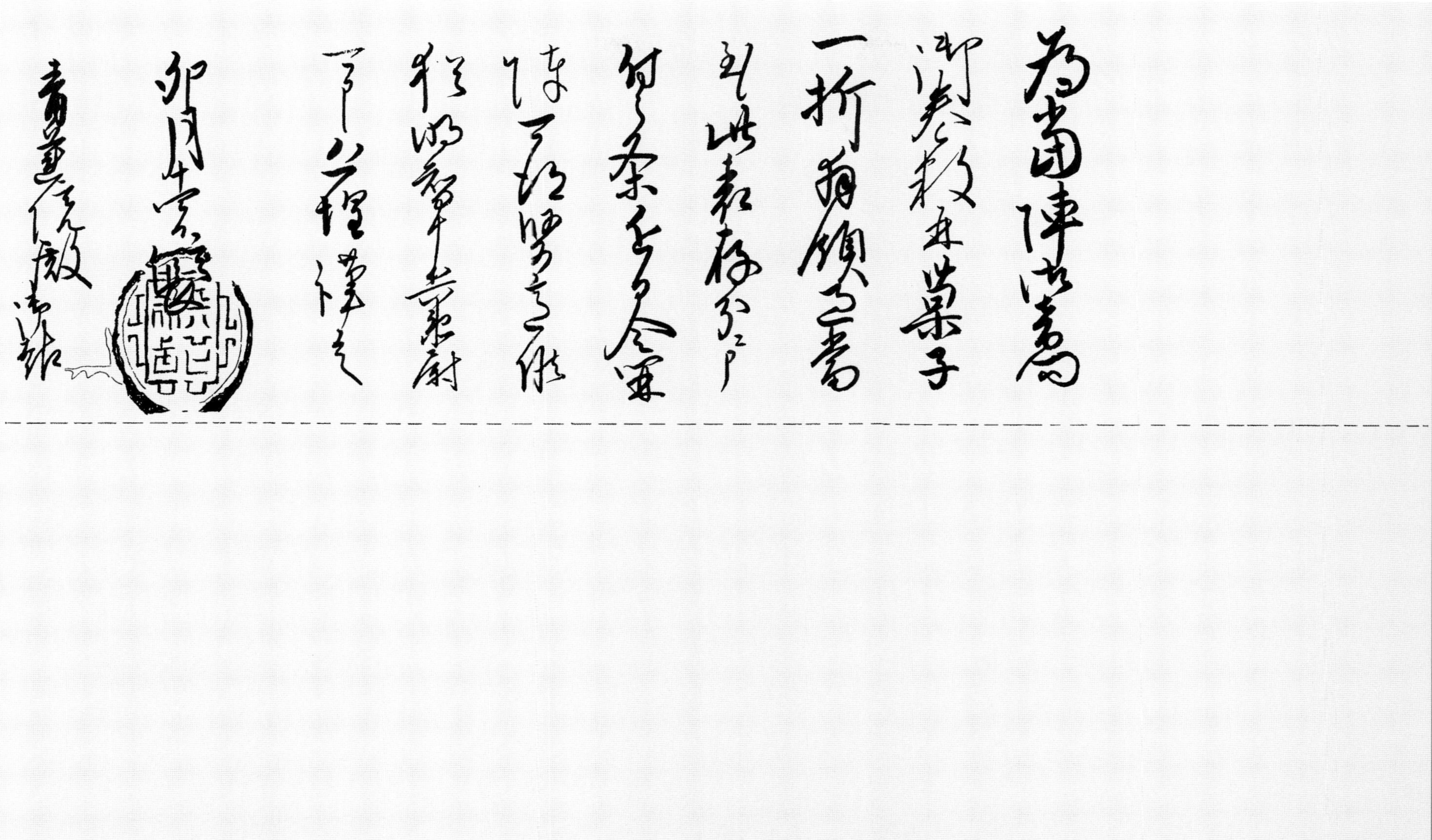

092

(天正三年)五月二十六日付け織田信長黒印状

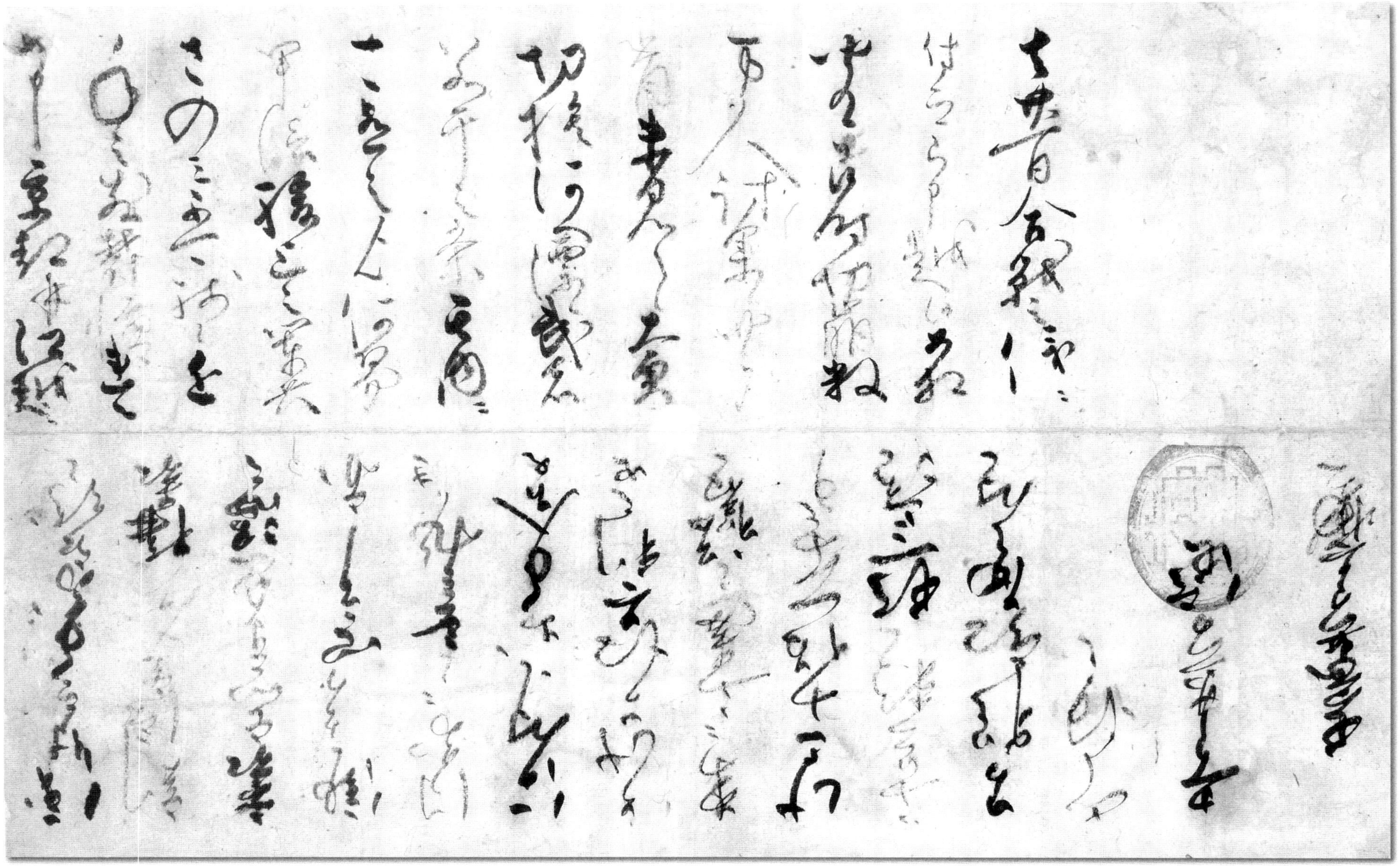

永青文庫所蔵

093

(天正三年)六月二日付け織田信長朱印状

岐阜市歴史博物館所蔵

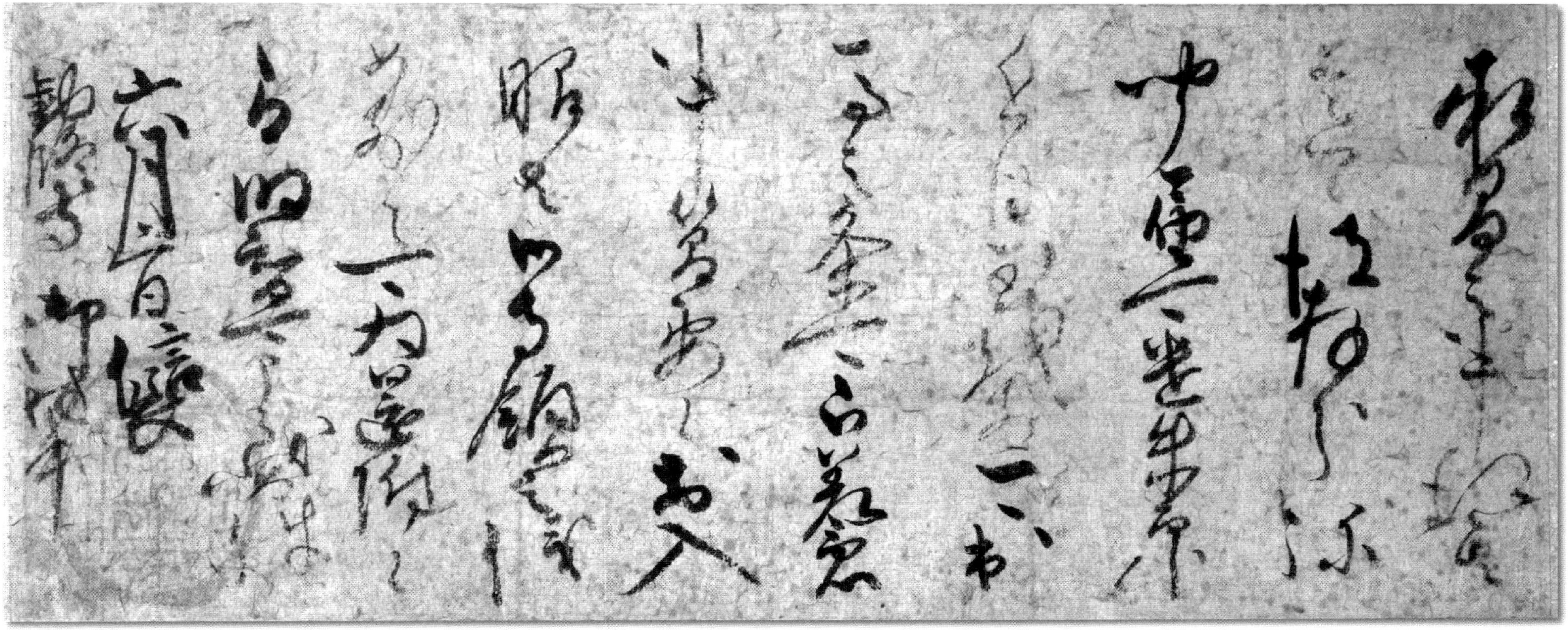

094

(天正三年)六月六日付け織田信長黒印状

大阪城天守閣所蔵

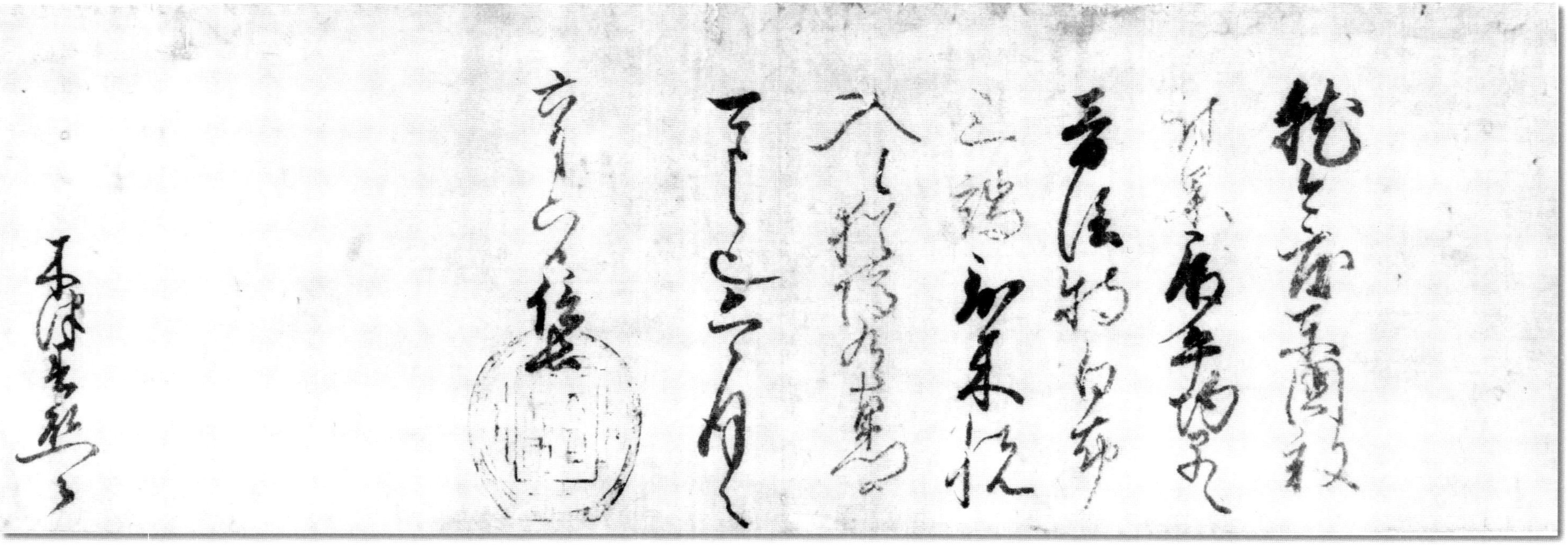

095

(天正三年)七月六日付け織田信長書状

九州国立博物館保管

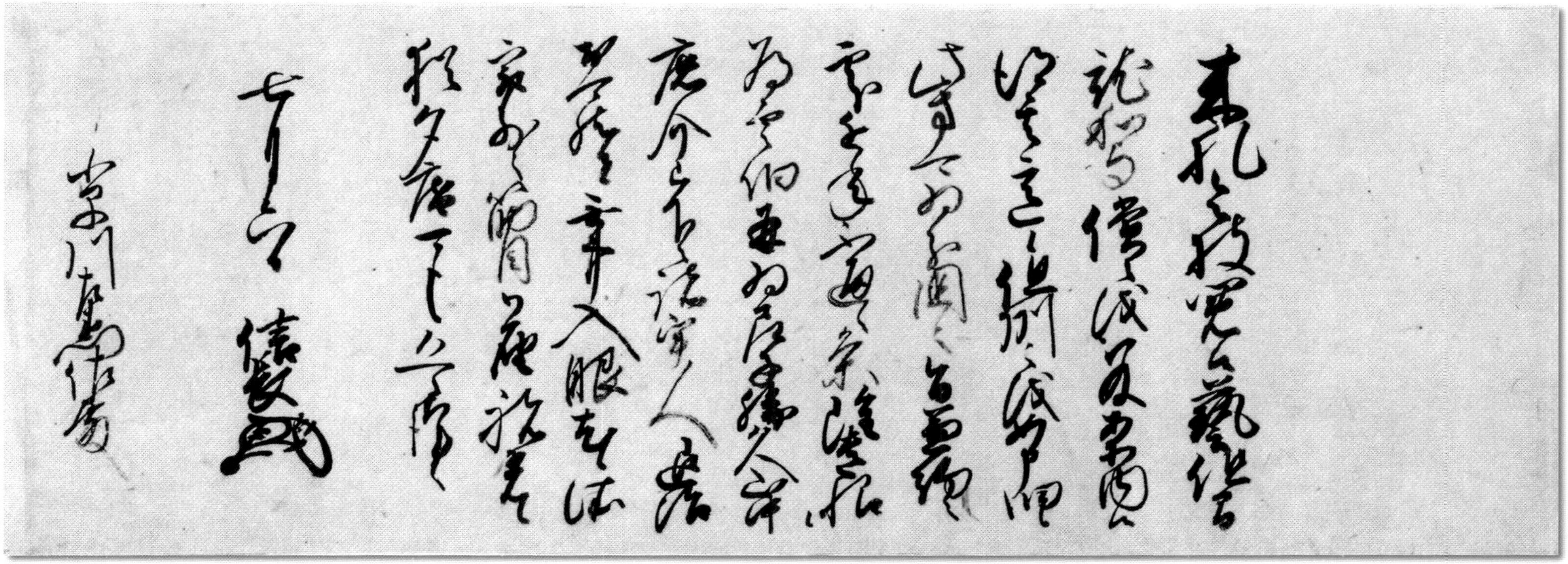

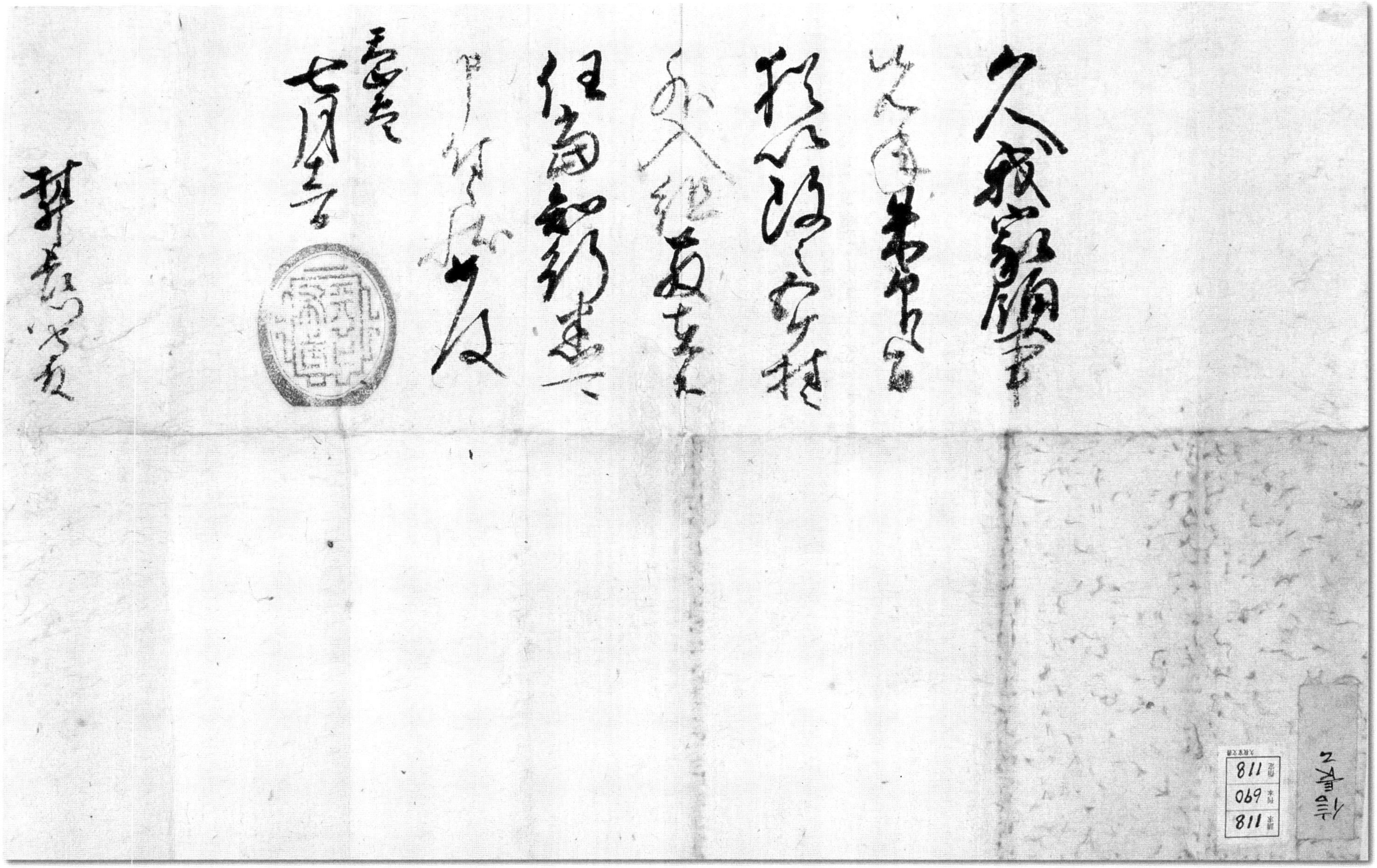

096

天正三年七月十二日付け織田信長朱印状

國學院大學図書館所蔵

097

(天正三年)七月十九日付け織田信長朱印状

大阪城天守閣所蔵

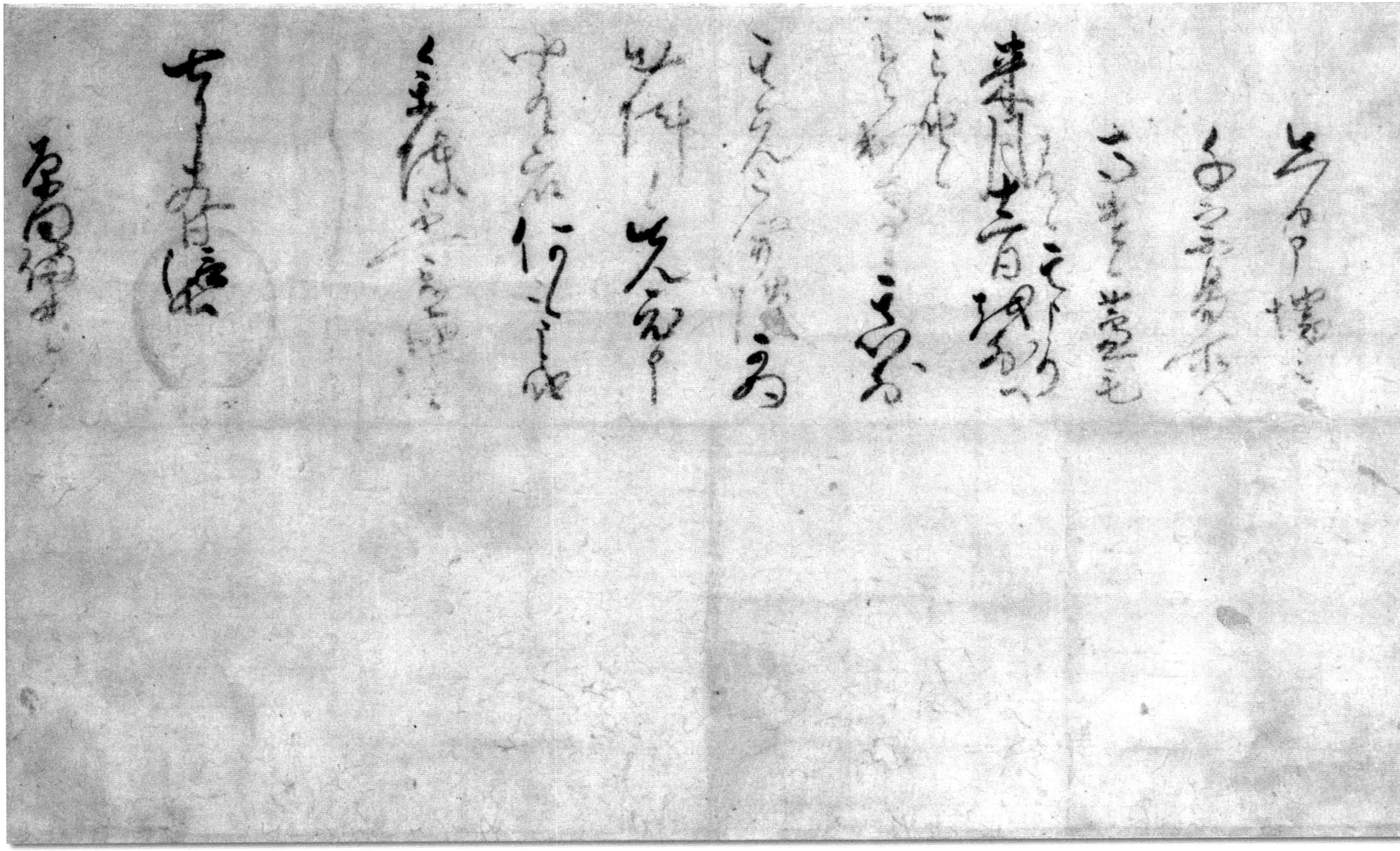

098

(天正三年)七月二十日付け織田信長黒印状写

国立公文書館内閣文庫所蔵『諸州古文書』信州十六所収

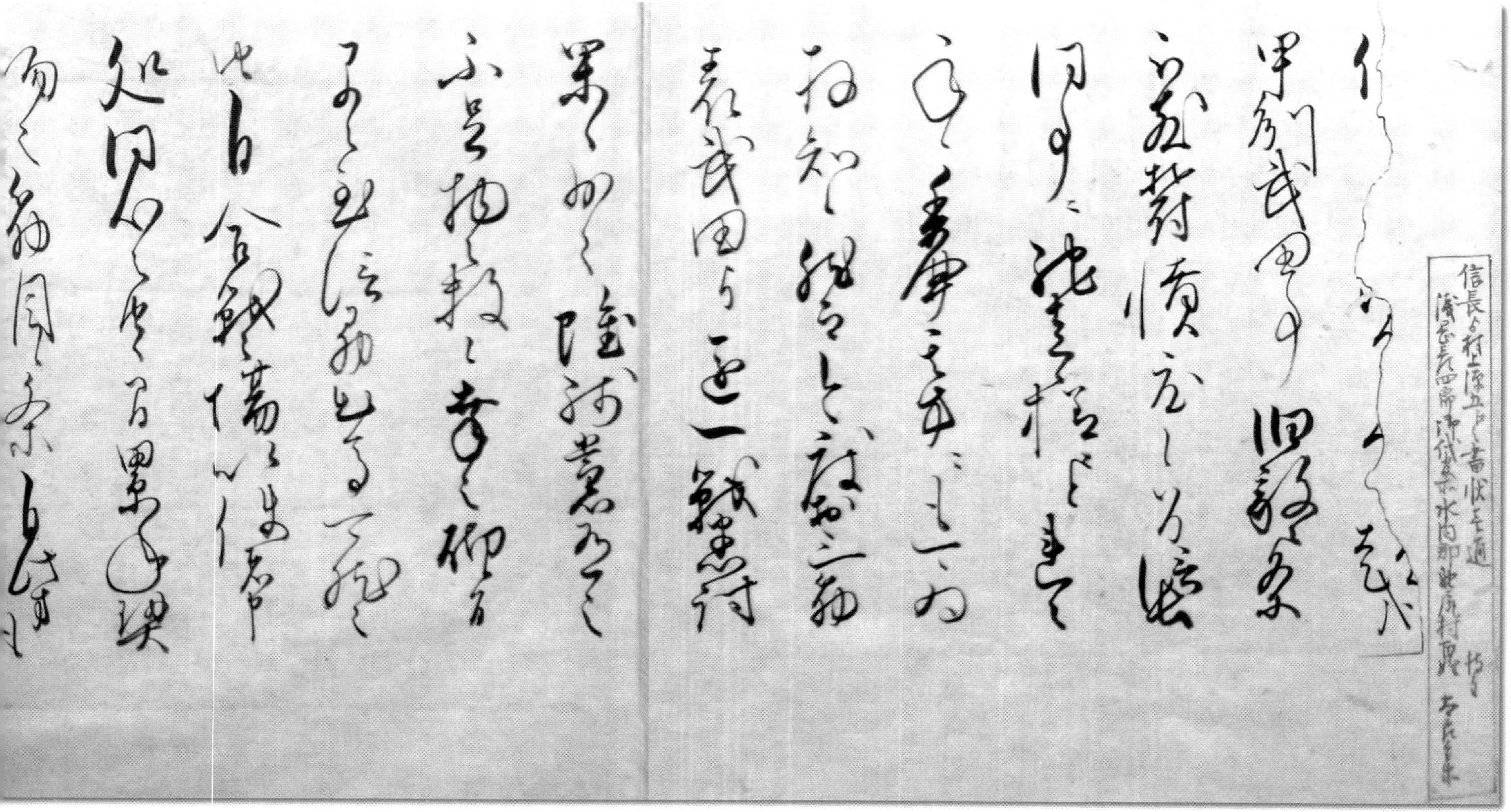

織田信長黒印状写（1/2）

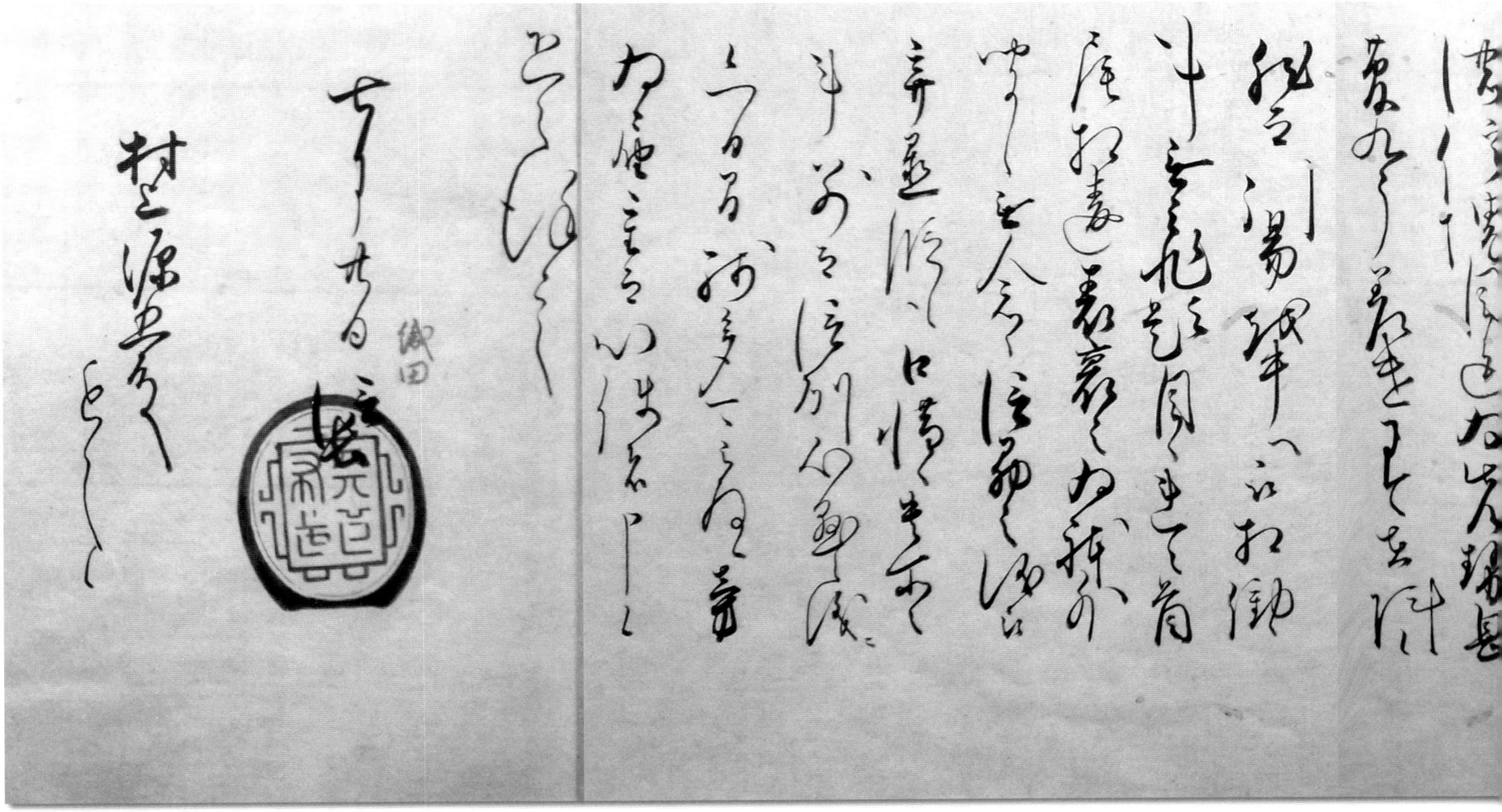

099

(天正三年)七月二十三日付け織田信長朱印状

宮下玄覇氏所蔵

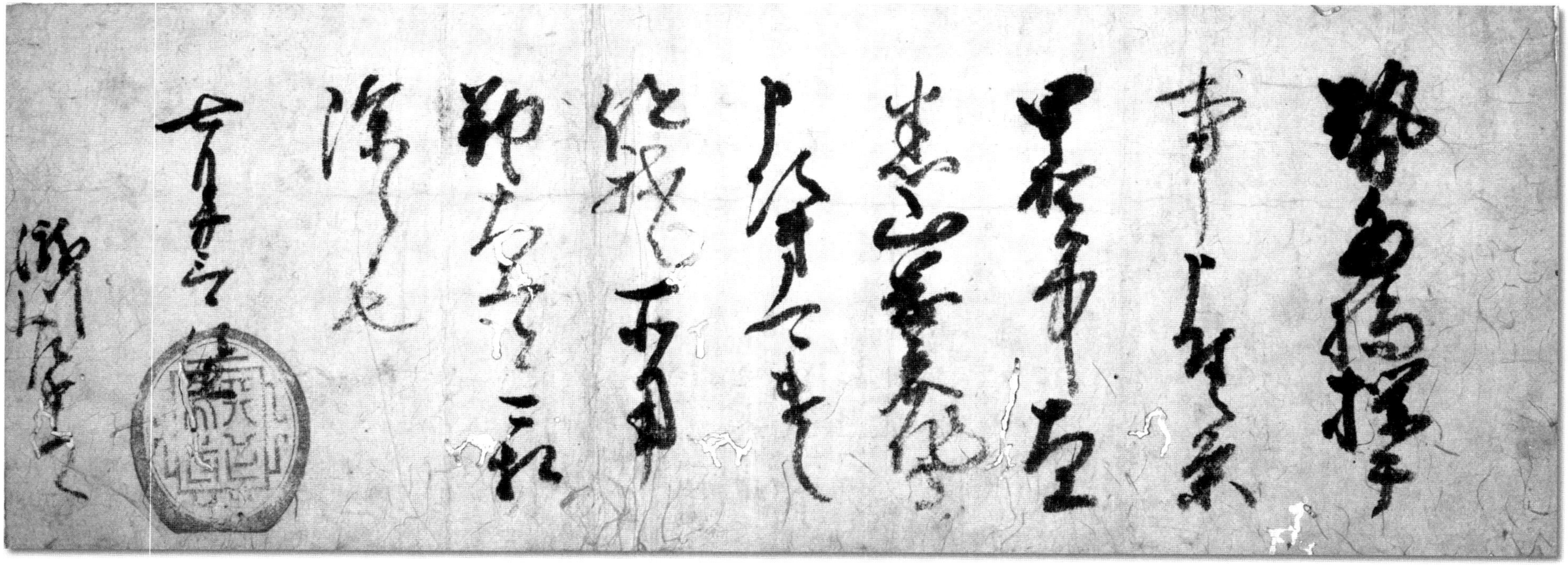

100 （天正三年）八月五日付け織田信長判物写

国立公文書館内閣文庫所蔵『土佐国蠧簡集』残篇五所収

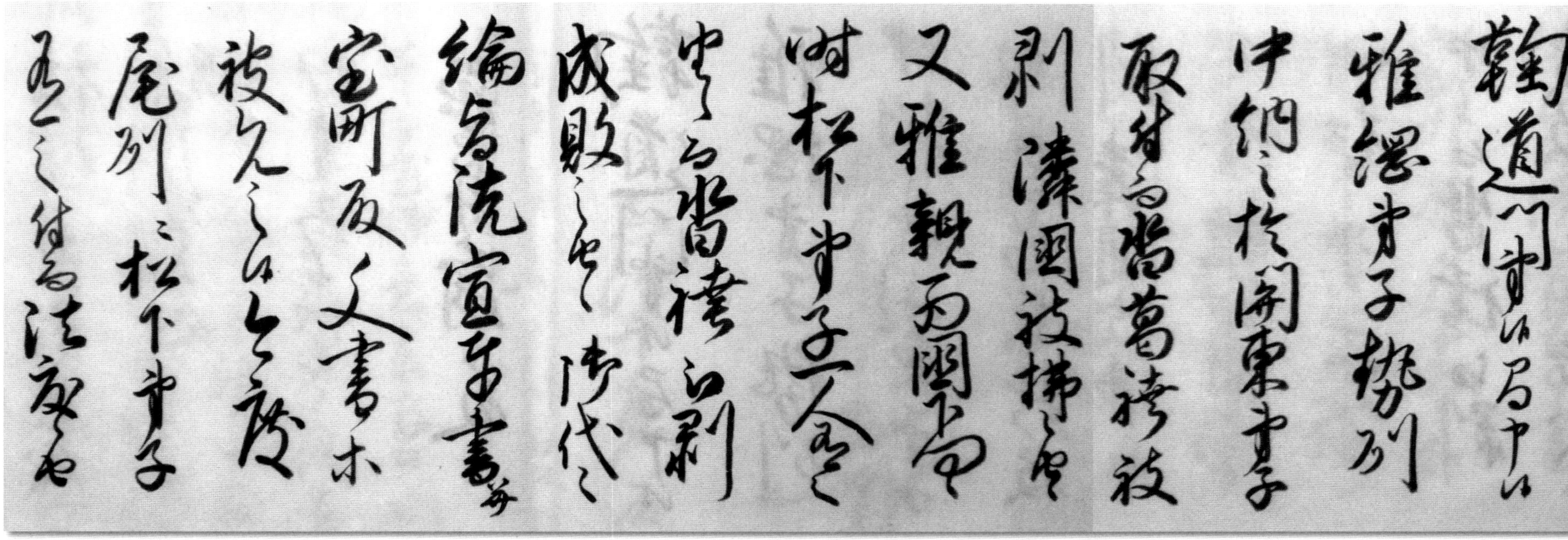

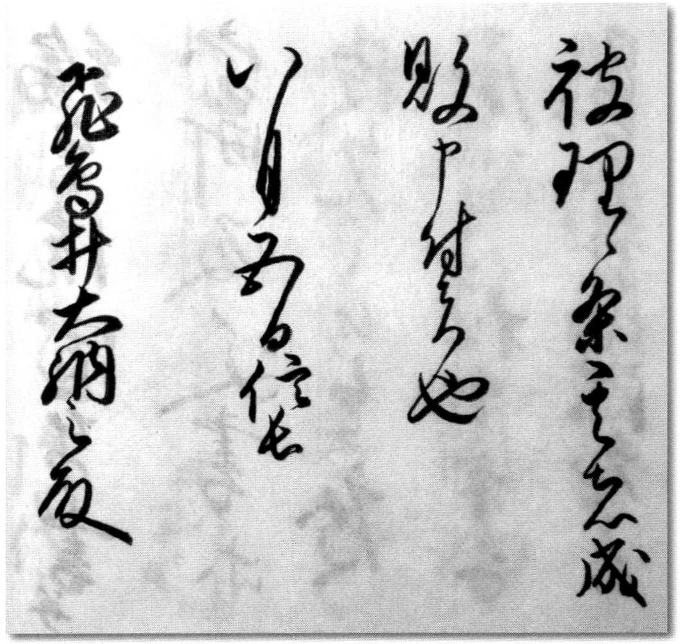

101 天正三年八月十三日付け織田信長朱印状

安土町文芸の郷振興事業団所蔵

織田信長朱印状

102 (天正三年)九月十六日付け織田信長黒印状

表千家不審菴所蔵

103 天正三年九月日付け織田信長条書写

福井県立図書館松平文庫所蔵『寄合物入』六所収

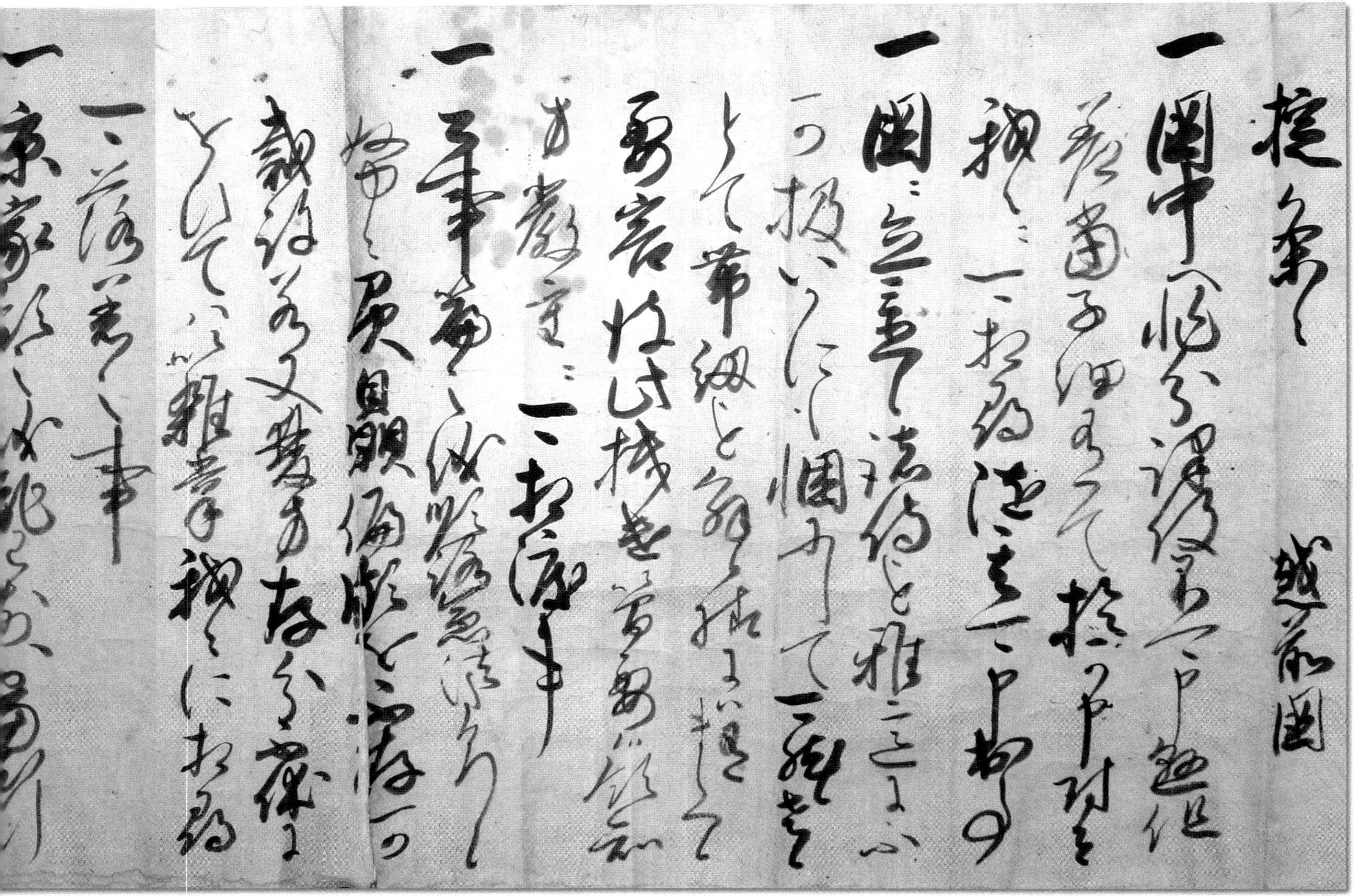

織田信長条書写（1/4）

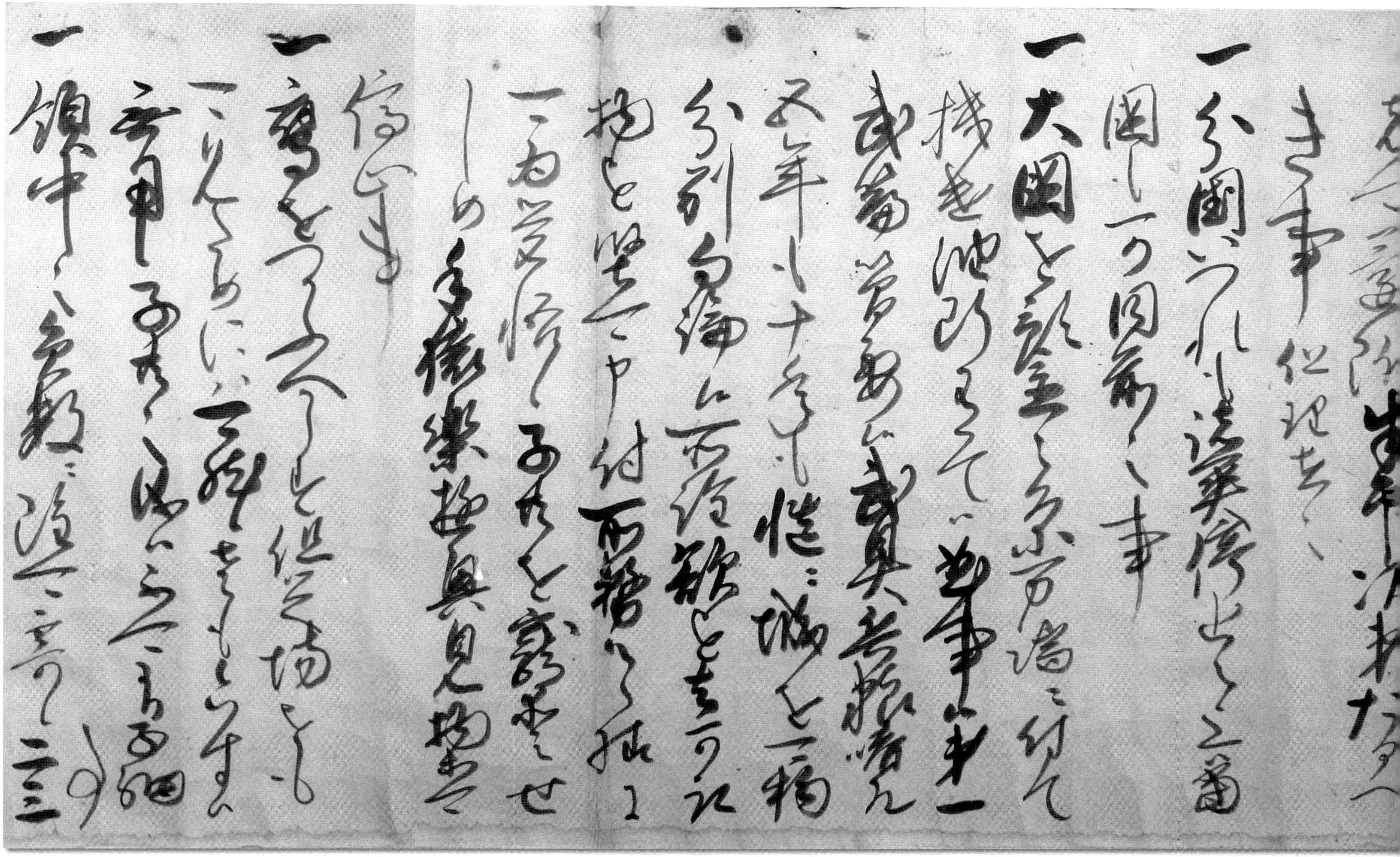

織田信長条書写（2/4）

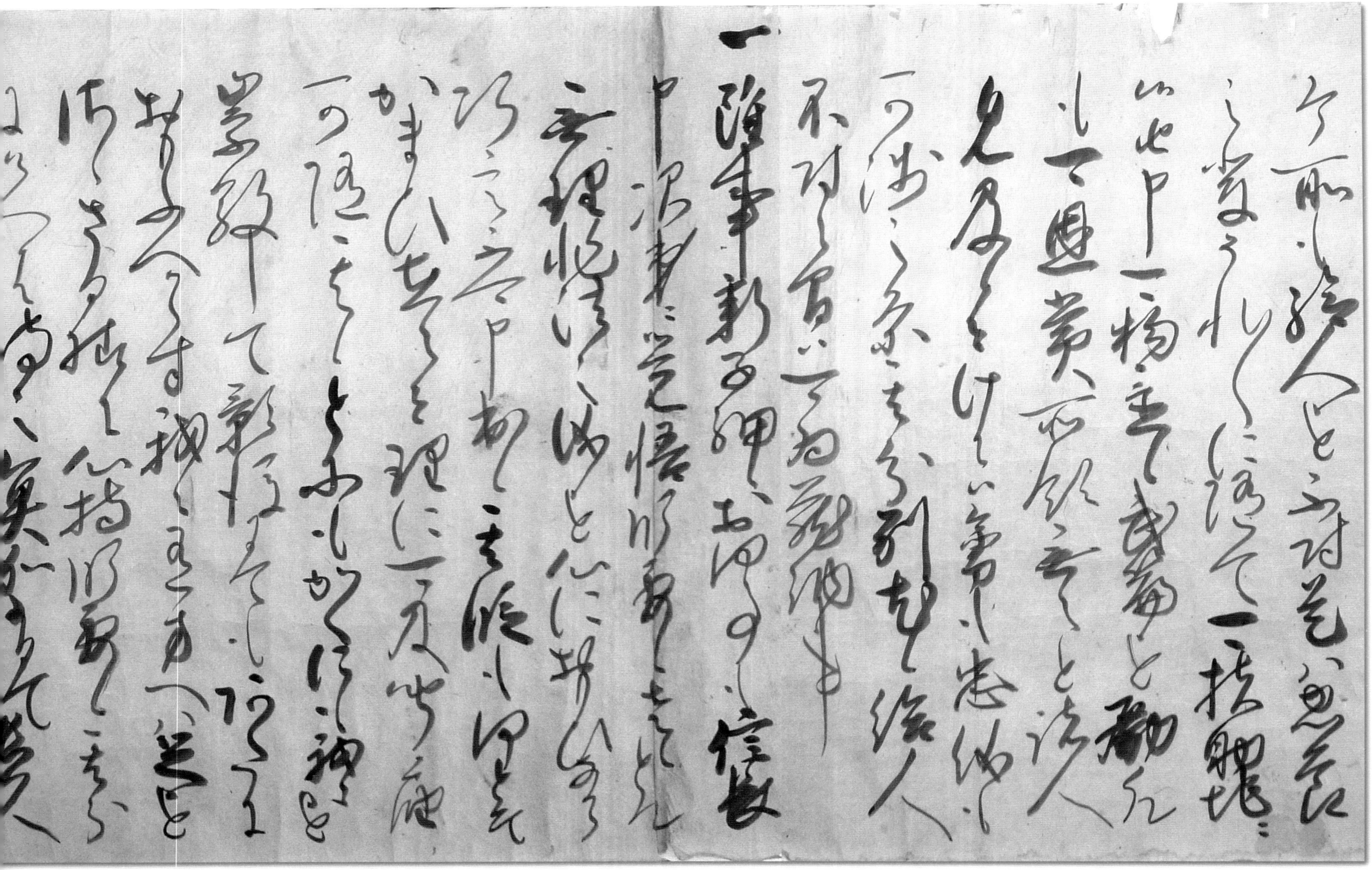

織田信長条書写（3/4）

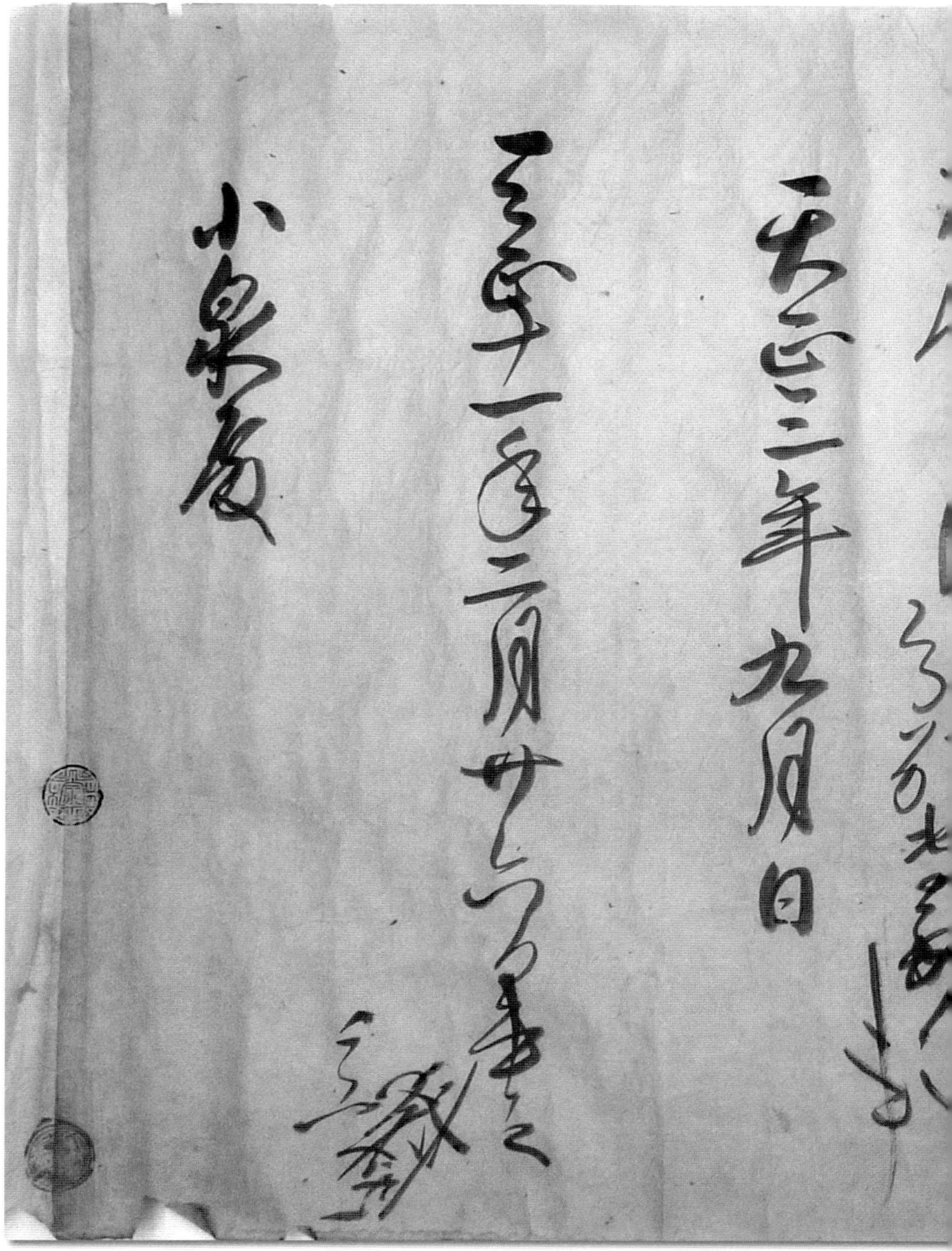

天正三年九月日

天正十一年二月廿三日写之

小泉殿

織田信長条書写（4/4）

104 (天正三年)十月二日付け織田信長黒印状

美濃加茂市民ミュージアム所蔵

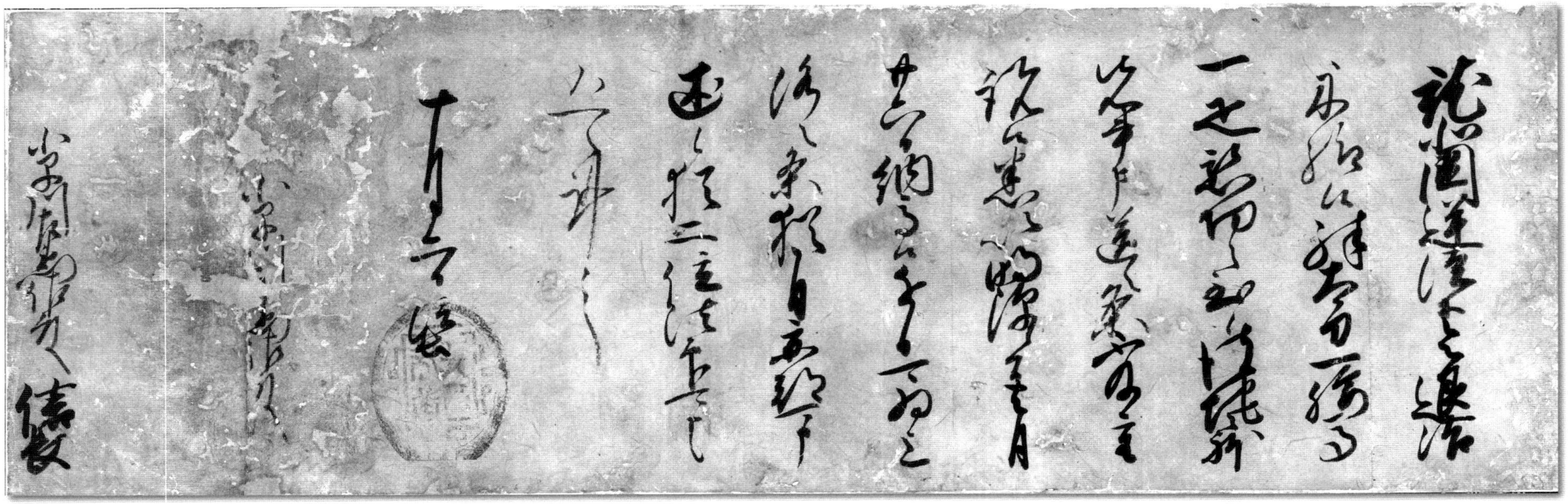

105

(天正三年)十月二十五日付け織田信長朱印状

仙台市博物館所蔵

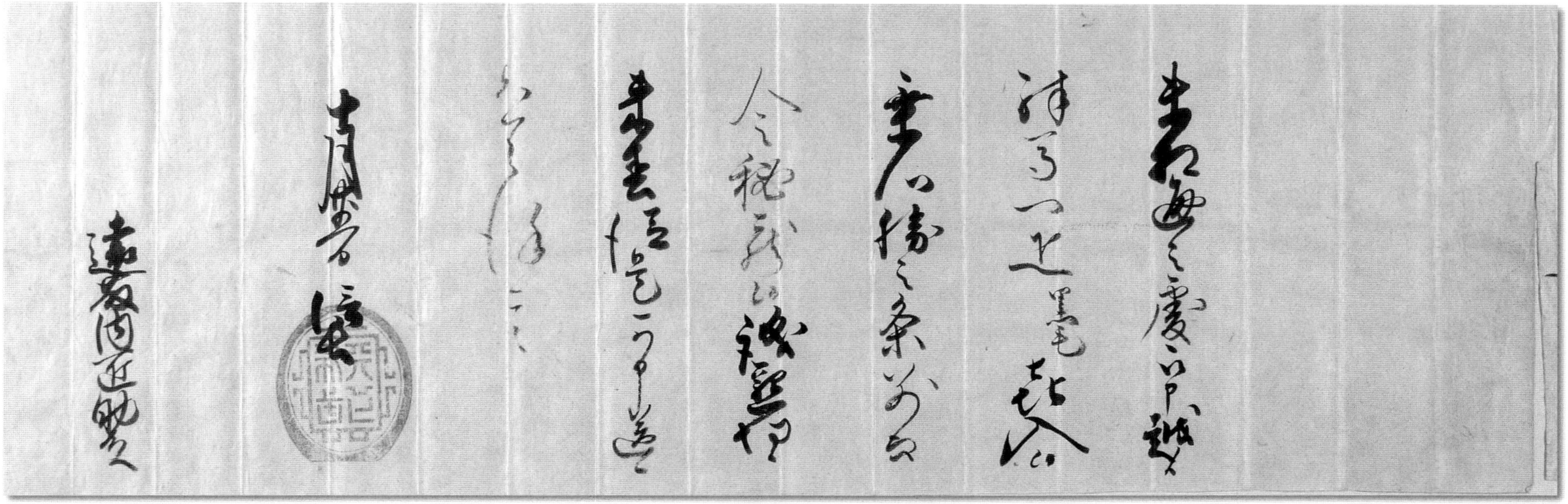

106 (天正三年)十一月二十六日付け織田信長黒印状

滋賀県立安土城考古博物館所蔵

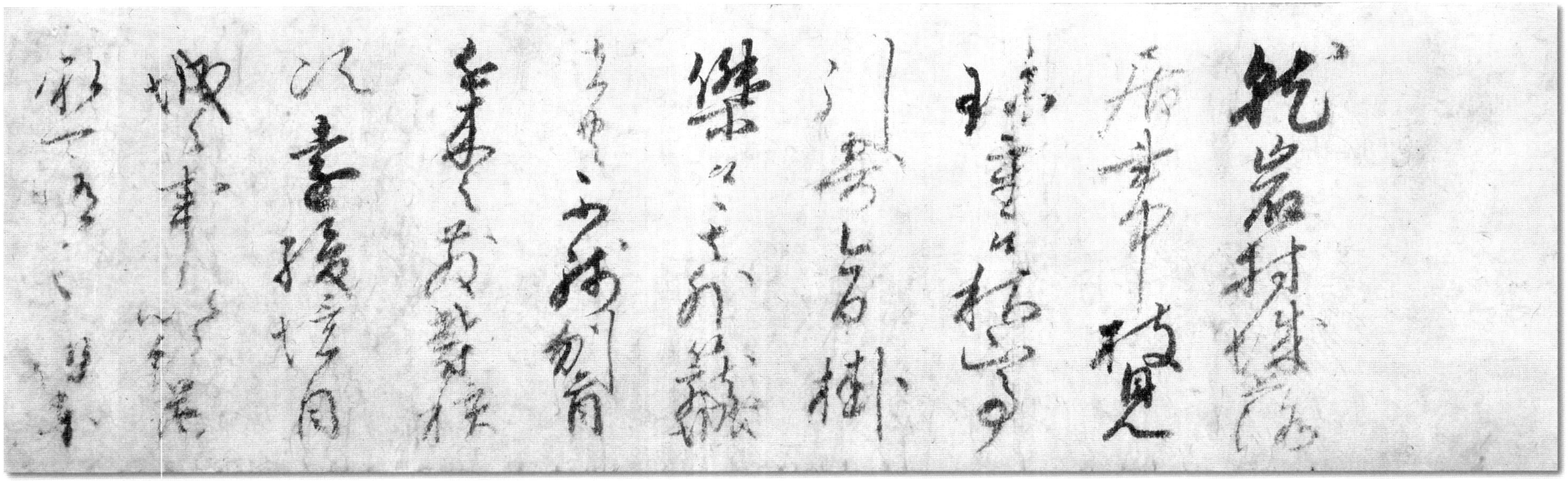

107

(天正四年)三月三十日付け織田信長黒印状

関西大学図書館所蔵

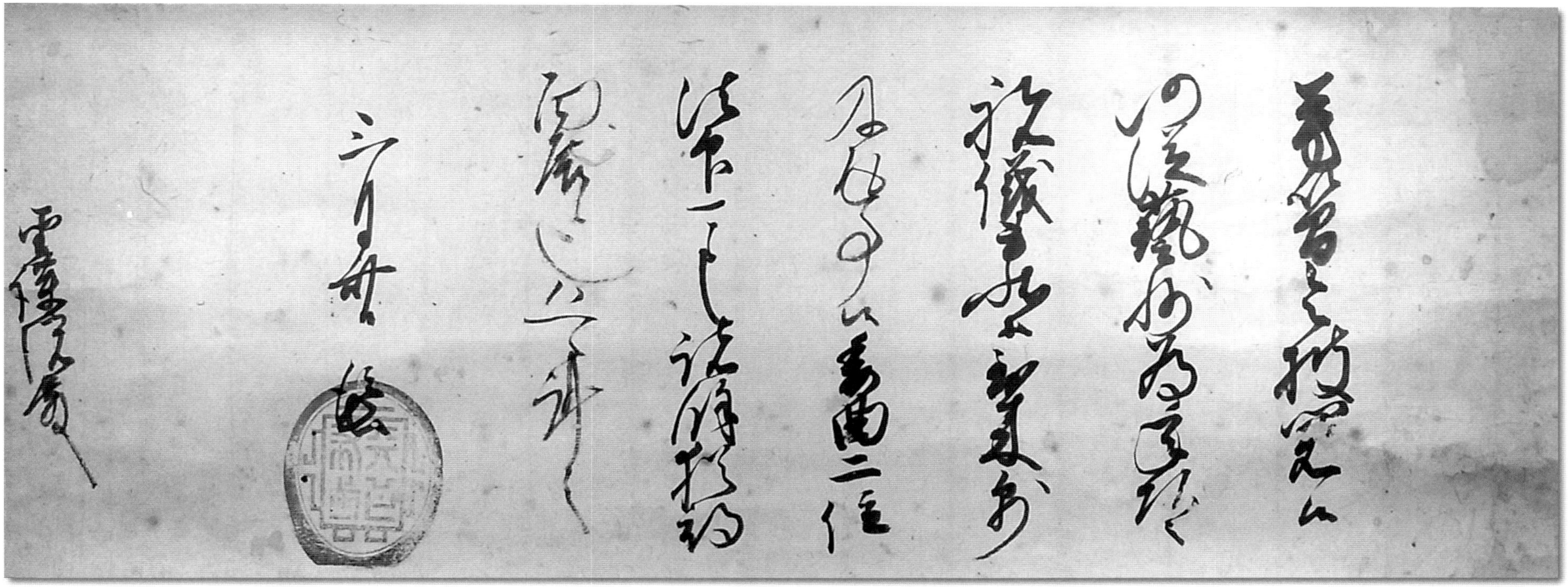

108 (天正四年三月)織田信長消息

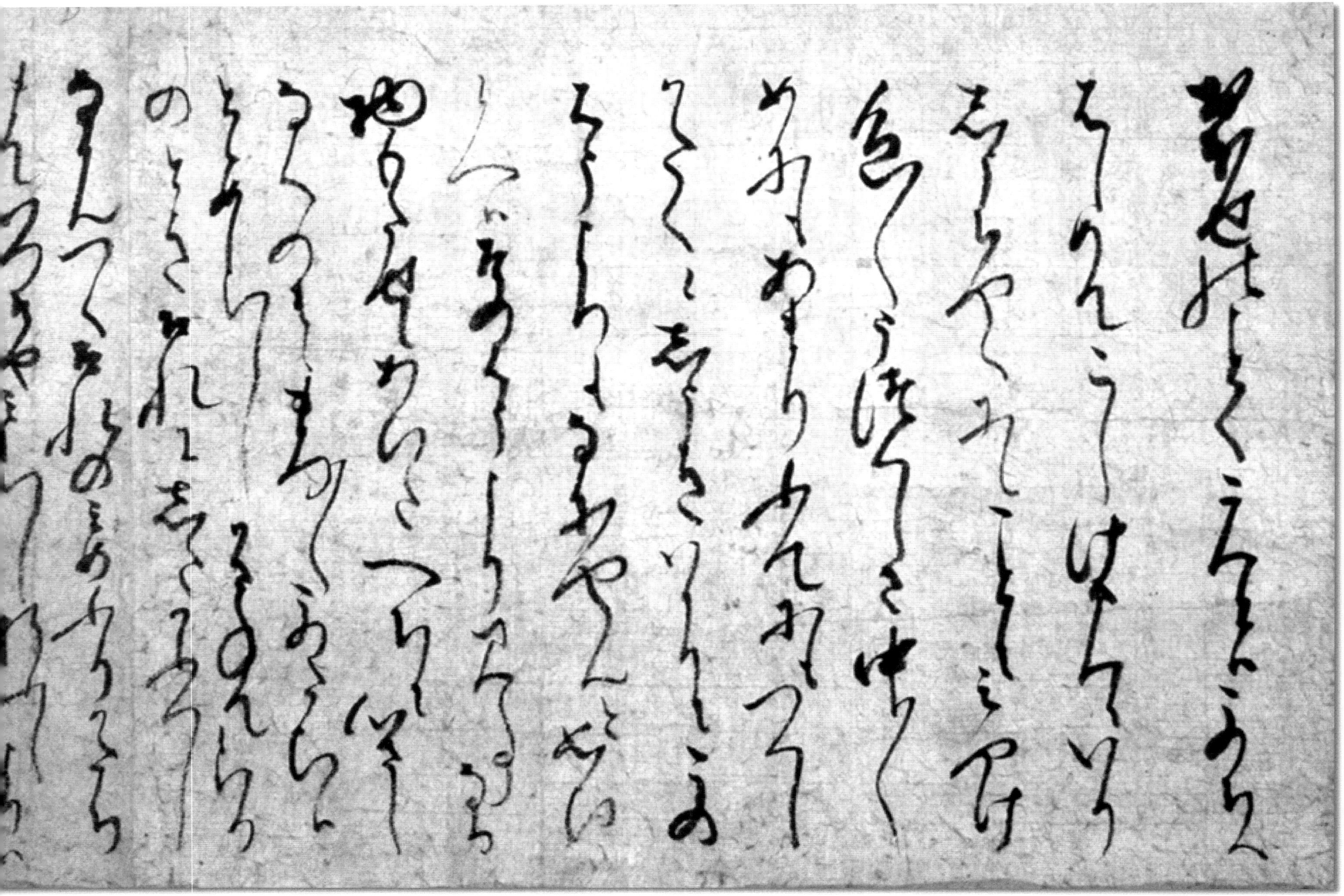

個人所蔵

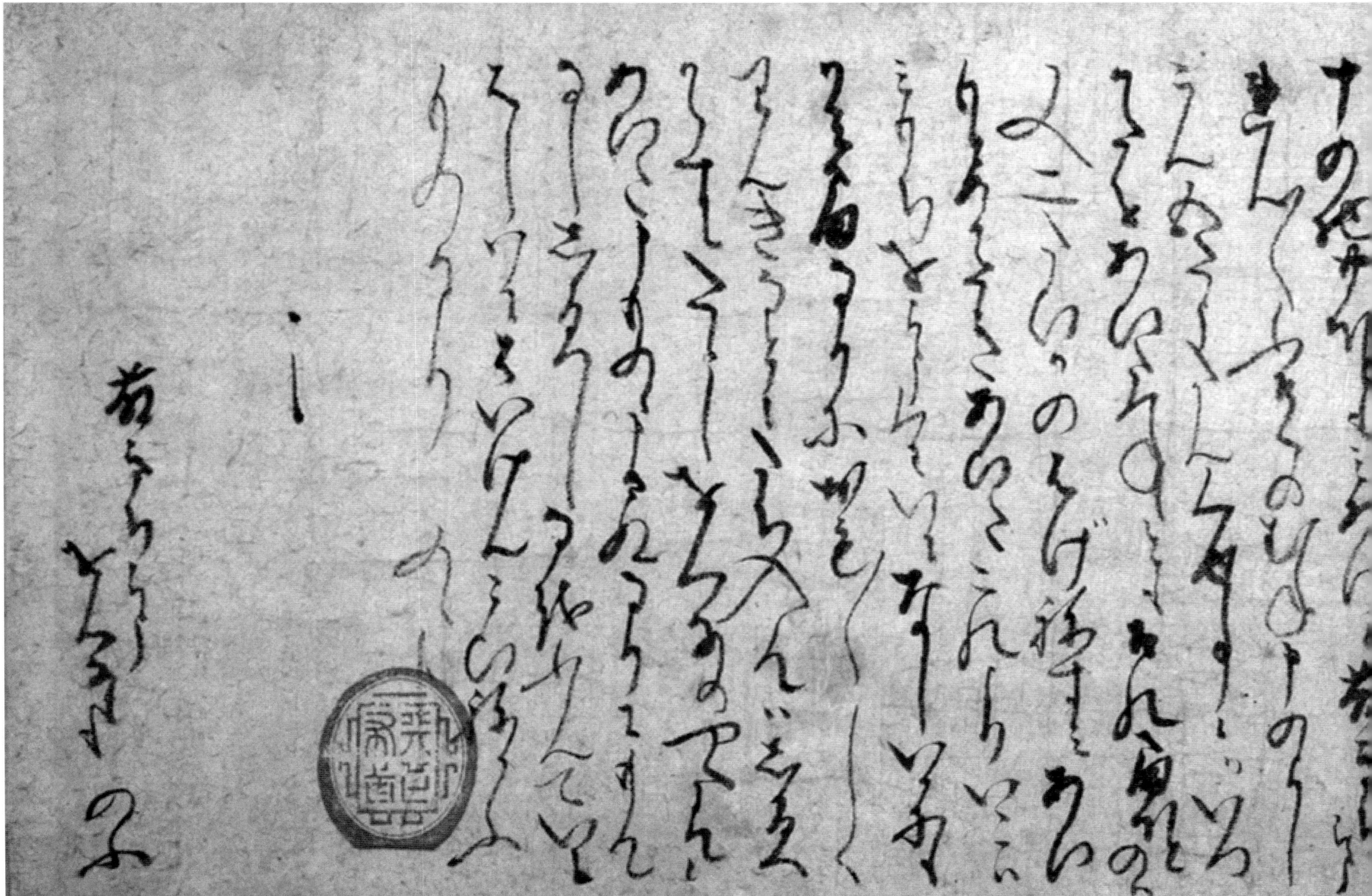

織田信長消息（2/2）

109 (天正四年)四月五日付け織田信長朱印状写

東京大学史料編纂所所蔵影写本

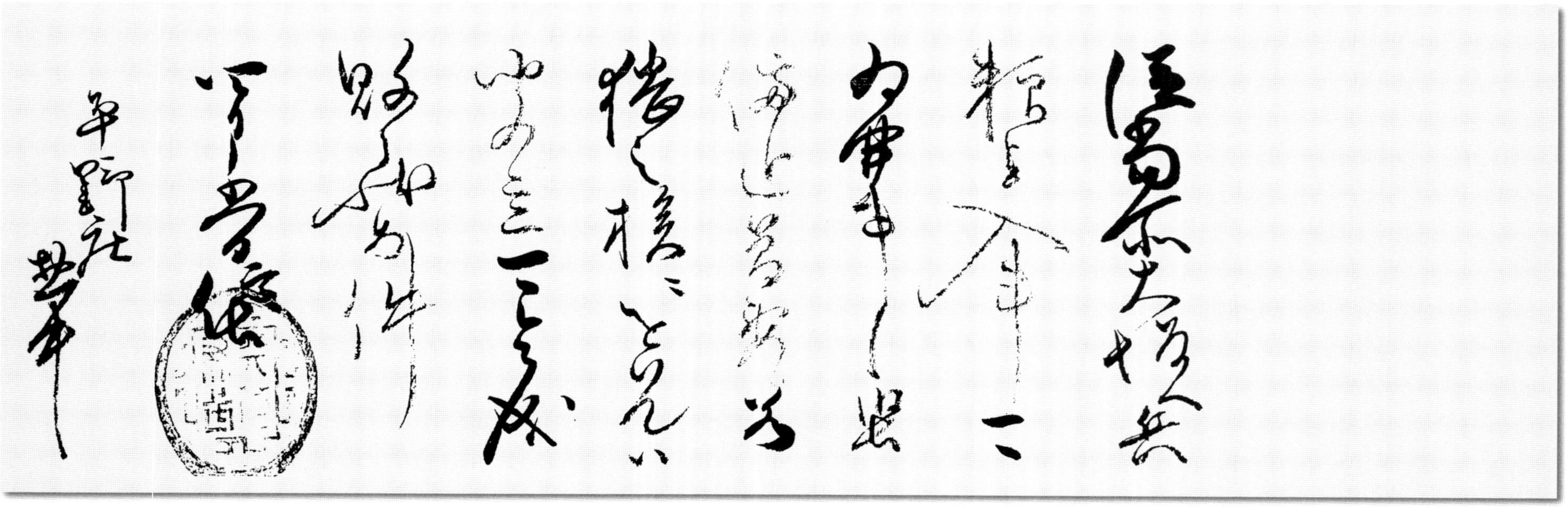

110 (天正四年)四月二十二日付け織田信長黒印状

大阪青山歴史文学博物館所蔵

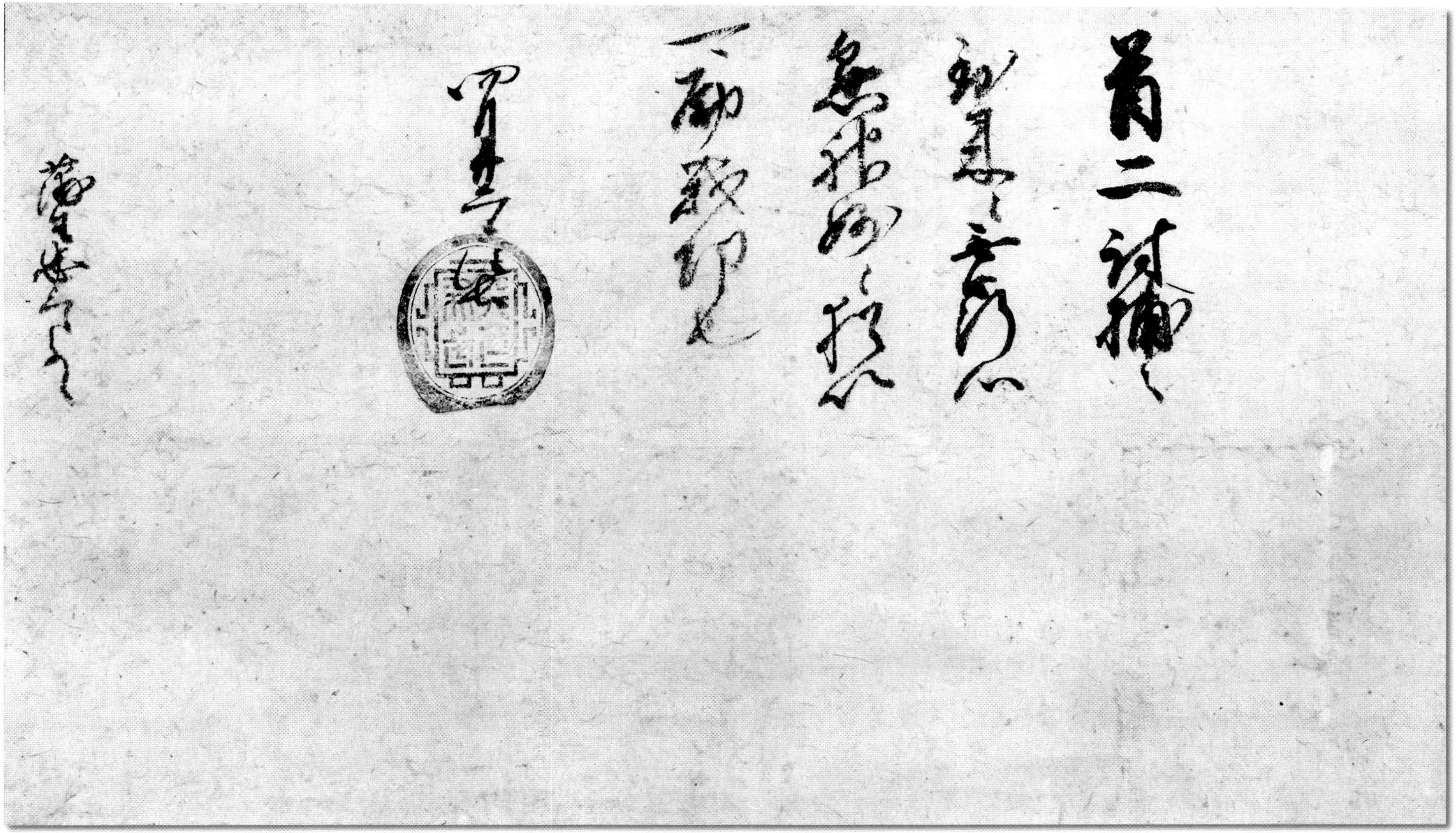

111 天正四年六月七日付け織田信長朱印状写

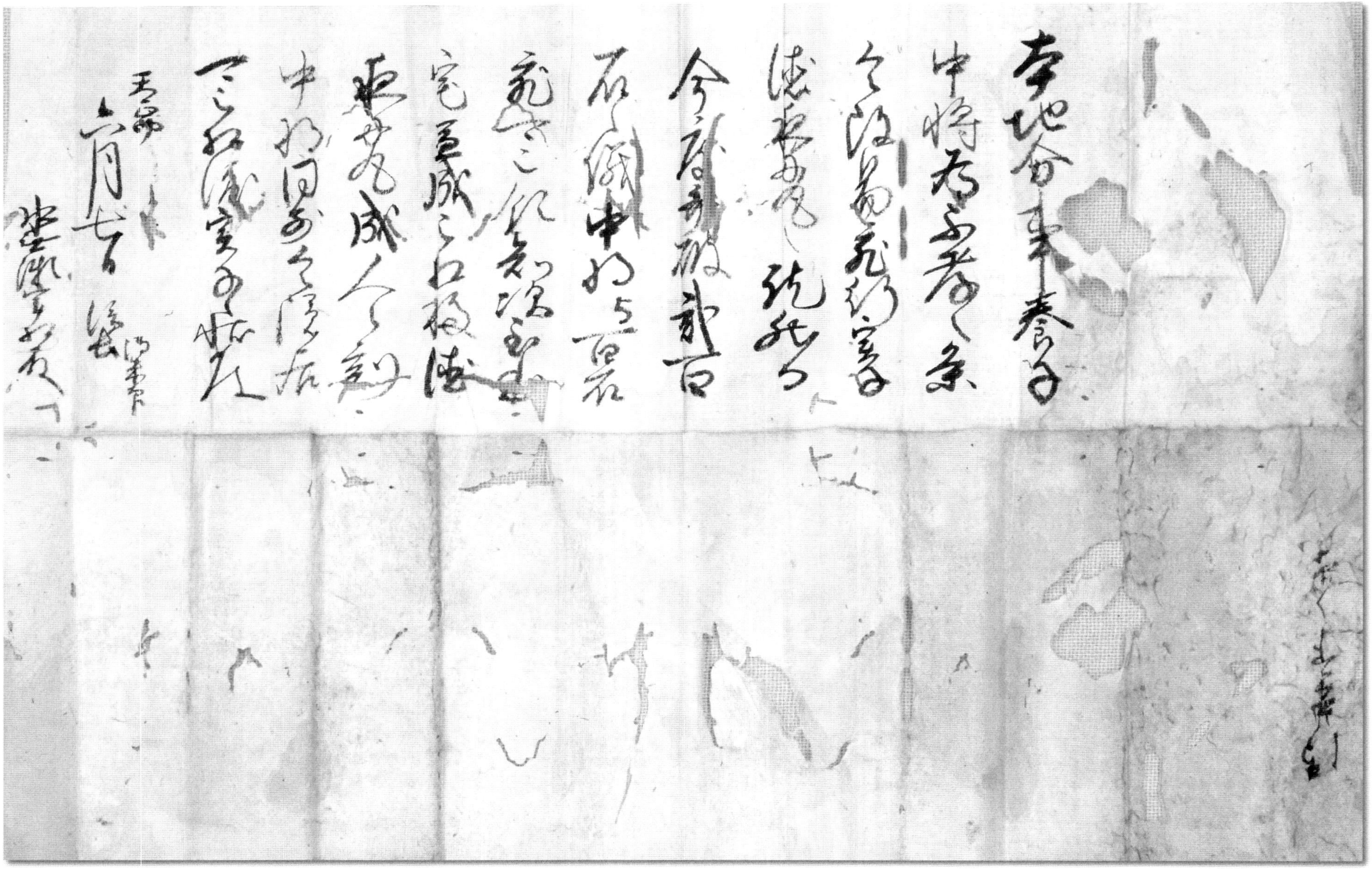

大阪城天守閣所蔵

112 (天正四年)六月二十八日付け織田信長黒印状

永青文庫所蔵

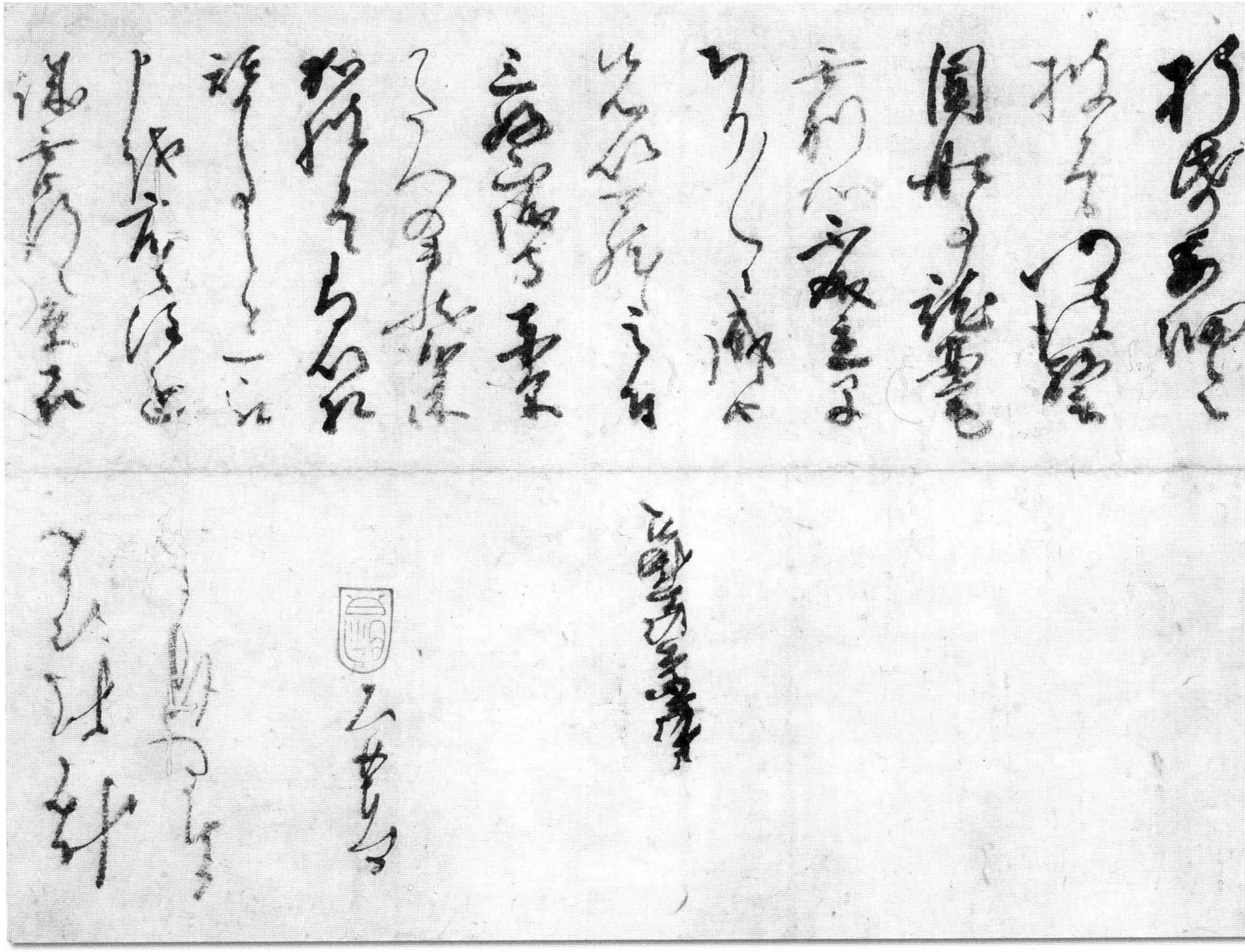

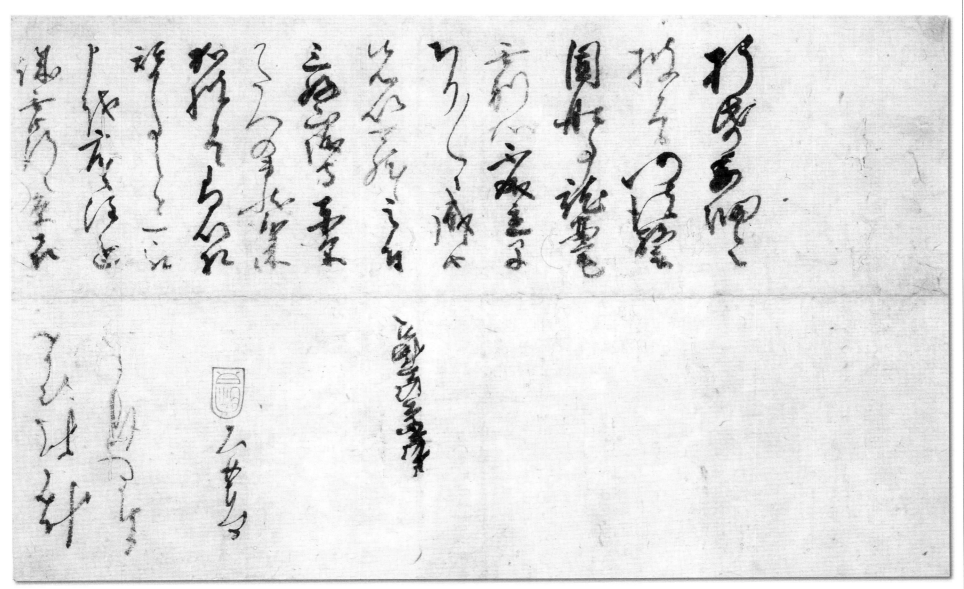

113 (天正四年)六月二十九日付け織田信長判物写

『展観入札目録』所収

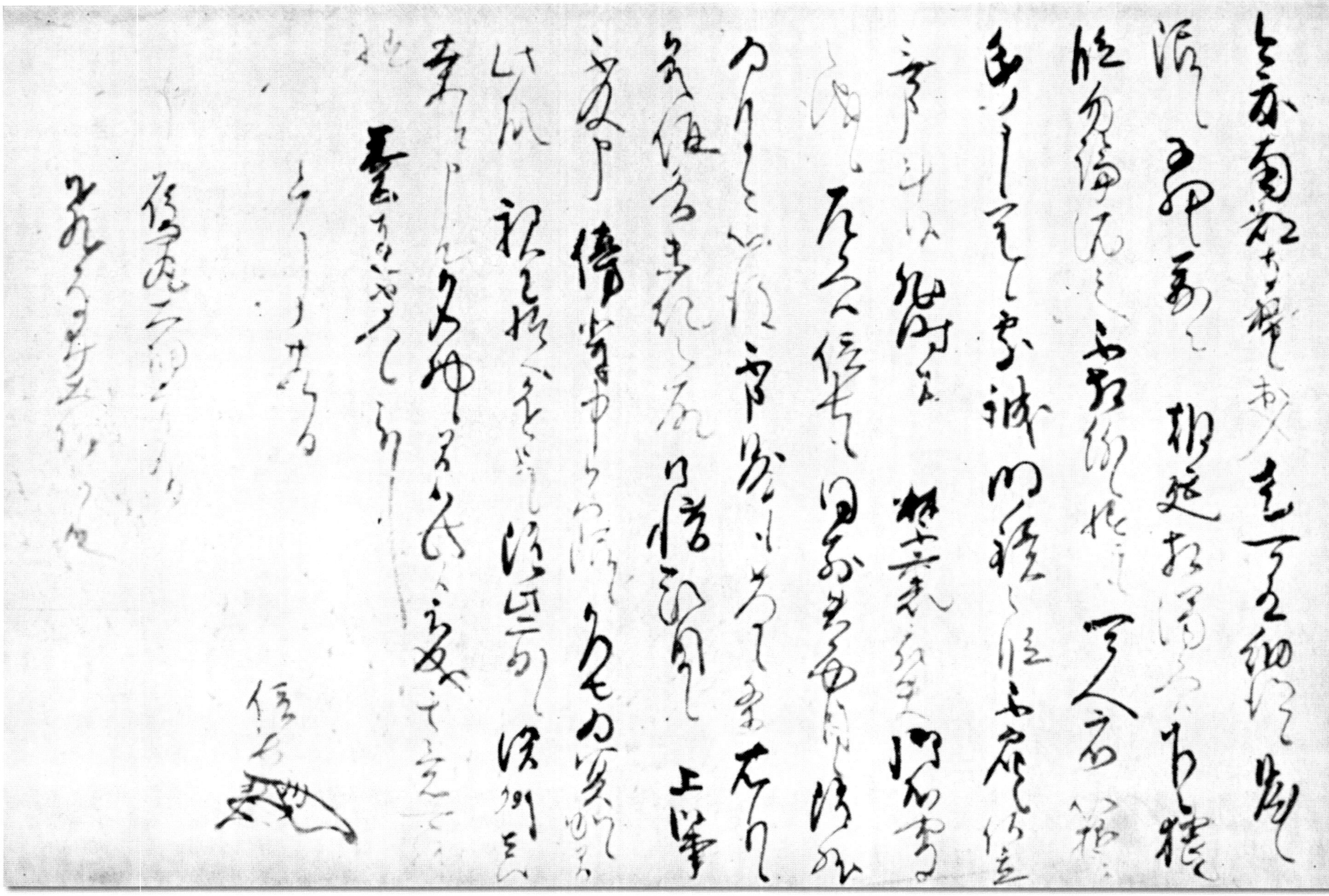

114 (天正四年)七月二十一日付け織田信長黒印状写

東京大学史料編纂所所蔵影写本

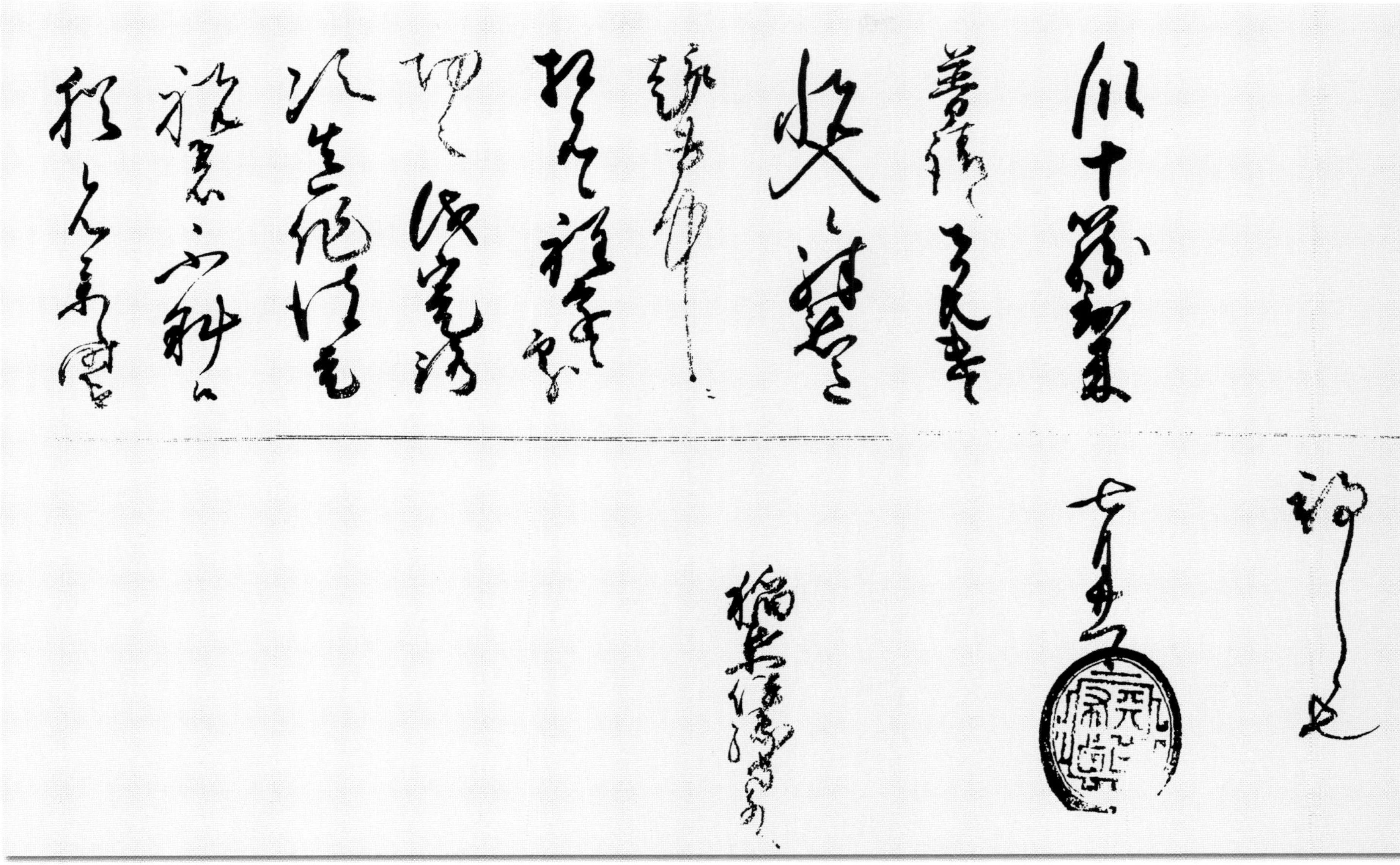

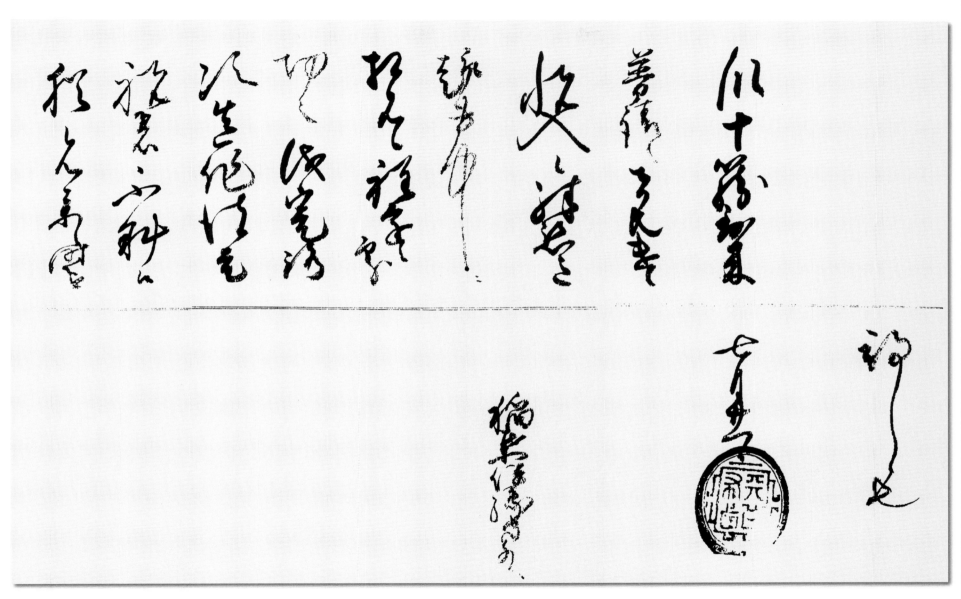

115 (天正四年)八月二十五日付け織田信長朱印状

千秋文庫所蔵

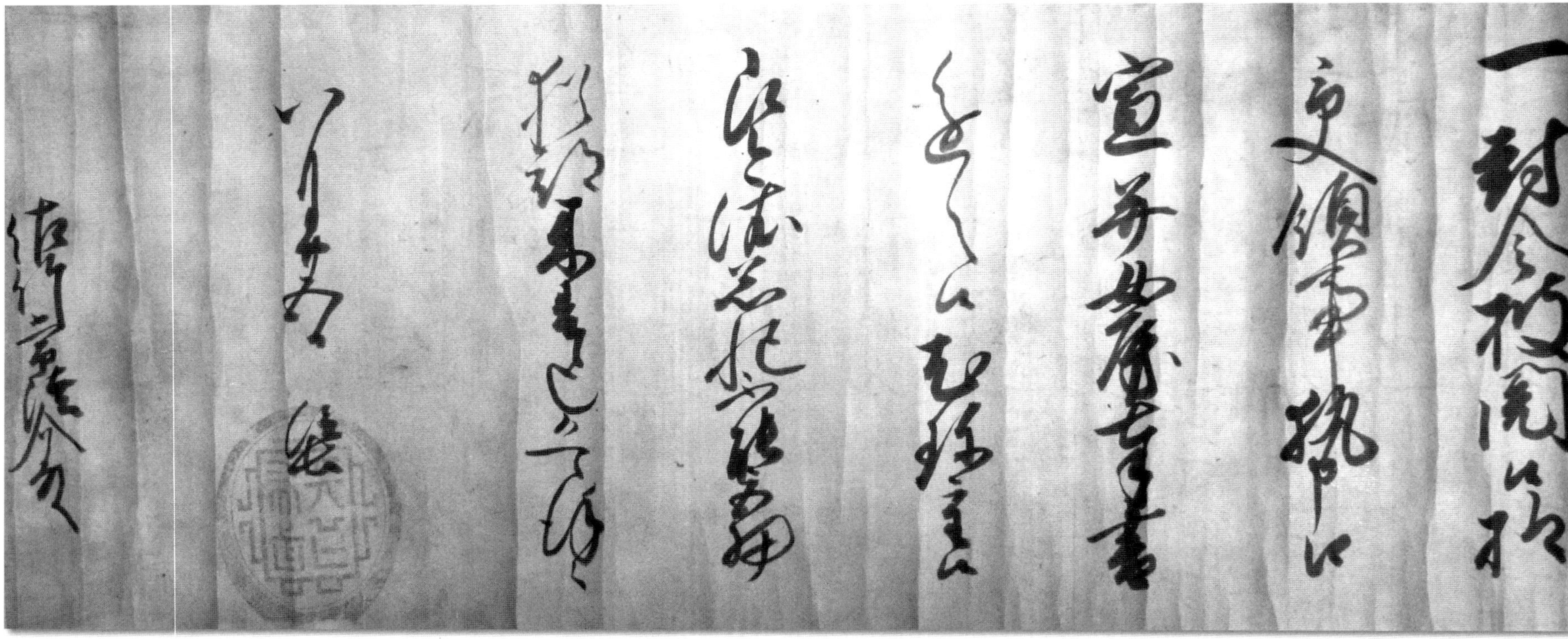

織田信長朱印状

116

(天正四年)十月十日付け織田信長朱印状

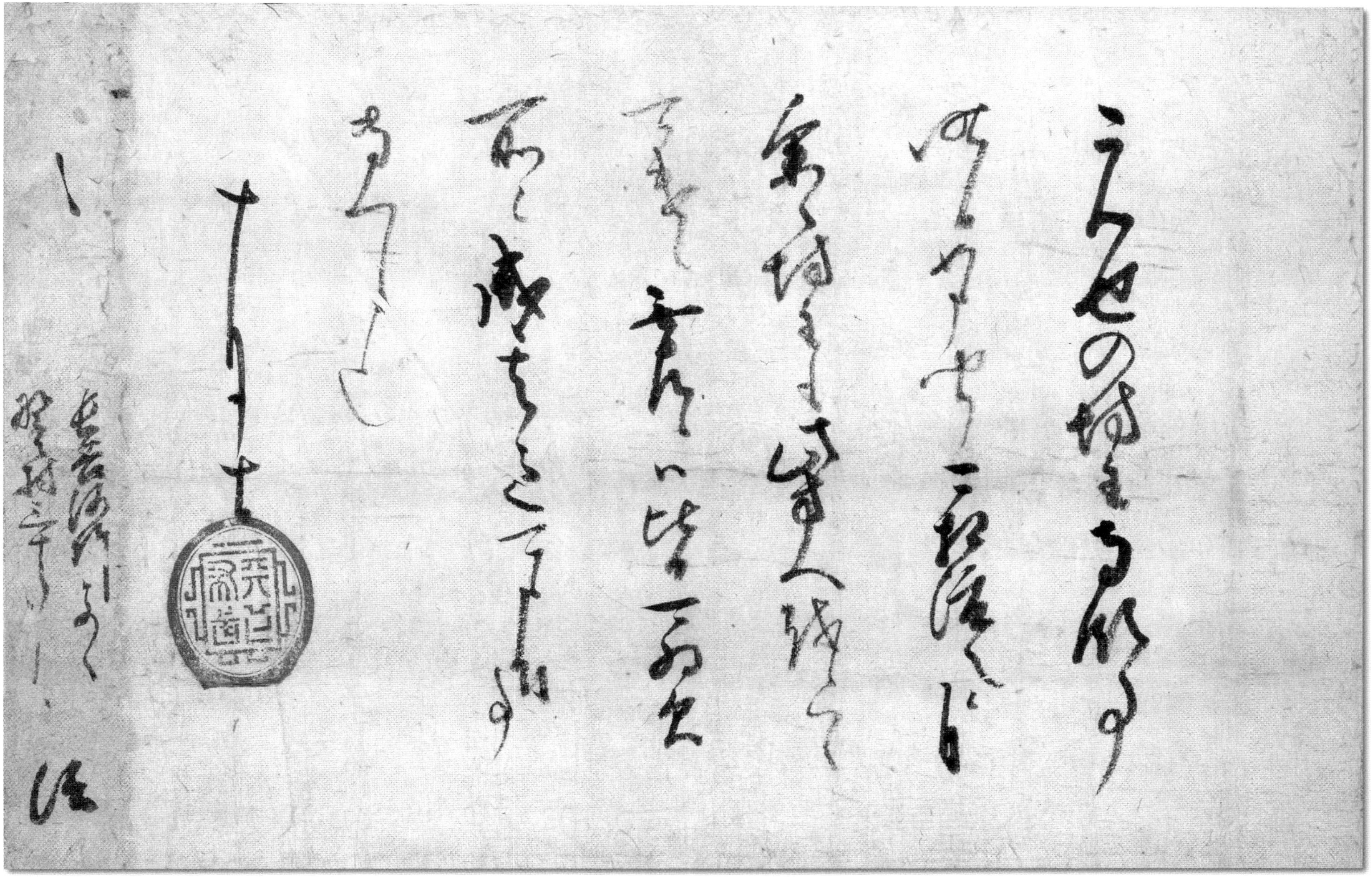

浄厳院所蔵

117 （天正四年）十月十九日付け織田信長黒印状

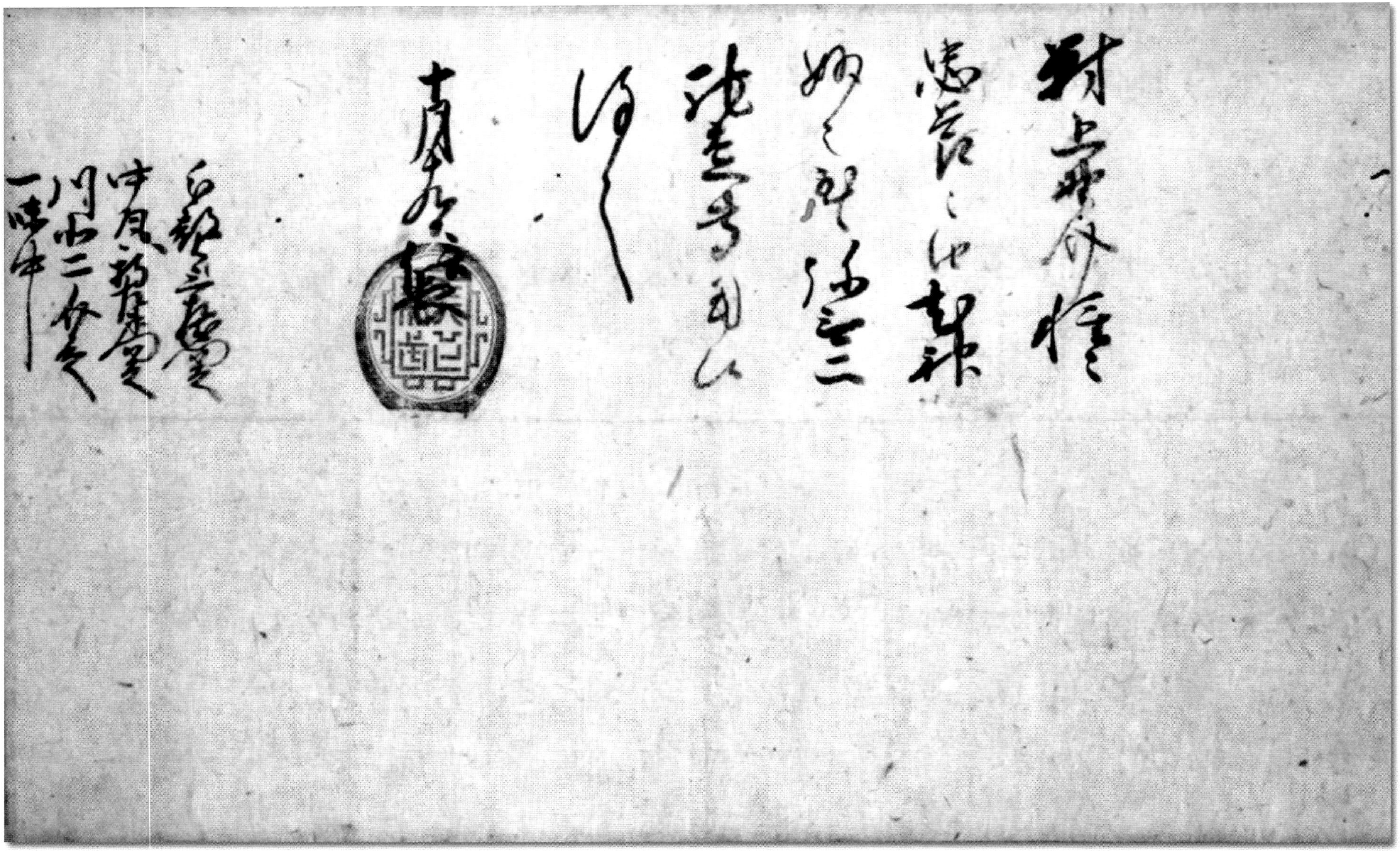

高島市所蔵

118 天正四年十一月十九日付け織田信長朱印状

東京国立博物館所蔵

119 (天正五年)三月八日付け織田信長黒印状

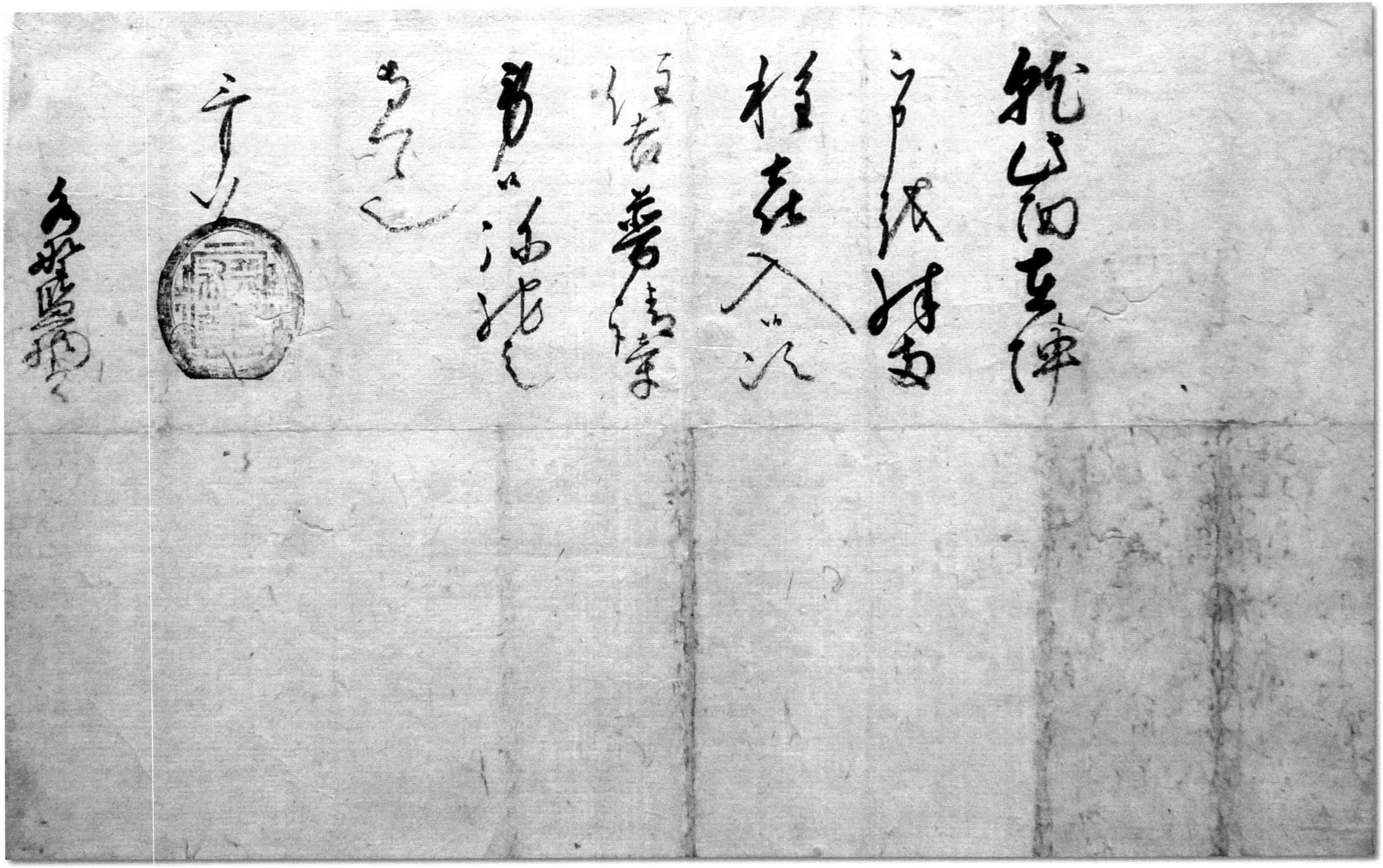

常滑市民俗資料館所蔵

120 （天正五年）三月十五日付け織田信長黒印状

永青文庫所蔵

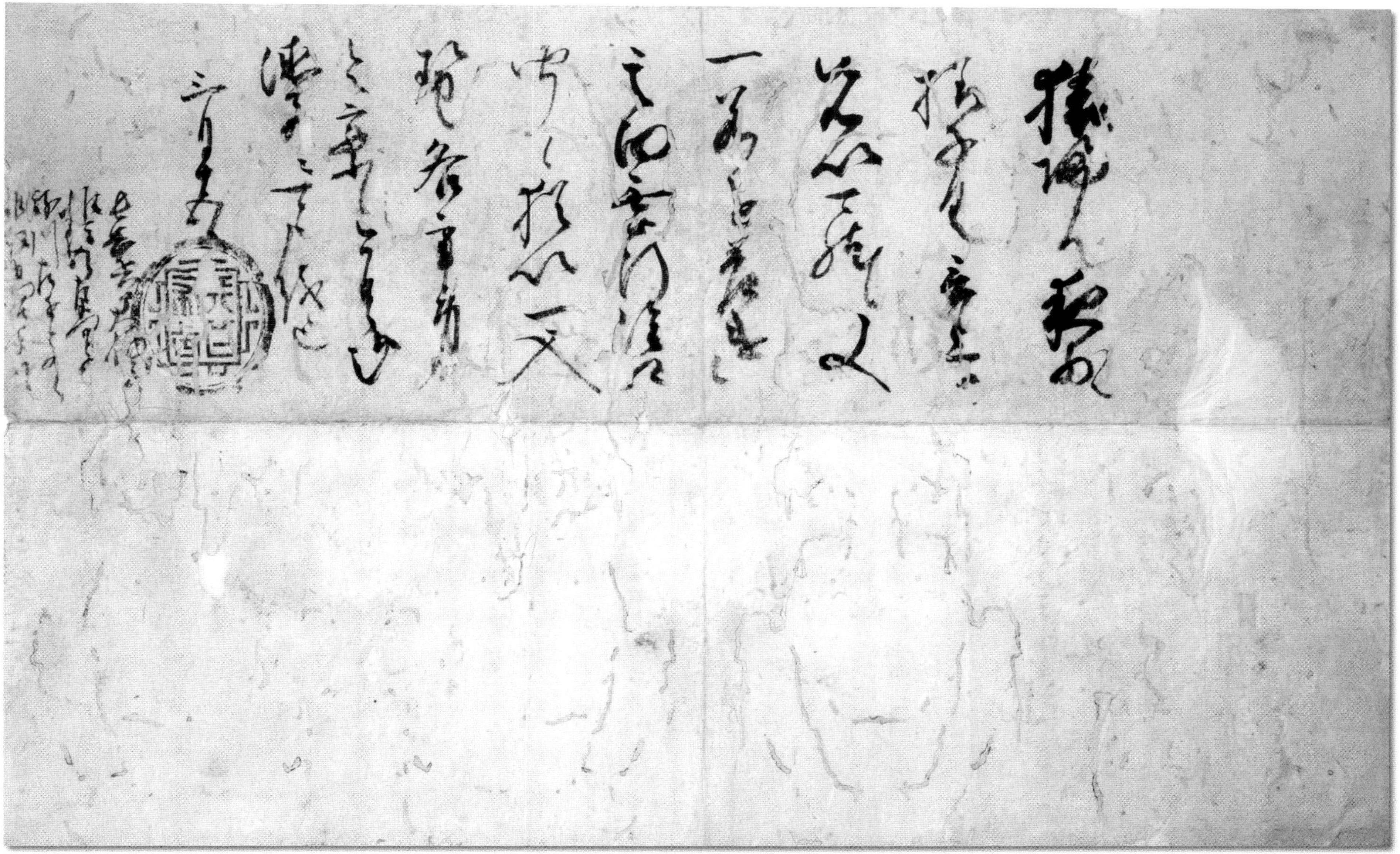

121

天正五年三月二十六日付け織田信長朱印状

塩飽勤番所所蔵

122 (天正五年)四月十七日付け織田信長黒印状

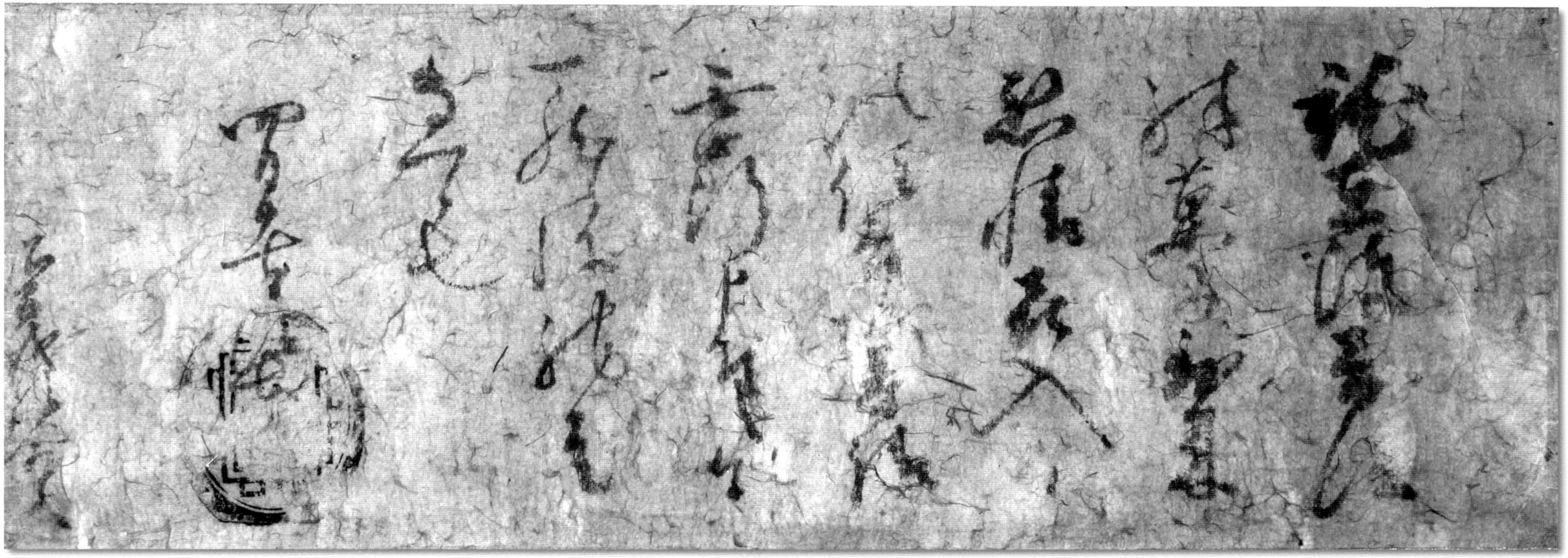

養教寺所蔵

123 天正五年五月十日付け織田信長朱印状

滋賀県立安土城考古博物館所蔵

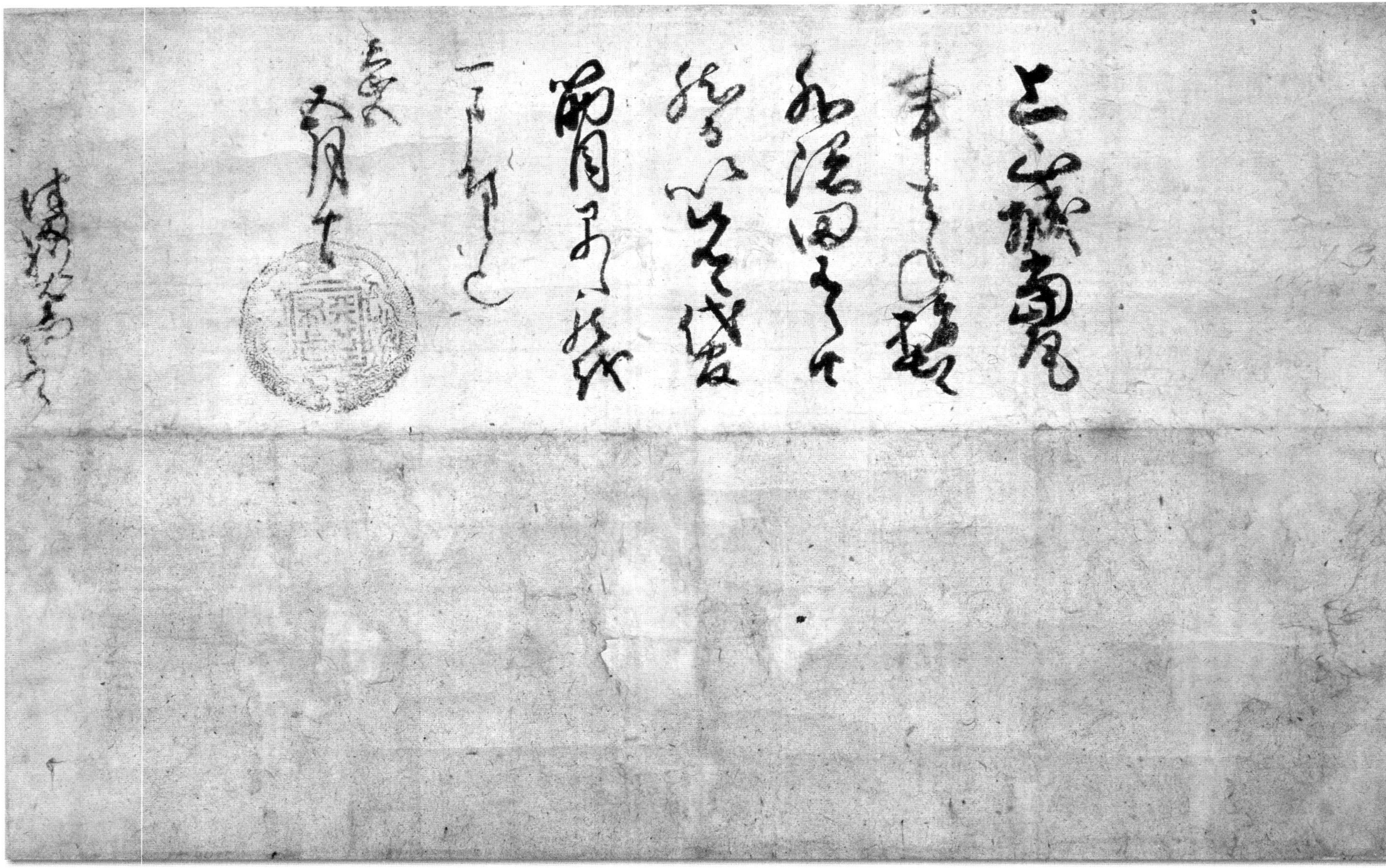

織田信長朱印状

124

(天正五年)五月十六日付け織田信長朱印状

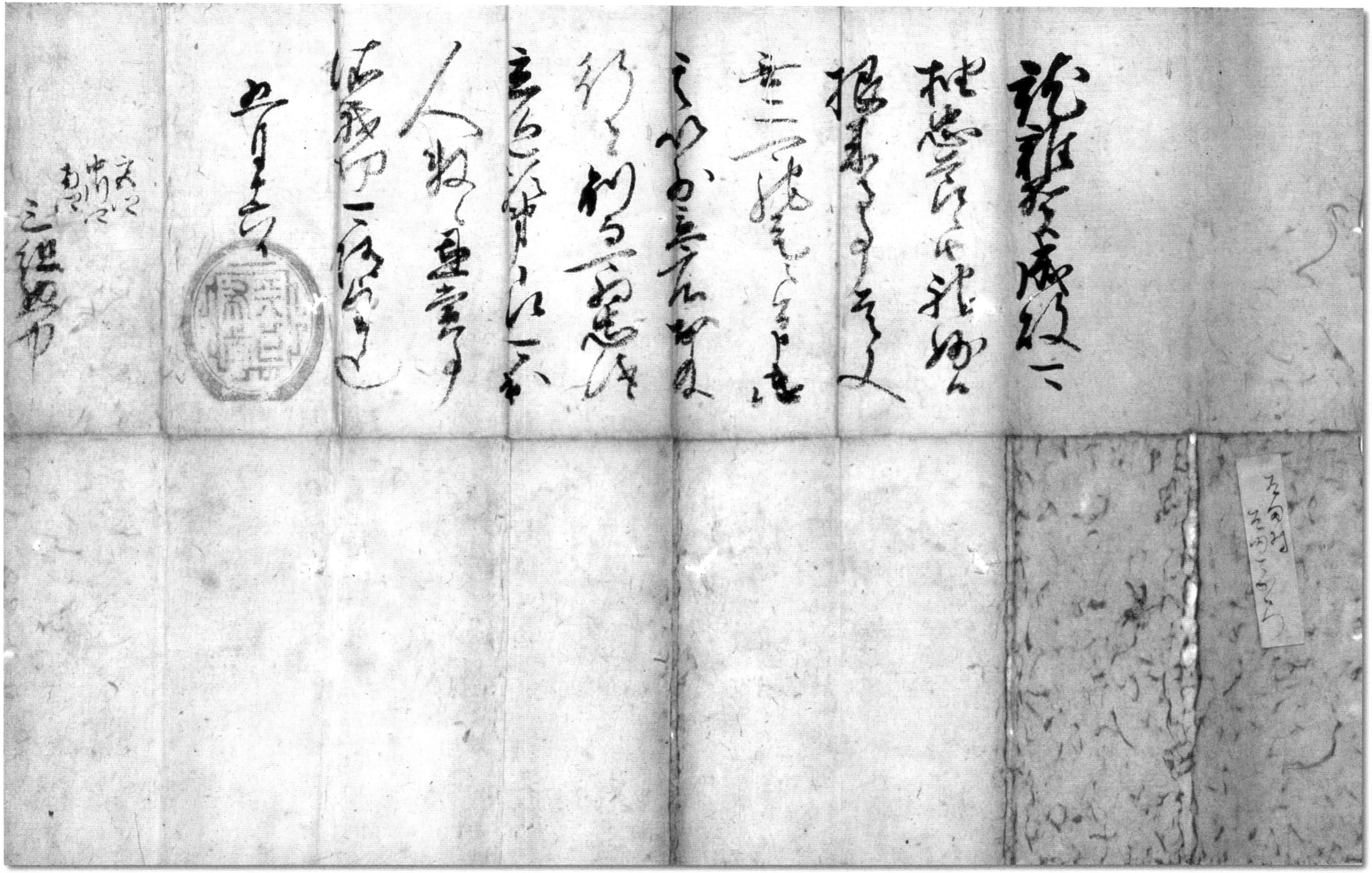

太田孝美氏所蔵

125 (天正五年)五月十六日付け織田信長黒印状

福岡市博物館所蔵

126 （天正五年）六月一日付け織田信長朱印状

岐阜市歴史博物館所蔵

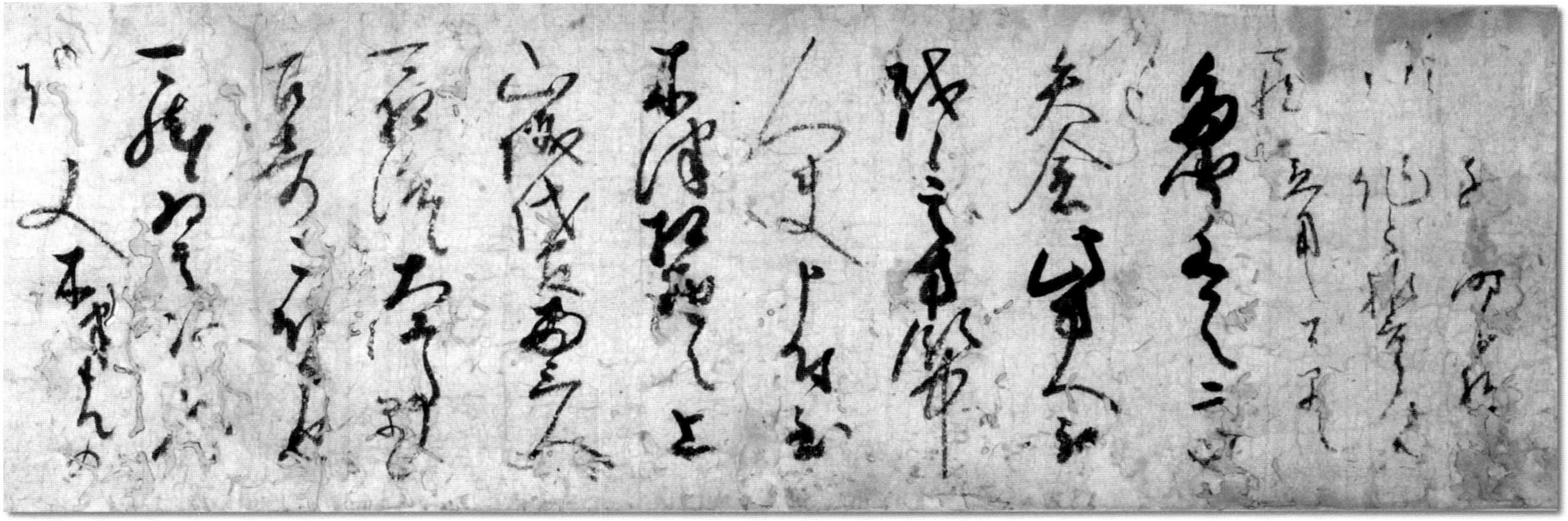

127

天正五年六月日付け織田信長掟書

近江八幡市所蔵

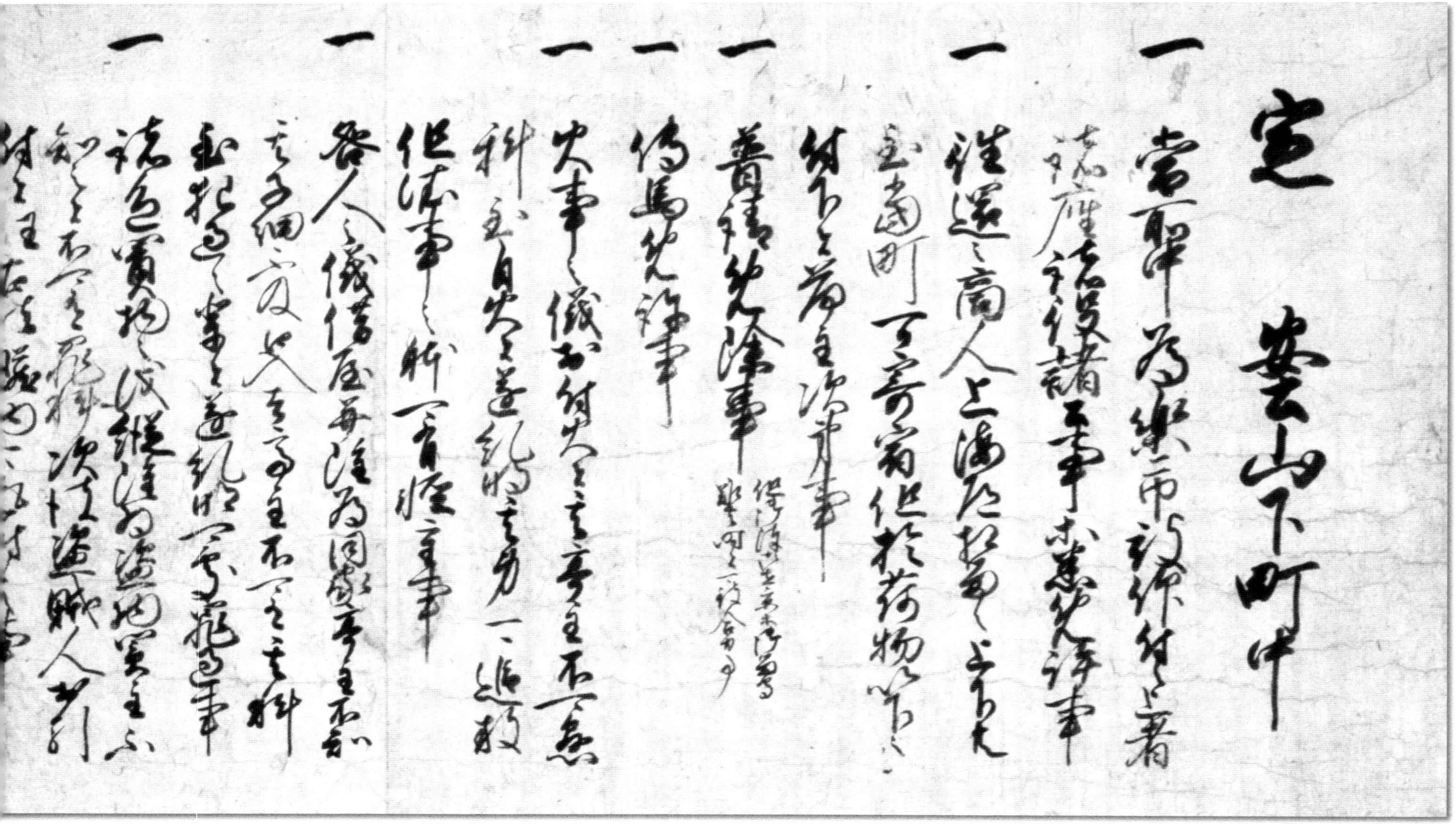

定　安土山下町中

一　当所中為楽市被仰付之上者、諸座・諸役・諸公事等、悉免許事

一　往還之商人、上海道相留之、上下共至当町可寄宿、但、於荷物以下之付下者、荷主次第事

一　普請免除事　但、御陣・御在京等、御留守難去時者、可致合力事

一　伝馬免許事

一　火事之儀、於付火者、其亭主不可懸科、至自火者、遂糾明、其身可追放、但依事之躰、可有軽重事

一　咎人之儀、借屋并雖為同家、亭主不知其子細、不及口入者、亭主不可有其科、至犯過之輩者、遂糾明可処罪過事

一　諸色買物之儀、縦雖為盗物、買主不知之者、不可有罪科、次彼盗賊人於引

織田信長掟書（1/2）

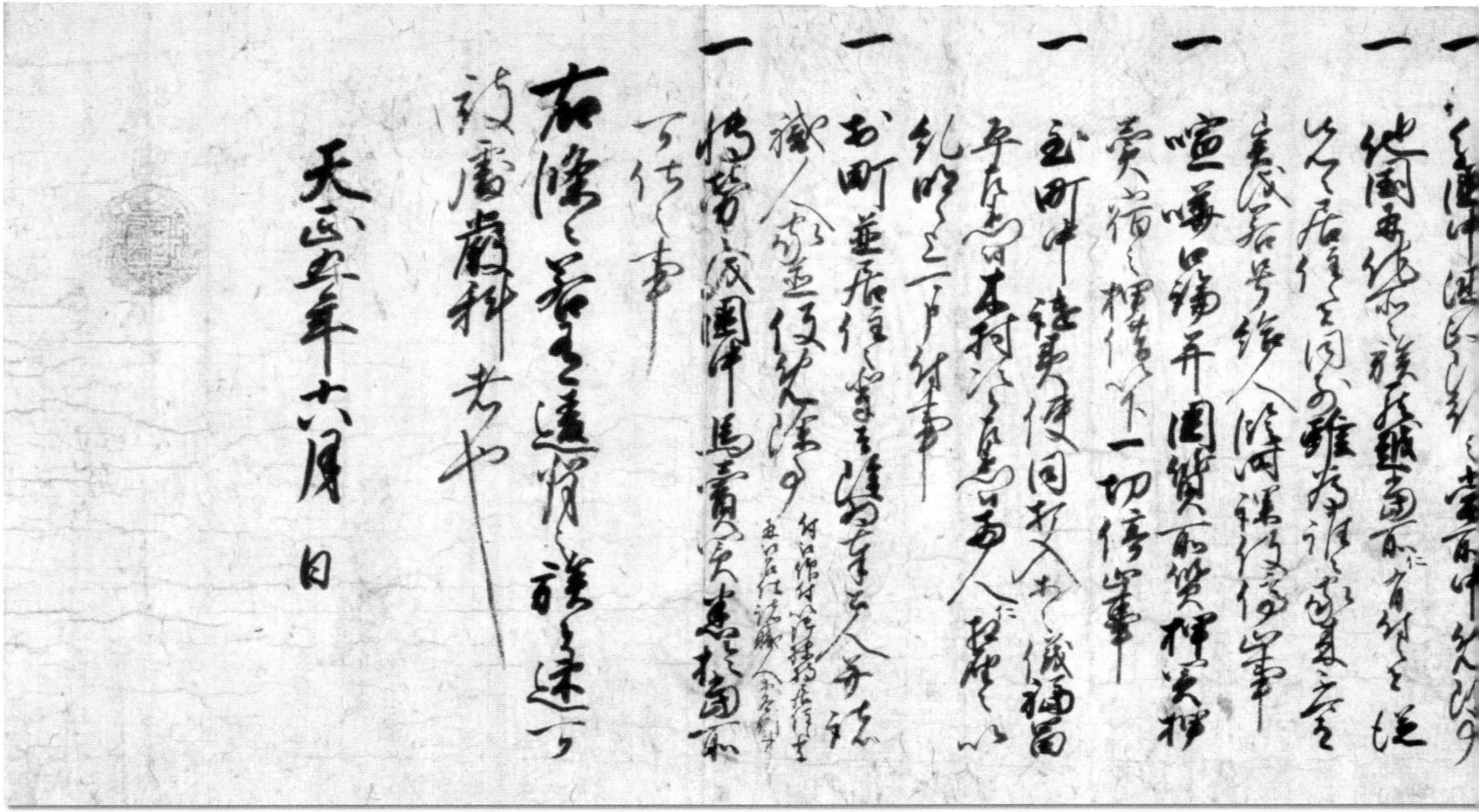

一　国中徳政雖行之、当所中免除事
一　他国并他所之族罷越当所ニ有付候者、従先々居住之者同前、雖為誰々家来、不可有異儀、若号給人、臨時課役停止事
一　喧嘩口論并国質所質押買押売宿之押借以下一切停止事
一　至町中譴責使、同打入等之儀、福富平左衛門尉・木村次郎左衛門尉両人ニ相届之、以糺明之上可申付事
一　於町並居住之輩者、雖為奉公人并諸職人、家並役免除事（付、被仰付以御扶持居住之輩、並被召仕諸職人等各別事）
一　博労之儀、国中馬売買悉於当所可仕之事
右条々、若有違背之族者、速可被處厳科者也
天正五年六月　日

128 (天正五年)閏七月二十三日付け織田信長朱印状

仙台市博物館所蔵

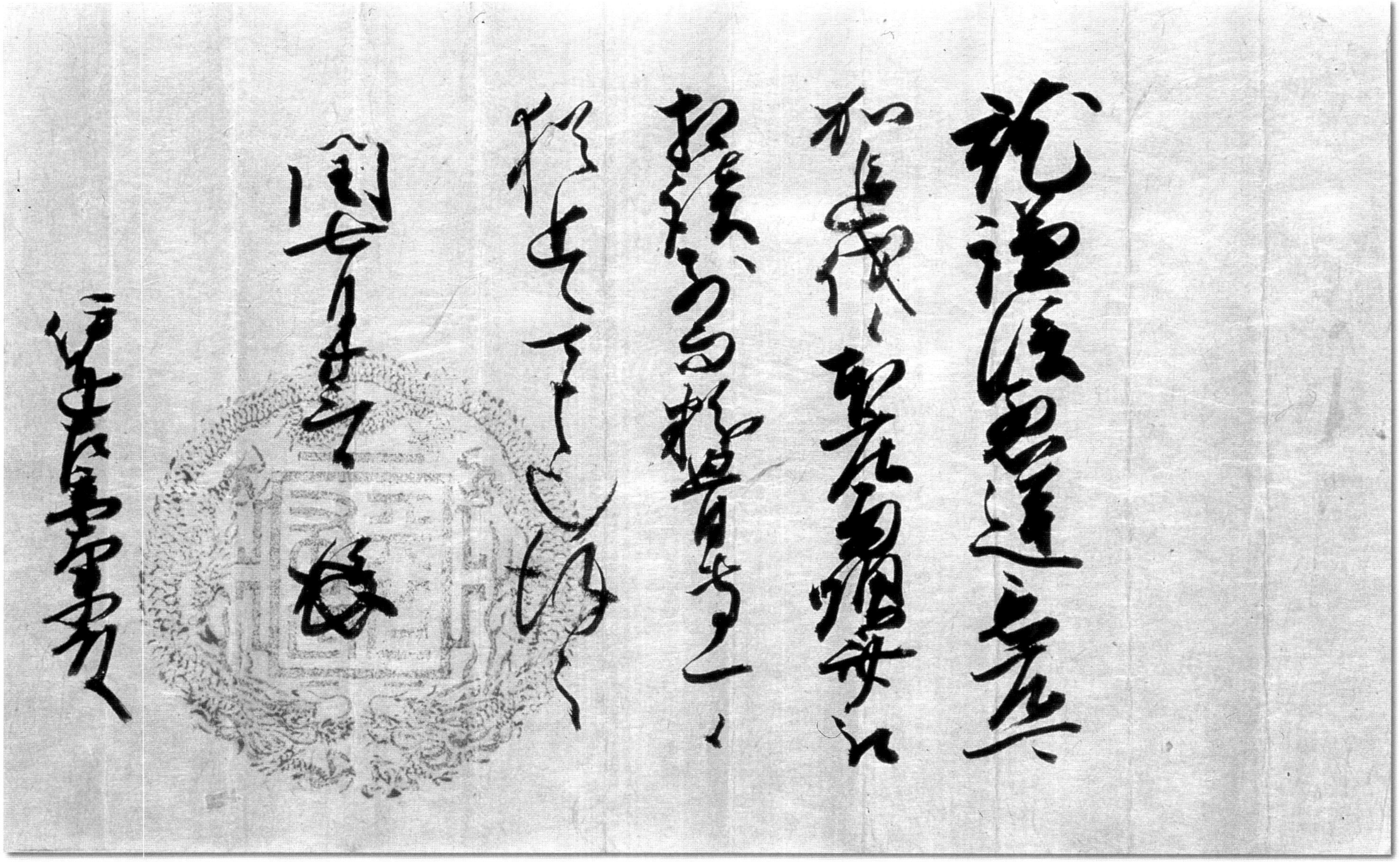

織田信長朱印状

129

(天正五年)十月二日付け織田信長自筆書状

永青文庫所蔵

130 天正五年十一月二十一日付け織田信長朱印状

宮内庁書陵部所蔵

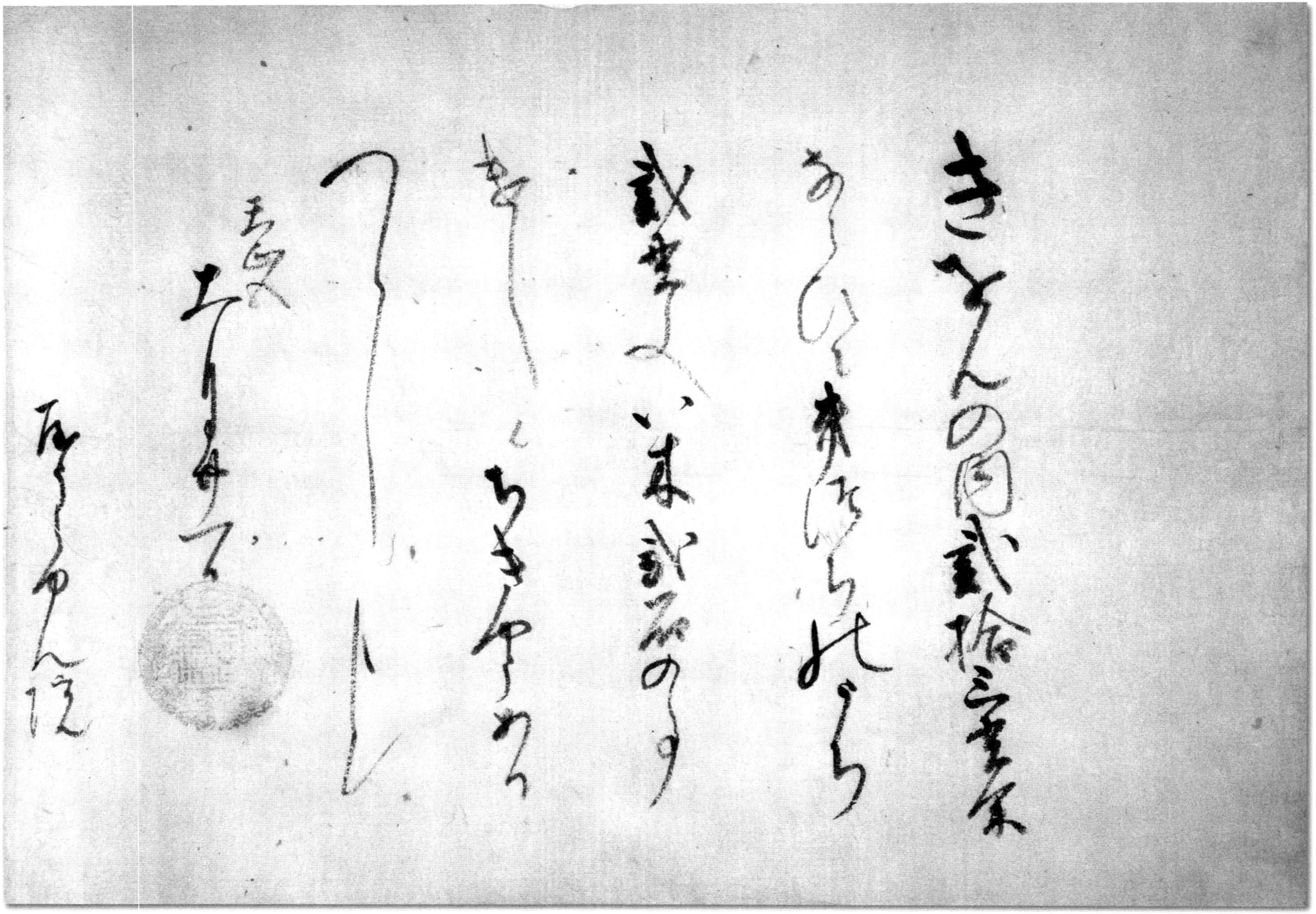

織田信長朱印状

131 天正五年十一月二十七日付け織田信長朱印状

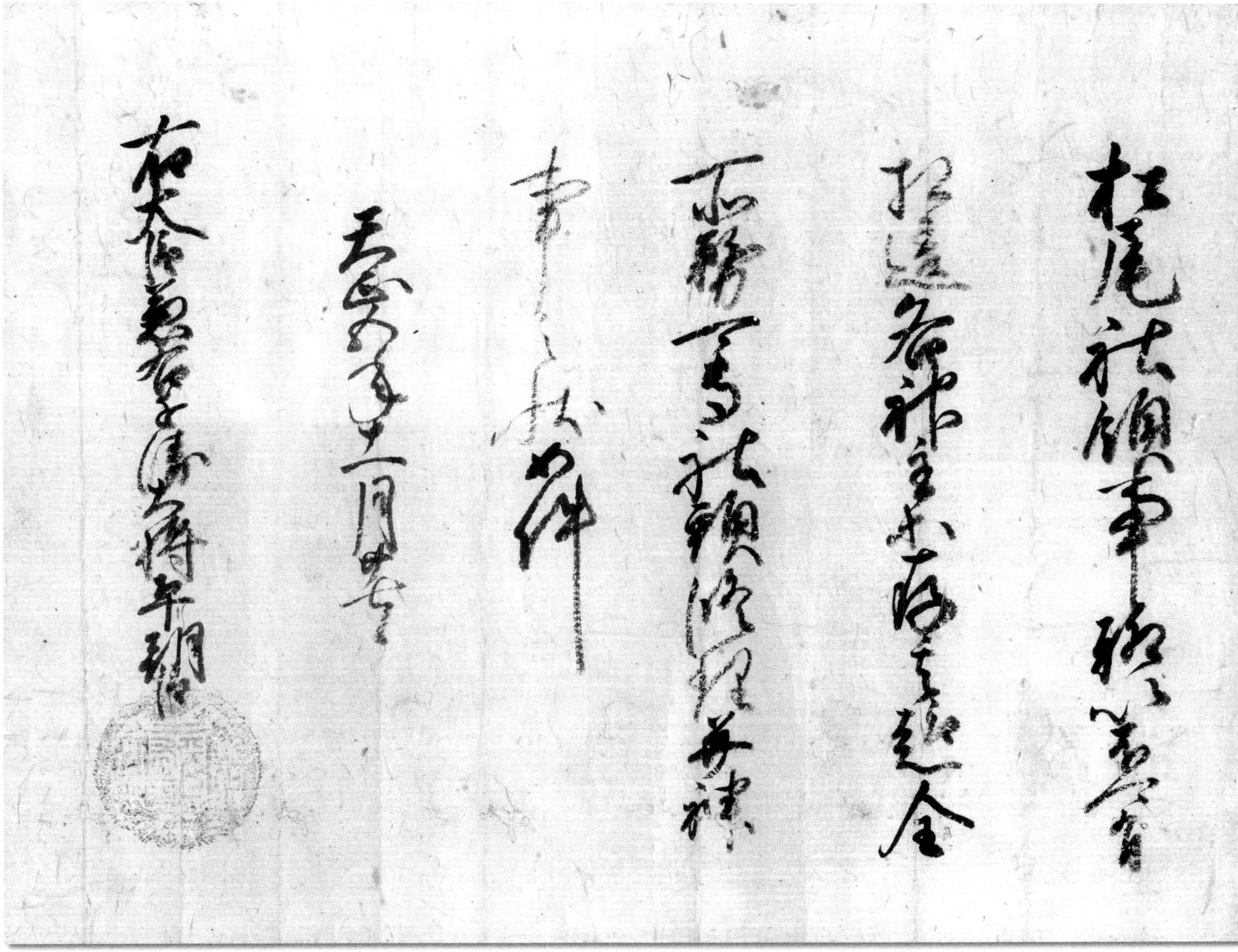
天正五年十一月廿七日

松尾大社所蔵

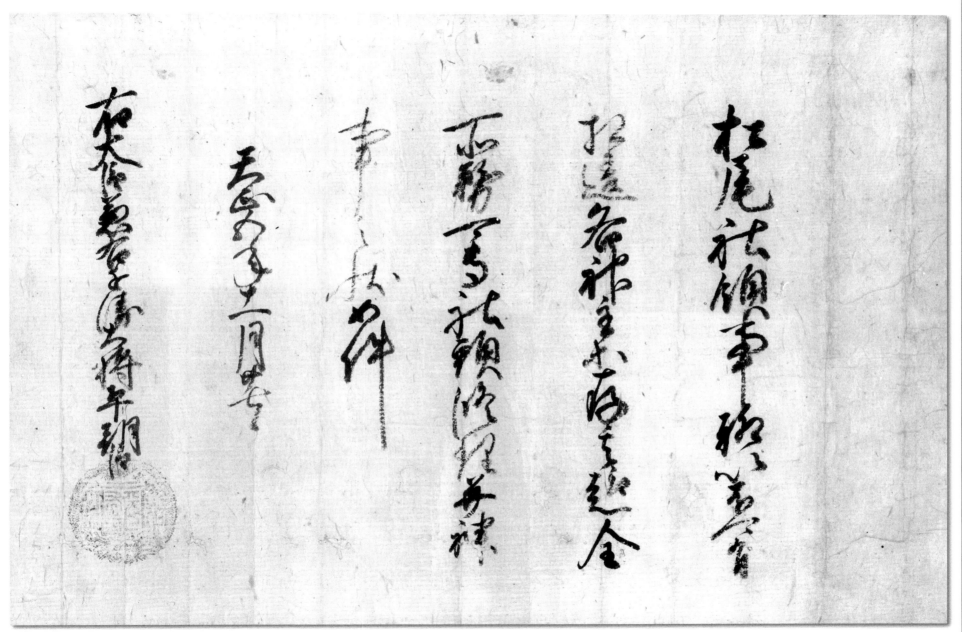

132 (天正六年)正月十九日付け織田信長朱印状

早稲田大学図書館所蔵

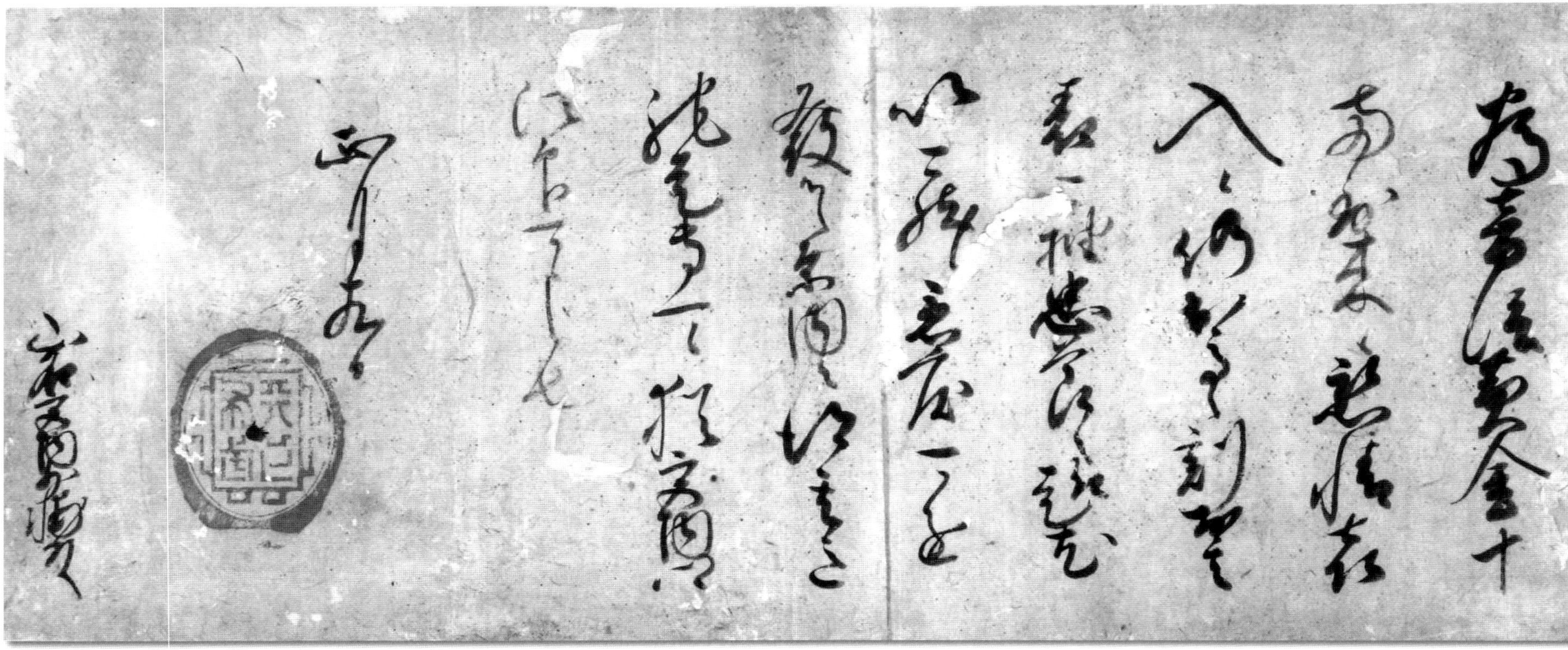

133

(天正六年)三月二十二日付け織田信長朱印状

福岡市博物館所蔵

134 （天正六年）三月二十七日付け織田信長黒印状

福岡市博物館所蔵

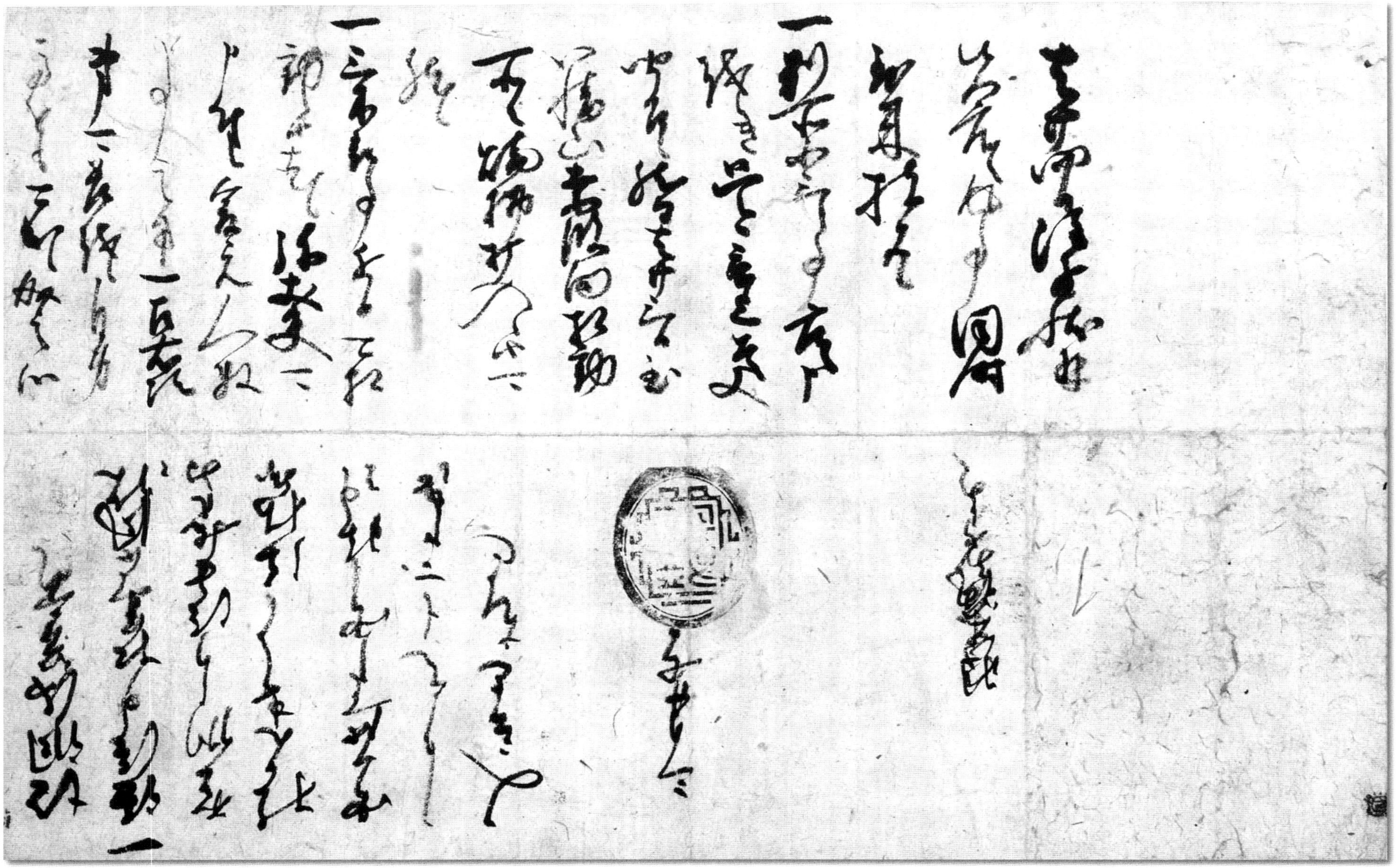

135　(天正六年)四月九日付け織田信長朱印状写

個人所蔵

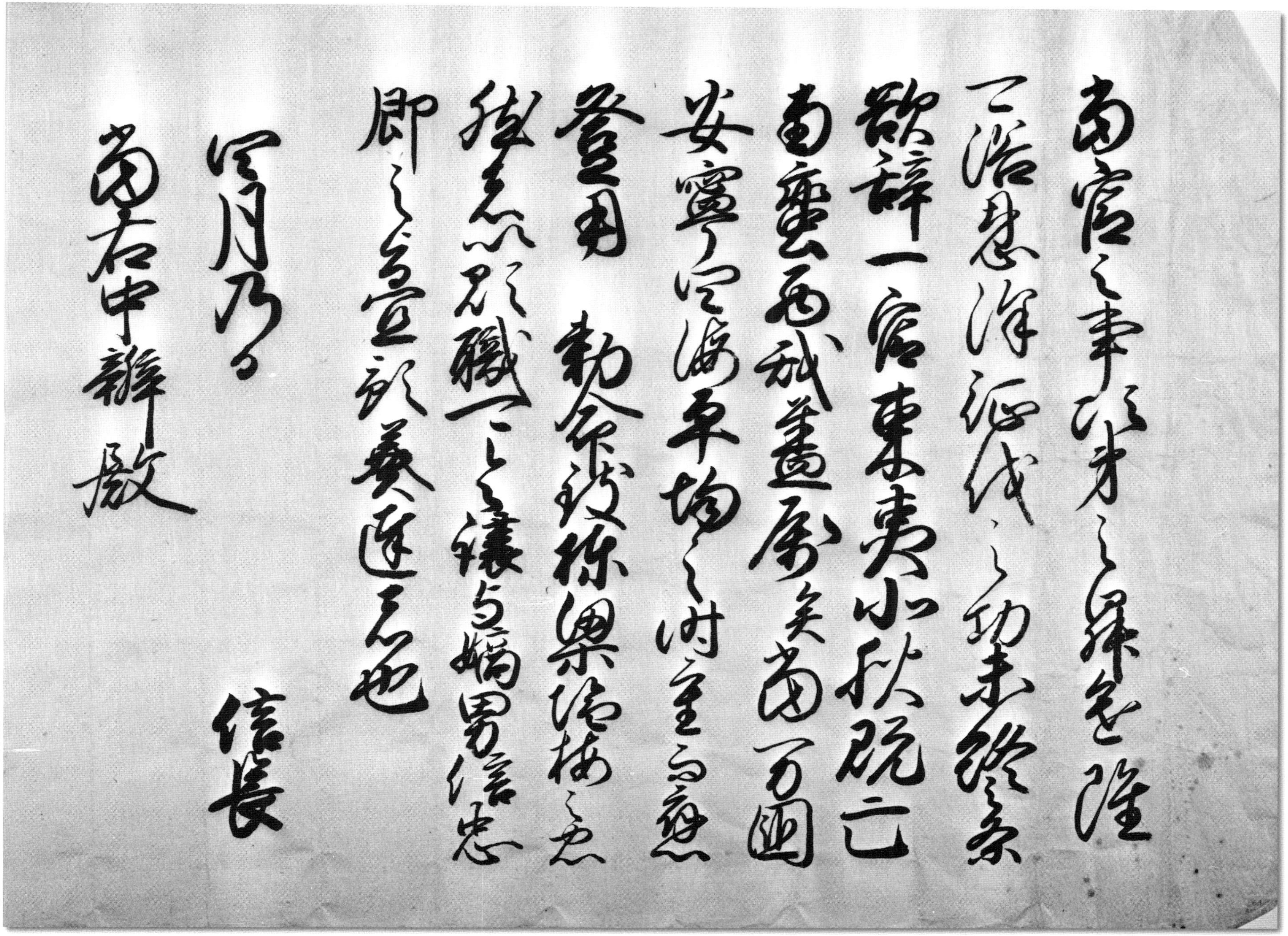
當官之事、以次昇進雖可遂
征伐之功未終之条、先
欲辞一官、東夷北狄既亡、
南蛮西戎猶属矣、萬国
安寧四海平均之時、重而應
登用　勅命、致粉骨可抽忠
節也、然者顕職之事可譲与嫡男信忠
卿之旨、宜預奏達者也
卯月九日　信長
右中辨殿

136 （天正六年）十月十三日付け織田信長黒印状

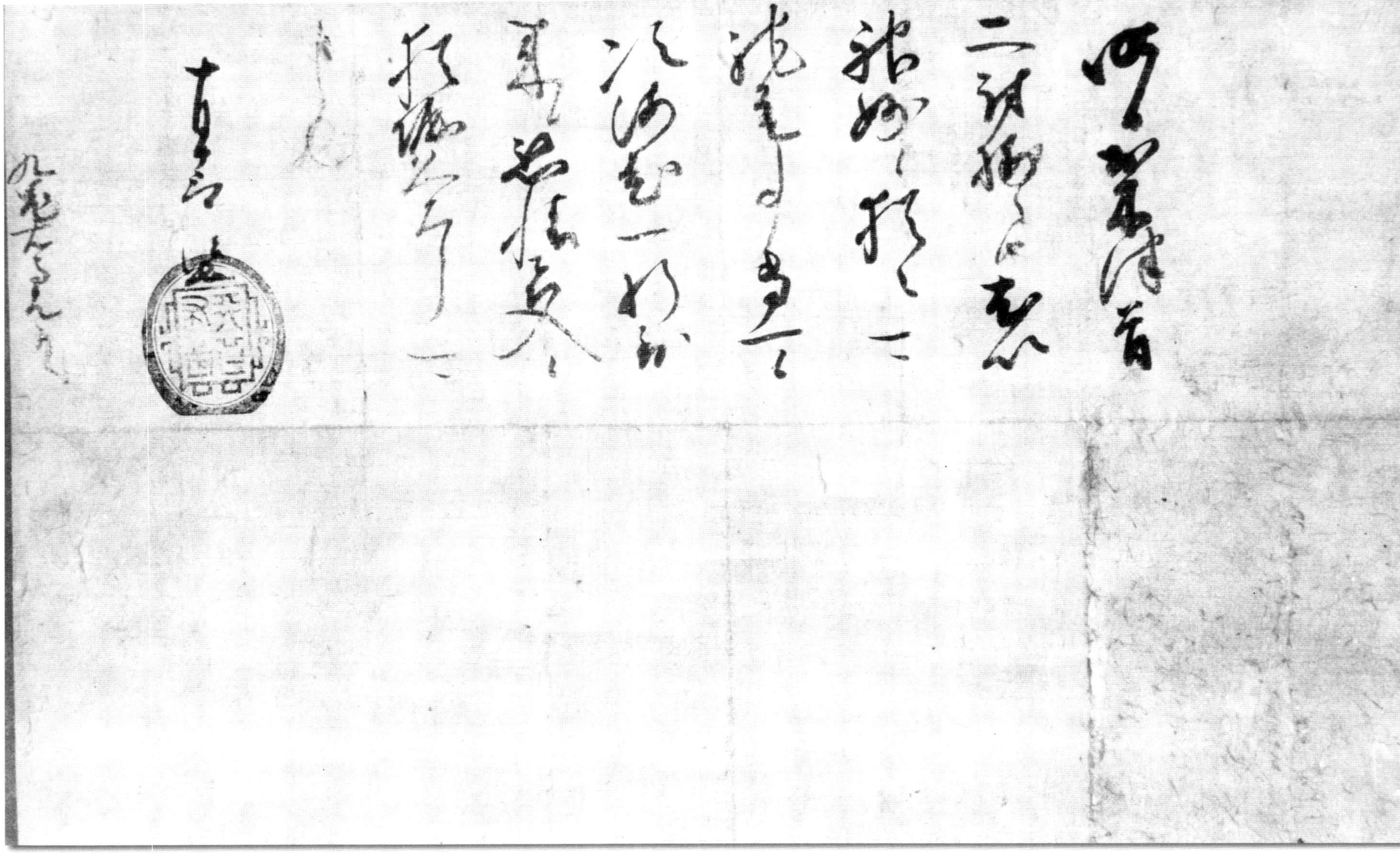

大阪城天守閣所蔵

137

(天正六年)十月二十六日付け織田信長書状写

国立公文書館内閣文庫所蔵『土佐国蠹簡集』四所収

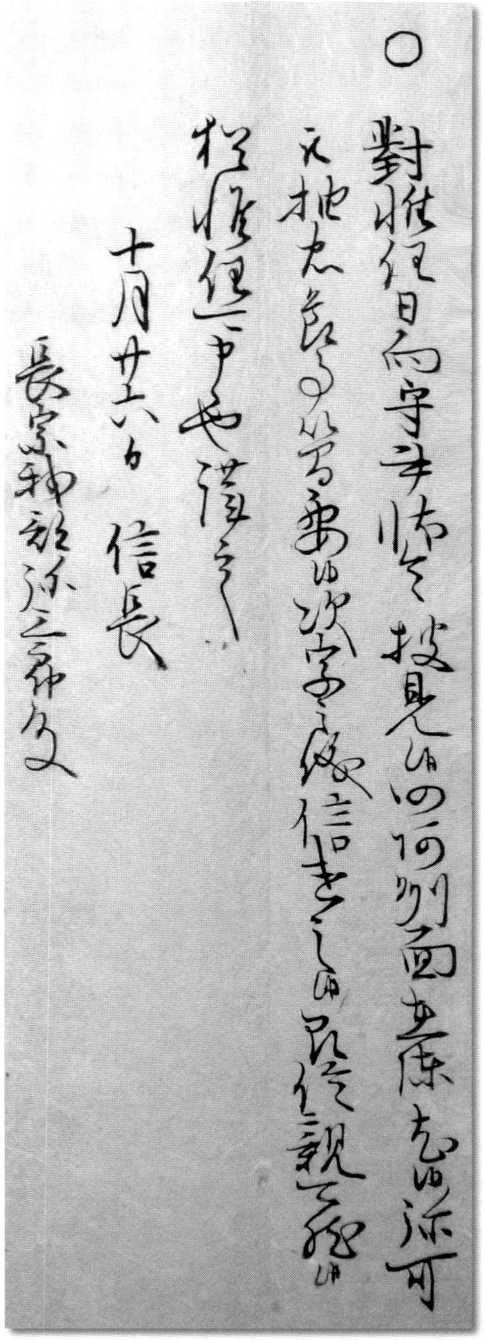
十月廿六日　信長
長宗我部弥三郎殿

138 (天正六年十月頃)織田信長書状

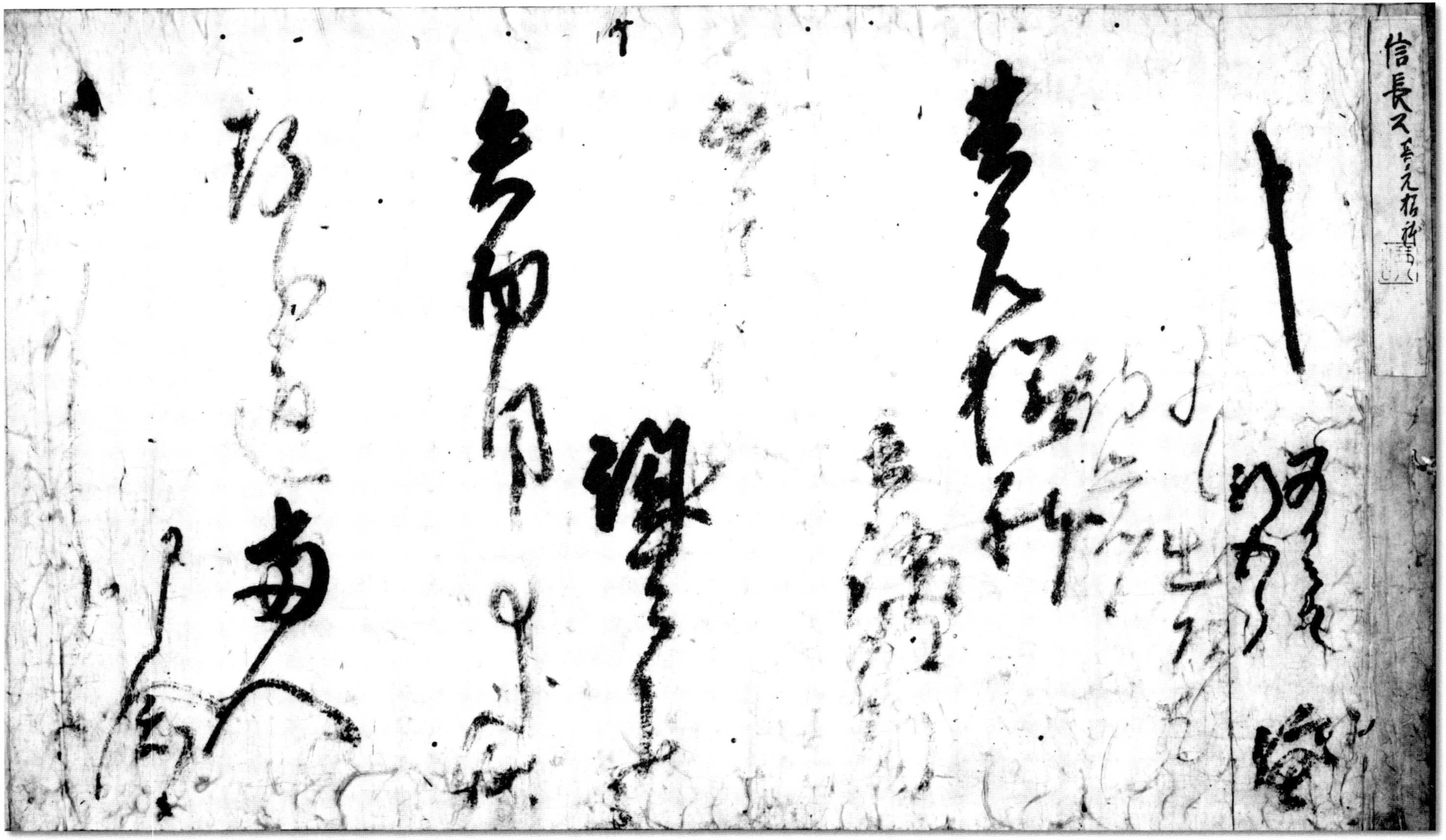

東京大学史料編纂所所蔵

139 (天正六年)十一月四日付け織田信長朱印状

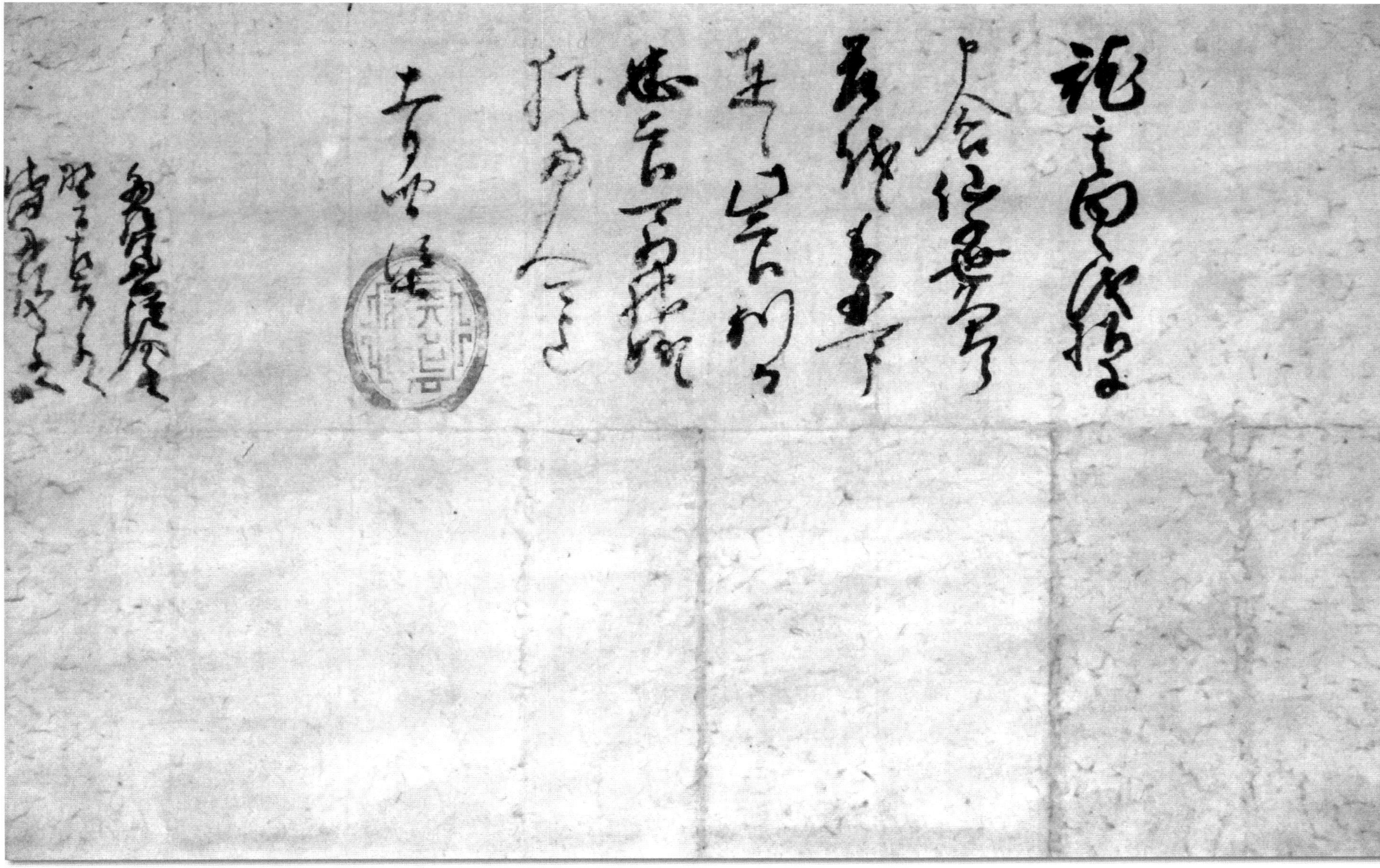

三好喬氏所蔵

140 （天正六年）十一月十一日付け織田信長朱印状

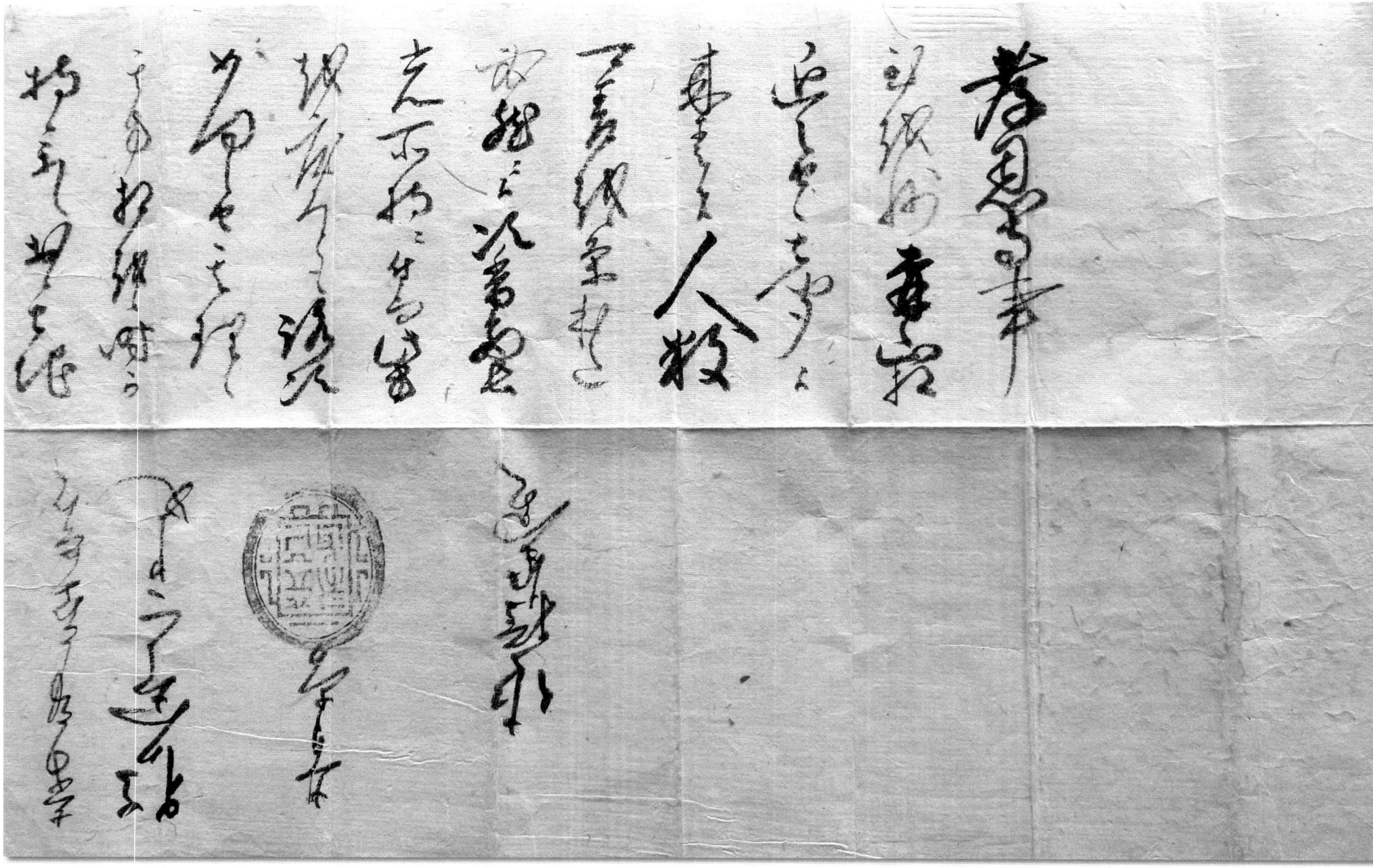

個人所蔵

141 天正七年三月二十八日付け織田信長朱印状写

東京大学史料編纂所所蔵影写本

142

天正七年四月十七日付け織田信長朱印状

岐阜市歴史博物館所蔵

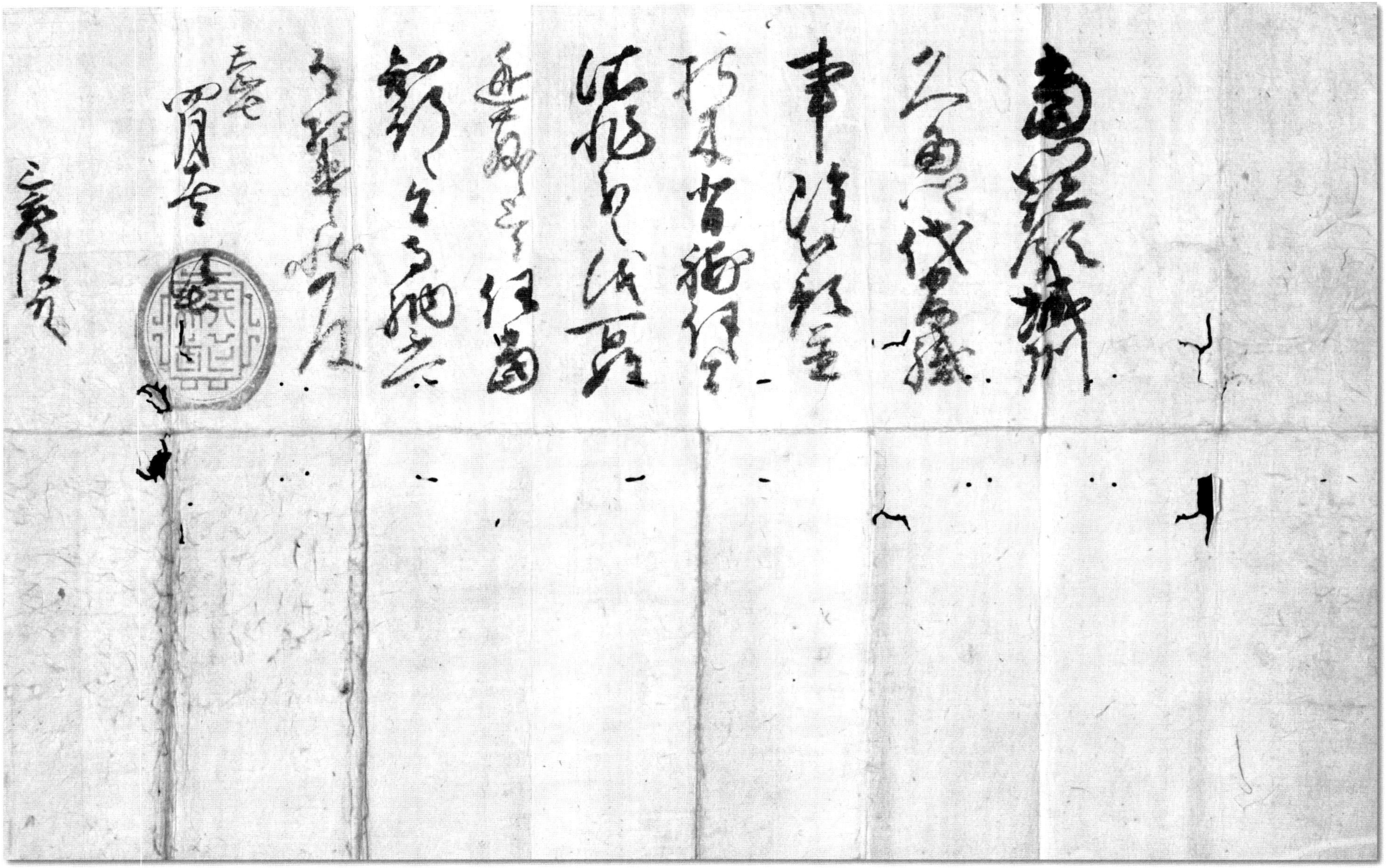

143 (天正七年五月頃)織田信長書状

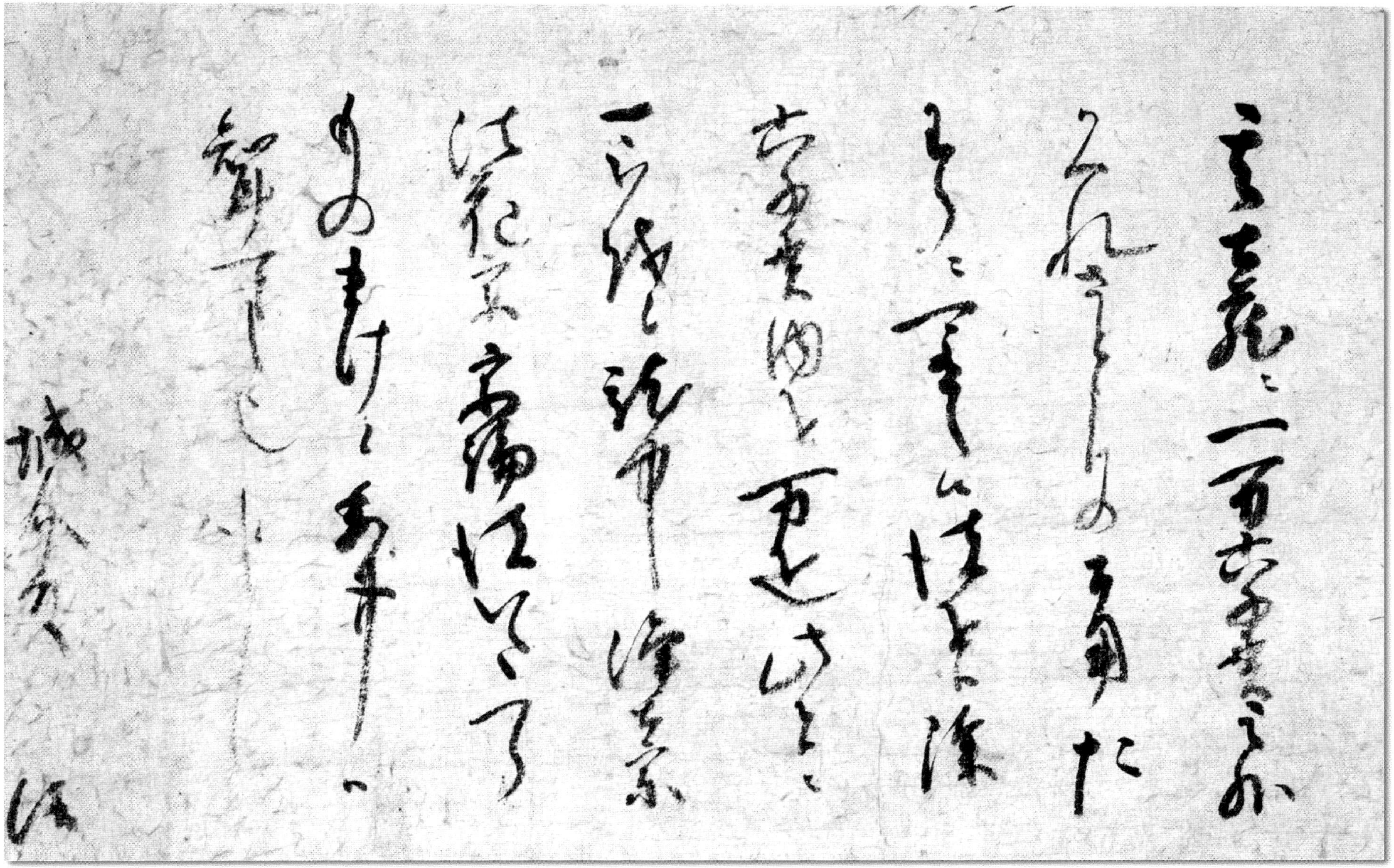

大雲院所蔵

144 (天正七年)九月二十二日付け織田信長書状写

岡山大学附属図書館
池田家文庫所蔵
『信長記』巻十二所収

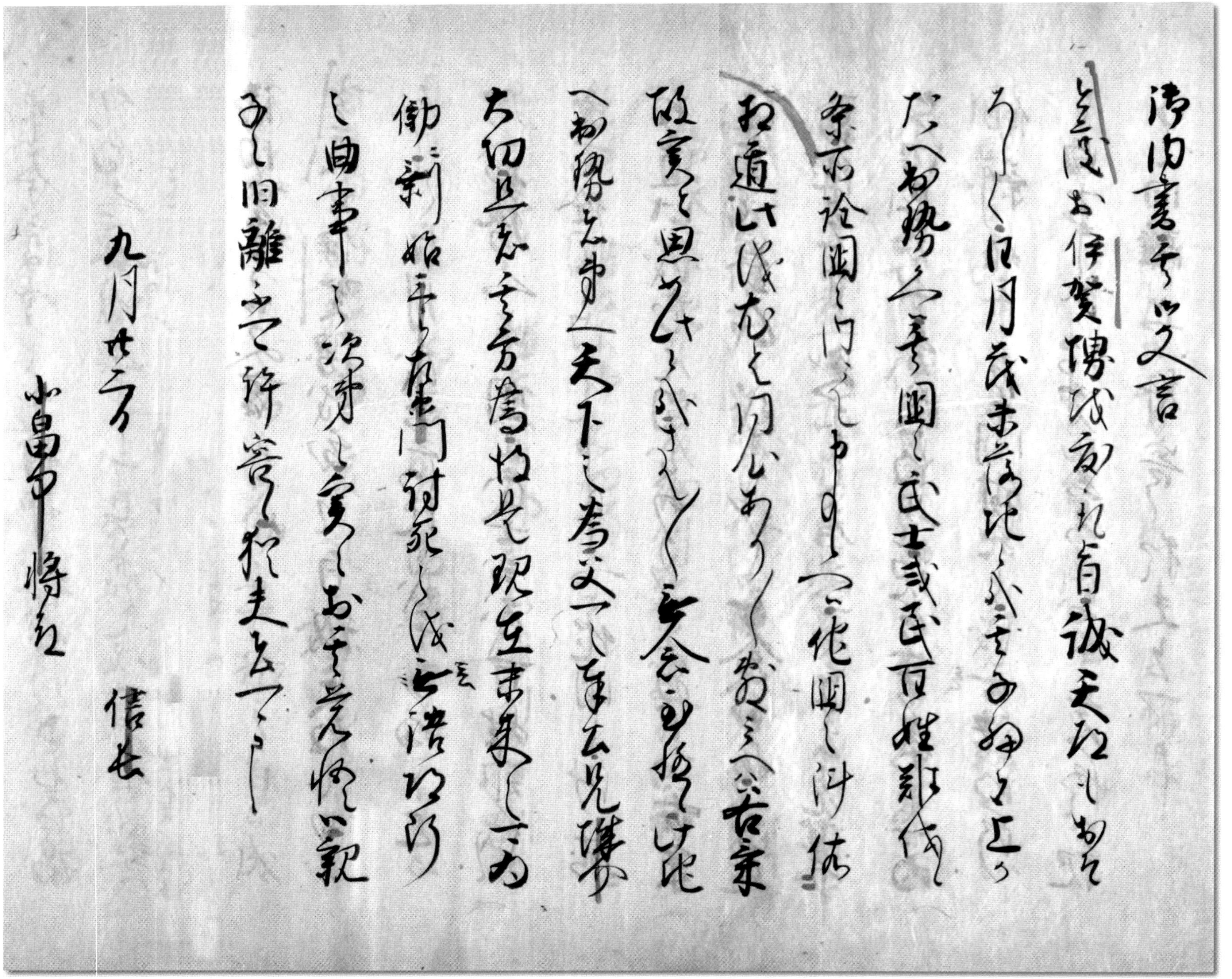

145

(天正七年)十一月二十七日付け織田信長朱印状

立花家史料館所蔵

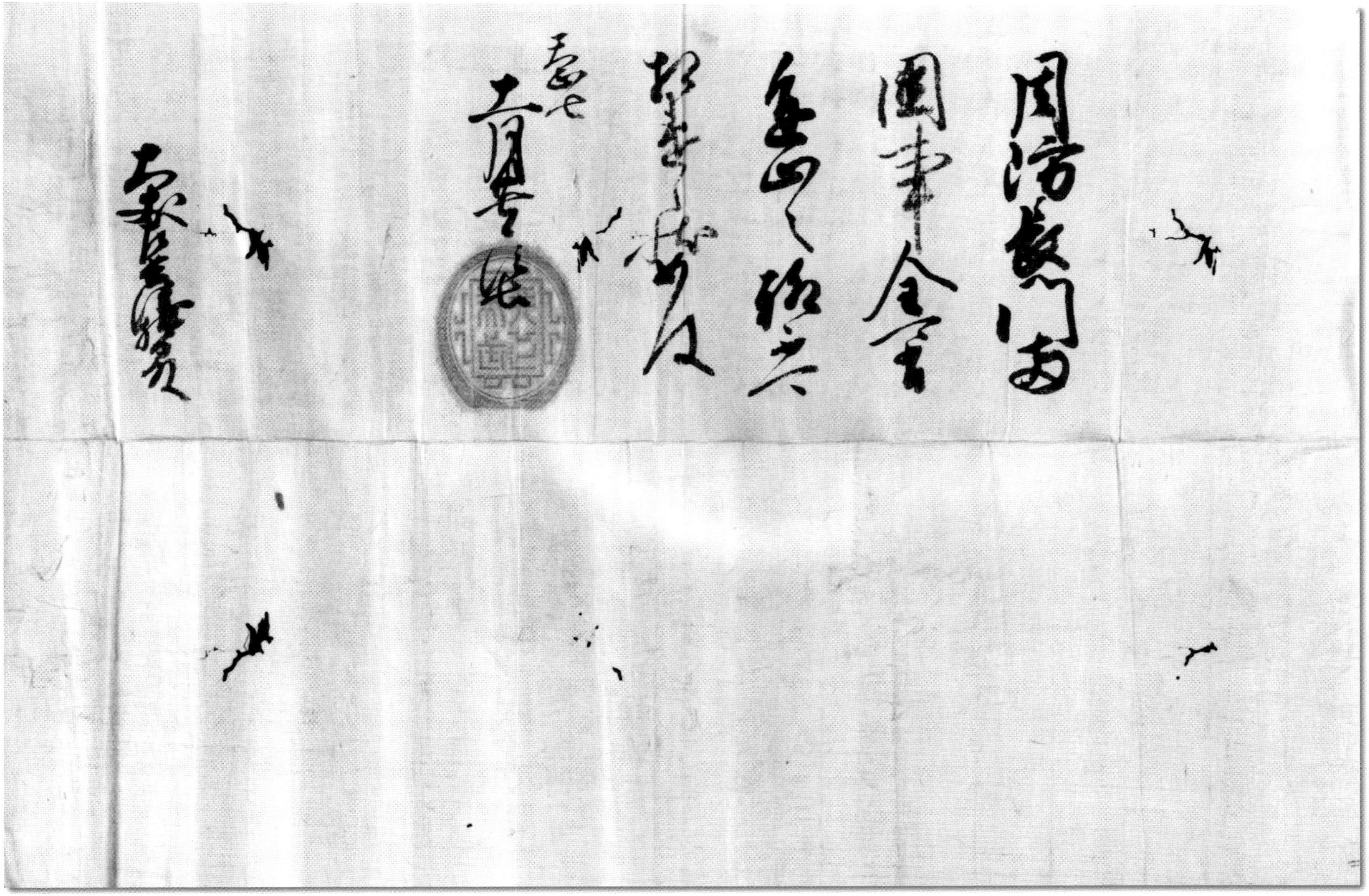

146 （天正八年）三月十七日付け織田信長覚書／織田信長起請文

本願寺所蔵

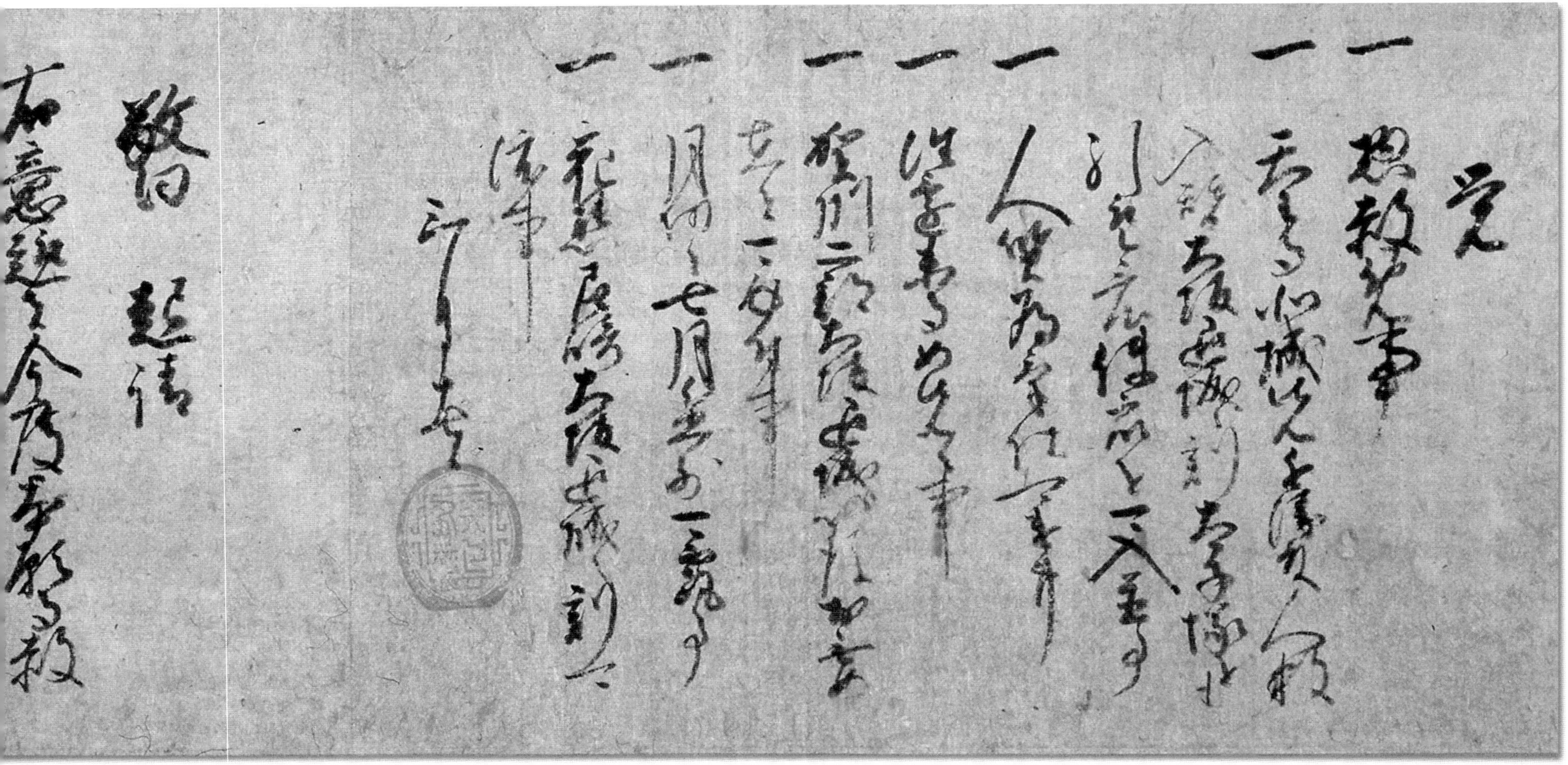

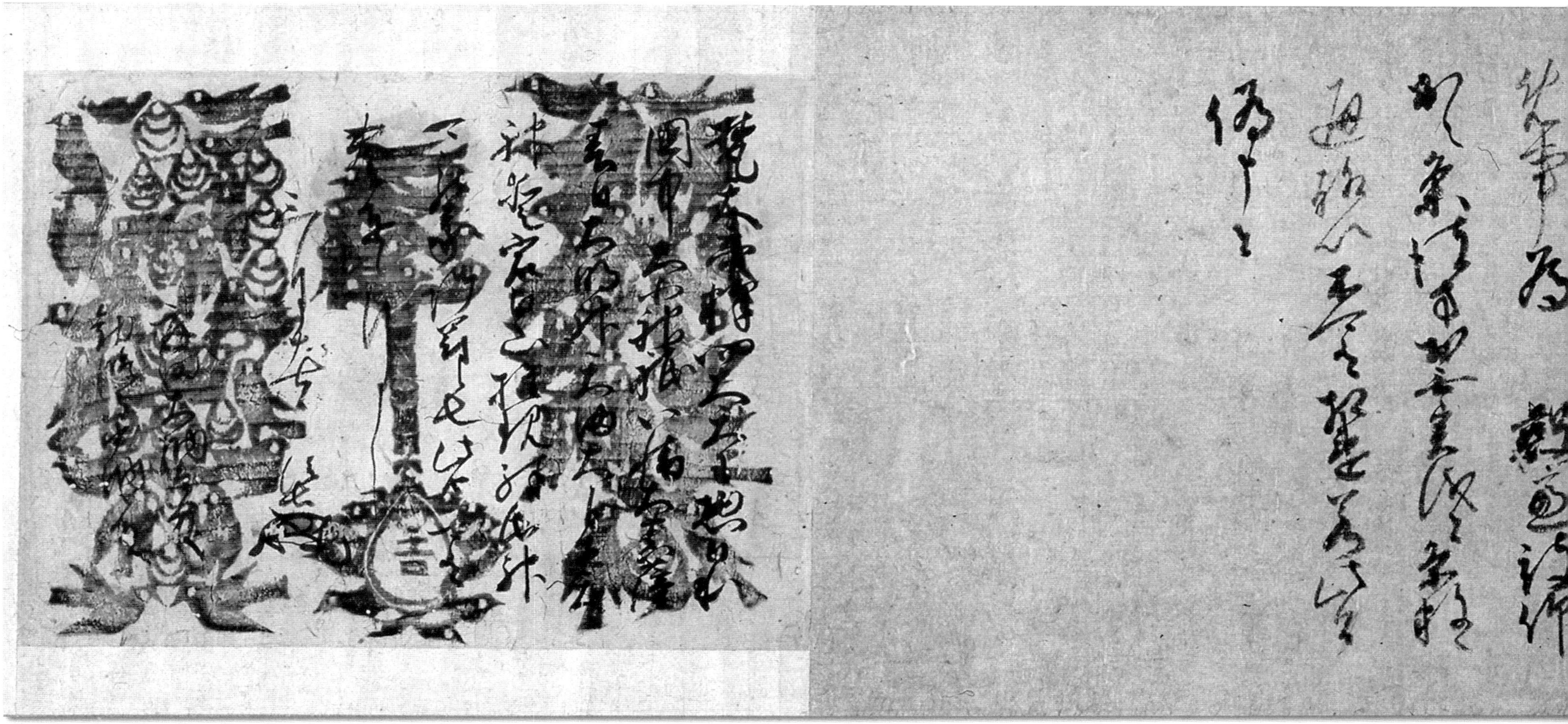

147 （天正八年三月カ）織田信長書状

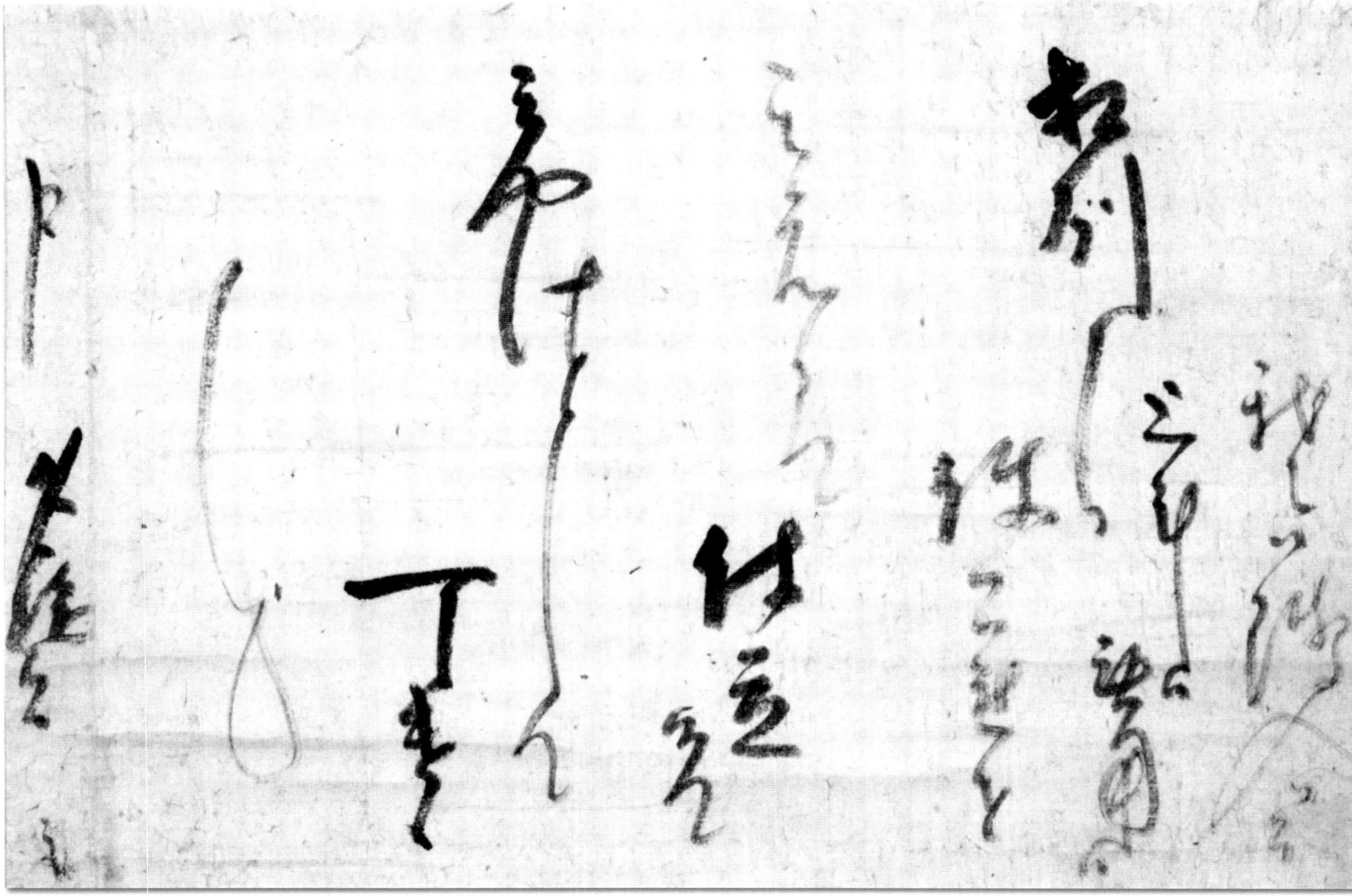

個人所蔵

148　（天正八年）閏三月三十日付け織田信長黒印状

個人所蔵

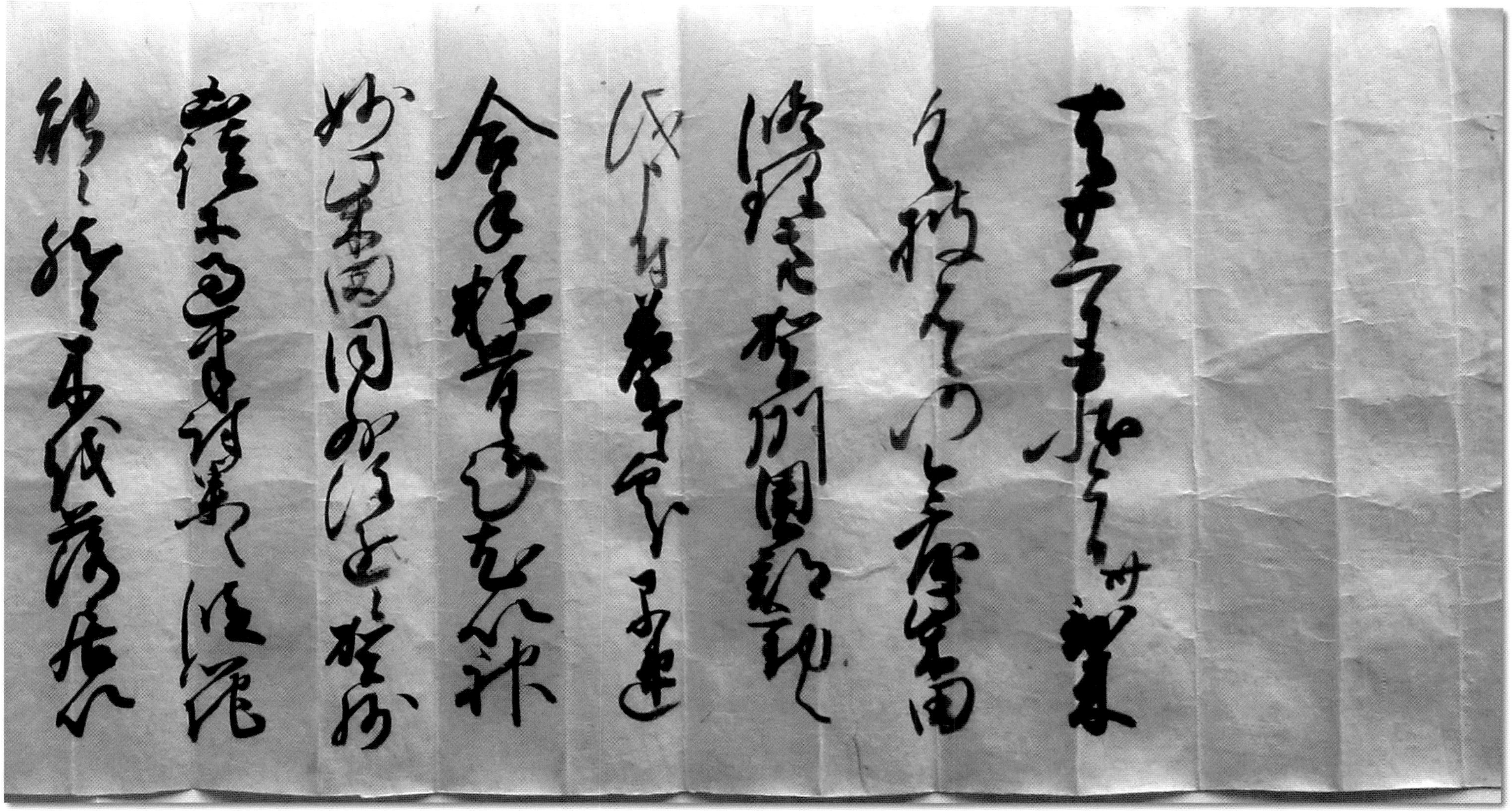

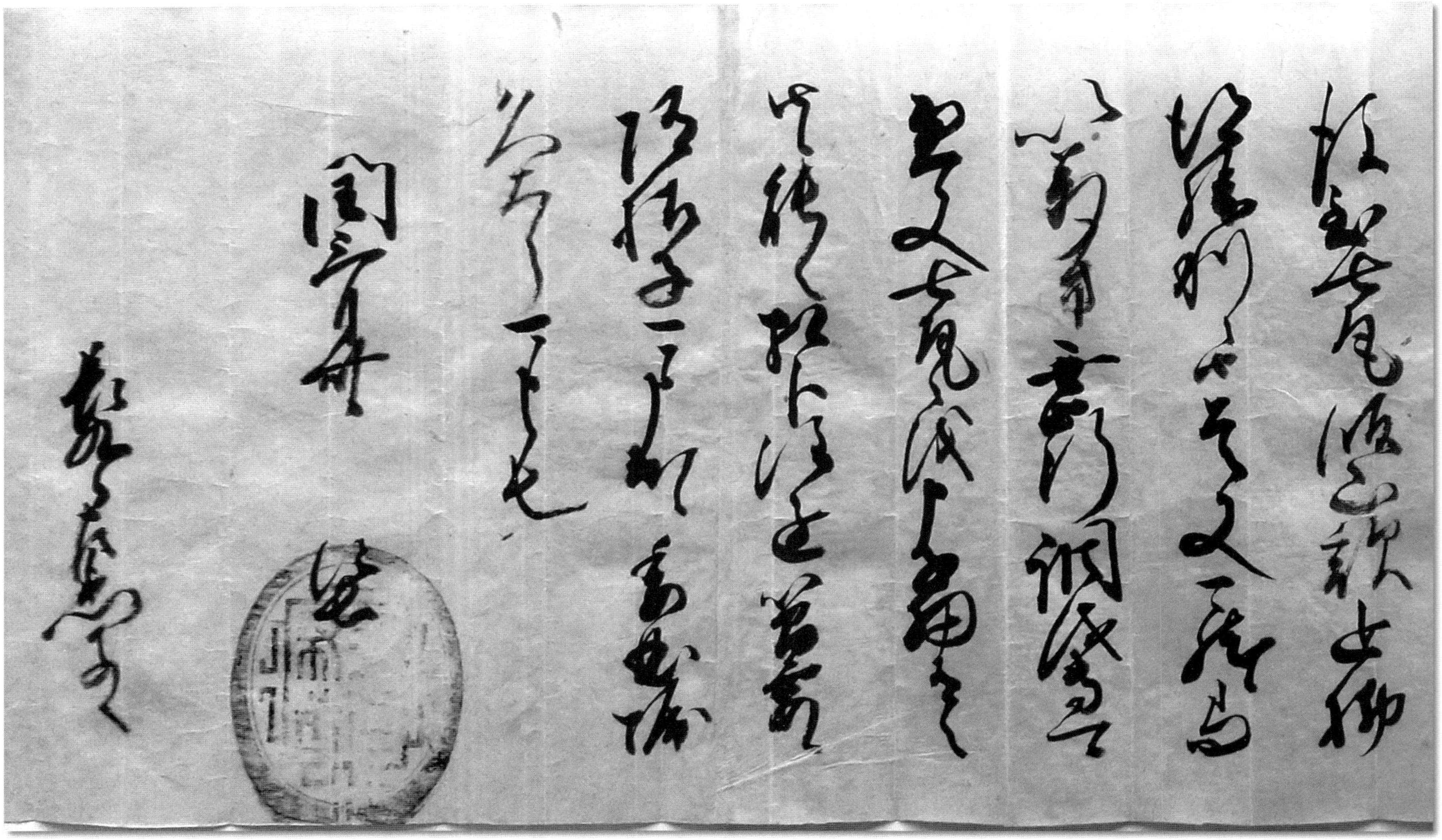

織田信長黒印状（2/2）

149

（天正八年）八月十二日付け織田信長書状案

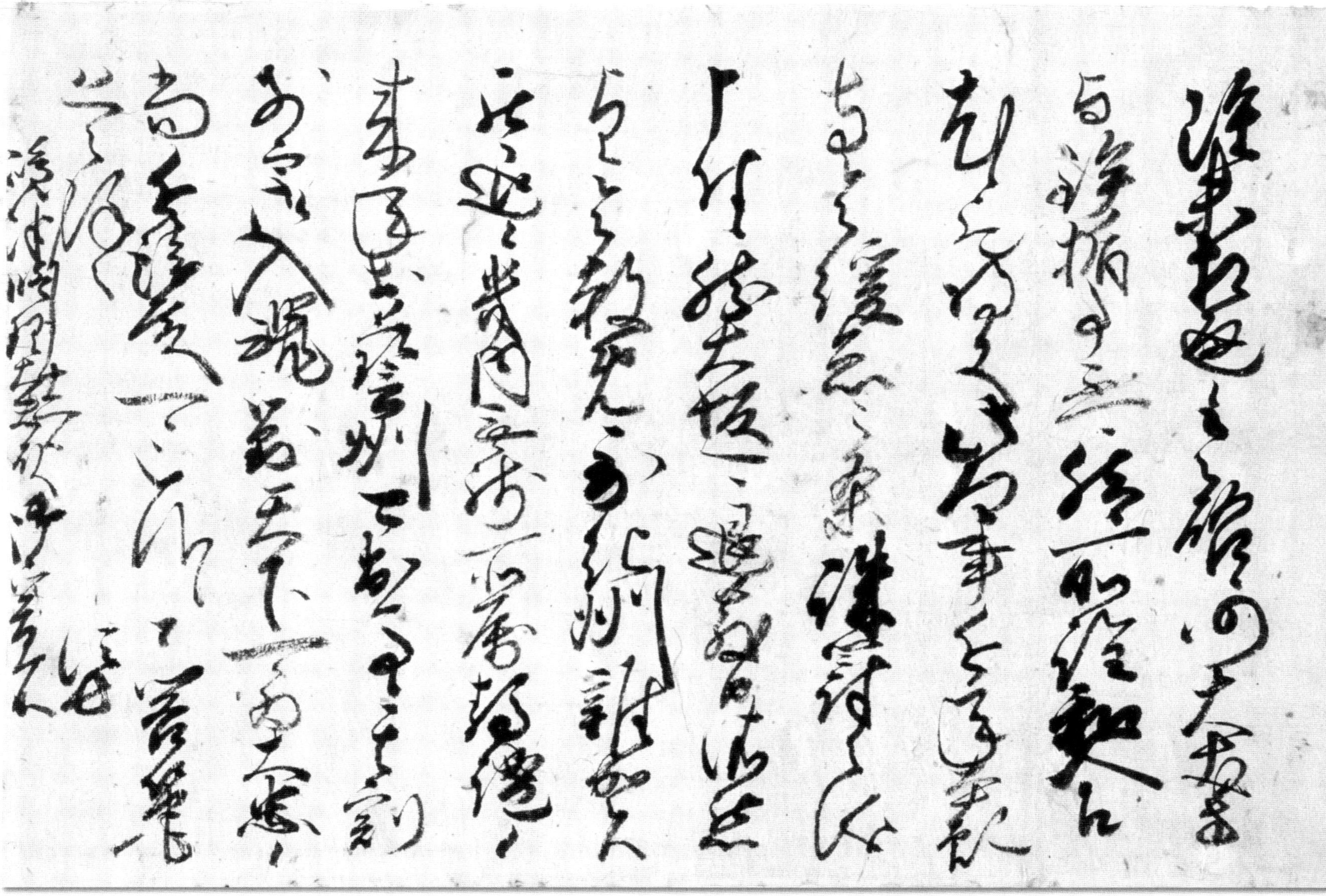

東京大学史料編纂所所蔵

150

天正八年八月二十二日付け織田信長覚書写

前田育徳会
尊経閣文庫所蔵

覚

一 父子五ヶ年在城之内ニ善悪之働無之段、世上之不審余儀なく候、我々も思当、言葉にも難述事

一 此心持之推量、大坂大敵と存、武篇にも不構、調儀・調略之道にも不立入、たゝ居城之とりでを丈夫ニ構而、幾年も送候へハ、彼相手長袖之事ニ候間、行々ハ信長以威光可退之条、さて遠慮候歟、但武者道之儀各別たるへし、か様之折節、勝負を究候へハ、信長為、又父子之為、諸卒苦労をも遁、誠之本意たるへきニ、一筋ニ存詰候事、分別もなく、未練無疑事

一 丹波国日向守働、天下之面目をほとこし候、次羽柴藤吉郎数ヶ国無比類働、然而池田勝三郎小身といひ、程なく花熊申付、是又天下之覚をとる、爰を以我心を発し、一廉之働可在之事

一 柴田修理亮右之働聞及、一国を雖領知、天下之取沙汰迷惑ニ付而、此春加賀へ乱入、一国平均申付事

一 武篇道ふかいなきにおゐてハ、属調略、相たらハぬ所ハ我等にきかせ、相済之処ニ、五ヶ年中一度も不申越儀、由断曲事之事

一 やす田之儀、先書ニ申越、一揆於攻崩ハ、残小城共大略可令退散候由、父子連判を以申越候処、一往届をも不申遣、送遣候事、手前只右彼是存分申候事

一 信長家中ニてハ進退各別ニ候歟、三河ニも与力、尾張ニも

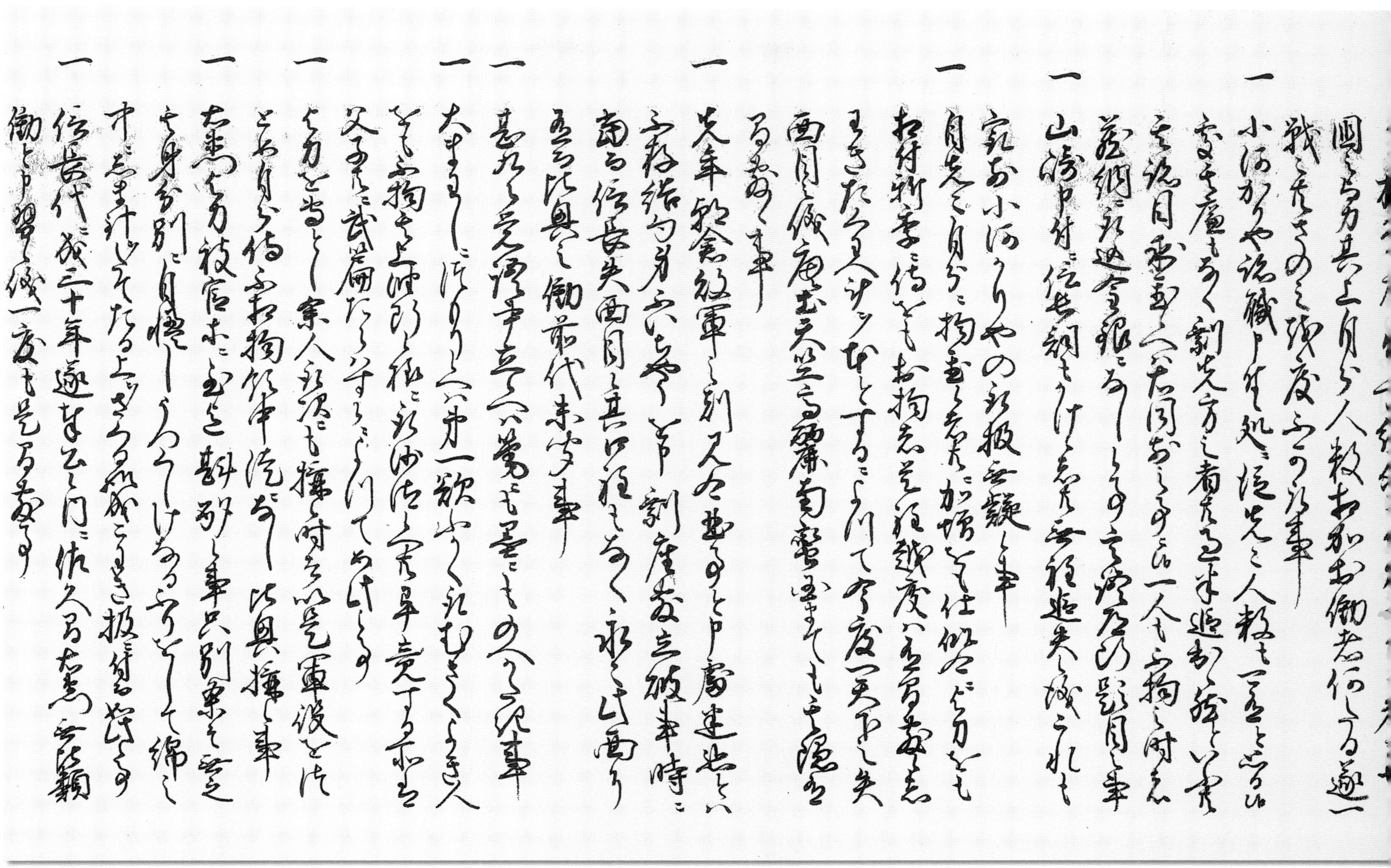

一 国〻与力共ニ人数おかゝ働候ハゝ何たる遂一戦ニ候とも、さのミ越度不取之事

一 小河かりや跡職申付処、先々人数も可有之と思候処、其廉もなく、剰先方之者共多分ニ追出し、然といへ共其跡目申付候ハゝ各同前ニ候ニ、一人も不相拘候て蔵納ニ取込金銀ニなし候事、言語道断之題目之事

一 山崎申付ニ、信長詞をもかけ候者共、程なく追失候儀、是も前ニ小河かりやの取扱無疑之事

一 自先々自分ニ拘置候者共ニ加増をも仕、似合ニ与力をも相付、新季ニ侍をも於拘置ハ、是程越度ハ取ましき、しわきたくハへ計を本とするニ付て、今度一天下之失面目候儀、唐土・高麗・南蛮まても其隠有ましき事

一 先年朝倉敗軍之刻、見合曲事と申処ニ、迷惑と不存、結句身ふいちをさせ、剰座敷を立破候事、時ニあたり信長失面目、其口程もなく、永〻此面ニ在之、比興之働前代未聞之事

一 甚九郎覚悟之条々、書並候へハ筆ニも墨にも難述事

一 大まはしニ積候へハ、第一欲ふかく気むさく、よき人をも不拘、其上油断之様ニ取沙汰候へハ、畢竟するところ父子共ニ武篇道たらさるニ付て如此候事

一 与力を専とし余人の取次ニも構、是以軍役を仕とも、自分侍不相拘、領中を徒ニ成、比興を構事

一 右衛門与力被官等ニ至るまて斟酌候事、只別ニ子細を身分別ニ自慢しうつくしけなる面をして、綿之中ニ針をたてたる上をさわる様成こわき扱ニ付而如此候事

一 信長代ニ成、三十年遂奉公之内、佐久間右衛門比類無働と申鳴候儀、一度も無之事

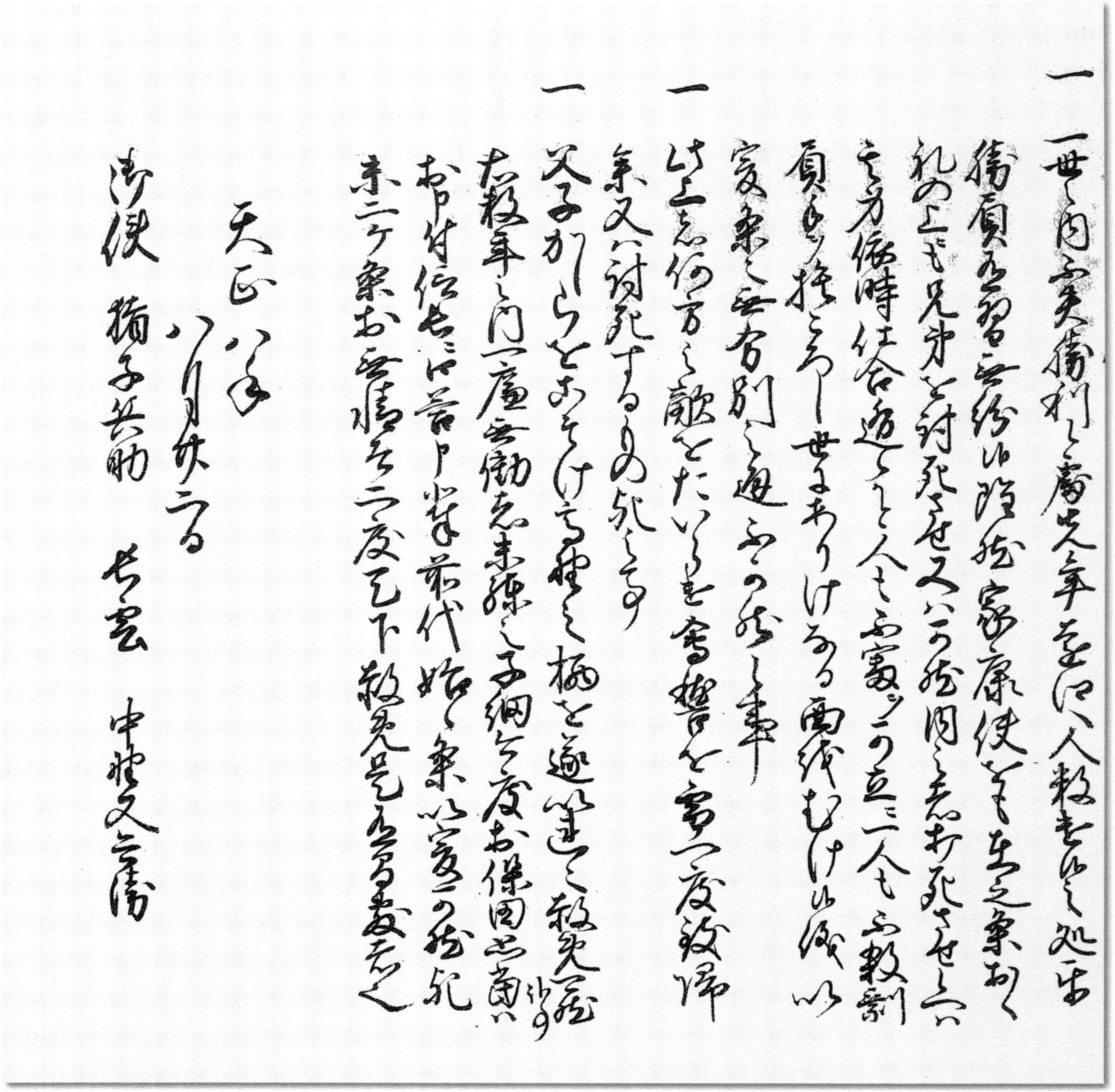

一 世間ニ天備利之唐土之年ニ至迄人数をもし処出
備有之事無紛ハ路次家康使者之衆あく
礼の上も兄弟を討死させ又ハ手の内ニ而打死させ候
之方依時仕合ニ而人も不残ツニ立ニ一人も不残剰
負候ハ持ちて世よありける両様もけハ候以
家来之無分別ニ而通ニて候哉の事
一 したし何方ニ敵をたいしを寄せ相を弓一度致帰
来又ハ討死するものの外ニも
一 父子かしらをおそけ之者之極を遂候て放免候
大数年之門一度無働忠節之子細を度お保田七兵衛ハ いり
お下付候ものには置少も先代始之衆以家ニの外
末ニヶ条お無情ニ候二度乙下放免之者可為者也

天正八年
八月廿二日
佐久間 猶子共助
右衛
中将又六衛

151 天正八年九月十七日付け織田信長朱印状

神戸大学文学部所蔵

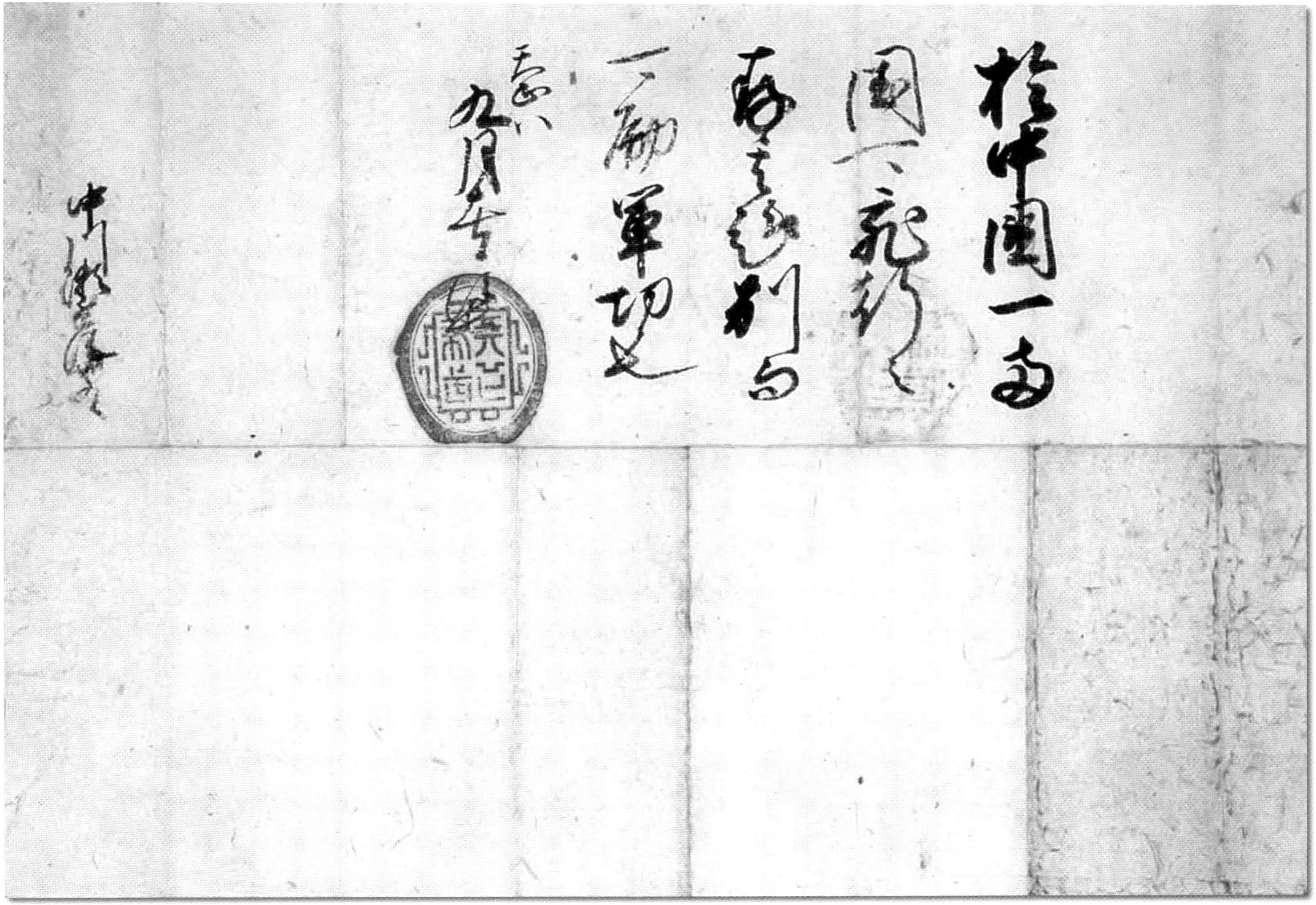

152 （天正九年）正月二十三日付け織田信長朱印状写

醍醐寺所蔵

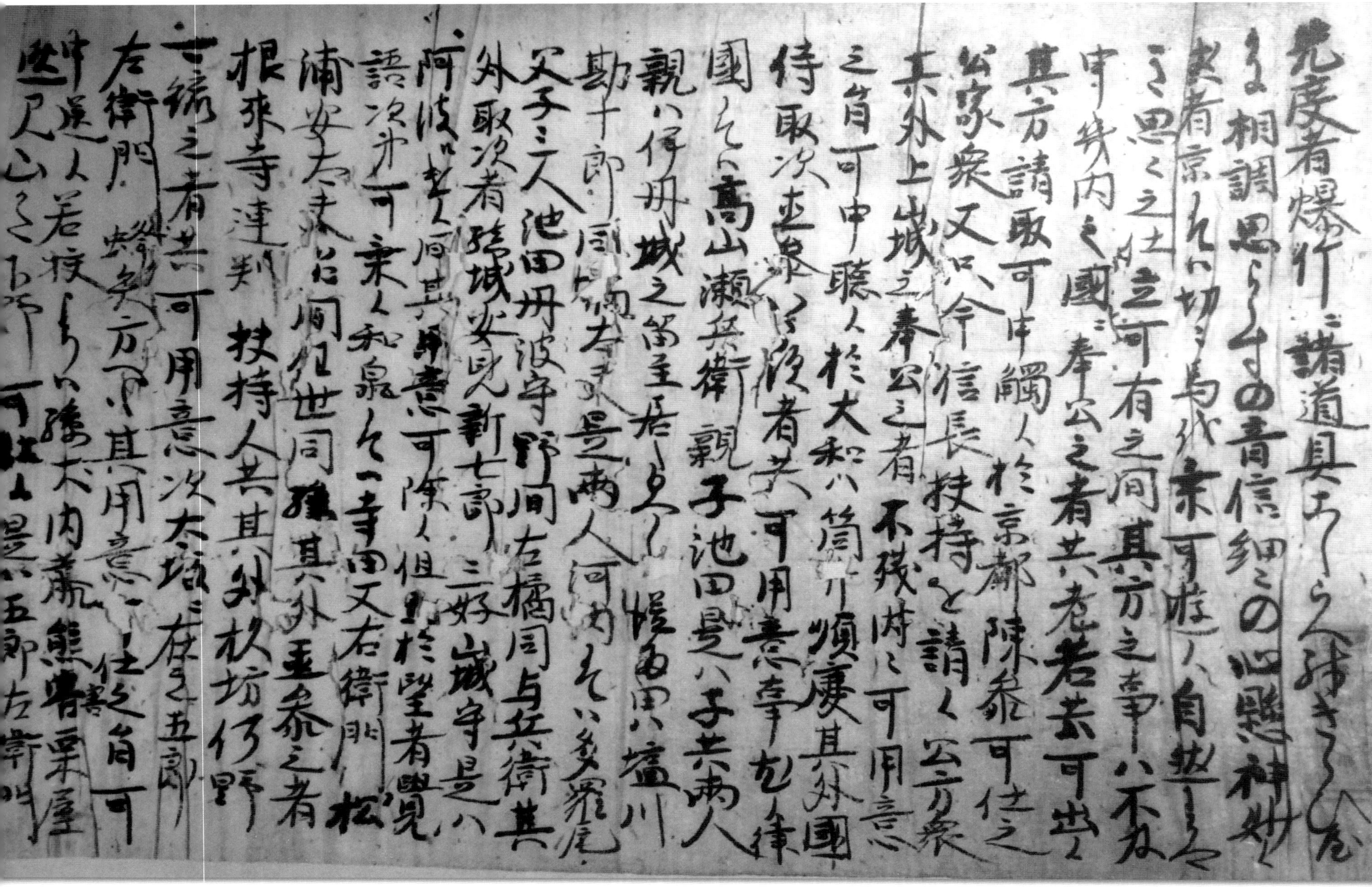

織田信長朱印状写（1/2）

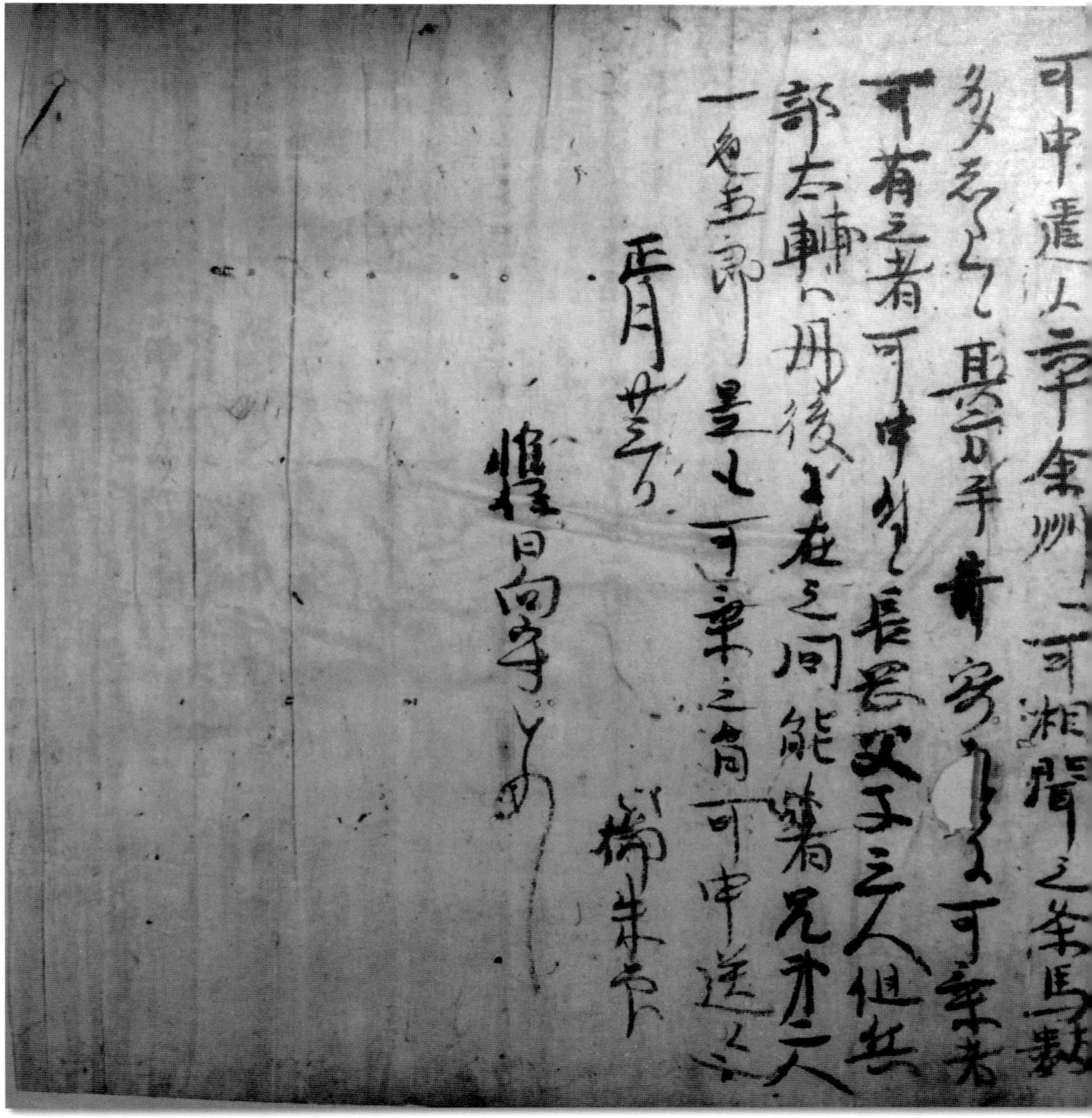

織田信長朱印状写（2/2）

153 天正九年正月二十五日付け織田信長禁制写

大阪歴史博物館所蔵

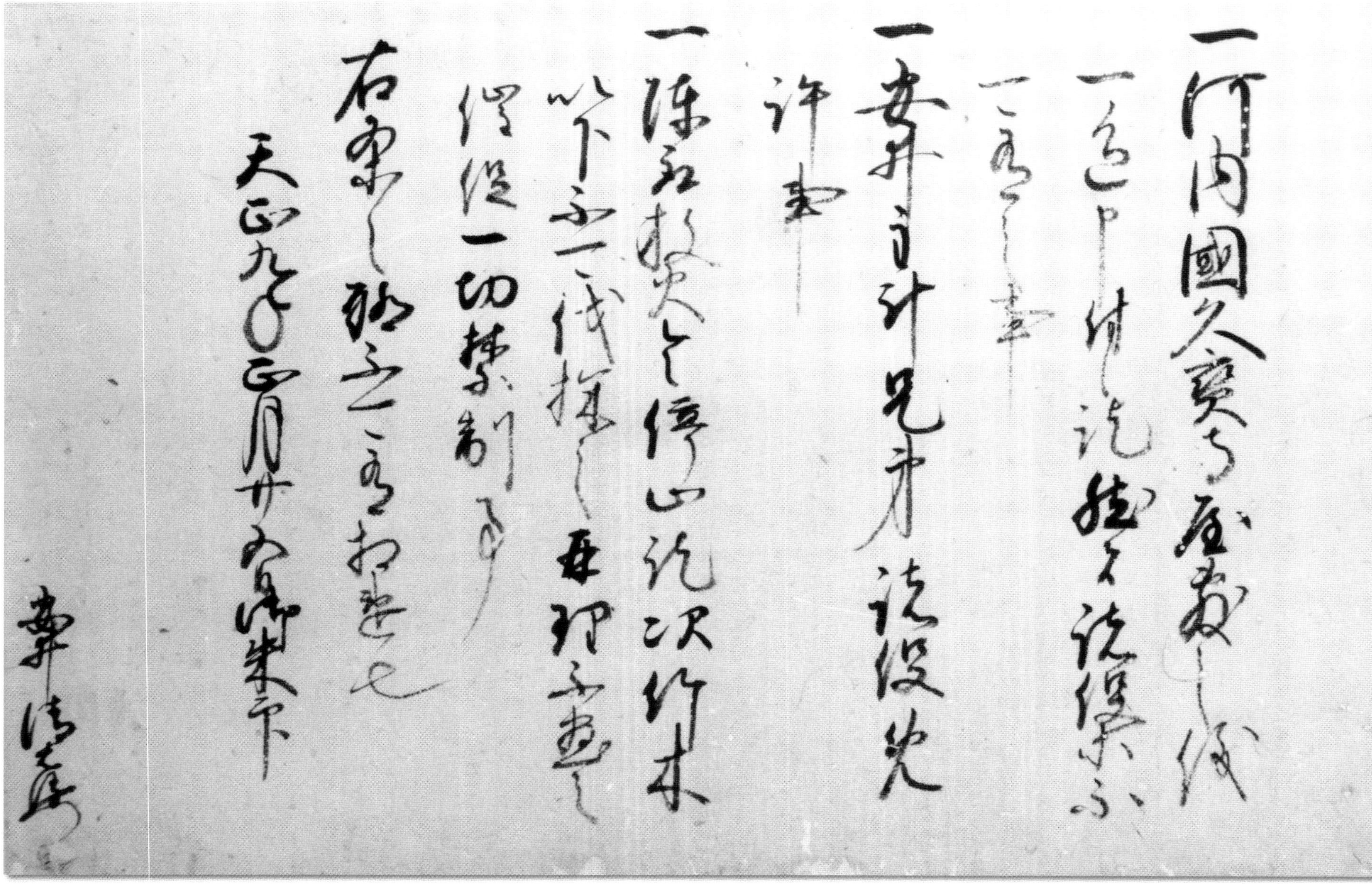

154

（天正九年）正月二十五日付け織田信長朱印状

個人所蔵

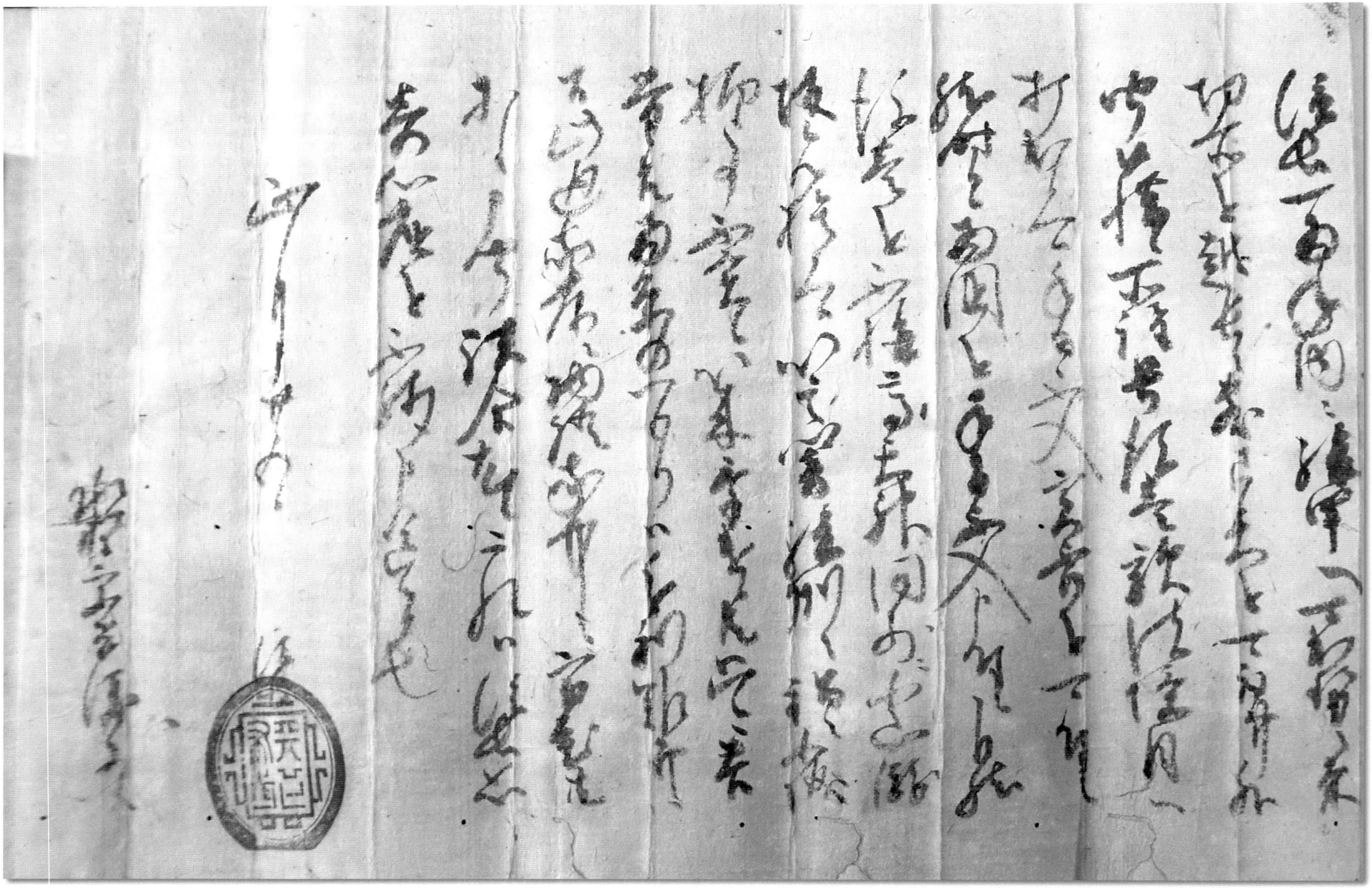

織田信長朱印状（2/2）

155 (天正九年)三月二十五日付け織田信長書状

個人所蔵

156

天正九年四月二十日付け織田信長朱印状

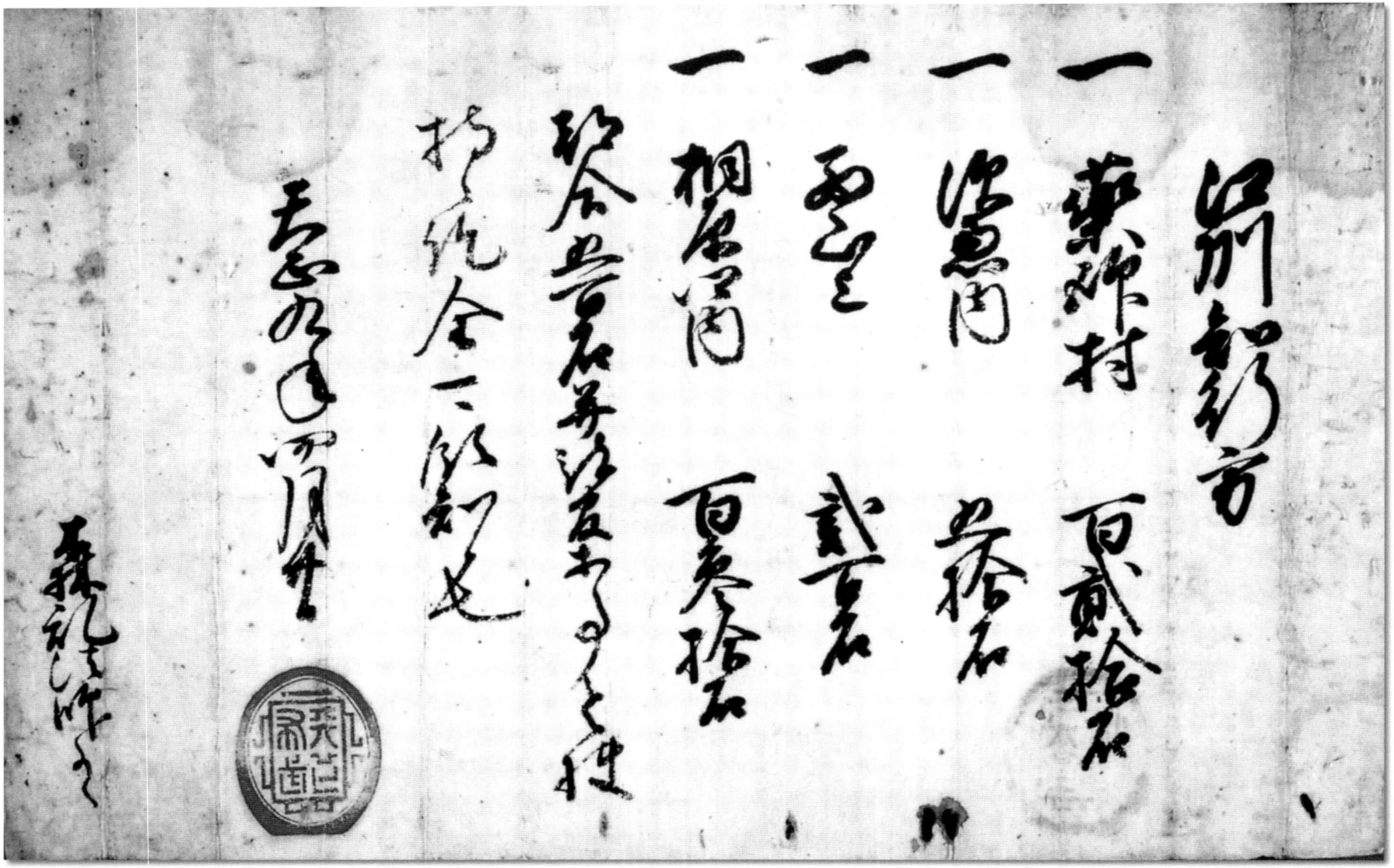

前田育徳会尊経閣文庫所蔵

157 (天正九年)六月十二日付け織田信長朱印状

東京国立博物館所蔵

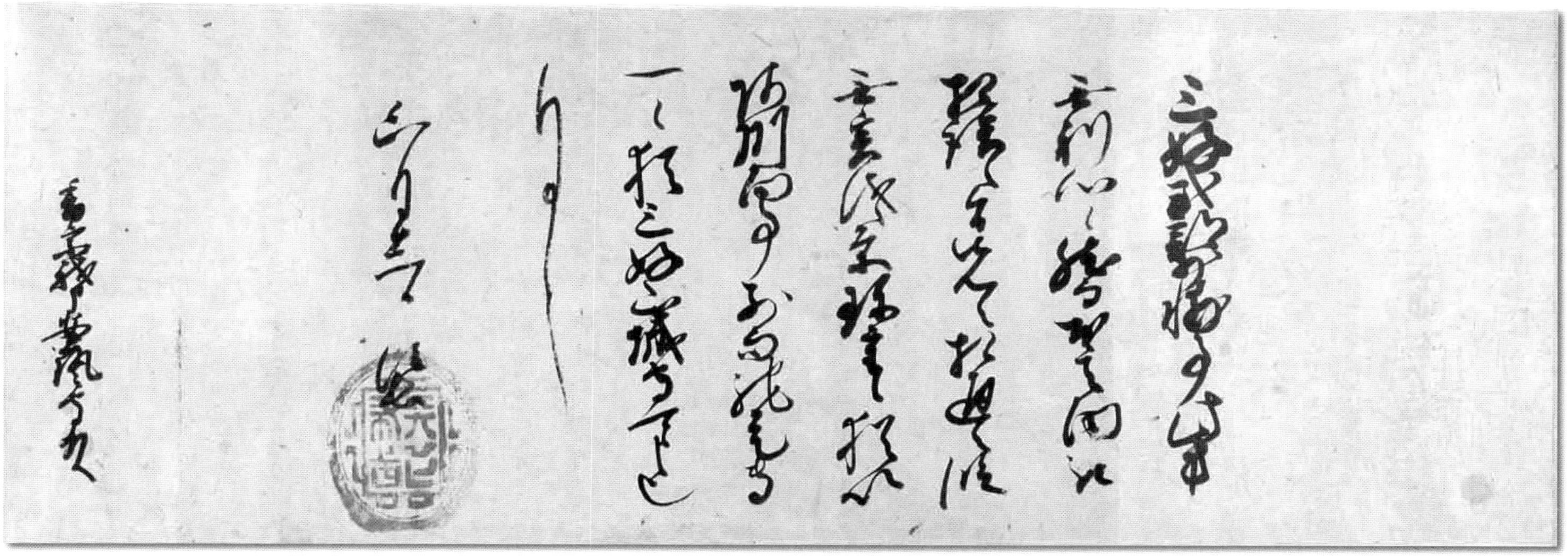

158

(天正九年)七月十八日付け織田信長黒印状

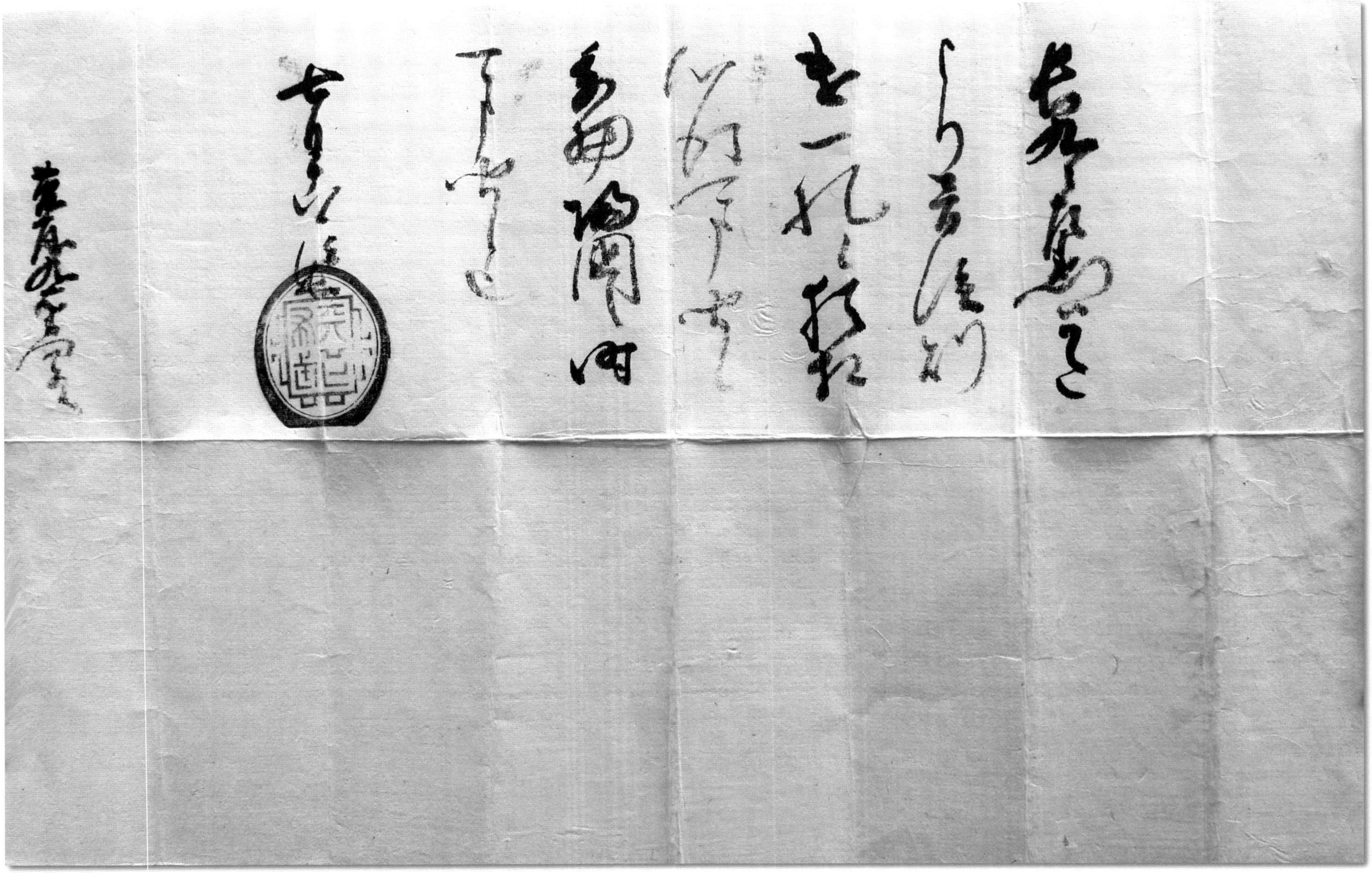

個人所蔵

159

天正九年八月十七日付け織田信長朱印状

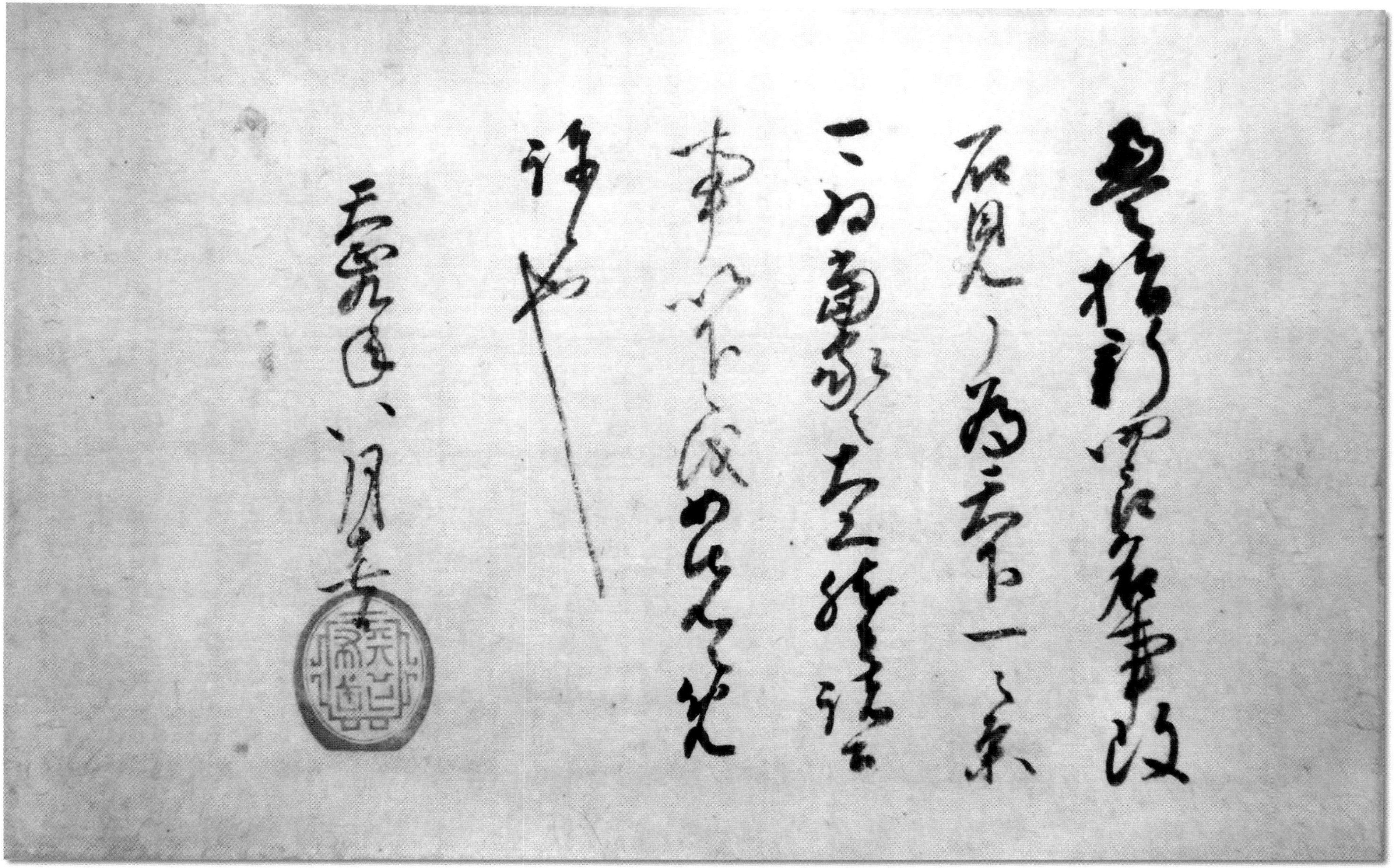

個人所蔵

160 (天正九年)九月一日付け織田信長黒印状

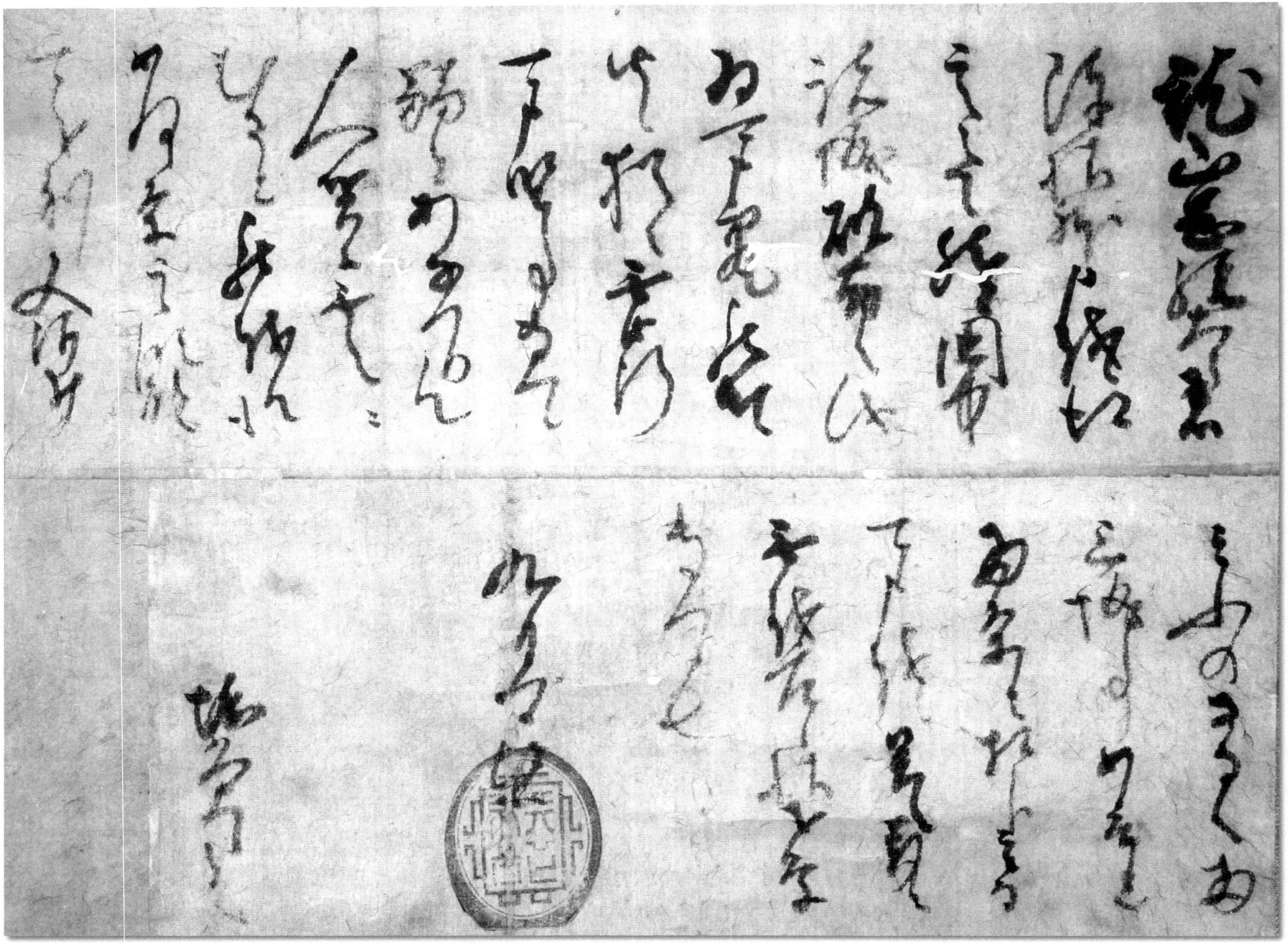

個人所蔵

161　(天正九年)九月七日付け織田信長朱印状

国立歴史民俗博物館所蔵

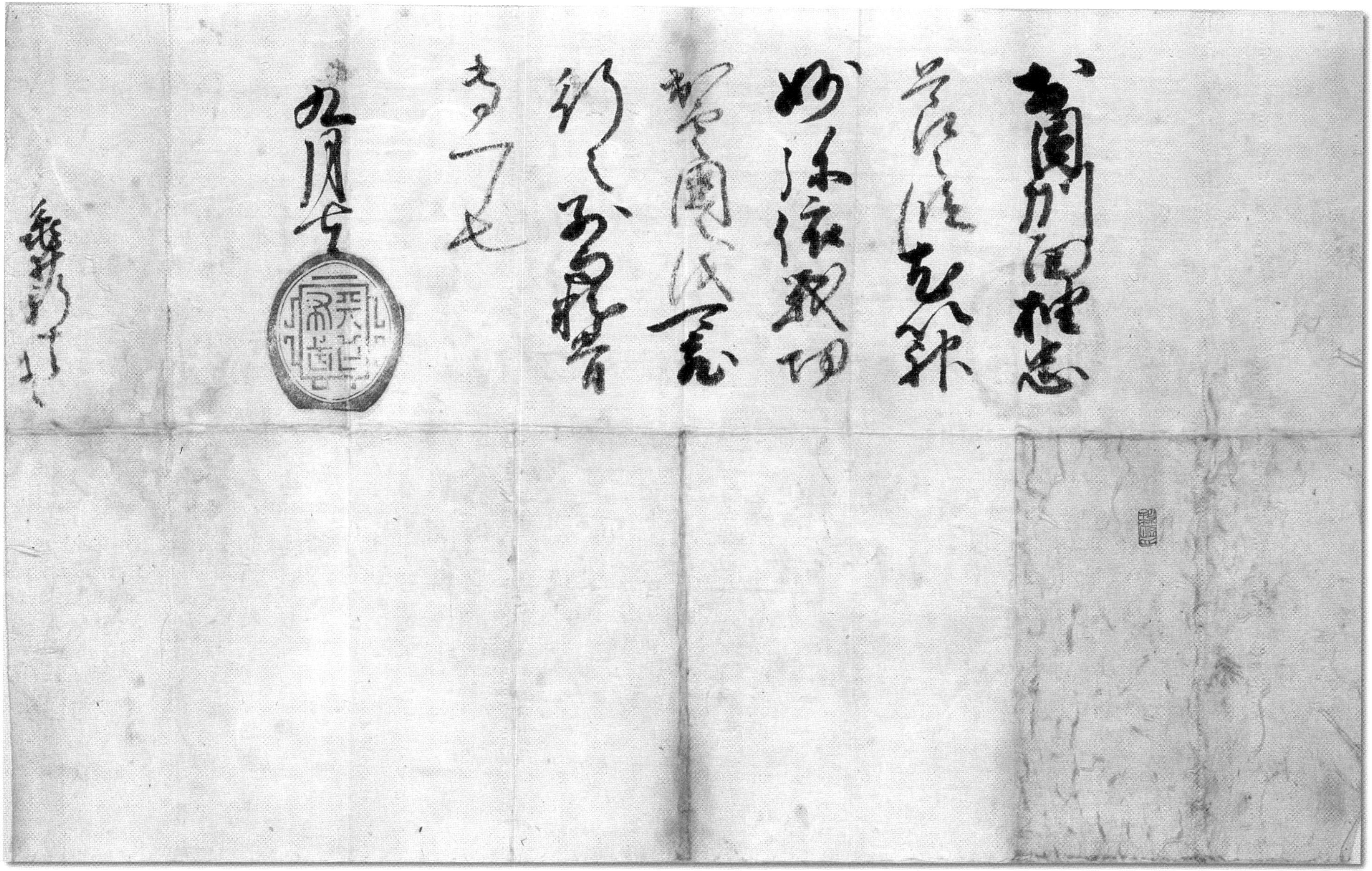

162 （天正九年）九月十一日付け織田信長朱印状

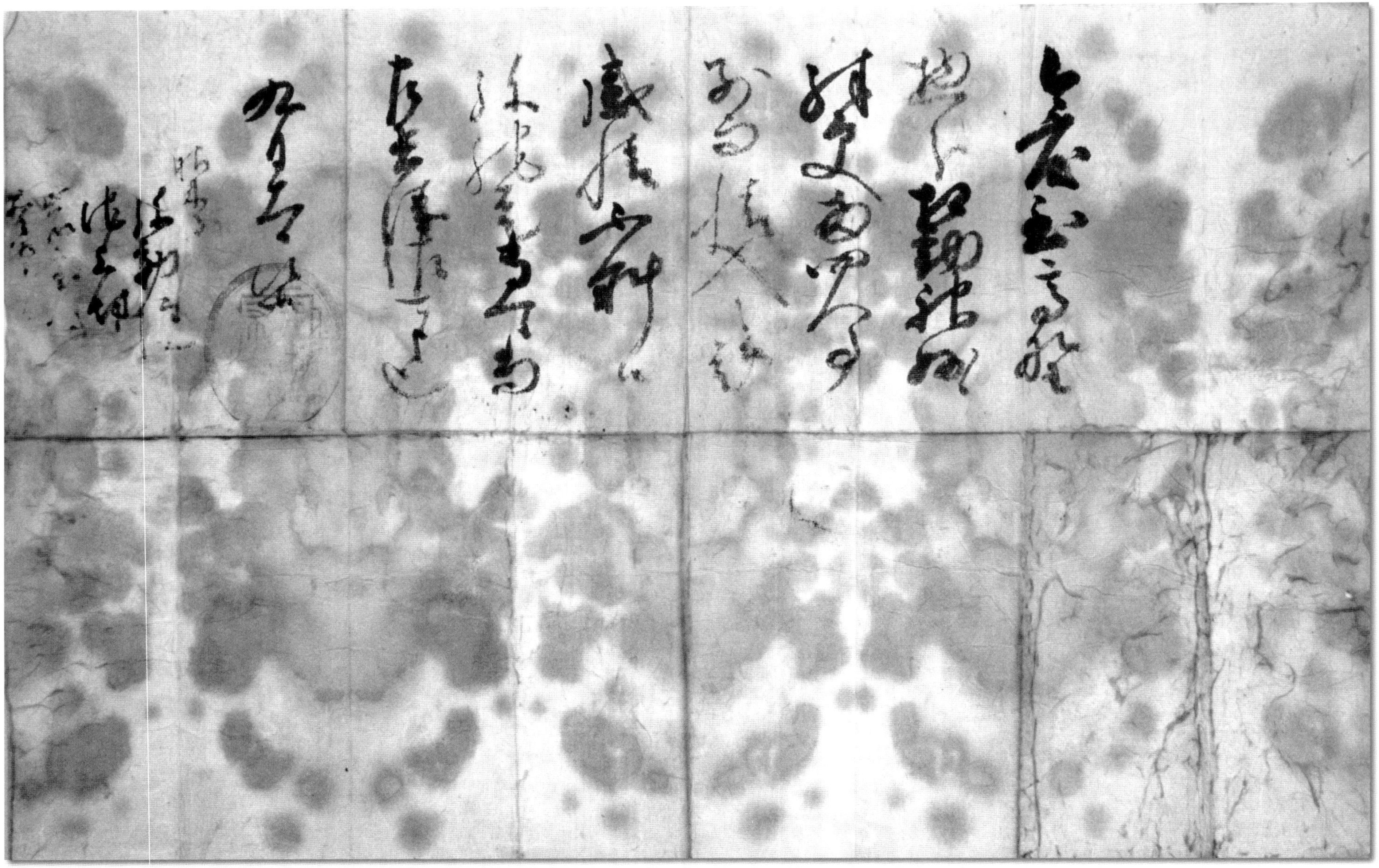

國學院大學図書館所蔵

163 （天正九年）十月二十九日付け織田信長朱印状

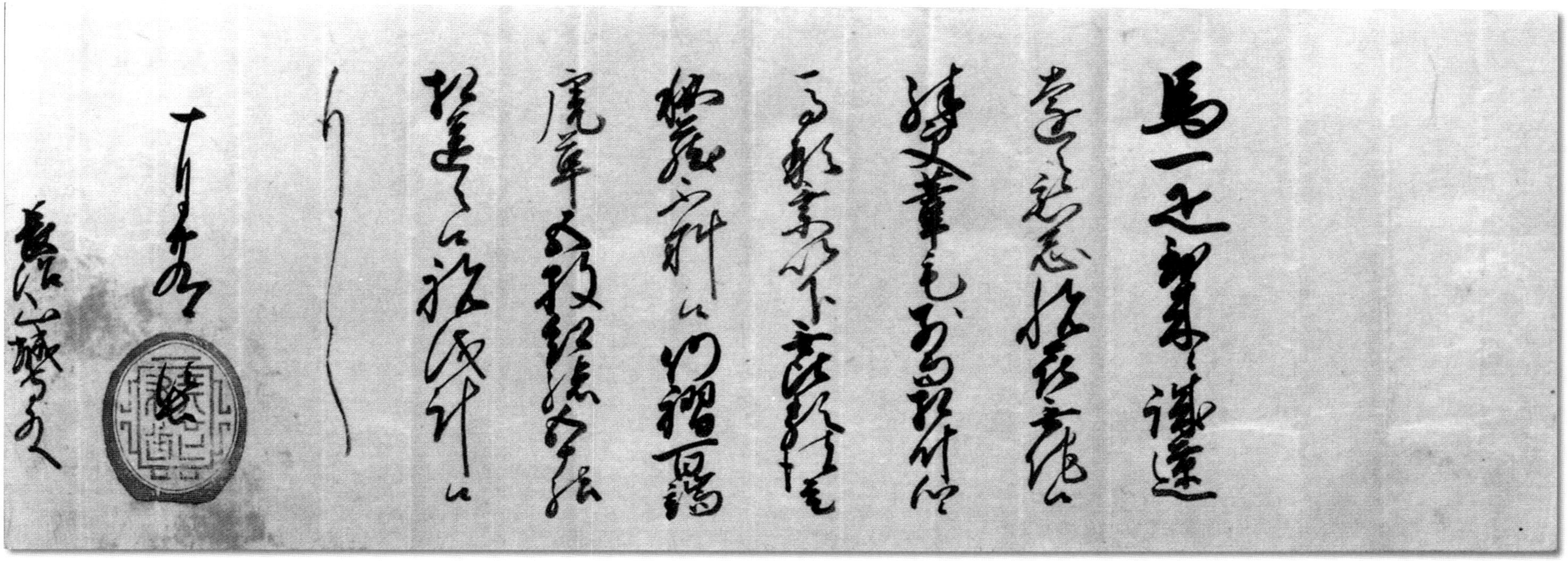

文化庁所蔵

164 (天正九年カ)十一月二十六日付け織田信長朱印状

山口県文書館所蔵

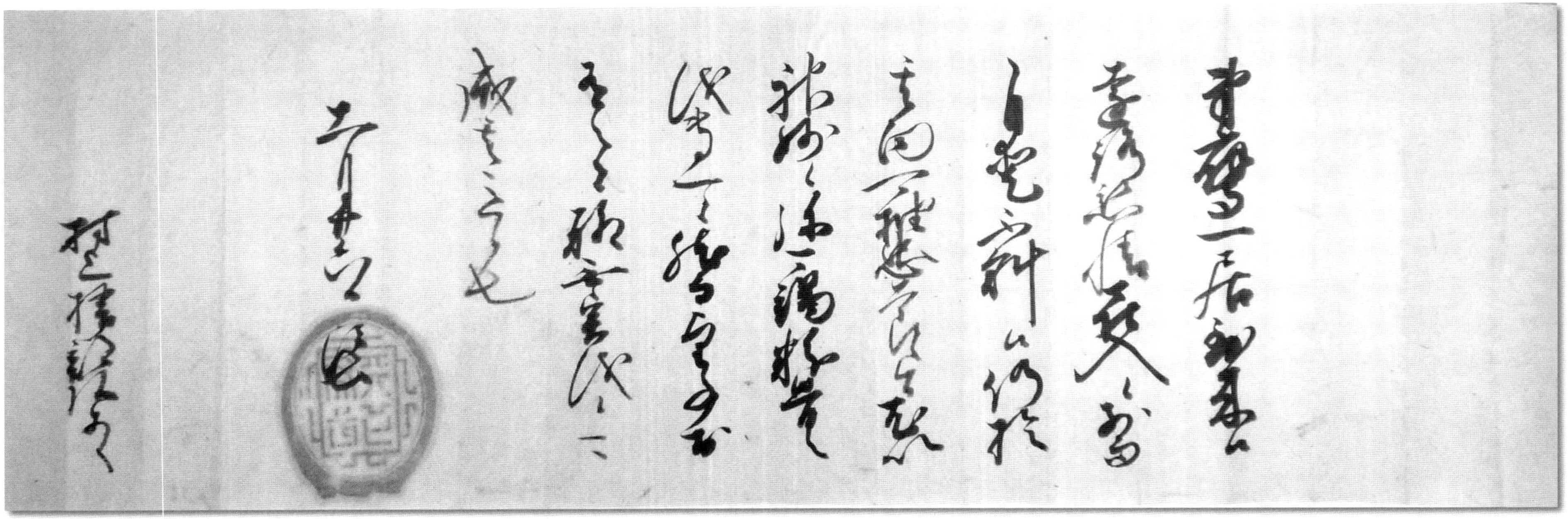

165 (天正十年)三月一日付け織田信長黒印状

徳川美術館所蔵

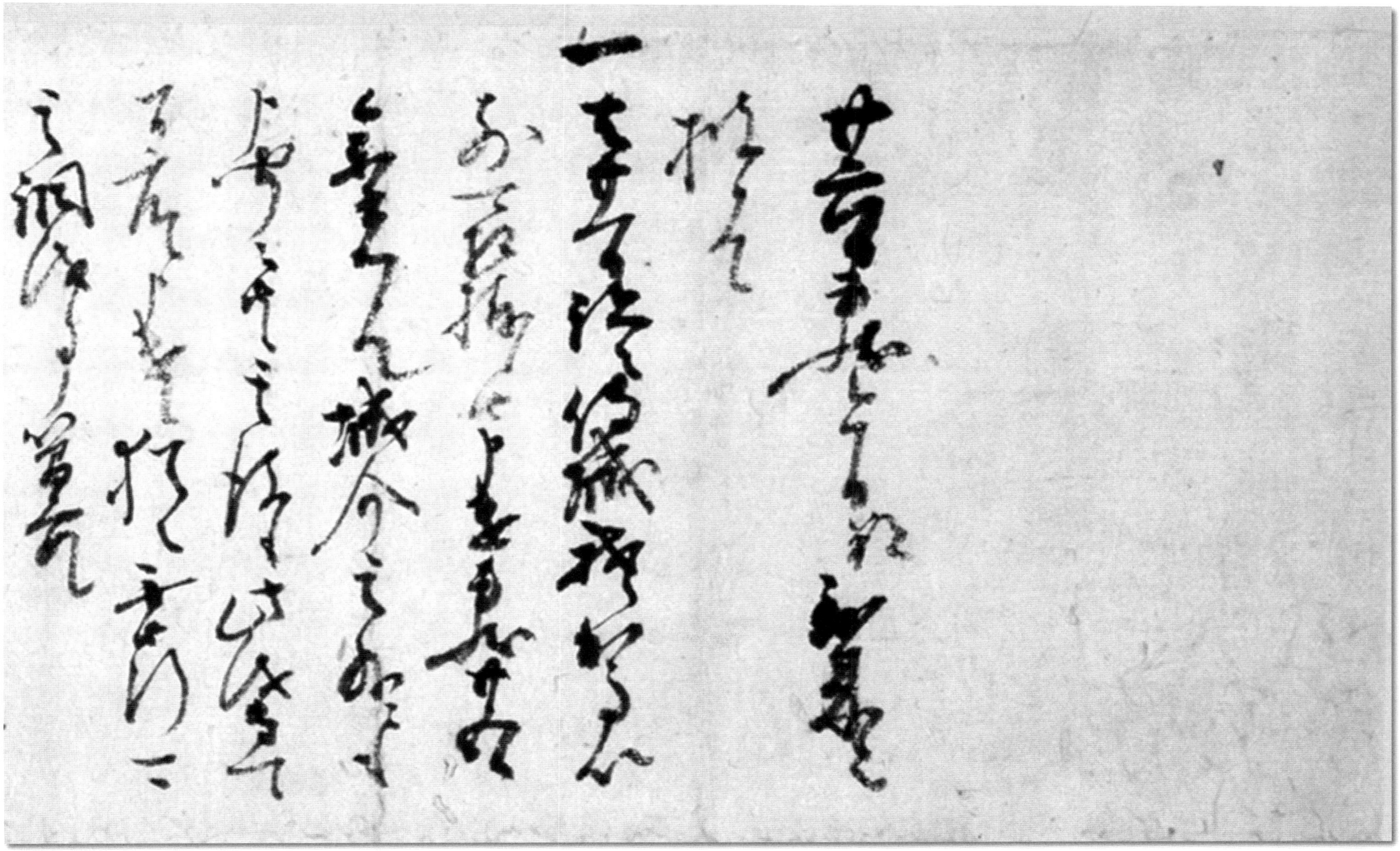

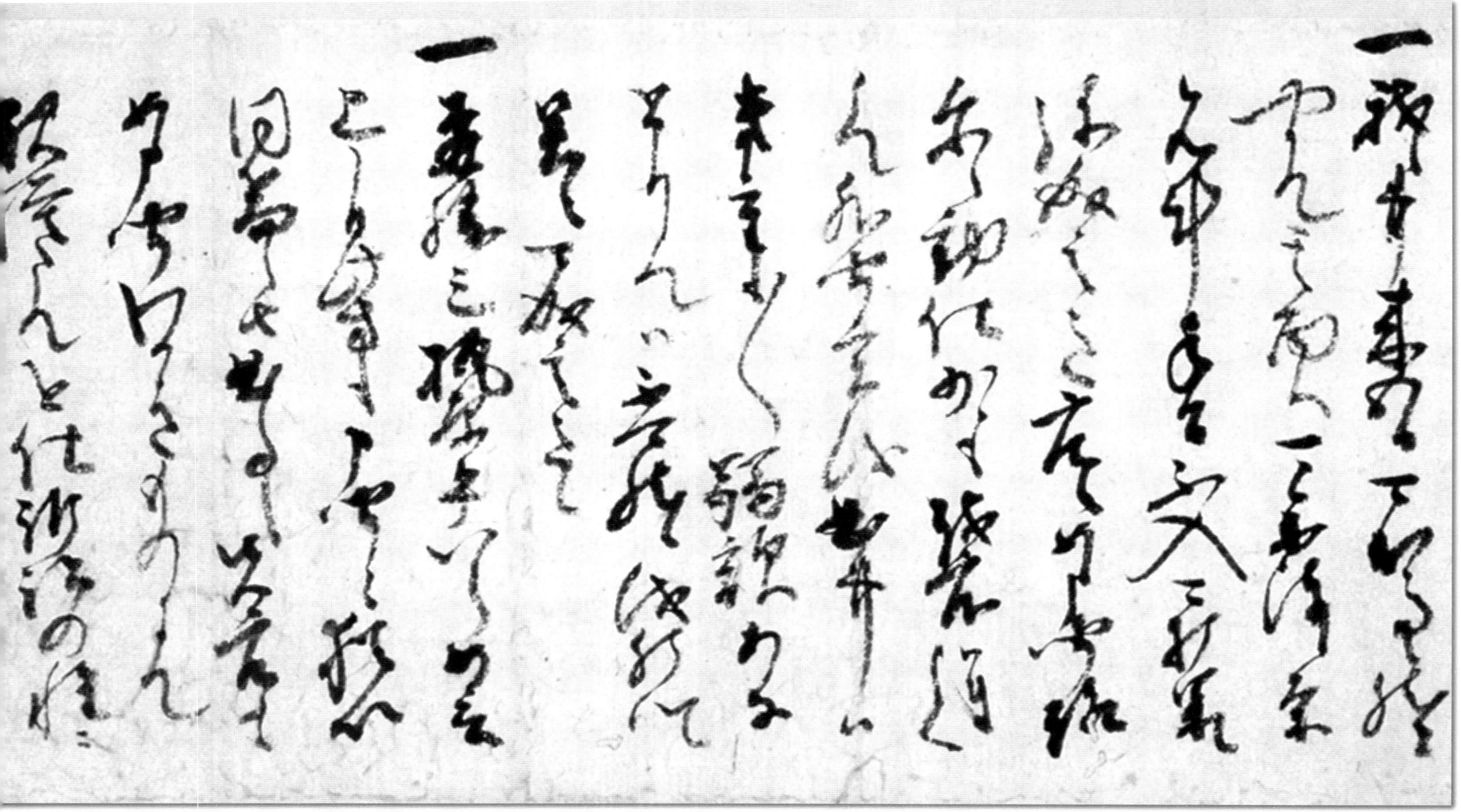

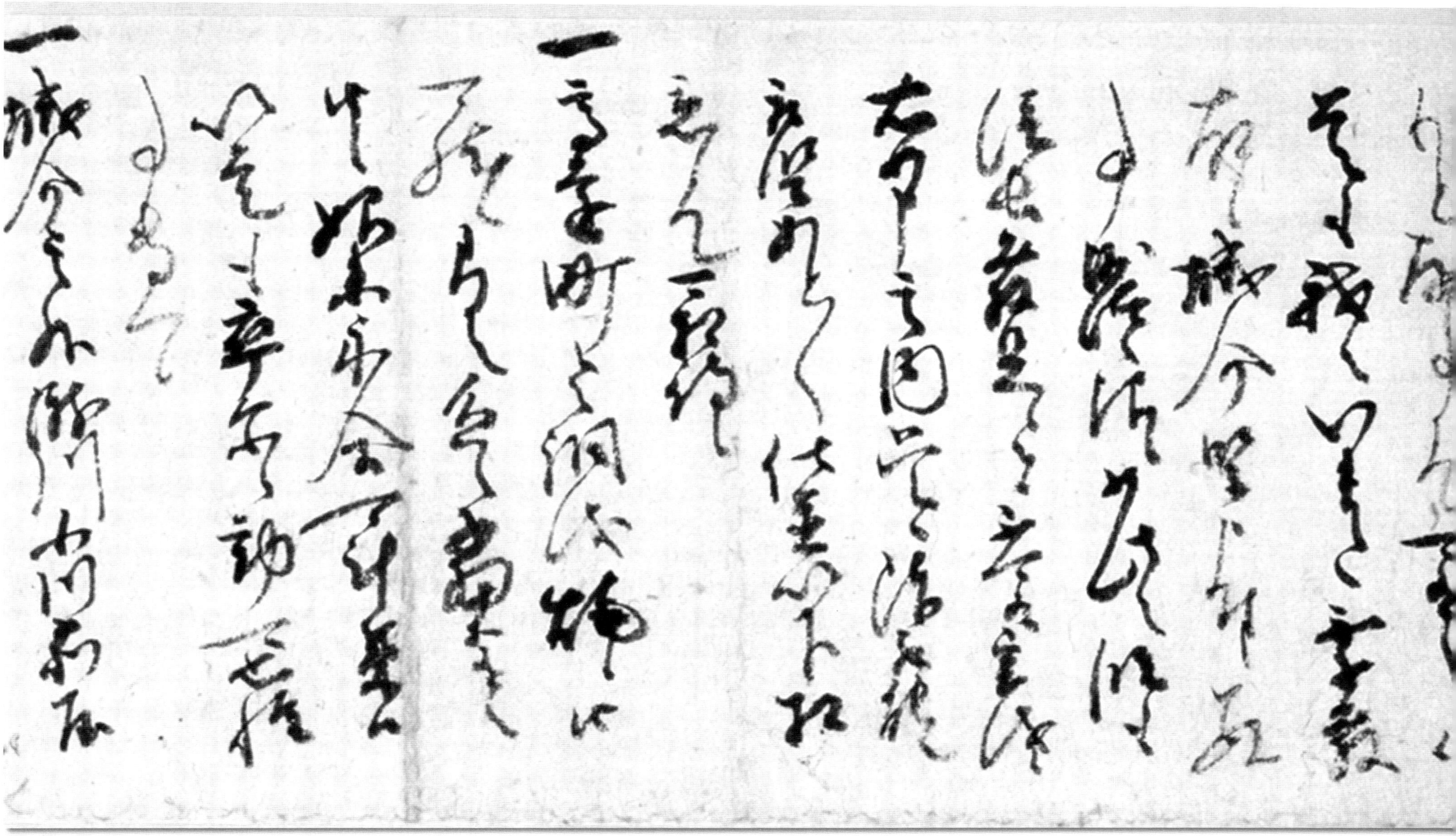

織田信長黒印状（3/4）

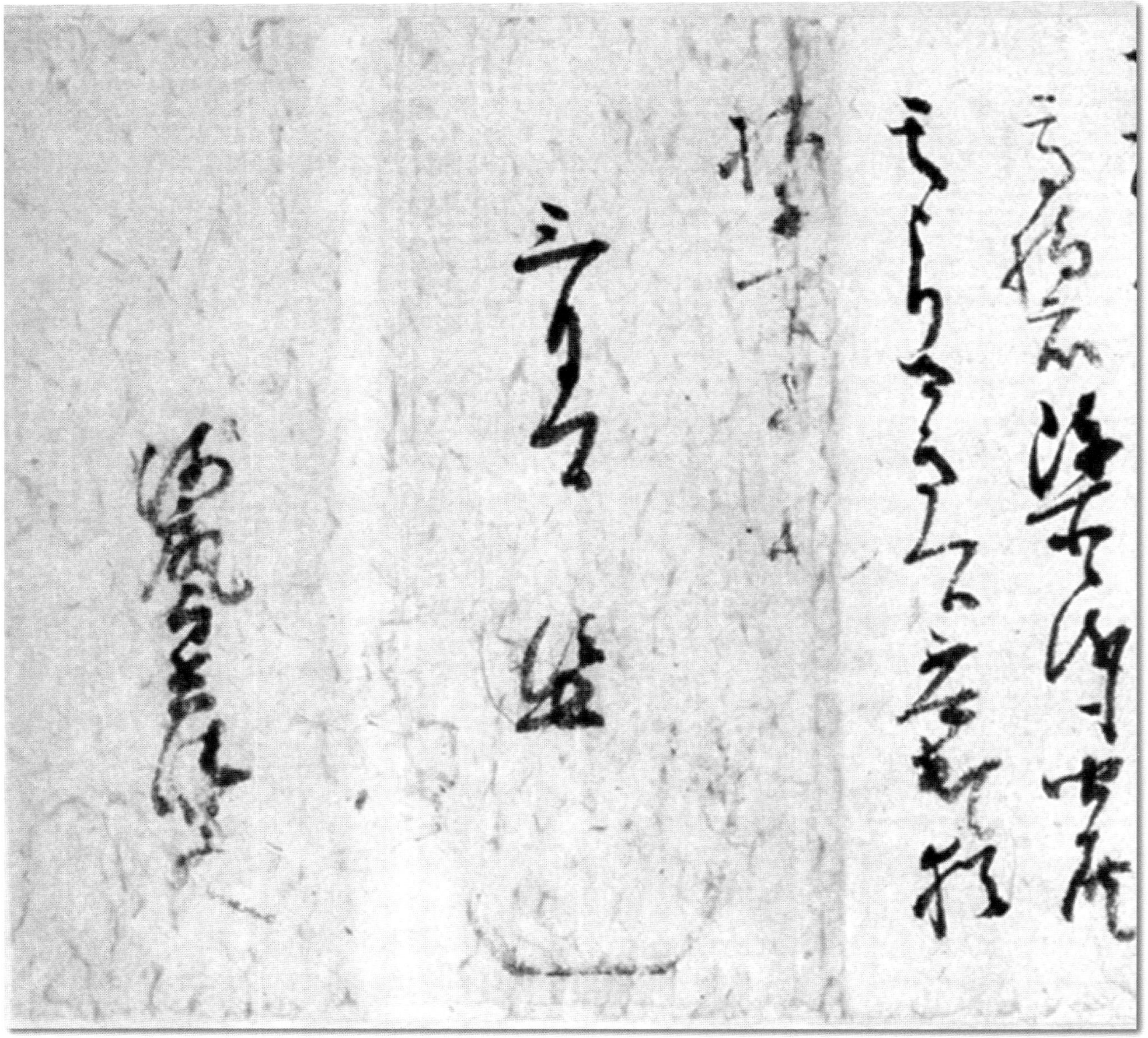

織田信長黒印状（4/4）

166 (天正十年)三月二十五日付け織田信長黒印状

大阪城天守閣所蔵

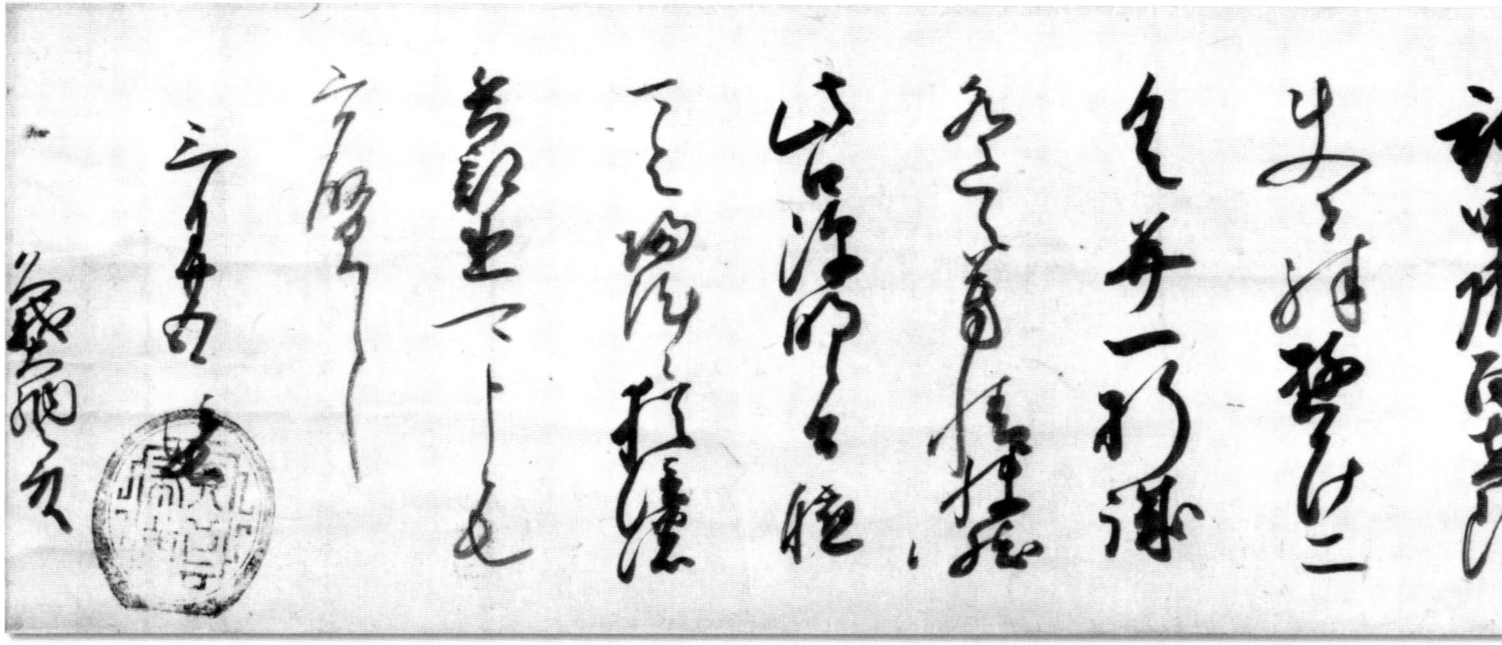

167

天正十年三月日付け織田信長国掟写

岡山大学附属図書館池田家文庫所蔵『信長記』巻十五所収

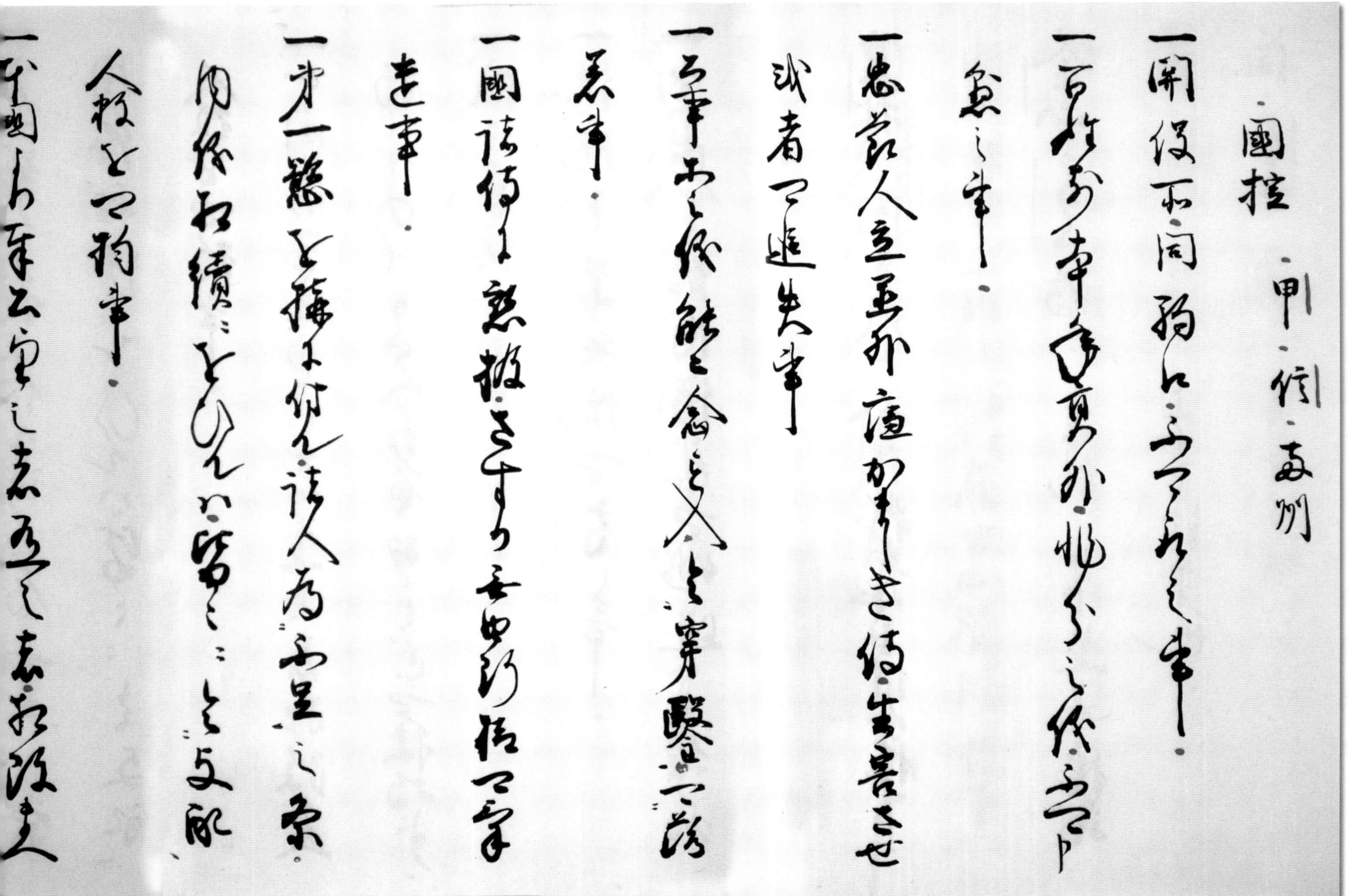

国掟 甲・信・両州

一関役不可取之事

一百姓前本年貢外、非分之儀不可申懸事

一忠節人立置外、廉かましき侍生害させ、或者可追失事

一公事等能々念を入、令穿鑿可落着事

一国諸侍ニハ懇扱、さすか無由断様ニ可有気遣事

一第一慾を構ニ付而、諸人為不足之条、内儀相續におひてハ、ゝゝに支配、人数をも拘事

一本国ゟ奉公望之者在之者、相改、前々拘候本人

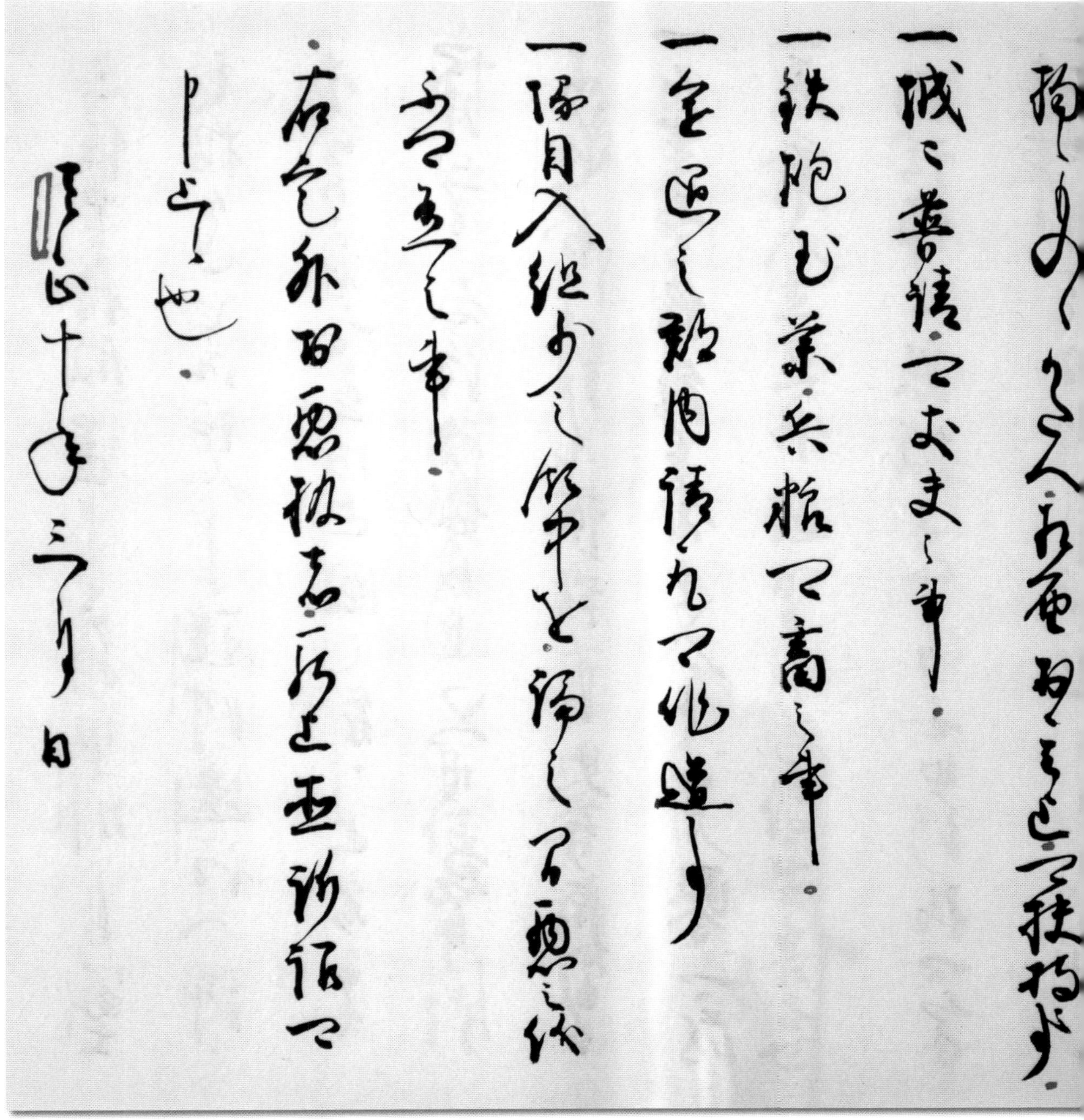
拘しめへく候、其主人ニ相届て扶持すへし
一城々普請つよく可申事
一鉄炮玉薬兵粮可蓄之事
一在々道之領内請取て作道す
一堺目入組少々之領中を論し可悪之族
不可有之事
右之外非分之族有之者直訴訟て
申上者也
天正十年三月 日

168

(天正十年)四月十五日付け織田信長黒印状

神宮徴古館所蔵

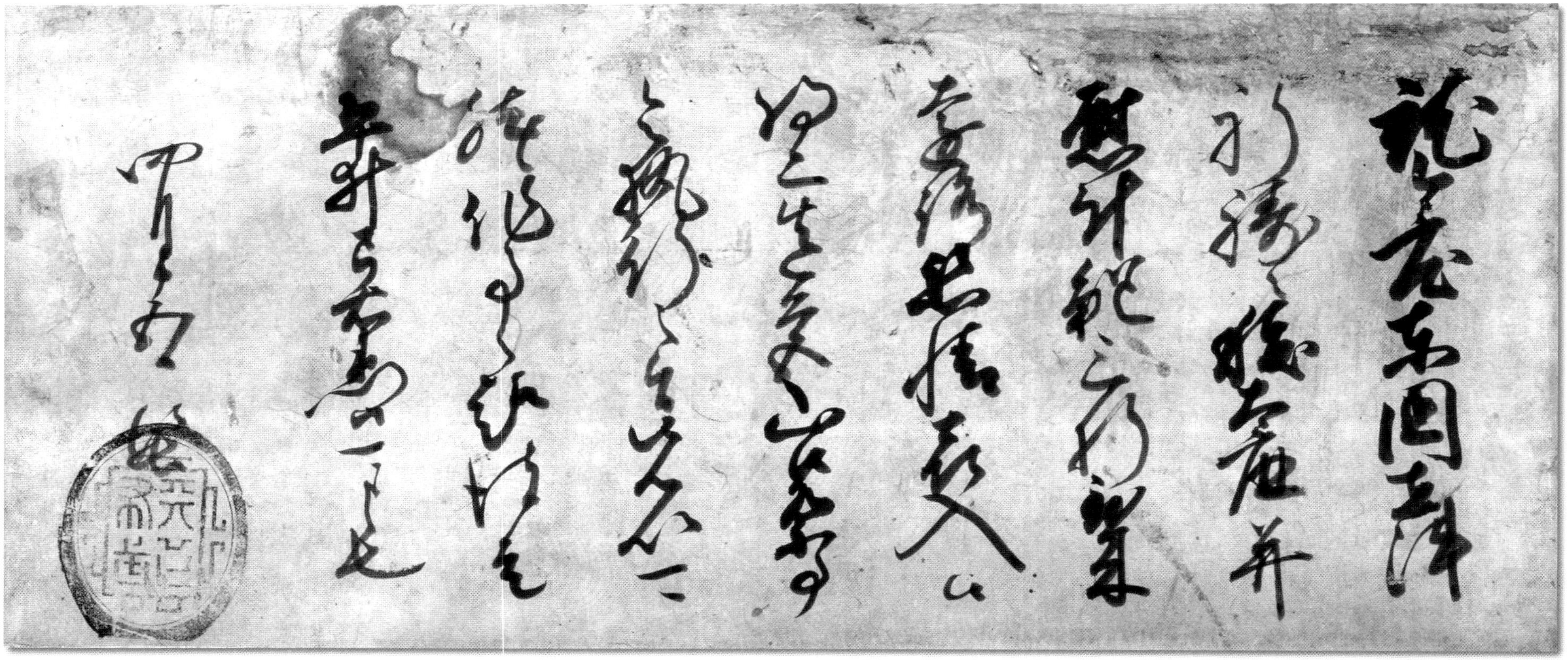

169

(天正十年)四月十五日付け織田信長黒印状

永青文庫所蔵

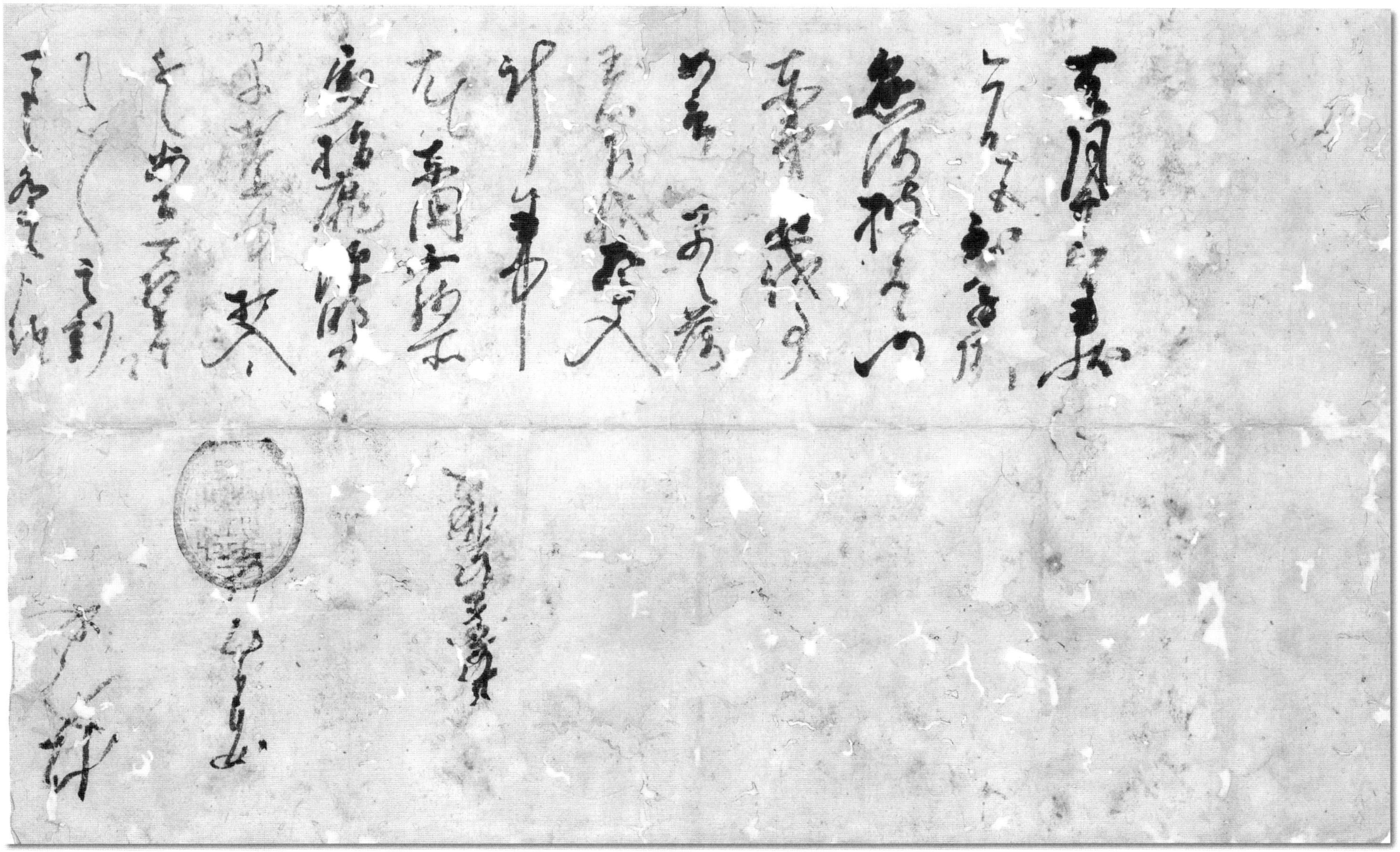

170

(天正十年)四月二十四日付け織田信長朱印状

永青文庫所蔵

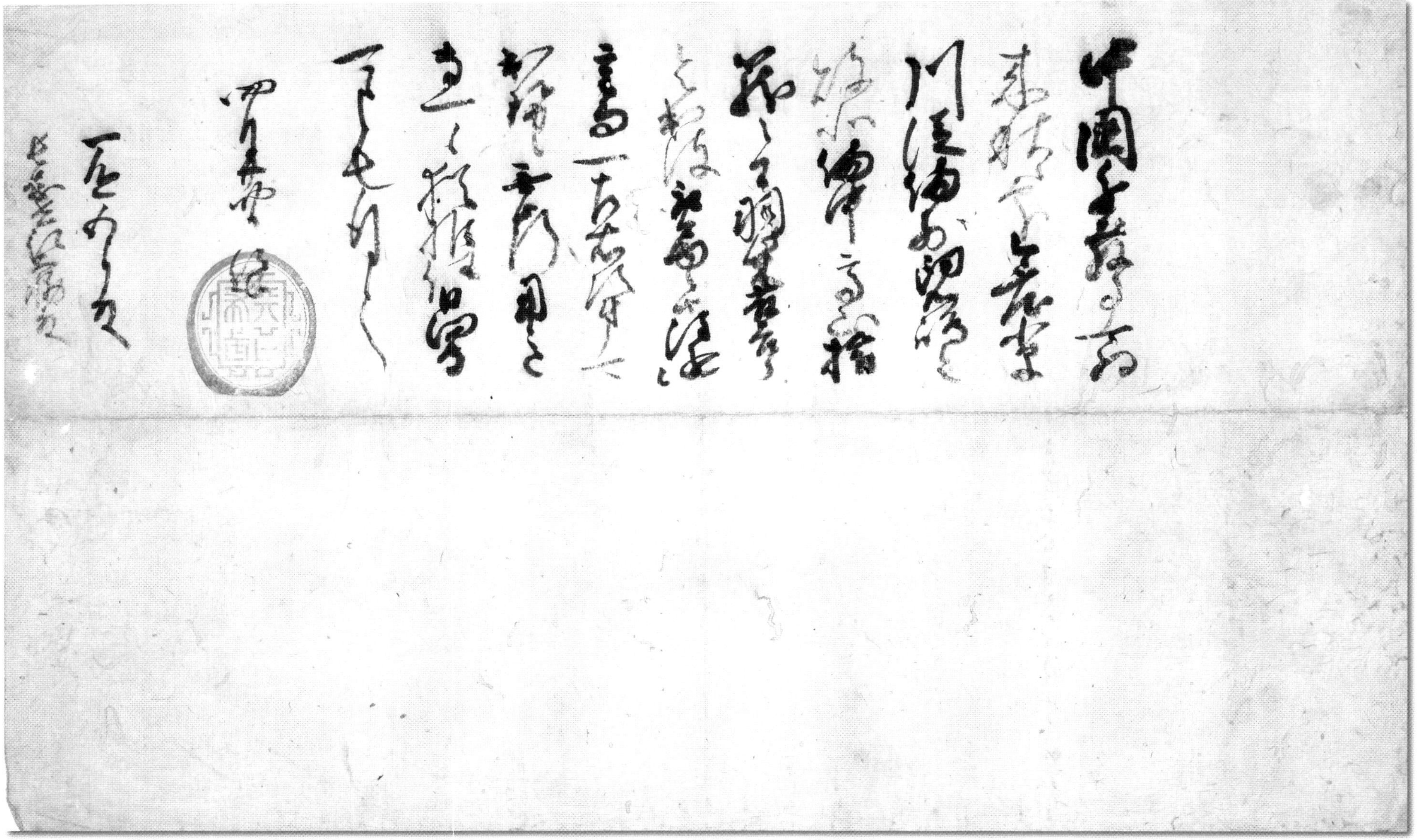

参考3

(天正十年四月頃)誠仁親王消息

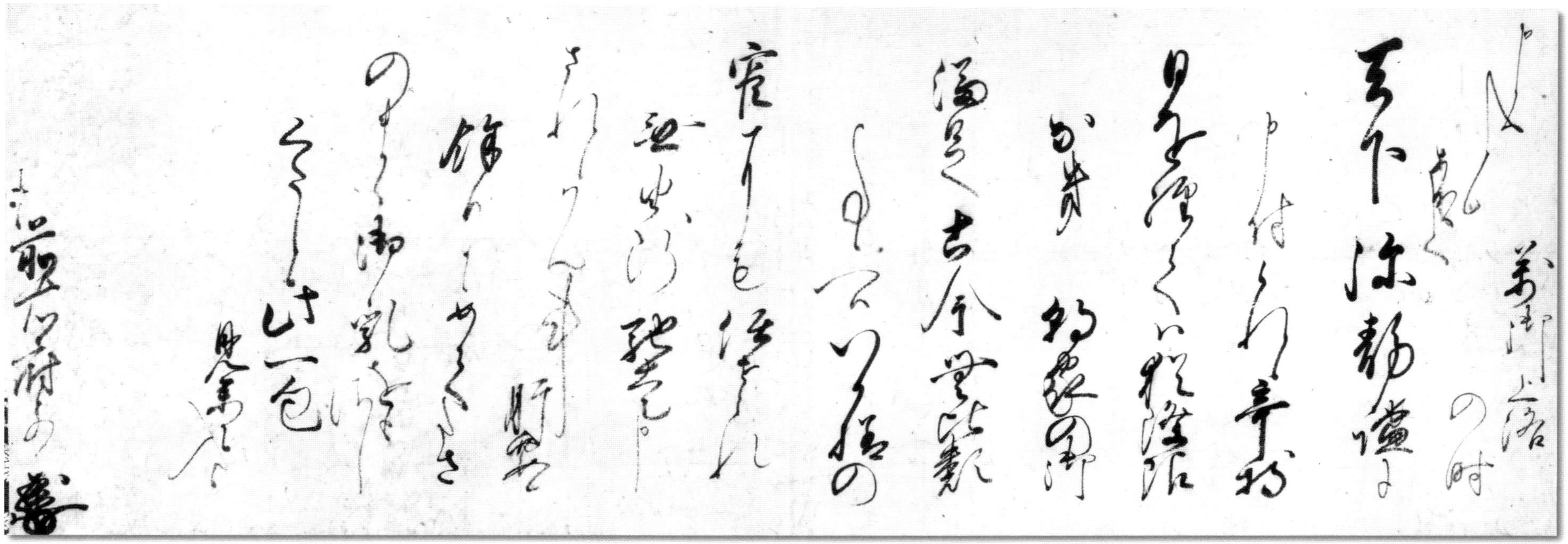

畠山記念館所蔵

171 天正十年五月七日付け織田信長朱印状

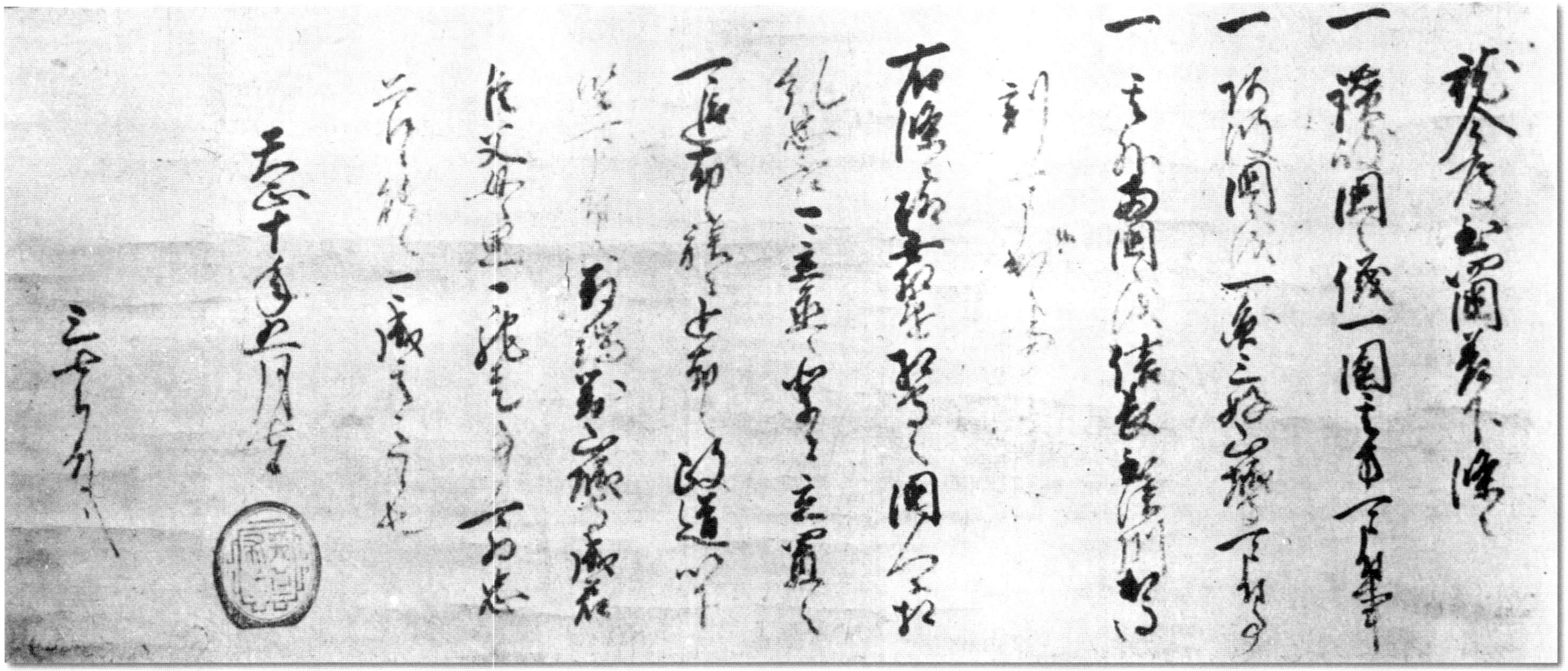

『尾張国遺存織田信長史料写真集』所収

参考4

天正十年五月十四日付け織田信孝書状

人見清正氏所蔵

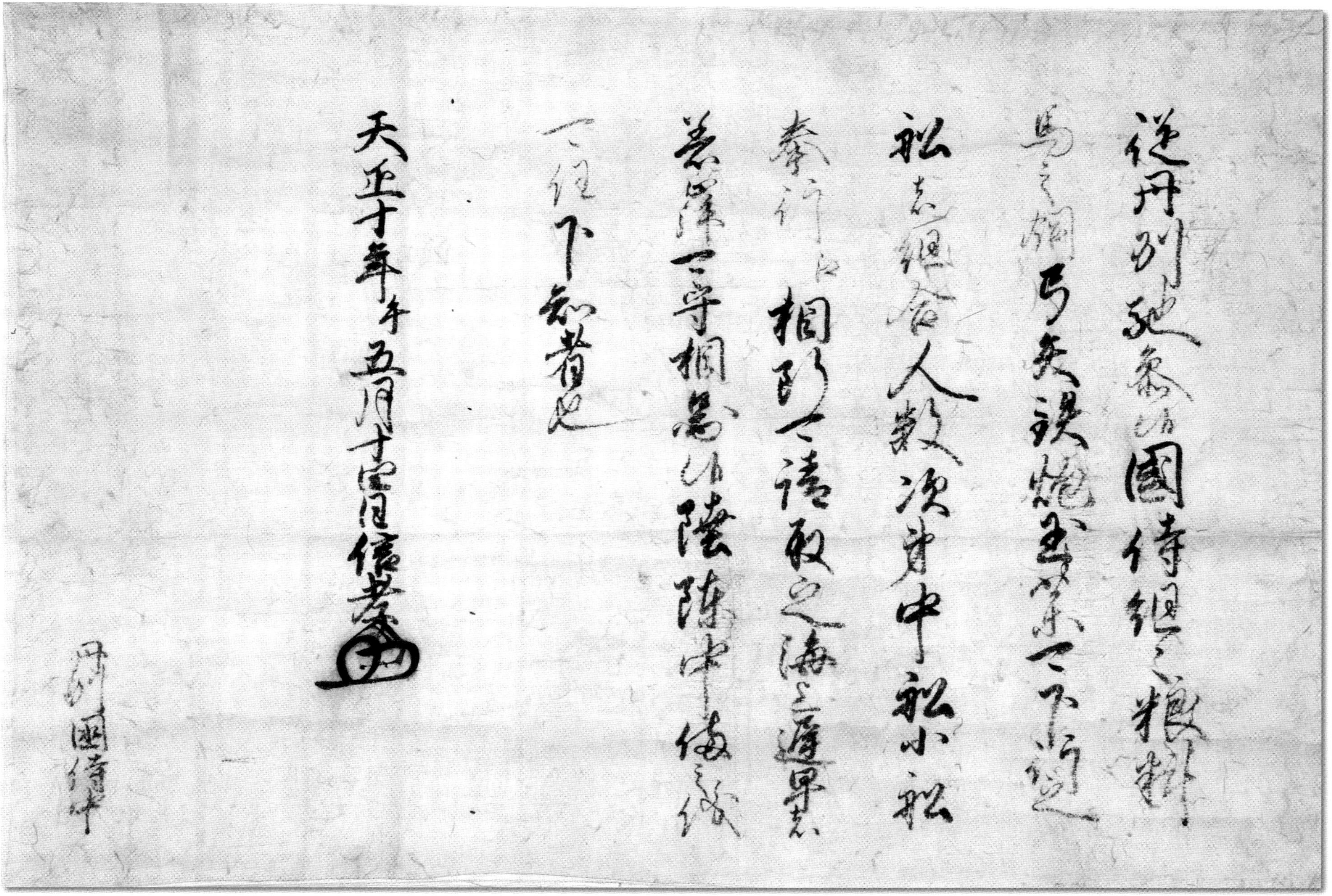

天正十年五月十四日 信孝（花押）

丹州国侍中

172 (天正十年)五月二十七日付け織田信長黒印状

個人所蔵

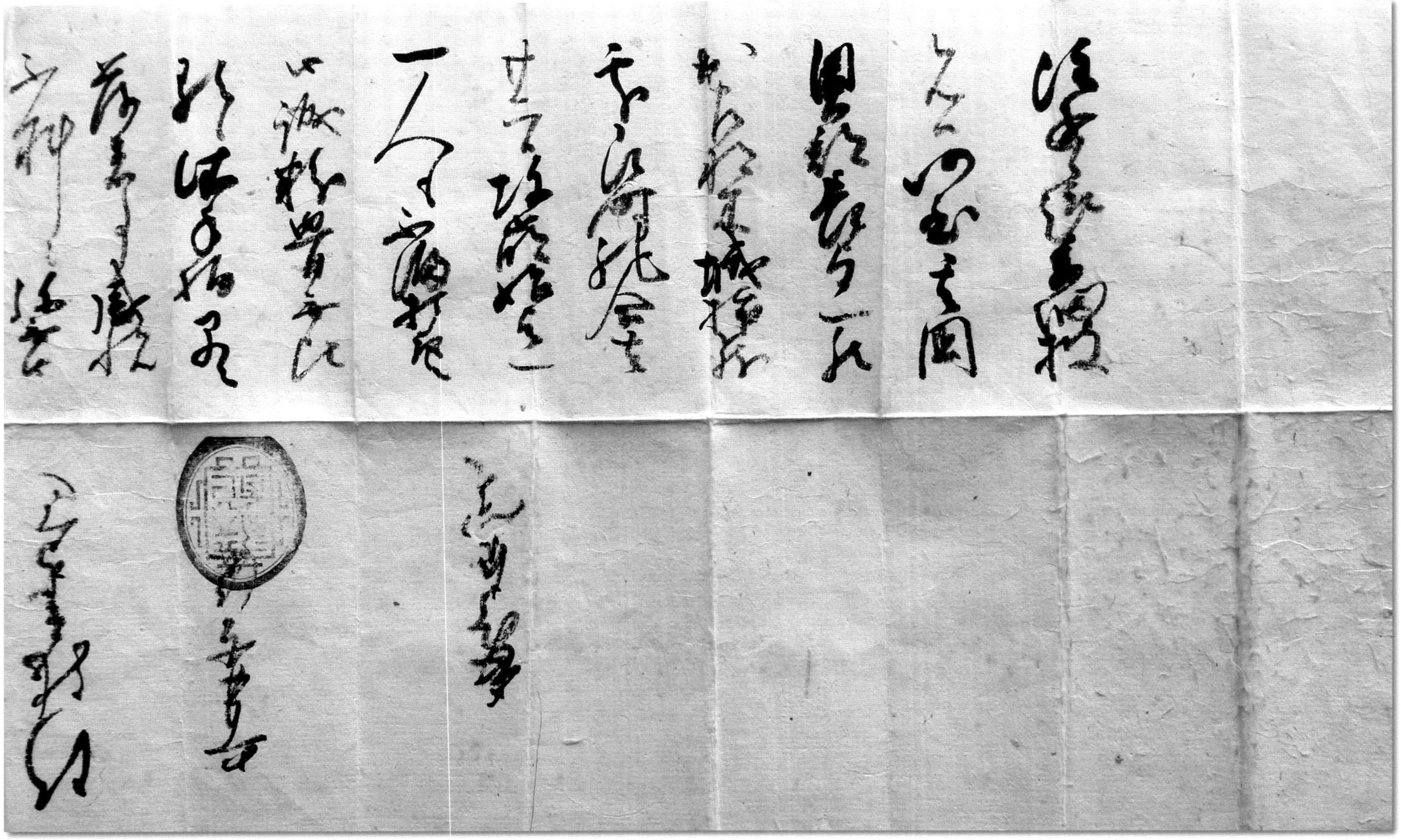

釈文・解説編

全体解説　織田信長の生涯と発給文書

堀　新

はじめに

本書は、先に刊行した『豊臣秀吉の古文書』『徳川家康の古文書』に続き、織田信長関係文書のうち、その生涯や重要政策を示す百七十二通、参考文書四通、合計百七十六通を写真版で紹介し、釈文と解説を付したものである。参考文書は信長発給文書ではないが、信長を知る上で重要なものである。本書を通覧すれば、信長の生涯や事蹟の概略を理解できるであろう。また、大判の信長文書の写真版を見る機会は少ないので、信長文書のありようとその研究の現段階を知ることもできるであろう。なお、前二書と同じく原本の採録を基本としたが、原文書の所在不明などの理由で収録できなかった文書をはじめ、影写本や写本から収録したものもある。

それでは、信長発給文書の総数はどれくらいであろうか？　数千通に及ぶ豊臣秀吉・徳川家康に比べれば、信長文書は圧倒的に少なく、奥野高廣編著『増訂織田信長文書の研究』全三冊（吉川弘文館、一九八八年、以下奥野本と略称）にほぼ網羅されている。奥野本は本編千百二十二通、補遺二百六十通を採録している。ただし、奥野本は信長発給文書だけでなく、信長の意を受けた家臣等の奉書も含んでいる。また、補遺九八号（147）を削除するほか、天正八年三月十七日付け起請文（146）および同年七月十七日付け起請文の前書と神文をそれぞれ別カウントしている。これらを差し引くと、奥野本は合計千百十通の信長発給文書を採録していることになる。

その後、奥野氏自身が「織田軍団の中央政権構想」（『政治経済史学』三〇〇号、一九九一年）で一通（071）、「血は水より濃い」（『日本歴史』五二四号、一九九二年）で一通（042）、「『増訂織田信長文書の研究』の正誤と補遺」（『日本歴史』五三六号、一九九三年）で二通（うち一通は奥野本補遺一一二号の原本）、「織田信長文書拾遺五品」（『日本歴史』五四八号、一九九四年）で二通、「織田信長文書補遺五品」（『日本歴史』五七二号、一九九六年）で三通、合計八通（原本提示の一通を除く）を追加している。これらの総計千百十八通の信長発給文書が、奥野氏によって集成されているのである。なお、東京大学史料編纂所ホームページ「古文書フルテキストデータベース」、また水上昌美・中朝子・大山由美子編『『織田信長文書の研究』語彙索引』（立正大学十六世紀史研究会、二〇〇六年）によって、奥野本の利便性はさらに高められている。

このほかに、かつて岐阜市歴史博物館ホームページ上に公開されていた「織田信長発給文書リストβ版」が千四百八十五通、リストアップしている。また、柴辻俊六氏の作成リストも千四百三十五通ある。これらは要検討文書を含むものの、奥野本から三百通以上増補している。現段階で判明している信長発給文書の総計は、約千四百五十通としてよかろう。

これら信長発給文書の写真版を多く収録したものに、『信長文書の世界』（滋賀県立安土城考古博物館展示図録、二〇〇〇年）、『織豊期城郭調査報告書』三（滋賀県教育委員会、二〇〇二年）、同四（滋賀県教育委員会事務局文化財保護課、二〇一〇年）がある。これらの書をはじめ、各地の資料館や博物館の刊行する図録等の刊行物によって、原本の所在が判明する。本書もこれらの成果に導かれている。

信長文書は、秀吉文書に比べれば、信長の個性をダイレクトに伝えるものは少ない。しかし、例えば芦浦観音寺宛て朱印状（056）では、腫れ物を患った松井友閑のためにキリスト教の医師を急ぎ派遣するよう求めるなど、家臣に対する愛情が感じられる。また羽柴秀吉正室杉原氏（通称おね）に宛てた消息（108）では、家臣の妻に対する優しく温かい気配りと共に、信長の女性観が読み取れて興味深い。また、次男信雄に宛てた書状写（144）では「第一天下之為、父へ之奉公、兄城介（信忠）大切」と述べ、天下国家のために果たすべき役割と、父や兄に対する奉公が同列に語られるなど、信長の国家観・家族観の一端が示されている。このほかにも重要かつ興味深い文書は多いが、それらの詳しい内容は、各文書に付された解説に譲り、ここでは信長の生涯と注目すべき文書の紹介を行って、全体解説としたい。

一　信長の生い立ち

織田信長は、天文三年（一五三四）五月、尾張勝幡城主織田信秀の嫡男として生まれた。幼名は吉法師である。誕生日は諸説あるが、十一日～十三日の可能性が高く、天正七年（一五七七）に、五月十一日が「吉日」という理由で安土城天主へ移徙している（『信長公記』巻十二）ことから、この日を誕生日とする説もある。

織田氏は尾張国の守護代であり、守護の斯波氏の下、北四郡を織田伊勢守家、南四郡を織田大和守家が支配し、それぞれ岩倉城と清須城を居城としていた。信長の家系は、大和守家の三奉行の一人であり、「代々武篇の家」であった。信長の父信秀は特に「器用」の人物であった（『信長公記』首巻）。信秀は天文七年九月頃、那古野城（のちの名古屋城）を攻略してここに移った。信秀はさらに、天文十三～十五年頃に古渡城を築いてここへ移り、信長に那古野城を譲っている。

信長は天正十五年に十三歳で元服し、三郎信長と名乗った。そして天文十八年二月に、斎藤道三の娘と婚姻した（『美濃国諸旧記』）。信長発給文書の初見は、同年十一月である（001）。熱田社領の特権を認めた内容であるが、これを信秀ではなく信長が認めることで、家督継承者としての信長の地位を示す意味もあったと思われる。また、ここで信長が藤原姓を名乗っていることも注目されるが、当時の織田氏は皆、藤原姓を名乗っており、信長もそれに従ったのであろう。

信長には三郎五郎信広という庶兄、勘十郎信勝（のち達成）という同母弟など、十人前後の男兄弟があるが、家督争いをしたのは勘十郎である。勘十郎は熱田加藤氏の座買得にも関わるなど（002）、尾張国内に一定の影響力を持っていた。また、天文二十一年三月に死去した信秀の葬儀では、髪を茶筅髷に結うなど「かぶき者」の風体で現れ、父の位牌に抹香を投げつけた信長に対し、勘十郎は折り目正しく肩衣・袴を着し、礼儀正しく振る舞ったという。こうして勘十郎こそ家督に相応しいとされ、斎藤道三が敗死した弘治二年（一五五六）と同三年にも謀叛を起こしたがいずれも失敗し、同四年に病気と偽った信長を見舞いに清須城へ出かけ、殺害された。007の「敵」は、勘十郎を指すと思われる。

信秀の死は、尾張国内に動揺をもたらし、三河との国境に位置する鳴海城主山口教継が今川方に離反した。そこで信長は、山口に付いて離反した者の所領を闕所として没収した（005）。この山口の離反が、桶狭間の戦いの遠因となるのである。

二　桶狭間の戦いから上洛まで

永禄三年（一五六〇）五月十九日の桶狭間の戦いは、信長を一躍「東海一の弓取り」の座へ引き上げた。従来は奇襲作戦とされていたが、『信長公記』首巻を読む限りでは正面作戦である。この戦いで、今川義元秘蔵の名刀左文字を召し上げ、信長が愛用したという（参考1）。ただし、この金象嵌銘は、明らかに後世のものである。この刀は明暦三年（一六五七）の大火で焼けた際、当初二尺六寸あった刀身を現状の二尺二寸一分に磨り上げており、銘文もその時のものであろう。ちなみに、信長が尾張守を名乗る初見は、永禄九年六月である。したがって文面も後世のものと思われるが、桶狭間の戦いに関する唯一の信長関連資料として採録した。

永禄八年五月に十三代将軍足利義輝が暗殺され、同母弟の覚慶（のちの義昭。以下、義昭で統一）は奈良を脱出し、全国の大名に「天下再興」への協力を呼びかけた。その際、「尾州」すなわち信長へも呼びかけがあり、信長はこれを受諾した（013）。翌永禄九年八月には、信長が参陣するという「幻の上洛計画」が喧伝される。しかし、信長は義昭に命じられていた美濃斎藤氏との講和を一方的に破棄して美濃へ侵攻し、大敗を喫する。そして義昭は六角承禎に襲われ、若狭を経て越前へ逃亡するが、「織田尾張守（信長）出勢相違」と激しく非難している。信長は義昭を奉じて上洛する「天下再興」よりも、美濃平定を優先していたのである。

しかし、永禄十年八月に美濃を平定し、美濃の所領を家臣や旧斎藤家臣に宛行っている（015・016）。信長に注目した朝廷は、信長を「古今無双之名将」と激賞し（参考2）、尾張・美濃両国における禁裏御料所の回復等を依頼した。信長はこれも受諾している（017）。その一方で信長は、義昭に越前一乗谷から岐阜へ「御座」を移すことを要請した（「上杉家文書」）。義昭を迎え入れた信長は、早速六角承禎に協力を要請するが、七月十三日に交渉は決裂した（『信長公記』巻一）。したがって、八月十四日付け書状（018）の宛所である「左京大夫」を六角承禎に比定することが多いが、三好義継とすべきであろう。

信長は九月七日に出陣するが、その際に美濃・近江・山城国で多くの禁制を発給している。その中には軍勢の乱妨・狼藉を禁止するものだけではなく、加納市場に楽市・楽座を認めたものもある（019）。信長は前年十月にもほぼ同内容のものを「楽市場」宛てに発給している。これらは斎藤氏の楽市楽座令をほぼ踏襲したものと思われる。信長はこのあと、元亀三年（一五七二）に近江国金森、天正五年（一五七七）に安土城下町（127）に楽市楽座令を出す。かつては、楽市楽座令は座商人らの商業独占を排して商品流通を活発化させると同時に、座の本所である寺社や公家の権益をも奪った画期的な政策とされた。しかし、楽市楽座令の対象は城下町など一部の地域にとどまる上、清須商人の伊藤惣十郎に「唐人方」と「呉服方」の統括轄（065）、越前商人の橘屋三郎五郎に「軽物・唐人座」（081）の経営を承認しているように、決して座の廃止を意図していない。そもそも楽市楽座令は六角氏に始まり、今川氏や北条氏にも見られる法令であり、戦国大名の商業政策でもある。ただし、信長の関所廃止政策は、戦国大名には見られない。

三　足利義昭との連合政権から室町幕府滅亡まで

永禄十一年（一五六八）十月、足利義昭が十五代将軍に任官し、信長は「天下再興」を果たした。義昭は信長を副将軍か管領に任じようとしたが、信長はこれを辞退して、堺・草津・大津を直轄地とするのみであった。信長を無欲と誤解した義昭は、信長を「御父」とする感状を発給した。翌永禄十二年には義昭側近の服務規定（022）、撰銭令（024）を定めるなど、新生室町幕府の法的整備を進めている。

永禄十二年八月〜十月の伊勢攻めをめぐって、義昭と信長は衝突した。この状況を打開し、政権運営のあり方が定められた（030）。ここで信長は「天下」を委任され、以後、信長書状に「天下之為、信長為」（037）等の文言が見られるようになる。「信長一人の為にあらず、併せて天下の為」（085）とも表現するように、「天下の為」は信長の行動を正当性する論理であった。

ここで信長と「天下」について述べておこう。「天下」の範囲が京都を中心とする室町将軍の勢力範囲（五畿内）であるとか、その範囲が天下統一の進展に比例して拡大するとか、様々な議論がある。しかし、「天下」はもともと抽象的な概念であり、その範囲は漠然とした場合が多く、常に一定の範囲を示す訳ではない。ただ、「天下」の中心は首都京都であるから、元亀四年（一五七三）に義昭が「京都御退城あり」の際には、「天下棄て置かれ」たと非難し、「信長在洛せしめ取り静」めたと述べている（071）。信長は、せっかく再興した「天下」を義昭が放棄したと非難し、その混乱状況を自分が静謐にしたとして、将軍追放を正当化しているのである。

このように、常に「天下」を正当化の論理として使用した点に、信長の特長がある。戦国大名は「公儀」を標榜して領国支配を推進した。これに対して信長は、義昭から「天下再興」を呼びかけられ、これに応えて「天下布武」としたことから、「天下」が最も相応しい正当化の論理であった。その後、天正八年（一五八〇）閏三月二十六日付け佐久間盛政等連署状写（『伊佐早謙採集文書』）のように、明らかに信長を「公儀」と呼ぶ例も出てくる。この二年後に本能寺の変が起こったこともあり、信長が「天下」と「公儀」をどのように使い分けようとしたのか明らかではない。

永禄十三─元亀元年に話を戻すと、正月に諸大名へ上洛を命じ（031）、朝倉攻めの最中に浅井長政が寝返ったことにより、わずかな供と共に朽木越えをして京都へ逃げ帰った。このあと、本願寺との「石山合戦」も始まり、信長は苦境に立たされる。信長は敵将と個別に講和して苦境から脱出するが、その起請文の原本は浅井父子宛てのものしか残っていない（042）。天皇を「神国の要」とするなど興味深い表現もあるが、講和条件には当時の状況にそぐわない内容もあり、要検討の文書である。

元亀二年九月、信長は比叡山を焼き討ちする。浅井・朝倉氏との合戦において忠節、裁定でも中立を求めたのに対して比叡山が従わなかったことが原因とされる（『信長公記』巻四）。焼き討ち後の論功行賞で、佐久間信盛は約二千石の所領を宛行われているが（054）、比叡山の旧領の大半は明智光秀に宛行われたとされる。このように戦乱に明け暮れる中、信長は軍法を定めている（059）。内容は解説に譲るが、新出史料であり、信長が定めた軍法はほかに例がないことから、今後慎重に検討される必要があろう。

将軍義昭との対立がいつから始まったかについては諸説あるが、元亀三年九月にはそれが表面化したことは間違いない。信長は義昭に対して十七ヶ条に及ぶ意見書（060）を提出した。そしてこの写を諸方面へ回し、義昭の非を宣伝した。これに対して義昭は、翌年二月に挙兵した。細川藤孝は、この様子を詳細に信長へ報告している（067）。信長は義昭に講和を申し入れ、「天下再興」が本望であると述べている。義昭との関係において、「天下再興」は最後まで両者を結び付けるキーワードだった。義昭は講和をいったん拒んだが、信長は二条から上京にかけて焼き払って威嚇し、講和を認めさせた（068）。「君臣」関係とは言いながら、有無を言わせぬやり方である。義昭は七月に再び挙兵するが、槙島城を攻略されて降伏し、河内若江城へ追放される。ここで室町幕府が滅亡したとしてよかろう。

四　天正改元から本能寺の変まで

義昭を追放して上洛した信長は、朝廷に改元を申し入れ、自ら「天正」を選んだ。政権交代を象徴する出来事である。続いて朝倉・浅井氏を滅ぼし、元亀元年（一五七〇）以来の難局を乗り越えた。この頃、織田家の氏神である劔神社の社領を安堵している（076）。また信長は、義昭挙兵から朝倉滅亡までの一連の動きを伊達輝宗に知らせている（079）。

義昭に同調して挙兵した松永久秀は、多聞山城を明け渡して降伏した。信長は久秀を「つらにくき」と表現している（078）。信長は翌天正二年（一五七四）に多聞山城を接収し、大和国へ入国する。足利将軍の大和入国の際には東大寺の蘭奢待を切り取る例に倣い、信長もこれを行った。従来は天皇への威圧と評価されていたが、信長は切り取った断片の半分を天皇に贈り、天皇はさらにそれを細分化して公家や大名に贈っている。そこには、屈辱や不満の色は窺えない。

天正二年八月に長島一向一揆を鎮圧し（085）、翌天正三年五月の長篠の戦いでは武田勝頼軍を大敗させた（092）。信長は「東国の敵を討ち果たした」と述べている（094）。続いて八月に越前へ出陣し、一向一揆を鎮圧した。この時、千利休から鉄砲の弾丸千個を贈られている（102）。越前平定後、信長は「国掟」を定めて、その支配方針を示した（103）。この文書の評価は様々であったが、良質な写本が発見されて疑問は氷解した。本書では、その良質な写本から採録している。

天正三年十一月、信長は従三位・権大納言に叙任した。ほぼ同時に、嫡男信忠に家督を譲っている。翌天正四年正月、信長は安土城普請を開始し、二月には安土へ移った。城下町が一応の形になるのは天正五年と考えられ、それに合わせて楽市令が出された（127）。天主の完成は天正七年である。安土城下町にはセミナリオの建設が許されてキリスト教が保護される一方、城下の浄厳寺で行われた安土宗論では法華宗の負けが演出され（143）、他宗へ宗論を仕掛けることが禁じられた。

天正七年末からは、天皇の仲介によって本願寺との講和交渉が始まり、翌天正八年三月に法主顕如との間で起請文が交換された（146）。顕如の長子教如は籠城を続けたが、ついに八月に退城した。十年間に及ぶ本願寺との戦いの終了である。

この直後に、信長は宿老佐久間信盛を追放し、その罪状を十九ヶ条にわたって列挙した（150）。その詳細は解説に譲るが、目覚ましい働きをした家臣として明智光秀と羽柴秀吉の名が真っ先に挙がっていることは注目されよう。なお、本文書は『信長公記』巻十二から引用されることが多いが、本書は尊経閣文庫に伝わる近世初期の写本から採録した。両者を見比べれば、尊経閣文庫本のほうが良質な写であることがわかる。

天正十年二月、信忠を総大将として武田攻めが開始される。信長は若い信忠が軍功を焦ることを心配して、河尻秀隆に目付役を命じた（165）。しかし、信長の心配をよそに信忠軍は快進撃を続け、三月十一日に武田勝頼は死去する。信長は「東夷（武田）追伐」が早々に落着したことを、「我ながら驚き入るばかり」と述べている（169）。武田氏の滅亡によって、東国で残る敵は上杉景勝のみとなり、関東はおろか東北まで信長に従う形勢となった。

残るは西国である。羽柴秀吉が毛利攻めにあたる一方（170）、四国攻めは三男信孝に任された（171）。信長は天正九年末に四国政策を転換し、長宗我部氏の四国統一を否定して土佐と阿波南半分に制限し、讃岐を三好氏に明け渡すことを命じていた。このため、長宗我部氏との交渉窓口であった明智光秀は窮地に立たされ、これが本能寺の変の有力な原因であるとされることが多い。その当否はさておき、明智光秀が所領である丹波国を召し上げられた根拠とされるのが、参考4である。本文書の評価は様々であるが、従来は影写本をもとに議論してきた。本書は原本を採録したので、検討していただきたい。花押ばかりが問題にされてきたが、宛所の「丹州国侍中」が、当時としては異様に低い位置にあるのが気にかかる。まるで江戸時代に領主から村に宛てた文書のようである。

本能寺の変の原因をめぐっては諸説あるが、細川父子に宛てた覚書で光秀は自らの無欲さを繰り返していることが、逆に真実を語っている。たまたまめぐってきたチャンスに、光秀は思わず手を伸ばしてしまったのであろう。天正十年六月二日早朝、宿所の本能寺を明智光秀軍に襲われて、信長は納戸の口を引き立てて奥に入り自害した。享年四十九であった。

五　信長文書について

最後となったが、簡単に信長文書について述べたい。奥野本によれば、信長の花押は十四種十五型、『信長文書の世界』によれば五種十四型である。近年は、多くの原本を検証した後者が支持されている。本書もその立場にあり、各型の花押を記した文書を各一点ずつは採録したいと考えたが、前述した理由で叶わなかった。しかし、多くの花押方を一同に比較検討することが可能であるので、信長の花押研究の一助としていただきたい。

本書に収録したもののうち、信長自筆とされることが多いのは、108、116、126、129、138、143、147の七通であろう。このうち、確実なものは129のみである。147は、近年もある展示で信長自筆として出展されていたが、すでに奥野氏が偽文書と判断して削除したものである。改めて129と筆跡を比較していただきたい。このほかに、嫡男信忠に宛てた143も自筆とされるが、これとよく似た筆跡が116である。そして126に似ているとされるのが138である。

筆跡の同定は、個人の感覚に頼る部分が大きく、いまだ分析手法が確立しているとは言えない。ここで軽々に判断することはせず、読者諸賢に改めて文書の写真版を熟覧していただき、それぞれに検討を深めていただきたいと思う。

本書は、奥野本を中心に、その未収録文書をなるべく多く採録した。また、見た目に美しい文書だけでなく、例えば公家日記の紙背に記された信長文書写なども採録している。これは、その文書内容の重要性もあるが、信長文書がどのように伝来しているか、そのありようを具体的に示すことにも意義があると考えたことによる。また本書では、いくつかの要検討文書を意図的に採録している。一般に、要検討文書の利用は、研究上においても避けられる傾向にあるが、それだけでは研究は進展しないであろう。本書において写真版を掲げ、釈文と解説を付すことによって、その位置づけを明確にするきっかけとしたい。意のあるところを汲んでいただければ幸いである。

001 天文十八年十一月日付け織田信長制札
『尾張国遺存織田信長史料写真集』所収

【釈文】写真は10頁

制札　　　熱田八ヶ村中

一、当社為御造営、宮中可被収人別、然上者、国次棟別并」
他所・他国之諸勧進令停止事、

一、悪党於現形者、不及届可成敗事、

一、宮中任先例、他国・当国敵味方并奉公人・足弱、同」
預ヶ物等、不可改之事、付、宮中へ出入之者江於路次非儀申懸事、」

一、宮中え使事、三日以前□□□并其村へ相届之、遂」
糺明、其上就難渋者、可入譴責使事、

一、俵物留事、任前々判形之旨、宮中え無相違可往反事、」

右条々、於違犯之輩者、速可処厳科者也、仍執達如件、

天文十八年十一月日　　藤原信長(花押)

●解説

この制札は現存する中で、信長が発給した最初の文書である。天文十八年(一五四九)、信長十六歳の時のものである。

署判部分に注目すると、信長はこの時「藤原信長」と記しており、当初は藤原姓であったことがわかる。所付の熱田八ヶ村は、熱田社領である。内容は、熱田社領の権利を認め、保護することを記したものである。①熱田社造営のために人別を収めているので、国の棟別銭や他所・他国の勧進への供出を停止すること。②悪党が現れた際には届け出はせずに成敗してよいこと。③熱田社の先例に任せて他国の敵味方・奉公人・老幼婦女とそれらの預け物などを改めないこと。なお宮中へ出入りの者に路次において非儀を申し付けないこと。④熱田社への使者については三日以前に届け出をして糺明すること。その上で難渋する場合は譴責使を入れること。⑤俵物(米)留めのことについては以前の判形によって宮中への移送を行ってよいとすること。これらの条目に違犯する者がいた場合は、すぐに信長が成敗を加えるとしたものである。

この制札は、第二次世界大戦の空襲のために焼失してしまい、現在では写真か謄写したものでしか見ることができない。それゆえ本書では、昭和六年(一九三一)に刊行された『尾張国遺存織田信長史料写真集』から採録した。

002 (天文二十一年)四月十日付け織田信長判物
個人所蔵

【釈文】写真は11頁

大瀬古之余五郎
跡職座之事、永
代買徳(得)之儀、委
細勘十郎(織田信勝)理申(ことわりもうし)候条、
無別義申付候、然上者、
於末代無相違可
有智(知)行者也、仍状
如件、

四月十日　信長(花押)

賀藤(元隆)左助殿

●解説

これより前に、加藤元隆(かとうもとたか)は熱田大瀬古(あつたおおせこ)(愛知県名古屋市熱田区)の余五郎なる人物が所持していた座を買得した。本状は、その買得を信長が承認・保障したものである。元隆は熱田の有力者加藤氏の一族で、西加藤の二代目景隆(かげたか)の弟にあたる。加藤氏は熱田で開発や金融などを展開していたから、本状に見える座の買得も、そのような活動の一環に位置づけられよう(加藤氏については、本書004号文書も参照)。

一方、元隆の座買得を信長に取り次いだのは「勘十郎」という人物であるが、彼は一般に織田信行(のぶゆき)の名で知られている信長の弟で、この頃は信勝(のぶかつ)と名乗っているのが確認されている。彼が信長の対抗馬として重臣に擁立され、最後は信長に謀殺されたことは、あまりにも有名であろう。

信勝は末盛城(すえもり)(愛知県名古屋市千種区)を拠点とし、尾張南東部に支配を及ぼしていたと考えられているが、本状によれば、彼は熱田に対しても影響力を持って

いたとみてよい。加えて信勝は、天文二十二年（一五五三）から弘治三年（一五五七）にかけて東加藤に対して判物を発給している（「加藤文書」）。それらには、徳政免除や田畠安堵などを織田信秀の判物に任せて引き続き認めることなどが記されており、同時期に信長が西加藤に宛てて出した判物（本書004号文書）とほぼ同内容と言える。ここからは、熱田加藤氏をめぐって信長と信勝が競合している様子を読み取ることもできよう。

003 （天文二十一年）七月二十八日付け織田信長書状

名古屋市博物館所蔵

【釈文】写真は12頁

竹事申候処、
弐十本給候、
祝着之至候、
猶浄看可申候
間、省略候、恐々
謹言、
　　　　三郎
七月廿八日　信長（花押）
　浅井源五郎（充秀）殿
　　　　進之候

●**解説**

信長の花押の形から、天文二十一年（一五五二）頃のものと考えられている書状である。信長が浅井源五郎に竹を所望したところ、源五郎は竹二十本を用意した。これに謝意を表したのが、本状である。なお、本状と同じ文書群には、九月十日付けで浅井藤次に宛てた織田信秀書状もある。こちらは花押の形から天文十九・二十年頃のものと考えられているが、その内容は、藤次から大竹十本を送られたことを感謝するものである。

浅井源五郎・藤次については、十八世紀の尾張国地誌『張州雑志』の第五十八巻・熱田人物、浅井杏庵の項目に系図が収録されている。それによると、源五郎の実名は充秀で、文禄四年（一五九五）に歿したという。また、充秀の父安親は藤次郎を名乗ったというから、信秀書状の宛先の藤次は彼を指す可能性が高い。系図では安親は享禄三年（一五三〇）歿となっているが、同時代史料である信秀書状を重視して、天文末年までは存命であったと考えてよいだろう。彼らの邸宅は熱田須賀町（愛知県名古屋市熱田区）にあったといい、天正年間（一五七三〜九二）からは医を生業にしていたという。信秀や信長から竹を所望されていることも踏まえれば、彼らは熱田の有力者であったと考えることができよう。

なお、先述の信秀書状と本状は、筆跡が同じと考えられている。このことは、信秀の右筆（書記官）が、信秀歿（天文二十一年三月）後、そのまま信長の右筆となっていた証拠とされている。このように活字ではなく原本やその写真を見ることで、短い文書からも多くの情報を引き出すことができるのである。

004 天文二十一年十二月二十日付け織田信長判物

個人所蔵

【釈文】写真は13頁

就商買之儀、徳政・
年記・要脚・国役事、
令免許之訖、并永代
買得之田畠・屋敷・野
浜等義、縦売主或
闕所、或雖為被官退転、
不可有異儀、然者年貢・
色成・所当・上年貢事、
任証文之旨、可有其沙汰、
并質物之義、雖為盗物、
蔵之不可成失墜、本利
遂算用、可為請之、於蔵
失質事、如大法本銭
以一倍可相果之、次付沙汰、
不可有理不尽使、自然
如此免許之類雖令棄
破、代々免状在之上者、
不混自余、於末代聊
不可有相違者也、仍状
如件、
天文廿壱　　　三郎
　十二月廿日　信長（花押）

加藤全朔（延隆）
加藤紀左衛門尉殿（景隆）

●解説

本状は、尾張熱田の有力者加藤氏に対し、特権を認めた判物である。加藤氏は十六世紀初めの順光・延隆兄弟の時に二家に分かれ、屋敷の位置から順光流が東加藤、延隆流が西加藤と呼ばれた。また景隆は延隆の子である。

内容を見てみると、まず前半部分では、徳政令により債権を失うことや、国役を賦課されることなどが免除されている。次いで、売主が闕所となったり被官に身を落とした場合でも、加藤氏が買得した田畠・屋敷・野浜などについては所有権が保障されるので、年貢などは決まった通り納めるように、とある（闕所については、本書011号文書を参照）。加藤氏は熱田東南の沿岸部で土地を買得し、開発を進めていったと考えられており、田畠だけでなく屋敷・野浜も保障対象となっているのはそのためである（下村信博「戦国・織豊期尾張熱田加藤氏研究序説」）。

なお以上の特権は、実は天文八年（一五三九）三月二十日・同十二年二月二十一日付けの織田信秀判物ですでに認められている（加藤文書）。にもかかわらず本状が発給されたのは、天文二十一年三月に信秀が歿したからであろう。すなわち本状には、信秀の後継者である信長に、引き続き特権を認めてもらう代替わり安堵の意味合いがあるのである。

一方、後半部分は信秀判物にはなく、信長によって新たに認められた特権と言える。その内容は、質物が盗品であった場合も本利を支払って請け出させること、質物を紛失した場合は元金の二倍（「一倍」はある数に同じ数を加えるということで、二倍の意になる）で弁償すること、無理な督促から保護されること、この類の特権を破棄することがあっても加藤氏の特権は例外とすること、に整理できる。特に質物に関する規定が詳細だが、加藤氏は活発な金融活動を展開していたと考えられるから（前半部分で徳政令の適用が免除されているのはその証拠と言える）、質物をめぐるトラブルに巻き込まれることも多かったのであろう。

005 天文二十四年二月五日付け織田信長判物　徳川美術館所蔵

【釈文】写真は14頁

星崎根上之内、
今度鳴海江
同心之もの共
跡職、悉為欠所
上者、堅可遂
糺明者也、仍如件、
天文廿四　上総介
二月五日　信長（花押）
一雲軒
花井右衛門尉兵衛殿

●解説

天文二十一年（一五五二）三月、父信秀が病歿したことにより、信長は十九歳で織田家を相続することになった。この家督交替による不安定な時期に、山口教継が信長から離反した。彼の拠る鳴海城（愛知県名古屋市緑区）は今川領国との境界に近かったこともあり、教継は今川軍を招き入れ、付近の大高（名古屋市緑区）と沓掛（愛知県豊明市）の両城を乗っ取って、反信長の旗幟を鮮明にしたのである。『信長公記』によると、教継は織田信秀が累年目を懸けた武篇・才覚の人であったというから、その離反は信長にとって大きな衝撃だったろう。信長はすぐに鳴海城の攻撃に向かっているが、この時の信長軍は約八百人、山口軍は約千五百人で、信長のほうが兵力的に劣勢だったという。この教継の離反が、のちの桶狭間の戦いに繋がっていくこととなる。

本状は、教継離反に関わる判物である。これによると、天文二十四年二月頃、星崎（名古屋市緑区）根上のうちから、鳴海城に味方する者が出ていたようである。当然信長は、敵方に付いた彼らの所領をすべて闕所（没収）処分とすることにした。そのため、彼らの所領を調査する必要が出てきたのであろう、本状では、それが一雲軒と花井に命じられているのである。なお、宛所の両人は、ほかの史料にはあまり現れないようだが、本状の内容から星崎あたりの土豪ではないかと考えられている。

006 天文二十四年五月八日付け織田信長書状

堺市博物館所蔵

【釈文】 写真は15頁

(ウハ書)
「(切封墨引)
　　　　　　　　　　かつさのすけ(上総介)
をは田殿(小幡)まいる人々申給へ　のふ長(信)」

ちやうけいし(長慶寺)ほうしゆ(法主)分
幷そうへつ(惣別)か(彼)のてら(寺)
しりやう(寺領)とう(等)の事、其さまへ
進之うへは、もり山(守)より
とかく(兎角)の申事あるましく候、
そのために如此候、かしく、
　天文廿四
　　五月八日　のふ長(花押)
をはた殿(小幡)
　　まいる人々申給へ

●**解説**

本状は、織田信長が長慶寺の住持分とその寺領などを小幡殿に安堵したものである。

小幡殿が誰を指すのかは諸説あるが、近年は、信長の後ろ盾であった小幡城(名古屋市守山区)の城主で叔父の信光の後室であるとされている(小松原瑞恵「〔史料紹介〕館蔵織田信長書状」〈『堺市博物館報』二八号、二〇〇九年〉)。信光は前年に殺害されており(信長が謀殺した可能性もある)、寡婦となった後室に所領を与えたのである。同じ女性宛てでも、やうしゆん院宛て朱印状(本書130号文書)に比べれば、本状は丁重である。

守山からの干渉を排する旨が明記されているが、当時の守山城主は、信長の叔父の信次であった。

『信長公記』によると、本状が発給された直後の六月二十六日に、織田信次が川狩をしていた際、信次の家臣の洲賀才蔵が、たまたま通りがかった信長の三弟の秀孝に弓を射かけ、誤って殺害する事件を起こしてしまった。このため、信次は逐電した。

怒った信長と信勝の兄弟は、守山城を攻め立てた。この時、信長の重臣の佐久間信盛が、守山城に籠城する角田新五らに働きかけ、信長の弟の秀俊を新たな城主とすることで和睦し、開城させた。

ところが、この翌年には、織田秀俊が角田新五に殺害され、信長は信次を呼び戻して、再び守山城主としている。

007 (弘治三年)霜月二十七日付け織田信長判物

熱田神宮所蔵

【釈文】 写真は16頁

敵味方預ヶ物・
俵物幷神田、為何闕所之儀候共、不可
有異見候、門外江
使入之事、竹木所
望、郷質取立候事、
末代不可有相違
者也、仍如件、
　　　　上総介
霜月廿七日　信長(花押)
熱田検校殿
　　参

●**解説**

本状とほぼ同内容の、弘治三年(一五五七)十一月二十七日付け熱田祝師宛て信長判物(熱田祝師文書)があることから、本状も弘治三年のものと考えられる。その内容は、①信長の敵・味方が熱田社に預けた物、俵物、熱田社の神田は、どのような闕所処分が行われても保障されること、②信長方から熱田社へ使いを派遣して介入すること、竹木を所望すること、郷質を取り立てることは、末代まで行わないこと、の二点である。

神仏の威光の下にある寺社は、逃げ込めば保護を受けられる聖域(アジール)と考えられており、戦乱になると人々は寺社に避難したり財産を預けたりした。尾張の大社熱田にもそのような「預ヶ物」があったのである。注目されるのは、信長が味方だけでなく敵の預け物まで保障していることである。別の文書(加藤秀一氏所蔵文書)では、預け物の保障は「宮中任先例」と記されているから、この権利は熱田社が古くから持っていた強力なもので、信長も引き続きこ

れを認める対応をとった、ということになろう。

続いて「俵物」という文言は、米俵を連想させるが、当時熱田が水陸交通の拠点で多様な物資の集積地であったことから、単に俵に詰めたものと解釈し、内容物としては米だけでなく塩や魚なども想定する見解もある。

また「郷質」についてだが、中世には債務者が債務を返済しない場合、債権者が債務者本人ではなく債務者と同郷の別人の財産を差し押さえる場合があった。郷に連帯責任を負わせるような債権回収方法だが、これを「郷質」と呼んだのである。

なお、本状とその関連文書については、安野眞幸「熱田八ヶ村宛て信長制札」が詳細な解釈を行っており、本解説も同論文を参照している。

008 永禄元年十二月日付け織田信長禁制　雲興寺所蔵

【釈文】写真は17頁

白坂
雲興寺

禁制

一、軍勢甲乙人等濫妨狼籍(藉)之事、
一、於境内殺生、幷寺家門外竹木伐採、令借宿事、
一、祠堂物、買徳・寄進田地、雖為本人子孫、違乱事、」
一、准総寺庵、引得之地・門前、棟別・人夫・諸役等」相懸、入鑓(譴)責使事、
一、於国中渡、諸役所之事、
右、当寺依為無縁所、諸役等令免許畢、若於違犯之輩者、速可処厳科者也、仍制旨如件、

永禄元年十二月　日　信長(花押)

●**解説**

尾張白坂の雲興寺(愛知県瀬戸市)に宛てた禁制である。同寺は三河との国境近くに所在しているため、今川氏の影響下に入ることもあったようで、天文十九年(一五五〇)九月には今川義元の朱印状を獲得している。しかし弘治二年(一五五六)二月には、信長の異母兄と見られる織田秀俊が、雲興寺に宛てて禁制を出しており、この頃には織田氏の影響下にあった(以上、「雲興寺文書」)。本状は、この秀俊禁制のわずか二年後に出されており、内容を比べてみてもほぼ同じである。秀俊は弘治二年六月に歿したとされているから、あるいは彼の死を受けて、改めて信長から同じ内容の特権を保障してもらったのかもしれない。

そこで、本状で保障された内容をまとめてみると、①濫妨狼藉(物を奪ったり暴力を振るったりすること)の禁止、②境内での殺生、竹木伐採、借宿の禁止、③祠堂物(寺に寄進された物品。金融の原資になることが多い)や買得・寄進田地への違乱の禁止、④買得地・門前へ棟別役・人夫役などを賦課し、催促の使いを入れることの禁止、⑤国中の渡で通行税を課すことの禁止、となる。先述の通り、これらは弘治二年の秀俊禁制とほぼ同内容だが、⑤は秀俊禁制では「飽津諸役以下、造営付而免許之事」とあり、免除対象は飽津保(雲興寺の所在地)の諸役に限られていたこと、免除理由は造営であったことがわかる。これを踏まえれば、⑤の国中渡の通行税免除も、造営用の物資輸送を念頭に置いた措置だったのかもしれない。

また特権が保障される理由として、雲興寺が「無縁所」であることが挙げられている。無縁は一般的には頼るべきものがない状態を指すので、雲興寺は無縁所＝経済基盤の弱い寺だから特権を保障する、と解釈することができる。ただし一方で、無縁を縁切りの原理と捉え、雲興寺は無縁所＝世俗から縁が切れた場であるから、同寺に入った者への追究は禁止される、と解釈する立場もある(網野善彦『増補無縁・公界・楽』)。

参考1 永禄三年五月十九日付け義元左文字(刀剣銘)　建勲神社所蔵

【釈文】写真は18頁

(表)織田尾張守信長
(裏)永禄三年五月十九日
義元討捕刻彼所持刀

●**解説**

永禄三年(一五六〇)五月十九日、信長は今川義元を討つ。世に言う桶狭間の戦いである。この時、信長は義元が所持していた刀を手に入れ、その身を磨り

上げ、茎の表裏に金象嵌銘を入れた。それが、この銘文である。

本刀は宗三左文字、三好三左文字、義元左文字などの名をもって知られる刀である。南北朝期、筑前国左文字派の刀匠の作で、現在は刃長六七・〇㎝、元幅五・一㎝、先幅二・三㎝、反り一・六㎝となっている。本刀は三好政長から武田信虎、今川義元と伝わり、桶狭間の戦いののちに信長の所持となる。信長死後、松尾大社の神官に渡り、豊臣秀吉に献上され、豊臣秀頼から徳川家康に贈られた。江戸時代は徳川将軍家の重宝として代々受け継がれ、明治二年（一八六九）に建勲神社が創建されると、徳川家達から建勲神社に寄進されて現在に至る。

この刀のことは、『信長公記』にも「義元不断さゝれたる秘蔵の名誉の左文字の刀めし上げられ、何ヶ度もきらせられ、信長不断さゝせられ候なり」と記されている。信長の愛刀の中でも非常に有名な一振りである。

009 （永禄四年）十二月二十日付け織田信長書状
石川武美記念図書館成簣堂文庫所蔵

【釈文】写真は19頁

今度　御内書
被成下候、忝　奉存候、
寔　生前大幸不可
過之候、随而　御馬
一疋青毛致進上候、
併御内義（儀）候条、如此候、
御取成可為本望候、
恐惶謹言、
　十二月廿日　信長（花押）
大舘左衛門佐殿（輝氏）人々御中

●解説

本状は、織田信長の花押の形態から、永禄三年（一五六〇）から永禄七年に比定されている。また、岡田正人氏の研究により、宛先の大舘左衛門佐が室町幕府御供衆の大舘輝氏であり、輝氏が永禄五年五月二十日の河内教興寺（大阪府八尾市）の戦いで戦死していることから、本状は永禄三年か四年に絞り込まれている。

さらに平野国夫氏は、室町幕府十三代将軍足利義輝が京都誓願寺の泰翁に宛てた年未詳三月二十八日付けの御内書（『飛鳥書房古書目録』第二号）で、徳川家康が今川氏真や信長に先んじて馬を献上していることを示すと共に、この文書が永禄四年のものであることを明らかにしている。

よって、本状は永禄四年と考えられる。信長は義輝の御内書を受け取り、「生前大幸」と非常に喜び、青毛の馬一匹を献上している。義輝への取り成しを依頼しており、「恐惶謹言」という丁寧な文言で締め括られている。

本状では、信長は義輝より御内書を拝領し、非常に感激しているように見えるが、実際は馬の献上を半年以上も無視していた。それがなぜ、永禄四年末に至って、ようやく献上したのか。一つ考えられるのは、同年五月に美濃を支配していた斎藤義龍が、急死したことである。信長は喜んで美濃に軍事侵攻したが、はかばかしくなかった。そこで、信長は外交戦に転じ、急遽、義輝の要望に応え、美濃攻めの大義名分を得ようとしたのであろう。

010 永禄五年二月付け織田信長判物
水野桂太郎氏所蔵

【釈文】写真は20頁

前々任筋目、国中
鐘・塔九輪・鰐口
可鋳之、次於熱田
鉄屋立橐籥事、
可停止、然者自他国
鍋釜入事、可申付之、
諸役・門次・所質等令
免許之、無相違者也、仍
如件、
永禄五
　二月　（信長花押）
　上野
　　鋳（物師）□□
　　（太郎左衛門とのへ）□□□□□□□□

●解説

『水野太郎左衛門由緒書』によると、太郎左衛門すなわち水野範直は、尾張春日井郡鍋屋上野村の鋳物師で、清須在城期(天文二十三年～永禄六年頃)の信長に接近、陣道具や側向の品などを鋳立てて献上していたという。

信長と範直の関係がこの由緒書の通りだったかどうかは解明し難いが、少なくとも信長が範直を優遇していたことは、本状から確実である。すなわち本状では、範直は尾張国中で鐘・塔の九輪(塔頂上部の九つの輪装飾)・鰐口を鋳ることを認められている。また、熱田で鉄屋が橐籥(火を起こすのに用いる送風器。鞴のこと)を立てること、すなわち鋳造業を行うことを禁止してもらっており、熱田での鋳造業の独占を認められた。次の「自他国鍋釜入事、可申付之」は、他国から鍋釜が入ってくることに対して誰が何を申し付けるのか明記されていないが、範直の特権を認める前後の文脈から考えれば、他国産の鍋釜の管理・統制を範直が申し付けることを認める、ということだろうか。最後に、諸役・門次の役・所質(郷質に似た意味。本書007号文書の解説参照)が免除されている。

加えて元亀二年(一五七一)六月二十三日には、信長は範直に「鉄屋大工職」を認めている(「水野文書」)。この場合の大工は棟梁の意で、やはり特権を認められた地位であったと考えられる。

なお、水野氏は範直の子の代の文禄二年(一五九三)に清須へ、孫の代の慶長十六年(一六一一)に名古屋の鍋屋町へ移住した(前掲由緒書)。そして江戸時代には、尾張徳川氏歴代から、鉄屋大工職を認められている(「水野文書」)。

011 永禄六年十一月日付け織田信長判物

真田宝物館所蔵

【釈文】写真は21頁

新儀諸役并
持分・買徳方、
誰々欠所判形
雖有出事、任当
知行、不混自余、
不可有相違者也、
仍状如件、
永禄六
十一月日 (信長花押)
長田彦右衛門尉

●解説

本状は、長田氏の権利を認めた判物である。長田氏に関しては、永禄五年(一五六二)十月九日付けで佐久間信盛から五百疋を加増された長田弥左衛門が知られており(「浅井文書」)、本状と時期も近い。しかし、本状の宛所は弥左衛門とは読めず、彦右衛門尉と読むべきだろう。両者は一族かもしれないが、別人とすべきではなかろうか。一方、本状とほぼ同文の権利保障文書が、天正九年(一五八一)五月付けで織田信忠から長田弥五郎に宛てて発給されている(「真田宝物館所蔵文書」)。そのため、弥五郎を彦右衛門尉の後継者と考えて大過ないだろう。

本状で彦右衛門尉に認められた権利は、新儀諸役と持分・買得地に関するものである。前者は若干言葉足らずであるが、新儀諸役を免除される特権ということであろう。一方後者については、闕所の判形が出ることがあっても保障するとの文言がある。闕所とは概ね所領没収と同義であるが、特徴的なのは、闕所処分では対象者の売却地も没収される点である。例えば、AがBに所領Cを売却していたとしよう。ここでAが闕所処分を受けた場合、この時点ではBが知行している所領Cも、没収の対象となるのである。このような事例が見られることから、闕所とは対象者の行為の否定、当事者としての能力の否定であると考えられている(下村信博『戦国・織豊期の徳政』)。

したがって、本状で彦右衛門尉に認められたのは、彼が買得した地については、売主が闕所となった場合でも没収しない、という特権だったのである。またこのことからは、彦右衛門尉が買得による土地集積を進めていたことも推測することができるだろう。

012 (永禄七年)十一月七日付け織田信長書状

米沢市上杉博物館所蔵

【釈文】写真は22・23頁

追而申入候、抑御誓談
条々、忝 次第候、殊
為 御養子 愚息可
被召置旨、寔面目之

至候、於何時、自路次
様子可進置候、向後
弥得　御指南可申談候、
此等之趣御披露可為
本望候、恐々謹言、
十一月七日　信長（花押）
直江大和守（景綱）殿

●**解説**

信長は、上杉輝虎（謙信）に対して誓書を出すよう求め、さらに自らの子供を養子にすることを強いた。誓書の受領と養子の件が承諾されことに対する礼状が本状である。

信長と謙信の関係は、永禄七年（一五六四）六月から始まる。当時の謙信は、武田信玄と信濃・飛騨で争い、関東では北条氏と戦うなど、多忙を極めていた。一方の信長も、美濃平定という課題があった。

永禄四年に斎藤義龍が急死し、嫡男龍興が跡を継ぐと、信長は美濃へ出撃し、優位な状況になっており、斎藤氏の家中も分裂が始まっていた。さらに信長は、永禄七年（十年説もあり）には北近江の浅井長政と同盟を結び、斎藤氏への牽制を強化していた。こうした状況下において、両者の接近は上杉側からあり、それに対して同年六月九日付けで信長は書状を出した。さらに同年九月九日になると、信長は、謙信に同盟することを求め、自分の子供を養子にしてくれることを依頼した。こうした経緯があって、本状が出されたのである。本状によって信長は、上杉氏との同盟を結びながら、美濃の斎藤氏を攻略し、急ぎ上洛しようとしたとも評されている。

なお、この時に提出されたとされる誓書に関するものは残されていない。

013　（永禄八年）十二月五日付け織田信長書状
東京大学史料編纂所所蔵

【釈文】写真は24頁

就　御入洛之儀、重而
被成下　御内書候、謹而
致拝閲候、度々如御請
申上候、上意次第不日
成共御供奉之儀、無二
其覚悟候、然者越前・
若州早速被仰出、尤
奉存候、猶大草大和守（公広）・
和田伊賀守（惟政）可被申上之
旨、御取成所仰候、恐々
敬白、
十二月五日　信長（花押）
細川兵部太輔（藤孝）殿

●**解説**

永禄八年（一五六五）五月、室町幕府十三代将軍足利義輝が三好・松永氏らによって殺害される。当時、奈良興福寺一乗院門跡だった足利義昭（覚慶）は、興福寺を脱出すると、甲賀（滋賀県甲賀市）の和田惟政の屋敷に身を寄せた。義昭は足利家再興のため、上洛し将軍になることを決意すると、各地の大名に援助を要請した。その義昭の要請にいち早く応えたのが、信長と徳川家康である。両者は、永禄八年中には義昭の要請に応じる姿勢を明らかにしている。

本状は、要請に応じた信長から、義昭に対する返書である。宛所は義昭側近の細川藤孝となっている。これは、信長と義昭の身分差によるものである。内容は、義昭の入洛のことについての御内書を拝領したことを述べ、たびたび要請に応じると言上している通り、義昭の命令次第でいつでも供奉するとしている。また、この上洛について、越前・若狭にも仰せになったことに同意を示し、大草公広と和田惟政が言うことを義昭に取り成すよう頼んだものである。

この信長受諾の知らせを聞いた義昭は、信長が軍勢を派遣できるよう、美濃斎藤氏と信長の和睦を図る。しかし、信長が美濃に侵攻したことにより、信長の出勢は延期となった。一方の義昭も、このあと近江六角氏の許に身を寄せたが、六角氏の裏切りと三好勢の攻勢の前に、越前まで逃げ落ちている。こうして、義昭の上洛は永禄十一年まで俟つこととなった。

014　永禄九年四月日付け織田信長判物
滋賀県立安土城考古博物館所蔵

【釈文】写真は25頁

下郷井水之

事、如前々可
築取之、於末代
不可有相違者也、
仍状如件、
永禄九
四月日　(信長花押)
森三郎左衛門尉

●解説

本状は、永禄九年(一五六六)に森三郎左衛門尉に対して、尾張国下郷井水の利権を安堵したものである。文書の内容自体は、安堵の事実が記されているだけなので、ここでは信長の花押に注目してみたい。

そもそも花押とは、元来自分と他者を区別するための機能を有していたものであるが、室町から戦国期に個人的な、例えば政治的理由による花押型の決定がされ、自身の名前とは関係のない文字の形象化が見られるようになる。有名なところでは、室町幕府の将軍である足利義持・義政の「慈」、信長の「麟」という文字をモチーフとした花押などが挙げられる。そして、本状における信長の花押こそが、「麟」をモチーフとした花押である。

信長がこの花押を使用し始めたのは、永禄八年からである。それまで、信長はいくつかの花押を使用していたが、大きく花押型を変えた。その理由は、時の室町幕府十三代将軍足利義輝が、三好三人衆らの襲撃を受けて、殺されたことによると考えられている。この「麟」の字には、信長の政治理念が込められているとされ、信長はこののち、形に多少の変化はあるが、「麟」字の花押を生涯使い続けるのでる。

015 永禄十年九月日付け織田信長判物

古今伝授の里フィールドミュージアム所蔵

【釈文】写真は26頁

郡上本知、
如前々申付上、
無相違可令
知行者也、仍状
如件、
永禄十
九月日(信長花押)
遠藤六郎左衛門尉殿

●解説

永禄十年(一五六七)八月、美濃斎藤氏の本拠稲葉山城(岐阜市)を攻め落とした信長は、九月以降に多くの禁制や所領安堵状などを発し、美濃の情勢を安定化させつつ、支配を確立していった。本状もその文脈に位置づけられる判物の一つである。

宛所の遠藤氏は美濃郡上郡の豪族で、もとは斎藤氏に仕えていた。しかし、永禄十年九月付けの本状では、信長が遠藤氏の本領を前々の通りに安堵している。つまり遠藤氏は、斎藤氏没落に前後して信長方に転じていたのである。

なお、宛所に見える遠藤六郎左衛門尉は、郡上八幡城(岐阜県郡上市)に拠った遠藤盛数とその子慶隆の名乗りとして知られている。このうち盛数は永禄五年十月に歿したとされているから、ここでは慶隆をあてるのが自然である。ところが、慶隆は三年後の元亀元年(一五七〇)五月二十五日付け信長朱印状写(本書037号文書)では、「遠藤新六郎」と呼ばれている。そのため、本状の六郎左衛門尉を慶隆とすると、官職の名称に由来する官途名(六郎左衛門尉)を名乗ったあとに、官職名に由来しない仮名(新六郎)を名乗ったこととなり、通常は考えにくい名前の変遷の仕方となってしまう。本状の六郎左衛門尉の人名比定には、以上のような問題点がある。

このほかにも、元亀元年八月十二日付け森可成書状(遠藤文書)の宛所に「遠藤六郎左衛門尉」が見えるなど、関連史料は散見されるので、それらを含めた精査が必要であろう。

参考2 永禄十年十一月九日付け正親町天皇綸旨案

京都市歴史資料館所蔵

【釈文】写真は27頁

今度国々属本意由、尤武
勇之長上、天道之感応、古今
無双之名将、弥可被乗勝之□〔条〕
為勿論、就中両国御料□□〔所〕〔且〕
被出御目録之条、厳重被申付者、

可為神妙旨（之由）、綸命如此、悉之、以状、
永禄十年十一月九日　右中弁（勧修寺）（花押）
晴豊
織田尾張守（信長）殿

●解説

永禄十年（一五六七）、美濃稲葉山城（岐阜市）を落とした信長の許に朝廷から文書が届く。それが本状であり、このほか女房奉書・万里小路惟房の副状などが同日付けで発給されている。

正親町天皇は信長に対して、国々が信長領国となったことを「武勇之長上」「天道之感応」「古今無双之名将」と賞賛し、いよいよ勢いの盛んになることが勿論であるとした上で、尾張と美濃両国の御料所について別に目録を出したので、御料所を回復するよう馳走を求めたのである。

内容は以上の通りであり、正親町天皇は信長に御料所の回復を命じたわけである。当時、室町幕府の衰退によって、朝廷もまた年中行事が滞るなど式微と言っていい状態にあった。そこで朝廷は、各地の大名に援助を求めていた。そうした朝廷の働きかけが、尾濃二ヶ国を治めるようになった信長にも届いたのである。もっとも織田家の場合、信長の父信秀が禁裏修理のために金銭を献上していた。朝廷側はこの例を引き合いに出し、信長にも馳走を求めたようである。

先述したように、本状のほか、同日付けの女房奉書・万里小路惟房の副状などが発給されている。女房奉書では誠仁親王の元服料についての馳走を求められており、これらが公家社会における喫緊の問題であったのであろう。信長は永禄十一年に上洛後、誠仁親王の元服料を献上し、同年十二月十九日に親王元服式は行われた。また、禁裏修理にも着手しており、見事に正親町天皇の要請に応えたのである。

016　永禄十年十一月日付け織田信長朱印状

名古屋市秀吉清正記念館所蔵

【釈文】写真は28頁

為扶助河野之内、
拾貫文申付上
全知行不可
有相違之状如
件、
永禄十
十一月日　信長（朱印）
兼松又四郎（正吉）殿

●解説

永禄十年（一五六七）十一月、信長は家臣に対して尾張・美濃における知行宛行を行う。その時、「天下布武」印が使用された。すなわち、本状は「天下布武」印が用いられた、初発の文書である。

かつて、この「天下布武」印は信長による全国統一を標榜したものとして、意思の象徴として扱われてきた。しかし、現在では「天下」という言葉は、日本全国を示すものではなく、京都を中心とした畿内近国の足利将軍の管轄領域ともされている。これらの指摘から、信長の「天下布武」も全国統一を意味するものではなく、十三代将軍足利義輝が殺され、崩壊した幕府秩序の再興を示したものであるとの意見がある。それは信長が、永禄八年段階で、殺された足利義輝の跡を継いで幕府再興を図った足利義昭の協力要請に応え、上洛を計画していたことにも起因している。この時は義昭側の動揺と、信長と美濃斎藤氏との和平の失敗などにより、計画は果たされなかった。永禄十年、信長は美濃を平定し、義昭を迎える準備が整ったことで、いよいよ義昭の擁立が現実味を帯びてきたからこそ、「天下布武」印の使用を始めたのであろう。そして、信長の天下布武は永禄十一年に義昭が上洛し、将軍となったことで一応の実現をみるのである。

さて本状の内容は、兼松正吉に対して美濃国河野の内にて十貫文を宛がったものである。兼松正吉は、永禄九年十一月に兼松弥四郎の跡職を安堵されており、それに続けて加増を受けたようである。こののち、正吉は信長の上洛戦や元亀元年（一五七〇）大坂の戦い、天正元年（一五七三）朝倉攻めなどで戦功を挙げている。かの有名な、信長から足半草履を与えられた逸話は、この朝倉攻めの時である。こうした戦功により、天正四年には近江国において三十五石を宛がわれている。信長死後は織田信雄・豊臣秀吉・同

秀次と仕える。関ヶ原の戦い時には家康に従い、戦後は家康の四男忠吉に仕え、二千六百石を知行している。寛永四年（一六二七）、八十六歳で死歿。

017　永禄十年十二月五日付け織田信長朱印状　熱田神宮所蔵

【釈文】写真は29頁

綸旨・女房御奉書、
殊紅衫被下候、則致
頂戴、忝事不斜候、
随而被仰出条々、先以
意得奉存候、旁従是
可致言上候、恐惶敬白、

十二月五日　信長（朱印）

万里小路（惟房）大納言殿
人々御中

●解説

本状は、永禄十年（一五六七）十一月九日に信長へ発給された正親町天皇綸旨（本書参考2文書）・女房奉書などに対する信長の返書である。

宛所の万里小路惟房は、正親町天皇と姻戚にあった公家である。惟房の祖父賢房の息女は後奈良天皇の後宮に入って正親町天皇の生母となり、さらに惟房の父秀房の息女（惟房の妹）は正親町天皇の後宮に入って誠仁親王の生母となる。また、惟房自身も敷奏に任じられるなど、正親町天皇の信頼の篤い公家であった。信長に綸旨が発給された時も、惟房が副状をしたためている。

内容は、綸旨・女房奉書・紅衫を拝領したことを謝し、天皇からの仰せのあった条々について心得たとしている。衫とは単衣の着物のことである。

ところで、信長は綸旨が下される以前にも朝廷への物品献上を行ったことがある。永禄九年四月十一日に尾張から太刀・馬・銭三千疋が献上されたとして、廷臣へ配られたとある（『御湯殿上日記』）。これは、上洛を意識した足利義昭が太刀・馬代を献上したことにならったのであろう。永禄十年になると、尾張・美濃両国を平定した信長が、朝廷が頼るに足る大名として認識されたことは間違いなかろう。

018　（永禄十一年）八月十四日付け織田信長書状　丹波市教育委員会所蔵

【釈文】写真は30頁

公方様（足利義昭）就　御入洛之
儀、至当国（美濃）被移
御座候、然者御供奉之
段致御請、近日可為
御進発候、此刻御忠節
肝要之旨、被成御内書候、
猶得其意可申入之由被仰
出候、此等之趣、可得御意候、
恐惶謹言、

八月十四日　信長（花押）

左京大夫殿（三好義継）
参
人々御中

●解説

永禄十一年（一五六八）四月、足利義昭は「義秋」から「義昭」に改名すると、上洛への動きを本格化させた。六月二十日には紀伊の粉河寺（和歌山県紀の川市）に畠山氏と協力して馳走するように求め、七月にはなかなか上洛の兵を起さない朝倉義景の一乗谷（福井市）を離れて、信長の支配下に入った岐阜の立政寺（岐阜市）に移った。

義昭を直接擁することになった信長は、八月七日より、浅井長政の佐和山城（滋賀県彦根市）に赴き、七日間逗留して、六角承禎と交渉にあたった。信長は「天下（京都）所司代」を任せると味方に誘う一方で、人質を差し出すよう要求したため、承禎は怒って、交渉は決裂した（『信長公記』）。

信長は交渉を打ち切って、岐阜へ帰った直後に、本状を「左京大夫」に宛てて作成した。左京大夫に該当する人物には、六角承禎と三好義継がいるが、承禎との交渉は決裂しているので、義継のほうが相応しいであろう。

義継は、永禄九年から義昭方に味方している松永久秀と、永禄十年二月から行動を共にしている。そこで信長は、義昭が上洛のために美濃へ移り、出陣が間近に迫っていることを告げ、義昭の御内書を取り次いで、参陣を促した。

義継は、十四代将軍足利義栄・三好三人衆・篠原長房陣営から離反したことから、彼らに主導権を奪われたひ弱な存在として考えられがちである。しかし、義継の同母弟である松浦孫八郎は和泉最大の勢力を有していた。また、義継は二月十三日付けで畠山氏と関係が深い和泉上守護家の細川刑部大輔に書状を送り、軍事的な連携を強めていた(『関本氏古文書模本』)。

義継は和泉の反義栄勢力を糾合できる存在であったからこそ、信長はその手腕に期待を寄せていたのである。

そして、義昭と信長の上洛に功があった義継は、信長の仲人により、義昭の妹を娶ることになる。

019 永禄十一年九月日付け織田信長制札　円徳寺所蔵

【釈文】写真は31頁

定　　加納

一、当市場越居之輩、分国往還煩有へからす、并借銭・借米・さかり銭・敷地年貢門なミ諸役免許せしめ訖、譜代相伝の者たりといふとも、違乱すへからさる事、

一、楽市・楽座之上、諸商売すへき事、

一、をしかひ(押買)・狼藉・喧嘩・口論・使入へからす、并宿をとり非分申かくへからさる事、

右条々、於違背之族者、可加成敗者也、仍下知如件、

永禄十一年九月　日　(信長花押)

●解説

本状は、永禄十一年(一五六八)九月に美濃加納市場に提示された楽市・楽座の制札である。宛先である加納市場は、岐阜城下の周縁部に存在した市場を指している(円徳寺の寺内町であったとする見解もある)。

制札の内容は全三ヶ条から構成されており、①加納市場に移住する者は領内往来が自由であること、借銭・借米・売買の懸銭(債務)・年貢・門ごとの諸税免許のこと、②楽市・楽座であることを承知して商売をすること、③押買・狼藉・喧嘩・口論や不法に使者を市場に入れること・宿への言い掛かりの禁止がそれぞれ規定されている。

三ヶ条のうちで注目したいのは第一条である。第一条では、加納市場への移住者に対する借銭・借米の免除が謳われているが、債権者であることが多い既存の住人にとって、自身の収益が奪われてしまうことを意味する。それにもかかわらず、信長があえてこの条項を盛り込んだ理由は、当時岐阜周辺の市場は、戦火によって焼亡し、無人に近い状況が生まれていたことによる。その結果、信長は加納市場を何とか復興させようと、来住者の利益を図り、集住を促すことを優先したのである。なお、住人が定着したあとの制札には、この条項は消えて、逆に都市住民の債権を保護する内容が書き加えられるようになる。このように、信長の「楽市・楽座令」というのは、都市建設のための、言わば時限立法であったと捉えられるだろう。

020 永禄十一年九月日付け織田信長禁制　國學院大學図書館所蔵

【釈文】写真は32頁

禁制　　吉田郷

一、当手軍勢濫妨狼藉事、

一、陣執放火之事、

一、非分之族申懸之事、

右條々、於違犯之輩者、速可処厳科者也、仍執達如件、

永禄拾一年九月日　弾正忠(朱印)

●解説

禁制とは寺社や郷村などが、軍勢から自分たちの土地や建物を守るため、権力者に礼銭を払って発給してもらうものである。それを示すことによって、略奪などの行為を防ぐのである。本状も、信長によって発給された禁制の一通である。

内容は織田軍による乱暴狼藉、陣取り、放火と、非分の族(分不相応な者)による申し懸けを禁じ、これに違犯した者を速やかに処罰することを記している。本状が発給された永禄十一年(一五六八)九月、信長はこの同時期に実に三十通に及ぶ禁制を発給している。

永禄十一年八月、美濃平定を遂げた信長は、かつて協力を約した足利義昭の上洛を果たすべく越前一乗谷(福井市)から、義昭を美濃立政寺(岐阜市)に迎えた。九月七日、信長は義昭の上洛のため、軍勢を京都へ向けて動かした。その軍勢は近江六角氏を破り、同月二十五日前後には京都に達し、同三十日には摂津芥川城(大阪府高槻市)に義昭と信長は入城しており、まさに破竹の勢いと言っていいだろう。

この織田軍の進撃を受けて、近江や京都および畿内の寺社などは、揃って信長から禁制の取得を図った。そのために、同時期に大量の禁制が発給されることとなったのである。

021 永禄十一年十月二十一日付け織田信長朱印状案
東京大学史料編纂所所蔵『言継卿記』同日条

【釈文】 写真は33頁

禁裏御料所諸役等之儀、如先規、被任御当知行之旨、
為御直務可被仰付之状如件、
永禄十一
十月廿一日　　織田弾正忠
信長朱判
諸本所
雑掌中

●解説

永禄十一年(一五六八)九月、信長は足利義昭上洛のために岐阜を出陣し、十月には畿内平定をなし、義昭は十月十八日に将軍宣下を受けた。ここに、室町幕府は再興された。しかし、再興されたとはいえ、十三代将軍足利義輝の死から三年以上が経過し、幕府の秩序は崩壊したと言っていい状況であった。そこで義昭と信長は、秩序の再編に乗り出すことになる。

義昭と信長が上洛すると、京都の貴賤僧俗がこぞって両者のところへ御礼参賀に行っている様子が当時の史料からも窺える。これは御礼参賀のみならず、ひいては自分たちの利権安堵を図るための行為である。こうした受益者側の動きを受けて、幕府奉行人奉書と信長朱印状による知行安堵が行われるようになる。こうした安堵の仕方は、当該期特有のものではなく、以前から行われてきたものである。

本状の内容は、禁裏御料所の諸役について先規と同様に当知行を認め、本所の直務とすることを命じたものである。また、同日には上京・下京に対して諸役の完納を命じた幕府奉行人奉書も発給された。

日付からもわかる通り、本状は義昭の将軍宣下直後に発給されたものである。本状が『言継卿記』に残されている理由は、この時、山科言継が朝廷からの使者として幕府に派遣されていたからにほかならない。そして、幕府から信長へ使者が派遣され、朱印状をしたためるよう求められた。ゆえに『言継卿記』永禄十一年十月二十一日条には、本状のほかに幕府奉行人連署状の案文も記されているのである。

天皇・公家による幕府の下知および信長の朱印状獲得の行動は、本状に見える事例にとどまらない。義昭の将軍宣下後から山科言継は、時に朝廷からの使者として御料回復の、時に自身の旧領回復のために義昭の許を出入りしている。こうした行動は山科言継だけではなく、ほかの公家たちも同様の行動を行ったのであろう。

022 永禄十二年正月十四日付け織田信長殿中掟案
毛利博物館所蔵

【釈文】 写真は34頁

殿中御掟
一、不断可被召仕輩、御部屋衆・定詰衆・同朋已下、可為如前々事、
一、公家衆・御供衆、申次御用次第可有参勤事、
一、惣番衆、面仁可有祗候之事、
一、各召仕者御縁江罷上越者、為当番衆堅可申付、若於用捨輩者、可為越度事、
一、公事篇内奏御停止之事、
一、奉行衆被訪意見上者、不可有是非之御沙汰事、
一、公事可被聞召、式目可為如前々之候、
一、閣申次之当番、毎年別人可被有披露事、
一、諸門跡坊官・山門衆徒、医・陰輩以下、猥不可有祗候、付、御足軽、猿楽随召可参事、
永禄十二
正月十四日　　弾正忠判

●解説

本状は、毛利家と仁和寺に写が伝わっている。信長が作成し、足利義昭が承認して判を加えたもので

ある。

永禄十二年(一五六九)正月四日、前年に足利義昭や信長に京都を追われた三好三人衆(三好長逸、三好宗渭、石成友通)が、洛中にまで攻め込み、義昭を襲った。六日に三好義継・池田勝正・伊丹忠親が駆け付けたため、十日に信長や松永久秀が上洛した時には、三人衆らは退去したあとであった。

いまだ畿内を平定した訳ではないことを思い知らされた信長は、本状を定める。内容は、義昭の側近の服務規定に関わるものと、内奏の禁止や式日に開催するなど、公正な訴訟を求めるものに分かれる。

同年正月十六日付けの「追加」七ヶ条では、義昭の家臣が寺社や公家の所領を押領することなどを堅く禁止するほか、請取沙汰や喧嘩口論、理不尽な催促も禁止している。また、公正な訴訟を行うことを義昭に求めている。

従来、信長が義昭の行動を制限したもの、両者の対立が表面化したものと評価される。ただ、この時期に両者が対立するほどの矛盾は存在せず、のちに信長が義昭を追放したことから出てきた、遡った評価であろう。

むしろ当時は、義昭が長い流浪生活を経て、京都を占領したことにより、その側近が寺社や公家の所領を押領する行為が続発していた。このため、様々な軋轢を引き起こし、義昭や信長への訴訟が頻発していた。

信長は、そうした義昭やその側近の驕りが、三好三人衆に狙われたのだと、綱紀粛正を強く求めたに過ぎない。正月二十七日には、信長は義昭の居所として、「石蔵」を備えた二条御所の築城を開始している。三好三人衆の軍事的脅威は、いまだ去っておらず、対策が急がれていたのである。

023 (永禄十二年)二月十日付け織田信長書状
米沢市上杉博物館所蔵

【釈文】写真は35頁

就越・甲御間和与之
儀、被成　御内書候、此節
有入眼、　公儀御馳
走簡(肝)要候、別而可被
取申事、於信長可為
快然候、猶御使僧可有
漏脱候、恐々謹言、
二月十日　信長(花押)
直江大和守(景綱)殿

●解説

本状において、信長は「越後の上杉輝虎(謙信)と甲斐の武田信玄の間で和解が成立し、将軍足利義昭が御内書を出したから、このことをよく理解し、そのために奔走することが重要である。このことは信長としても喜ばしいことである」と上杉氏に伝えた。確かに永禄十二年(一五六九)二月八日、義昭は智光院頼慶を上杉氏へ派遣し、武田氏との和約を勧めた。

永禄十一年九月、義昭は、信長と浅井氏の軍勢に警護されて上洛を果たし、同年十月十八日、将軍宣下を受けて第十五代の将軍に就任した。しかし翌年正月十四日、信長は、幕府の「殿中御掟」(本書022号文書)を義昭に承認させて、将軍権力を制約する動きを見せるなど、義昭は信長の傀儡となっていた。このようなことを考慮すると、本状の内容もよく理解できるかと思われる。上杉・武田両氏の和解も、将軍権力を利した信長の「演出」であったとも言えよう。

024 永禄十二年三月一日付け織田信長条書(撰銭令)
四天王寺所蔵

【釈文】写真は36頁

定精選條々　天王寺境内
一、ころ・せんとく(宣徳)・やけ(焼)銭・下々の古銭、以一倍用之、」
一、ゑミやう(恵明)・おほかけ(大欠)・われ(割)・すり(磨)、以五増倍用之、
一、うちひらめ(打平)・なんきん(南京)、以十増倍用之、
此外不可撰事、
一、段銭・地子銭・公事銭幷金銀・唐物・絹布・質物・五穀以下、此外諸商売如有来、時の相場をもて、定の代とりかはすへし、付、ことを精銭によせ、諸商売高直になすへからさる事、
一、諸事のとりかハし、精銭と増銭と半分宛たるへし、」
此外ハ其者の挨拶にまかすへき事、
一、悪銭売買かたく停止事、

一、精選未決の間に其場へ押入、於狼藉者、其所の
人として相支、可令注進、若見除の輩に至てハ、
可為同罪事、
右条々、若有違犯之輩者、速可被処厳科之由
候也、仍所被定置如件、
永禄十二年三月一日　弾正忠在判

●解説

本状は、信長が発布した撰銭に関する規定である。永禄十二年(一五六八)、信長は本状を含めた三通の銭貨に関する文書を発給している。一つは、二月二十八日付けの「定撰銭条々」で始まるもの(「饅頭屋町文書」)。もう一つが本状であり、三通目は三月十六日付けの「精選追加条々」で始まるものである(「京都上京文書」「石清水文書」「饅頭屋町文書」)。これら三通は、いずれも撰銭に関する文書である。

戦国期になると「悪銭」が社会問題化し、市中では銭の選別行為である撰銭が頻繁に行われるようになる。こうした事態に対して、室町幕府は撰銭令を発布している。さらに、このような状況下において、信長が数万の軍勢を率いて上洛したことから、京都における貨幣事情は大きな影響を受けた。それに対応するため、本状を含む一連の文書は発給されたのである。

本状の一～三条目にかけて記されている銭の種類は、従来の撰銭令では撰銭の対象とされてきた銭である。それを信長は、精銭との比率を定めることによって通用させようとした。一条目の「ころ」以下の銭は精銭一に対して二倍、二条目の銭は五倍、三条目の銭は十倍とした訳である。万単位の軍勢によって、多くの悪銭が京都に持ち込まれたのであろう。そこに生じた混乱に対応するため、信長は従来悪銭とされてきた銭を使用できるよう本状を発給したのである。しかし、これ以降も銭貨をめぐる混乱は続くのである。

025 永禄十二年卯月七日付け織田信長朱印状

東京大学史料編纂所所蔵

【釈文】写真は37頁

若州本郷之儀、任
武田大膳大夫(義統)折
紙之旨、有執沙汰
公用以下、如前々
可被相立候、永領
知不可有相違之
状如件、
永禄十二
卯月七日　信長(朱印)
本郷治部少輔(信富)殿

●解説

本郷信富は、足利義昭の兄義輝に仕えた奉公衆で、奏者番でもあった。ところが、永禄八年(一五六五)に義輝が三好義継や松永久通に討たれると、三好氏の攻撃により、信富も本郷城(福井県おおい町)から没落したという。

そして、義昭と信長が上洛し、本状が発給された。信富は十二代将軍足利義晴の娘婿でもあった若狭守護の武田義統を通じて、信長に本領の回復を訴えていたようだ。信長はこの訴えを認め、年貢以下を徴収し、以前の通りにせよと領地を安堵している。

京都近郊で頻発していた義昭側近による押領行為は、厳しく取り締まらなければならなかった。しかし、功績のあった者には、恩賞を与えねばならない。特に若狭武田氏は、永禄十二年正月に、三好三人衆(三好長逸、三好宗渭、石成友通)が洛中の本国寺(現在は京都市山科区に移転した本圀寺)に居る義昭を攻めた際、細川藤孝らと共に奮戦して、三人衆を退けるのに功績があった。信富も本国寺の戦いに加わっていたのかもしれない。

本来的には、義昭がこうした訴訟に対処しなければならないが、正月十四日の「殿中御掟」(本書022号文書)や、十六日の追加から見えるように、訴訟体制が機能していなかったようである。そのため、信長が対処したのであろう。信富は天正初期まで、信長に味方して活動した。

026 永禄十二年閏五月二十三日付け織田信長朱印状

『東寺』所収

【釈文】写真は38頁

東寺領之事、
以　御下知当知

行之上者、寺務
不可有相違、幷
新儀之課役除之
状如件、
永禄十二
閏五月廿三日　信長(朱印)
東寺
雑掌

●**解説**

永禄十二年(一五六九)正月、三好三人衆の京都侵攻を退けた信長は、足利義昭のために二条城を築城する一方、公家や寺社に所領を安堵していく。東寺も四月二十一日に、信長へ代々の御判や下知状を示し、寺領や境内を安堵されている。

信長は四月二十一日に京都を出発し、岐阜へ帰っている。本状は、信長が岐阜において、義昭の下知を受け、東寺の当知行を根拠に再度所領を安堵したものである。

この信長の朱印状を受け、京都に駐留する木下秀吉は同月二十五日に、名主百姓中へ対して、年貢や諸公事を早急に東寺へ納めるよう命じている。

義昭や信長が京都を制圧したといっても、山城一国を信長の軍事力によって、ようやく維持しているのが現実であった。前年九月に義昭や信長が上洛を果たし、今年正月に三好三人衆を本国寺で退けたといっても、三好三人衆に決定的打撃を与えることはできなかった。

そうした中、信長が京都を離れたことで、百姓らは課役の支払いを拒否し、政局を見極めようとする動きがあったのであろう。そのため、東寺は義昭に訴えて、再度信長の朱印状を求めたようである。

なお、本状は昭和四十年代に原本が紛失したため、『東寺』(朝日新聞社)より採録した。

027 永禄十二年六月七日付け織田信長朱印状
ヤマコ臼杵美術館所蔵

【釈文】写真は39頁

河西所々春秋諸
段銭弁夫銭之事、
其方与氏家(直元)・伊賀(安藤守就)
為三人、参分壱充
等分可被申付候、
去々年如此雖申
合、近年不納之由、
無是非候、任其筋目、
所務之儀永不可
有相違之状如
件、
永禄十弐
六月七日　信長(朱印)
稲葉彦六(貞通)殿

●**解説**

本状は、河西(長良川の西の地域を指すか)の所々で徴収する春秋二回の段銭と夫銭を、稲葉貞通・氏家直元・安藤守就の三人で等分することを確認した朱印状である。この方式は去々年(永禄十年〈一五六七〉)に決めたことであったが、近年は段銭・夫銭の納入が滞っているので、ここで改めて確認したものであるという。なお、貞通は信長から同日付けで領知目録を与えられ、権益の保障を受けているが、その中には「河西所々春秋諸段銭弁夫銭参分壱」が見え、本状と対応している(「豊後臼杵稲葉文書」)。

稲葉・氏家・安藤と言えば、「(西)美濃三人衆」としてよく知られている三氏である。このうち安藤守就は伊賀姓を名乗ることもあり、本状でも「伊賀」と呼ばれている。また氏家直元は入道名の卜全のほうが、稲葉貞通はその父良通(一鉄)のほうが著名であろう。いずれも美濃の有力領主であり、稲葉氏は曾根城(岐阜県大垣市)、氏家氏は大垣城(大垣市)、安藤氏は北方城(岐阜県北方町)の城主であった。三氏はもと斎藤龍興に仕えていたが、永禄十年八月に揃って信長方へ寝返った。信長はこの機を捉えて、斎藤氏の本拠稲葉山城(岐阜市)を攻略することができたのである。

本状に見える河西所々段銭・夫銭の三等分が決められたのは、三氏が寝返ったまさにその年であり、新たに配下となった三氏の権益を信長がただちに調整・確認したものと位置づけることができる。

なお、信長に服属したあとは、三氏は一組となって信長の戦争に参加している。これが「(西)美濃三人衆」と呼ばれるゆえんであるが、本状からは三氏が所領支配の面でも一組として扱われていることがわかり、大変興味深い。

028（永禄十二年）十月二十二日付け織田信長書状　本間美術館所蔵

【釈文】写真は40頁

弟鷹二聯（山廻・青）居給候、
祝着之至、自愛令
秘蔵候、毎度如此之次第、
御懇慮難謝候、条々可
為入魂之趣、大慶候、
猶自是可申述之条、
抛筆候、恐々謹言、

十月廿二日　弾正忠信長（花押）

謹上　上杉弾正少弼殿（輝虎）

●**解説**

信長は、永禄十二年（一五六九）閏五月、上杉輝虎（謙信）から兄鷹一連を送られたが、本状のように、同年十月には山廻と青の「弟鷹」二連が送られた。本状の「毎度如此」とは、このことであり、「毎回の配慮に感謝し、いろいろな気遣いは良いことである」とも述べている。さらに同年閏五月の、信長重臣の林通勝の一族に宛てた輝虎の書状によると、これらの贈答は、足利義昭の上洛に対するものであった。したがって輝虎は、信長を介して、義昭の将軍就任を祝したのである。これらの動きに対するものが本状である。

こうして信長と輝虎は、次第に接近した。本状が出される直前の十月十一日、信長は伊勢の木造具教を降伏させ、畿内周辺に基盤を作りつつあった。一方の輝虎は、北条・武田両氏との抗争が続いており、将軍義昭および信長との関係は大事だったのであろう。

本状の「弟鷹」は雄鷹のことで「だい（大）」と読み、雌鷹は「兄鷹」で「しょう（小）」と読む。性別による大きさの違いである。なお鷹狩に用いる鷹とは、飼育することから始めて狩猟の様を競うものなので、贈答としては、親鷹よりも、むしろ飼育前の若鷹のほうが珍重された。

029 永禄十二年十一月六日付け領中方目録（織田信長朱印状写）　国立公文書館内閣文庫所蔵『土佐国蠧簡集』残篇四所収

【釈文】写真は41頁

領中方目録
一、五百石　河井新左衛門分
一、八百石　安部井助太郎分
一、弐百五拾石　栖雲軒分
一、参拾石　梅若大夫分
一、弐百石　横山左近将監分
一、四百石　鯰江満介分
一、参拾石　交山兵庫助分
一、参百石　大塚太郎左衛門分
一、千石　中務大輔分之内山上
已上、三千五百拾石

右跡職、永禄拾年迄当知行分幷与力・家来共以相加之、寺庵分を除之条、可為各別、但年々落来分ハ、右之跡職ニ可准之、知行之内より年貢・私得分等諸事やりとり、互如有来たるへし、全領知不可有相違之状如件、

永禄拾弐年十一月六　信長

掃部助殿（津田一安）

●**解説**

永禄十一年（一五六八）九月、信長は近江六角氏を滅ぼすと、六角家臣の所領を没収し、その一部を自らの家臣に与えている。本状はその一例で、河合新左衛門ら六角家臣の跡職（旧領）を、信長が一族の津田一安に与えたことが判明する。

この時、一安に与えられたのは、まず河合らが永禄十年まで当知行していた（実際に支配していた）分と、河合らに配属されていた与力・家来である。六角氏が滅ぼされたのは永禄十一年九月であったから、河合らが自領から年貢を徴収できたのは永禄十年が最後だったと考えられる。河合らの旧領の範囲を定めるに際して、永禄十年が基準とされているのはこのためだろう。

次いで寺庵の所領については、基本的に一安への給付対象から除外されている。ただし、「年々落来分」、すなわちこれまでに没収されてきた寺庵領は、一安に与えられている。つまり、当知行地はそのまま寺庵の支配を認めるが、不知行地は寺庵に返さず新領主のものとする、という方針であった。

最後に、今回一安に与える所領が負担してきた年貢・私得分は、これまで通りとせよとある。つまり、一安に与えられた所領の中に、年貢・私得分などといった形で権益を持つ者がいることが問題となっているのである。ここで信長は彼らの権益を否定せず、これまで通り一安から彼らに取り分を収めることを命じた。したがってこの段階では、一つの土地に複数の権益が重層する中世的なあり方が解消されていないと見ることができる。

030 永禄十三年正月二十三日付け足利義昭・織田信長条書　石川武美記念図書館成簣堂文庫所蔵

【釈文】 写真は42・43頁

（印文、義昭宝）

条々

一、諸国へ以　御内書被仰出子細有之者、信長ニ被　仰聞、書状を可添申事、

一、御下知之儀、皆以有御棄破、其上被成御思案、可被相定事、

一、奉対　公儀、忠節之輩ニ雖被加御恩賞・御褒美度候、領中等於無之ハ、信長分領之内を以ても、　上意次第ニ可申付事、

一、天下之儀、何様ニも信長ニ被任置之上者、不寄誰々、不及得上意、分別次第可為成敗之事、

一、天下御静謐之条、　禁中之儀、毎事不可有御油断之事、

已上、

永禄十参

正月廿三日　（信長朱印）

日乗上人

明智十兵衛尉（光秀）殿

●解説

永禄十二年（一五六九）の伊勢攻めをめぐって将軍足利義昭と対立した信長は、突然帰国して政務を放棄した。その状況を打開し、政権運営のあり方を定めたのが本状である。形式的には信長が提案し、義昭が袖判を捺して承認した。日乗上人は御所修理にあたり、明智光秀は信長に仕えると共に幕府奉公衆でもあった。両名は中間的な立場から宛所となったのであろう。

第一条では、義昭が諸大名に御内書（室町時代以降、将軍家が発給した私文書の書状で、公的な効力を持った）を送る際には信長の副状を付けることとし、その行動を掣肘した。第二条は、義昭の指令をすべて破棄し、再考させた。第三条では、義昭に忠節を尽くした者へは、信長の分領を割いてでも恩賞を与えるとした。これは幕臣への恩賞が少ないことへの批判であるが、少なくない幕臣が信長に心を寄せていたことを窺わせる。第四条では、信長に天下のことを委任し、今後は誰についても信長の分別次第で成敗するとして、信長に政治の実権を認めた。第五条は、天下静謐のために天皇への奉公を定めたものである。

本状は明治四十三年（一九一〇）まで存在を知られておらず、いわば密約であったが、これによって信長の天下支配は正当化されることになった。

031 永禄十三年正月二十三日付け織田信長書状写　天理大学附属天理図書館所蔵『二条宴乗日記』同日条

【釈文】 写真は44・45頁

（前略）

就信長上洛可有在京衆中事、

北畠大納言（具教）殿同北伊勢諸侍中、徳川三河守（家康）殿同三河・遠江諸侍衆、

姉（小）少路中納言（嗣頼）殿同飛驒国衆、山名殿父子同分国衆、

畠山（昭高）殿同在□衆、遊佐河内守（信教）、

三好左京大夫（義継）殿、松永山城守（久秀）同和州諸侍衆、

同右衛門佐（松永久通）、松浦総五郎（虎）同和泉国衆、

別（所）□□三郎（長治）同播磨国衆、同孫左衛門同同名衆、

丹波国悉（衆）、一色左京大夫殿同丹後国衆、

武田孫犬丸同若狭国衆、京極殿（高吉）同浅井備前、

同尼子、同七佐々木（六角承禎）、同木林源五父子、

同江州南諸侍衆、紀伊国衆、

越中神保名代、能州名代、

甲州名代、淡州名代、
因州武田名代、備前衆名代、
池田、伊丹（親興）、塩河、有右馬（有馬）、此外其寄々之
衆として可申触事、

同触状案文

禁中御修理、武家御用、其
外為天下弥静謐、来中旬可
参洛候条、各有上洛、御礼被申上、
馳走肝要候、不可有御延引候、
恐々謹言、
□（正）月廿□（三）日　　信長
依仁躰、文躰可有上下、

●解説

永禄十三年（一五七〇）正月二十三日、信長は二通の文書を発給する。一通は将軍足利義昭の袖判が据えられた五ヶ条の条書である。そして、もう一通が「禁中御修理」から始まる本状となる。

本状は『二条宴乗日記』永禄十三年二月十五日条に所載された文書であるが、日付部分の欠損のために、いつ発給されたものかが判然としなかった。しかし、同記の江戸中期の抄本である『日記抜書』によって、正月二十三日に発給されたものだと判明した。

内容は、禁中の修理、将軍義昭の御用、天下静謐のために信長が来月中旬に上洛するので、おのおのも遅れずに上洛して将軍へ御礼言上を行うよう求めたものである。本書では、日記の一部分も採録した。すなわち、北畠・徳川・姉小路・畠山・三好・松永など、伊勢・三河・遠江・飛騨・但馬・河内・大和・和泉・播磨・丹波・丹後・若狭・近江・紀伊・越中・能登・甲斐・淡路・因幡・備前・摂津にわたる武家衆の名が記された部分である。本状末に記されている「依仁躰、文躰可有上下」とは、本状が送られた者と信長との関係によって、文体に書札礼に則った変化があることを示している。

本状は、将軍義昭と信長との関係を物語る史料として、多くの研究に引用されている。最近の研究では、「天下」という語の意味は、日本全国ではなく将軍の管轄する京都を中心とする五畿内を指す語であると指摘されている。本状が発給された範囲もまた、「天下静謐」のために呼びかけ得る地域だったのであろう。

032 （永禄十三年）三月十八日付け織田信長書状
九州国立博物館保管

【釈文】写真は46・47頁

旧冬差下如閑斎候之処、自
元就只今以永興寺委趣承候、条々
御入魂之次第大慶候、先度生田寺ニ
遂（逐）一申含候シ、定可相達候、
播州出勢日限、追而可申候、非
油断候、備前表行之事、至于其
節不可移時日候、随而芸（安芸）・豊（豊後）間
和平可然存之条、被加　上意候様ニ
可令馳走候、就其豊州之使者申
分粗承候、其通湍西堂ニ申渉候、
何篇於信長不可有疎意候
条、貴所別而可被執申事
専用候、暫可為在洛之間、
尚重而可申候、恐々謹言、

三月十八日　　信長（花押）

小早川左衛門佐（隆景）殿

●解説

本状は、毛利元就の三男で、小早川家を相続した小早川隆景に宛てたものである。

織田・毛利氏間の直接的な通交は、永禄十二年（一五六九）半ば頃から始まったと推測される。同年に比定される八月十九日付け日乗（出雲国出身の僧で、この当時は信長の禁中奉行だったとされる）書状案（「益田家文書」）に「信長への御返事、則ち京着候」「信長事、何様とも申し談ずべきの由、申され候、何とぞ御縁辺申し談じたきの由に候」とあり、これ以前に信長から毛利氏に対して通交があったこと、信長が毛利氏との姻戚関係を希望していたことがわかる。

さらに同書状案には、①永禄十二年六月に、但馬国守護家山名祐豊の支援を受けた尼子勝久・山中幸盛らが挙兵し、出雲国へ乱入したことを踏まえて、毛利氏支援のため、木下秀吉・坂井政尚を但馬へ出陣させたこと、②播磨・備前境目地域を支配する浦上宗景が、尼子氏や大友氏と連携して、備前・美作国の毛利氏支配地域を圧迫したため、毛利氏支援の

ために木下祐久らを出陣させて、播磨国の諸城や宗景の居城天神山城(岡山県和気町)を攻略する予定であること、③足利義昭や信長と対立関係にある阿波・讃岐国を分国とする三好氏を征討するため、毛利氏に対して、大友氏との講和を調停したこと、などが記されている。

右記の②、③の内容は、本状においても記されており(②「播州出勢日限、追而可申候、非油断候、備前表行之事、至于其節不可移時日候」、③「芸豊間和平可然存之条、被加上意候様ニ可令馳走候」)、織田・毛利氏間の連携が、浦上宗景や三好氏を敵対勢力とする軍事同盟的関係であったことを示している。

上洛当初の信長と毛利氏の関係は、利害関係が一致していたことから、極めて良好だったと言えよう。

033 (永禄十三年)三月二十三日付け織田信長書状

毛利博物館所蔵

【釈文】 写真は48頁

官途之儀、被任
右衛門督候、依之被成
下　御内書候、尤御
面目之至珍重候、
連々可被抽忠節
事簡(肝)要候、恐々謹言、
三月廿三日　信長(花押)
毛利少輔太郎(輝元)殿
進之候

●**解説**

本状は、毛利元就の嫡孫(元就長男隆元の子)輝元(「毛利少輔太郎」)が「右衛門督」の官途に任じられたことに対して祝意を示したものである。

「被成下　御内書」とあることから、現存していないものの、将軍足利義昭による官途授与の御内書が発給されたことがわかり、本状は御内書の副状だったものと考えられる。

また、本状と同年の元亀元年(一五七〇)に比定される五月十日付け柳沢元政(義昭側近)宛て輝元書状写(『防長風土注進案』)に「我等官途について、御内書下しなさるの由に候、誠にあるまじき御事、面目の至りに候、信長御入魂の故に候」とあり、義昭の輝元への官途授与行為において、信長が積極的に関与したことがわかる。

水野嶺氏によると、元亀二年(一五七一)の吉見正頼・広頼(毛利氏家臣、石見国衆)に対する官途授与、元亀四年(一五七三)の輝元に対する「右馬頭」官途授与のいずれにおいても、信長の関与は見られないとされる。

このような官途授与の経緯は、上洛当初の信長が毛利氏との同盟関係を極めて重視していたこと、その後、信長と義昭の関係が悪化するのに伴い、織田・毛利氏間にも亀裂が生じてきたことを窺わせるものである。

034 元亀元年卯月二十三日付け織田信長朱印状

京都府立総合資料館所蔵

【釈文】 写真は49頁

越前諸浦之事、
聚賊船可令成敗
由、尤神妙候、依之
城州西岡革嶋
在所・同名勘解由左衛門
分・同月よミ分・同
内蔵助・右衛門分之
儀、任忠節之旨、
被還附候上者、
永領知不可有
相違者也、仍執
達如件、
元亀元
卯月廿三日　信長(朱印)
革嶋越前守(一宣)殿

●**解説**

革嶋氏は、西岡(京都市西京区、向日市、長岡京市を指す地域の呼称)の国人である。西岡は、革嶋氏のような一村規模の国人が多く存在し、一揆を結ぶ地域であった。

革嶋一宣は、永禄八年(一五六五)に三好義継や松永久通が足利義輝を討った際に、三好方に敵対したため、丹後に逃れていた。そのため、革嶋氏の所領は、同じ西岡国人の鶏冠井氏に奪われていた。

永禄十一年に足利義昭と信長が上洛した際には、一宣は細川藤孝に与力していたが、西岡への復帰は叶わず、丹後で機会を待っていた。

そして、永禄十三年(一五七〇)四月二十日に、信長は越前の朝倉義景を討つため、京都を出陣する。一宣はこれに呼応して、海路より越前各地の港町を攻撃した。本状は、こうした一宣の軍功を褒め、革嶋一族の旧領を返還し、安堵したものである。

035 (元亀元年)五月四日付け織田信長書状　名古屋市博物館所蔵

【釈文】写真は50頁

其表雑説之儀、未休之
由候、治定之所不実候歟、
紀州・同根来寺馳走
申之旨可然候、如申旧候、
於信長毛頭無疎意候、
御手前之儀、堅固ニ可
被仰付事簡(肝)要候、
恐々謹言、

五月四日　信長(花押)

畠山左衛門督(昭高)殿
進覧之候

●解説

永禄十三年(一五七〇)四月二十日、信長は越前の朝倉義景を討つために出兵したが、二十八日に近江の浅井長政が信長から離反し、二十九日には六角承禎も蜂起した。

このため、反信長の動きが各地で一斉に表面化する。河内方面でも信長から離反する勢力が出たようだ。六角承禎は五月七日付けで、阿波を支配する三好長治の重臣である篠原長房に書状を送り、畿内の情勢を伝えると共に、出兵を促している。

本状では、河内高屋城(大阪府羽曳野市)を守る義昭・信長方の畠山昭高に対して、河内の情勢を憂慮する一方で、紀伊や根来寺が味方していることに安堵している。こうした混乱状況の中で、信長は昭高を疎かにする気持ちがないことを伝え、高屋城の守りを固めることが重要であると説いている。

信長は、五月二十二日に六角承禎を野洲川(滋賀県野洲市)で破り、六月二十八日には姉川(滋賀県長浜市)で浅井・朝倉連合軍を撃破した。

しかし、五月二十五日には四国から三好勢が堺に進出しており、それを防ぐ昭高の役割は高まった。昭高は、八月二日には義昭からも、紀伊や根来寺を動員して、三好三人衆に対抗するよう命じられている。

036 元亀元年五月十五日付け領中方目録(織田信長朱印状)　美濃加茂市民ミュージアム所蔵

【釈文】写真は51・52頁

領知方目録
一、千石　吉田分
一、四百石　赤佐分
一、八百石　安部井分
一、五百石　河井分
一、参百石　大塚分
一、弐百石　横山分
一、弐百五拾石　栖雲分
一、参拾石　梅若太夫分
一、参拾石　交山分
一、弐千石　小倉越前分
同右近太夫分共ニ
已上五千五百拾石
此外
一、市原四郷一職ニ加之
右所充行也、全領知不可有相
違之状如件
元亀元
五月十五日　信長(朱印)
蒲生左兵衛大夫(賢秀)殿
同忠三郎(氏郷)殿

●解説

本状は、元亀元年(一五七〇)五月十五日に、蒲生左

兵衛大夫(賢秀)・忠三郎(氏郷)父子に対して発給された領知方目録である。

宛所の一人である蒲生賢秀は近江日野(滋賀県日野町)の城主で、近江守護職にあった六角承禎に仕えていたが、永禄十一年(一五六八)に信長が、将軍足利義昭の上洛を大義名分として近江へと進撃し、六角氏を打ち破るとこれに降った。この時、賢秀は信長への人質として嫡子鶴千代を拠出している。鶴千代は信長に気に入られたようで、元服に際し、弾正忠信長の「忠」を与えて蒲生忠三郎賦秀と名乗らせた。また、翌十二年には自身の娘と縁組させている。

以上のような経緯を踏まえて、右目録に改めて目を向けると、まず、「小倉越前」など六角氏の被官であった者たちの所領が数多く列挙されていることが注目される。信長は永禄十一年に旧六角領の検地を実施し、土地の再配分を企図した。その結果、六角氏被官の多くが蒲生氏の監督下に置かれることが決定したのである。この措置に伴い、蒲生氏の領主権力は格段に強化されたことが見てとれると共に、そこには信長の蒲生氏に対する期待の大きさもまた窺えよう。

続いて、宛所が蒲生父子二名となっていることに注目したい。氏郷は、この時わずか十五歳であるが、信長の婿として迎えられたことで、その立場が上昇し、現当主の賢秀と並ぶ者と評価されたのであろう。

037 (元亀元年)五月二十五日付け織田信長朱印状写　東京大学史料編纂所所蔵影写本

【釈文】写真は53頁

尚以人数之事、
分在よりも一廉
奔走簡要候、次
鉄炮之事、
塙九郎左衛門尉(直政)・丹羽五郎左衛門尉(長秀)
かたより可申候、別而
馳走専用候、

江州北郡ニ至而
可相働候、来月
廿八日以前、各岐
阜迄可打寄候、
今度之儀、天下之
為、信長為、旁以此
時候間、人数之事、
不撰老若於出陣
者、忠節可為祝
着候、依働訴
訟之儀可相叶之
状如件、

五月廿五日　信長(朱印影)

遠藤新右衛門尉殿(胤俊)
遠藤新六郎殿(慶隆)

●解説

本状は、遠藤慶隆・胤俊に出陣を命じた朱印状の写しである。遠藤氏は美濃郡上郡の豪族で、もと斎藤氏に仕えていたが、同氏の没落後は信長の家臣となっていた。慶隆と胤俊は従兄弟で、前者が宗家である。

本状で信長は、「近江北郡(浅井・坂田・伊香郡)に進軍する予定なので、六月二十八日までに岐阜に集合せよ。今回は天下のためにも信長のためにも重大な時であるから、老若にかかわらず多人数で出陣すれば忠節である。今回の働きによっては、おまえたちの訴えを叶えてやろう」と述べる。また追而書では、「軍勢は分限よりも多く連れてくるように。また鉄砲については、塙直政・丹羽長秀から指示があろうから、特に尽力するように」と言っている。

この年の四月、信長は越前朝倉氏攻めに向かったが、浅井長政の離反に遭って撤退に追い込まれている。この事態を受けて信長は、五月上旬に京都を発ち、近江南部に部将を配置しつつ、五月二十一日に岐阜へ帰った。本状が出されたのはその四日後であるが、ここで信長は早くも近江北郡の浅井長政攻めを宣言したのである。この軍事行動を天下のため(ここでは京都を中心とする畿内地域の安寧を指すとも考えられる)にも信長のためにも重大と位置づけ、家臣には軍役高以上の兵力動員を命じ、一方で活躍すれば願いを叶えてやると言って奮い立たせているあたりからは、自分を裏切った長政を倒すことに対する、信長の強い意気込みが感じられる。

信長が長政攻めに出陣したのは六月十九日で、本状で岐阜集合の期日としていた六月二十八日には、姉川(あねがわ)で浅井・朝倉連合軍を破っている。本状を発した段階よりも予定を早めたということであろうが、このことからも、報復にかける信長の気概が感じ取れるようである。

038 （元亀元年）七月十日付け織田信長覚書

毛利博物館所蔵

【釈文】写真は54〜57頁

覚

一、若狭之国端ニ武藤与申者、
企悪逆之間、可致成敗之旨、
為　上意被仰出之間、去四月
廿日出馬候、武藤種々相詫候
条召出、要害已下令破却、
任御下知之事、

一、彼武藤一向不肖之処、従越前
加筋力候、遺恨繁多ニ候之間、
直ニ越前敦郡(敦賀)ニ至て発向候、
手筒山・金前両城を踏相支候シ、
不移時刻、先手筒山攻上、即
乗入数百人討捕落居候、金前
城ニ朝倉中務大輔(景恒)栖籠之間、
翌日可攻破覚悟候処、懇望之間、
加用捨追出候、両城共以任存分候、
則国中へ雖可及行候、備(備前)・播(播磨)表
出勢之儀、内々約諾申之条、
時宜為可示合、金前ニハ番手
入置、先帰洛候つる事、

一、浅井備前守(長政)別心易色之由、
帰洛之途中へ告来候、彼等儀
近年別而令家来之条、深重
無隔心候き、不慮之趣、無是非
題目候事、

一、在洛中畿内之面々人質
取聚、天下無異儀趣候条、
五月中旬至濃州納馬候事、

一、浅井備前元来少身ニ候間、成
敗非物之数候処、信長在京中ニ
越前衆相語、濃(美濃)・江(近江)堺目之節
所を拘、足懸二三ヶ所拵、可禦
支度候き、去十九日向彼地出馬候、
同日敵城右之新所を初、彼是
四ヶ所落居候、且得利本望候事、

一、同廿一日、浅井居所小谷へ押入、
城下之儀不覃申(もうすにおよばず)、江北中皆以
放火候事、

一、小谷より二里余南ニ横山と申
地を、浅井かたより拘置候間、可
討果ためニ詰陣申付、信長も
在陣候、然而為後巻、越前衆・
浅井衆都合三万ニ可及候歟、
去月廿八日巳時取出候、当手
人数同刻備合、遂一戦両口共
切崩、得大利候、首数之事、更
不知校量候間、不能註候、小谷
城雖可攻果候、残党逃入候
山も険之由候条、一旦ニ難果
歟、然間押之執出申付候、畢
竟落居不可有程候、如此早
速達本意候事、且者為
天下、且者為悴家、大慶不
可過賢察候事

一、阿州牢人等相催、摂州端々
錯乱由候条、今月四日令上
洛候き、牢人沙汰消滅候間、
先下国候、頓又(やがてまた)可上洛候、聊(いささかも)
無油断事

一、畿内其外之躰、被聞届度
由候条、有姿端々染筆候、猶
追而可申事、

七月十日（信長朱印）

吉田

●解説

本状は、元亀元年（一五七〇）六月の姉川(あねがわ)の戦い前後の状況に関する文書である。『山口県史』においては、検討を要するとされている。ほかの毛利氏宛て信長文書に見られない朱印が据えられている点、宛所の「吉田」は安芸国吉田（広島県安芸高田市）を居城とする毛利元就(もうりもとなり)（輝元(てるもと)）を指していると考えられるが、ほか

の毛利氏宛て信長文書において「吉田」宛てとしたものが見当たらない点などが検討すべき点として挙げられる。

内容については注目すべき点も多いが、本状の伝来した毛利氏に関係する記述に着目したい。

二条目後半部に「備・播表出勢之儀、内々約諾申之条」とあり、本書032号文書において信長が、播磨への出兵時期をのちほど知らせる、その際に浦上宗景領へも進攻する（「播州出勢日限、追而可申候、非油断候、備前表行之事、至于其節不可移時日候」）としている点と合致する。また、本状と同じ日付の元就宛て信長書状写（「毛利博物館所蔵文書」）にも「備・播表出勢の儀、時分見合わせこれより申すべく候」とあり、本書032号文書と一致している。

一方で、「（備前・播磨方面への出兵の）時期を合わせるため、金ヶ崎城（福井県敦賀市）には城番を残して、（私は）先に京へ帰りました」（「時宜為可示合、金前ニハ番手入置、先帰洛候つる事」）とする本状の記述は、ほかの文書においては確認できないものである。

のちに毛利氏と敵対することとなる信長が、この当時は毛利氏との同盟関係を重視していたことを示す内容となっている点は興味深い。

039 （元亀元年）十月二日付け織田信長書状

美濃加茂市民ミュージアム所蔵

【釈文】写真は58頁

其表之趣、如何候哉、
徳川三河守(家康)着陣候、
向近江□(置カ)候丹羽(長秀)・
木下(秀吉)已下も令
渡湖候間、徳川ニ
相加、東福寺・清水・
粟田口辺ニ可執
陣候、敵淀川を越候□、
間近寄候共、此表
儀者、志賀・勝軍
残人数、
信長即時□
可討果、敵働
様子被見届、可
被合手候、為其
申送候、恐々謹言、
十月二日　信長（花押）
遊佐(信教)□□□

●解説

本状の宛所の遊佐信教は、河内の畠山昭高の重臣で、守護代家を出自とする。永禄十三年（一五七〇）正月には、信長より、昭高とは別に上洛を命じられるなど、その実力は主君並に認められていた。

元亀元年（一五七〇）九月十二日、足利義昭と信長は四国より渡海してきた三好三人衆と、野田・福島（大阪市福島区）で戦っていたところ、本願寺が信長の陣を攻撃した。ここに約十年に及ぶ、いわゆる「石山合戦」が始まった。

信長は、摂津・河内・和泉方面で三好三人衆や本願寺から、近江方面で朝倉義景・浅井長政・六角承禎・比叡山から挟撃されるという苦境に陥ってしまった。

本状によると、信長は徳川家康の援軍を得て、浅井・朝倉勢に対処するため、自身は近江の坂本（滋賀県大津市）に在陣し、横山城（滋賀県長浜市）より丹羽長秀と木下秀吉を呼び寄せた。家康は代わりに横山城を守っていたが、信長は家康に加えた兵力を、東福寺をはじめとする洛東に配置したと、信教に伝えている。そして、三好三人衆が淀川を越えて、京都へ攻め込むようであれば、志賀（滋賀県大津市）や勝軍地蔵山（京都市左京区）に軍勢を残し、信長自らが出陣して討ち果たす、と強い決意を示した。

遊佐信教も離反しかねない状況のため、信長はあえて強い姿勢を示すことで、信教を自陣営に食いとどめようとしたのである。

040 （元亀元年）十月六日付け織田信長朱印状

加賀本多博物館所蔵

【釈文】写真は59頁

今度父駿河守(青地茂綱)
討死、忠節之条、
領知方幷与力・
家来等、如前々
充行候、不可有

相違之状如件、

元亀元

十月六日　信長（朱印）

青地千世寿殿

●解説

本状冒頭の「駿河守」とは青地茂綱のことで、蒲生定秀の弟であり、永禄十一年（一五六八）、近江の蒲生氏や朽木氏らと共に信長に仕えた。青地氏は、南近江の青地郷（滋賀県草津市）を本貫とする土豪である。

元亀元年（一五七〇）四月、信長は、上洛要請に応じなかった朝倉義景を攻めるために越前敦賀（福井県敦賀市）まで出撃し、六月、近江姉川で浅井・朝倉氏の軍勢を撃破した。その後は、三好三人衆の動きや本願寺顕如の挙兵、さらに浅井・朝倉軍が比叡山や六角氏とも手を結び、大津・山科・伏見といった京都近郊まで侵攻したこともあり、信長は、かなりの苦戦を強いられた。

京都近郊まで迫ってきた朝倉・浅井氏の軍勢と信長軍が対決した九月十九日、宇佐山城（滋賀県大津市）の森可成を支援するために信長の弟信治と茂綱は出撃したが、その戦闘に敗れて両人とも戦死した。これに伴い出されたのが本状であり、信長は、茂綱の戦功を賞し、従来通りの所領および家中の者の知行まで保証したのである。

その後の青地氏は、豊臣大名となった蒲生氏郷に仕えて会津（福島県会津若松市）まで従い、文禄四年（一五九五）の氏郷死後も、氏郷の子秀行と共に下野宇都宮（栃木県宇都宮市）まで赴いた。しかし慶長四年（一五九九）以後、加賀の前田氏に仕えたようである。本状が加賀藩重臣の本多家に伝来したのは、このような経緯からである。

041　（元亀元年）十一月二十四日付け織田信長書状

名古屋市博物館所蔵

【釈文】写真は60頁

委曲示承候、祝着候、

殊太刀・馬給之懇

慮候、年内漸無余

日候条、爰許不覃見

舞候、来春早々可申候、

恐々謹言、

十一月廿四日　信長（花押）

波多野（秀治）右衛門大夫殿

●解説

本状は、丹波八上城（兵庫県篠山市）の波多野秀治から贈られた太刀や馬に対する謝辞を述べたものである。

丹波では長く、八上城の波多野氏と、八木城（京都府南丹市）の内藤氏が二大勢力となり、中央の政局と結びついて、争ってきた。足利義輝を京都より追放した三好長慶は、内藤国貞と結び、国貞が戦死すると、重臣の松永久秀の弟で国貞の娘婿の長頼に内藤氏を後見させた。長頼は内藤宗勝と改名し、波多野氏を駆逐して、丹波を平定していった。

宗勝は永禄八年（一五六五）に戦死したが、その子の貞弘（のちの内藤ジョアン）が活動していた。

三好三人衆と松永久秀の争いの中で、永禄九年（一五六六）に波多野氏は八上城を奪還した。その後、義昭や信長が入京し、三好三人衆を京都から追い払うと、これに従った。

秀治は改めて、信長が三好三人衆や本願寺、朝倉氏や浅井氏、六角氏の包囲網に苦しめられている中で、信長に味方することを表明し、内藤氏を丹波から駆逐しようとしたのであろう。

一方の信長は、十一月二十一日に六角承禎と和睦し、堅田（滋賀県大津市）攻めに向かう途中であった。

042　元亀元年十一月二十八日付け織田信長朱印状

『書画　蒐集と鑑賞』第十三号所収

【釈文】写真は61頁

依　勅宣今度如此令和談之上者、

向後一亀二雁（鷹）之心得、相互可存者也、

一、就浮説不慮之仕合於有之者、無隔心之儀、誓紙之上可遂御相談事、

一、江州濃州境目番手之儀、相互不可有候、若旗頭中逆心之族、於有之者、

両国之勢以、可退治乎、可随其時事、
一、朝家御事、是又神国之要ニ候乎、然上者別而御馳走可申儀勿論候条、不及紙面之沙汰候事、
一、公方家御政道於有御越度義者、相互遂御相談、任道理之旨、為天下万民可然様可相計候事、
一、公家・門跡方政道之儀、従貴国可及御沙汰之条、相違有間敷事、

元亀元年十一月廿八日　（信長朱印）

●解説

元亀元年（一五七〇）九月、摂津・河内方面に三好三人衆が侵攻すると、本願寺がこれに呼応し蜂起する。また、近江方面では朝倉・浅井氏が軍を進めるとこれを比叡山が支援し、また六角氏も軍を興したため、将軍足利義昭と信長は窮地に陥る。信長は事態の収拾のため、各勢力との講和を図った。

本状は、この元亀元年に信長と浅井長政間で和平が結ばれた時、信長が浅井氏に対して発給したと考えられている朱印状である。信長と浅井氏の和平交渉の過程については、十一月十二日段階で浅井長政から和平を持ちかけたが、信長がこれを拒否したことがわかっているほかは不明な点が多い。

内容は、天皇の命によって今回和談がなり、今後の信頼関係のためとして、流言による不慮の事態が起きた際には、起請文を交換し相談すること。近江と美濃の境目には互いに軍勢を置かず、反逆する者がいた場合は両軍で退治すること。朝廷は神国の要であり、各別に取り計らうことはもちろんであり、紙面に記すには及ばないこと。公家・門跡の政道については、浅井方から沙汰をすることに相違がないこと、などが記してある。

さて、本状には信長朱印が捺されており、正文と考えられているが、いくつか疑問点もある。まず、織田・朝倉間で結ばれた和平は、足利義昭の「上意」によるものであると、信長・朝倉義景双方の起請文に記されている。また、信長が不利な状況での和睦とはいえ、浅井長政にここまで譲歩するかという疑問も生じる。信長が朝倉義景に送った起請文では、比叡山・浅井長政・本願寺などへの項目はあるが、公家の政道や朝家云々といった文言は見られない。こうした、信長・朝倉間の和睦と信長・浅井間の和睦条件の違いが見え、その部分には課題が残る文書である。

043 （元亀二年）二月二十八日付け織田信長書状　立花家史料館所蔵

【釈文】　写真は62頁

就豊芸間之儀、重而
被加　上意候、依之
愚庵（久我）御下向候、被抛
万端有一和、天下之儀
御馳走尤候、此等之通
得其意、可申展之由候、
御入眼可為珍重候、
恐々謹言、

二月廿八日　信長（花押）

謹上　大友左衛門督入道殿（宗麟）

●解説

足利義昭は将軍に就任した翌年の永禄十二年（一五六九）から、豊後大友氏と安芸毛利氏に対して和睦勧告を行っている。両氏は永禄初年から北九州をめぐって抗争に突入していたが、義昭としては和睦を実現させることで、大友・毛利両氏の軍事力を義昭の敵である阿波三好氏攻撃へと向けさせようとしたのである。また、これより先の永禄六年には、義昭の兄義輝も大友―毛利間を調停し、一時的ではあったが和睦を成立させていた。義輝の正統な後継者たることを強く意識する義昭にとって、大友・毛利両氏への和睦勧告は兄の政策を継承する意味合いもあったのだろう。

ただし永禄十二年の勧告は、大友・毛利双方の事情もあってすぐには受け入れられなかった。そこで義昭は元亀二年（一五七一）二月、再度和睦を勧める御内書を発している（「大友文書」）。本状は、この御内書の意図を大友氏に詳しく伝えるべく、信長が出した書状である。ここで信長は、「豊芸」すなわち豊後大友・安芸毛利に対して再び義昭が調停を行ったこと、

和睦実現のために久我愚庵が下向したことを伝え、どのような事情も放擲して和睦し、「天下」のことに取り組む(ここでは、三好氏など義昭の敵を倒していくことを指すとも考えられる)のがよいと述べている。

なお久我愚庵(俗名晴通)は義輝・義昭の母の弟にあたり、義昭に近仕して活躍した人物である。また彼は、永禄二年に義輝が大友義鎮(宗麟)を九州探題に任じた際には副状発給者の一人となっており、永禄六年の義輝による調停の際には使者として豊後に下向している。このように義輝・義昭と関係が深く、大友氏とも繋がりのある人物であったため、元亀二年の和睦勧告の際にも、愚庵が下向することになったのであろう。

044 (元亀二年)三月二十日付け織田信長書状 米沢市上杉博物館所蔵

【釈文】写真は63頁

去年畿内所々就在
陣、尋承候、本望之至候、
天下之儀、無異子細候、乍
恐可被安賢慮候、随而
貴辺隣国令属御存分
之由尤候、仍就鷹之儀、度々
雖申入、珍敷鷹在之由、聞
及候間、重而差遣候、御分国
無異儀様ニ候者、可為快然候、
猶期後音候、恐々謹言、

三月廿日　　信長(花押)

上杉弾正少弼(謙信)殿

進之候

●**解説**

元亀元年(一五七〇)六月、信長は徳川家康と共に、近江姉川(滋賀県長浜市)において、朝倉・浅井氏の軍勢を撃破したものの、その後は、本願寺や比叡山および六角氏など、多くの敵勢から攻め込まれ、特に朝倉・浅井氏の軍勢には、大津・山科・伏見など京都近郊まで攻め込まれた。本状の冒頭にある「去年畿内所々就在陣」とは、まさにこの状況のことである。

こうして各所からの攻撃に遭い、追い込まれた信長であったが、局面打開のために、正親町天皇の綸旨を得て、将軍足利義昭をも前面に立てて講和を進め、何とか朝倉・浅井氏との講和を結んで、この窮地を脱した。

本状によると、同盟者である上杉謙信は、このような信長の状況を見舞ったのであるが、信長自身はこのことには答えず、謙信には鷹の所望をするのみである。信長の性格をよく示すものであろうか。

045 (元亀二年)六月十三日付け織田信長朱印状写 東京大学史料編纂所所蔵影写本

【釈文】写真は64頁

下輪川西、川東ニ
一揆等隠居之由候、
急度為上使罷越
遂糺明、雖誰々家
来、可生害候、高木
彦左衛門尉(貞久)家来ニも
一揆有之由候、堅可相
糺候、若拘置候者、彦
左衛門尉共ニ可成敗候、
可成其意候、謹言、

六月十三日　信長

猪子兵介(高就)殿

●**解説**

元亀二年(一五七一)五月、信長は伊勢長島攻めのために尾張津島(愛知県津島市)へと出陣する。佐久間信盛や柴田勝家、氏家卜全、稲葉一鉄などがこれに従った。しかし、五月十六日、一向一揆の攻勢の前に織田軍は敗れ、氏家卜全が討ち死にし、信長は岐阜に戻った。

本状は、この敗戦のあとに猪子高就へ対して発給されたものである。猪子高就は信長近習として活躍した人物であり、『信長公記』首巻には、斎藤道三の家臣として名が見える。斎藤氏の滅亡前後に、信長に降ったのであろう。

内容は、下輪川の東西に一揆勢が隠れているとして、高就を上使として派遣し、一揆勢であれば、たとえ誰の家臣であっても処罰するよう命じ、また高木貞久の家臣の中にも一揆勢に同調する者がいるとして、こちらの糺明も命じ、もし留め置いていた場合は、高木貞久もろとも成敗するよう命じている。高木貞久は美濃駒野城（岐阜県海津市）の城主として、安藤守就の与力として活動していた人物である。知行地が伊勢長島と近いことからか、家臣の中に一揆勢に同調する者がおり、そのために信長は高就に処罰を命じたのである。

046 （元亀二年）六月二十日付け織田信長書状

山口県文書館所蔵

【釈文】写真は65・66頁

去端午之節書札、此比令
拝披、大慶候、抑阿州篠原（長房）
事、御分国備前之児嶋へ
相襲之由、無是非題目候、去
年彼等与無為之模様者、
摂（摂津）・河（河内）表之儀ニ付、自他一旦之
子細ニ候シ、更非本図候、依之
公儀無御赦免候、信長与間之
儀も不純熟、阿州へ引入候、
然間、今之砌篠原かたへ雖被
成　御下知候、不可覃御請候歟、
以御行可被討果事勿論候、
信長連々対貴辺申談
首尾、聊不可有相違、随分
可令馳走候、自本
上意曾以無御別条候、備前表
鉾楯之躰、切々可蒙仰候、
恐々謹言、

六月廿日　　信長（花押）

毛利陸奥守（元就）殿
毛利右衛門督（輝元）殿
　　　進之候

●解説

宛所の「毛利陸奥守」は毛利元就で、「毛利右衛門督」は元就の嫡孫輝元である。

文中の「阿州篠原」とは篠原長房のこと。長房は本状の発給された当時、阿波三好家の当主長治が若年であったため、阿波三好家を実質的に主導していた武将である。長房は三好三人衆らと連携して、室町幕府十四代将軍に足利義栄を擁立したが、足利義昭・信長に敗れて、阿波に逃れた。しかし、その後も義昭・信長への敵対行動を継続し、元亀元年（一五七〇）九月には本願寺顕如との同盟に応じて阿波から渡海、摂津国において軍事行動を展開した。この動きに、越前朝倉氏や近江の浅井氏・六角氏らも呼応したため、同年十一月頃、信長は阿波三好家と講和して、摂津国から撤退したとされる。本状中の「去年彼等与無為之模様」とは、右記の講和を指す。

ところが、元亀二年（一五七一）に比定される五月二十六日付け信長宛て元就・輝元連署状（「柳沢文書」）には「摂・阿・讃の輩、京都ご宥免と号して、浦上申し談じ、こなた境目競望の趣、先日飛脚をもって貴意を得候き、然るところ、その後児嶋に至り、渡海せしめ、今に居陣候」とあり、三好勢は浦上宗景と連携して、毛利氏支配下にある備前児島（岡山市南区・玉野市・倉敷市）へ進攻した（本状「御分国備前之児嶋へ相襲」）。

対応に苦慮した毛利氏は、将軍から長房に対する軍事行動停止命令の発給を要請したが、本状には、長房は義昭や信長と敵対状況にあり、阿波に引き揚げているため（「公儀無御赦免候、信長与間之儀も不純熟、阿州へ引入候」）、停止命令は効果がない（「今之砌篠原かたへ雖被成御下知候、不可覃御請候歟」）とあり、毛利氏の要請は実を結ばなかった。

このように、毛利氏は、浦上・三好氏らによる毛利氏包囲網を、信長経由で、将軍の権威を利用して崩そうと試み、信長も表面的には協力姿勢を見せていたが、信長にとっての優先度は低く、この時期の織田・毛利軍事同盟が有効に機能していたとは言い難かったのである。

047 元亀二年七月五日付け織田信長朱印状

国立公文書館内閣文庫所蔵

【釈文】写真は67頁

今度使者被差
越、内存之通承
届候、別而忠節之
至祝着候、須戸庄

請米之事、如前々
可申談候、并新知
方之儀、磯野（員昌）ニ申
含候、不可有相違
状如件、
元亀弐
七月五日　信長（朱印）
朽木弥五郎（元綱）殿

●**解説**

本状の宛所である朽木元綱は、京極氏や六角氏と同じ佐々木氏の末裔で、近江の朽木谷（滋賀県高島市）の領主である。幕府の奉公衆の家柄で、永禄十一年（一五六八）に足利義昭と信長が上洛した際、これに従い、所領を安堵された。同年十二月には浅井氏から領地を与えられたが、永禄十三年（一五七〇）四月に信長が朝倉攻めに向かい、浅井氏の離反を知って、湖西を経て京都へ退却する際、信長を歓待したことでも知られる。

元亀二年（一五七一）二月に、浅井長政の重臣であった佐和山城（滋賀県彦根市）の磯野員昌は、信長に降ると、新庄（滋賀県高島市）に移された。

本状によると、信長は元綱からの使者により、その忠節を賞した。そして、須戸荘の請米は以前の通り安堵すると共に、新しく与える所領については、磯野員昌に指示したと、元綱に伝えた。

信長は員昌を中心に高島郡の領主を編成し、元綱を員昌の与力としたようだ。

員昌は信長の甥の信澄を養子としたが、天正六年（一五七八）に信長の譴責を受けて出奔した。そのため、元綱は信澄に従った。

048 （元亀二年）八月十四日付け織田信長書状

京都府立総合資料館所蔵

【釈文】写真は68頁

条々被　仰下之通、
何以存知仕候、并御
頭書之上、是又遂
分別、明智（光秀）ニ申含候、
此等之旨、可有御披露候、
恐々謹言、
八月十四日　信長（花押）
細川兵部大輔（藤孝）殿

●**解説**

本状は、信長が足利義昭の側近細川藤孝に対して、義昭から指示された条々を了承し、その条々の頭書もよく考えて、明智光秀に指示したので、これらについて、義昭に披露して欲しいと依頼したものである。

永禄十三年（一五七〇）正月二十三日に、信長は日乗と明智光秀を介する形で、義昭に五ヶ条の条書（本書030号文書）を送った。そこでは、義昭が御内書を出す際には信長が添状をつけること、義昭の過去の下知は棄破すること、天下の儀は信長に任せられていることなどが確認された。

そうした状況を踏まえると、義昭は五ヶ条の条書を遵守し、信長と相談して内意を得てから、文書を発給していたようだ。信長と義昭の間を取り次ぐ藤孝が、両者から信頼を得ていたことが窺える。

こうした本状が、革嶋氏に伝来した理由は不明である。ただ、革嶋一宣は義昭と信長が上洛した時から、藤孝の与力であった。そのため、この時も藤孝に信頼され、信長への使者となり、本状を得て帰ったので、そのまま、本状が預けられたのではないだろうか。

049 元亀二年八月十六日付け織田信長朱印状

岐阜県歴史資料館所蔵

【釈文】写真は69頁

多芸郡役之
事、如前々申
付候、不可有相違之
状如件、
元亀弐
八月十六日　信長（朱印）
西尾小六（光教）とのへ

●**解説**

本状は、元亀二年(一五七一)八月十六日に、西尾小六(光教)に宛てた安堵状で、多芸郡(岐阜県大垣市)からの徴税権についてはこれまでと同じく保証するので、従来通りに賦課して貰って構わない、と書かれている。

西尾小六は天文十二年(一五四三)に美濃野口(大垣市)で生まれ、成人してからは美濃三人衆として著名な氏家卜全の旗下にあり、卜全の妹を妻に迎えたとされる。当初小六は、美濃国主の斎藤家所属であったが、主である卜全の信長方への転身に伴い、自身も織田方に鞍替えする。この際、信長からは二万石の知行と名馬を賜ったと言う。

その後、小六は卜全と共に数々の合戦に従軍するが、元亀二年五月の信長による長嶋一向一揆攻めにおいて、卜全があえなく戦死してしまう。その結果、小六は新たに美濃三人衆の一人で曾根城(大垣市)の城主である稲葉一鉄の下に配属されることになった。所属替えに伴い、自身の所領がどうなってしまうのか小六は少なからず不安に思っていたに違いない。そこで小六の側から働きかけを行ったのか、本状に見える如く、信長は小六に対して従来通りの権益を認める安堵状を発給したのである。

050 元亀二年十月日付け織田信長朱印状

滋賀県立安土城考古博物館所蔵

【釈文】 写真は70頁

父真野兵部跡職
之事、任文状之旨、
田畠・野・林・屋敷
幷借付財宝以下、
悉一職進退ニ申付
上、無相違可任覚
悟之状如件、
元亀弐
　十月日　信長(朱印)
　　　真□□□□□(野善二郎殿)

●**解説**

本状は、真野善二郎に対し、父兵部の財産の相続を認めた朱印状である。十八世紀の尾張国地誌『張州雑志』第六十八巻・津島神職系譜、神官藤波の項には、本状が書写されており、宛所は「真野善二郎殿」とある。写真を見ればわかる通り、現在本状の宛所は損傷によって読めないが、『張州雑志』が編まれた頃にはまだ読めたのだろう。このように、江戸時代の編纂物が、現在ではわからなくなってしまった情報を教えてくれることもあるのである。

ところで『張州雑志』神官藤波の項には、津島社の神官真野氏(藤波氏から改姓)の系図が収録されているが、そこには兵部も善二郎も見えない。しかし、本状を家蔵文書として収録している以上、神官の真野氏と兵部・善二郎父子が親しい関係にあったことは間違いなかろう。一方、本状によれば、両人は信長から所領を安堵されるような存在であり、信長の家臣であることは明らかである。これらのことから推測すれば、兵部・善二郎父子は津島の真野氏の一族だが、神官を務める家とは別の、信長の家臣となる道を選んだ家であったと考えることができよう。

津島は広い信仰圏を持つ津島神社を擁し、尾張・伊勢間の要津として強い経済力を保持していたが、一五二〇年代から織田信貞(信長の祖父)の支配下にあったと考えられており、初期織田氏の重要な基盤となっていた。神官の一族から織田家臣になるものも多く確認されており、真野兵部・善二郎父子もその一例と考えることができるだろう。

051 (元亀二年)十一月朔日付け織田信長書状写

京都大学大学院文学研究科所蔵影写本

【釈文】 写真は71頁

今度城州段別之
儀、為政所職奉行
人被出可然之旨、
公儀へも申上候処、
其通被申付之由
可然候、於政所役者、
向後も不可有異
儀候、将又高槻番
手之事被申付之由
尤候、猶夕庵(武井)可
申候、恐々謹言、
十一月朔日　信長(花押)

伊勢三郎殿（貞興）

●解説

元亀二年（一五七一）九月晦日に、信長は公武料所・寺社本所領・同免除の地・私領・買得屋敷など、全てを対象に田畠一反あたり一升の米を徴収するよう命じた。そして、集めた米を京都の町に貸し付け、その利息を禁裏賄い料とするよう命じた。

本状はこの反別米に関するものである。ここで信長は、反別米の徴収にあたっては、幕府の政所としても奉行人を出すように、伊勢貞興から足利義昭へ上申するよう求め、貞興も応じている。これにより、貞興は信長から政所執事を保証された。

また、摂津高槻城（大阪府高槻市）を守っていた和田惟政が、郡山（大阪府茨木市）の戦いで、三好三人衆に味方した池田氏に敗れ、戦死した。このため、高槻城も落城したが、この頃までには奪還していたのであろう。高槻城を守る番手についても、貞興が処理している。

伊勢氏は貞孝が義昭の兄義輝と対立し、政所執事の座を追われていた。義輝は幕府の主要機関である政所を支配下に治めるため、側近の摂津晴門を伊勢氏に替わり、政所執事に登用した。義昭もそれを踏襲していた。

それに対して、伊勢氏は貞孝の孫で、当時十歳の貞興を中心に勢力回復の機会を待っていた。そこで採られた方策が、信長の力を利用することであった。

052 （元亀二年）十一月十四日付け織田信長朱印状

大阪城天守閣所蔵

【釈文】写真は72頁

従北国大坂へ通路、
俄令停止候、諸商人
事不及申、一切
可被相留候、自然下々
用捨も可有之歟、
聞置可為成敗
旨、堅可被申付、不可
有油断候、恐々謹言、
十一月十四日　信長（朱印）

伊丹兵庫助殿（忠親）

●解説

信長は、永禄十三年（一五七〇）四月に越前の朝倉義景や近江の浅井長政、比叡山延暦寺、そして、大坂本願寺との戦争に突入する。翌年には本願寺顕如の息子である教如と、朝倉義景の娘が婚約し、同盟は強化された。

これに対抗するため、信長は摂津伊丹城（兵庫県伊丹市）の伊丹忠親に対して、越前と大坂を結ぶ通路を遮断し、商売人は言うに及ばず、その他の通行人も留め、兵粮や情報のやり取りを妨害した。そして、念を入れ、忠親の配下が容赦することがあるかもしれないが、そうした者は成敗するので、油断してはならないとした。

このような越前と大坂の通路を留めることについては、奈良の興福寺大乗院の門跡である尋憲の日記『尋憲記』元亀二年（一五七一）十二月六日条にも記されている。

本願寺のお膝元である摂津には、足利義昭・信長方として、和田惟政、池田勝正、伊丹忠親の三人がいたが、元亀元年六月に勝正は家臣団に追放され、元亀二年八月には惟政が戦死していた。このため、信長方として、摂津で本願寺に対抗できるのは、忠親しかいなかった。しかし、元亀三年四月には、忠親も信長から離反するに至る。

053 （元亀二年）十二月十三日付け織田信長朱印状

岐阜県歴史資料館所蔵

【釈文】写真は73頁

加賀・越前其外
北国より大坂へ
通候商人・□旅人
一切可被相留候、
荷物已下押置、
其身をハ搦捕
可有注進候、少も
於用捨者可為
曲事候、為其
急与申送候、恐々
謹言、

十二月十三日　信長（朱印）
根尾右京亮殿
根尾市介殿
根尾内膳亮殿

●解説

元亀二年（一五七一）十二月、将軍足利義昭と信長から、越前と畿内および越前と若狭間を結ぶ道路を封鎖する命令が下る。これは『尋憲記』元亀二年十二月六日条にも見え、京都と越前間を結ぶ街道は近江坂本（滋賀県大津市）まで、若狭を経て越前に入る街道も若狭までの通行しかできなくなった。

宛所の根尾氏は、現在の岐阜県本巣市根尾を拠点としていた一族であり、本状は、その根尾氏に対して、街道封鎖の具体的な命令を記したものである。加賀・越前などの北国から大坂への商人や旅人などを一切の例外なく留め、荷物などを没収した上、身柄を拘束し注進するように命じている。そして、少しでも容赦すれば曲事であるとして、命令の徹底を求めた。

本状のほかにもこうした命令の文書は見え、例えば木下秀吉宛て朱印状には、北国と大坂を結ぶ街道のうち姉川から朝妻間の水陸両路の往還の諸人を拘束するよう命じている（「神田孝平氏所蔵文書」）。

これらの史料からは、信長が琵琶湖東西の街道を厳重に封鎖しようとした意図が見える。その狙いは、越前朝倉・北国の本願寺門徒と大坂本願寺の交渉を阻害するためであった。

054　元亀二年十二月日付け領中方目録（織田信長朱印状写）　東京大学史料編纂所所蔵影写本

【釈文】写真は74頁

領中方目録
一、弐百石　金森
一、百五十石　馬渕豊前分
一、参百石　本間四郎兵衛分
一、四百石　本間又兵衛分
一、五百石（野洲・栗本・桐原・嶋郷ニ在之、）　種村分
一、参百石　栗田分
一、百五十石　楢崎内膳分
一、八十石　鯰江満助分
一、野洲・栗本郡幷桐原ニ在之山門山徒、為闕所申付事、
一、建部幷上之郡ニ在之日吉山王領、同山門山徒令扶助事、
一、為新与力、進藤・青地・山岡申付候、但進藤事、於」
志賀郡令扶助至侍共者、明智（光秀）ニ可相付事、
右令扶助畢、然上、前後之朱印何方へ雖遣
候、令」棄破申付之条、不可有相違之状如件、
元亀弐
十二月　日　信長（朱印影）
佐久間右衛門尉（信盛）殿

●解説

永禄十三年（一五七〇）四月、浅井長政の離反により近江支配が動揺すると、信長は同国南部に部将を配置して対応を図った。本状の宛所の佐久間信盛もこの時に配置された部将の一人で、彼は野洲郡永原城（滋賀県野洲市）に入っている。この近江支配体制は、元亀二年（一五七一）九月の比叡山焼き討ち後に安定に向かっていく。本状はその一端を示す文書である。

まず、第一～八条に見える「〇〇分」という表記、例えば「馬渕豊前分」は、以前馬渕豊前という人物が知行していた所領という意味である。ここに挙がっている人物の多くは六角家臣と考えられており、本状により信長は、永禄十一年に滅ぼした六角氏の家臣の旧領を佐久間に与えたのである。続く第九・十条には比叡山焼き討ちの効果が表れており、延暦寺（山門）や日吉社（延暦寺の鎮守神）の旧領が佐久間に与えられている。以上の所領は野洲・栗太（栗本とも）郡を中心に分布しており、この両郡が佐久間の支配地域として固まってきたと言えよう。同じ頃、近江に配されたほかの諸将、例えば明智光秀や柴田勝家なども延暦寺・日吉社の旧領を与えられ、諸将の分担による支配体制は整備されていったと考えられている。

これに関連して、第十一条によると、佐久間の下には与力として新たに進藤・青地・山岡が配属されている。彼らは栗太郡の国人であったため、同郡を支

配する佐久間の配下とされたのだろう。ところが同条によると、進藤の家臣の中には志賀郡に所領を持っている者もおり、彼らについては明智光秀に配属されることとなっている。志賀郡は明智光秀の支配地域であるから、栗太郡国人の家臣であっても、志賀郡に所領を持つ者は同郡支配者の明智に付属させられたのである。つまり佐久間と明智の支配領域は、郡境によって明確に分かたれていたのである。

055 元亀三年正月二十八日付け織田信長朱印状 法政大学能楽研究所観世新九郎家文庫所蔵

【釈文】写真は75頁

勧修寺郷之事、一
円ニ吾分ニ被下之旨、
御下知明白候間、朱
印をも遣候シ、三渕(藤英)
放状も令一見候、
然而三渕かたより
竹木を申懸、家来
を構、人夫を猥ニ
申付之由、太不可然候、
其通三渕へ具申
送之条、不可有異
儀候、政所をも早々
還住尤候、地下へも
可申聞候、向後者
猶以彼郷内之侍等
をも其ニ可任覚悟
事簡(肝)要候、仍状
如件、

元亀参
正月廿八日　信長(朱印)
観世小次郎(元頼)殿

●解説

本状の宛所の観世元頼は、脇方(主にワキ・ワキヅレを演じる)の能役者である。永禄十一年(一五六八)に上洛を遂げた足利義昭が、協力者を慰労するため十月二十三日に催した能楽にも、元頼は出演している(『信長公記』)。これと関係してのことだろう、この頃義昭は元頼の所領を安堵していたようで、催能の翌日付けで義昭による安堵を追認する信長朱印状が出されている(法政大学能楽研究所所蔵文書)。この時安堵された所領の中には「勧修寺村所々散在之事、附醍醐分」が見えるが、その後この所領で問題が生じたため、発給されたのが本状である。

これによると、元頼への「勧修寺郷」給付については、義昭の「御下知」があったので信長も「朱印」を発し、三淵藤英も「放状」(権利を放棄して他者に譲渡する内容の文書)を出していた。ところが、三淵は勧修寺郷に竹木や人夫を賦課してきたという。そこで信長は、三淵に違乱を止めるよう申し送ると共に、現地管理を担う政所を帰住させて支配を実現するよう元頼に命じている。

ここで違乱を非難されている三淵藤英は、足利義晴・義輝・義昭に仕えた幕府奉公衆である。義昭上洛後の藤英は、伏見に居城を構え、周辺地域に軍役を賦課するなど支配を展開しており、時にはこの地域の寺社領を押領する場合もあったことが明らかにされている(金子拓「室町幕府最末期の奉公衆三淵藤英」)。伏見の北東四kmほどに位置する勧修寺郷について、藤英が「放状」を出したり竹木・人夫を賦課したりしていることも、この藤英と伏見周辺地域との密接な関係から理解することができよう。

056 (元亀三年)正月晦日付け織田信長朱印状 観音寺所蔵

【釈文】写真は76頁

其方ニ候外教
くすしを早々
申付、可被越候、友閑(松井)ニ
腫物出候間、可見
ためニ候、不可有油
断候、恐々謹言、

正月晦日　信長(朱印)

あし浦
観音寺

●解説

宛所の観音寺は、現在の滋賀県草津市芦浦にある天台宗の寺院であり、聖徳太子が開基、秦河勝の創建という伝説がある。永禄十一年（一五六八）六月には寺領安堵の信長判物が発給され、同年九月に信長の上洛が開始されると禁制も得ている。

内容は観音寺にいる「外教くすし」＝キリスト教の医師を寄越すよう依頼したものである。それは、松井友閑が腫れ物を患い、それを見せるためであるという。しかし、観音寺側はすぐには応対しなかったようで、翌二月八日には武井夕庵が観音寺へ書状でもって重ねて医者を寄越すよう申し送っている。

腫れ物を患った松井友閑であるが、その出自は不明な部分が多い。信長が永禄十一年に上洛して以降、特に元亀年間（一五七〇～七三）においては、上杉謙信への信長書状の副状や、大徳寺への朱印状の副状発給などといった、信長側近としての活動が確認できるようになる。天正年間に入ると堺の代官となり、同三年（一五七五）には宮内卿法印となって、武井夕庵（二位法印）と並んで信長吏僚の中でも高い地位にあった。本状のように信長が家臣を案じた事例は少なく、友閑が元亀年間には信長の信頼が篤かったことを窺わせよう。

057 （元亀三年）卯月五日付け織田信長書状

吉川史料館所蔵

【釈文】 写真は77頁

浦上遠江守（宗景）与宇喜多（直家）
間之事、永々鉾
楯之処、此方見除之
儀、外聞如何候条、以
使者申候、被遂分別、属
和与候様ニ御才覚専
要候、委曲三人申含候、
恐々謹言、
卯月五日　信長（花押）
吉川駿河守（元春）殿

●解説

本状は、毛利元就の次男で、吉川家を相続した吉川元春に宛てたものである。

「浦上遠江守」は備前天神山城（岡山県和気町）を居城とする浦上宗景、「宇喜多」は備前岡山城（岡山市北区）を居城とする宇喜多直家のことである。

本書032号文書の解説に引用した八月十九日付け日乗書状案（「益田家文書」）に「備・作両国御合力として、木下助右衛門尉・同助左衛門尉・福島両三人に池田相副えられ、別所仰せ出され、これも日乗、検使として罷り出、二万ばかりにて罷り出、合戦に及び、増井・寺蔵院両城、大塩・高砂・庄山、以上城五ヶ所落去候」「宇喜多・三村と申し談じ、天神山根切り仰せ付けらるべく候」とあり、永禄十二年（一五六九）、同盟関係にある毛利氏を支援するため、織田勢が播磨国へ進攻して、さらに宗景を討伐する方針であったことがわかる。

この進攻には播磨国守護家赤松氏家中における混乱も関係していたとされる。宗景や彼の擁立する赤松氏当主赤松義祐と、将軍足利義昭・信長に与した龍野城（兵庫県龍野市）を居城とする赤松政秀は対立関係にあった。一方、宗景に従属していた宇喜多直家は、織田勢進攻前後に信長に与して、浦上氏からの自立を企てた。

結局、宗景は宇喜多氏の自立を容認する一方で、両者は講和して、元亀元年（一五七〇）には、義昭・信長と対立する三好氏と連携している（十月二十二日付け上野信恵（義昭側近）書状（「草刈家証文」）に「浦上・三人衆半ばの儀、純熟の段儀定」とある）。

その結果、義昭・信長・毛利氏と三好氏・浦上氏・宇喜多氏という対立構図になったのであるが、直家は毛利勢との戦闘を望まなかったため、義昭に対して積極的な調停を要請したとされる。

そこで、信長からも毛利氏に対して、浦上・宇喜多氏との講和を受け容れるように要請した（「属和与候様ニ御才覚専要候」）のが本状である。反信長連合の一角であった浦上・宇喜多氏を、信長包囲網から離脱させる効果を狙ったものと考えられる。

058 （元亀三年）五月二日付け織田信長書状

九州国立博物館保管

【釈文】 写真は78・79頁

先度使僧被差上候、殊
鵜鷹居給候、自愛不少候、

仍大友宗麟、累年京上
望之由候、此比も雖被覃
案内候、其方与別而申通
半候条、令遠慮、未能返
答候、可有如何候哉、天下之
儀信長加異見刻、遠国之
仁上洛之事、且者為京
都、且者為信長、尤候歟、被
遂御分別示給候者、豊州へ
可申送候、さ候とて、対其方
毛頭無疎意候、不可有隔
心候、無人之躰にて、可為越
境候処、自然聊爾之趣も候てハ、
外聞不可然候間、旁以申届候、
猶日乗・夕庵（武井）可申候、恐々
謹言、

五月二日　信長（花押）

小早川左衛門佐（隆景）殿

●解説

永禄十一年（一五六八）九月に信長と共に上洛し、十月に将軍に任じられた足利義昭は、兄義輝期の政策を踏襲することによって、将軍家の正統な後継者であることを示そうとしたとされる。毛利氏と大友氏との講和調停もその一つである。

永禄十二年に比定される正月十三日付け吉川元春宛て義昭御内書（吉川家文書）に「豊州間和与の儀、元就・輝元に対し申遣わし候、今度凶徒等討ち果たし、少々四国に逃げ退くの由に候、然れば、退治この節候間、私意趣をさしおき、忠節抽んじ候よう異見肝要」とあり、義昭による毛利・大友講和調停の主眼が、毛利勢・大友勢を三好方討伐へ参加させることにあったことを窺わせる。

この講和への信長の関与については、永禄十二年に比定される十月二十六日付け今井宗久ほか連署状案（今井宗久書札留）に「公方様幷びに信長、安芸毛利と豊後大友和睦の儀、仰せ出でられ候」とあるほか、永禄十三年に比定される本書032号文書や元亀二年（一五七一）に比定される本書043号文書において確認され、大名間の講和を調停する場合、義昭御内書と信長副状とがセットとして機能していたことを窺わせる。

ところが、本状と同年に比定される四月十三日付け柳沢元政宛て義昭御内書（柳沢文書）に「芸・豊和睦の儀……この段相調候えば、毛利・大友共にもって天下の御用に立つ事に候、右の如く調い候えば、則ち、四国へのてだて専一に候」とあり、三好氏討伐が明記されているのに対して、本状には三好氏討伐に関する記述はなく、逆に、「天下」について信長が管掌していること（「天下之儀信長加異見」）、毛利氏や大友氏の上洛は、義昭のためのみならず、信長のためでもあること（「且者為京都、且者為信長」）が記されている。すなわち、諸国の大名への対処方針をめぐって、信長と義昭に大きな齟齬が生じてきたことを示す史料とも言えよう。

059 元亀三年八月日付け織田信長軍法写　個人所蔵

【釈文】写真は80頁

軍法

一、先手幷左右之備相定上ハ、陣場悪候共、其所に陣取を可堅事、
一、備之跡先定置上者、先手取あひ候共、二の備ハ立堅（固）、一左右を可相待事、
一、手廻の備、左右共に無下知ニ不可抜懸、諸事組頭次第に可仕候事、
一、備の近辺、馬を放、鳥獣出候共、色をたて走出間敷事、
一、敵城囲事、幷攻手相定上ハ、使番一左右次第、下知を可待事、
一、敵東を襲事あらハ、味方西を可疑事、
一、敵城及合戦、攻取候ハヽ、則其城主ニ可申付事、」

右条々、堅可相守此旨者也、

元亀三年申八月日　弾正忠信長（花押影）

●解説

本状は、織田家の子孫に伝来した文書群の中から、近年発見されたものである。これが真正のものと認定されれば、信長が制定した唯一の軍法であり、貴重な史料となる。以下、内容を見てみよう。

第一条は、先手や陣場が定められたら、仮に場所が悪くとも、所定の位置に陣取することを定めている。第二条は、備の前後を定められたら、先手争いをせず、二の備を固めて指示を待つことを定めている。第三条は、近辺の備同士が抜け駆けすることを禁じ、すべて組頭の指示に従うことを定めている。第四条は、備の近くで放れ馬や鳥獣が現れても、兵士が大騒ぎして走り出すことを禁じている。第五条は、敵城の包囲に際して使番の命令を待つことを定めている。第六条は、敵勢が東側を襲撃したならば、味方は西側の攻撃を疑うことを定めている。第七条は、敵城を攻め落とした場合は、その軍勢の大将が城主となることを定めている。

これら七ヶ条は、いずれも戦場における軍勢の統制を意図しており、抜け駆けを禁ずるなど、当時の軍法に頻出する内容である。また、放れ馬や鳥獣の出現によって軍勢が騒ぎ立ち、動揺することを防止しようとするなど、源平合戦の富士川の戦いを彷彿とさせる。全体に同じような内容が繰り返されていることなどが気にかかる。また、花押形は元亀二年(一五七二)八月頃までのものであるが、これは写であるから決定的な欠陥ではない。

なお、元亀三年八月当時、信長は浅井久政・長政父子の小谷城(滋賀県長浜市)を攻撃している。本状は、これに際して定められたものに擬せられる。戦況は、両軍睨み合ったままで、さしたる衝突もないまま、信長は九月十六日に帰国する。

060 (元亀三年九月)織田信長異見書写　国立公文書館内閣文庫所蔵『尋憲記』元亀四年二月二十二日条

【釈文】写真は81・82頁

一、当将軍へ自信長十七ヶ条、一書以申入候、一書
　新持参之条、写置也、」
　　公方様江従信長條々
一、御内裏之儀、光源院(足利義輝)殿様御無沙汰付而、果而
　御冥加なき次第、」
　事旧候、依是当御代之儀、年々無懈怠様ニと、
　御入洛之刻ヨリ申上候処、」
　早被思召忘、近年御退転無勿躰存候事、
一、諸国江御内書ヲ被遣、馬其外御所望之躰、如何
　存候間、被加御遠慮、」
　尤存候、但、被仰付候ハて不叶子細者、信長ニ
　被仰聞、副状を可仕之旨、兼而」
　申上、被成御心得由候つれ共、左も無御座、遠
　国江被成御内書、御用被仰付候」
　儀、最前之首尾相違ニ候、何方ニも可然馬なと
　御耳ニ入候者、信長」
　馳走進上可申由、申旧候キ、左様ニ候ハて、以
　蜜々被仰遣候儀、不可然存候事、」
一、諸唯(侯)衆方々、御伴申、忠節無油断輩ニハ、似合
　ニ不被宛行、今ニ指」
　者ニもあらさるニハ、被加御扶持候、左様ニ候
　てハ、忠不忠も不入ニ罷成候、諸」
　人ノをもわく(思惑)不可然存候事、
一、今度雑説付而、御物をのけらるゝ由候、都鄙無
　其隠候、就其京都」
　以外さハき(騒ぎ)たる由驚入候、御構之御普請以下辛
　労造作ヲ仕、御」
　安座之儀候処、御物ヲのけられ候てハ、併何方
　へ可被移御座候哉、無念子細候、」
　左候時者、信長辛労もいたつらニ罷成候事、
一、賀茂之儀、石成(友通)ニ被仰付、百姓前等御糺明候由、
　表向ハ御沙汰候て、御内儀者」
　御用捨之様ニ申触候、惣別か様之寺社方御勘落、
　如何ニ存候へ共、石成堪」
　忍不届之由、令難儀旨候者、先此分ニ被　仰付、
　御耳をも被伏、又、一方之」
　御用ニも被立様ニと存之処、御内儀如此候者、
　不可然存候事、」
一、対信長無等閑輩、女房衆以下迄、思食あたら
　るゝ由、令迷惑候、」
　我等ニ疎略なき者ヲ被聞召候者、一入被懸御目
　様ニ候てこそ忝可存を、」
　かいさまニ御心得参候、如何様之子細候哉之事、
一、無恙致奉公、何之罪も御座候ハねとも、不被
　加御扶持、京都ニ堪忍不」
　届者共、信長ニたより候て、歎申候、定私言
　上候者、何とそ御あわれミ(憐れみ)も」
　可在之かと存知候ての事ニ候、且者、不便に存
　知、且ハ公儀御為と存候間、」
　御扶持之儀申上候へ共、無御許容候、余ニかた
　き御意候間、其身ニ対しても」
　無面目候、観世与左衛門尉・吉田可兵衛尉(国広)・上野

紀伊守（豪為）類之事、」
一、若州安賀庄御代官職之事、粟屋弥四郎訴訟申上
候、難去種々
執次申候へ共、御心得不行過来候事、
一、小泉女房衆預ヶ置候雑物幷質物ニ置候腰刀・脇
差類迄、被召置候」
由候、小泉何とそむほん（謀反）をも仕候て、造意曲事
の子細も候者、根断茂」
枯ても勿論ニ候、是ハ不叶喧嘩ニ而相果候、一
旦者被守法度尤候、是」
程迄被仰付候儀、唯御よくとく（欲得）の儀ニよりたる
と、世上ニ可存候事、」
一、元亀之年号不吉候者、かいけん（改元）可然之由、天下
執沙汰仕候付而、」
禁中ニも御催之処、聊之雑用不被仰付、于今
遅々候、是ハ天下
之御為候処、如此御油断、不可然存候事、
一、烏丸（光康）御勘気かうむる（蒙る）由候、息（光宣）之儀者御いきと
をりも無余儀候、」
親父御赦免候様ニと、雖申上候、御心得不行候
者、不及是非候処、」
誰哉覧内儀之御使申候て、金子ヲ被召置、出頭
させられ候由、歎敷存候、」
人ニより罪ニよりて、過怠として被仰付候趣も
可在之候、是ハ堂上之
仁ニ候、当時公家ニハ此仁之様ニ候処、如此次
第、外聞笑止存候事、」
一、他国ヨリ御礼申上候金銀を進上歴然ニ候処、御
隠密候て被召、御用ニも」
不相立候段、何之御為候哉之事、
一、明智（光秀）地子銭を納置候て、買物之かハりニ渡遣候
ヲ、山門領之由被仰懸ヶ」
置候者之かたへ御押候事、
一、去度（夏）御城米を被出、金銀ニ御売買之由候、公
方様御商売之儀、」
古今不及承候、今時分之儀候間、御蔵ニ兵粮在
之躰候て、外聞も」
尤存候、如此次第驚存候事、
一、御とのいニ被召置候若衆ニ御扶持を被加度被思
召候者、当座之」
何成共可有御座候処、或御代官職被　仰付、或
非分公事被申次候」
事、天下之ほうへん（褒貶）沙汰限存候事、
一、諸唯（侯）衆武具・兵粮已下も耆（嗜）ハ無之、金銀を専ニ
商買之由」
承及候、牢人之したくと存候、是も上様金銀を
被召置雑説之砌者、」
御搆ヲ被出候付而、下々迄、さてハ京都ヲ被捨
趣と見及候ての儀たるへく候、」
上人まもる段ハ不珍候事、
一、諸事付而、御欲ニふけられ候儀、理非ニも外聞
ニも不被立入之由、」
其聞候、然者不思儀之土民・百姓ニいたる迄も、
あしき御所と申なし候」
由候、普広院（足利義教）殿様ヲ左様ニ申たると伝承候、そ
れハ各別候、何故」
御かけ事を申候哉、是を以御分別可参候哉之事、
以上

●解説

本状は、将軍足利義昭に対する信長からの異見書として、非常に有名な文書である。しかも本状は、信長と義昭の間だけで終わるものではなく、巷間へも流布された。奈良興福寺大乗院の尋憲が、その写しを入手して日記（『尋憲記』）に書き残しているからこそ、今日でも内容を知ることができる。また、武田信玄もこの異見書を見たという（『当代記』）。『信長公記』にも同様の記事があるが、『尋憲記』と見比べると文字に若干の異同が見られる。

本状は、永禄十三年（一五七〇）正月二十三日付けで発給された条書（本書030号文書）と、密接に関係してくる文書である。条書一条目の義昭御内書に信長副状を付すという条目に対しては本状二条目で履行しなかったことを咎め、条書五条目の朝廷との関係を疎かにしないという条目に対しては本状一条目で義昭の怠慢を責めている。こうした信長との約定の不履行と、義昭の失政や人事の偏頗などを糾弾しているのである。そして、十七ヶ条目で、諸事について義昭が欲にふけり、理非も外聞も気にせずといった様が聞こえている。そのため土民百姓までもが、義昭を「あしき御所」と評している。かつて足利義教がその様に噂されたというが、それはまた別の話である。どうしてそのような陰言を申すのか、このことをして分別をなさるべきであろう、とまとめてい

る。

本状は、信長と義昭の関係を見る上では欠かせない、当該期の中央政治にとって重要な文書であることは言うまでもないであろう。また、身分制社会において、時の将軍がその資質を問われ、糾弾された文書が残されたといった点でも興味深い文書であると言えよう。

061 (元亀三年)十月五日付け織田信長書状

個人所蔵

【釈文】写真は83・84頁

今度以赤澤申展候処、
回報之旨、快然之至候、甲・
越和与之儀、申曖候趣、都
鄙可為其聞候き、然而於御
出馬者、外聞如何之由、及
其理候鳧、御同心之条、大
慶不少候、無事模様之
儀付而、双方使者通路信・
越堺目向雪候間、不自由之
故、雖相究候歟、来春可
申償候、是非共御入眼所希候、
随而江北敵城之儀、弥無
正躰候、然者、押之諸城ニ番
勢淘々与入置候、依之敵
閇山下式候間、信長不及
在城候之条、横山与岐阜
程近候間、切々令往還、分
国之儀承合候、於様躰者
可御心易候、猶以、今度御
働御遠慮候、為其、御礼啓
達候、恐々謹言、

十月五日　信長(花押)

謹上　法性院(武田信玄)

●**解説**

元亀二年(一五七一)十月三日、北条氏康が死去したことが契機となり、武田・北条両氏間で同盟復活の交渉が始まった。そのためか、元亀三年に入ると、武田信玄は西方への侵攻を本格的に開始し、七月から飛驒へ侵攻、さらに十月三日、信玄は大軍をもって甲府を発ち、駿河から遠江に向けて進撃した。本状は、その直後に出されたものである。

本状によると、信長が信玄と謙信の和睦を調停していることは、都鄙(世間)に知られており、信玄の出馬は如何かと思ったが、同意を得ることができたのは喜ばしいと述べている。また和睦の内容は、双方の使者の通路である信濃・越後の境は降雪の時期になるので、来春に取り決めたいともする。本状で記していることと、信長と信玄の行動が全く一致していないが、こうした書状のやり取りをすることで、互いの出方を探っていた。言わば両者の心理戦でもあった。

さらに本状によると、ぜひとも謙信と和睦できるよう願っていると述べ、北近江の「敵城」である浅井長政はだらしないが、これと対抗している諸城に番勢を入れたので、信長が在城する必要がないとも記す。横山城(滋賀県長浜市)と岐阜の間は近く、何度でも往還するので、分国のことは心配ないとも述べるが、確かにこの時の信長は、近江に在陣しながら、岐阜に戻ることもあった。そして謙信との和睦を考えた信玄の遠慮ぎみの行動には、お礼を申し上げたいと締め括っている。

信長は、このような「含み」「皮肉」のある書状を出したが、すでに信玄は、遠江や三河への進撃を開始していた。本状のような和睦が話題となっているにもかかわらず、現実の事態は、すでに信長と信玄の対決を避けることは無理であった。そして同年十二月二十二日、三方原の地(静岡県浜松市北区)において、信長・家康連合軍と信玄の軍勢が激突し、信長と信玄は正式に断交した。しかし間もなく信玄の病状悪化に伴い、軍勢の西上作戦は中止され、信玄は甲斐への撤退を決断した。翌元亀四年四月十二日、信玄は信濃駒場(長野県阿智村)で病死した。

062 元亀三年十一月十三日付け織田信長書状写

国立国会図書館所蔵『古簡雑纂』十一所収

【釈文】写真は85頁

安宅神太郎(信康)事被　仰聞候、尤以可然存候、
去春已来之儀、無其聞存之由、一旦者無余

儀候、但彼雑掌共申候趣、一向難題之
模様候シ、其分ニ至てハ、果而入眼不実存候ける、
抛万端、此節可抽忠節之由、寔神妙之
至候、然間領知方俄彼方申様被聞召
合可被　仰付候、於信長不可存疎略候、
此等之旨可有御披露候、恐々謹言、

元亀三
十一月十三日　信長（花押影）

（ウハ書）
「　　　織田弾正忠
曾我兵庫頭（助乗）殿　　　信長」

●解説

安宅神太郎は、安宅信康の名で知られている人物であり、父は三好長慶の弟安宅冬康である。冬康には子が二人いたとされ、一人は神太郎（信康）、もう一人は神五郎（甚五郎・清康）として知られるが、実名は一次史料で確認することができない。

さて本状は、それまで将軍足利義昭・信長に敵対していた安宅神太郎が降伏してきたことを、義昭から知らされた信長が書いた返書となる。もちろん、直接義昭に対して文書は出せないため、義昭側近の曾我助乗に披露を頼んだわけである。本状からは、信長から義昭に対して異見書（本書060号文書）が発給されたのちの両者間の交渉が見える。ここで信長は、安宅の知行に関して、義昭が安宅の要望通りにしたことを受け、信長も疎略がないようにすると言っている。

本状からは、義昭による決定がなされたのち、信長へそのことが伝達されていることがわかる。すなわち、依然として義昭に政治的な実権があることを窺わせる。もちろん、本状一通をもって、信長と義昭の関係を断定することは到底できない。しかし、異見書以後から義昭の挙兵という、両者の協力関係が崩壊する直前の一側面を示す史料として非常に興味深いと言えよう。

063　元亀三年十一月十五日付け織田信長朱印状

個人所蔵

【釈文】 写真は86頁

今度岩村之儀、
無是非題目候、雖
然其方事無疎
略、覚悟之通神
妙候、仍日吉郷・釜戸
本郷令扶助候、弥
忠節簡（肝）要候、恐々謹言、

元亀三
十一月十五日　信長（朱印）
延友佐渡守殿

●解説

元亀三年（一五七二）に入ると、武田信玄は西方への侵攻を開始した。前年の十月三日、北条氏康が死去したことを契機とし、武田・北条両氏の間で同盟復活の交渉が始まったからである。こうして元亀三年七月、武田氏の飛騨侵攻が開始され、十月には、信玄自身が大軍を率いて、駿河から遠江に向けた進撃を開始した。このうち武田氏の山県昌景・秋山虎繁らの率いる別働隊は、信濃伊那から遠江に入り、さらに三河への侵攻を続けて、十一月十四日には東美濃の岩村城（岐阜県恵那市）を手中に収めた。

当時、岩村城の城主遠山景任が病死し、武田氏と織田氏のいずれの軍勢に与するかのことで城内は分裂しつつあった。このような状況下において、信長は、五男御坊丸（のちの勝長）を養子に送り込み、岩村城の乗っ取りに成功した。しかし、信長の叔母にあたる景任夫人（おつやの方）が、幼少の養子に代わり「女城主」として差配していたのが実情であった。このような時に岩村城は武田氏の攻撃を受けたが、容易に落城しなかったこともあり、秋山虎繁は、夫人を説得して妻に迎えることを条件に城を開城させてしまった。この事態に激怒した信長は、岩村城奪還を試みたが、逆に攻撃を受けて退き、城主の御坊丸も人質として甲斐に連行された。

こうした岩村城をめぐる織田・武田両軍の攻防があったことは本状からも推察されるが、本状によると、この戦闘における延友佐渡守の軍功を賞し、美濃土岐郡日吉郷・釜戸本郷（いずれも岐阜県瑞浪市）の地を知行として与えている。その後も、美濃における武田氏の優位が継続されて、同年十二月二十二日、信長・家康連合軍は、遠江の三方原で信玄の軍勢に

大敗した。しかし翌元亀四年四月十二日、信玄は病死した。

なお天正三年(一五七五)五月、信長は長篠の戦いで武田勝頼の軍勢を撃破し、それと共に岩村城を攻め落としたが、前述の「女城主」らは長良川河畔で逆さ磔にされるとの悲話も残された(『信長公記』)。なお、城主の御坊丸は武田氏から信長に送還されている。

064 (元亀三年)十一月二十日付け織田信長書状写

真田宝物館所蔵

【釈文】写真は87~90頁

就越・甲和与之儀、被加
上意之条、同事ニ去秋以使
者、申償之処、信玄所行、寔
前代未聞之無道、且者不知
侍之義理、且者不顧都鄙之
嘲哢次第、無是非題目候、
一、信玄既如此之上者、以専柳斎(山崎)如
誓約、永可為義絶事勿論候、
自其方両通之罸文加披見候、
先書之御返答者、自他不入
子細候、今度改而被仰越候一
儀専用候、信長与信玄之間事、
御心底之外ニ幾重之遣恨
更不可休候、然上者、雖経未
来永孝(劫)候、再相通間敷候、以誓
詞蒙仰候趣と愚意令啐
啄間、則翻牛王、血判長与一(長景連)
顕眼前候、貴辺与信長申
談、信玄退治不可移年月候、
行等之儀切々可申承候、
一、遠州表信玄備之躰、一向不
首尾之由候、駿・遠間之通路
慥切留候、然而自此方令出勢
之条、信玄近日之陣場を引
崩、信州を後ニ、当山奥へ夜中ニ
執入候、信州へ道を作、可往還
候歟、是も深山節所、人馬之
足も輙不立之由候間、可為難
儀之旨候、畢竟可敗軍候、
一、越中富山表之模様、具承届候、
一揆等幷諸牢人種々懇望
申由候、雖不珍候、堅固ニ被仰
付之故候、就其愚意可啓達
之由候間、乍憚申試(越カ)候、敵陣
廿ヨ・三十ヨ之間ニ可相果之趣ニ
付てハ、押詰可被決事尤候、若
又来春迄も可続之様ニ候者、
先々差赦、被納馬候て、信・上
表御行可然候歟、左候ハヽ、従此
方信州伊那郡其外成次第
可発向候、遠州者家康与此
方加勢之者共、一手ニ備、信玄ニ
差向候者、彼是以敗軍案之
図ニ候、信玄足長ニ取出候事、
時節到来、幸之儀候間、不可
遁此期子細候、信玄を被討
果候上ニ、別而ハ賀・越之一揆
御成敗、雖何時候、更以不可入手
間候歟、前後之所御校量、御分
別専要候、
一、江北小谷表之事、落着不可有
幾程候、朝倉義景帰国之
調儀、無油断候へ共、懸留候間、不
任心中由相聞候、士卒共以
難堪不過之旨候、然間籠
城之躰沙汰之限候、
一、度々如申候、虎御前山其外諸
城ニ人数淹々入置、信長自
由ニ可働支度候、聊無越度様ニ
令覚悟候、於時宜者可御心易候、
猶長与一可為口上候、恐々謹言、

十一月廿日　信長(花押影)

不識庵(上杉謙信)
進覧之候

●解説

本状冒頭の「越・甲和与之儀」とは、元亀三年(一五七二)七月、将軍足利義昭が上杉謙信に対して、武田信玄と講和するよう命じたことを指す。十月五日にも、信長は信玄に宛てて、「甲・越和与」の調停は自

分が行っているとの書状を出した(本書061号文書)。このような動きに対して信玄は、前年十月三日、宿敵の北条氏康が死去したこともあり、北条氏との同盟復活の交渉を開始した。こうして元亀三年十月以降、信玄は、大軍を率いて駿河から遠江に向けて進撃し、本格的な西上作戦を開始した。

このような信玄の動きに対して信長は、謙信に宛てた本状において、「信玄の行為は前代未聞の無道さであり、さらに侍の義理も知らず、都鄙の嘲弄を顧みないもので、恨み骨髄である。今後は未来永劫にわたり、信玄とは二度と再び相通ずることはない」と激怒した。これは信玄の行動を非難することで、何とか謙信を自己の陣営に取り込むことを示唆するものであり、さらに「信長と信玄の関係は、あなたの考えている以上で、何十もの遺恨が重なり、さらに積み続けている」とし、自分と謙信が連携すれば、信玄を撃退することはそれほど年月のかかることではないとも明言し、今後も軍事行動の情報交換などもしたいと提案した。第二条では、信玄の駿河・遠江の軍事行動が記されているが、第三条では、信長は、謙信が越中の陣から引き上げ、信濃か上野に進撃し、信玄の背後を脅かして欲しいことを告げている。こうして信長と信玄の全面戦争が開始されることになったが、それが本状の約一ヶ月後にあたる十二月二十二日の三方原の戦いとなる。

一方、謙信のほうも、近臣の長景連(与一郎)を信長に派遣し、誓書を送った。これに答えて信長は、景連の面前で牛王宝印に血判を据えた。こうして信長は、信玄を討つため、謙信に盛んに出撃するよう誘いをかけており、第三条で「信玄を討つことができれば、加賀や越中の一向一揆の鎮圧などは、いつでもできる」と記している。また第四条において、北近江では朝倉義景が帰国しようとしていることがわかるが、信長に敵対する信玄は、義景に守備を固めるよう勧めており、本状をめぐる各地の状況は、まさに緊迫したものであった。このような中、翌年四月十二日に信玄が病死するのである。

065 元亀三年十二月二日付け織田信長朱印状
中京大学文学部所蔵

【釈文】写真は91頁

尾・濃両国之唐人
方幷呉服方商
売司之儀、改而申
付訖、誰々雖為売
子、対吾分、夷子
講之裁許可在之、
然者他国之商
人茂於当所令
商売者、可及其
届、為扶助申付候
上者、猥之儀不可
有之状如件、
元亀三
十二月二日(信長朱印)
(伊藤)惣十郎へ

●解説

本状は、尾張清須(愛知県清須市)の商人である伊藤惣十郎に宛てて、尾張・美濃両国の「唐人方」と「呉服方」の統括を務めるよう命じる朱印状である。「唐人方」とは中国船来の品々を、「呉服方」は当時高級品である絹織物を取り扱う商取引をそれぞれ指しており、これら商いについては、惣十郎が組織する夷講(同業者組合)が統括し、尾張・美濃で商売しようとする者は誰であっても惣十郎に届け出なければならないと定めている。

信長と言えば、「楽市・楽座」を標榜して、特定の商人や座組織による商業規制を廃し、誰彼構わず自由に商売が可能な市場造りを奨励していたと一般には考えられている。しかし実際のところ、信長の命じた「楽市・楽座」は、美濃加納(岐阜市)・近江金ヶ森(滋賀県守山市)・安土(滋賀県近江八幡市)など、いくつかの町場にしか通達されていなかった。本状にも見えるように、信長は、座組織の全てを否定するつもりはなく、場合によっては既存の同業者組織を通じて商業統制を図っていたことが窺える。

なお伊藤惣十郎は、信長亡きあとも変わらず「唐人方」と「呉服方」の統括役を担っていたようで、織田信雄・豊臣秀次・福島正則ら歴代の清須城主からも同種の文書を拝領している。

066 （元亀四年）正月二十日付け織田信長朱印状
浜名湖舘山寺美術博物館所蔵

【釈文】写真は92頁

今度浜松表
不慮之為躰候、
其方進退之事
此節別而馳走
簡（肝）要候、人数等も
拘置、可被相
励候、領知之儀も
随分可相達候、
猶毛利新介（良勝）
可申候、謹言、
正月廿日　信長（朱印）
戸田又兵衛尉殿（直頼）

●解説

本状は、信長が三方原の戦いにおける戸田直頼の奮戦を慰労し、今後の防備強化を励行したものである。

前年の元亀三年（一五七二）十月以降、武田信玄は、駿河から遠江に向けて西上作戦を開始したが、信玄の軍勢は、美濃方面にも侵攻するなど、その進撃ぶりはめざましいものがあった。特に駿河から遠江に入った信玄は、十月十六日に二俣城（静岡県浜松市天竜区）を包囲した。二俣城は、家康の本拠である浜松城と高天神城（静岡県掛川市）のちょうど中間地点に位置し、遠江の諸城の中でも特に重要な拠点であった。さらに、信玄は三河へ進撃しようとしたが、それを知った家康は、十二月二十二日、信長からの援軍と共に、遠江の三方原（静岡県浜松市北区）で、信玄の軍勢を背後から攻撃した。しかし、反撃に遭って大敗を喫してしまった。この三方原の戦いは、まさに本状にあるように「浜松表不慮之為躰」だったのである。

こうした信玄の勝利によって、将軍足利義昭は、さらに「反信長」の姿勢を鮮明にし、各地の一向一揆にも決起するよう命じた。家康のみならず、当時の信長にとっても、極めてダメージの大きい敗戦となった。

三方原の戦い後、遠江で越年した信玄は、さらに三河への侵攻を続け、野田城（愛知県新城市）を攻略したが、攻略後の元亀四年二月、信玄の病が重くなり、甲府への帰路の途中の同年四月十二日、信濃駒場（長野県阿智村）で死去した。

信玄の死後は、嫡子勝頼が武田氏の当主となるが、その交代の間隙を衝いた家康は、天正元年（一五七三）八月に三河衆の奥平貞能・信昌父子を武田氏から離反させ、長篠城（愛知県新城市）を攻略した。そして天正三年（一五七五）五月二十一日、長篠の戦いを迎えるのである。

067 （元亀四年）二月二十九日付け織田信長書状
永青文庫所蔵

【釈文】写真は93・94頁

（端裏ウハ書）
「細川兵部太輔殿　信長」
芳簡殊十二ヶ条之
理共具聞届候、被入御
精候段、不勝計事ニ候、
一、公方様へ嶋田（秀満）・友閑（松井）
を以、甚重ニ御理申半候、
被聞食直、入眼ニ付而ハ
奉公衆の質物共可
参候間、信長質物とも
可進上候、
一、公義其（某ヵ）之質物之
事、被　仰下候由候、某
信長於上洛者、平均ニ
可申付之条、乍恐可被
御心安候、天下再興本
望候、其之御事連々
雖入魂候、以来猶以
不可有疎意候、京都・
摂（摂津）・河辺（河内）之儀、追々御
注進大慶候、弥無御
油断才覚簡（肝）要ニ候、
恐々謹言、

二月廿九日　信長(花押)

●解説

元亀四年(一五七三)二月、将軍足利義昭と信長の対立は、武力衝突に及んだ。二月十三日には、信長打倒を告げる義昭御内書が朝倉義景・浅井長政などに発給され、近江にて義昭方は挙兵した。これに対して信長も軍勢を派遣し、二月末にかけて石山・今堅田(いずれも滋賀県大津市)あたりで戦闘が起こっている。

こうした緊迫した状況下、幕府奉公衆細川藤孝と信長は文書のやり取りを重ねている。本状は、そのうちの一通である。藤孝からの書状に応えた信長の返書となるが、内容は以下の通りである。

藤孝から届いた十二ヶ条に及ぶ道理の記された書状を見ました。藤孝が精を出してくれるのは、大変ありがたいことです。(信長から)義昭へ嶋田秀満と松井友閑を派遣して説得している最中であり、義昭が承諾し和議がなれば、奉公衆から人質が来るので、信長も義昭へ人質を進上します。義昭から人質のことを仰せになったとのことです。信長が上洛すれば畿内のことを平定するので、ご安心ください。(信長は)天下再興が本望であり、このことについては今までも、そしてこれからも疎かにはしません。京都・摂津・河内などのことについての次々の注進をありがたく存じます。いっそう油断なく励んでください。

このように、戦闘が行われる一方で、信長は「天下再興」を本望としており、義昭との対立を望まない姿勢をとっている。しかし、三月七日に交渉は決裂。一度は勅命によって和議が結ばれるものの、同年七月に義昭は再度挙兵する。結局、義昭は敗れ、京都を落ちていくこととなるのである。

068 (元亀四年)卯月六日付け織田信長黒印状写
京都大学大学院文学研究科所蔵『古文書纂』三十五所収

【釈文】写真は95頁

横山辺迄可有御
見廻之□(由ヵ)候、其ニ不
及候、遠(遠江)・三(三河)表之事、
無油断可被仰付事
簡(肝)要候、爰元頓而可開隙候之間、
　令帰国可申述候、
就上洛之儀、以小栗大六
承候、祝着之至候、今度
公儀(足利義昭)不慮之趣、子細旧事候
哉、於身不覚候、君臣御間与
申、前々忠節不可成徒之由
相存、種々雖及理、無御承
諾之条、然上者成次第之外
無他候て、去二日・三日両日洛
外無残所令放火、四日ニ上
京悉焼払候、依之徒其夕
無為之儀取、頻御扱之条、
大形同心申候、於時宜者可
御心易候、猶大六可申候、恐々謹言、
　卯月六日　信長(黒印影)
三河守(徳川家康)殿　進覧之候

●解説

元亀四年(一五七三)二月十三日、将軍足利義昭が挙兵する。その報に接した信長は、京都へ使者を送り、人質提出を申し出て和を乞うた。しかし、義昭はその申し出を拒絶し、交渉は決裂に終わる。そこで信長は、三月二十五日に岐阜を出陣し、同二十七日に大津(滋賀県大津市)に着陣する。一方の義昭は、同三十日に村井貞勝邸を包囲しており、敵対行動を続けている。

その後の展開は、本状に記されている通りである。すなわち、四月二日に信長は洛外への放火を始めると、三日は賀茂から嵯峨にかけて焼き、文字通り残すところなく焼いたのであろう。吉田兼見の日記『兼見卿記』元亀四年四月三日条には「在々所々悉放火了」と記されている。信長は引き続き義昭へ講和を求めるが、義昭は頑として受け入れなかった。四月四日、信長は上京に火を放つ。これにより、二条から上京にかけて、一軒残らず焼失した。事ここに至り、義昭は講和を承諾し、翌五日に勅使が派遣され、講和が結ばれた。

本状はこの状況下、徳川家康に宛てられて発給されたものである。信長の上洛について、家康が家臣小栗大六を派遣したことを受けて謝意を述べる。そして、今度の義昭挙兵については、不慮であり身に覚えのないこととして、君臣の間のことで今までの忠節が無駄にならないよう義昭を説得してきたが、義昭の承諾が得られなかった。そのため成り行きにより、二日と三日の両日に洛外へ火を付け、四日に上京を焼き払ったので、同日の夕方に講和交渉が持たれ、大方同心に至ったので安心して欲しい。詳しいことは小栗大六が申し述べるとする。また、当時信長に敵対していた浅井氏の領地である近江横山(滋賀県長浜市)あたりまで出陣することを家康は申し出たが、それには及ばず自国方面を万全にすることが肝要であり、こちらはすぐに片が付くとしている。このように本状は、上方の情勢について、信長が家康へ詳細に伝えた文書である。

069 (元亀四年)四月十五日付け織田信長黒印状

大阪青山歴史博物館所蔵

【釈文】写真は96頁

一揆等吉村構へ
取懸候処、遂一戦
十人余討捕之由、
尤候、江南表之儀、
鯰江ニ対し付城
四ヶ所申付、今日十五、
至佐和山着座候、
近日北表へ相働、
やかて可令帰国候、
其方之事、弥無
油断調略等簡(肝)
要ニ候、吉村かたへも
書状遣之候、開
陣之時可加褒
美候、能々相心得
可申聞候、謹言、

四月十五日　信長(黒印)

市橋九郎左衛門尉(長利)殿

●**解説**

元亀四年(一五七三)四月八日、足利義昭との和睦に一応の目処が付いた信長は、京都を発して守山(滋賀県守山市)・百済寺(滋賀県東近江市)を経て、十五日に佐和山(滋賀県彦根市)へ陣取った。近江は浅井や六角など義昭に味方した勢力がおり、戦闘が続いていた。本状を受け取った市橋長利は、近江国南部で守備を任されていた人物である。

四月十三日、長利は一揆の襲撃を受けるもこれを撃退し、十人余を討ち取るという手柄を立てる。信長はこれを賞すと共に、六角が籠もる鯰江城(東近江市)への備えとして付城を築き、十五日に佐和山へ着陣したことを知らせた。そして、近日中に北近江へ出陣したのち、岐阜に帰るとしている。長利には調略を厳重に行うよう命じ、長利と同所にいた吉村方へも書状を遣わすことを伝え、のちの恩賞を約束し、吉村への伝達を命じている。

本状はこうした内容であるが、本状に出てくる吉村宛ての黒印状も「吉村文書」には残存している。吉村宛てのものは一揆との戦いの戦功を賞したことのみが記されており、吉村は長利を通じて信長の行動を知ったのである。

なお信長は、本状では帰国するとしているが、佐和山に在陣し続けたようで、同地にて大船の完成を見ている。

070 元亀四年六月十八日付け織田信長朱印状

林原美術館所蔵

【釈文】写真は97頁

五郎丸方与八
分百五拾貫文
の事、まいらせ候、
なを(猶)きうめい(糺明)
候て、申付らるへ
く候、
かしく

元亀四
六月十八日(信長朱印)

大御ち(乳)へ

●**解説**

本状は、織田家家臣であった池田恒利の妻「大御ち(大御乳)」に宛てた知行宛行状で、五郎丸村(愛知県犬山市)の内、これまで「与八」の所領であった百五十貫文の土地を「大御ち」に与えることを約束している。文中の「与八」が何者なのかは不明。

「大御ち」は、信長の乳母として一般には知られている。乳幼児であった頃の信長はとかく癇癪持ちで、幾人もの乳母たちの乳房を噛み千切るほどであったが、恒利の妻が乳を含ませたところ、たちどころに大人しくなったという。これ以降、恒利の妻は「大御ち」と敬称されるようになり、また、夫である恒利も織田家中において一目置かれる存在となる。

ところが、その後間もなく天文七年(一五三八)に、恒利が病のために亡くなり、「大御ち」は落飾して養徳院と名乗るようになる。この時、恒利の後継者で長男の勝三郎(のちの恒興)は三歳と幼く、勝三郎が成人するまでは「大御ち」が女手一つで池田家を切り盛りしなければならなくなった。この間の「大御ち」の苦労を偲ぶ史料は残されてはいないが、勝三郎は立派な武人へと成長し、信長旗下で数々の軍功を挙げている。

本状を見ると、信長がなぜ元亀四年(一五七三)というタイミングで所領を与えたのかは不明ながら(勝三郎はこの時三十八歳)、信長は養徳院を「大御ち」と昔のまま呼び習わしていて、そこには信長の養徳院に対する変わらぬ愛情が示されている。

071 (元亀四年)七月十三日付け織田信長書状案

個人所蔵

【釈文】写真は98～101頁

去月朔日来翰令
披閲候、抑天下之儀、
不慮之模様候、当春
俄為　公儀、信長可被
加退治之御造意歴
然之旨候、其子細於身
不覚候間、可為雑説
之由不驚候梟(皃)、取齢
相募躰候之間、令不審
尋申候処、一向想乱之
式候、伝説之趣者、信長
自敵之甲斐之武田(信玄)、
越前之朝倉(義景)、其外三
好類ニ被仰合、諸候(侯)
之佞人一両輩執申、
如此之企治定之由候、言
語道断之次第、外聞
無念候、縦信長一旦不
応御気色儀雖有之、
忠節ニ可被思召替之
段、何事候哉、只天魔
之所為之由、挟所存候
間、幾重之申理、自今
以後猶以無御隔心之
様ニ実子進上之処、是
茂不能御許容、被追
返候、誠失面目候、前々
忠節徒可成事、口
惜候之条、再往再返雖
懇望候、強儀弥不被
相休之上者、不及力、去
四月上旬令上洛、先
上京其外洛外悉放
火候、依之仰天候歟、御
和ニ被立入候間、従元為私
無疎略之条、抛万端
属無為、同七日御礼申上、
即時納馬候、都鄙万
民安堵之様候処、下国
以来御逆意更不休
之由候、無是非候、連々可申
披心底候キ、去三日京都
有御退城、真木嶋与
申地へ御移候、是又暫
時も御逗留不実候之条、
定至遠国可為御流
落候歟、誠歎敷候、不時ニ
御退座之子細者、甲州
之武田(信玄)病死候、越前之
朝倉(義景)不可有差働候、三好
以下不足数候間、別可被
及御行様無之、如此之由候、
既天下被棄置之上者、
信長令在洛取静候、将
軍家之事、諸家遂

儀（讓）定可随其候、不相替
御入魂珍重候、随而御
分国之無別条之由、肝
要候、猶期来音候、恐々
謹言、

七月十三日　信長

（宛所切断）

●解説

本状の宛所は切断されているが、「太田荘之進氏所蔵文書」により、毛利輝元宛てと判明する。『織田信長文書の研究』『大日本史料』共に「太田荘之進氏所蔵文書」から収録するが、これは本状の後半部分しかない。本状によって信長書状の全貌が判明する。なお、「太田荘之進氏所蔵文書」の署名は「織田弾正忠／信長」、宛所は「毛利右馬頭殿／進之候」となっている。

信長は七月一日付けの毛利輝元書状に答える形で、当春の将軍足利義昭の謀叛から、槙島城（京都府宇治市）に立て籠もる義昭を攻撃する直前までの情勢を説明した内容である。信長は義昭謀叛を「天下之儀、不慮之模様」とし、武田信玄・朝倉義景・三好一類らの讒言が原因とする。信長は義昭の謀叛を「天魔之所為」とし、「幾重之申理」をし、実子と人質として進上した。しかし義昭はこれを許さず、人質を追い返したので、信長は面目を失った。そして四月に信長は上京を放火して威嚇し、ようやく講和が成立した。

しかし、義昭は七月に再び謀叛を起こし、槙島城に立て籠もった。信長はこれを「天下を棄て置いた」と非難し、ほぼこの時点で将軍職を失ったと見なしていた。そこで天下を放棄した義昭の代わりに信長が上洛し、天下を取り静めた。これが信長側の正当性であろう。信長の上洛は九日で、十六日に槙島城へ攻め寄せ、十八日にこれを陥落させた。義昭は京都を追放され、河内若江城（大阪府東大阪市）の三好義継の所へ送られた。しかし、その途中で羽柴秀吉が警固を放棄して引き返したため、義昭主従は落ち武者狩りに遭って身ぐるみ剥がされてしまった。その様子を見た民衆は「貧報（乏）公方」と指を差して嘲笑したという。これほどの将軍権威の失墜はないであろう。

072 元亀四年七月日付け織田信長条書写
国立公文書館内閣文庫所蔵『上京諸文書』所収

【釈文】写真は102頁

条々

一、如前々可令還住之事、

一、陣執免除之事、

一、非分課役不可申懸之事、

一、地子銭免除之事、但、追々加申出候条、其以前何方も不可能納所事、

一、各宅造畢之間、人足免許之事、

右所差定不可有相違者也、仍下知如件、

元亀四年七月日　弾正忠　御朱印

●解説

本状は、元亀四年（一五七三）七月付けで、上京地域の住民たちに向けて布達した条書の写である。全部で五ヶ条から構成されており、①以前の如く上京に戻って生活すること、②陣地として土地・家屋を収奪したりしないこと、③不法な税金や役務を賦課しないこと、④地子銭（土地に賦課される税金）はひとまず免除すること（あとから賦課するので、それまでどこにも納めないこと）、⑤各々住宅を作り直すまでの間、人足役は免除すること、がそれぞれ規定されている。

この年、将軍足利義昭との対決が一層激しさを増し、なかなか屈服しようとしない義昭に業を煮やした信長は、攻撃作戦の一環として、同年四月三日から四日にかけて上京を放火した。この時、下京が焼き討ちを免除された理由は、不遜な対応を示した上京とは異なり、下京は平身低頭、信長に服従の態度を見せたためである。戦国期の京都は上京と下京に分離し、それぞれが独自の自治を行っていたので、必ずしも両者が連携をとっていた訳ではなかった。

さて、このような威圧が功を奏したのか、最終的には同年五月に義昭は降伏するに至る。その後、同年七月に信長は、焼亡した上京地区の復興を企図して、住民が戻ってきやすいようにと本状を発布したのである。

073　(天正元年)九月六日付け織田信長書状
MIHO MUSEUM所蔵

【釈文】写真は103頁

青葉之笛持せ
被越候、名物ニ候、
前々誰之所持候て、
何とある子細ニ
依て竹生嶋へ
寄進候哉、小笛
添候、是も定
子細可有之候、
能々相尋候て、
存知之躰を
具書付候て、可
被越候、恐々謹言、
九月六日　信長(花押)
磯野丹波守(員昌)殿

●解説

宛所の磯野員昌は、もともと浅井氏に仕え、佐和山城(滋賀県彦根市)の城主として対六角氏や対織田氏の前線にあった。しかし元亀元年(一五七〇)、姉川の戦いののちに織田軍が横山城(滋賀県長浜市)まで勢力下に治めると、佐和山城はその南に位置していたために孤立してしまう。そして、元亀二年に員昌は信長に降伏し、高島郡へ移った。以後、信長麾下の将として活動することとなる。

天正元年(一五七三)八月二十日、信長の攻勢の前に朝倉義景は自害した。同月末には小谷城(長浜市)も陥落し、ここに朝倉・浅井両家は滅んだ。信長は九月四日に佐和山へ移り、同六日に岐阜へ戻っている。

竹生島宝厳寺は、本状に先立つ元亀四年(一五七三)七月一日に信長から寺領安堵の朱印を受けている。この時、竹生島と信長の間を取り持ったのが員昌であった。天正元年九月、宝厳寺は、江北を平定した信長の御覧に入れようと、笛と小笛を進上した。それに関する書札が本状である。青葉の笛と小笛を受け取った信長は、員昌に対して名物であるこの笛の以前の所有者と、その寄進理由を調べて寄越すよう命じている。ここでも員昌は、信長と竹生島の仲介を果たしている。

なお、同日付けで竹生島に対しても、朱印状が発給されている。そこでは、青葉の笛を「寔名物見事候」と評し、今少し手元に留めてから返すと申し送っている。また、本状と同様にこの笛の由緒を尋ねており、余程お気に召したようである。

074　天正元年九月七日付け織田信長朱印状
岡山大学附属図書館池田家文庫所蔵

【釈文】写真は104頁

木田小太郎(荒尾善久)跡職之
事、依由緒、其方
息古新(池田輝政)ニ令譲与之
上者、全領知不可
有相違、為扶助申
付之状如件、
天正元
九月七日　信長(朱印)
池田勝三郎(恒興)殿

●解説

本状は、木田小太郎の旧領を、池田輝政に与えた朱印状である。輝政は永禄七年(一五六四)生まれで、天正元年(一五七三)当時は十歳と幼少であったから、その父恒興に宛てた形式となっているのだろう。

池田恒興は天文五年(一五三六)生まれで、当時は三十八歳であった。彼の母養徳院は天文三年生まれの信長の乳母を務めていたため、信長と恒興は年も近く、乳兄弟でもあるという緊密な関係にあった。恒興は信長の厚い信頼を得た部将だったのである。

一方、木田小太郎とは尾張の豪族荒尾善久のことだが、知多郡木田(愛知県東海市)の城主であったことから、このように呼ばれたのであろう。彼の妹は恒興の妻となっていたため、善久は恒興とは義理の兄弟、輝政とは伯父甥の関係にあった。ところが彼は、元亀三年(一五七二)十二月に徳川家康救援のために派遣され、三方原の戦いで討ち死にしてしまう。そのため、彼の遺領の相続が問題となり、善久の甥という「由緒」を持つ輝政にこれが与えられたのである。

信長がこのような処置をとった背景には、恒興との強い信頼関係を想定してよいだろう。

075 天正元年十月二十四日付け織田信長朱印状　伊勢市大湊町振興会所蔵

【釈文】写真は105頁

関東有所用、大
船壱艘差遣之候、
早々可令渡海候、若於
油断、急度(一安)可申付候、
尚津田掃部可申者也、
仍如件、
天正元
十月廿四日　信長(朱印)
大湊廻船中

●解説

天正元年(一五七三)九月、伊勢大湊(三重県伊勢市)へ、伊豆から大船がやって来たという。伊豆は敵方だったので、塙直政は信長の意を受け、津田一安を派遣していた。その結果、大湊の角屋七郎次郎が今川氏真の茶道具を預かっていたことが判明している。本状は時期的にこれに対応するものと思われるが、「関東への所用」というのが判然としない。

むしろ、元亀四年(一五七三)四月に武田信玄が歿したので、武田氏と同盟を結ぶ北条氏政の動向を確かめるため、信長は大湊廻船中に対して、大船一艘を派遣するので、早々に関東へ渡海せよと、津田一安より伝えさせたのではないだろうか。

大湊は伊勢神宮の外港で、東国に所在した伊勢神宮の荘園年貢や奉納品などが集積する伊勢湾屈指の流通拠点となった。また、伊勢湾から東国へ向かう港町として発展し、北畠氏の支配下に入る一方で、会合衆が上納金を支払い、自治を認められた。江戸時代には、廻船問屋が自治の主体となり、造船業も盛んになった。

津田一安は織田一門で、信長の伊勢進出を担当した。永禄十一年(一五六八)に安濃津(三重県津市)に置かれ、北畠具教が降伏したあとは、具教の養子となった信長の次男信雄を補佐するため、大河内城(三重県松阪市)に在城していた。

076 天正元年十月日付け織田信長黒印状／同年十月十六日付け織田信長書状案　劔神社所蔵

【釈文】写真は106頁

織田剣大明神領・同末社領幷坊領、
同社家分田畠・山林等、任先規之□(旨)全可
知行、此外不可有臨時之課役、次検断以下
事、為寺社可相計之、然上者、於末代不可
有相違之状、如件、
天正元年十月　日　信長
寺社中
※紙背に黒印あり

神前祈念之巻数、殊種々贈給候、
即得其意候、委細使僧可相達候、
謹言、
十月十六日　信長
寺社代

●解説

劔神社は、現在の福井県越前町にある神社で、越前国の二宮にして、織田氏の氏神とされる。織田氏は、この神社の神官の末裔とされ、越前・尾張・遠江の守護を兼ねた斯波氏に仕え、尾張に移った。のちに越前を信長より拝領した柴田勝家も、織田剣神社を「殿様御氏神」と認識している(剣神社文書)。

同じ斯波氏の家臣筋にあたる尾張の織田信長と、越前の朝倉義景の対立は、永禄十三年(元亀元年、一五七〇)に遡る。両者は元亀争乱を戦い抜いたが、天正元年(一五七三)七月に、信長は将軍足利義昭を京都から追放すると、八月に一挙に湖北へ侵攻した。十二日に大獄砦へ夜襲をかけて大勝した信長は、退却する朝倉勢を追撃して越前に入り、二十日には義景を自害に追い込んだ。

その後、すぐに近江へ引き返し、浅井長政を滅ぼすと、岐阜に帰陣したが、九月二十六日には桑名(三重県桑名市)へ出陣し、十月二十五日まで伊勢に在陣している。

この間、信長は越前について、朝倉氏の旧臣である前波吉継を一乗谷(福井市)に置き、守護代に任じ

ていた（『信長公記』）。そして、北庄には、木下祐久・津田元嘉・三沢秀俊を、目付として置いている。

吉継は朝倉時代に、織田剣神社から公用銭の徴収などを行っており、すでに剣神社と関係を有していた。

しかし、織田剣神社は、本状のように、越前の吉継や祐久らではなく、伊勢に赴き、信長自身に安堵を求めた。信長もこれに応じ、その末社や社家に至るまで社領を安堵した。また、吉継による臨時の課税を免除し、検断権についても剣寺社に認めるなど、氏神として特別の保護を加えている。

ただ、黒印は紙背にあることから、木下祐久らが信長の黒印だけを押した紙をあらかじめ用意しておき、朝倉旧臣による狼藉を排除するため、急遽作成した可能性もある。

077 天正元年十一月二十八日付け知行方目録（織田信長朱印状）　国立国会図書館所蔵

【釈文】写真は107頁

知行方勢田分目録之事

一、弐拾貫余　三条町屋地子銭、両季年中、
一、参貫八百余　四条河原野畠、両季年中、
一、弐貫四百余　九条之内野畠、年中、
一、参石余　山科野村郷之内年貢、
　都合弐拾八貫余、但米銭、
右、任当知行之旨、全領知不可
相違之状如件、
　天正元
　　十一月廿八日　信長（朱印）
　　　信濃兵部丞とのへ

●解説

宛所の信濃兵部丞は、久我家の家司であり、久我家の知行地の所務などを取り仕切っていた人物である。本状にある勢田は、久我家領として永禄十一年（一五六八）に幕府奉行人奉書と信長朱印状により、久我家直務の地として安堵されている（「久我家文書」）。ただし、本状の勢田と、久我家領の勢田が同所であるかはわからない。また、久我家の家司信濃兵部丞が、信長から知行安堵を受けている理由も判然としない。

文書の内容は、信長が信濃兵部丞知行として、三条町屋の地子、四条河原・九条の畠、山科野村郷の年貢分の都合二十八貫余りにおいて、米と銭での知行分の当知行を安堵している。文書中にある「両季年中」というのは、二季分の合計でということである。

本状が発給された天正元年（一五七三）十一月二十八日、信長は数通の知行安堵の朱印状を発給している。いずれも、旧幕臣に対して発給されたものである。

一方、信濃兵部丞が仕える久我家は、当主久我通堅が永禄十年に勅勘を蒙り解官され、堺に滞在していた。通堅の父である久我入道宗入（晴通）は健在であり、義昭の傍近くにいた公家である。この久我父子は、義昭が京都を追放されて以降、義昭と行動を共にしていた可能性が指摘されている。父子は天正三年三月と四月に、立て続けに薨じてしまい、通堅には子息敦通がいたが、この時わずか十一歳であった。こうした事情のために、信濃兵部丞へ安堵の朱印状が発給されたのであろうか。

078 （天正元年）十一月二十九日付け織田信長朱印状　個人所蔵

【釈文】写真は108頁

（前欠）
仍松永（久秀）申分之事、
つらにくき（面憎）子細ニ候へ共、
只今被申越候ことく、
多（聞）門を此方へ直ニ渡、
右衛門佐（松永久通）ハ信貴へ入候て、
山城（松永久秀）ハなき分ニ可然候、
右衛門佐覚悟にて何
方ニも参候ハんハ不及
是非候、知行方之事ハ
令分別可申付候、さ候ハゝ、
右衛門佐惣領子を人
質ニ出し、右之筋目ニ
わ（詫）ひ候ハんならハ、
可赦免候、此段少も
違候ての申やうニ候ハゝ、
重而被申ましく候、
恐々謹言、

十一月廿九日　信長(朱印)

(折封ウハ書)

「(墨引)

(佐久間信盛)
右衛門尉殿　信長」

●解説

本状は前欠であるが、信長と敵対した松永久秀の降伏条件を、信長が畿内に出陣中の佐久間信盛に伝えたものである。

久秀は、将軍足利義昭や信長と同盟し、その上洛を側面から支援した。しかし、元亀二年(一五七一)に突如、義昭は久秀と対立する筒井順慶を重用するようになったため、久秀は義昭から離反した。ところが、元亀四年正月に、武田信玄や朝倉義景、信長を見限った義昭と、久秀は結ぶことになった。

ただ、久秀は、信長と義昭の戦いに援軍を出す訳でもなく、どのような思惑だったのかはわからない。信長は、追放した義昭を若江城(大阪府東大阪市)に受け入れた三好義継を攻め滅ぼしたものの、久秀はほとんど戦わなかったためか、降伏を許容した。

信長は、久秀の言い分は「つらにくき子細」と感情を露わにするが、久秀が永禄四年(一五六一)より心血を注いで築いてきた多聞山城(奈良市)を明け渡すこと、久秀の息子の久通に信貴山城(奈良県平群町)を安堵し、領知も与えること、久通の子を人質に出すことを条件に赦免すると伝えた。

信長としては、義継と同様に久秀を討つこともできたが、公家の吉田兼右やキリスト教宣教師らが絶賛した多聞山城を焼失させることなく、手に入れたかったのであろう。のちに、主殿は京都の「二条御新造(二条御所)」へ、四階櫓は安土(滋賀県近江八幡市)へ移築された。

天正二年(一五七四)正月に、多聞山城は明智光秀に接収され、光秀や細川藤孝が番を務めた。そして、久秀は出家し、道意と号した。

079　(天正元年)十二月二十八日付け織田信長朱印状

仙台市博物館所蔵

【釈文】写真は109〜111頁

去十月下旬之珍簡近日
到来、令拝披候、誠遼遠
示給候、本懐不浅候、殊
庭籠之鴘鷹一連・同
巣主大小被相副候、希
有之至、歓悦不斜候、鷹之
儀累年随身異于他之処、
執之送給候、別而自愛
此節候、則構鳥屋可入置候、
秘蔵無他候、仍天下之儀、
如相聞候、公儀御入洛令
供奉、城都被遂御安座、数
年静謐之処、甲州武田・
越前朝倉已下諸侯之
佞人一両輩相語申、妨
公儀、被企御逆心候、無是
非題目、無念不少候、然間
為可及其断、上洛之処、
若公被渡置京都有御退
城、紀州熊野辺流落之由候、
然而武田入道令病死候、朝倉
義景於江越境目去八月遂
一戦、即時得大利、首三千余討
捕、直越国へ切入、義景刎首、
一国平均ニ申付候、其以来若狭・
能登・加賀・越中皆以為
分国、属存分候、五畿内之儀
不専申、至中国任下知候
次第、不可有其隠候、来年甲州
令発向、関東之儀可成敗候、
其砌深重可申談候、御入魂専
要候、猶以芳問大慶候、必従是
可申展之条、抛筆候、恐々
謹言、

十二月廿八日　信長(朱印)

(輝宗)
謹上　伊達殿

●解説

本状は、信長が出羽米沢(山形県米沢市)の伊達輝宗に宛てて送った書状である。信長は、輝宗が十月下旬に発した(「珍簡」)に接したことを伝え、かつ輝宗から年若の鷹を贈られたことを希有のこととして大いに喜び、大切に扱う旨を記した上で、自らを取り巻く動静について述べている。

まず、信長は、足利義昭を奉じてその上洛に尽力し、数年は静謐に過ぎたところ、武田信玄や朝倉義景らの佞人輩が共謀して、義昭・信長間を離間させ、逆心を抱かせるに至ったとして、その意向を糺すべきために上洛に至ったところ、義昭は若公(義尋)を信長に人質として渡して京都から退いたと、天正元年(一五七三)の室町幕府滅亡について記す。次いで信長は、同年四月の信玄の病死と八月の朝倉義景滅亡について述べ、若狭・能登・加賀・越中の北陸諸国を掌握したこと、畿内はもとより中国にまでその勢力を波及させたことを伝え、自らの勢力拡大を誇示し、来年は甲斐を攻め、関東へも勢力を伸張する意思を明らかにし、輝宗が「御入魂」の間柄となって協力することを求めている。

文面から、「珍簡」と位置づけられた輝宗の書状をもって、織田・伊達両家間の接触が初めて試みられたと見られ、本状はその返書として記されたものとして知られる。そのことを裏づけるのが伊達輝宗の日記『天正二年御日日記』(「伊達家文書」)の存在である。同書の天正二年二月二十一日条には「信長よりの返状参候」とあるので、この日米沢にいる輝宗の許に本状が届けられたこと、また本状が輝宗からの接触に対する返書として出されたことが知られる。さらに同月二十六日・二十七日両日条によれば、輝宗は、この書状の写を重臣の桑折親宗・亘理元宗に送り、信長の意思を伝達している。

このような状況から、本状の返書は輝宗から信長に送られなかったものの、信長と交渉を始めること、また信長からの接触があったことの意義というものを輝宗は十二分に承知していたと考えることができる。

天正二年九月二日付けで信長は再び輝宗に宛てて書状を送り、無音に過ごしていた輝宗に対して金襴・緞子・褶・紅糸・虎皮を進物として送った(「伊達家文書」)。これ以後、輝宗は、信長の死に至るまで、交渉を保つことになる。

080 天正二年正月十二日付け織田信長朱印状

多治見市所蔵

【釈文】写真は112頁

瀬戸焼物釜(窯)
事、如先規彼
於在所可焼之、
為他所一切釜(窯)
不可相立者也、

天正弐
正月十二日　信長(朱印)
賀藤(加藤景茂)市左衛門尉殿

解説

本状は、天正二年(一五七四)正月十二日に、瀬戸の陶工である賀(加)藤市左衛門尉(景茂)に宛てた朱印状で、その内容は、「瀬戸焼物の窯について、以前の如く瀬戸でのみ窯場を営むこと、ほかでは一切窯場を作ってはならない」と定めている。

尾張瀬戸地域は、古墳時代の遺構である猿投窯遺跡が所在するように、古くから焼き物作りの盛んな地域であった。とりわけ瀬戸で作られた陶器類(瀬戸物)は、高級志向の強い京都・畿内の人々の間で重宝されて、莫大な利益を上げていた。このような瀬戸物の取引価値に目を付けた信長は、永禄三年(一五六〇)に今川義元から瀬戸支配の拠点である品野城(愛知県瀬戸市)を奪取すると、瀬戸物売買を行う市場の保護・拡大に積極的に乗り出すようになっていく。例えば信長は、永禄六年十二月に尾張瀬戸村に対して三ヶ条の制札を発給しており、冒頭の一ヶ条は、瀬戸物を扱う諸郷の商人に対して、尾張国内の自由往還を認める内容となっている。

本朱印状は、このような一連の動向の中に位置づけられるもので、信長は、瀬戸地域に窯場を限定させることで製陶技術の流出を防止し、さらには瀬戸物の商品価値を高めようとしていたものと捉えられよう(加藤個人の移動を禁止したとする別の見解もある)。

081　天正二年正月日付け織田信長条書

福井県立歴史博物館所蔵

【釈文】写真は113頁

条々

一、唐人之座幷軽物座者、三ヶ庄
其外一乗・三国・端郷仁可有之事、
一、役銭之儀、上品之絹壱疋充、若無
沙汰之輩在之者、座を召放、堅可申付事、
一、諸役免除之朱印雖有遣之者、
於此儀者可申付、幷往還之商人
役銭可為拾疋充事、
右嘉吉元年六月十七日任　綸旨
可進退、徳用之儀、不可有相違之状如件、
天正弐年正月　日　信長(朱印)
橘屋三郎五郎

●解説

本状は、信長の座政策に関する史料である。宛所の「橘屋三郎五郎」は越前国北庄(福井市)を地盤とする商人である。橘屋は、弘治三年(一五五七)十月二十一日に、朝倉義景から「調合薬売買」や「酒売買座」について免許されており、諸薬や酒の独占売買権を認められ、座長として諸商人を統制する役割を果たしていたとされる。また、元亀二年(一五七一)十二月十四日付け朝倉義景免許状(「橘文書」)には「諸商売ならびに諸役等事、嘉吉元年六月十七日綸旨の旨に任せ、免許せしむところ、相違あるべからず」とあり、嘉吉元年(一四四一)の綸旨を根拠に、戦国大名朝倉氏から売買独占権を保障されていた。その根拠は、本状においても継承されている(「右嘉吉元年六月十七日任綸旨可進退」)。

織田勢に敗れて朝倉義景が自害に追いこまれた直後の天正元年(一五七三)八月二十五日、信長は「北庄橘屋」に対して「北庄三ヶ庄軽物座の事、先規の如く申し付く上、相違あるべからざる者也」という朱印状(「橘文書」)を発給しており、また、九月二十日には「三ヶ庄軽物商人中」に対して、滝川一益・明智光秀連署で「来たる二十三日以前に、橘屋へ案内せしむべく候、もし延引においては、永代かの座へ入れせしめず者也」と指示している。橋詰茂氏は、戦乱後の混乱によって、商業組織が解体するのを阻止するために旧来の組織を利用し、再組織しようとしたものと評価している。

本状は、その翌年のものであるが、地域が一乗(福井市)・三国(福井県坂井市)・端郷(福井市)に拡大していること、三国湊に来航していた唐船との売買を行う唐人座が設置されたことが注目される。

従来、信長の商業政策は「楽市・楽座」に代表されるように、中世的秩序を否定したと見られてきたが、その地域の支配開始当初においては、本状のように、従来通りの権利を安堵したり、それ以上の特権を与えるケースもあったのである。

082　(天正二年)六月五日付け織田信長朱印状

慶應義塾図書館所蔵

【釈文】写真は114頁

今度遠州在
陣衆兵粮之事、
所々へ雖申遣候、
当郡内之商人
共ニ被申付、商売之
八木船にて可届候、
いかにも順路ニ
可申付候旨、以其旨、
商人共ニ急度
被申付可然候、不可
有油断候、恐々謹言、
六月五日　信長(朱印)
佐治左馬允(為平)殿

●解説

元亀四年(一五七三)四月十二日、武田信玄は、三河・美濃方面へ侵攻中、その帰路に信濃駒場(長野県阿智村)で病死した。しかし、その後も武田氏と織田・徳川氏の領土をめぐる抗争は続いた。

同年八月、家康が三河長篠城(愛知県新城市)を占拠し、翌天正二年(一五七四)正月には、家康は駿河へ進撃して田中城(静岡県藤枝市)まで迫った。これに対して、武田氏を継いだ勝頼も、三万の軍勢を率いて、同年二月五日、美濃の明智城(岐阜県恵那市、可児市)を奪った。また六月になると、勝頼は、遠江の拠点である高天神城(静岡県掛川市)を攻略した。この時、高天神城を守備したのは家康の家臣小笠原信興(氏助)であったが、ただちに浜松城の家康に支援を頼み、家康もこれを信長に急報した。

　こうした武田勢の動きがあり、それに応じた信長・信忠父子は、六月十四日に岐阜を発ち、高天神城の救援に赴くことになったが、その直前に出されたのが本状である。

　本状によると、信長は、遠江に在陣した自軍の軍勢の兵粮を心配し、宛所の佐治為平に調達を命じた。佐治氏とは、尾張知多半島の大野(愛知県常滑市)を中心とする西海岸地域を領した武将で、伊勢湾の海上交通を掌握する水軍を率いた。早くから織田氏に仕えて、永禄初年頃、為平の子信方は信長の妹・犬と婚姻し、織田氏の伊勢長島攻撃に従軍して戦死した。その後、家督を相続した一成は、近江小谷城主の浅井長政の娘・江を妻に迎えたとも言われる。いずれにせよ、信長が兵粮調達を命ずるに値する経歴の一族である。

　六月十七日、信長は、三河の吉田城(愛知県豊橋市)に到着したが、翌十八日、城内で小笠原信興が武田方に内通して反乱を起し、高天神城は武田氏の軍勢に攻略された。翌日、高天神城の落城を聞いた信長は、同月二十一日には岐阜へ戻った。なお高天神城とは、菊川下流域の平地部からやや離れた北西部に位置し、北の小笠山を中心とした低い山地帯を抜けると盆地に出ることができた。さらに同地は、遠州灘に面した菊川の河口には水運の拠点・浜野浦という湊も有しており、遠江の支配には不可欠な拠点であった。

083 (天正二年)六月二十九日付け織田信長覚書

長野県立歴史館所蔵

【釈文】 写真は115~117頁

覚

一、専柳斎(山崎秀仙)被差上候、即令参
会候事、
一、信(信濃)・甲(甲斐)表之儀、信長不入勢之
由承候、全雖無由断候、近年
五幾(畿)内幷江北・越前之儀付而、
取紛候つる事、
一、当春武田四郎(勝頼)、濃(美濃)・信(信濃)堺目へ
動候つる、其次第申旧候、貴所
関東御動之儀、旧冬廿八日
書中ニ案内承候、尤之時
分出馬候、旁四郎失手事、
一、御間之儀、自然申妨之者有之
歟之由、御不審候哉、努々不可
有之候、縦左様之族候共、信長
不可能許容事、
一、来秋信・甲への出勢得其
意候、九月上旬時分可然哉之
由尤候、重而猶自他慥日
限之儀可申定事、
一、四郎(武田勝頼)雖若輩候、信玄掟を
守、可為表裏之条、無由断之
儀候、五幾(畿)内表をおろそかにして、
信・甲ニせい(精)を入候様ニと承候、
尤候、大坂表之儀者、幾(畿)内の以
人数申付候、東国への事ハ
江(近江)・尾(尾張)・濃(美濃)・勢(伊勢)・三(三河)・遠(遠江)の以人数
可相動候条、上方之行更東国への
懸組無之候、其段可御心安事、
一、委曲専柳斎可有口上事、
以上
六月廿九日(信長朱印)

●解説

天正二年(一五七四)六月、上杉謙信は信長に対し、武田勝頼を撃破するために共同作戦をとることを催促したが、その返書が本状である。

　本状の第二条によると、信長は、信濃・甲斐へ出撃しないのは、決して油断ではなく、近年、畿内および北近江・越前の諸勢力との戦いに関わっているからであるとする。すなわち、前年の朝倉義景・浅井長政との戦いや越前一向一揆などとの戦いのことである。さらに第三条では、この年二月、勝頼の軍勢に美濃明智城(岐阜県可児市)を攻略されたことを述べている。第四条では、謙信と信長の関係を疎隔にしようとする者がいるようであるが、このようなことは断じてなく、そのような者は決して許さないとする。前将軍の足利義昭などの動きのことであろう。

第五・六条では、秋には謙信が、信濃・甲斐方面に出撃すること、勝頼が信玄の掟をよく守り、油断できない人物であることなどを話題にしており、本状の全般にわたり、興味深い内容が込められている。

さらに謙信は、信長に信濃・甲斐への攻撃を期待していたらしく、そのような要請もしたようであるが、本状において信長は、そのようなことがないようにすると返答した。このように信長も謙信も、互いに同盟することによって、武田氏と対峙しようとしたのである。しかし、当時の信長は、四月には、またもや大坂で本願寺が挙兵するなど、大坂方面を含む畿内および周辺に対する攻撃も必要であり、「東国」と「上方」への攻撃は、掛け持ちにならざるを得ない状況にあった。また、謙信のほうも、武田氏だけではなく、関東の北条氏との対決もあり、困難な状況が続いていたのである。

084 （天正二年）七月二十三日付け織田信長朱印状写　東京大学史料編纂所所蔵『玉証鑑』三所収

【釈文】写真は118頁

先書ニ申ことく此表之事、
弥存分ニ申付候、種々一揆共
懇望仕候へとも、此刻可根切
事候之間、不免其咎候、
仍其表之事、万事無心元候、
殊ニ小野之義、詮（専）候間、聊無
油断、機（気）遣簡（肝）要候、当城
之義も、普請已下少も無越度
様ニ可被出精事第一候、此方ニ
候へとも、心ハ其方之事のミ案
入候、其表詮（専）候間、如此申届候
事候、近日可開陣（陣）之条、
心事期面談候、謹言、

七月廿三日　信長（朱印影）

河尻与兵衛尉（秀隆）殿

●解説

本状は、伊勢国長島一向一揆衆を殲滅する（「根切」）という信長の方針を示す史料の写である。

宛所の「河尻与兵衛尉」とは河尻秀隆のことで、当初は「黒母衣衆」と呼ばれる信長馬廻衆の筆頭格であったが、天正三年（一五七五）頃に信長の嫡子信忠の軍団が形成されると、それに属して、信忠輔弼の役を務めたとされる。本状文中の「此方ニ候へとも、心は其方之事のミ案入候」といった表現から、信長と秀隆の極めて親密な関係が窺える。

『信長公記』によると、秀隆は長島攻撃に参加し、七月十三日前後に「早尾口」（愛知県愛西市）から進軍したとされる。ところが本状における秀隆は、長島に赴いた信長と離れた場所にいると考えられる（「其表之事、万事無心元候」）。奥野高廣氏は、秀隆は摂津中島城（大阪市淀川区）攻撃に参加していたとされるが、確定することは難しい。また、水谷憲二氏は、七月十三日から二十三日の間に、何らかの事情で長島を離れたとも考えられるとされた上で、『信長公記』における長島一向一揆記事の信憑性について、十分な検討が必要な箇所もあるとした。

なお、信長は八月七日にも秀隆に対して書状を発しており（「富田仙助氏所蔵文書」）、その文中に「男女悉く撫切に申し付け候、身をなげて死候者も多く候由申し候」とあり、長島において大量虐殺が行われたことを窺わせる。神田千里氏はこのような虐殺作戦の時代的背景には、戦乱の世を生きた民衆が、何よりも強い、危機管理能力の高い領主を求めたことにあり、虐殺は民衆へ向けられた政治的アピールであったとしている。

085 （天正二年）九月三十日付け織田信長黒印状　丹波市教育委員会所蔵

【釈文】写真は119～121頁

此表之様子先書申
尽候、仍長島（願証寺）院家・同
一揆等種々令侘言候間、
可扶一命候処、色々
様々物好仕候条、昨朝
相破候き、然而大略可崩
出之躰候を、我等相越見
及候て、昨日廿九未剋、少々乗
入候、如案船にて罷出候
条、悉討果候、彼院家

弁下間父子・平尾坊
主父子三人、是等者船ニ
蟄居候を捜出、於目前
刎首候、相紛逃延候者
共、自方々殺之首到
来候、連々如申根切
迄候、一揆蜂起之条
退治事、信長非為一
人、併為天下候条、閣
万事入勢如此候、近
頃散気候、此方之者共
少々相損候へ共、得大利候
条満足候、彼院家弁
下間父子首京都へ
上候て、獄門ニ梟候へと
申付候、村井かたより定
可申付候、一揆同前之首ニ候へ共
右如申候間上置候、残首
共者可注之様も無之候、
可被成其意候、爰元二
三日令逗留、山々谷々
尋出、斬首候様可申付候、
左候者則(すなわち)可上洛之条、
南方其外河州表可
属平均事不可廻踵候、
此旨味方中へも可被
申達候、次其表之儀、無越
度候様調儀簡(肝)要候、恐々
謹言、

九月廿日　信長(黒印)

●**解説**

天正二年(一五七四)二月、信長は伊勢長島攻めのために岐阜を出陣した。九月に信長は長島をほぼ攻略するが、その時の状況を事細かに伝えたものが、本状である。

内容は、長島一向一揆殲滅の様子を詳細に伝えており、願証寺(がんしょうじ)(三重県桑名市)らが侘言を申してきたことによって、その一命を助けたところから始まる。信長は一揆らの降伏を認めようとしたが、色々「物好」きにより昨二十九日朝に破談となった。そうしたところ、籠城していた一揆勢の大半が城から出てきたので、織田勢はそれを見越して二十九日未(ひつじ)の刻(午後二時頃)に城へ侵入し、船で逃げ出そうとしていた一揆勢を討ち取った。また、願証寺・下間(しもつま)父子・平尾坊主父子は船に隠れていたのを探し出し、信長の眼前にて首を刎ねた。逃げ延びた者も、方々から続々と首が到来しており、今まで言っていたように撫で切りにする。これは、一揆の蜂起を退治したことは信長一人のためではなく、天下のためであるから、万事を差し置いて精を尽くした結果である。近頃の鬱憤を散らし、織田方にも幾ばくかの損害が出たが、大勝利となり満足している。願証寺と下間父子の首は、京都にて獄門とするよう申し付けた。村井貞勝(むらいさだかつ)が申してきたことで、一揆同前の首ではあるが、そうした申し入れがあったので、首を京都へ送った。その他の首は記すまでもなく、これらのことを承知してもらいたい。こちらには二、三日逗留して、山や谷に隠れた者を探し出して斬首するよう申し付けた。そののち上洛をするので、南方や河内表を平定するまでは軍を返さないよう、味方へ通達して貫いたい。また、そちらの方面についても、落ち度がないようにすることが肝要である。

こうして生々しいまでに、状況を克明に伝えている。冒頭で侘言を受け容れたとしているが、信長は八月の段階で細川藤孝(ほそかわふじたか)に対し、一揆の降伏を認めないことを伝えている。こうして、元亀元年(一五七〇)以来、信長に対抗してきた長島一向一揆勢は滅亡した。

086 天正二年閏十一月二十五日付け織田信長朱印状　個人所蔵

【釈文】写真は122頁

尾張国中道之
事、年中ニ三
ヶ度改可築、同
橋之事、自先規
懸来在所ニ可申
付、并水道等之事、
堅可申付、若(もし)於
有由断在所者、
遂糺明、可加

成敗者也、

天正弐

閏十一月廿五日　信長(朱印)

篠岡八右衛門尉殿
坂井文助殿(利貞)
河野藤三殿(氏吉)
山口太郎兵衛殿

●解説

本状は、信長による幹線道路の整備に関する朱印状である。天正二年(一五七四)閏十一月、信長は篠岡以下四名に対し、尾張国中の道路を一年間に三度修築するよう命じ、橋については先例通りに架設した在所に修繕させ、また同所に水路などのことも厳重に申し付けるよう命じている。

本状にある道路の修繕のことは『信長公記』にも記されており、篠岡ら四名を奉行として、分国中に触れたとある。道幅三間、道の左右には松・柳を植え、道の掃除をするようにも命じている。事実、こうした道路普請は尾張国を皮切りに分国中で行われており、天正三年二月には山城・近江を繋ぐ道路でも行われ、その様子が『兼見卿記』に記されている。

宛所の篠岡以下四名は、この手の普請奉行を務めることが多く、信長以外にも、天正七年には尾張・美濃支配を信長から任されていた織田信忠が、篠岡ら四名に西美濃における道と橋の整備を命じている。また、本能寺の変後には織田信雄に道普請を、やはりこの四名が命じられた。これら四名のうち、河野氏吉については、関ヶ原の戦い後に徳川家康に仕えると、のちには尾張の支配を任された家康四男・松平忠吉に仕えたことがわかっている。

087 天正二年十二月九日付け織田信長朱印状

個人所蔵

【釈文】写真は123頁

尚以、討当候ハぬ様ニ
可追立事簡(肝)要候、

就鷹野鉄炮
雖令停止、其辺者
無越事之条、領中
分鶴・雁其外諸
鳥冬・春鷹野之
間、可討旨可申付也、

天正二

十二月九日　信長(朱印)

高木彦左衛門尉(貞久)とのへ

●解説

本状は、天正二年(一五七四)十二月九日付で高木貞久に対して出された朱印状である。高木は、美濃駒野城(岐阜県海津町)を拠点とする在地領主で、永禄十年(一五六七)以来、信長と主従関係を結んでいる。本朱印状の内容は、「鷹狩場において鉄砲を撃たなくなったからといって、鳥たちが狩場に集まる訳ではない。そこで、特別に今冬から来春にかけて鉄砲の使用を許可するので、そなたの領内に生息する鶴や雁その他の様々な鳥を狩場へ追い込むようにせよ。なお、鉄砲で撃ち殺さないように、上手に追い込むことが重要である」となる。

信長は高木に留まらず、同日付け・同内容の朱印状を、西美濃を拠点とする複数名の在地領主(不破・伊藤・吉村・大田・神野・田中)に対して発給している。信長が鷹狩を好んで行っていたことはよく知られているが、趣味が高じて当時美濃国に私用の鷹狩場を設置したようだ。ところが、狩りの対象である諸鳥の集まりが悪く、このことを不満に思った信長は、美濃国中の諸鳥を一ヶ所に追い込むことを思い立つ。その結果したためられたのが本朱印状で、天下人の器の大きさを物語る一通である。

なお、信長の死後、その権勢を引き継いだ豊臣秀吉も同種の命令を出している。

088 天正三年正月十日付け織田信長朱印状

京都市歴史資料館所蔵

【釈文】写真は124頁

洛中洛外寺社・
本所領、或号請
本知、或手続代官、

令押妨、剰年貢・
所当不納之族、太
以曲事之次第也、
所詮於自今以後
者、以補任雖被宛
行、有改□（易）、順路之
輩仁被申付、寺社
本所無退転之様、
可有覚悟候也、仍
状如件、

天正参
正月十日　信長（朱印）

寺社
本所
雑掌中

●**解説**

本状の内容は、以下のようなものである。

洛中洛外における寺社・本所領について、代官請けであるとか、代々の代官であると称して押妨し、さらには年貢所当を納めないのは曲事である。今後は、補任された代官であっても改易し、不正を働かない者を代官に任命して、寺社・本所が退転しないようにすることが大事である。

このように、本状は寺社・本所領運営の正常化を図る朱印状である。宛所の「寺社・本所」について、「本所」とは公家のことを指す言葉であり、公家と併記される「寺社」とは洛中洛外のすべての寺社ではなく、所領を持つ寺社かつ雑掌がいる寺社であることから、門跡であるという意見がある。

信長は本朱印状を発給したのち、同年三月に公家・門跡を対象とした徳政令を発布し、さらに十一月には、やはり公家・門跡を対象とした知行の一斉宛行を行っている。結局、徳政令は多大な混乱を招いて失敗に終わってしまう。本朱印状は、信長が公家・門跡の退転という課題解決に乗り出した、その端緒となる史料である。

089 （天正三年）二月二十日付け織田信長朱印状

湊學氏所蔵

【釈文】写真は125頁

雖未申通候、以事之次
令啓候、仍為鷹所望、
鷹師両人差下候、往
還諸役所、路次番并
餌之事、無異儀被仰
付候者、可為歓悦候、珍鷹、
同易物出来候者、御馳
走所仰候、上口相応之儀
承候者、珍重候、猶南部
宮内少輔（季賢）可申候、恐々謹言、

二月廿日　信長（朱印）

謹上　下国殿（安東愛季）

●**解説**

織田政権が奥羽両国を支配下に置くことは、ついになかった。しかし、信長が本能寺で倒れるその直前の段階においては、伊達輝宗の重臣遠藤基信が「羽奥両州諸家、過半被申合御挨拶被申候」（天正十年六月一日付け書状、佐竹文書）と記したように、織田政権と交渉を有していた領主も多く存在したし、出羽横手（秋田県横手市）城主の小野寺輝道のように、「上様御礼之儀」、すなわち信長に対して従属の意思を示そうとした領主も存在したのである（天正十年八月一日付け小野寺輝道書状、千福文書）。

本状は、そのような織田政権と交渉を持つことになった奥羽の領主たちの一人、出羽檜山（秋田県能代市）城主安東（下国）愛季に宛てて送られた、天正三年（一五七五）のものと見られる朱印状である。愛季は、近隣の領主たちなどと争う中で、北奥羽において南部家に匹敵する勢力を確立、元亀元年（一五七〇）に湊と檜山に分裂していた安東家を統合した人物である（遠藤巌「戦国大名下国愛季覚書」）。

本状の内容は、信長が鷹を得ようと二人の鷹匠を下すため、関所・路次番の通過や鷹の餌の手配など道中の便宜を取り計らうよう求めると共に、珍しい鷹などの入手方法について便宜を図るよう依頼し、京都方面で用向きがあれば承ると述べている。年代を天正三年と比定するのは、『信長公記』巻八、天正三年十月三日条に奥州に鷹匠を遣わして得た鷹が信長の許にもたらされたとあることや、信長に宛てた愛季の天正五年閏七月二十日付けの書状(『秋田家文書』)中に、「去々年」の鷹師下向について触れられており、それが『信長公記』の記事と関連しているものと考えられることによる。

書状中の南部季賢(すえかた)は、寛永年間(一六二四～四四)に松前(まつまえ)家が編纂した家譜『新羅之記録』下巻に、愛季の「郎等」として見える人物である。季賢は、熊野参詣を志して路銀を調達するために大鷹三居を持参し、安土で信長にこの鷹を贈ったところ、信長からいたく喜ばれ、信長に供奉して京都に上り見物するよう命じられると共に、名刀「綱切正宗」を信長から貸与された。この刀は、京見物ののち、熊野参詣をも済ませて安土に戻った季賢が暇乞いの際に賜り、帰国後、愛季に献上され、その後、松前家を経て、徳川将軍家に献じられたという。

愛季は天正三年・同四年と二年続けて信長に鷹を贈り、同五年七月、信長が太刀「紀新太夫」一振を送って謝意を示したのに対し、愛季も答礼として猟虎皮十枚を進呈した(『秋田家文書』)。

このような関係の深まりを受けてか、信長の推挙によって、愛季は天正五年七月二十二日に従五位下に叙爵された(『歴名土代』)。口宣案(くぜんあん)(『秋田家文書』)と同日付けで信長に宛てた西三条実枝の書状(同前)では、この叙任執奏には、実季の先祖に「勅勘」に触れた者がいる点が最大のネックとなり、協議の末、勅勘の証拠が不分明であるとして叙爵の宣下がなされたという。「可得御意候哉」と実枝が述べるところから見て、信長が愛季の叙爵を推し進め、朝廷がそれを認容した模様である。なお、実季は同八年八月十三日に従五位上侍従に叙任されている(同前)。

090 天正三年三月日付け織田信長朱印状案　名古屋大学文学部所蔵

【釈文】写真は126頁

諸門跡・諸公家衆
借物方・同預り状、
或祠堂銭弁替銭
由緒之族、或商
買(売)之下銭事、任
徳政之新法畢(おわんぬ)、
仍状如件、
天正三
三月日　信長
雑掌中

●**解説**

天正三年(一五七五)、信長は正月に公家・門跡領の所領支配の是正を図る朱印状を発給する(本書088号文書)。それに引き続き、同年三月、公家・門跡を対象とした徳政令を公布する。それを伝えるのが、本状である。

徳政令とは、すでに締結されている売買・貸借・寄進などの契約について、無条件で、もしくは条件を付して契約関係の継続もしくは破棄を宣言する法令である。

信長は、公家・門跡の救済策として、天正三年三月に徳政令を公布した。徳政令を公布した時の状況について、『信長公記』には「禁中の退廃は先年より修理を命じ成就した。それにしても、公家方も退転しているので、村井民部丞(貞勝)・丹羽五郎左衛門(長秀)の両人に申し付けて、方々の売地を徳政として公家衆の本領として還付させた」と記されている。本状と『信長公記』の記述から、天正三年の徳政令は債務破棄と土地の返還を対象としたもののようである。

しかし、この徳政令は現場での多大な混乱を生じさせた。村井・丹羽の両人が徳政の実施を保障したことで、債務破棄については効果があったようである。一方、所領回復については不徹底に終わったことが指摘されている。

091 (天正三年)卯月十四日付け織田信長黒印状写　東京大学史料編纂所所蔵影写本

【釈文】写真は127頁

為当陣御音問、
御巻数幷菓子
一折拝領、過当
至候、此表存分ニ申

付之条、近日令開
陣、可得賢意候、
猶明智十兵衛尉（光秀）
可申候、恐惶謹言、
卯月十四日　信長（黒印影）
（尊朝法親王）青蓮院殿
御報

●解説

天正三年（一五七五）四月六日、信長は、前年に反旗を翻した三好康長を攻めるために一万余の軍勢を大坂に向けて出陣させた。八日に信長は河内高屋城（大阪府羽曳野市）の三好康長を攻めて降伏させ、十二日に摂津住吉（大阪市住吉区）へ陣替し、十三日に天王寺（大阪市天王寺区）へ進撃している。さらに十四日、大坂の本願寺を攻撃した。これは第二次石山合戦と称される大規模な戦闘であった。そして二十一日に入京している。

本状によれば、出陣中の信長は青蓮院門跡から教典や菓子の見舞を受けたが、本状はその礼状にあたる。

天正二年の秋以降、信長は、摂津に荒木村重、山城に細川藤孝、そして天正三年三月、大和に塙（原田）直政を守護として任命するなど、次第に本願寺を包囲する作戦に出ていた。

一方で五月二十一日、徳川家康から救援を求められた信長は、武田勝頼の軍勢と三河で激突した。武田氏の騎馬隊を鉄砲で圧倒した長篠の戦いである。

六月になると、明智光秀に丹波・丹後平定を命じ、自身も八月に越前へ向けて進撃した。なお、この越前では、本願寺から派遣された坊官らが重税を課すなど、一向宗内部が混乱していたので、これに乗じて信長の軍勢は一気に越前を制圧した。九月には柴田勝家らに越前一国の支配を命じている。

なお、宛所の青蓮院門跡は、京都東山の粟田口にある天台宗の寺院のことで、三千院や妙法院と共に天台宗の三門跡寺院の一つとされる。「門跡寺院」とは、皇室や摂関家の子弟が入寺する寺院のことである。

092 （天正三年）五月二十六日付け織田信長黒印状

永青文庫所蔵

【釈文】 写真は128頁

去廿一日合戦之儀ニ
付而被申越候、如相
聞候、即時切崩数
万人討果候、四郎（武田勝頼）
首未見之候、大要
切捨、河へ漂候武者
若干之条、其内ニ
可有之歟、何篇
甲（甲斐）・信（信濃）・駿（駿河）・三（三河）之軍兵
さのミ不可残候、近
年之散鬱憤候、連々
如申候、京都幷江（近江）・越（越前）之
儀付而、手前取紛候
刻、信玄入道構表
裏、忘重恩　恣之
働候ける．四郎亦
同前ニ候、無是非候き、
何時も於手合者
如此可得太利之由、
案ニ不違候、祝着候、
此上小坂（大）一所之事
不足数候、頓可上洛候
間、猶期面之時候、
恐々謹言．
五月廿六日　信長（黒印）
（細川藤孝）長岡兵部太輔殿

●解説

天正三年（一五七五）五月二十一日、信長と徳川家康の連合軍は、三河設楽原（愛知県新城市）において、武田勝頼の軍勢を撃破した。当日の朝から騎馬で攻めかかった武田勢を、織田・徳川勢が鉄砲によってことごとく防ぎ、武田方は、山県昌景・内藤昌豊・土屋昌次、そして当日比類なき働きを示した馬場信房らの武将を多数失い、主だった侍・雑兵一万人ほどを失う大損害を蒙って敗走した（『信長公記』、「乾徳山恵林寺雑本」）。いわゆる「長篠の戦い」として知られる合戦である。

本状は、長篠から前日に岐阜へ戻った信長が、山城勝竜寺城(京都府長岡京市)主の長岡(細川)藤孝に宛て、この合戦の勝利を報じた書状である。藤孝は、この年三月二十二日付けの朱印状(「細川家文書」)において、来たるべき本願寺との戦いに備えて、丹波船井・桑田両郡の諸侍を付属されている。『細川家記』(東京大学史料編纂所所蔵)によれば、長篠に出馬する信長に対して、藤孝は先陣として出陣することを願い出たが、「摂州の凶徒(本願寺)を押へらるへきを以」留められたため、鉄砲足軽百人にその頭を添えて派遣したという。

信長は出陣以後も、藤孝に宛てて状況を伝える書状を送っており、現在、本状を含めて四通の書状が残されている(いずれも「細川家文書」)。五月十五日付けの書状では、前々日に岐阜を出陣、前日に岡崎(愛知県岡崎市)へ到着したことを記し、同二十日付けの書状では、十七日に三河牛窪(愛知県豊川市)から軍勢を押し出して、合戦に向けての軍事行動を開始し、翌十八日には鉄砲による攻撃を武田方に仕掛けたことを伝えている。

実は、信長は合戦当日の二十一日にも藤孝に勝利を伝える第一報を送っているのだが、本状ではその返書に接したことを述べてから、改めて、数万人を討ち取り、勝頼の首は未見だが、切り捨てて川に死体が漂っている武者の中にでも混じっているのだろうと述べると共に、甲斐・信濃・駿河・三河の軍兵で生き残った者はさほどいないと述べている。また、敵対する小坂(本願寺)も物の数ではないと述べるなど、信長が大勝利に昂揚する様子が窺える書状である。

合戦の前日、武田勝頼は家臣の三浦員久や長坂光堅(長閑斎)に宛てた書状において、すべてが本意のままに運んでおり、後詰に現れた信長・家康の軍勢も手だてもなく窮している有様であるから、一途に彼らの陣に攻めかかり撃破するということも、思い通りに運ぶだろうと豪語していた(「桜井家文書」)。無残な敗北に終わっても、勝頼は六月一日付けで再び三浦などに宛てた書状中、先手の二、三の備えが崩れて敗れたものの、さしたることではなく、諸頭・諸卒は恙ないと述べて虚勢を張っている(「関保之助氏旧蔵文書」)。

確かに長篠の合戦で、勝頼は決定的な止めを刺されなかった。しかし、この合戦ののち、信長は畿内・北陸・中国に向けて勢力を拡張することが可能になり、三方原の戦いにおける敗北後、武田方に攻め込まれていた家康も形勢を立て直して、東国への計略を活発に展開することが可能となった。長期的な視点に立てば、武田家の凋落は、この長篠の戦いから始まったとみてよいだろう。

093 (天正三年)六月二日付け織田信長朱印状
岐阜市歴史博物館所蔵

【釈文】写真は129頁

来間(簡)之事、得其
意候、彼存分弥
聞届、可遣朱印候、
近日至越前可出
馬之条、可被差急
事、簡(肝)要候、於入
眼者、御寺領之儀、
如前々可為還付之
旨、明智(光秀)可申之状如件、
　六月二日　信長(朱印)
　勧修寺(聖信)御坊中

●解説

天正三年(一五七五)八月、信長は、越前制圧のために進撃したが、事前に各方面へ様々な懐柔策をとった。本状によると、信長は、勧修寺聖信に何かしらの指示を与えたようで、聖信からは書状をもって敵意のないことが申し入れられた。本状はこの書状に対する返書である。本状で信長は、よく調べた上で安堵の朱印状を与えるとしつつ、特に今回の進撃が成就したならば、越前の勧修寺領を還付することは明智光秀から報告させると答えている。

天正元年(一五七三)八月、越前一乗谷(福井市)の朝倉氏を滅ぼした信長は、朝倉氏の旧臣桂田長俊(前波吉継)を起用して越前支配を委ねたが、同時に目付として滝川一益・明智光秀・羽柴秀吉も配した。信長が、このような体制を敷いたのは、在地の要請を入れながら、信長の命令を浸透させるためであったが、天正二年正月、越前の一向一揆は桂田長俊を一乗谷に攻めて敗死させ、さらに信長の三人衆も追い出すこととなった。こうして越前は一向一揆の支配下となっていた。

　反信長を掲げた前将軍足利義昭の動きもあり、さらに天正三年に入ると、武田勝頼との対決(長篠の戦い)や本願寺の蜂起(第二次石山合戦)などもあったため、信長による越前再出陣が計画されたのである。そして本状のことがあり、八月、信長の軍勢は、一向一揆を打ち破って越前を再制圧するようになった。九月、信長は柴田勝家を北庄(福井市)に入部させ、前田利家・佐々成政・不破光治の三名らを与力として配した。その際、勝家に支配方針として与えたのが著名な「越前国掟」である。

　宛所の勧修寺とは、京都山科(京都市山科区)にある真言宗の門跡寺院であるが、山科一帯を領するほか、各地に広大な寺領を持っていた。

094 (天正三年)六月六日付け織田信長黒印状

大阪城天守閣所蔵

【釈文】　写真は130頁

就今度東国敵
討果属平均、早々
音信、特白布
三端到来悦
入候、猶塙九郎左衛門尉(直政)
可申候也、恐々謹言、

六月六日　信長(黒印)

木津春熊殿

●解説

　木津春熊は、信長が東国の敵、すなわち武田勝頼を、天正三年(一五七五)五月二十一日に長篠の戦いで破ったので、戦勝の祝いの品を贈った。本状は、信長が春熊に対して、その返礼をしたものである。

　信長は塙直政を取り次ぎとして、春熊に本状を遣わしている。直政は信長から、天正二年五月に山城南部、天正三年三月に大和の守護を命じられ、国人の支配にあたっている。

　よって、木津春熊とは、山城国相楽郡木津(京都府木津川市)に拠点を置く木津氏と考えられる。

　『信長公記』によると、塙直政は、前田利家や佐々成政と共に鉄砲奉行として、長篠の戦いに参加している。直政が守護を務める大和からは、筒井順慶が鉄砲隊を派遣しているので、直政は山城南部や大和の国人から動員された鉄砲隊を指揮して、戦いに臨んだのであろう。

　直政は当時、畿内に配された信長の部将のうち、唯一尾張出身者で、信長の期待も大きかった。翌月の七月三日、信長は明智光秀や松井友閑らの賜姓任官を願い出るが、このうち直政も、「原田備中守」と名乗るようになったので、原田姓を賜わり、任官したのであろう。活躍を期待された直政であったが、天正四年五月に、本願寺との戦いで戦死した。

　なお、本状は、原本か写か議論の余地がある。

095 (天正三年)七月六日付け織田信長書状

九州国立博物館保管

【釈文】　写真は131頁

来札令披閲候、芸(安芸)・但(但馬)間
就和与、償之儀被及案内候、
得其意候、但州之儀、如申旧候、
此方可為分国之旨、兼約之
処、近年不通候条、雖遺恨候、
為雲(出雲)・伯(伯耆)并為尼子勝久・山中
鹿介(幸盛)已下之諸牢人退治、
於可然者、無事入眼尤候、依
最前之筋目、御届祝着候、
猶夕庵(武井)可申候、恐々謹言、

七月六日　信長(花押)

小早川左衛門佐(隆景)殿

●解説

　本状は、毛利氏と但馬守護家山名氏の同盟締結に関して、信長が小早川隆景に宛てた書状である。

　天正元年(一五七三)に比定される十二月十二日付け安国寺恵瓊書状(吉川家文書)には「但州の儀、来たる二月に羽柴藤吉大将として乱入の議定に候、只今も半国ほどは羽藤へ申し通り候」とある。この当時の但馬国においては、山名氏が尼子勝久・山中幸盛らと連携して、毛利氏と敵対関係にあったことから、毛利氏支援のために織田勢が但馬国へ進攻することとされていた。一方で、同書状には「山中鹿介、柴田に付き候て、種々申分ともに候、これまた、しかと許容あるまじきの由、朱印出され候」とあり、織田・毛利同盟にとって敵対勢力であるはずの尼子氏と織田権力との接触が確認される。

結局、秀吉による進攻はなかった。これは、信長と毛利氏との間に潜在的な対立が生まれていたことを反映したものであろう。信長は毛利氏と決別し、尼子氏を支援する機会を窺っていた。これに対して、毛利氏は天正三年正月に、但馬の山名韶煕・氏政父子との同盟を成立させたのである。

信長は、毛利氏との同盟を結んでいる関係上、表面的には芸但同盟の成立を容認せざるを得なかった。しかし、「但馬国については、以前にお話ししたように、織田氏分国とすることを毛利氏とも約束していたところ、近年、但馬経略が進んでおらず、残念に思っていました」(「但州之儀、如申旧候、此方可為分国之旨、兼約之処、近年不通候条、雖遺恨候」)という表現を見ると、但馬を織田氏分国にしようとする信長の野心は隠しきれない。

本状は、織田・毛利の同盟関係が崩壊へ向かっていたことを示す史料と位置づけることができる。

096 天正三年七月十二日付け織田信長朱印状
國學院大學図書館所蔵

【釈文】写真は132頁

久我家領事、
先年朱印之旨、
猶以改之、五ヶ村之
外、入組・散在共、
任当知行悉可
申付之状如件、
天正参
七月十二日(信長朱印)
村井長門守殿(貞勝)

●解説

天正三年(一五七五)十一月、信長は公家・門跡寺院に対して、一斉に新知宛行を行った。本状は、それに先立つ七月に、京都所司代村井貞勝へ久我家領について、以前の朱印状の通りに当知行を認めるよう申し送ったものである。

天正三年当時、久我家の当主は久我敦通である。敦通は当時十一歳で、この年に元服したばかりであった。敦通の父通堅は、永禄十年(一五六七)に正親町天皇の勅勘を蒙った。通堅は信長を頼り、正親町天皇の勅免を得ようとしたが、天皇はこれを許さなかった。結局、通堅は天正三年四月に和泉国堺において死歿した。

こうした久我家の状況や久我家との好誼もあってか、信長は公家・門跡への一斉発給に先んじて、本状を発給している。なお、久我家領に関しては、永禄十一年の足利義昭上洛直後に、家領を安堵する朱印状および幕府奉行人奉書が発給されている(「久我家文書」)。この永禄十一年の久我家領安堵も、公家衆の中では早い事例となる。

なお、敦通宛て朱印状や村井貞勝の発給した文書は現存せず、信長の命令を受けてどのように動いたかは不明である。

097 (天正三年)七月十九日付け織田信長朱印状
大阪城天守閣所蔵

【釈文】写真は133頁

先日申堺之
千宗易(利休)所へ、
馬遣候、芦毛
にて候、其より
可被届候、
来月十二日越前へ
令出馬候、其以前
其元被開隙、可為
出陣候、先度申
聞候衆、何も申届、
参陣不可有油断候、
謹言、
七月十九日　信長(朱印)

原田備中守殿(塙直政)

●解説

本状は、信長が塙直政に対して、天正三年(一五七五)八月十二日に、一向一揆に奪われた越前へ自ら出陣することを告げ、油断なく参陣するよう命じたものである。実際に信長は、八月十二日に岐阜を出陣し(『信長公記』)、越前を完全に平定するため、直政のほか、佐久間信盛・柴田勝家・羽柴秀吉・明智光秀・丹羽長秀・細川藤孝・荒木村重など、三万を超える軍勢を動員した。

当時、直政は畿内に配置された唯一の尾張出身の部将で、槙島城(京都府宇治市)を拠点に、南山城や大和の守護を兼任し、河内の支配も担当した。

七月三日、信長は自身の官位昇進を断る代わりに、家臣らの任官や賜姓を申請し、認められた。『信長公記』によると、松井友閑(宮内卿法印)・武井夕庵(二位法印)・明智光秀(惟任日向守)・簗田広正(別喜右近大夫)・丹羽長秀(惟住)の五名だけであるが、羽柴秀吉(筑前守)・村井貞勝(長門守)・塙直政(原田備中守)も、この時に認められたと考えられる。

直政は越前に出陣し、一向一揆の平定にあたった。八月十五日には、一揆方の阿波賀三郎・与三兄弟が降伏したが、信長は許容せず、直政に処刑を命じている。

また尚々書で、堺の豪商にして茶人の千利休に、芦毛の馬を遣わすので、届けるよう命じている。信長は九月十六日付けで、越前出陣に際し、千個の鉄砲玉を用立ててくれたことを利休に謝す書状を送っており、その末尾は「猶原田備中守可申候也、謹言」と結ばれている(「不審菴所蔵文書」)。

堺の豪商への対応も、直政の役目であった。

098 (天正三年)七月二十日付け織田信長黒印状写

国立公文書館内閣文庫所蔵
『諸州古文書』信州十六所収

【釈文】 写真は134・135頁

(前欠)
甲州武田事、旧敵候条、被散鬱憤度候間、信長
同事ニ馳走候様ニと連々
承候、委曲其方ニも可為
存知候、然而今度於三州
表、武田与遂一戦、悉討
果候、少々雖残党有之、
不足物之数候、幸之砌候間、
早々至信州出馬可然之
由、自合戦之場以使者申
処、同心之由候間、累年契
約之筋目候条、自此方も
濃(美濃)・信(信濃)堺目迄、為先勢息
菅九郎(信忠)差遣、于今在陣候、
然而引易越中へ被相働候
事、無是非題目候、連々首
尾相違、表裏之為躰、外
聞候、無念候、信州之儀、被
棄置段も口惜候、貴所之
事、別而信州心懸之儀ニ
候つる間、残多可被存候、旁
為届重而以使者申候、
恐々謹言、

七月廿日 信長(黒印影)

村上源五(国清)殿
進之候

●解説

宛所の村上国清の父義清は、武田信玄に本拠の信濃を追われた武将で、上杉謙信を頼り、越後根知城(新潟県糸魚川市)にいたが、元亀四年(一五七三)正月朔日に死去した。本状の冒頭において、武田氏の当主が信玄から勝頼に代わっても、村上氏とすれば、武田氏は「旧(仇)敵」であり、何とか今までの恨みを晴らしたいと信長に申し入れていた。このような申し入れに対して返答したのが、本状である。

本状によると、「今度於三州表、武田与遂一戦、悉討果候」とあり、天正三年(一五七五)五月二十一日、信長は長篠の戦いで武田氏の軍勢を討ち果たした。さらに、その戦場から村上氏へ対し、「好機であるから、早々に信州へ出馬するように」と使者を介して伝えたようである。また、「この作戦に賛同

するとのことだったので、私のほうからも、美濃と信濃の境まで息子の信忠(のぶただ)を出陣させる」とも述べている。これらは、おそらく元亀三年(一五七二)十一月、武田氏の軍勢に奪われた美濃岩村城(いわむら)(岐阜県恵那市)の奪還を想定するものであったと思われる。

ところが、この時の村上国清は、上杉謙信の指示で越中へ出撃しており、打ち合わせをすることもできなかったようで、信長は、本状において「表裏のある行動であり、外聞も悪く無念である」とも述べるなど、かなりの怒りを見せた。さらに「このまま信州を放置しておくのは口惜しいので、重ねて使者を出す」とまで言っており、信長は、村上国清の出撃を促した。長篠の戦いに勝利した信長とすれば、信濃から甲斐へ侵攻し、一気に武田氏を追い詰めるつもりであったのかもしれない。本状が発給された翌月の八月、信長は越前一向一揆を鎮圧するなど、従来の状態から次第に攻勢に転じ始めていた時期でもあった。その意味でも、この時期における信長の戦略を知る上では、貴重な文書である。

099 (天正三年)七月二十三日付け織田信長朱印状

宮下玄覇氏所蔵

【釈文】写真は136頁

勢多橋欄干
事申付之条、
甲賀中大工
悉(ことごとく) 山岡美作守(景隆)
申次第可遣候、
但我々所用
勤候大工者、可
相除候也、
七月廿三日 信長(朱印)
瀧川左近(一益)とのへ

●**解説**

本状は、勢多(せた)橋(現在の瀬田の唐橋。滋賀県大津市)の修造に関する朱印状である。勢多橋は、瀬田川に架かる橋であり、東海道・東山道から京都へ入るための重要な橋であった。

元亀元年(一五七〇)十一月、信長は勢多川に舟橋を架けさせている。次いで天正三年(一五七五)七月、長篠(ながしの)の戦いののちに上洛していた信長は、勢多橋の修理を勢多城主の山岡景隆(やまおかかげたか)と木村高重(きむらたかしげ)に命じた。若狭国神宮寺山(じんぐうじやま)(福井県小浜市)と近江国朽木(くつき)(滋賀県高島市)から材木が運び込まれ、七月十二日に柱立の儀が行われた。橋の広さは四間、長さ百八十余間で、両側に欄干を付け、丈夫に架け置くことが両人に命じられている。こうして始まった橋の修造中に発給されたのが、本状である。

内容は、勢多橋の欄干のことについて申し付けたので、甲賀(こうか)中の大工を山岡景隆の言い分通りに派遣するよう命じ、ただし信長の所用を務めている大工については除外するように、といったものである。信長は「甲賀中大工」をことごとく遣わすよう命じており、勢多橋修造の重要性が窺えよう。

さて、この時に造られた勢多橋は、天正十年の本能寺の変後に焼き落とされてしまう。それを実行したのは、奉行を務めた山岡景隆その人である。景隆は明智光秀(あけちみつひで)に味方するのをよしとせず、勢多橋を焼き落として山中へ退いている。

100 (天正三年)八月五日付け織田信長判物写

国立公文書館内閣文庫所蔵『土佐国蠹簡集』残篇五所収

【釈文】写真は137頁

鞠道門弟候間申候、
雅(飛鳥井)綱弟子勢州
中納言之於関東弟子
取付而、沓・葛袴被
剝、隣国被払之由候、
又雅(飛鳥井)親西国下向候
時、松下弟子一人有之
由候而、沓・袴被剝
成敗之由候、御代々
綸旨・院宣・奉書幷
室町殿文書等
被見之候、今度
尾州ニ松下弟子
有之付而、法度候由
被理候条、其者成
敗申付者也、
八月五日 信長

飛鳥井大納言(雅教)殿

●解説

本状は、蹴鞠道の弟子取りの規定に関する書状である。

飛鳥井家は中世以降江戸時代を通じて、蹴鞠を家職とする公家である。中世における蹴鞠道は、この飛鳥井流と難波流の両派が主流となっていた。この両派は堂上家の鞠であり、地下の鞠として賀茂氏人(松下)の流派があった。

本状では、飛鳥井雅綱(雅教父)の弟子伊勢中納言が関東において弟子を取ったことについて、雅綱が沓・袴を剥いで隣国へ追い払った事例と、飛鳥井雅親(雅教曾祖父)が西国に下向した時、松下派の弟子が一人いたということで、やはり沓・袴を剥いで成敗した事例を挙げている。そして今、尾張に松下弟子がいるということで、法度に基づき成敗するといったことを、信長は飛鳥井雅教に申し送っている。

本状により、飛鳥井流は松下流の弟子を取ることが禁じており、禁を破った者は蹴鞠装束である沓と葛袴の着用を止められた。この規定は時の権力者であれども破れず、室町将軍も飛鳥井流の免許を受けるにあたり、他流の門弟を取らないことを誓っている。

さて、本状の年代であるが、信長が飛鳥井雅教の門弟になった時期は判然としない。しかし雅教は、天正三年(一五七五)に権大納言へ任じられているので、それ以降、天正九年までの間に発給されたものと比定できる。信長の行動を見ると、天正三年以降、蹴鞠を張行するなどの活動が散見されるようになる。特に天正三年は、今川氏真の蹴鞠を観覧したほか、相国寺において廷臣の、また誠仁親王の蹴鞠も拝観しており、史料上に多くの蹴鞠関係の活動が見られる年である。

101 天正三年八月十三日付け織田信長朱印状

安土町文芸の郷振興事業団所蔵

【釈文】写真は138頁

於其面、可抽忠
節之由神妙所申
無相違候、本山ニ而
持来名職事、
如先之進退不可
有相違候也、

天正参
八月十三日(信長朱印)

三門徒衆
野村三郎左衛門尉

●解説

本状の筆跡は、信長の右筆を務めた武井夕庵のもので、朱印も問題はない。しかし、宛所は異筆で、元の宛所を擦り消して、その上から書き直されている。また、年紀と朱印の間に貼り継いだ痕跡がある。本状と共に、二通の野村氏に宛てた文書が、表具されているので、別人宛てであったものが、野村氏宛てに改変されたと考えられている。また、本文も「山」の字は手を加えられている。

信長は天正元年(一五七三)に朝倉義景を滅ぼすと、朝倉氏の旧臣である桂田長俊(前波吉継)を登用し、越前の支配を任せた。しかし、長俊は越前の統治に失敗し、翌年に同じ朝倉氏の旧臣である富田長繁や一揆勢に殺害されてしまう。その後、越前は内戦に突入し、本願寺派の率いる一向一揆と、長繁と結ぶ高田専修寺派や三門徒派が争い、本願寺派が勝利した。ところが、本願寺派の一向一揆も内部分裂し、一揆内一揆が起こる状況であった。

天正三年五月、長篠の戦いで勝利した信長は、越前を奪還するため、八月十二日に岐阜を出発し、十三日に近江の小谷城(滋賀県長浜市)に入城していた。

102 (天正三年)九月十六日付け織田信長黒印状

表千家不審菴所蔵

【釈文】写真は139頁

就越前出馬、鉄
炮之玉千到来、
遥々之懇志喜入候、
猶原田備中守(直政)
可申候也、謹言、

九月十六日　信長(黒印)

抛筌斎(千宗易)

●**解説**

本状に記されている「原田備中守」(原田直政)が、信長の命令で塙から原田に改名するのは、天正三年(一五七五)七月三日のことで、翌四年五月三日、信長の軍勢が摂津三津寺(大阪市中央区)を攻撃した際、直政は戦死してしまう。それゆえ、本状は天正三年と比定できる。また、天正三年八月十五日、信長は、直政らを率いて越前へ進撃し、九月十六日には北庄(福井市)で滞陣したことも確認できるので、本状は北庄で出されたことになろう。

ところで、天正元年八月、越前一乗谷(福井市)の朝倉氏を滅ぼした信長は、守護代で朝倉氏旧臣の桂田長俊(前波吉継)や滝川一益ら自身の家臣を配して、越前の支配を行った。しかし、天正二年正月以降、一向一揆の攻勢に遭い、越前は一向一揆の支配下となった。さらに、反信長を掲げた足利義昭の動きもあり、天正三年に入ると、武田勝頼との対決(長篠の戦い)や、大坂の本願寺の蜂起(第二次石山合戦)などもあって、同年八月、信長による越前の再攻撃が行われ、一向一揆を打ち破って越前を再制圧することとなった。

この時期の信長は、前年から摂津に荒木村重、山城に細川藤孝を置き、天正三年三月には直政を大和の守護として任命し、京都の信長包囲網を打ち破り始めた時期でもあった。逆に本願寺を包囲する作戦に転じていたのである。鉄砲隊を率いる信長としては、国際貿易都市・堺の千宗易(利休)と交流することも必要になってきたのである。しかし、当面の敵は越前の一向一揆であった。

なお宛所の「抛筌斎」とは、千宗易の斎号であり、魚を捕える竹製の漁具である筌を投げ捨てる意である。著名な「利休」を称するようになるのは、天正十三年、豊臣秀吉の関白就任の返礼として開催された禁中茶会の時からである。町人の宗易が参内する際、正親町天皇から宗易に「利休」の号が授けられたと言われている。

103　天正三年九月日付け織田信長条書写　福井県立図書館松平文庫所蔵『寄合物入』六所収

【釈文】写真は140～143頁

掟条々　　越前国

一、国中へ非分課役不可申懸、但、差当子細有て於可申付者、我々ニ可相尋、随其可申出事、

一、国ニ立置候諸侍を雅(我)意に不可扱、いかにも悃にして可然候、さ候とて帯紐を解候様にハ有ましく候、要害彼此機遣(気)簡(肝)要候、領知方厳重ニ可相渡事、

一、公事篇之儀、順路憲法たるべし、努々贔屓偏頗を不存、可裁許、若又雙方存分不休にをひてハ以雑掌我々に相尋、可落着之事、

一、京家領之儀、乱已前於当知行者可還附、朱印次第たるへき事、但、理在之、

一、分国いつれも諸関停止之上ハ、当国も可同前之事、

一、大国を預置之条、万端ニ付て機遣(気)、油断有てハ曲事候、第一武篇簡(肝)要候、武具・兵粮嗜候て、五年も十年も慥ニ城を可拘分別勿論候、所詮欲を去、可取物を堅可申付、所務候之様に可為覚悟候、子共を寵愛せしめ、手猿楽・遊興・見物等可停止事、

一、鷹をつかふへからす、但、足場をも可見ためにハ可然候、さも候ハすハ、無用候、子共之儀ハ不可有子細事、

一、領中之員数ニ雖可寄候、二三ケ所も給人を不付、是ハ忠節之輩それ〳〵に随て可扶助地ニ候由申、可拘置候、武篇励候ても、可恩賞所領無之と諸人見及候者、けにハ勇も忠儀も可浅之条、其分別尤候、給人

不付之間ハ、可為蔵納事、
一、雖事新子細候、於何事も信長
申次第ニ覚悟肝要候、さ候とて
無理・非法之儀を心におもひなから
巧言不可申出候、其段も何とそ
かまひ(構)在之者、理に可及、聞届
可随其候、とにもかくにも我々を
崇敬して、影後にてもあた(仇)に
おもふへからす、我々有方へハ、足を
さゝさる様に心持肝要候、其分
に候へ者、侍之冥加有て長久
たるへく候、分別専要之事、
天正三年九月日

●**解説**

越前は天正元年(一五七三)、信長によって朝倉家が滅ぼされたあと混乱し、その中で一向一揆が生起、信長が包囲網のために身動きの取れない間、「越前一国一揆持ちにまかりなる」(『信長公記』)という状況に陥っていた。信長は天正三年八月、自ら軍勢を率いて越前に出馬、一揆を壊滅させた。

信長は、越前の支配体制を固めるべく、九月二日に国割を実施し、柴田勝家に坂北・坂南・吉田・足羽北・足羽南・丹生北・今北東・今南東の八郡、前田利家・佐々成政・不破光治の三人に府中付近の二郡(今南西・南仲条)、金森長近に大野郡の三分の二、同郡の残り三分の一を原政茂にそれぞれ与えた。また、一向一揆の支配の及ばなかった敦賀郡は、従来通り武藤舜秀の支配が認められた(前同書)。

さらに信長は、同じ月に勝家らへ向けて、越前支配の基本原則である九ヶ条の国掟を示した。その大意を逐条的に述べれば、①役負担の重課禁止、子細ある賦課は信長に申し出ること、②信長からの安堵を受けた国内の武士を家臣同様に扱わないこと。ただし彼らに無警戒であってはならず、要害の備えを固め、知行地を厳格に支配すること、③定められた法に従い裁くこと、双方の論が対立し解決が困難であれば信長の意向を確かめ、落着させること、④公家などの所領(荘園)は、以前支配していたことが認められる場合に返還すること、受け渡しには信長朱印状が必要であること、⑤他の分国同様、越前でも関所を廃止すること、⑥大国を預けるにあたって、万端注意を怠らず、軍事力強化に努め、武具・兵糧を蓄え、支配を維持できるようにすること、支配には我欲を捨てて臨むこと、年貢租税の収受を怠りなきようにし、稚児との男色、自ら猿楽を舞うこと、遊興、見物等は止めること、⑦鷹狩の禁止、領内のよりどころの見聞を兼ねてのものであれば認める、⑧軍功の恩賞として与える地を確保し、意欲を引き出すこと、⑨何事も信長の意向次第に支配を行うこと、意向に無理・非法がある場合には言上すること、といった内容である。

越前の支配は、「とにもかくにも我々を崇敬して」という域まで自らのことを高めた信長という人物の統治方針・意向が細かに示され、それに則る形で行われることになったのである。なお、ここで示した条書は、信長死後の天正十一年二月二十六日に書き写されたものである。

104 (天正三年)十月二日付け織田信長黒印状
美濃加茂市民ミュージアム所蔵

【釈文】写真は144頁

就北国逆徒等令退治
示給候、殊太刀一腰・馬
一疋懇切之至候、彼地之躰
先書申送之条、不及重
説候、悉以明隙候間、去月
廿六日納馬候、近日可為上
洛之条、猶自京都可申
述候、猶二位法印(武井夕庵)可申候、
恐々謹言、
十月二日　信長(黒印)
小早川左衛門佐(隆景)殿

(切封ウハ書)
「小早川左衛門佐殿　信長」

●**解説**

本状は、越前一向一揆(「北国逆徒」)討伐に関する小早川隆景宛ての黒印状である。

天正元年(一五七三)八月に朝倉義景が自害したのち

の越前国については、前年に朝倉氏から離反して信長に服属していた桂田長俊（前波吉継）を「守護代」に任じて、統治責任者としていたとされる。しかし、吉継と同様に朝倉氏から離反して信長に服属していた富田長繁と吉継との対立を契機に、天正二年、一向一揆が蜂起して、越前国は一揆勢力によって支配されることとなり、信長による越前国支配は崩壊した。

そこで、天正三年八月、信長は自ら越前へ進攻して、一揆勢を殲滅し、本状に記される通り、九月二十六日に岐阜へ帰還したのである（「去月廿六日納馬候」）。

この間、西国においては天正元年末に、信長が浦上宗景に対して備前・播磨・美作三国の統治権を認める朱印状を発給したことを契機に、浦上氏と宇喜多氏が対立し、さらに、毛利氏が宇喜多氏支援の姿勢を示したことから、毛利氏に従属していた備中松山（岡山県高梁市）を居城とする三村元親が毛利氏から離反して、毛利氏・宇喜多氏対浦上氏・三村氏という軍事衝突が発生していた。

三村氏の毛利氏からの離反について、信長が直接関与した証拠は確認できないが、少なくとも三村氏は浦上氏を通じて信長の支援があると考えていたと推測される。

しかし、織田勢による救援はなく、天正三年六月の三村氏滅亡、同年九月の備前天神山城（岡山県和気町）落去により、この軍事衝突は毛利方の勝利に終わった。

本状を見ると、信長が越前一向一揆討伐の顛末を毛利氏に知らせる一方、毛利氏は進物を贈っており、両者の同盟関係はいまだ維持されているが、その破綻は眼前であった。

105 （天正三年）十月二十五日付け織田信長朱印状

仙台市博物館所蔵

【釈文】　写真は145頁

未相通之処、被申越候、
殊馬一疋黒毛、喜入候、
乗心勝之条、別而
令秘蔵候、誠懇切候、
来春従是可申送候、
恐々謹言、

十月廿五日　信長（朱印）

遠藤内匠助殿
（基信）

●**解説**

本状は、信長が伊達輝宗の重臣遠藤基信に送った朱印状である。内容は、基信が黒毛の馬一疋を信長に贈ったことを深く喜び、その馬が乗り心地に優れ、特別大事に扱っている旨を伝え、来春に改めてこちらから申し送るとしている。

『信長公記』天正三年（一五七五）十月十九日条によれば、伊達輝宗は、この年の秋、信長に「かんせき黒」「白石鹿毛」という馬二疋と、「鶴取之御鷹」二足を贈った。中でも鹿毛の馬は、馬産地奥州においても隠れなき名馬で、乗り心地も比類なき駿馬だったといい、信長も大変気に入り、「これは龍の子」だと語ったという。この日在京していた信長は、伊達家から使者として贈り物を届けた鷹匠・馬添の者を清水寺において饗応し、また、輝宗には返書に加えて音信物として虎皮五枚・豹皮五枚・段子（練糸で織られ、地が厚く、光沢のある絹織物）十巻・志々羅（縦横に太い糸と細い糸を用い、表面に凹凸が現れるように織った織物）二十端を贈った。江戸時代前期に、仙台藩が輝宗の事績について編纂した『性山公治家記録』の十月上旬条によれば、輝宗が信長に音信物を贈った際に、基信からも馬を贈進した旨が記されており、同書の十一月上旬条には、輝宗同様、基信にも信長から十月二十五日付けの書状が送られた旨が記され、この書状が書き写されている。天正三年のものと本状の年代を比定したのは、この記述に拠る。

なお、『性山公治家記録』には、輝宗宛ての書状が同書編纂当時には伊達家に伝わっていなかった旨が記されているが、輝宗宛て十月二十五日付け書状の写しは別に伝存しており（「岡本文書」）、暑中、馬と鷹を贈られたことへの謝意を伝えると共に、五月に長篠の戦いにおいて勝利したこと、八月に越前の一向門徒による一揆を鎮圧したことといった自らの動向を報じ、関八州平定も間近であるとして、両者間で綿密に連絡を取り合うことを求めるものとなっている。

宛所の基信は、『伊達世臣家譜』によると、修験者の息子で、もともとは伊達家の宿老中野宗時に仕えていたが、連歌の才を輝宗に見出されてその家臣となり、その後立身して奉行となり、宿老の列に加えられた。輝宗の下で伊達家の外交を担う立場にあった基信らしく、江戸時代にあっても、遠藤家には、信長の書状二通をはじめ、信長の家臣である松井友閑・祝重正・柴田勝家らの書状、さらに、豊臣秀吉・徳川家康・北条氏政・滝川一益・由良国繁・蘆名盛隆・田村清顕・白川義親といった人々の書状が伝存していた。天正十三年十月に輝宗が不慮の死を遂げると、同月二十一日に殉死を遂げ、出羽夏刈(山形県高畠町夏茂夏刈)資福寺の輝宗墓の側に葬られた。

106 (天正三年)十一月二十六日付け織田信長黒印状 滋賀県立安土城考古博物館所蔵

【釈文】写真は146頁

就岩村城落
居、書中披見
珍重候、秋山(虎繁)事
引寄、今日掛
磔候、其外籠城
者共、不残刎首、
近来之散鬱積、
次遠(遠江)・駿(駿河)境目
城之事、以□□
承可随之、但、東
西南北隙明候条、
吉良辺鷹野
節可致直談哉、
重而可承候、猶
小栗大六ニ申渉候、
謹言、

十一月廿六日　信長(黒印)

徳川□□□

●解説

岩村城(岐阜県恵那市)は、元亀三年(一五七二)に武田信玄の家臣である秋山虎繁に奪われていた。

信玄の死後も武田氏は強盛で、美濃や遠江に勢力を拡大させていたが、天正三年(一五七五)五月の長篠の戦いで、武田勝頼が信長・徳川家康の連合軍に敗れると、両者の力関係は一変した。

信長は岩村城の奪還を息子の信忠に命じた。信忠は、五ヶ月に及ぶ兵糧攻めの末、虎繁らの赦免を条件に開城させた。しかし、信長は虎繁らを許さず、十一月二十一日に彼らを長良川の河原で磔にして殺害した。その他の城兵も首を刎ね、積年の鬱憤を晴らしたと、家康に伝えている。

一方の家康も、遠江の諏訪原城(静岡県島田市)を攻略し、高天神城(静岡県掛川市)の奪還を目論んでいた。信長は、吉良(愛知県西尾市)で鷹狩をしながら、直接話そうと誘っている。なお、小栗大六は家康の家臣である(本書068号文書)。

なお信長は、岩村城攻めに功績のあった信忠に対して、本状を発給した十一月二十八日に家督を譲り、自分は佐久間信盛の私宅に移った。そして、岩村城を黒母衣衆の河尻秀隆に与え、信忠を補佐させた。

107 (天正四年)三月三十日付け織田信長黒印状 関西大学図書館所蔵

【釈文】写真は147頁

芳簡令披閲候、
仍従芸州為年頭之
祝儀、書状等到来、則
及返事候、委曲二位(武井)
法印(夕庵)可申候、諸余猶期
面展候也、恐々謹言、

三月卅日　信長(黒印)

聖護院(道澄)殿

●解説

天正四年(一五七六)二月、将軍足利義昭が備後国鞆の浦(広島県福山市)に動座し、毛利輝元がこれを迎え入れたことを受け、毛利家は織田の敵となる。

本状の発給年次を考えると、武井夕庵が「二位法印」となるのが天正三年七月三日以降であることから、本状は天正四年に発給されたことがわかる。すなわち、本状は織田・毛利間外交に関する最後の文書であると言える。

本状の内容は、道澄（どうちょう）からの書状に対する返札である。安芸毛利家から新年の祝儀の書状が到来したので返事をした。このことについて、詳しくは武井夕庵副状（そえじょう）にあり、また、そのほかの事柄については対面した時に話すとしている。

宛所の道澄は、近衛稙家（このえたねいえ）の息であり近衛前久（さきひさ）の弟である。先代の聖護院門跡道増（どうぞう）（近衛尚通（ひさみち）子、稙家弟）は、将軍足利義輝（よしてる）の毛利・大友（おおとも）間の和平調停の使節として安芸国に派遣され、元亀二年（一五七一）現地で歿した。そこで、将軍義昭は道澄を安芸国へ派遣し、毛利・大友間和平調停の使節としたのである。天正三年七月、道澄は安芸国から帰京している。

こうした道澄と毛利家との関係により、織田・毛利間外交に道澄は関係していたのである。例えば、（天正四年）三月四日付け吉川元春（きっかわもとはる）宛て武井夕庵書状には、「委曲従聖門様（道澄）可為御伝達候」との一文があり、道澄からも伝達があると夕庵は述べている。この様な立場にあったからこそ、信長は毛利との音信状況について、道澄に申し送っているのである。

108 （天正四年三月）織田信長消息　個人所蔵

【釈文】写真は148・149頁

おほせ（仰せ）のことく（如く）、こんと（今度）ハこのち（地）へ
はしめて（初めて）こし（越し）、けさん（見参）ニいり、
しうちやく（祝着）に候、ことに（殊）ミやけ（土産）
色〳〵うつくしさ、中〳〵
め（目）にもあまり（余）、ふて（筆）にもつくし
かたく候、しうき（祝儀）ハかり（計り）に、この
はう（方）よりもなにやらんと思ひ
候へハ、そのはうより見事なる
物もたせ候あひた（間）、へち（別）に心さし
なくのまゝ、まつ〳〵このたひハ
とゝめまいらせ候、かさねて（重ねて）まいり（参り）
のときそれにしたかふ（従う）へく候、
なかんつく（就中）、それのみめ（見目）ふり（振り）、かたち
まて、いつそやみまいらせ候折ふしよりハ、
十の物廿ほともミあけ（見上げ）候、藤きちらう（藤吉郎）
れん〳〵ふそく（不足）のむね（旨）申のよし（由）、
こんこたうたん（言語道断）くせ事（曲事）候か、いつかた（何方）
をあひたつね（相尋ね）候とも、それさま（様）ほと（程）のハ、
又二たひ（再び）かのはげねすミ（禿鼠）あひ（相）
もとめかたき（求め難き）あひた（間）、これよりいこ（以後）ハ、
みもち（身持）をようく（陽カ）わい（快カ）になし、いかにも
かみさまなりにおも〳〵しく、
りんき（悋気）なとにたち入候てハ、しかる（然る）へ
からす候、たゝし、をんな（女）のやく（役）にて候
あひた（間）、申ものゝ申さぬなりにもて
なし、しかるへく（然るべく）候、なをぶんてい（文体）に、
はしは（羽柴）にはいけん（拝見）こひ（乞い）ねかふ（願う）
ものなり、又々かしく、（朱印）

（切封）
「（墨引）」

（ウハ書）
「藤きちらう（吉郎）
　をんなとも　　のふ（信長）」

●**解説**

本状は、「のふ」こと信長が、「藤きちらうをんなとも」こと羽柴秀吉正室杉原（すぎはら）氏（おね、寧子）に宛てた消息（漢字・漢文体で記される書状に対して、ひらがなを用いて記される私信を指す）である。

日付を欠くため、この消息の具体的な発給日時は不詳であるが、信長文書に造詣の深い桑田忠親氏や奥野高廣氏は、「この地」を信長が築城に着手していた安土（あづち）（滋賀県近江八幡市）に比定し、年代を推定している（『信長の手紙』『織田信長文書の研究』下巻）。信長が居を移した同地に、秀吉の居城である長浜（ながはま）（滋賀県長浜市）からおねが初めて信長に伺候のために赴き、その際見事な品々を献上したことに対する礼状として、送られたものであろう。

この消息の特徴は、なぜ信長が知り得たのかはわからないが、秀吉夫婦の揉め事を、信長が宥め、訓戒を試みている点にある。信長はまず、おねの器量が以前よりも一段と上がったと褒め、秀吉がそれに不足をいうのは「言語道断、曲事」であると貶している。さらに「はげねずみ」と秀吉を呼び、おねのような女性を再び得ることは叶わないので、今後は身持ちをよくし、奥方らしく重々しく構えて、悋気（りんき）などを焼かないようにと述べる。ただし、おねの側にも、女性の役目として、夫の世話をよくし、言いたいことも程々に止めるようにと意見している。そして、

この消息を秀吉にも示すように求め、最後に「天下布武」印を押す。あえて公にも用いるこの印を捺印したのは、秀吉にも消息で示した意向を重く受け止めさせるためだろう。

天正元年（一五七三）に北近江の旧浅井領を与えられた秀吉には、この頃、側室と見られる女性の存在が見え隠れする（「竹生島奉加帳」）。おねの秀吉に対する不満の原因はこのあたりにあるのだろうか。ともあれ、この消息は、信頼をおく秀吉の妻に向けたものではあるにせよ、信長という人物が、女性観を披歴したり、意外な人情味やユーモリストぶりを示した、なかなかに興味深い内容の消息である。

109 （天正四年）四月五日付け織田信長朱印状写 東京大学史料編纂所所蔵影写本

【釈文】写真は150頁

従当所大坂へ兵
粮を入事、可
為曲事候、堅
停止簡要候、若
猥之族ニをいてハ
聞立、可令成
敗之状如件、
四月五日　信長（朱印影）
平野庄
惣中

●**解説**

平野（大阪市平野区）は、摂津と和泉にまたがる堺や、摂津と山城の国境を越えて展開する大山崎と同様に、摂津と河内の国境に位置し、戦国時代に自治が発展した都市であった。

その指導者層は、征夷大将軍坂上田村麻呂の末裔とされる末吉家、徳成家、成安家、土橋家などで、彼らは結束して、三好長慶の家臣松永久秀が配した代官の本庄加賀守や、信長の家臣蜂屋頼隆が置いた下代を忌避したことでも知られる。

天正四年（一五七六）四月、信長は、東海や畿内の侍、京都・奈良・堺の大工を動員して、安土城（滋賀県近江八幡市）の築城を進めると共に、十四日に、荒木村重・細川藤孝・明智光秀・塙直政に、本願寺攻めを命じた。本状は、そうした本願寺攻めの作戦の一環で、平野より大坂へ兵粮を搬入しようとする動きを、取り締まらせたものである。

平野の光永寺は、三番（大阪市東淀川区）の定専坊、森（大阪市中央区）の佑光寺、雁多尾畑（大阪府柏原市）の光徳寺と共に、大坂四人坊主の一角であり、本願寺を支える存在であった。

信長は、自治都市平野の都市共同体を介して、こうした浄土真宗寺院の動きを牽制したのである。

110 （天正四年）四月二十二日付け織田信長黒印状 大阪青山歴史文学博物館所蔵

【釈文】写真は151頁

首二討捕之
到来候、無由断心
懸神妙候、猶以
可励戦功也、
四月廿二日　信長（黒印）
蒲生忠三郎（氏郷）とのへ

●**解説**

本状は、蒲生氏郷（「忠三郎」）に対して発給された、信長の黒印が据えられた感状である。

南北朝期の蒲生氏は北朝方に与同して、近江国蒲生郡を代表する在地領主として活躍し、室町期には奉公衆クラスの幕府に直属する有力在地領主であったとされる。戦国期になると、氏郷の祖父定秀は日野城（滋賀県日野町）を築城すると共に、近江国守護家の六角義治重臣として活動した。

しかし、永禄十一年（一五六八）に信長が足利義昭と共に上洛を目指して近江国へ進攻すると、蒲生氏は六角氏から離反し、それを契機に氏郷の父賢秀が家督を相続し、信長に服属したとされる。

氏郷は弘治二年（一五五六）に生まれ、蒲生氏の信長服属時に人質として岐阜へ赴き、元服して初めは賦秀を名乗った。「忠三郎」は信長の官途弾正忠から授かったと言われる。

氏郷は信長に気に入られ、永禄十二年には信長の娘冬姫を娶り、信長の娘婿となって、父賢秀と共に、北畠氏・朝倉氏、伊勢長島一向一揆などとの戦闘に参加した。

天正四年（一五七六）になると、信長によって京から追放されていた義昭が、二月に毛利氏領国内の備後国鞆（広島県福山市）へ突如として下向し、四月に毛利氏が義昭の要請に応じたため、織田・毛利戦争が勃発した。この動きと連動して、信長と本願寺との講和が破れ、信長は明智光秀・細川藤孝らを指揮官として本願寺を攻撃した。本状は、その際に氏郷が戦功を挙げたことを示す史料である。

111 天正四年六月七日付け織田信長朱印状写

大阪城天守閣所蔵

【釈文】写真は152頁

本地分事、養子
中（水無瀬親具）将為不孝之条、
令改易、宛行実子
徳夜叉丸（氏成）之訖、然而
今度棄破弐百
石之儀、中将与百石
宛可被領知、次至本
宅兼成被相移、徳
夜叉丸成人之刻、
中将同前令隠居
可被相渡実子之状如件、
天正四　　御朱印
六月七日　信長
水無瀬宰（兼成）相殿

●解説

本状は、水無瀬家領に関する朱印状の写である。関係する人物について、まず、宛所の水無瀬兼成は、永禄十一年（一五六七）に足利義昭と信長が上洛すると、十四代将軍足利義栄に従い阿波へ下向している。天正元年（一五七三）に京都へ戻ると、同三年に名を兼成と改めている。京都不在期間はあるが、当時の水無瀬家当主である。

次に、養子中将親具は、高倉永家の子として生まれ、水無瀬家の養子となっていた。養父兼成が京都を出奔した際には、これに従わず在京している。天正四年当時、二十五歳。

最後に徳夜叉丸、のちに氏成と名乗る。兼成五十八歳の時の子であり、本状の天正四年当時は六歳である。

本状の内容を見ると、水無瀬家の知行分の内、兼成が養子親具に譲っていた所領を親具の不孝を理由に召し上げ、実子氏成に与えている。その上で、兼成が棄破した二百石の内から百石を親具に与え、また本宅については兼成が移り、氏成が元服したあとに隠居し、氏成へ渡すといった措置がとられている。

以上からわかるように、兼成は親具を廃し、氏成を立てたのである。ただし、親具も黙っていた訳ではなく、訴訟を経た上でこうした裁許が下り、本状が発給され、双方が起請文をしたためて一応の決着がついた。しかし、当然のように兼成・氏成と親具の仲は険悪になり、親具による兼成家来の殺傷事件などを経て、天正十年、兼成と親具は義絶に及んでいる。

112 （天正四年）六月二十八日付け織田信長黒印状

永青文庫所蔵

【釈文】写真は153頁

折帋委細令
披見候、仍彼讐
固船事、就安宅
無別心不成立、早
ちり〱に成候由、
先以可然候、其付、
三好山城守（康長）東条
かたへの書状到来候、
加披見候、尚以相
替事候者、可被
申越候、度々注進
誠無油断候条、喜
悦候、猶期見
参候也、謹言、
六月廿八日（信長黒印）
長岡兵部大輔（細川藤孝）殿

●解説

本状は、信長が長岡(細川)藤孝に宛てた黒印状である。元亀元年(一五七〇)から天正八年(一五八〇)にかけて続いた本願寺との石山合戦では、この年四月からいわゆる石山籠城戦が開始されていた。その中で、毛利分国の備後(広島県東部)に移った足利義昭が上洛援助を要請したことを受けて、毛利家では、能島村上水軍の棟梁である村上元吉(武吉)をはじめとする水軍を和泉・摂津に送り、本願寺への加勢に乗り出した。

　このような状況下における、毛利水軍の動向に言及したのが、本状である。藤孝からの書状で、毛利水軍が、信長に降っている淡路水軍の「安宅」(淡路洲本城主安宅信康か)が別心を抱かなかったことにより、散り散りになったと通報されたことを了解すると共に、今後その動向に変化が生じた場合には申し越すことを求め、藤孝からのたびたびの注進を賞している。信長が毛利水軍の動向に警戒し、情報を丹念に収集していたことが窺える。

　ところが、散り散りになったと報じられた当の毛利水軍は、雑賀衆とも連携した上で、七月十三日、木津川河口において大船十艘余・小船三百艘余で構成された織田方の水軍と合戦に及び、数百艘を撃破して、本願寺寺内への兵粮搬入にも成功した(七月二十七日付け直江景綱宛て吉川元春書状、「上杉家文書」、および七月十五日付村上元吉外十四名連署注進状、「毛利家文書」)。毛利輝元は上杉謙信に送った八月二日付の書状でこの戦勝を伝えると共に、義昭の斡旋によって、すでに加賀の一向門徒と和議を結んだ謙信が早期に織田分国へ出馬することを要請している(「上杉家文書」)。一方信長は、この敗戦によって、石山攻略の戦略練り直しを迫られることになった。

　なお、本状に用いられた黒印は、「天下布武」印ではなく、「宝」という印文で、信長の文書中、非常に稀な事例として知られるものである。

113 (天正四年)六月二十九日付け織田信長判物写

『展観入札目録』所収

【釈文】写真は154頁

今度南都寺務之出入、尤可有細得候、沙汰之
限候子細候、万々　朝廷相滞候へハ、下々猥之
段勿論、依之不相紛候様ニと、四人衆以誓
帋申定候処、誠 明鏡之段、不届之仕立
無申計候、然時者　禁裏被失御外聞
之儀候、左候へハ信長も同前失面目候、雖然
為自今以後不申沙汰候も如何之条、右分候、
是　併各未糺之故候、口惜題目候、上御事
不及申、傍輩中見限候、乍去為冥加候間、
此瓜　親王様(誠仁)へ進上候、雖些少候、濃州真
桑と申候て名物候間如此候、被成其意可然
様　奏達専一候、謹言、

六月廿九日　　信長(花押影)

烏丸(光康)大納言殿
飛鳥井(雅教)大納言殿

●解説

本状は、その内容から研究史においても非常に重要な文書とされ、特に信長の朝廷に対する認識を物語る史料として扱われてきた文書である。本状の年次は「今度南都寺務之出入」、すなわち天正四年(一五七六)五月から六月にかけて起きた、興福寺別当職をめぐる東北院と大乗院の相論について記してあることなどから、同年のものと考えられている。しかし、重要な内容にもかかわらず、写しとされている。それは、据えられている花押影が、天正四年より以前の型であることが大きな根拠となっている。とはいえ、宛所・日付・内容的には、相論が決着した直後に書かれたものとして通用する。

　次に内容を見ると、信長は南都寺務之出入りについて「沙汰之限」と非難した。朝議が滞れば下々が猥りになるのはもちろんである。紛れないようにと四人衆(庭田重保・甘露寺経元・勧修寺晴右・中山孝親)が起請文にて誓約したにもかかわらず、このような仕儀となったのは言葉もない。禁裏の外聞が失われ、信長も同前に面目を失うことである。そうではあるが、今後信長が申沙汰をしないのは如何と思う。この問題は朝廷側の不備であり、口惜しいことであり、「上御事」はもちろん、傍輩も見限った行為である。しかし冥加のため、誠仁親王に美濃名物の真桑瓜を進上する。こうした大意になる。

　「四人衆」とは信長によって任命された、朝廷に関する諸事を合議の上で奏聞していた公家のことであ

る。当初は三条西実枝がおり「五人の伝奏」「五人之奉行」と呼ばれていたが、実枝は天正三年に退いたため「四人衆」となっている。この別当職相論後、四人衆は信長によって蟄居を命じられている。

さて、本状において信長は、禁裏が外聞を失うことは信長も面目を失うことであるとしている。すなわち、当時の信長は、朝廷とは対立関係になく、協調路線をとっていたことを明確に示していると言えよう。

114 (天正四年)七月二十一日付け織田信長黒印状写　東京大学史料編纂所所蔵影写本

【釈文】写真は155頁

瓜十籠到来、
普請之者共遣候、
悦入候、殊懇意
趣書中ニ
相見候、程遠候処、
切々儀、寔路
次造作、彼是
祝着不斜候、
猶見参之時を
期し候也、

七月廿一日(信長黒印影)

稲葉伊予守(一鉄)とのへ

●解説

信長が、稲葉一鉄(良通)から瓜を贈答され、安土城普請の職人を派遣したことに感謝したのが本状である。一鉄は、もともと美濃の斎藤氏に仕えていたが、信長の美濃平定と共に、信長に仕えた武将である。

本状の「普請」を安土城の普請としたのは、一鉄の居城である美濃曾根城(岐阜県大垣市)が「程遠候処」にあるとの語句からであり、また天正四年(一五七六)七月朔日、信長が安土城の普請を命じたからである(『信長公記』)。

天正四年正月半ば、信長は、丹羽長秀を総普請奉行とし、六角氏の居城観音寺城(滋賀県近江八幡市)の支城のあった安土山に築城したのが安土城である。二月二十三日頃、信長は安土に移り、四月朔日から石垣・天守の普請を開始したともある(『信長公記』)。六月十二日と九月十九日には勅使が安土へ下向したことも確認できるので、本状が出されたのもまさにこのような時期であった。当時の信長が、拠点として安土を選定したのは、岐阜城より京都に近く、琵琶湖の水運が利用できた上、北国街道で北陸などへの要衝にも通じていたという経済的な利便性を考えたからであろう。越前・加賀の一向一揆や上杉謙信への警戒という当時の政治状況を考慮したのかもしれない。

一鉄は、たびたびの信長の上洛にも従軍し、元亀元年(一五七〇)四月の越前金ヶ崎の戦いに加わり、同年六月の姉川の戦いでは、徳川家康らと共に戦功を挙げた。さらに天正三年五月の長篠の戦い、同年八月の越前一向一揆攻め、同年五月以降、武田氏との抗争である美濃岩村城攻めにも加わるなど、信長の武将として主要な戦闘に従軍し、多くの戦功も残していた。しかし天正七年、一鉄は家督と曾根城を嫡子の貞通に譲り、美濃清水城(岐阜県揖斐川町)に移った。このような経緯からも、本状の「普請」を安土城普請に関するものと想定できよう。

115 (天正四年)八月二十五日付け織田信長朱印状　千秋文庫所蔵

【釈文】写真は156頁

一封令披閲候、抑
受領事執申、口
宣幷女房奉書
進之候、尤珍重候、
即今依忩忙不能巨細候、
猶期来音候也、恐々謹言、

八月二十五日　信長(朱印)

佐竹常陸介(義重)殿

●解説

天正三年(一五七五)十一月、長篠の戦いで武田勝頼を破った信長は、武田家を挟撃せんがため、常陸国の大名佐竹義重に誼を通じた。その後、両者の間で何度かの交渉が持たれたのであろう。翌天正四年六月、佐竹義重は信長の奏請により、朝廷から従五位下常陸介に任じられている（『歴名土代』）。本状は、その義重の叙任に関する朱印状である。

（義重からの）書簡を見ました。受領のことについて（信長が）朝廷に奏聞し、口宣案と女房奉書が発給されたので、これを送ります。大変めでたいことです。現在、忙しいため詳しくは申せません。のちの音信を待っております。

このように、信長は義重へ申し送った訳である。

この事例は、信長が大名への官位推挙を行った、初めての事例となる。これは、政治史的に見ると非常に重要な事例となる。従来、武家に対する官位推挙は、基本的に足利将軍のみが行い得る、権限の一つであった。その権限を、信長が踏襲したのである。信長は天正元年に将軍足利義昭を追放し、同三年権大納言兼右近衛大将に任じられてはいるが、もちろん将軍ではない。その信長が家臣ではなく、対大名に官位推挙を行ったことは、信長の権力を見る上でも十二分に評価に値する事例と言える。しかし、このあとも信長は豊後の大友義統などに官位推挙を行っているが、のちの豊臣政権ほどには官位による身分編成は積極的に行っていないのである。

116（天正四年）十月十日付け織田信長朱印状　浄厳院所蔵

【釈文】写真は157頁

（金勝山金勝寺）
こんせの坊主寺領事、
昨日如申聞、可相渡之候、自
余之坊主も此方へ越候ハヽ、
可遣候、無左候ハヽ、皆可為欠
所候、成其意可申付事、
専一候也、
十月十日（信長朱印）
（捻封ウハ書）
「（墨引）　（長谷川秀一）長谷河竹とのへ　信
（正成）野々村三十郎とのへ　」

●**解説**

金勝山金勝寺（滋賀県栗東市）は、近江金勝山の頂上にある浄土宗寺院である。聖武天皇の命で紫香楽宮（滋賀県甲賀市）の鬼門鎮護のために良弁が創建したとされる古刹である。信長は、金勝寺の僧侶の浄厳坊明感を安土に招いて、戦火で焼失した慈恩寺の跡地に浄厳院を建立した。ここを近江国内での浄土宗の拠点としようとしたが、その際、本状によって浄厳院に寺領を与えている。

本状には「自余之坊主も此方へ越候ハヽ、可遣候」とあり、その他の寺院にも安土（滋賀県近江八幡市）への移転を命じたが、さらに続けて、移転することに従わなければ寺領を没収するとも脅した。安土の城下整備に関する寺院誘致ではあるが、そのやり方がいかにも信長らしいものである。

天正三年（一五七五）八月、信長は、越前の一向一揆を制圧し、翌四年二月二十三日に安土へ移り、大坂の本願寺との戦闘を本格化させつつ、七月二十一日、京都に南蛮寺を完成させた。安土と京都を拠点とし、その周囲を固めつつ、本願寺を追い詰める体制を構築していた。そのような状況下において、このような宗教政策も行っていたのである。

宛所の長谷川秀一は、信長の小姓として仕えた人物であるが、天正三年正月、前年秋に平定した伊勢長島（三重県桑名市）の城修築に関わるなど、この時期から様々な業務の奉行も務めた。一方の野々村正成は、美濃出身の武将で、初め斎藤氏に仕えたが、その後は信長の馬廻として仕えた。天正三年五月の長篠の戦いでは、鉄砲衆を率いたとされる。信長の小姓や馬廻とは、このような業務も担当していたのである。

なお天正七年五月、浄土宗と日蓮宗の僧侶の間で、宗論行われたが、その場所が安土城下に移された浄厳院である。いわゆる安土宗論の地である。

117（天正四年）十月十九日付け織田信長黒印状　高島市所蔵

【釈文】写真は158頁

（長野信包）
対上野介種々
忠節之由、尤神
妙之至候、弥無二

馳走専要候、
謹言、
十月十九日　信長（黒印）
分部与三左衛門尉殿（光嘉）
中尾新左衛門尉殿
川北二介殿
一味中

●**解説**

永禄十一年（一五六七）、信長は伊勢国へ侵攻して北伊勢を手中に収めると、弟信包に長野藤定の娘を娶らせ、長野氏の名跡を継承させた。長野氏の名跡を継いだ信包は、一時「長野信良」と名乗っている。さらに、翌十二年には南伊勢へと侵攻し、北畠具教を降し、伊勢を平定した。この段階で、信長の次男信雄が北畠氏を、三男信孝が神戸氏の名字を名乗っている。また、天正二年（一五七四）、長島の一向一揆討伐後には滝川一益に北伊勢五郡を与えている。

天正四年十一月、織田信雄が北畠具教以下一門を粛正する事件が起きた。『勢州軍記』によれば、北畠具教・長野具藤（具教次男）・同親成（具教三男）・坂内具義（同女婿）・大河内具良・坂内万輔が殺害され、北畠具房は滝川一益に預けられた。こうして反対勢力が粛正され、伊勢は信長一門や重臣による支配が確立した。

本状は、この粛正事件の直前に発給されたものである。宛所の分部・中尾・川北らは、いずれも長野氏に属する国人である。北畠具教一門の粛正に先駆け、分部らは信包へ味方することを決めた。それに対して信長は、長野信包への忠節を賞した感状を与えたのである。

宛所の一人分部光嘉は、早くから織田家へ通じていたようであり、永禄十二年三月には信包から知行安堵を受けており、以後、信包の家臣として仕えている。

118 天正四年十一月十九日付け織田信長朱印状

東京国立博物館所蔵

【釈文】写真は159頁

城州上鳥羽内弐拾八石
幷深草内参拾八石但升之延也
事、令扶助之訖、全可
領知之状如件、
天正四年十一月十九日
（信長朱印）
竹田法印

●**解説**

本状は、医師竹田法印に対して、信長が山城国上鳥羽（京都市南区）において二十八石、深草（京都市伏見区）において三十八石を宛行った朱印状である。

医家としての竹田家は、昌慶（明室）が明国において医術を学び、永和四年（一三七八）に帰朝したのち、三代将軍足利義満に仕えて、五百石を与えられたことに始まるとされる。

昌慶のあと、禅祐、定盛と続き、とりわけ、定盛は八代将軍足利義政の治療を行い、「法印」に叙された。

定加の父とされる定珪も十三代将軍足利義輝に仕えたが、天文十九年（一五五〇）に死歿したとされる。定珪の死に伴い、家督を相続したとされる定加は元亀二年（一五七一）十月、「法眼」に叙されている（『御湯殿上日記』）。ところが、その際に定加と共に「法印」が参内しており、この人物が定珪の後継者であったと考えられる。また、『寛政重修諸家譜』において、定加は天正九年（一五八一）に法印に叙せられたとされており、この記述に従うと、本状の宛所「竹田法印」は定加ではなく、元亀二年に定加と共に参内した「法印」と同一人物となる。

いずれにせよ、同日付けで烏丸光康や花山院家輔らに対して所領給与の信長朱印状が発給されていることから推測すると、「竹田法印」に対する所領給与も、前年十一月に一斉発給された公家への新知給与に続く旧勢力保護政策の一環であったと考えられるが、その中に幕府とも関係の深い医家が含まれていたことは、幕府権力を信長が包摂していったことを示すものと言えよう。

119　（天正五年）三月八日付け織田信長黒印状　常滑市民俗資料館所蔵

【釈文】写真は160頁

就此面在陣
被申越、殊両
種喜入候、次
住吉普請辛
労候、弥馳走
専一候也、
三月八日（信長黒印）
水野監物（直盛）殿

●解説

本状宛所の「水野監物」は、尾張国常滑（愛知県常滑市）を居城とする水野直盛である。

常滑水野家は、尾張国緒川（愛知県東浦町）を本拠とし、のちに刈谷（愛知県刈谷市）を居城とした水野氏の庶家である。惣領家忠政の娘は徳川家康の生母であったが、忠政の子信元は天正三年（一五七五）十二月に信長の命令によって殺害され、本状発給の時点においては断絶している。

直盛に対する信長黒印状は本状を含めて十通確認され、惣領家断絶後においても、直盛が信長に重用されていたことを窺わせる。

文中の「住吉普請」とは、摂津国住吉（大阪市住吉区）における築城を指すと考えられ、直盛が本願寺攻撃のための付城普請に従事していたことを示す。天正四年三月時点において、織田勢による本願寺包囲が行われていたとは考えられないため、奥野高廣氏の見解の通り、本状は天正五年に比定される。

また、「此面在陣」とは、本願寺勢力の一角を担う紀伊雑賀衆を攻撃するため、信長自らが出陣したことを指す。二月十三日に京から出陣した（『兼見卿記』）信長は、三月二日には鳥取郷若宮八幡宮（大阪府阪南市）へ着陣し、二十一日に和泉国香庄（大阪府岸和田市）へ陣替えしたとされる（『信長公記』）。したがって、本状発給時の信長は、若宮八幡宮在陣中だったと考えられる。

120　（天正五年）三月十五日付け織田信長黒印状　永青文庫所蔵

【釈文】写真は161頁

猿（羽柴秀吉）帰候て、夜前之
様子具言上候、
先以可然候、又
一若を差遣候、
其面無由断雖相
聞候、猶以可入
勢（精）候、各辛労
令察候、今日之趣、
徳若ニ可申越候也、
三月十五日（信長黒印）
長岡兵部大輔（細川藤孝）とのへ
惟住五郎左衛門尉（丹羽長秀）とのへ
滝川左近（一益）とのへ
惟任日向守（明智光秀）とのへ

●解説

天正五年（一五七七）三月二日から二十一日まで、信長は、和泉国鳥取郷の若宮八幡宮（大阪府阪南市）に在陣した。これは紀伊の雑賀一揆を攻撃するためであるが、この時に出されたものが本状である。

同年二月十日、京都にいた信長は、同十三日に「南方」へ出陣し、河内から和泉へ入って、同十七日、雑賀衆の拠点である貝塚（大阪府貝塚市）で一向一揆勢を退けた。

さらに信長の軍勢は、「山手」と「浜手」の二手に分かれ、一揆側を追撃した。宛所の諸将は浜手のメンバーである。このメンバーは、和泉の淡輪（大阪府岬町）からさらに三手に分かれ、雑賀側の防衛線を突破して南下し、紀伊中野城（和歌山市）を包囲した。二月二十八日、淡輪に本陣を進めた信長は、三月朔日、鈴木重秀（雑賀孫一）の居城平井城（和歌山市）を包囲させた。信長が若宮八幡宮に陣を構えたのは、その翌日である。包囲後の戦局は膠着状態が続いたが、一揆側の鈴木重秀ら七人が連署して誓紙を差し出し、降伏してきたため、本状と同日の三月十五日、信長は朱印状を出して赦免した（「土橋文書」）。本状が出されたのは、まさに一揆制圧の目処が立った段階であり、それまで奮戦してきた諸将への労いの意味も込められていたと思われる。

本状によると、「猿」こと羽柴秀吉も、この戦闘に加わっていて、前線の様子を信長に報告した。秀吉は、宛所のメンバーと異なり、佐久間信盛・堀秀政・荒木村重らと同じ「山手」の部署であったが、「猿」の愛称で呼ばれるほど、すでに信長の信頼も得て、活躍をし始めていたのであろうか。本状に出てくる「一若」や「徳若」などの人物も前線に派遣されたが、彼らは若い頃に秀吉と一緒に信長に仕えた秀吉と同郷の小者とされるものの(『太閤素生記』)、その詳細は明らかではない。なお、「猿」「一若」「徳若」などの文言があるためか、本状の内容を疑問視する見解もあるが、宛所の細川家に伝来したものであり、信長の雑賀一揆鎮圧に関する重要な文書であることは否定できない。

121 天正五年三月二十六日付け織田信長朱印状

塩飽勤番所所蔵

【釈文】写真は162頁

至堺津塩飽
船上下事、如先々
不可有異儀、万一
違乱之族有之者、
可成敗候也、
天正五
三月廿六日(信長朱印)
宮内卿法印(松井友閑)

●解説

塩飽諸島は備讃瀬戸から西側に広がる島々で、岡山県や香川県にまたがり、現在は瀬戸大橋が架かっている。瀬戸内海の最も狭まった海峡に位置し、戦国時代には塩飽水軍が活躍した。

特に、元亀年間(一五七〇~七三)には、阿波・讃岐を支配して、信長と激しく対立していた三好長治に属して活動していた(『萩藩閥閲録内藤六郎右衛門』)。

ところが、天正四年(一五七六)末に、長治は滅亡した。それを機に、信長は塩飽水軍を懐柔したかったのであろう。

信長は堺政所の松井友閑を通じて、堺と塩飽を往復する塩飽水軍の船に対して、津料などを賦課しないなどの特権を認め、もし、堺の豪商などが塩飽水軍の特権を侵害したら成敗すると、伝えている。

本状が発給された天正五年には、本願寺顕如と結んだ毛利輝元が、大坂へ兵粮を搬入する航路の安全を確保するため、讃岐に侵攻している。織田・毛利の両者が、備讃瀬戸の戦略的価値を認め、行動を開始したのである。

122 (天正五年)四月十七日付け織田信長黒印状

養教寺所蔵

【釈文】写真は163頁

就在陣音信、
殊菓子到来、
懇情喜入候、
次住吉城普請、
無油断申付之旨
可然候、弥馳走
専一候也
四月十七日　信長(黒印)
沼間越後入道(任世)

●解説

本状は、沼間越後入道(任世)に宛てた黒印状で、「その方が出した陣中見舞いの菓子を受け取った。大変喜ばしく思う。続いて住吉城の普請を油断なく申し付ける。この命令を順守することがいよいよ重要である」と書かれている。年次は付されていないものの、内容から判断して天正五年(一五七七)に発給されたものと考えられる。

沼間任世は和泉綾井城(大阪府高石市)を拠点とする在地領主で、信長が和泉国を領有するに及んで織田家臣となった。元亀元年(一五七〇)から始まる本願寺攻めにおいて任世は、佐久間信盛の与力衆の一人として従軍していたが、天正四年七月十三日における木津川の海戦で、毛利輝元が本願寺と結託したことによって大敗し、任世は沼間一族の多くを失ってしまう。任世はその後、悲しみに暮れる間もなく、本願寺攻めに注力しており、折を見て信長へと菓子を届けさせたのだろう。

　文中の「住吉城普請」は、信長による新たな作戦行動の一環であり、この住吉城をはじめ、本願寺の四方に付城を構築することで、毛利勢との連携を断ち切ることを企図するものであった。

123　天正五年五月十日付け織田信長朱印状
滋賀県立安土城考古博物館所蔵

【釈文】写真は164頁

上山城当尾
事、去年指出之
外隠田有之由、
然而以先々代官
筋目、早々罷越
可申付候也、
天正五
　五月十日（信長朱印）
　　津田利右衛門尉とのへ

●解説

　上山城は主に宇治川以南の地域を指し、当尾（京都府木津川市）は、山城と大和の国境の山間部に位置する。その当尾では、天正四年（一五七六）に指出検地が行われたようだ。しかし、申告漏れした隠田があるということなので、津田利右衛門は、以前からの代官の筋目で、その隠田を検地せよと、信長は命じている。

　信長は、天正二年より山城南部の支配を塙直政に命じ、槙島城（京都府宇治市）に置いた。ところが、直政は本願寺との戦いで、天正四年五月三日に戦死していた。信長が利右衛門に隠田の調査を命じたのは、直政の死が影響していたのかもしれない。

　津田利右衛門は、天正七年に大和の法隆寺東寺と西寺で相論が起こった際、東寺に違乱を働いたとして、信長の側近で奉行の役割も担った一雲斎針阿弥に訴えられている。山城の相楽郡は、奈良の外港であり、大和と一体的な地域を形成しているので、利右衛門も大和で活動することがあったのであろう。

124　（天正五年）五月十六日付け織田信長朱印状
太田孝美氏所蔵

【釈文】写真は165頁

就雑賀成敗、可
抽忠節之由、神妙候、
根来寺事、是又
無二可馳走之旨申遣候、
其以前急度於　及
行者、別而可為忠儀候、
立色次第　即可出
人数候、恩賞事、
依戦功可随望候也、
　五月十六日（信長朱印）
宮郷
中川郷
南郷
　　三組惣中

●解説

　天正五年（一五七七）二月二日、大坂の本願寺を支えてきた雑賀（和歌山市）の三緘（宮郷、中川郷、南郷）と、根来寺（和歌山県岩出市）の杉の坊が、信長に寝返った。これを受けて信長は上洛し、十万の軍勢を集めた（『兼見卿記』）。信長は和泉に出陣すると、軍を二手に分け、山手は根来寺の杉の坊と三緘を道案内にして、佐久間信盛や羽柴秀吉、荒木村重らが、浜手は息子の信忠や明智光秀らが進軍した。

　雑賀孫一らは籠城するが、抗しきれずに降伏した。信長は三月十五日に、孫一らの降伏を受け容れる旨の朱印状を発給している。

　このような雑賀平定の結果、本状が発給された。信長はまず、雑賀攻めの功績を褒めた。そして、根来寺も信長に服属の意を示したようで、信長方として比類なき働きをするよう命じたという。根来寺が兵を出す前に、きっと紀伊国内の敵対勢力と戦争になるであろうから、忠義を尽くせ。反信長の旗幟を明らかにしたら、即座に出陣せよ、恩賞は望みのままだと、三緘を督戦している。

　信長は雑賀を平定し、根来寺も服属させ、紀伊の敵対勢力を一掃するつもりであった。しかし、四方に敵を抱える信長は、大軍をいつまでも紀伊においている訳にはいかず、紀伊の完全平定は、秀吉の時代に持ち越されることになった。

125 (天正五年)五月十六日付け織田信長黒印状

福岡市博物館所蔵

【釈文】写真は166頁

折帋并小寺(政職)
注進状、加披見候、
一昨日十四、小寺自
身至英賀面相
動、彼者共罷出候処、
及一戦即追崩、
数多討取之旨、
尤以神妙候、弥忠
節専一候由、能々
可申聞候、官兵衛尉(黒田孝高)
別而入情之旨、
可然候、相心得可申
聞候也、

五月十六日(信長黒印)

荒木摂津守(村重)とのへ

●**解説**

本状は、天正五年(一五七七)の英賀(兵庫県姫路市)の戦いに関わるものである。前年の天正四年、毛利輝元は鞆(広島県福山市)に将軍足利義昭を迎え、信長との対立が決定的となった。そして、天正五年になると、小早川隆景配下の乃美宗勝らが、姫路(姫路市)を攻めるために出兵した。姫路の海岸部にある英賀には、浄土真宗の英賀御坊があり、輝元と結ぶ本願寺方の拠点でもあった。

これを迎え撃つ小寺政職やその家臣の黒田孝高(当時は小寺姓)は、五月十四日に政職自らが出陣し、宗勝が英賀に上陸したところに奇襲をかけて勝利を収めた。この勝利は、政職や政職の取次であった荒木村重によって、信長へ伝えられた。信長は政職の働きを賞賛するだけでなく、特に孝高は毛利氏との戦いに邁進するようにと、村重に伝えた。

これを受けて、村重は五月十八日付で孝高へ書状を送り、信長が政職へ「御書」を送り、小寺家が大いに面目を施したこと、孝高自身の働きも信長に伝えられ、政職への「御書」に孝高を賞する一文が加えられたことを伝えた。

この政職宛ての信長の「御書」は現在に伝わっていないが、本状と村重の書状は、孝高の軍功を示すものであり、後世に黒田家へ流入した文書を除くと、黒田家に残る最も古い文書である。

126 (天正五年)六月一日付け織田信長朱印状

岐阜市歴史博物館所蔵

【釈文】写真は167頁

尚々時分柄□
作と推量仕候共、
急用候間、早々
可然
□候也、
多聞有之高
矢倉、此方へ取
越候、其方領中
人夫申付、至
木津相届之上、
山城代官両三人ニ
可相渡候、大工事、早々
召寄、こほたせ
可然候、為其□□
□□又木津までの
人夫、無□□□
松永右衛門佐(久通)ニも可
申候、可成其意候也、

六月一日(信長朱印)

筒井順慶

●**解説**

信長は、大和の支配を任せていた筒井順慶に人夫や大工を動員し、松永久秀が築城した多聞山城(奈良市)の解体を指示した。『多聞院日記』天正五年(一五五七)六月五日条に、「多聞山四階ヤクラ壊ち了んぬ、ナラ中人夫出す」とあるので、本状は天正五年のものである。

当時、信長は安土城（滋賀県近江八幡市）を築城中だったので、「此方」とは安土であり、多聞山城の四階建ての櫓を、安土城に移築しようとしたのであろう。解体された部材は、奈良の外港で木津川の川港である木津（京都府木津川市）に運び、山城代官に引き渡せとしている。木津へ運ぶ人夫が足りなければ、久秀の息子の久通にも人夫を出させるように命じている。

多聞山城は、久秀が天正元年末に信長に服属した際、明け渡された。翌年より明智光秀や柴田勝家が交替で在城したが、かつて宣教師のアルメイダが都よりも優れていると称賛した多聞山城の主殿は、天正四年に信長の京都屋敷に移築されていた。

順慶と久秀は、久秀が大和に攻め入った永禄三年（一五六〇）以来、敵対関係にあった。足利義昭と信長が上洛した際には、同盟していた久秀を助け、順慶の降伏を認めなかった。しかし、元亀二年（一五七一）に突如、義昭が順慶と結んだため、久秀は義昭方から離反した。義昭を追放した信長も順慶を重視する姿勢をとったが、両者の関係を考慮し、久秀・久通親子は順慶ではなく、佐久間信盛の与力としていた。

しかし信長は、久秀が築き、都よりも美しいと称された多聞山城の解体を、順慶の命令を受ける形で、久通にさせようとしていた。

久秀・久通父子が信長から離反するのは、二ヶ月後のことである。

127 天正五年六月日付け織田信長掟書　近江八幡市所蔵

【釈文】写真は168・169頁

定　安土山下町中

一、当所中為楽市被仰付之上者、諸座諸役諸公事等、悉免許事、

一、往還之商人、上海道相留之、上下共至当町可寄宿、但、於荷物以下之付下者、荷主次第事、

一、普請免除事、但、御陣・御在京等、御留守難去時者、可致合力事、

一、伝馬免許事、

一、火事之儀、於付火者、其亭主不可懸科、至自火者、遂糺明、其身可追放、但、依事之躰、可有軽重事、

一、咎人之儀、借家幷雖為同家、亭主不知其子細、不及口入者、亭主不可有其科、至犯過之輩者、遂糺明、可処罪過事、

一、諸色買物之儀、縦雖為盗物、買主不知之者、不可有罪科、次彼盗賊人於引付者、任古法、贓物可返付之事、

一、分国中徳政雖行之、当所中免除事、

一、他国幷他所之族、罷越当所仁、有付候者、従先々居住之者同前、雖為誰々家来、不可有異儀、若号給人、臨時課役停止事、

一、喧嘩・口論、幷国質・所質、押買・押売、宿之押借以下、一切停止事、

一、至町中譴責使、同打入等之儀、福富平左衛門尉（秀勝）・木村次郎左衛門尉（高重）両人仁相届之、以糺明之上、可申付事、

一、於町並居住之輩者、雖為奉公人幷諸職人、家並役免除事、付、被仰付以御扶持居住之輩、幷被召仕諸職人等各別事

一、博労之儀、国中馬売買悉於当所可仕之事、

右條々、若有違背之族者、速可被処厳科者也、

天正五年六月　日

（信長朱印）

●解説

本状は、天正五年（一五七七）六月に、近江安土城下に出された世に名高い安土楽市令である。当時の信長の権勢を示すように、全長百五十cmの巨大な紙に、計十三ヶ条がしたためられている。

その内容を確認すると、①安土山下町を「楽市」としたので、諸役・諸税賦課は一切されないこと、②往来の商人は、安土城下を通る「下街道」の通行と、安土への宿泊を必ずしなければならないこと、③普請役の免除、④伝馬役の免除、⑤火事刑罰の連座を否定、⑥咎人刑罰の連座を否定、⑦盗物の連座を否定、⑧徳政の免除、⑨他所からの移住者の保護、⑩喧嘩・口論・国質・所質・押買・押売・宿の押借以下の禁止、⑪安土山下町奉行である福富秀勝・木村高重の二名に関する規定、⑫安土山下町に居住する面々は、家ごとに賦課される役負担を免除すること、⑬国中

の馬の売買はすべて安土で執り行うこと、が規定されている。

信長の「楽市」と言えば、座組織による特権的な商取引を廃止し、誰彼構わず自由な売買を全国的に広めたものとイメージしがちであるが、実際の「楽市」は、個別の都市を対象とした法令であり、その範囲はごく限られたものでしかなかった。場合によって信長は、特定商人による専売特権を認めてもいるのである。信長が安土において「楽市」を打ち出した理由は、安土城下町は開設から日が浅く、いまだ住人が定着していないためで、より一層住民の招致を図るべく、様々な居住特典を提示したものこそが「楽市令」であった。

128 （天正五年）閏七月二十三日付け織田信長朱印状　仙台市博物館所蔵

【釈文】写真は170頁

就謙信（上杉）悪逆、急度可
加追伐候、本庄雨順斎（繁長）被
相談、別而粉骨専一候、
猶追々可申候也、謹言、

閏七月廿三日　信長（朱印）

伊達左京大夫（輝宗）殿

●解説

本状の年代は、閏七月とあるので天正五年（一五七七）に確定できる。宛所は出羽国の戦国大名伊達輝宗、本文冒頭の「謙信」は越後国の戦国大名上杉謙信である。

上杉謙信は、前年天正四年に足利義昭の呼びかけに応じて本願寺と講和し、信長との同盟関係を断ち切った。突然の断交に怒った信長は、本状で謙信を「悪逆」と非難し、伊達氏との連携を深めてこれを追討しようとした。そこで越後国小泉荘（新潟県村上市周辺）の領主である本庄繁長を誘って、輝宗に協力させようとしたのである。

繁長は謙信の家臣であり、その勇猛さは有名であったが、かつて永禄十一年（一五六八）に武田信玄と結んで謙信に背いたことがある。この時は謙信の猛攻に敗れ、輝宗と蘆名盛隆の仲介によって降伏した。信長はそこに目を付け、繁長の内通をきっかけに上杉家中に内紛を起こさせようとしたのである。再び謙信に背いた繁長であったが、今回も謙信に攻められて降伏した。

この時、謙信は能登国へ侵攻し、七尾城（石川県七尾市）を包囲した。これを受けて信長は、柴田勝家らを七尾城救援に向かわせたが、羽柴秀吉が勝家との意見対立から勝手に帰陣するなど混乱していた。九月二十三日に手取川の戦いで上杉軍は勝利し、その後、能登国を平定した。

いったん帰国した謙信は、翌天正六年三月に出陣予定であったが、春日山城（新潟県上越市）で急死した。これによって、信長は九死に一生を得たとも言われる。一方、伊達家との良好な関係は、本能寺の変まで続く。

129 （天正五年）十月二日付け織田信長自筆書状　永青文庫所蔵

【釈文】写真は171頁

働手から□、
かしく、
おりかみ（折紙）
披見候、
いよ〳〵
働之
事候、
無油断
馳走
候へく候、
かしく、

十月二日

与一郎（細川忠興）殿

●解説

天正五年（一五七七）八月十七日、松永久秀・久通父子が信長に謀叛し、大和信貴山城（奈良県平群町）に立て籠もった。本状は、松永に味方した海老名勝正（友清）らが籠もる大和片岡城（奈良県上牧町）を攻めた際の細川与一郎(忠興)の武功を褒めた文書である。同日付けの堀秀政副状に「御自筆」とあることから、信長自筆であることが確実な唯一の書状である。

忠興大活躍の知らせ(冒頭の「おりかミ」がこれにあたる)に接した信長は、すぐに本状を書き記した。信長は忠興兄弟の武功を賞賛し、さらに活躍するよう激励している。尚々書の部分は、一部摩滅して読めない箇所があるが、兄弟の武功を「働き手から(柄)」と繰り返し賞賛している。「働」は軍事行動を指し、出兵することや合戦で活躍する意味である。『綿考輯録』によれば、本状を受け取った忠興を、みんな羨ましがったという。また、父藤孝は忠興の働きぶりに、鎧の袖を嬉し涙で濡らしたという。

片岡城を攻めたのは、細川(長岡)藤孝・忠興父子のほかに、明智光秀・筒井順慶、山城衆らがいたが、忠興の活躍はめざましかった。忠興は真っ先に片岡城へ乗り込み、家臣がそれに続いた。この様子を見た光秀と順慶は、自らの軍勢に向かって「与一郎(忠興)の形勢を見よ、あの若年の働に恥さる者やある、かゝれく」と下知したという。

細川軍は即時に片岡城の天主へ攻め寄せ、城兵は鉄砲と弓矢で防戦したのち、天主から切って出た。両軍は火花を散らし、刀の鍔を割って激しく戦ったが、ついに落城した。城兵は、城主の海老名勝正をはじめとして歴々百五十人余が討死にした。細川軍も三十人余が討死にしたほか、明智軍も屈強の侍二十人余が討死にする激戦であった。この戦いで忠興は、敵の飛礫によって頭を負傷し、あとあとまで傷が残ったという。

130 天正五年十一月二十一日付け織田信長朱印状 宮内庁書陵部所蔵

【釈文】写真は172頁

きをん(祇園)の内弐拾三貫余、
ならひ(并)にきつち(木津地ヵ)のうち
弐貫文、八木弐石の事、
遺し候、ちきやう(知行)うある
へく候、かしく、
天正五
十一月廿一日(信長朱印)
やうしゆん院(陽春院ヵ)

●解説

信長は、天正五年(一五七七)十一月十四日の未明に上洛し、京都の二条屋敷に逗留した。これは同月十八日の参内に伴う行動であった。そして同月十六日、正三位から従二位に叙され、同月二十日、内大臣から右大臣に任じられた。十二月三日に、信長は安土城(滋賀県近江八幡市)へ戻ったので、本状が出されたのは、この上洛中のことである。そのためか、十一月二十七日、信長は、「右大臣兼右近衛大将」として、松尾大社の所領を承認し、翌二十八日、公家の土御門氏にも、若狭国での知行を承認した。京都の名刹等持院の摂津での所領を安堵したのも、上洛中の十二月朔日のことである。

本状によると、「やうしゆん院(陽春院ヵ)」に対して、「祇園」のうち二十三貫文の地子銭を、さらに「きつち(木津地ヵ)」のうち二貫文の地子銭と地子米二石を与えたのである。宛所の「やうしゆん院(陽春院ヵ)」が未詳のため、その知行地を比定することも極めて困難ではあるが、あえて信長の上洛時であることを考慮すると、洛中の「祇園」と「木津」の地になろうか。しかし、もし「陽春院」を大須観音(名古屋市中区)内の名刹とするならば、本状の「祇園」は岐阜城下の可能性もある。

131 天正五年十一月二十七日付け織田信長朱印状 松尾大社所蔵

【釈文】写真は173頁

松尾社領事、聊以不可有
相違、各神主等存其趣、全
所務可専社頭修理弁神
事之状如件、
天正五年十一月廿七日
右大臣兼右近衛大将平朝臣(織田信長)(信長朱印)

●解説

天正五年(一五七七)十一月二十日、信長は右大臣に昇進する。その直後に本状は発給された。本状において一番の特徴と言えるのが、署判部分である。「右大臣兼右近衛大将平朝臣」と記されているが、信長は当初藤原氏を称していた(本書001号文書参照)。それが元亀二年(一五七一)、越前国白山別当権現の鰐口銘文に「信心大施主平信長」とあり、また、天正三年に権大納言兼右近衛大将に任じられた時、『公卿補任』には平信長とされている。

さて、本状は信長朱印状であることは間違いないが、信長が知行宛行などを行った朱印状の署判は、基本的には「信長＋朱印」であり、宛所も記されることが多い。では、本状の書式はと言うと、足利将軍家御判御教書と同様である。信長がなぜこのような書式で朱印状をしたためたかは、不明とせざるを得ない。というのも、こうした書式の朱印状は、本状が発給された時の前後はおろか、信長発給文書全体を見ても、本状のみだからである。しかし、朱印は「天下布武」印であり、信長の発給の朱印状と見て間違いない。

なお本状は、将軍家御判御教書の書札礼で見ると薄礼の様式である。

132 (天正六年)正月十九日付け織田信長朱印状

早稲田大学図書館所蔵

【釈文】写真は174頁

為音信、黄金十
両到来候、懇情喜
入候、仍出馬之刻、於其
表可抽忠節之趣、尤
以可然候、急度可進
発候之条、内々得其意、
馳走専一候、猶宮内卿(松井
夕閑)法印可申候也、

正月十九日(信長朱印)

山名宮内少輔(豊国)殿

●**解説**

宛所の山名豊国は因幡国守護で、天正初年は毛利氏に従っていた。しかし、天正五年(一五五七)十月、信長の命令を受けた羽柴秀吉が播磨の姫路城(兵庫県姫路市)に入城した。その翌月には、弟の秀長が但馬の竹田城(兵庫県朝来市)に入っている。

豊国は、こうした信長の対毛利戦が本格化する状況を見て、信長に通じ、黄金を贈った。信長はこれを喜び、織田勢が山陰に出兵する際には、忠節を尽くすよう求めている。信長は、秀吉・秀長兄弟が優勢な戦況を受け、必ずや出陣すると念を押している。取次の松井友閑は堺政所であると同時に、伊達氏や大友氏、島津氏との外交にも従事していた。

ところが、天正六年二月に播磨の別所長治が挙兵し、秀吉は毛利攻めどころではなくなった。そのため、秀吉は豊国へ五月十六日に起請文を送り、豊国の身上について疎略に思わないこと、但馬において出石郡を進上することを確約し、豊国を織田陣営に引き留めようとしている。

豊国自身は信長方に心を寄せていた。しかし、家臣団は毛利方に味方したため、豊国は天正八年九月に鳥取城(鳥取市)を捨て、秀吉の許に身を寄せた。

133 (天正六年)三月二十二日付け織田信長朱印状

福岡市博物館所蔵

【釈文】写真は175頁

今度別所小三郎(長治)対
羽柴筑前守(秀吉)号存
分有之、敵同意候段、
言語道断之次第候、
然而無二令馳走之由、
尤以神妙候、別所小三郎
急度可加成敗候条、
此砌弥可抽忠節候
事専一候、猶羽柴
可申候也、

三月廿二日(信長朱印)

小寺官兵衛尉(黒田孝高)とのへ

●**解説**

天正六年(一五七八)二月、それまで信長に属していた別所長治は、三木城(兵庫県三木市)に籠城し挙兵した。

信長は黒田孝高(当時は小寺姓)に、長治が羽柴秀吉に対して不満があって、毛利輝元に味方したと事情を告げ、播磨の武士の去就が定まらない状況下で、信長方に付くことを表明したことを褒めている。そして、別所攻めでは忠節を尽くすよう、秀吉を介して命じた。同日付けで、信長の側近である堀秀政の副状も発給されている。

別所長治は、天正三年に信長の命を受けて播磨に入国した荒木村重に従い、信長方となった。しかし、秀吉が毛利攻めの司令官として姫路城（兵庫県姫路市）に入ると即座に背いた。

信長の言う長治の秀吉への不満とは何か。従来は後世の軍記物である『別所長治記』などから、長治の叔父吉親（賀相）らが秀吉に作戦を提案するが無視され、秀吉が高圧的な態度をとったこととされてきた。

しかし、前年十二月十日付けで、秀吉が長治の叔父の一人である重宗（重棟）と孝高に宛てた書状（「黒田家文書」）によると、秀吉は長治や孝高の主君小寺政職を無視して、重宗の娘と孝高の息子の結婚を画策していた。戦国時代の婚姻は、『結城氏新法度』や『今川仮名目録』にもあるように、主君の承認が必要であった。すなわち、長治は、別所家の家臣を奪い取ろうとする秀吉の横暴に堪えかねて、挙兵したのである。

134 （天正六年）三月二十七日付け織田信長黒印状

福岡市博物館所蔵

【釈文】写真は176頁

去廿四日注進状幷
先度之返事同時
到来、披見候、
一、別所小三郎（長治）事、度々申
越候き、只今言上、是又
聞召候、然而去廿三日至
八幡山奈波面相動、
所々焼払打入之由、可
然候、
一、三木表事、近日可相
動之由、尤候、弥丈夫可
申付候、爰元人数
之事、其方一左右次
第可差越候、自身
馬をも可出候、成其心
得調儀簡（肝）要候、
一、謙信（上杉）事、相果候由、風説候、
賀州より注進状共、為
披見遣之候、弥様体
聞届可申聞候、珍事候者、
自是も可申遣候、
又言上尤候也、
三月廿七日（信長黒印）
羽柴筑前守（秀吉）とのへ

●解説

天正六年（一五七八）二月に挙兵した別所長治を討つため、羽柴秀吉は行動を開始し、その旨を信長に報告していた。まず、秀吉は二十三日に八幡山・奈波（兵庫県相生市）に出陣し、各地で放火したという。長治を支援する毛利輝元・宇喜多直家勢を牽制するためであろう。

また、長治の籠る三木城（兵庫県三木市）を近く攻撃するということで、勇敢な兵に命じろと注意を与え、援軍は秀吉の要請次第に派遣し、信長自身も出陣すると、秀吉を励ましている。

そして、毛利輝元と連携して信長を挟撃すると思われていた越後の上杉謙信が死去したという噂について、加賀の柴田勝家から報告があり、それを秀吉にも知らせると共に、さらに情報収集にあたっている。謙信は三月九日に倒れ、十三日に死んだばかりであった。

信長は自身の出陣をほのめかせ、謙信の死去を伝えるなど、秀吉を全面的に支援する姿勢を示した。

そうした本状が黒田家に伝わったのは、播磨の領主が次々に信長から離反する中で、信長方に留まった黒田孝高を安心させるため、秀吉が与えたのであろうか。

135 （天正六年）四月九日付け織田信長朱印状写

個人所蔵

【釈文】写真は177頁

当官之事、次第之昇進雖
可浴恩澤、征伐之功未終之条、

欲辞一官、東夷・北狄既亡、南蛮・西戎尽属矣、当万国安寧・四海平均之時、重而応登用 勅命、致棟梁・塩梅之忠、然者以顕職可令譲与嫡男信忠卿之旨、宜預奏達者也、

四月九日　信長

当右中弁（広橋兼勝）殿

●解説

天正三年（一五七五）十一月に信長は従三位権大納言兼右近衛大将に任官すると、同四年十一月には正三位内大臣、同五年には従二位右大臣、同六年正月には正二位へと昇進している。ところが、天正六年三月に突如として右大臣・右大将を辞官してしまう。本状は、信長がその辞官理由を記した文書となる。

内容は、当官（右大臣・右大将）のことについて、次第の昇進を重ねるという恩沢をいただいたが、征伐の功（全国の統一事業）が終わらないので、いったん右大臣を辞したいと思う。東夷・北狄はすでに滅び、南蛮・西戎はどうして自分に属さないことがあろうか。万国安寧・四海平均がなった時、再び官職補任の勅命に応じて、武家の棟梁としての忠を尽くそうと思う。そこで顕職は嫡男信忠に譲りたいので、この旨を披露していただきたい、というものである。

この文書は写しが何枚も作られたようであり、公家吉田兼見の日記『兼見卿記』などでも確認できる。

さて、本状における文言は、特に東夷・北狄・南蛮・西戎という、中華思想的な表現が使われている。このうち、東夷については、ほかの信長発給文書にも見える文言で、甲斐武田家を指していると思われる。とはいえ、全体的に修辞的な表現であり、具体的な対象を想定したものではなく、もっともらしい辞官理由を書いただけの、建前であるようにも見えることは確かである。

ところで、本状と同様に辞官理由を記した文書がもう一通、写しであるが残っている（総見寺文書）。こちらは禁裏の女官に宛てたものである。そこには、子細があって辞官するので信忠に官職を譲与すると記してある。両通に共通する、官職（顕職）の信忠への譲与は信長の本音であったのかもしれない。もっとも、信長が辞した右大臣のような官職は、例えば管領細川家が代々の官途としてきた「右京大夫」のように、親から子へ譲られる官職ではなく、信長の想定する顕職は、信忠が実際には昇進しなかったこともあり、不明である。

136 （天正六年）十月十三日付け織田信長黒印状

大阪城天守閣所蔵

【釈文】写真は178頁

昨日於木津首二討捕之由、尤以神妙候、猶々可馳走事専一候、次海老一折到来候、懇情喜入候、猶堀久太郎（秀政）可申候也、

十月十三日　信長（黒印）

九鬼右馬允（嘉隆）とのへ

●解説

本状の宛所「九鬼右馬允」とは九鬼嘉隆のことである。九鬼氏は「志摩十三地頭」と呼ばれた志摩の国人領主の一つで、波切（三重県志摩市）を本拠としていたが、泰隆の代に田城（三重県鳥羽市）へ本拠を移したとされる。嘉隆の兄浄隆が北畠方に敗れたため、嘉隆は伊勢国へ逃れ、滝川一益を通じて信長に仕えることになったという。

天正元年（一五七三）に比定される十月十三日付け鳥屋尾満栄（北畠氏家臣）書状（大湊古文書）に「桑名表へ差し越され候二艘の舟、一艘は九鬼方へ預け置かれ候」とあり、信長と長島一向一揆衆の戦闘の際、嘉隆は水軍として参戦していたと考えられる。

『信長公記』によると、天正六年の第二次木津川口の戦いに先立ち、嘉隆は大船建造に携わったとされる。嘉隆の建造した船は、船体主要部を鉄板で装甲した船（鉄甲船）であったといわれ、鉄甲船の活躍により、第二次木津川口の戦いにおいて、嘉隆ら織田水軍が毛利水軍に勝利したとされる。

木津川口における大規模な戦闘は十一月六日であったとされるため、本状に記される戦闘は第二次

木津川口の戦いの前哨戦であるが、「於木津」とあるため、水上部における戦闘と断定することはできない。

なお、奏者を務めている「堀久太郎」とは、信長の代表的な近習の一人であった堀秀政のことである。

137　（天正六年）十月二十六日付け織田信長書状写

国立公文書館内閣文庫所蔵『土佐国蠧簡集』残篇四所収

【釈文】写真は179頁

対惟任日向守（明智光秀）書状令披見候、仍阿州面在陣尤候、
弥可」
被抽忠節事簡要（肝）候、次字之儀信遣之候、即信親
可然候、」
猶惟任可申候也、謹言、
十月廿六日　信長
長宗我部弥三郎（信親）殿

●解説

本状は、信長が明智光秀（天正三年より惟任姓）の取次により、土佐の長宗我部元親の阿波侵攻を容認し、元親の息子弥三郎に偏諱を与え、「信親」と名乗ることを認めたものである。

信長は、東国の武田氏に対抗して、徳川家康・信康父子と同盟を結んだのと同じく、西国では三好氏に対抗して長宗我部元親・信親父子と同盟したのである。ただ、信長が偏諱を与えているように、徳川氏や長宗我部氏にとっては、従属的な同盟であった。

また、『元親記』の記載から、従来は天正三年（一五七五）に比定されてきた。しかし、平成二十六年（二〇一四）に公開された岡山市の『林原美術館所蔵石谷家文書』にある「長宗我部元親書状」（天正六年）十二月十六日付けにより、天正六年であることがわかった。

元親が石谷頼辰に送った、この書状には、天正六年十月に、足利義昭・毛利輝元・本願寺顕如と結んで挙兵した荒木村重を討つため、信長が有岡（兵庫県伊丹市）へ出陣したことに賛意を表したのち、「利三迄令申候処、御披露を以被成下　御朱印、殊更　信御字拝領候、名聞面目不過之、誠忝次第」と記されていた。

元親は、光秀に仕えた石谷頼辰・斎藤利三兄弟を通じて、信長へ従属的な同盟を申し入れたのである。その背景には、阿波・讃岐を支配した三好長治が天正四年末に滅亡し、元親の阿波侵攻が順調に進むと思われていたが、天正六年に本願寺顕如や毛利輝元など反信長勢力の支援により、長治の弟である三好存保が阿波に下り、元親の前に立ちはだかったことがあった。

138　（天正六年十月頃）織田信長書状

東京大学史料編纂所所蔵

【釈文】写真は180頁

（捻封ウハ書）
「（墨引）　つのかミ殿
　　　　　新五郎　　　信長　」
早々出頭尤候、
待覚候、
其元様体
言語道断
無是非候、
誠天下之
失面目事共候、
存分通両人
申含候、
かしく、

●解説

宛先の「つのかミ」は、荒木摂津守村重、「新五郎」はその長男村次である。信長は村重・村次父子の行動を言語道断で、天下の面目を失うものであると強く非難しながらも、自分の存分を伝えるとし、早く出頭せよと言っている。

こうした内容から、本状は村重が信長から離反し、信長が思い留まるよう説得にあたっていた天正六年（一五七八）十月下旬から十一月頃のものであろう。

唯一、信長の自筆と確認できる細川忠興に宛てた書状（「細川家文書」。本書129号文書）と筆跡が類似しており、自筆である可能性がある。その一方で、豊臣秀吉書状や徳川家康書状と共に続けて表具されていることから、写しや創作の可能性も指摘されている。

荒木村重はもともと池田勝正の重臣であったが、のちに池田家から自立し、信長と足利義昭が対立した元亀四年（天正元年、一五七三）に細川藤孝と共にいち

早く、信長に味方した。その後、摂津一国を平定して、有岡城(兵庫県伊丹市)を築城して本拠とした。本願寺攻めや播磨攻めで活躍したが、中国方面司令官の座を羽柴秀吉に奪われた。秀吉が別所長治の離反を招き、上月城(兵庫県佐用町)の救援に失敗する頃から、村重は不満を高めた。毛利輝元に擁立された将軍足利義昭は小林家孝を遣わし、村重を誘っている。

そして、十月十七日に本願寺顕如が、村重父子に起請文を送った。村重は、義昭・輝元・顕如と結んで、信長に反旗を翻したのである。

139 (天正六年)十一月四日付け織田信長朱印状

三好喬氏所蔵

【釈文】写真は181頁

就其面之儀、様子
申含、仙千世(万見重元)・久太郎(堀秀政)
差越候、委曲可申
達候、此節別而
忠節可為神妙候、
猶両人可申候也、

十一月四日　信長(朱印)

多羅尾常陸介(綱知)殿
野間左吉(康久)殿
池田丹後守(教正)殿

●解説

宛所の多羅尾綱知、野間康久(長前)、池田教正は、もともとは河内の若江城(大阪府東大阪市)の城主三好義継の重臣であった。しかし、天正元年(一五七三)に信長と三好義継が戦った際、義継から離反し信長に服属した。信長は彼らを若江城に留め、河内北部の共同支配を任せたので、彼らは若江三人衆と称された。

若江三人衆は、博多の豪商島井宗室の接待を、堺衆や堺奉行松井友閑、明智光秀と共に、信長より命じられるなど、茶湯にも通じて教養もあり、その地位は高かった。

信長はこうした若江三人衆の許に、側近の万見重元と堀秀政を遣わし、忠節を尽くすよう求めている。

両者は信長の寵愛を受け、信長に近侍して、遠国の大名の取次や、使者として信長の意志を各部将に伝えるなどしていた。このうち、万見重元が活躍するのは天正六年にほぼ限定され、十二月八日に荒木村重の籠る有岡城攻めで戦死している。

この村重を攻める際に、重元と共に堀秀政も出陣しているので、本状は信長が十月に離反した村重を攻めるため、若江三人衆を動員しようとしたものである。

なお、多羅尾綱知と三好義継の妹の子である孫九郎生勝が、三好姓を名乗り、のちに浅野家に仕えたため、本状は広島藩士三好家に伝来した。

140 (天正六年)十一月十一日付け織田信長朱印状

個人所蔵

【釈文】写真は182頁

孝恩寺(長連龍)事、
至越州森山相
退之由、其聞候、
来春者人数
可差越候条、本意
必然ニ候、次香西長
光所持ニ付而、此方
越度候へとも、路次
如何之由、其理候、
其方相越候時可
持参候、於其地
辛労察覚候、
猶久太郎(堀秀政)可申候也、

十一月十一日(信長朱印)

佐々権左衛門尉(長穐)殿

●解説

冒頭の「孝恩寺」とは長連龍のことで、能登の大名である七尾城主畠山氏の重臣長続連の三男である。当時の能登国は、上杉謙信に攻略されており、長連龍も畠山氏および長氏の遺臣に過ぎない。すでに一族が滅亡した連龍であったが、本状によると、信長に支援を求めており、これに対して信長も、来春には能登に出撃すると告げた。さらに本状で連龍は、「香西長光という名刀を所持しているので、信長様に進上したいが、その道中が心配である」と述べ、これに対して信長は、佐々長穐が安土(滋賀県近江八幡市)へ来る時に持参すればよいと指示している。

天正四年(一五七六)九月、上洛を急いで能登に侵攻した謙信であったが、容易に拠点となる七尾城を攻略することができず(第一次七尾城の戦い)、さらに天正五年三月、関東への攻撃もあり、越後春日山(新潟県上越市)へ戻ったので、能登への進撃を一時中断した。しかし謙信は、同年閏七月に再び能登への進撃を開始し、その拠点である七尾城を包囲した(第二次七尾城の戦い)。七尾城を守備した好連は、閏七月二十四日、同地を発ち、安土城の信長に支援を求めたが、この間、謙信は、九月半ばには、内紛に乗じて七尾城を攻略してしまい、城内の実権を握っていた長一族もすべて滅亡した。ここで、ただ一人残った好連は出家して「孝恩寺」を称することになった。

しかし信長は、天正五年八月八日、柴田勝家・前田利家・羽柴秀吉らを出撃させた。これは上杉氏の加賀侵攻を防ぐことが主な目的であり、七尾城が上杉氏の支配下になると、それ以上の進撃は困難となった。

ところが、翌天正六年三月十三日に謙信が急逝すると、従来の状況が一変し、「孝恩寺」から還俗した長連龍は、天正六年八月上旬に越前三国(福井県坂井市)から上陸、能登へと渡り、穴水城(石川県穴水町)を攻略するなど、上杉方との戦いに奔走するようになった。しかし、越中に敗走し、森山(守山)城(富山県高岡市)の神保氏張に寄寓していた。こうした境遇の中で、連龍は信長に援助を求めたが、名刀を進上することもままならない状況にあったのである。

141 天正七年三月二十八日付け織田信長朱印状写
東京大学史料編纂所所蔵影写本

【釈文】写真は183頁

堺南北馬座
事、従先々有
来申付之訖、
自然猥之族有之
者、可加成敗候也、

天正七
三月廿八日(信長朱印影)

当座人

●解説

本状は、信長が堺南庄と堺北庄の馬座について、従来からの権益を保護したものである。堺は摂津と和泉の国境にまたがる都市であるが、堺南庄は和泉側を、堺北庄は摂津側を指す。

当座人に対して発給されているが、末吉家に伝わることから、当時の当主である末吉利方かその子吉安に宛てられたものであろう。

末吉家をはじめとする徳成家や成安家、土橋家は、坂上田村麻呂の子孫とされ、摂津の自治都市として有名な平野(大阪市平野区)の指導者層を構成した。平野は、三好長慶の家臣松永久秀が配した代官の本庄加賀守や、信長の家臣蜂屋頼隆が置いた下代を忌避したことでも知られる。

「末吉文書」には、天正五年(一五七七)に佐久間信盛・信栄父子が「平野惣中」に平野庄の「荷馬往来」の諸役免除の特権を与えた連署状が残っていることから、堺の馬座に関しても、同様の特権を求めたものであろう。

天正七年十二月十日には、堺政所の松井友閑が「馬方衆」に宛てて、本状である信長朱印状を渡すという書状を送っており、これも末吉家に伝わる。

信長は平野に対して、大坂の本願寺に兵粮を送らないよう命じたり、天王寺に砦を築くよう命じたりしてきたが、それらに対する恩賞と言えよう。末吉家は初期豪商として、豊臣秀吉や徳川家康にも重用された。

142 天正七年四月十七日付け織田信長朱印状
岐阜市歴史博物館所蔵

【釈文】写真は184頁

当門跡領城州(山城国)
久多郷代官職
事、雖被預置
朽木、背補任之旨、

依非分之儀、百姓
逃散之上者、任当
知行之旨、寺納不可
有相違之条如件、
天正七
四月十七日　信長（朱印）
（義演）三宝院殿

●解説

本状は、醍醐寺三宝院門跡領の山城国久多郷の代官職について、これまで朽木氏を任じてきたが、その支配を嫌って百姓が逃散したので、当知行地を三宝院に還付したものである。

三宝院は醍醐寺の子院であり、修験道当山派の本山である。室町時代において、三宝院門跡は足利氏の帰依を受け、歴代院主が醍醐寺座主となっている。応仁・文明の乱によって荒廃したが、三宝院門跡義演が豊臣秀吉の支援を得て復興した。その三宝院復興を果たした義演が、本状の宛所である。元亀二年（一五七一）、義演は幕府十五代将軍足利義昭の猶子となり、三宝院に入院している。天正七年（一五七九）十二月には、大僧正となっている。

さて、本状には朱印が捺されている訳であるが、本文一行目「城州」の右側にも薄く朱印が写っている。本状の形態は「折紙」と呼ばれるもので、最初上下に折りたたみ、次に文字面を内にして中央で折られている。朱印が写ったのは、朱印が乾かぬうちに本状を折りたたんだためである。このように、本状からは、当時の史料の形態も知ることができる。

143 （天正七年五月頃）織田信長書状　大雲院所蔵

【釈文】写真は185頁

其土蔵ニ二万六千貫、其外
かくれさとよりの公用た
わらニ可有之候、彼をハ除、
六千貫内を、万疋此者ニ
可被越候、就中浄土宗・
法花宗宗論、彼いたつら
ものまけ候、委事ハ
聟可申候也、かしく、
（織田信忠）城介殿　信

●解説

天正七年（一五七九）五月二十七日、安土城下の浄厳院（滋賀県近江八幡市）で浄土宗と法華宗による宗論が行われた。いわゆる安土宗論である。その結果を子息の信忠に伝えたのが、本状となる。この時期の信忠の動きを追うと、六月十六日に安土へ入り信長に対面しているため、本状は五月二十七日以後六月十六日までの間に発給されたものであろう。

信長は信忠に対して、土蔵にある一万六千貫と米俵のうち、六千貫を除いた「万疋」を使者に渡すよう伝えている。また、安土宗論については法華宗徒を「いたつらもの」と評して、彼らが負けたことを記し、詳しくは「聟」が伝えるとしている。

文中の「聟」とは、どうやら人名のようである。『信長公記』には、天正十年二月に信長が武田攻めに出陣していた信忠の許へ「聟・犬」の両人を遣わしたとあり、本状の「聟」と同一人物であろう。

さて、本状で注目すべきは宛所である。信忠は天正三年に出羽介、同年正五位下秋田城介に叙任され、同五年十月に従三位左近衛中将となっている。なお、信忠の官位叙任経緯については、日付の遡及などが指摘されている。ともかくも、天正七年段階で、信忠が従三位左近衛中将であったことは間違いない。それにもかかわらず、信長は信忠を「城介殿」としているのである。すなわち、信長は信忠を「城介」と呼びならわしているのである。本状が公的な文書というよりは、父子間で交わされた私的な性格の強い文書であるからということも理由にはあろう。軍事行動について記した（天正六年）四月二十四日付け信忠宛て黒印状（金子文書）では、宛所は「三位中将」としており、使い分けがあったことが確認できる。

144 （天正七年）九月二十二日付け織田信長書状写　岡山大学附属図書館池田家文庫所蔵　『信長記』巻十二所収

【釈文】写真は186頁

今度於伊賀堺、越度取候旨、誠天道もおそ

ろしく、日月茂未堕于地候哉、其子細者、上かたへ出勢候へハ、其国之武士、或民百姓難儀候条、所詮、国之内ニて申事候へハ、他国之陣依相遁、此儀尤令同心、あり〳〵敷云へハ、若気故実と思、如此候哉、さて〳〵無念至極候、此地へ出勢者、第一天下之為、父へ之奉公、兄城介(信忠)大切、且者其方為、彼是現在未来之可為働ニ、剰 始三郎左衛門(柘植)討死之儀、言語道断之曲事之次第候、実ニ於其覚悟ハ、親子之旧離不可許容候、猶使者可申候、

九月廿二日　信長

北畠中将(信雄)殿

●解説

本状は、信長が次男信雄に宛てた折檻状と呼ばれる書状の写しである。

信雄は永禄元年(一五五八)生まれとされ、母は生駒家宗娘。信長嫡子信忠の同母弟である。永禄十二年十月、伊勢国大河内(三重県松阪市)を居城とする伊勢国司家北畠氏が信長と講和した際、北畠氏の後嗣となり、大河内城に入ったとされる。幼名茶筅。元亀三年~天正元年(一五七二~七三)に元服して具豊と称した。天正三年には家督を相続して田丸城(三重県玉城町)へ移り、信意と称した。同年に左近衛中将に任じられたため、「北畠中将」と呼ばれる。織田への改姓は信長死歿後であるが、信雄への改名時期は定かでない。

冒頭の「今度於伊賀堺、越度取候」とは、天正七年九月に信雄が伊賀国へ進攻したが、惣国一揆衆に敗れて、家臣柘植三郎左衛門らを失った(剰始三郎左衛門討死)戦闘を指す。

神田千里氏は信長を無神論者と評価する見解に対して疑問を示し、本状において信長が「天道」を意識していることを根拠として挙げている。

また、「実ニ於其覚悟ハ、親子之旧離不可許容候」という文言には、厳しい叱責の裏に親としての愛情も感じられる。実子に宛てた書状ゆえに、信長の人間性が垣間見られる史料である。

145 (天正七年)十一月二十七日付け織田信長朱印状　立花家史料館所蔵

【釈文】写真は187頁

周防・長門両国事、全可有進止之、聊不可相違之状如件、

天正七

十一月廿七日　信長(朱印)

大友左兵衛督(義統)殿

●解説

本状は、豊後の戦国大名大友義統に周防・長門両国を与えた朱印状である。義統は、本状と同日付けで従五位下左兵衛督に叙任されているが(「大友文書」)、これも信長が斡旋したものであろう。つまり天正七年(一五七九)末、信長は領地と官位の両面で、義統を厚遇したのである。

当時の周防・長門は、信長と対立する毛利氏の支配下にあった。そのため本状が出されたところで、すぐに大友氏が両国を支配できるようになる訳ではない。信長が毛利氏を滅ぼすか、大友氏が周防・長門を実力で奪い取るかして初めて、本状は効力を発揮するのである。そして、そのことこそが信長の狙いなのであり、彼は周防・長門を餌にすることで、大友氏を毛利領国へ侵攻させようとしたのである。

信長と毛利氏の戦いは天正四年から始まっていたが、天正六年には播磨三木城(兵庫県三木市)の別所氏や摂津有岡城(兵庫県伊丹市)の荒木村重が離反するなど、信長方は劣勢に立たされていた。しかし年が明けると流れが変わり、天正七年六月頃までに備前の宇喜多氏が信長方に転じ、十一月には有岡城が、翌天正八年正月には三木城が陥落するなど、信長方が優位に立った。本状が出された天正七年十一月は、まさに信長が劣勢を跳ね返していく時期にあたり、このタイミングで大友氏に周防・長門方面を攻撃させることで、毛利領国を東西から一気に攻め崩してしまおうという意図が感じられる。

ただし、大友氏は天正六年十一月に耳川の戦いで島津軍に大敗を喫しており、この頃の大友領国は動

揺を来たしていた。そのため、信長の期待に十分に応えるのは難しい状況にあった。ここに信長は、大友氏のさらに南の島津氏へも目を向ける必要が出てきたのである（本書149号文書）。

146 （天正八年）三月十七日付け織田信長覚書／織田信長起請文　本願寺所蔵

【釈文】写真は188・189頁

覚

一、惣赦免事、
一、天王寺北城、先近衛殿（前久）人数入替、大坂退城之刻、太子塚をも引取、今度使衆を可入置事、
一、人質為気仕可遣事、
一、往還末寺如先々事、
一、賀州二郡、大坂退城以後、於如在者、可返付事、
一、月切者、七月盆前可究事、
一、花熊・尼崎、大坂退城之刻可渡事、

三月十七日（信長朱印）

敬白　起請

右意趣者、今度本願寺赦免事、為　叡慮被仰出之条、彼方於無異儀者、条数之通、聊以不可有相違、若此旨偽申者、

（以下、牛王の裏面）

梵天・帝釈・四大天王、惣日本国中大小神祇、八幡大菩薩・春日大明神・天満大自在天神・愛宕・白山権現、殊氏神可被蒙御罰候也、此由可有奏進候、謹言、

三月十七日　信長（花押）

庭田（重保）大納言殿
勧修寺（晴豊）中納言殿

●解説

元亀元年（一五七〇）に始まった信長と本願寺顕如の戦いが、ようやく終結した。

天正七年（一五七九）十月に、信長は自分から離反し、本願寺に味方した荒木村重方の有岡城（兵庫県伊丹市）を落とすと、女子供六百名余を京都の六条河原や尼崎（兵庫県尼崎市）の七松で処刑した（『信長公記』）。また、天正八年正月に羽柴秀吉が三木城（兵庫県三木市）を落とすと、城主の別所長治らが切腹し、兵卒もことごとく殺された（「沼元家文書」）。

これらの虐殺は、本願寺の厭戦気分を高めた。また、十二月に正親町天皇が和睦を促し、天正八年三月一日には勧修寺晴豊と庭田重保が勅使となり、信長も関白近衛前久を介して、和睦条件を調えた。

そして、本状が信長より示された。信長は勅命講和を受諾し、本願寺を赦免した。本願寺方の出城である天王寺北城が明け渡され、前久の兵が入り、太子塚（茶臼山のことか）は晴豊と重保に引き渡されることになった。信長から人質も出され、本山へ参詣する末寺も以前通りで構わない、本願寺が講和を遵守すれば、加賀の二郡を返還するとした。大坂退去の期限は七月の盆前で、村重や毛利氏の援軍が籠る尼崎城や花熊城（神戸市中央区）も開城することになった。

信長は神々に違約しない旨の起請文を書いたが、神々に加賀の白山権現が入っているのは、本願寺への配慮であろう。花押の箇所に、信長の血判があることでも、本状は有名である。

その後、勅使らは本願寺より閏三月五日付けの誓詞を受け取って、信長に言上し、講和が成立した。

事実上降伏した顕如は、四月九日に大坂を退去し、鷺森（和歌山市）に移った。顕如の長男の教如は籠城を続けたが、七月二日に花熊城が落城すると、八月二日に大坂を退去した。その夜の火災で、大坂寺内町は焼失している。

講和成立の直後の閏三月二十三日に、柴田勝家は、越中にいた小笠原貞慶へ、信長の「天下一統」を望む国人は、信長に取り次ぐと伝えている（『笠系大成附録』）。本願寺を屈服させたことで、信長とその家臣は全国統一を現実のものとして、強く意識することになったのである。

147 （天正八年三月ヵ）織田信長書状　個人所蔵

【釈文】写真は190頁

我等ハ隙入候間、
上事ハ、
無用候、
相州より
使これを
其元にて
仕立候て、
ミやけとして
可遣候、
かしく、
（墨引）夕庵まいる □

●解説

本状は、相州よりの使者とあるので、関東の北条氏政から信長の許に使者が派遣された際に、信長の右筆である武井夕庵に宛てられた書状である。

年月日がないが、天正七年（一五七九）九月十一日に、氏政の弟の氏照が鷹を進上した際か、天正八年三月九日に、氏政が鷹を進上した際のものであろう（『信長公記』）。特に天正八年は三月十日に、武井夕庵・滝川一益・佐久間信盛が氏政と氏直の使者に対応している。その場で北条氏側は、信長との縁組を望んでおり、信長の力を背景にして、関東の統一を図っていた。こうした状況を踏まえると、天正八年三月下旬のものであろうか。

氏政が信長との同盟を急いでいた背景には、天正六年の上杉謙信の急死に伴う東国の混乱があった。謙信の養子の景勝（長尾政景の子）と景虎（北条氏康の七男）が、「御館の乱」と呼ばれる家督争いを起こした。この際、氏政は同盟する武田勝頼に援軍を求めたが、勝頼は景勝の支援に回った。激怒した氏政は勝頼との同盟を破棄したが、勝頼は逆に常陸の佐竹義重と結んで、氏政包囲網を作り上げた。このため、氏政は信長に服属を願い出て、信長や徳川家康らとの連携を強めねばならなかったのである。

本状については、高柳光寿氏が信長の自筆とする。しかし、封の形状が明確でない点や、差出が草名なのか不明で、信長が草名を用いた例がないこと、信長の自筆であることが確実な天正五年に細川忠興に宛てた書状（細川家文書。本書129号文書）と筆跡が異なることから、岩沢愿彦氏・小島広次氏・森川勘一氏・奥野高廣氏が疑義を呈している。

東京国立博物館の平成二十五年（二〇一三）の特別展『和様の書』では自筆として紹介されているが、特にその理由を示しておらず、自筆か否かについては、要検討とせざるを得ない。

148 （天正八年）閏三月三十日付け織田信長黒印状　個人所蔵

【釈文】写真は191・192頁

去廿二日書状、今日卅到来、
具、披見候、仍今度柴田
修理亮（勝家）賀州奥郡動之
儀申付、差遣候処、早速
合手粉骨之趣、尤以神
妙、柴田同前注進候、賀州
凶徒等、過半討果候段、心地
能候、然者木越落居以
後、至七尾、飯山敵追払、
得勝利之由、是又可然候、尚
以、万方無由断調儀専一候、
兼又七尾之儀申子細有之
由候、能々相卜、注進簡（肝）要候、
随様子可申出候、委曲堀
久太郎（秀政）可申候也、
閏三月卅日　　信長（黒印）
長九郎左衛門尉（連龍）とのへ

●解説

天正五年（一五七七）八月八日、信長は、柴田勝家・滝川一益・羽柴秀吉・前田利家らを出撃させて、加賀国の平定を命じた。上杉謙信の能登からの侵攻を食い止め、同時に加賀一向一揆の軍勢を鎮圧するためでもあった。これに対して謙信の軍勢も、能登の大名である畠山氏の内部抗争に乗じて、能登国の拠点である七尾城（石川県七尾市）の攻略に成功した。この時に城内を握っていた重臣長一族は、一族滅亡の憂き目に遭うが、宛所の長連龍はただ一人残った者である。こうして能登国を奪った上杉方であったが、加賀での勝家ら信長方の奮戦もあり、次第に膠着状態となった。

そのような矢先の天正六年三月十三日、謙信が急逝すると、それまでの事態は一変し、勝家らをはじめ、信長方となった長連龍や神保長住は、能登や越中への出撃を命じられた。しかし上杉氏領内では、景虎と景勝の家督争い(御館の乱)が起きるなど、他国への出撃など不可能となっていた。このような中、天正八年閏三月五日、勝家は信長の命で、加賀一向一揆への攻撃を開始し、まず宮腰(石川県金沢市)へ侵攻し、北加賀の各所に放火しながら進撃した。本状にある「賀州凶徒等、過半討果候段」とは、加賀一向一揆の鎮圧である。このような進撃に対して、本状によると、長連龍ら能登や越中の軍勢も参陣し、加賀の野々市砦(石川県野々市市)や木越寺内(石川県金沢市)を攻略し、ついに能登の七尾城や飯山城(鳥毛山砦、石川県羽咋市)の敵勢を追い払い、勝利を得たのである。

なお本状の末尾では、信長が連龍の戦功を賞しながらも、「七尾城のことについては、言い分があると言うが、よく注意して注進することが必要である」とある。おそらく、畠山氏の内部抗争での仇にあたる遊佐氏や温井氏の存在を意識したようである。

149 (天正八年)八月十二日付け織田信長書状案
東京大学史料編纂所所蔵

【釈文】写真は193頁

(端裏書)
「従信長之状写」

雖未相通候、令啓候、仍大友方
与鉾楯事、不可然候、所詮和合
尤候歟、将又此面事、近年本願
寺令緩怠之条、誅罰之儀
申付候、然大坂可退散由、依懇
望、令赦免、到紀州雑賀
罷退候、幾(畿)内無残所属静謐候、
来年於芸州可出馬候、其刻
別而御入魂、対天下可為大忠候、
尚近衛殿(前久)可被仰候間、閣筆候、
恐々謹言、
八月十二日　信長
島津修理大夫(義久)殿　御宿所

●解説

「雖未相通候」とあるから、信長が南九州の戦国大名島津義久に宛ててしたためた最初の書状である。天正八年(一五八〇)の本願寺降伏に言及しており、本状の作成も同年に比定できる。

内容は、まず島津氏が豊後大友氏と抗争していることを非難し、和睦することを勧めている。次いで本願寺について、信長は誅罰するつもりであったが、本願寺が大坂退去を申し出てきたので降伏を認めてやったと説明する。そして、畿内は静謐となり来年は毛利氏を攻めるから、その際には協力して欲しいと島津氏に求めている。

毛利氏と対立する信長は、大友氏と連携することで、毛利氏の背後を脅かした。これに対して毛利氏は、島津氏と結んで大友氏を南から牽制しようとした。このような形で、遠く九州の大友氏や島津氏も、信長の軍事行動と接点を持っていたのである。

天正六年十一月、耳川の戦いで島津軍が大友軍を大破すると、大友領国は動揺し、島津氏は威勢を強めていった。これは、大友氏と連携する信長にとっても由々しき事態であった。天正八年の段階で信長が島津氏との交渉を開始し、大友氏との和睦を勧めたこと、さらには毛利攻めへの協力を求めたことには、右のような背景があったのである。

一方、本状を受け取った島津義久は、天正九年六月二十八日に返書を認めている(「島津家文書」)。そこでは信長を「上様」と呼び、大友氏との和睦を受け入れると共に、毛利攻めの時は「相当之馳走」を遂げることを約している。ただ、大友氏との和睦は島津氏にとっても有力な選択肢だったと考えられ(このあと、島津氏は肥後方面に進出していく)、受け入れ難い要請という訳ではなかった。また、毛利攻めに協力する約束も、間もなく信長が滅んでしまったこともあって、義久がどこまで本気であったかははっきりしない。したがって、義久はこの時点で信長に完全に服したという訳ではなく、ひとまず信長の要請に応じて様子を窺ったというのが実情ではなかろうか。

150 天正八年八月二十二日付け織田信長覚書写

前田育徳会尊経閣文庫所蔵

【釈文】写真は194～196頁

覚

一、父子五ヶ年在城之内、善悪之働無之段、世上之
不審」
無余儀子細共ニ候、我等も思当、詞（ことば）ニも難述
事、」
一、此心持之推量、大坂大敵と、武篇ニも不構、調
儀・調略」
ニも不立入、た丶居城之取出を丈夫構、幾年も
送候へ者、」
彼相手長袖之事候之間、ゆく〳〵ハ、信長以威
光可」
退之条、さて加遠慮共候歟、但武者道之儀、可
為各別、」
加様之折節、勝負令分別、於遂一戦者、為信長、
且ハ」
父子覚悟、卒苦労をも遁之、誠（まことに）可為本意ニ、
一筋」
存詰候事、分別もなく、未練無類事、
一、丹波国日向守（明智光秀）働、天下之施面目候、次羽柴
藤吉郎（秀吉）、数」
ヶ国無比類、然而池田勝三郎（恒興）、小身といひ、程
なく花」
熊申付、是又天下之覚ヲ取、以爰我心ヲ発、一
廉之」
働可在之哉之事、
一、柴田修理亮（勝家）、右之働聞及、一国を存なから、天
下之取」
沙汰迷惑ニ付而、此春至賀判（州）一国平均申付之
事、」
一、武篇道ふかゐなきにおゐてハ、以属侘調略ヲ仕、
相たら」
ハぬ所をハ、我々にきかせ、可相済処ニ、五ケ
年中に一度」
不申越之儀、油断曲事（くせごと）ニ候事、
一、やす田（保田知宗）之儀、先書之注進、彼一揆於攻崩者、残
小城共」
大略可致退散之由、載帋面、父子連判候、然処
一」
旦無届も送遣事、手前迷惑為可遁之、寄事出（於）
左右、彼是存分申哉事、
一、信長家中にてハ、進退多分ニ候歟、三河ニも与
力、尾張ニも」
与力、近江ニも与力、河内ニも与力、大和ニも
与力、和泉ニも」
与力、根来寺衆申付候へハ、紀州ニも与力、少
分之者共七ヶ」
国之与力、其上自分人数、相加於働者、何たる
逐一」
戦候共、さのミ越度不可取事、
一、小河（緒）・かりや（刈谷）跡職申付候処ニ、従先々人数も可
有之と思る候」
処、其廉もなく、剰（あまつさえ）先方之者共、過半追出
候、然といふ共、」
其跡目求置候へハ、右同前之事ニ候、一人も不
拘之時者、」
蔵納ニ取込、金銀ニなし候事、言語道断題目之
事、」
一、山崎申付ニ、信長詞（ことば）もかけ候者共、無程追失
候儀、これも」
最前、小河（緒川）・かりや（刈谷）の取扱無疑候事、
一、自先々自分ニ拘置候者共ニ加増をも仕、似合ニ
与力をも」
相付、新季ニ侍をも於拘者、是程越度ハ有間敷
候者、」
わきたくる人計ヲ本とするニよつて、今度、一
天下之失」
面目之儀、唐出（国）・天竺・高麗・南蛮国までも其隠
有」
間敷候事、
一、先年朝倉敗軍之刻、見合曲事（くせごと）と申処、迷惑とハ
不存、結句身ふいちやうを申、剰（あまつさえ）座敷立破
事、時ニ」
当而、信長失面目候、其口程もなく、永々此面
に」
有而、此興之働前代未聞事、
一、甚九郎（佐久間定栄）覚悟書立候へハ、筆ニも墨ニものへかた
き事、」
一、大まハしニつもり候へハ、第一欲ふかく、取む
さく、よき人」
をも不拘、其上油断之様ニ取沙汰候へ共、畢竟

する所は、」
父子共ニ武篇たらハす候ニよつて如此之事、
一、与力を専とし、余人之取次ニも構候時は、以是
軍役をつ」
とめ、自分侍不相拘、領中徒ニなし、比興構
候事、」
一、右衛門(佐久間信盛)与力・被官等ニ至迄斟酌候事、只別条者
無之、」
其身分別ニ自慢し、うつくしけなるふりをして、
綿之」
中ニしま針ヲたてたる上ヲさくる様成こわき扱
ニ付而、如此之事、」
一、信長代ニ成、三十年遂奉公之内ニ、佐久間右衛
門無比類」
働と申習候儀、一度も(有脱ヵ)是間敷事、
一、一世之内、不失勝利之処、先年遠江へ人数遣候
之処、互」
勝負有習無紛候、雖然、家康使をも在之条、お
く」
れの上ニも兄弟を討死させ、又ハ可然内之者打(討)
死させ候ヘハ、」
其身依時之仕合、遁候かと、人も不審ヲ可立ニ、
一人も不殺、剰」
負(平)手ヲ捨ころし、世にありけなる面をむけ候儀、
以」
爰条々無分別之通、不可然之事、
一、此上ハ何方の敵をたいらけ、会稽を雪、一度致
帰」
参、又ハ討死するもの歟之事、
一、父子かしら(頭)をこそけ、高野之栖を遂、以連々赦
免可然哉事、」
右数年之内一廉無働者、未練之子細、今度於保
田思当ハ」
於申付、信長ニ口答申輩、前代始候条、以爰可
然歟」
未二ヶ条、於無情は、二度天下赦免是有間敷者
也、」
天正八年
八月廿二日
御使　猪子兵助　長雲　中野又兵衛

●解説

柴田勝家と共に、早くから信長の重臣であった佐久間信盛が追放される事情を物語る著名な文書である。

天正四年(一五七六)四月、佐久間信盛は、本願寺攻略戦の指揮官である塙(原田)直政の戦死を受け、後任として対本願寺戦の指揮官に就任した。本状にもあるように、三河・尾張・近江・大和・河内・和泉・紀伊と七ヶ国の与力を付けられた信盛配下の軍団は、当時の織田家中で最大規模となっていた。ところが信盛は、積極的な攻勢もせず、戦線は膠着した。そこで天正八年七月、信長自らが朝廷を動かして本願寺と和睦し、十年間続いた戦いに終止符が打たれた。その結果、信長は、十九ヶ条にわたる本状を佐久間信盛に突き付け、高野山へ追放したのである。なお翌日の八月二十三日、京都において、同じく重臣の林秀貞らも追放された。

本状によると、まず信盛・定栄父子は単に本願寺を攻囲するだけで、この五年間に何の戦功も挙げていないとする。特に大坂を「大敵」と考えたにもかかわらず、武力をもって攻めることもせず、あるいは調儀・調略も行わずに、相手が長袖(僧侶・門徒)だから、包囲さえすれば、「信長の威光」で退散するであろうと考えていたとも叱責される。明智光秀や羽柴秀吉、あるいは池田恒興や柴田勝家とも比較されて、その戦功が少ないことを指摘されたのである。信盛の与力衆動員のまずさまでも指摘している。また、知行地として与えられた緒川(愛知県東浦町)・刈谷(愛知県刈谷市)支配の不手際まで指摘される。長年にわたって奉公しているにもかかわらず、まともな戦功がないとし、三方原の戦いで力戦したにもかかわらず、身内の者は戦死させていないのに、同僚の平手汎秀を捨て殺したとも酷評される。挙げ句の果て、どこかの敵を攻めて、帰参するか、討死にしたらどうかとも言われてしまう。

こうして佐久間信盛ら、早くから信長に仕えていた重臣が追放されたが、この時期、近江に多くの知行地を有していた信盛や林らを排除する意図もあった。これは、安土城(滋賀県近江八幡市)を本拠とする要衝の地である近江全域を直接支配することであり、加えて大坂の地をいち早く侵攻したいとの信長の思惑もあったのかもしれない。なお、追放された信盛

は剃髪し、高野山金剛峰寺の小坂坊に隠れた。しかし、高野山にいることも許されず、翌天正九年、大和十津川(奈良県十津川村)で寂しく死去した。

151 天正八年九月十七日付け織田信長朱印状 神戸大学文学部所蔵

【釈文】写真は197頁

於中国一両
国可宛行之、
存其趣、別而
可励軍功候也、
天正八
　九月十七日　信長(朱印)
　　中川瀬兵衛(清秀)とのへ

●**解説**

本状は、信長が摂津茨木(大阪府茨木市)の城主であった中川清秀に、中国地方で二ヶ国を与えることを約束した朱印状である。

中川清秀は、もともと摂津池田(大阪府池田市)の城主の池田勝正に仕えていた。ところが、ほかの池田一族や荒木村重と共に、勝正を追放する事件を起こす。

その後、村重が信長に属し、摂津一職を与えられると、その与力として茨木城を任せられた。

天正六年(一五七八)十月に、村重が信長から離反すると、清秀も村重に従ったが、一ヶ月後に信長に帰参した。村重の離反は、信長の畿内支配や中国戦線を崩壊させる恐れがあったため、信長は清秀が味方したことを大いに喜び、娘を清秀の息子秀政に嫁がせ、羽柴秀吉も信長が清秀に河内や摂津で所領を与えるよう上申することを約束した。

本状の発給された天正八年九月は、七月に花熊城(神戸市中央区)を攻略し、信長が村重の勢力を平定した直後である。そこで本状によって、村重攻めを勝利に導いた清秀に、改めて恩賞を約束したのであろう。

この二ヶ国とは具体的にどこであろうか。翌天正九年十二月三日に秀吉が清秀に送った書状(『思文閣古書資料目録』二〇二)によると、「備後之次国」とあるので、備後と安芸であろう。信長は毛利輝元を滅したのち、清秀以外にも、備前・美作・備中を宇喜多直家に、周防・長門を大友義統に与える構想を持っていた(本書145号文書)。

152 (天正九年)正月二十三日付け織田信長朱印状写 醍醐寺所蔵

【釈文】写真は198・199頁

先度者、爆竹ニ諸道具こしらへ、殊きらひや
かに相調、思よらすの音信、細々の心懸神妙候、
然者、京にてハ切々馬を乗可遊候、自然わかや
き、思々之仕立可有之間、其方之事ハ不及
申、畿内之国ニ奉公之者共、老若共可出候、
其方請取可申触候、於京都陳(陣)参可仕之
公家衆、又只今信長扶持を請候公方衆、
其外上山城之奉公之者、不残内々可用意
之旨可申聴候、於大和ハ筒井順慶、其外国
侍取次直参いたす者共可用意事尤候、律(ママ)
国にてハ高山(重友)・瀬兵衛(中川清秀・秀成)父子・池田是ハ子共(元助・照政)両人、
親(恒興)ハ伊丹城之留主居たるへく□(候)、従多田ハ塩川
勘十郎・同橘太夫是両人、河内にてハ多羅尾
父子三人・池田丹波守・野間左橘(長前)、同与兵衛、其
外取次者、結城・安見新七郎、三好山城守(康長)是ハ
阿波江遣候間、其用意可除候、但、主於望者、覚
語(悟)次第可乗候、和泉にてハ寺田又右衛門・松
浦安太夫・沼間任世・同孫、其外直参之者、
根来寺連判・扶持人共、其外杉坊、何(河)野
可統之者共可用意、次大坂ニ在之五郎(丹羽
左衛門(長秀)・蜂矢方(蜂屋頼隆)へも其用意可仕之旨、可
申送候、若狭よりハ孫犬(武田元明)・内藤・熊害(谷)・栗(粟)屋・
逸見・山かた・下野可仕候、是ハ五郎左衛門
可申遣候、六十余州へ可相聞之条、馬数
多したて、其方手■寄あとに可乗者
可有之者可申付候、長岡父子三人(細川藤孝・忠興・興元)、但、兵(細
部太輔(川藤孝)ハ丹後に在之間、能候者兄弟二人・
一色五郎、是も可乗之旨可申送候也、
　正月廿三日　御朱印
　　惟任日向守(明智光秀)とのへ

●**解説**

天正九年(一五八一)正月十五日、信長は安土城下に

おいて、「爆竹（さぎちょう）」＝馬揃を挙行する。さらに朝廷側からの要望もあり、信長は京都においても、二月二十八日と三月五日に馬揃を行っている。本状は、信長が明智光秀に対して、京都馬揃の準備を命じた文書の写しである。

信長は安土での爆竹の光秀の心遣いを褒め、その上で京都にても馬揃えを行うとしている。そして、その参加者として具体的に名を挙げ、示したのである。すなわち、畿内において奉公している者をはじめ、陣参する公家や信長の下にいる旧幕臣、上山城の者は残らず用意させるよう命じ、さらに大和・摂津以下、河内・和泉の武将を列挙し、その命令伝達系統まで指示している。この京都での馬揃は、六十余州の衆目を集めることから、馬を多く仕立て、可能な限り人員を動員するよう申し送っている。

本状からもわかるように、信長は京都での馬揃を積極的に行うつもりであった。一方の朝廷も、本状の翌日二十四日に京都所司代村井貞勝の許へ使者を遣わし、正親町天皇の馬揃御覧の要望を伝えている。

この京都での馬揃挙行の背景には、前年十二月二十九日に誠仁親王生母の新大典侍（万里小路秀房女）が急死したことがあった。朝廷が重苦しい雰囲気に包まれたのは、言うまでもない。さらに、正月に行われる朝廷儀式も、四日の千秋万歳では鼓が、十八日の左義長では囃子がなくされ賑わわなかった。そこで、信長による馬揃が求められたのである。

信長にとっても、正親町天皇や誠仁親王を励ますと共に、京都での馬揃という行事を行うことによる宣伝効果が期待できたため、二月二十八日に盛大に行われた。さらに、朝廷からの再びの要望により、三月五日にも、規模は縮小されたとはいえ、執行されるのである。

153 天正九年正月二十五日付け織田信長禁制写

大阪歴史博物館所蔵

【釈文】写真は200頁

一、河内国久宝寺屋敷之儀、
　一色申付候　訖、然者諸役等不
　可有之事、
一、安井主計兄弟諸役免
　許事、
一、陣取・放火令停止訖、次竹木
　以下不可伐採之、弁理不尽之
　催促一切禁制事、
右条々、聊不可有相違也、
　天正九年正月廿五日　御朱印
　　安井清右衛門（定次）

●解説

河内の久宝寺（大阪府八尾市）は、蓮如が河内布教の拠点とした慈願寺を中心に発展した浄土真宗系の寺内町であった。天文の畿内一向一揆（一五三二〜三五）で焼かれて、一時期住民も追放されたが、畠山氏との交渉により、再建された。再建にあたっては、顕証寺に入寺した蓮如の六男の蓮淳の活躍も大きかった。

このち、慈願寺は畠山氏や三好氏から「久宝寺地下道場」と呼ばれ、禁制を得ながら寺内を守り、顕証寺は「御坊」と称され、本願寺教団において重きをなした。

信長と本願寺が戦った「石山合戦」における久宝寺寺内町の動向は不明であるが、天正八年（一五八〇）に本願寺が大坂を退去した翌年に、本状は発給された。

信長は寺院ではなく、安井清右衛門に久宝寺屋敷地の一職支配と、兄弟の諸役免許、信長の軍勢の違乱を禁止するなどの保障を与えた。

本願寺の屈服により、寺院たちは久宝寺寺内町の領主としての地位を追われ、信長は安井氏を新たな久宝寺の領主として公認した。

安井氏は豊臣期には「下代」と呼ばれ、江戸時代には庄屋となった。

154 （天正九年）正月二十五日付け織田信長朱印状

個人所蔵

【釈文】写真は201・202頁

切々注進状、被入情之段、別而祝着候、
其付城中一段迷惑之躰、以矢
文懇望之間、近々候歟、然者、命を
於助者、最前ニ瀧坂を相副、只今ハ
小山をそへ、高天神共三ヶ所可
渡之由、以是慥（遊）意心中令推

量候、抑三城を請取、遠州内無
残所申付、外聞実儀可然候歟、但、見
及聞候躰ニ、以来小山を始取懸候
共、武田四郎(勝頼)分際にてハ、重而も後
巻成間敷候哉、以其両城をも可
渡と申所毛頭無疑候、其節ハ家康
気遣、諸卒可辛労処、歎敷候共、
信長一両年内ニ駿(駿河)・甲(甲斐)へ可出勢候条、
切所を越、長々敷弓矢を可取事、外
聞口惜候、所詮、号後巻、敵彼境目へ
打出候ハヽ、手間不入実否を可付候、
然時者、両国を手間不入申付候、自然
後巻を不構、高天神同前ニ小山・瀧
坂見捨候へハ、以其響駿州之禍之小城
抑事不実候、以来気遣候共、只今苦
労候共、両条のつもりハ分別難弁候
間、此通家康ニ物語、家中之家老共
等も申聞談合尤候、これハ信長思
寄心底を不残申送者也、
正月廿五日　信長(朱印)
水野宗兵衛(忠重)殿

●解説

本状は、甲斐武田氏の遠江国における拠点高天神城(静岡県掛川市)における攻防に関するものである。

宛所の「水野宗兵衛」は、三河国刈谷(愛知県刈谷市)を居城とする水野忠重。姉は徳川家康の生母である。兄信元は信長に従っていたが、天正三年(一五七五)十二月に、信長の命令によって殺害された。しかし、忠重はそれ以前に信元と不和になり、家康に仕えて、鷲塚城(愛知県碧南市)を居城としていたため、処分されることはなかった。天正八年八月に佐久間信盛が追放されると、忠重は水野氏の本拠刈谷を与えられ、織田氏家臣となった。

徳川方に帰属していた高天神城は、天正二年、武田勝頼に攻略され、岡部元信らが在番となっていた。また、「瀧坂」は滝堺城(静岡県牧之原市)のことで、「小山」は小山城(静岡県吉田町)のことである。いずれも、高天神城と共に遠江国における武田方の拠点であった。

徳川勢による高天神城包囲は天正八年九月頃に開始されたが、本状によると、武田方は高天神城在番衆の助命を条件に、高天神城・滝堺城・小山城の開城を申し出た。これに対して信長は、①勝頼が救援のために出兵した場合、そこで決着がつく(「号後巻、敵彼境目へ打出候ハヽ、手間不入実否を可付候」)、②救援しない場合、駿河国の武田方も動揺して(「自然後巻を不構、高天神同前ニ小山・瀧坂見捨候へハ、以其響駿州之禍之小城抑事不実候」)、武田氏領国は崩壊するとの見通しを示し、武田方の申し入れを拒絶するよう家康に伝えている。

結局、勝頼が救援に至ることなく、天正九年三月、高天神城は落城して、翌年の甲斐武田氏滅亡へと繋がっていくのである。

155 (天正九年)三月二十五日付け織田信長書状　個人所蔵

【釈文】写真は203頁

尚々、重而敵地
被取詰候事、遠慮
専一候、猶西尾小左衛門尉(吉次)
申含差越候、行子細者
可被申越候、
注進之趣、委細
令披見候、仍高
天神籠城候族、
去廿二日戌刻、
崩出候処、一人も
不漏、被打果之由、
尤以可然候、連々
所申無相違候、
猶様躰重而、
具可被申越候也、
謹言、
三月廿五日　信長(花押)
三河守(徳川家康)殿

●解説

本状は、信長から徳川家康に出された書状であるが、文中に「高天神籠城候族、去廿二日戌刻、崩出候処、一人も不漏、被打果之由」とあることから、

天正九年(一五八一)三月二十二日、家康が遠江の高天神城(静岡県掛川市)を総攻撃し、落城させた直後のものと推測される。

この高天神城については、元亀四年(一五七三)四月十二日、三河・美濃の制圧を目指した武田信玄の死去を契機として、天正二年正月、家康は駿河の田中城(静岡県藤枝市)へ軍勢を進めたのに対し、信玄の跡を継いだ勝頼も攻勢に転じ、同年二月、三万の軍勢をもって信長の属城である美濃明智城(岐阜県可児市)を攻めてそれを奪った。さらに五月には勝頼自らも出陣し、大軍によって、徳川氏の小笠原信興(氏助)が守備する遠江の高天神城を包囲するなど、両陣営の紛争の象徴であった。しかも、家康の援軍要請に応じた信長勢が到着する直前の六月十九日、高天神城が武田氏に降った経緯もあり、信長と家康にとっては、高天神城はまさに因縁の城であった。そのためか、尚々書の部分では、慎重な行動を求め、その詳細な作戦を家康に指示したことも知れる。家康との関係だけではなく、東国支配に対する信長の思いを知る上でも興味深い文書である。

なお翌年の六月二日、信長は本能寺の変で急死するが、信長の花押がある本状は、現存する最後のものとされる。

156 天正九年四月二十日付け織田信長朱印状
前田育徳会尊経閣文庫所蔵

【釈文】写真は204頁

江州知行方
一、薬師村　百弐拾石
一、須恵内　五拾石
一、西山上　弐百石
一、桐原郷内　百参拾石
都合五百石幷被官等事、令扶
持候訖、全可領知候也、
天正九年四月廿日　(信長朱印)
森乱法師(成利)とのへ

●解説

本状は、森蘭丸として名高い森成利に対する知行宛行朱印状であるが、一次史料において「蘭丸」と記された例は確認できない。成利は、美濃兼山(岐阜県可児市)城主を務めた森可成の三男である。父可成は元亀元年(一五七〇)九月、近江宇佐山城(滋賀県大津市)の戦いにおいて、朝倉・浅井勢を迎え撃って討死にした。父の死歿時、成利は六歳だったとされる。

『信長公記』における成利の初見は、天正七年(一五七九)四月十八日で、信長が塩河長満へ銀子を与えた際の使者を務めている。これ以降、しばしば使者を務めていることが『信長公記』において確認されるほか、信長への進物の披露などの奏者としての役割、信長文書の副状の発給といった職務に携わっているが、谷口克広氏は、普通の小姓の持つ役割をさほど超えるものではなかったと評価している。

そのような森乱法師の実像が、その美貌と才知をもって信長の寵愛を一身に受けた近習の代表格「蘭丸伝説」へと膨れ上がっていった過程について、谷口氏は、「蘭丸伝説」は十七世紀に醸成され、十八世紀前半にいろいろな随筆で紹介されることによって完全に定着し、明治になってから広く宣伝されたとする。

本状における成利の知行地は、いずれも安土(滋賀県近江八幡市)近郊であるが、翌天正十年三月、兄長可が信濃国川中島へ加増されたことに伴い、兄の旧領である美濃兼山を給与されたという。

157 (天正九年)六月十二日付け織田信長朱印状
東京国立博物館所蔵

【釈文】写真は205頁

三好式部少輔事、此方
無別心候、然而於其面被
相談候旨、先々相通之段、
無異儀之条珍重候、猶以
阿州面事、別而馳走専
一候、猶三好山城守(康長)可申候也、
謹言、
六月十二日　信長(朱印)
香宗我部安芸守(親泰)殿

●解説

三好式部少輔は阿波岩倉(徳島県美馬市)の城主で、

軍記物ではその実名を「康俊」とし、三好康長（天正九年当時は「康慶」）の子とするものがある。

信長は、阿波を支配する勝瑞（徳島県板野郡藍住町）の城主三好存保を滅ぼすため、讃岐方面では細川信良を、阿波方面では長宗我部元親を支援していた。ところが、前年の天正八年に本願寺を退去した牢人衆が、淡路や紀伊の本願寺方を糾合して阿波に下ると、存保が勢力を盛り返してしまった。

このため、阿波や讃岐に攻め入っていた元親は苦戦するようになり、元親に服属した新開道善なども離反する事態になってしまった。そこで、天正九年初頭には、信長は河内南部を治める三好康長に、若江三人衆などを与力させて四国へ派遣することを決定した。

本状は、三好式部少輔は信長に味方しており、それを心得て、阿波では信長のために奔走して欲しいと、三好康長を通じて、長宗我部元親の弟で外交を担当した香宗我部親泰に求めている。十四日付けで康長の副状も発給された。信長の思惑としては、苦戦する元親を支援するために康長を派遣するのであって、三好存保に対する包囲網を再構築するものであった。

しかし、十一月になると、信長は康長に阿波と讃岐を与えると決定し、すでに阿波や讃岐で戦ってきた元親の権益や外聞を踏みにじることになっていく。

158 （天正九年）七月十八日付け織田信長黒印状

個人所蔵

【釈文】写真は206頁

長九郎左衛門尉（連龍）かた
より音信、則
遣一札候、猶相
心得可申聞候、
委細帰国之時、
可申聞候也、

七月十八日　信長（黒印）

菅屋九右衛門尉（長頼）とのへ

●解説

本状の冒頭によると、長連龍から信長へ書状があり、連龍は遊佐父子を捕えて、六月二十七日、七尾（石川県七尾市）で彼らを斬首したことを信長に報告したようである。本状で信長は、このことを七尾城の菅谷長頼に伝え、安土（滋賀県近江八幡市）に戻り次第、詳細を報告するよう命じている。

天正五年（一五七七）九月、信長との同盟を破棄した上杉謙信は、上洛を急ぎ、越中に続いて、能登一国も平定するため、再び七尾城を攻略した。その際に謙信は、城内の遊佐続光を内応させ、七尾城を攻略することができた。遊佐氏と抗争していた長氏一族が滅亡したのはこの時である。ここに能登が上杉氏の支配下となり、遊佐も能登の実権を掌握することができた。しかし、天正六年三月十三日の謙信急逝、さらに「御館の乱」という上杉氏の御家騒動が発生するなど、実態が一変してしまう。

こうして能登国内では、反上杉勢力が台頭することになり、天正八年五月、能登の菱脇（石川県羽咋市）において、長連龍らが七尾城の上杉方勢力を撃退した。これ以後、能登は次第に信長の手に帰すこととなり、信長も七尾城に菅屋長頼を置き、飯山城（羽咋市）には前田利家を配した。しかし、本状における長頼の立場は七尾城の城代であり、あくまでも占領地の処理をすることが任務であった。そのためか、本状の翌月にあたる天正九年八月、能登一国が利家に与えられた。

なお、信長の勢力が能登に及ぶようになると、上杉方の遊佐氏は早々に七尾城を逃げ出したが、潜伏していた所を長連龍に探し出されて、一族皆殺しとなった。連龍は、このことを信長に報告したのであるが、長一族の連龍とすれば、ここで遊佐氏への仇を討つことができたのである。

159 天正九年八月十七日付け織田信長朱印状

個人所蔵

【釈文】写真は207頁

畳指新四郎（宗珍）名事、改
石見了、為天下一之条、
可為当家之大工、然者、諸公
事以下之儀、如先々免

許候也、
天正九年八月十七日(信長朱印)

●解説

信長は、畳刺の職人新四郎を「石見守」に任じ、「天下一」の称号を与えた。本状を所蔵する伊阿弥家は、代々、足利将軍家の畳大工の御用を務めた家柄である。

「天下一」の称号は、元亀四年(天正元、一五七三)七月吉日、信長が京都の奉行である村井貞勝に宛てた定書の一条に『「天下一」の称号を得ることは、どんな道でも大切なことである。ただし、これを決定するためには、京都の名人たちが集まり、公平に評議して決定しなければならない』との文言がある。この定書自体が信頼できる史料ではないが、この頃の信長は、ようやく京都やその周辺に支配が及ぶようになり、本状のように、当該地の職人に官位や称号を与えて、地子銭などを免除するなどして、当該地の支配に役立てた可能性は否定できない。「天下一」の称号を与えることで、京都周辺の職人たちを優遇し、彼らを支配下に置くことを考えたのであろうか。古代以来、重視されてきた職人の門閥などに捉われず、力量のある職人を抜擢する意図があったのかもしれない。こうして畳刺だけではなく、鐘・釜・茶器などの制作に秀れた者にも「天下一」の称号を与えたが、これらの施策は秀吉にも継承されていった。

天正七年五月、信長は、安土城(滋賀県近江八幡市)の天主に移り、特に天正九年四月以降、信長は安土城にいることが多く、四月十二日、安土城でヴァリニャーノを引見し、「安土屏風」を渡した。七月十五日には安土城天主・総見寺に提灯を吊したことも確認される。八月朔日、安土では馬揃も行われ、九月八日、信長は、諸職人頭に小袖などを下賜したが、さらに本状の事実も加えると、まさに安土城の完成した時期に本状が出されたとも理解できよう。

160 (天正九年)九月一日付け織田信長黒印状

個人所蔵

【釈文】写真は208頁

就山岡孫太郎(景宗)着
陣、様躰申越候、得
其意候、然者国中
諸城破却之儀、
為可申究罷出候
由候、猶々無由断
可申堅事専一候、
弱者あなつり候て、
人質等無之ニ、
むさと罷越候ても、
如何候条、其段能々、
可分別候、又河井(河合)・
ミふの(壬生野)・さなく(佐那具)、両
三城事、如言上
両条于相分、重而
可申越候、万々勤ニ
無越度候様、才覚
専一候也、
九月一日 信長(黒印)
堀久太郎(秀政)とのへ

●解説

天正九年(一五八一)九月、信長は次男の信雄に対し、一国的な規模で団結した伊賀惣国一揆を鎮圧するよう命じたが、それに関するものが本状である。この惣国一揆については、信雄の率いる織田軍が九月三日、甲賀口・信楽口・加太口・大和口の各方面から攻め込み、同月十一日に「郡々を請け取り、手前切りにて御成敗。其の上、城々破却申し付けられ候なり」(『信長公記』)とあり、ほぼ数日間で一揆勢を鎮圧した。

宛所の堀秀政とは、この時に「信楽口」を担当した大将であり、冒頭で登場する山岡景宗も「信楽口」から攻め込んだ武将の一人である。いずれも当時、近江に知行を有した武将である。

本状によると、「国中諸城破却之儀」とか「人質等無之ニ」と指示するなど、信長は、当初から厳しく一揆勢を撲滅するよう命じたが、その通り、伊賀国内では、国人から百姓に至る多くの人々が殺戮されたことも記録に残されている。なお、河合・壬生野・佐那具とは、一揆勢の拠点となった城や砦のあった地名で、いずれも現在の三重県伊賀市内にある。

161 (天正九年)九月七日付け織田信長朱印状

国立歴史民俗博物館所蔵

【釈文】写真は209頁

於因州面、抽忠
節之段、尤以神
妙、弥依戦功、
出雲国之儀可宛
行之、別而粉骨
専一候也、

九月七日(信長朱印)

亀井新十郎(茲矩)とのへ

●解説

本状宛所の「亀井新十郎」とは、亀井茲矩のことである。茲矩は出雲国湯之庄(島根県玉湯町)を本拠とする国人領主湯氏の出身で、尼子氏重臣亀井秀綱の娘と婚姻して亀井姓を名乗ったとされる。尼子氏没落後は、相婿とされる山中幸盛と共に尼子氏再興活動を行ったが、幸盛らが籠城した上月城(兵庫県佐用町)の落城(天正六年)後、秀吉家臣団に編入された。

書状中の「於因州面、抽忠節之段」とは、天正九年(一五八一)の羽柴秀吉を指揮官とする因幡国の毛利方攻撃の際、茲矩が活躍したことを示す。

秀吉は、天正八年五月、若桜鬼ヶ城(鳥取県若桜町)、私部城(鳥取県八頭町)、鹿野城(鳥取市)などを攻略して、鳥取城(鳥取市)に迫り、同年六月、鳥取城主山名豊国(因幡国守護家)を降伏させた。その後、秀吉は姫路へ引き揚げ、茲矩は鹿野城の城番となった。

ところが、同年八月、東伯耆における戦闘において毛利勢(主力は吉川元春)が有利な状況になると、豊国家臣の一部(中村春続、森下道誉ら)は毛利氏に通じて、豊国を追放した。そこで、毛利氏は石見吉川家の吉川経家を鳥取城番として派遣することとし、経家は天正九年三月、鳥取城へ入城した。

これに対して秀吉は、同年六月に出陣して、七月には鳥取城を包囲し、十月二十五日に経家は自刃した。この間、茲矩は鹿野城を守備して、伯耆方面からの毛利勢の援軍進攻に備えたが、結局、毛利勢の援軍は間に合わなかった。

本状発給の時点において鳥取城は落城していないが、因幡国制圧後、さらに伯耆国・出雲国へ進攻して、これらの国を制圧した暁には、茲矩に父祖の旧領出雲国を給与することを約したものであり、信長が天下一統を視野に入れていたことを窺わせる史料である。

162 (天正九年)九月十一日付け織田信長朱印状

國學院大學図書館所蔵

【釈文】写真は210頁

今度至高野
惣分相働、神妙候、
殊更両四人事、
別而情(精)入候趣、
感情不斜候、
弥馳走専一候、尚
左兵衛佐(織田信張)可申候也、

九月十一日　信長(朱印)

根来寺
弥勒院
池上坊
岩室坊
愛□□(染院)

●解説

天正九年(一五八一)、信長は高野山金剛峯寺(和歌山県高野町)に対し、かつて信長を裏切った荒木村重の配下だった牢人を匿っているとして、その牢人を差し出すよう命じた。しかし、金剛峯寺側はこれを黙殺した。さらに、『信長公記』によれば、金剛峯寺は信長の使者十人ばかりを打ち殺したとある。こうした対応が、信長の怒りに火を付けた。信長は高野聖を召し捕らえて処刑すると共に、高野山へ兵を進めたようである。この時、根来寺(和歌山県岩出市)が織田方に協力したことにより、信長はその功を賞した。それが本状である。

文末に出てくる織田信張は信長の従兄弟にあたり、天正四年に従四位下左兵衛佐に叙任されている。この当時、信張は和泉岸和田城(大阪府岸和田市)に在り、紀伊方面の軍事指揮権を有していたようで、そういった関係から取次として名が記されている。なお、信張の場合、あくまで紀伊方面の軍事指揮官として活動しており、和泉の国人衆は信長の直臣扱いとされていたことが指摘されている。

163　（天正九年）十月二十九日付け織田信長朱印状　文化庁所蔵

【釈文】写真は211頁

馬一疋到来候、誠遼
遠之懇志、悦喜無他候、
殊更葦毛別而相叶心候、
馬形・乗以（ママ）下無比類、彼是
秘蔵不斜候、仍褶百端・
虎革五枚・紅緒五十結
相送之候、祝儀計候、
謹言、

十月廿九日　信長（黒印）

長沼山城守（皆川広照）とのへ

●解説

関東の戦国時代は、越後の上杉謙信と小田原の北条氏の対立を軸に推移したが、下野の皆川氏ら中小の武将は、この二大勢力の間において、常に自己防衛に苦心した。

長沼氏とは、下野の豪族小山政光の流れを汲んだ武将であり、下野長沼城（栃木県真岡市）に住んだので、長沼氏を称した。さらに、この長沼氏の内で、下野皆川城（栃木市）に居を構えたのが皆川氏である。広照が家督を継いだ天正五年（一五七七）頃になると、北条氏の北関東侵攻は激しさを増したが、その一方で、天正六年三月十三日に謙信が急逝するなど、関東の諸大名には転機が訪れていた。

このような中、広照は信長に名馬を贈り、信長からの返礼が届いた。それが本状である。こうした行為は、ほかの下野の武将に先駆けたものであり、広照が処世術に優れた武将とされる所以である。信長も、本状のように広照を厚遇したが、甲斐・信濃方面の侵攻にあたり、北条氏の動向を探る意図もあったのであろう。まさに時宜にあった両者の行為であったのである。

天正十年三月、広照は、甲斐や上野に赴任してきた信長の家臣滝川一益に仕えた。さらに信長の死後は、秀吉や家康にも通じたが、天正十四年、北条氏の侵攻を受けるとすぐさま降伏して、その臣下となり、天正十八年の小田原攻めでは、北条氏と共に小田原城で籠城することとなる。しかし、すぐさま家康を頼って脱出したことは著名な話である。

164　（天正九年ヵ）十一月二十六日付け織田信長朱印状　山口県文書館所蔵

【釈文】写真は212頁

弟鷹一居到来候、別而
遠路懇情喜入候、
自愛不斜候、仍於
其面可抽忠節旨、尤以
神妙候、弥可竭粉骨之
儀、専一候、然而望事於
有之者、聊無異儀候、可
成其意候也、

十一月廿六日　信長（朱印）

村上掃部頭とのへ

●解説

宛所の「村上掃部頭」について、『山口県史』は村上元吉とするが、山内譲氏は元吉、あるいは元吉の父武吉のどちらとも決め難いとする。村上武吉・元吉父子は伊予国能島（愛媛県今治市）を本拠とする村上水軍の一家能島村上氏の統率者である。

天正十年（一五八二）四月時点において、元吉が「掃部頭」を名乗り、武吉は「大和守」を名乗っているが、それ以前には、武吉が「掃部頭」を名乗っていた。また、天正五年八月時点において、元吉は「少輔太郎」を名乗っている。

藤田達生氏は天正九年に比定して、遅くとも天正九年末段階で元吉が信長の麾下に属しつつあったことを示す史料とする。奥野高廣氏は年代未推定としながらも、天正八年の本願寺開城後に村上武吉が信長に連絡をとったものとする。福川一徳氏は天正七年頃に比定して、武吉が織田氏と協調することにより、新たな発展を目指したものとする。
　信長朱印状において、書止文言を「……候也」、宛所を「とのへ」とする薄礼のものは、天正六年頃から見られるようになるとされる。このため、本状の宛所「村上掃部頭」が武吉・元吉のいずれであるにせよ、天正四年から始まった織田・毛利戦争の最中に、毛利方の有力水軍と信長が通交していたことになる。
　本状冒頭に「弟鷹一居到来候」とあるため、村上氏から信長へ連絡をとったことを示しているが、毛利氏を攪乱するために、事実と異なる記述を信長が行った可能性も捨てきれない

165 （天正十年）三月一日付け織田信長黒印状
徳川美術館所蔵

【釈文】写真は213～216頁

廿六日書状、今日朔、到来令
披見候、
一、去廿一日、諸々伝城我々出馬以
前可相拵候由、申遣書状、廿五日
参着候て、城介（織田信忠）其外ニも
申聞之由候、其後も此儀専一候
間、度々申遣候、猶々無由断、可
其調儀事簡（肝）要候、
一、我々事、来五日可出馬候、然者
やかて其面へ可参陣候条、
見計手間不入可討果候、
弥成其意、度々如申聞、聊
爾之動仕、少々も越度かましく
候て、外聞実儀曲事候、
幾重も〱弱敵とあな
とり候てハ、不可然候儀肝心候、
呉々可成其意候、
一、森勝三（長可）・梶原平八郎（景久）如言
上、自此方も申聞候、猶以
同篇之由曲事候、先度も
如申聞、わかきものにて
規模たてを仕、訴訟之種ニ
もと存事にて可有之候、
是も我々いまた無進発
故候、城介堅申付候ハぬ
事沙汰之限候、如此之段も
信長発足候者、不可有異儀候、
右如申、其内只今陣取能々
取堅（固）、あと〱仕置以下相
急候て、可相待候、
一、高遠町令調儀焼候由、
可然候、尚々色々子細等有之
由候、始末示合可計策候、
以是も卒爾之動、可思惟
事専一候、
一、城介其外滝川（一益）・小川・刈屋・
高橋衆陣所之儀も聞届候、
其よりさきへハ不可出候、猶
様子可□□候也、
三月一日　信長（黒印）
川尻（河）与兵衛（秀隆）殿

●解説

天正十年（一五八二）二月、信長は武田攻めのため、嫡男信忠を大将に、滝川一益・森長可・河尻秀隆以下の諸将を木曾・伊那両方面から信濃へ侵攻せしめた。同月十二日に信忠本隊が岐阜を出陣すると、十四日には飯田（長野県飯田市）を落とし、三月二日に高遠城（長野県伊那市）を攻略、同七日には甲斐国古府中（山梨県甲府市）に入った。同十一日、ついに武田勝頼が自刃し、ここに武田家は滅びたのである。なお、勝頼切腹時、信長はまだ美濃国岩村（岐阜県恵那市）に在陣中である。
　本状は、こうした信忠軍の快進撃の報を受けて発給されたものである。
　二十六日付けの河尻秀隆の書状が、今日三月一日に到来したので披見したとして、以下のことを申し付けている。二十一日に申し遣わしたように、信長の出馬以前に伝城を築くことが肝要であること。信長は三月五日に出馬するので、手間が掛からず決着がつくであろうが、不用心なことをせず、また弱敵と侮らないようにすること。森長可・梶原景久にはこちらからも申し付けたが、こうした若者の軍功を焦るような動きは、信長が現地にいないためであろ

うから、城介(信忠)にも厳命させ、陣を固めて信長の着陣を待つこと。高遠の町を焼き討ちにしたことは良いことであり、今後も策をめぐらせつつ慎重に軍を動かすこと。信忠以下の陣所についても承知した。軍を進めず様子を見ること。

以上のように、信長は慎重を期すよう、言葉を重ねて申し送っている。これは信忠らを心配すると共に、自身の手で武田との決着をつけたかったためであろうか。しかし、信長の憂慮をよそに、信忠軍の快進撃は武田滅亡まで止まらなかったのである。

166 (天正十年)三月二十五日付け織田信長黒印状
大阪城天守閣所蔵

【釈文】写真は217頁

就甲州面在陣、
使者殊ゆかけ二
具弁一折、誠
遥々芳情快然候、
此口隙明候間、軈
可令帰陣候、猶信濃
兵部丞可申候也、
穴賢く、
三月廿五日　信長(黒印)
久我大納言殿(季通)

●解説

天正十年(一五八二)二月、武田氏配下の木曾義昌が織田方へ内通してきた。これを契機として、織田の武田討伐軍が動き出す。同年二月十二日、織田信忠を大将として滝川一益・森長可・河尻秀隆らの諸将が出陣した。武田家重臣穴山信君の裏切りなどもあり、織田軍は快進撃を続けていた。

信長自身は三月五日に安土(滋賀県近江八幡市)を出陣し、同七日に岐阜へ入城、同十一日に美濃国岩村(岐阜県恵那市)、同十三日に信濃国へ入ると、飯田(長野県飯田市)・高遠(長野県伊那市)などを経て、十九日上諏訪の法華寺(長野県諏訪市)に着陣する。ところが、信長が信濃に入る前の岩村に在陣中に、すでに武田勝頼は切腹し、武田氏は滅んだのである。信長は、三月二十九日に武田旧領の知行割りを済ますと、富士山を見物して駿河・遠江を経て帰国することを発表する。

本状は、信長が上諏訪在陣中に、京都から公家久我季通が陣中見舞いの使者を寄越し、それに対する信長の返状である。久我季通から在陣見舞いとして「ゆかけ(弓懸)」を贈られたことを謝し、信濃・甲斐を平定したので帰陣することを申し送っている。信濃兵部丞は、久我家の家司である(本書077号文書参照)。使者として、信長の許を訪れたのであろう。

さて、京都へは三月二十二日に武田勝頼の首が届き、晒されている(『兼見卿記』)。信長の戦捷の知らせに、朝廷は万里小路充房を勅使として下向させている。公家も久我季通だけでなく、こぞって在陣見舞いの使者を出したであろう。なお、公家の中には、近衛前久や日野輝資などのように、自身が信長に従軍した者もいる。長年の宿敵であった武田家滅亡という、着々と織田家の勢力が拡大していく、その状況の一幕を見せる史料である。

167 天正十年三月日付け織田信長国掟写
岡山大学附属図書館池田家文庫所蔵
『信長記』巻十五所収

【釈文】写真は218・219頁

国掟　甲(甲斐)・信(信濃)　両州
一、関役所・同駒口、不可取之事、
一、百姓前本年貢外、非分之儀、不可申懸之事、
一、忠節人立置外、廉かましき侍生害させ、或者可追失事、
一、公事等之儀、能々念を入令穿鑿、可落着事、
一、国諸侍に懇扱、さすか無由断様可気遣事、
一、第一慾を構に付て、諸人為不足之条、内儀相続ニをひてハ、皆々ニ令支配、人数を可拘事、
一、本国より奉公望之者有之者相改、まへ(前)拘候ものゝかた(方)へ相届、於其上可扶持之事、
一、城々普請、可丈夫之事、
一、鉄炮玉薬・兵粮、可蓄之事、
一、進退之郡内請取、可作道事、
一、堺目入組、少之領中を論之間、悪之儀

不可有之事、
右、定外於悪扱者、罷上直訴訟可
申上候也、
天正十年三月日

●解説

天正十年(一五八二)三月十一日、信長は武田氏を滅亡させたが、本状は、新しく分国となった甲斐・信濃両国に対する施政方針である。信長は、すでに越前などにこのような国掟を出していたが、まず本状の第二条で「一般農民には本年貢以外に不当な負担をかけてはいけない」とし、続いて第三条や第五条では、地侍に対する対応も詳細に記している。第六条では「大名が欲張るので家臣の知行が不足するが、大名は自身の直轄地を増やすのではなく、家臣の多くに知行を与えて、あるいは新しい家臣も召し抱えて、兵力の確保を目指すこと」を命じ、また第七条では、「新しく大名の本国から甲斐・信濃で奉公することを希望する者があれば審査し、従来の本国で召し使っていた者に届けた上で、扶持を与えること」ともある。

こうした天正十年三月の「国掟」であるが、これを天正三年九月に柴田勝家へ与えた「越前国掟」(本書103号文書)と比較すると、信長に相談する指示の条項がなくなっているので、本状における大名側の権限が、従来よりも拡大したとも解釈できよう。こうして信長は、家臣に新たな土地を与える際、このような施政要項をもって、その地を占領させた。なおその上で、その地域で紛争が生じたならば、直接訴訟することを命じており、集権的な自身の立場は堅持しているのも特徴であろう。

このような施政のあり方には、兵農分離や石高制を前提としつつ、兵士および農民に対する基本的な考え方が示されており、従来の時代とは異なる新たなものがあったとも言えよう。

168 (天正十年)四月十五日付け織田信長黒印状

神宮徴古館所蔵

【釈文】写真は220頁

就今度東国在陣、
祈禱之祓・大麻幷
熨斗鮑三折到来、
遠路懇情喜入候、
将亦造営山口祭事
令執行之旨、先以可
然候、作事之趣、彼是
平井弓右衛門尉可申候也、
四月十五日　信長(黒印)

●解説

天正十年(一五八二)三月十九日、信長は上諏訪の法華寺(長野県諏訪市)に着陣した。信長は同所にしばらく滞在し、武田旧領の知行割り、甲斐・信濃の国掟の制定などを行い、四月三日、甲斐国古府中(山梨県甲府市)に入る。その後、富士山見物をしつつ駿河・遠江を経て、四月二十一日、安土(滋賀県近江八幡市)に凱旋している。

武田攻めの最中の信長へ、朝廷・皇族・公家は在陣見舞いの使節を派遣している(本書166号文書参照)。そして、そうした動きは朝廷だけではなく、寺社もまた、使者を派遣していたのである。本状は、やはり信長へ在陣見舞いの使者を派遣した、伊勢慶光院への返状である。

信長は、東国在陣につき伊勢神宮の祈禱の祓の大麻と熨斗鮑が到来したとして謝意を述べ、また皇大神宮(伊勢内宮)の山口祭が執行されたことについて良いことであり、今後の作事については平井弓右衛門尉が述べるとしている。

室町から戦国・織豊期にかけて、伊勢内外両宮の式年遷宮は、式年通りに行われていなかった。内宮皇大神宮の正遷宮は、寛正三年(一四六二)に行われたのち中絶した。外宮豊受大神宮の正遷宮も、永享六年(一四三四)以降は、永禄六年(一五六三)に行われたのみである。仮殿遷宮は行われていたとはいえ、伊勢神宮にとっては嘆かわしい事態である。伊勢神宮側も手をこまねいていた訳ではなく、諸方面に協力を呼びかけていた。

そうした状況下、天正十年正月、信長は神宮造替のため、銭三千貫を寄進している。この時奔走したのが、本状の宛所と考えられる伊勢慶光院である。信長の寄進もあり、同年四月三日に山口祭が行われ、慶光院はこれを信長に知らせ、信長は返事をしためたのである。山口祭とは、神宮の造替用材伐採のために御杣山で行われた山の神を祈る祭りで、遷宮に際して最初に行われる祭りである。

このののち、信長が本能寺で横死したため、遷宮の動きが停滞するが、天正十三年に豊臣秀吉の援助を受け、内外両宮の遷宮が執行された。

169 (天正十年)四月十五日付け織田信長黒印状

永青文庫所蔵

【釈文】 写真は221頁

去月廿三日書状、
今日十五、至遠州
懸河披見候、仍
東夷追伐事、
如言[ ]早々落
着、乍我驚入
計候、書中
尤候、東国無残所
属抬靡、隙明候間、
早於途中打入候、
近々安土可相着候間、
かたく其刻
可申候、遥々中越候、
悦入候也、

四月十五日　信長(黒印)

(細川藤孝)長岡兵部大輔殿

●解説

天正十年(一五八二)三月十一日、甲斐国田野(山梨県甲州市)において、武田家は滅亡した。武田勝頼の死は自害と巷間では言われているが、同時代の書状・記録などの一次史料を見ると、三月十六日付けで松井夕閑に宛てた信長書状では「四郎父子討捕」(『宇野文書』)、四月三日付けの織田信忠書状でも「武田類身共一人不洩打果候」(『立入左京亮入道隆左記』)とあり、郎党も含めて「打死」(『言経卿記』三月二十日条)といった形で、戦闘において討ち取られたというニュアンスで表現されている。『兼見卿記』のように、一揆によって「討取」られたと記したものもある(三月二十二日条)。『信長公記』でも、滝川一益勢に取り囲まれた勝頼・信勝父子らが、上﨟・子供らを殺したのち、打って出て討ち取られたと記されている。

三月五日に安土(滋賀県近江八幡市)を発った(『古今消息集』所収、三月八日付け柴田勝家宛て信長書状)信長は、進軍の途中、同十四日に信濃国浪合(長野県阿智村)において、届けられた勝頼・信勝父子の首を実験した。勝頼・信勝らの首は飯田(長野県飯田市)において晒されたのち、京都に送られて梟首され、見物人が多く集まった(『兼見卿記』三月二十二日条)。

信長は、同二十九日に上諏訪法華寺(長野県諏訪市)の陣で、甲斐を河尻秀隆、駿河を徳川家康、上野を滝川一益にそれぞれ与えるなど旧武田領の知行割を行い、また甲斐支配の基本方針を示した国掟を出すなどの措置をとった。四月三日には富士山を眺めやりつつ、勝頼の居城新府城(山梨県韮崎市)の焼け跡を見分したのち、甲府へ入り、信忠が修繕を加えていた信玄の旧館(躑躅ヶ崎館)に入った。

信長は諏訪に信忠を留めて、十日に甲府を出立、「甲州より富士の根方を御覧じ、駿河・遠江に御まはり」(『信長公記』)という路程をとって、帰途に就いた。十一日に駿河に入った信長は、大宮・江尻(十三日)・田中(十四日)を経て、十五日には遠江に入り、懸河(静岡県掛川市)に到着した(『家忠日記』)。本状は同地から、丹後在国を命じられていた(『信長公記』)細川藤孝に宛てて送られたものである。

柴田勝家に宛てた書状の中で「四郎事彼等代々の名をくたし候」(既出三月八日付け書状)と、勝頼について評した信長であったが、一門・有力国人を掌握することによって実現されていた武田家の領国支配の体制が、彼らの離反によって崩壊し、そこに信忠が急速な進撃を行ったことで、短時日のうちに武田家が滅亡への道を辿ったことは、信長にとっても、「我ながら驚き入るばかり」と述べているように、大変に意外なことというのが実感であったようである。

すでに信長は、天正三年の長篠の戦いの勝利後、伊達輝宗や佐竹義重、小山秀綱に対して、武田家に対する追撃と、自らへの同調を要望するなど、東国進出を積極的に行おうとする意志が見られた(『伊達家文書』「小林文書」など)。これは、足利義昭が画策した本願寺・上杉・毛利らによる包囲網によって阻まれたが、その後も奥羽・関東の領主たちと織田政権との接触は保たれていた。この武田家滅亡の結果、信長は初めて東国に勢力を拡張し、本状の文面に言うところの「東国残すところなく抬靡に属す」という状況が生じたのである。

国割を実施した信長は、上野を与えた滝川一益に関八州の警固、「東国之儀御取次」を任せ、織田政権の東国政策における中心的役割として位置づけた（『信長公記』）。一方、この状況を受け止める側の東国の領主たちは、信長への従属姿勢を見せ始めると共に、伊達輝宗が親族の岩城常隆に送った六月五日付け書状（仙台市博物館所蔵）において、信長の勢力拡張に対して、伊達家と奥羽諸家が連携し、「骨肉の間」と称される領主間の血縁関係や、同じ陸奥に領有関係を持つ地縁による結合によって対処しようと呼びかけるなど、新たな動きも模索され始めていた。

170 （天正十年）四月二十四日付け織田信長朱印状

永青文庫所蔵

【釈文】写真は222頁

中国進発事、可為
来秋之処、今度小早
川従備前児嶋令
敗北、備中高山楯
籠之間、羽柴藤吉郎（秀吉）
令出陣取巻之由、注進候、
重而一左右次第可
出勢候、無由断用意
専一候、猶惟任日向守（明智光秀）
可申候也、謹言、
　四月廿四日　信長（朱印）
　　一色五郎（義有）殿
　　長岡兵部大輔（細川藤孝）殿

●解説

本状の宛所「一色五郎」は、丹後国守護家であった一色氏の当主一色義有（義定）のことで、「長岡兵部大輔」は長岡（細川）藤孝である。丹後国においては天正九年（一五八一）に総検地が実施され、一色義有に二万石、残りが藤孝に遣わされた。このような丹後における権力の構築過程全般を現地で管理・監督したのは、明智光秀であったとされる。

本状は、天正十年の羽柴秀吉による備中高松城（岡山市北区）水攻め直前の状況を示す史料である。

「今度小早川従備前児嶋令敗北」とは、天正十年二月、備前国児島において、信長に与する宇喜多勢と毛利勢とが衝突した八浜合戦を指す。この合戦において毛利勢は勝利を収めたが、秀吉が四月四日に岡山へ到着したため、常山城（岡山市南区、玉野市）に在番を残して、児島から撤退した。したがって、「敗北」という信長の記述は正確とは言えない。

児島から撤退したのちに小早川隆景を中心とする毛利勢先鋒部隊は幸山城（岡山県総社市）に陣を置いた（備中高山楯籠）。このため、信長は秀吉への援軍として、明智光秀を派遣することとし、藤孝・義有にも出兵準備を調えるよう指示した（重而一左右次第可出勢候）。当初の出兵予定は秋であったが（中国進発事、可為来秋之処）、毛利勢の主力が前線まで出撃してきたため、予定を早めたものと考えられる。

また、末尾の「猶惟任日向守可申候也」という文言は、光秀が丹後勢に対する指揮権限を信長から委任され、行使していたことを示すとされる。

参考3 （天正十年四月頃）誠仁親王消息

畠山記念館所蔵

【釈文】写真は223頁

万御上洛の時
申候へく候、
めてたくかしく、
天下弥静謐に
申付られ候、奇特
日を経てハ、猶際限
なき　朝家の御
満足古今無比類
事候へハ、いか様の
官にも任せられ
無由断馳走申
され候ハん事肝要候、
余りにめてたさ
のまゝ、御乳をもさし
くたし候、此一包
　見参に入候、

前右府（織田信長）との　（花押）

●解説

天正十年（一五八二）、武田家を滅ぼした信長に、朝廷は太政大臣か関白か将軍かに推任することを示した。いわゆる、三職推任である。

信長は、天正三年十一月に従三位権大納言兼右近衛大将になると、翌四年十一月には正三位内大臣に、同五年十一月には従二位右大臣に、同六年正月には正二位へと昇進している。ところが、天正六年三月、信長は全国統一がなっていないことを理由に、突如右大臣・右近衛大将の両職を辞官してしまう。以後、官職に就かなかった信長であるが、武田討伐を契機に、再び任官への動きが現れる。その信長への官職推任に関わり、誠仁親王が信長に宛てた文書が本状である。内容は、以下の様になろう。

天下をいよいよ静謐にしたことはこの上ない奇特であり、朝家の満足も比類ないものなので、いかようの官職でも任官なさり、その上で油断なく朝廷へ馳走を行うことが肝要であります。とてもめでたいので、女官を遣わし一包を見参に入れます。すべては、上洛した時に話します。

さて、三職推任をめぐっては多くの研究がある。将軍説・太政大臣説・関白説、そして信長がいずれも拒否したという説と、様々な意見がある。いずれにせよ、信長は官職に就くことなく、天正十年五月二十九日上洛し、六月二日を迎えることとなる。

171　天正十年五月七日付け織田信長朱印状　『尾張国遺存織田信長史料写真集』所収

【釈文】写真は224頁

就今度至四国差下條々、
一、讃岐国之儀、一円其方可申付事、
一、阿波国之儀、一円三好山城守（康長）可申付事、
一、其外両国之儀、信長至淡州出馬之
　刻、可申出之事、
右條々、聊無相違相守之、国人等相
糺忠否、可立置之輩者立置之、
可追却之族者追却之、政道以下
堅可申付之、万端対山城守、成君
臣・父母之思、可馳走事、可為忠
節候、能々可成其意候也、
　天正十年五月七日（信長朱印）
　　　三七郎（織田信孝）殿

●解説

信長は、永禄十一年（一五六八）に上洛を果たした時から、敵対してきた四国の三好長治を滅ぼすために、旧守護家の細川信良や細川真之と結んできた。天正四年（一五七六）に長治は滅んだが、天正六年には毛利氏や本願寺と結んだ長治の弟の三好存保が復活する。このため、信長は長宗我部元親と同盟し、存保を挟撃した。

ところが、天正八年に大坂を退去した本願寺方が阿波に下り、存保と共に、元親を苦しめた。そこで、信長は存保陣営を切り崩し、四国戦線を立て直すために、天正九年十一月、自らの家臣となっていた三好康長を登用し、阿波と讃岐の支配を任せることに決めた（「東京大学史料編纂所所蔵志岐家旧蔵文書」）。ただ、これはすでに元親が阿波や讃岐に攻め込んで得た権益を否定するものであったため、信長と元親の関係は急速に悪化していく。

天正十年二月、信長は武田攻めと四国攻めを計画したが、四月には武田勝頼を滅ぼし、四国攻めが主要な課題となった。

ここで信長は、本状にあるように、前年の国分案を修正し、讃岐を三男の神戸（織田）信孝に、阿波を康長に与えるとし、土佐と伊予は信長自らが淡路へ出陣した際に決定するとした。そして、信孝に国人の扱いについて諭し、政道を命じた。五月上旬の段階では、信長にとって、毛利攻めよりも四国平定のほうがはるかに優先事項であった。

元親については記述がないが、この案を受け入れれば土佐を安堵するが、受け入れなければ滅ぼす予定であったであろう。

ここで信長は、信孝を康長の養子にする意向を示している。伊勢神戸の慈円院正以が五月二十一日に記した書状には、信孝が何度も四国出兵を望んでおり、信長より四国は切り取り次第との朱印状を得て、北伊勢では十五歳から六十歳までの名主・百姓をことごとく徴発したことや、表向きは康長の養子

になることなどが記されている（「神宮文庫所蔵文書」）。

信長は三好氏の権威を利用して阿波と讃岐の国人を服属させた上で、将来的には、讃岐だけでなく阿波も、いずれは信孝に継承させるつもりであった。

参考4　天正十年五月十四日付け織田信孝書状　人見清正氏所蔵

【釈文】写真は225頁

従丹州馳参候国侍組々粮料・
馬之飼・弓矢・鉄炮・玉薬可下行之
船者組合人数次第、中船・小船
奉行江相断可請取之、海上遅早者
着岸可守相図候、陸陳（陣）中備之儀
可任下知者也、

天正十年五月十四日　信孝（花押）

丹州国侍中

●解説

天正十年（一五八二）、信長の三男織田信孝は丹羽長秀・蜂屋頼隆などを副将として、四国攻めの総大将となった。どうやらこれは、信孝が望んだものらしい。信孝は、兄信忠・信雄と比べて処遇に差があり、それを不満に思い、日頃から信長へ四国攻めを訴えていた。

信孝の四国出陣が決定すると、信長は四国国分とも呼べる朱印状を信孝へ宛てて発給した（本書171号文書）。すなわち、讃岐国は信孝へ、阿波国は三好康長へ与えることを決定した。さらに、信孝は三好康長の許へ養子入りしており、三好家家督継承予定があったようで、信孝の地位は天正十年に、にわかに上昇した。

本状はその信孝が、四国攻めのために丹州の侍に対して発給したものである。

丹州より馳せ参じた国侍に兵粮・飼葉・弓矢・鉄砲を与える。渡海の船については奉行に申し出て受け取るように。海上および着岸では合図を守り、上陸して以後の陣中でのことは信孝の下知に従うように、という内容である。

冒頭の「丹州」が丹波・丹後のいずれを指すのか、両国なのかは確定ができない。ともかく、信孝は動員された丹州国侍へ、兵粮以下の供与を約した、そうした文書である。

この信孝による四国攻めへ、伊勢国内の名主・百姓や牢人衆、伊賀・甲賀・雑賀の衆などが、信長朱印状によって動員されている。これらから考えると「丹州」への動員も、やはり信長が朱印状で命じたのであろう。こうして、着々と四国攻めの準備が整う中で、天正十年六月二日を迎えることとなるのである。

172　（天正十年）五月二十七日付け織田信長黒印状　個人所蔵

【釈文】写真は226頁

注進之趣、委細披
見候、仍至其国
奥郡、長与一（景連）罷
出、太那木（棚木）城楯籠
処、即時馳合、去
廿二日攻崩、始与一
一人も不漏打取之
由、誠粉骨無比
類候、依手柄早々
落着事、感悦
不斜候、弥無由
断馳走専一候也、

五月廿七日　信長（黒印）

長九郎左衛門尉殿（連龍）

●解説

現存する最後の信長発給文書である。上杉景勝の配下となった長景連らが、海路で能登の「奥郡」まで侵攻し、海に突き出た丘陵上に築かれた城である棚木城（石川県能都町）で籠城した。これに対して長連龍は、天正十年（一五八二）五月二十二日、この棚木城を攻略するために出撃し、見事にこれを攻略した。連龍は、このことを信長に報告したが、その返書が本状である。言わば、長連龍に対する信長の感状でもある。

本状によると、五月二十二日、棚木城が落城し、長景連らが残らず討ち捕えられたが、この戦闘には小丸山城(石川県七尾市)の城主前田利家が関わっていた。天正九年八月以降、能登一国は利家の領国になっていたからである。落城の報告を受けた利家は、二十三日、連龍に対して、景連の首級を送ってくれれば、生捕の者どもと同じく安土城(滋賀県近江八幡市)まで連行し、戦勝のことを報告させると命じた。さらに二十四日の書状では、景連の首級が到着したこと、これを信長に報告することを告げて、連龍側の負傷者・戦死者への見舞い・弔問もしたことが知られる(『長家文書』)。

なお天正十年四月以降、越中魚津城(富山県魚津市)と飛騨松倉城(岐阜県高山市)をめぐり、織田方の利家らと上杉景勝の対決も本状の背景にあった。景連が棚木城に籠城したのも、利家軍を後方から攪乱する上杉方の作戦ともされるが、この時の戦いは、五月二十六日、景勝をはじめとする上杉勢が越後へ戻るなど、織田方の勝利であったようである。

能登は、三方を海に囲まれ、日本海交易で経済的にも恵まれた地であり、長氏をはじめ、遊佐氏や温井氏らの重臣が大名畠山氏を支えていたが、次第に内部抗争も激化した。そこに信長の勢力が越前から迫り、越後からも上杉謙信・景勝が侵攻してきたのである。

天正四年十一月以降、能登に侵攻した上杉氏は、七尾城(石川県七尾市)を守備した長氏に対するために、長氏と対立していた遊佐続光と温井景隆を懐柔し、城内に反乱を起こさせて、七尾城を占拠した。ここに長氏一族は壊滅状態となったが、織田方への援軍要請のために七尾城を留守にしていた連龍だけが生き残った。庶流の景連が上杉方に付いたのもこうした事情によるものである。

その後、本状にあるように、信長に仕えた連龍は、柴田勝家や利家ら織田方の有力武将とも連携を深めて、信長の死後は、前田家の重臣となった。

史料所蔵者・所蔵機関、写真提供機関一覧

史料の通番、所蔵者・写真提供者を示すと共に、必要に応じて文書群名、掲載許諾番号などを示した。
掲載をご承諾いただいた所蔵者、図版をご提供いただいた方々のご高配ご協力に衷心より感謝申し上げます。

001 『尾張国遺存織田信長史料写真集』（一九三一年）所収
002 個人所蔵
003 名古屋市博物館所蔵
004 個人所蔵、名古屋市博物館写真提供
005 徳川美術館所蔵、©徳川美術館イメージアーカイブ／DNPartcom
006 堺市博物館所蔵
007 熱田神宮所蔵
008 雲興寺所蔵
参考1 建勲神社所蔵
009 一般財団法人石川武美記念図書館成簣堂文庫所蔵大館文書
010 水野桂太郎氏所蔵、名古屋市博物館写真提供
011 真田宝物館所蔵小川文書
012 米沢市上杉博物館所蔵上杉家文書
013 東京大学史料編纂所所蔵戦国武将文書
014 滋賀県立安土城考古博物館所蔵
015 古今伝授の里フィールドミュージアム所蔵
参考2 京都市歴史資料館所蔵立入家文書
016 名古屋市秀吉清正記念館所蔵兼松家文書
017 熱田神宮所蔵
018 丹波市教育委員会所蔵
019 円徳寺所蔵、岐阜市歴史博物館寄託
020 國學院大學図書館所蔵吉田家文書
021 東京大学史料編纂所所蔵『言継卿記』永禄十一年十月二十一日条
022 毛利博物館所蔵毛利家文書
023 米沢市上杉博物館所蔵上杉家文書
024 四天王寺所蔵
025 東京大学史料編纂所所蔵本郷文書
026 『東寺』（朝日新聞社、一九五八年）所収（東寺文書千字文之部列）
027 ヤマコ臼杵美術館所蔵
028 本間美術館所蔵『読史堂古文書』所収
029 国立公文書館内閣文庫所蔵『土佐国蠹簡集』残篇四所収
030 一般財団法人石川武美記念図書館成簣堂文庫所蔵
031 天理大学附属天理図書館所蔵『二条宴乗日記』永禄十三年正月二十三日条
032 九州国立博物館保管小早川家文書
033 毛利博物館所蔵毛利家文書
034 京都府立総合資料館所蔵革嶋家文書
035 名古屋市博物館所蔵
036 美濃加茂市民ミュージアム所蔵
037 東京大学史料編纂所所蔵影写本武藤文書
038 毛利博物館所蔵毛利家文書
039 美濃加茂市民ミュージアム所蔵
040 加賀本多博物館所蔵
041 名古屋市博物館所蔵
042 『書画　蒐集と鑑賞』第十三号（一九八八年）所収
043 公益財団法人立花財団立花家史料館所蔵大友文書、柳川古文書館寄託
044 米沢市上杉博物館所蔵上杉家文書

045 東京大学史料編纂所所蔵影写本猪子文書
046 山口県文書館所蔵宍戸家文書
047 国立公文書館内閣文庫所蔵朽木家古文書
048 京都府立総合資料館所蔵革嶋家文書
049 岐阜県歴史資料館所蔵
050 滋賀県立安土城考古博物館所蔵
051 京都大学大学院文学研究科所蔵影写本本法寺文書
052 大阪城天守閣所蔵
053 岐阜県歴史資料館所蔵
054 東京大学史料編纂所所蔵影写本吉田文書
055 法政大学能楽研究所観世新九郎家文庫所蔵
056 観音寺所蔵芦浦観音寺文書、滋賀県立琵琶湖文化館写真提供
057 吉川史料館所蔵吉川家文書
058 九州国立博物館保管小早川家文書
059 個人所蔵
060 国立公文書館内閣文庫所蔵『尋憲記』元亀四年二月二十二日条
061 個人所蔵、名古屋市博物館写真提供
062 国立国会図書館所蔵『古簡雑纂』十一所収
063 個人所蔵、徳川美術館写真提供
064 真田宝物館所蔵真田家文書
065 中京大学文学部所蔵、愛知県史編さん室写真提供
066 浜名湖舘山寺美術博物館所蔵
067 公益財団法人永青文庫所蔵細川家文書
068 京都大学大学院文学研究科所蔵『古文書纂』三十五所収
069 大阪青山歴史文学博物館所蔵
070 一般財団法人林原美術館所蔵
071 個人所蔵
072 国立公文書館内閣文庫所蔵『上京諸文書』所収
073 MIHO MUSEUM所蔵
074 岡山大学附属図書館池田家文庫所蔵池田家文書
075 伊勢市大湊町振興会所蔵
076 劔神社所蔵、越前町織田文化歴史館写真提供
077 国立国会図書館所蔵
078 個人所蔵
079 仙台市博物館所蔵伊達家文書
080 多治見市所蔵、多治見市教育委員会写真提供
081 福井県立歴史博物館所蔵橘家文書
082 慶應義塾図書館所蔵反町文書
083 長野県立歴史館所蔵
084 東京大学史料編纂所所蔵『玉証鑑』三所収
085 丹波市教育委員会所蔵
086 個人所蔵、名古屋市博物館写真提供
087 個人所蔵、岐阜県歴史資料館寄託
088 京都市歴史資料館所蔵立入家文書
089 湊學氏所蔵秋田湊文書、青森県史編さんグループ写真提供
090 名古屋大学文学部所蔵
091 東京大学史料編纂所所蔵影写本大賀文書
092 公益財団法人永青文庫所蔵細川家文書
093 岐阜市歴史博物館所蔵
094 大阪城天守閣所蔵
095 九州国立博物館保管小早川家文書
096 國學院大學図書館所蔵久我家文書
097 大阪城天守閣所蔵

098 国立公文書館内閣文庫所蔵『諸州古文書』信州十六所収
099 宮下玄覇氏所蔵、岐阜市歴史博物館写真提供
100 国立公文書館内閣文庫所蔵『土佐国蠹簡集』残篇五所収
101 公益財団法人安土町文芸の郷振興事業団所蔵、滋賀県立安土城考古博物館寄託
102 表千家不審菴所蔵
103 福井県立図書館松平文庫所蔵『寄合物入』六所収
104 美濃加茂市民ミュージアム所蔵
105 仙台市博物館所蔵遠藤山城文書
106 滋賀県立安土城考古博物館所蔵
107 関西大学図書館所蔵
108 個人所蔵、徳川美術館写真提供
109 東京大学史料編纂所所蔵影写本末吉文書
110 大阪青山歴史文学博物館所蔵
111 大阪城天守閣所蔵
112 公益財団法人永青文庫所蔵細川家文書
113 『展観入札目録』(一九六八年)所収
114 東京大学史料編纂所所蔵影写本豊後臼杵稲葉文書
115 一般財団法人千秋文庫所蔵
116 浄厳院所蔵、大阪市立美術館寄託
117 高島市所蔵大溝藩分部家文書、高島市教育委員会写真提供
118 東京国立博物館所蔵
119 常滑市民俗資料館所蔵
120 公益財団法人永青文庫所蔵細川家文書
121 塩飽勤番所所蔵、丸亀市立資料館写真提供
122 養教寺所蔵、岐阜市歴史博物館寄託
123 滋賀県立安土城考古博物館所蔵
124 太田孝美氏所蔵紀伊太田家文書、和歌山市立博物館寄託
125 福岡市博物館所蔵黒田家文書
126 岐阜市歴史博物館所蔵
127 近江八幡市所蔵
128 仙台市博物館所蔵伊達家文書
129 公益財団法人永青文庫所蔵細川家文書
130 宮内庁書陵部所蔵
131 松尾大社所蔵
132 早稲田大学図書館所蔵荻野研究室収集文書
133 福岡市博物館所蔵黒田家文書
134 福岡市博物館所蔵黒田家文書
135 個人所蔵
136 大阪城天守閣所蔵
137 国立公文書館内閣文庫所蔵『土佐国蠹簡集』四所収
138 東京大学史料編纂所所蔵益田家文書
139 三好喬氏所蔵、広島県立文書館寄託三好家文書
140 個人所蔵、穴水町歴史民俗資料館所管
141 東京大学史料編纂所所蔵影写本末吉文書
142 岐阜市歴史博物館所蔵
143 大雲院所蔵
144 岡山大学附属図書館池田家文庫所蔵『信長記』巻十二所収
145 公益財団法人立花財団立花家史料館所蔵大友文書、柳川古文書館寄託
146 本願寺所蔵本願寺文書
147 個人所蔵
148 個人所蔵、穴水町歴史民俗資料館所管
149 東京大学史料編纂所所蔵島津家文書
150 公益財団法人前田育徳会尊経閣文庫所蔵「秀吉公信長公朱印写」

151 神戸大学文学部所蔵中川家文書、神戸大学附属図書館写真提供
152 醍醐寺所蔵醍醐寺三宝院文書
153 大阪歴史博物館所蔵安井家文書
154 個人所蔵、茨城県立歴史館寄託下総結城水野家文書
155 個人所蔵、萬葉荘文庫所蔵文書
156 公益財団法人前田育徳会尊経閣文庫所蔵
157 東京国立博物館所蔵香宗我部文書
158 個人所蔵、穴水町歴史民俗資料館所管
159 個人所蔵
160 個人所蔵、萬葉荘文庫所蔵文書
161 国立歴史民俗博物館所蔵石見亀井家文書
162 國學院大學図書館所蔵八代国治旧蔵史料
163 文化庁所蔵皆川家文書
164 山口県文書館所蔵村上家文書
165 徳川美術館所蔵、©徳川美術館イメージアーカイブ／DNPartcom
166 大阪城天守閣所蔵
167 岡山大学附属図書館池田家文庫所蔵『信長記』巻十五所収
168 神宮徴古館所蔵慶光院文書
169 公益財団法人永青文庫所蔵細川家文書
170 公益財団法人永青文庫所蔵細川家文書
参考3 公益財団法人畠山記念館所蔵
171 『尾張国遺存織田信長史料写真集』（一九三一年）所収
参考4 人見清正氏所蔵、亀岡市文化資料館寄託
172 個人所蔵、穴水町歴史民俗資料館所管

参考文献

本書の執筆にあたっては、以下に掲げたもの以外に、各自治体史の解説も参考とさせていただいた。

【研究書・研究論文（筆者名五十音順）】

浅利尚民・内池英樹編『石谷家文書——将軍側近のみた戦国乱世』（吉川弘文館、二〇一五年）
天野忠幸『戦国期三好政権の研究』（清文堂出版、二〇一〇年）
天野忠幸「阿波三好氏の系譜と動向」（天野忠幸編『論集戦国大名と国衆10　阿波三好氏』岩田書院、二〇一二年）
天野忠幸『三好一族と織田信長』（戎光祥出版、二〇一六年刊行予定）
網野善彦『増補 無縁・公界・楽』（『網野善彦著作集』第12巻、平凡社、一九九六年）
安野眞幸「鋳物師水野太郎左衛門」（『弘前大学教育学部研究紀要クロスロード』六号、二〇〇二年）
安野眞幸「熱田八ヶ村宛て信長制札」（『弘前大学教育学部紀要』九〇号、二〇〇三年）
池上裕子『織田信長』（吉川弘文館、二〇一二年）
池上裕子『日本の歴史15　織豊政権と江戸幕府』（講談社、二〇〇二年）
岩沢愿彦『前田利家』（吉川弘文館、二〇〇一年）
稲葉継陽「細川家伝来の織田信長発給文書——細川藤孝と明智光秀」（森正人・稲葉継陽編『細川家の歴史資料と書籍——永青文庫史料論』吉川弘文館、二〇一三年）
稲吉昭彦「中世後期における『撰銭』の実態——『悪銭替』と『悪銭売買』」（『古文書研究』六九号、二〇一〇年）
今村義孝『蒲生氏郷』（吉川弘文館、二〇一五年）
臼井進「室町幕府と織田政権との関係について——足利義昭宛の条書を素材として」（『史叢』五四・五五号、一九九五年）
遠藤巌「戦国大名下国愛季覚書」（羽下徳彦編『北日本中世史の研究』吉川弘文館、一九九〇年）
大鳥壽子『医師と文芸——室町の医師竹田定盛』（和泉書院、二〇一三年）
岡田正人「新編『信長記』七——天下布武への道」（『別冊歴史読本　織田信長写真集——夢幻の生涯』新人物往来社、一九九一年春号）
岡山大学付属図書館・林原美術館編『天下人の書状を読む　岡山藩池田家文書』（吉川弘文館、二〇一三年）
奥磯栄麓『美濃焼』（光琳社出版、一九七一年）
奥野高廣『足利義昭』（新装版、吉川弘文館、一九九〇年）
奥野高廣「血は水より濃い」（『日本歴史』五二四号、一九九二年）
奥野高廣『戦国時代の宮廷生活』（続群書類従完成会、二〇〇四年）
小和田哲男『黒田如水——臣下百姓の罰恐るべし』（ミネルヴァ書房、二〇一二年）
金子拓『織田信長〈天下人〉の実像』（講談社現代新書、二〇一四年）
金子拓「室町幕府最末期の奉公衆三淵藤英」（『織田信長権力論』吉川弘文館、二〇一五年）
金子拓「久我晴通の生涯と室町幕府」（『織田信長権力論』吉川弘文館、二〇一五年）
川戸貴史「『玉塵抄』にみる戦国期日本の貨幣観」（『千葉経済論叢』四八号、二〇一三年）
神田千里『信長と石山合戦——中世の信仰と一揆』（吉川弘文館、一九九五年）
神田千里『戦国時代の自力と秩序』（吉川弘文館、二〇一三年）
神田千里『織田信長』（ちくま新書、二〇一四年）
木下聡「織田権力と織田信忠」（戦国史研究会編『織田権力の領域支配』岩田書院、二〇一一年）
木下聡『中世武家官位の研究』（吉川弘文館、二〇一一年）
黒嶋敏「織田信長と島津義久」（『日本歴史』七四一号、二〇一〇年）
桑田忠親『信長の手紙』（文藝春秋新社、一九六〇年）
小島廣次「勝幡系織田氏と津島衆」（柴裕之編『論集戦国大名と国衆6　尾張織田氏』岩田書院、二〇一一年）
小島道裕『戦国・織豊期の都市と地域』（青史出版、二〇〇五年）
小島道裕『信長とは何か』（講談社選書メチエ、二〇〇六年）
小島道裕「戦国期城下町と楽市令再考——仁木宏氏の批判に応えて」（『日本史研究』五八七号、二〇一一年）
小林清治『奥羽仕置と豊臣政権』（吉川弘文館、二〇〇三年）
笹本正治『武田勝頼——日本にかくれなき弓取』（ミネルヴァ書房、二〇一一年）
佐藤進一『花押を読む』（平凡社ライブラリー、二〇〇〇年）
佐藤圭「北国・大坂通路留を命じた信長朱印状——元亀の争乱の新史料」（『岐阜市学』八七号、一九九四年）
清水亮「『秋田城介』織田信忠考」（海老澤衷先生の還暦を祝う会編『懸樋抄——海老澤衷先生還暦記念論文集』、二〇〇八年）
下村信博「戦国・織豊期尾張熱田加藤氏研究序説」（『名古屋市博物館研究紀要』一四号、一九九一年）
下村信博『戦国・織豊期の徳政』（吉川弘文館、一九九六年）
戦国史研究会編『織田権力の領域支配』（岩田書院、二〇一一年）
竹井英文『織豊政権と東国社会——「惣無事令」論を越えて』（吉川弘文館、二〇一二年）
谷口克広「元亀年間における信長の近江支配体制について——織田宿将の分封支配をめぐって」（『日本歴史』四七一号、一九八七年）
谷口克広『信長の親衛隊——戦国覇者の多彩な人材』（中公新書、一九九八年）
谷口克広『織田信長合戦全録——桶狭間から本能寺まで』（中公新書、二〇〇二年）
谷口克広『尾張・織田一族』（新人物往来社、二〇〇八年）
寺尾克成「浦上宗景考——宇喜多氏研究の前提」（『國學院雑誌』九二—三号、一九九一年）
鳥取県総務部総務課県史編さん室『織田vs毛利——鳥取をめぐる攻防』（鳥取県史ブックレット1、鳥取県、二〇〇七年）
長澤伸樹「楽市楽座令研究の軌跡と課題」（『都市文化研究』一六号、二〇一四年）
長浜城歴史専物館編『神になった秀吉——秀吉人気の秘密を探る』（サンライズ出版、二〇〇四年）

仁木宏・松尾信裕編『信長の城下町』（高志書院、二〇〇八年）
仁木宏「美濃加納楽市令の再検討」（『日本史研究』五五七号、二〇〇九年）
仁木宏「書評　小島道裕著『戦国・織豊期の都市と地域』」（『史学雑誌』一一八—一号、二〇〇九年）
橋詰茂「越前における織田政権の座政策—特に橘屋を事例として」（『地方史研究』二六—五号、一九七六年）
橋詰茂『瀬戸内海地域社会と織田権力』（思文閣出版、二〇〇七年）
橋本政宣『近世公家社会の研究』（吉川弘文館、二〇〇二年）
畑和良「浦上宗景権力の形成過程」（『岡山地方史研究』一〇〇号、二〇〇三年）
原田正記「織田権力の到達—天正十年「上様御礼之儀」をめぐって」（『史苑』五一—一号、一九九一年）
播磨良紀「信長朱印状解説」（『愛知県史研究』一九号、二〇一五年）
平井上総「織田権力の和泉支配」（戦国史研究会編『織田権力の領域支配』岩田書院、二〇一一年）
平山優『敗者の日本史9　長篠合戦と武田勝頼』（吉川弘文館、二〇一四年）
平山優『天正壬午の乱—本能寺の変と東国戦国史』（増補改訂版、戎光祥出版、二〇一五年）
福川一徳「天正十年沖家騒動再考」（『四国中世史研究』七号、二〇〇三年）
藤井讓治「織田信長の撰銭令とその歴史的位置」（『日本史研究』六一四号、二〇一三年）
藤井讓治『戦国乱世から太平の世へ』（岩波新書新赤版、二〇一五年）
藤澤良祐「大窯期工人集団の史的考察—瀬戸・美濃系大窯を中心に」（『国立歴史民俗博物館研究報告集』七六号、一九九二年）
藤田達生『証言本能寺の変—史料で読む戦国史』（八木書店、二〇一〇年）
藤田達生『蒲生氏郷—おもひきや人の行方ぞ定めなき』（ミネルヴァ書房、二〇一二年）
藤田達生『秀吉と海賊大名—海からみた戦国終焉』（中公新書、二〇一二年）
堀新「織田信長の居所と行動」（藤井讓治編『織豊期主要人物居所集成』思文閣出版、二〇一一年）
堀新『織豊期王権論』（校倉書房、二〇一一年）
堀新編『信長公記を読む』（吉川弘文館、二〇〇九年）
前川要『都市考古学の研究—中世から近世への展開』（柏書房、一九九一年）
松下浩『織田信長—その虚像と実像』（サンライズ出版、二〇一四年）
三鬼清一郎『織豊期の国家と秩序』（青史出版、二〇一二年）
水谷憲二「北伊勢地域の戦国史研究に関する一試論（1）—近世に著された軍記・地誌の活用と展望」（『佛教大学大学院紀要』文学研究科篇四〇号、二〇一二年）
水野嶺「足利義昭の栄典・諸免許の授与」（『国史学』二一一号、二〇一三年）
水野嶺「足利義昭の大名交渉と起請文」（『日本歴史』八〇七号、二〇一五年）
森俊弘「宇喜多直家の権力形態とその形成過程—浦上氏との関係を中心に」（『岡山地方史研究』一〇九号、二〇〇六年）
山内譲『海賊と海城—瀬戸内の戦国史』（平凡社、一九九七年）
山内譲『瀬戸内の海賊—村上武吉の戦い』（新潮選書、二〇一五年）
山本浩樹「戦国期但馬国をめぐる諸勢力の動向」（『戦国期西国における大規模戦争と領国支配』文部科学省科学研究費補助金研究成果報告書、二〇〇七年）
山本浩樹『戦争の日本史12　西国の戦国合戦』（吉川弘文館、二〇〇七年）
脇田修『織豊政権の分析1　織田政権の基礎構造』（東京大学出版会、一九七五年）
脇田修『近世封建制成立史論』（東京大学出版会、一九七七年）
渡辺江美子「織田信忠考」（『日本歴史』四四〇号、一九八五年）
渡邊大門『宇喜多直家・秀家—西国進発の魁とならん』（ミネルヴァ書房、二〇一一年）
渡邊大門『赤松氏五代—弓矢取って無双の勇士あり』（ミネルヴァ書房、二〇一二年）

【図録など】

『大阪青山短期大学所蔵品図録』第1輯（大阪青山短期大学、一九九二年）
『織田氏と尾張』（名古屋市博物館、一九九二年）
『織田信長と美濃・尾張』（岐阜市歴史博物館、二〇一二年）
『革嶋家文書展—京都近郊の中世武家の歴史がいま甦る』（京都府立総合資料館、二〇〇三年）
『久宝寺寺内町と戦国社会』（八尾市立歴史民俗資料館、二〇〇一年）
『九鬼嘉隆—戦国最強の水軍大将』（鳥羽市教育委員会、二〇一一年）
『雑賀衆と織田信長』（和歌山市立博物館、一九九八年）
『堺をめぐる人びと』（堺市博物館、一九八一年）
『是非に及ばず—本能寺の変を考える』（滋賀県立安土城考古博物館、二〇〇一年）
『続・秀吉に備えよ!!—羽柴秀吉の中国攻め』（長浜市長浜城歴史博物館、二〇一四年）
『天下人の時代—信長・秀吉・家康と美濃』（岐阜県博物館、二〇一五年）
『天下布武へ—信長の近江支配』（滋賀県立安土城考古博物館、一九九三年）
『信長×信玄—戦国のうねりの中で』滋賀県立安土城考古博物館、二〇一二年）
『信長と安土城—収蔵品で語る戦国の歴史』（滋賀県立安土城考古博物館、二〇〇八年）
『信長と宗教勢力—保護・弾圧そして支配へ』（滋賀県立安土城考古博物館、二〇〇三年）
『信長とその武将たち』（岐阜市歴史博物館、一九九八年）
『信長文書の世界』（滋賀県立安土城考古博物館、二〇〇〇年）
『室町最後の将軍—足利義昭と織田信長』（滋賀県立安土城考古博物館、二〇一〇年）
『乱世からの手紙—大阪城天守閣収蔵古文書選』（大阪城天守閣、二〇一四年）

【事辞典・史料集】

井上寛司・岡崎三郎編著『史料集　益田藤兼・元祥とその時代――益田家文書の語る中世の益田（三）』（益田市教育委員会、一九九九年）

太田牛一著・岡山大学池田家文庫等刊行会編『信長記』第一～第一五・別巻（福武書店、一九七五～七六年）

奥野高廣『増訂・織田信長文書の研究』上巻（吉川弘文館、一九八八年）

奥野高廣『増訂・織田信長文書の研究』下巻（吉川弘文館、一九八八年）

奥野高廣『増訂・織田信長文書の研究』補遺・索引（吉川弘文館、一九八八年）

熊本大学文学部附属永青文庫研究センター編『永青文庫叢書 細川家文書 中世編』（吉川弘文館、二〇一〇年）

滋賀県教育委員会編『織豊期城郭基礎調査報告書』3（二〇〇二年）

滋賀県教育委員会編『織豊期城郭基礎調査報告書』4（二〇一〇年）

柴辻俊六・千葉篤志編『史料集「萬葉荘文庫」所蔵文書』（日本史史料研究会研究叢書12、日本史史料研究会、二〇一三年）

谷口克広『織田信長家臣人名辞典』（第二版、吉川弘文館、二〇一〇年）

名古屋温故会編『尾張国遺存織田信長史料写真集』（一九三一年）

名古屋市教育委員会社会教育部社会教育課『織田信長公三百六十年忌記念展覧会図録』（一九四二年）

福岡市博物館編『黒田家文書』第1巻（一九九八・一九九九年）

藤井譲治編『織豊期主要人物居所集成』（思文閣出版、二〇一一年）

松尾大社史料集編修委員会編『松尾大社史料集』文書篇1（松尾大社社務所、一九七七年）

湯川敏治編『歴名土代』（続群書類従完成会、一九九六年）

【執筆者紹介】五十音順。＊は編者。

天野忠幸（あまの ただゆき）
1976 年生まれ。関西大学講師

＊**曽根勇二**（そね ゆうじ）
1954 年生まれ。横浜都市発展記念館

千葉一大（ちば いちだい）
1971 年生まれ。青山学院大学講師

畑山周平（はたやま しゅうへい）
1988 年生まれ。東京大学史料編纂所助教

＊**堀　新**（ほり しん）
1961 年生まれ。共立女子大学教授

堀　智博（ほり ともひろ）
1979 年生まれ。徳川ミュージアム研究員

水野　嶺（みずの れい）
1988 年生まれ。國學院大學大学院特別研究生

光成準治（みつなり じゅんじ）
1963 年生まれ。鈴峯女子短期大学講師

＊**山本博文**（やまもと ひろふみ）
1957 年生まれ。東京大学史料編纂所教授

織田信長の古文書

2016年２月10日　第１刷発行

編　者　　山本博文・堀新・曽根勇二

発行者　　富澤凡子
発行所　　柏書房株式会社
東京都文京区本郷2-15-13（〒113-0033）
電話（03）3830-1891［営業］
（03）3830-1894［編集］

装　丁　　鈴木一誌＋山川昌悟
組　版　　有限会社一企画
印　刷　　壮光舎印刷株式会社
製　本　　小高製本工業株式会社

©Hirofumi Yamamoto, Shin Hori, Yuji Sone 2016, Printed in Japan

ISBN978-4-7601-4641-3